Operations Research Proceedings 1983

DGOR

Papers of the 12th Annual Meeting
Vorträge der 12. Jahrestagung

Edited by/Herausgegeben von H. Steckhan
W. Bühler K. E. Jäger Ch. Schneeweiß
J. Schwarze

With 124 Figures/Mit 124 Abbildungen

Springer-Verlag
Berlin Heidelberg New York Tokyo

Prof. Dr. Helmut Steckhan

Universität Regensburg, Lehrstuhl für
Betriebswirtschaftslehre, insbesondere
Unternehmensforschung, Universitätsstraße 31
D-8400 Regensburg

Prof. Dr. Wolfgang Bühler

Universität des Saarlandes, Lehrstuhl für Allgemeine
Betriebswirtschaftslehre, insbesondere Bankbetriebslehre
Im Stadtwald, D-6600 Saarbrücken

Dr. Kurt E. Jäger

Schering AG, SDV
Müllerstraße 170–178, D-1000 Berlin 65

Prof. Dr. Christoph Schneeweiß

Universität Mannheim, Lehrstuhl für Betriebswirtschaftslehre
und Unternehmensforschung, Schloß, D-6800 Mannheim 1

Prof. Dr. Jochen Schwarze

Technische Universität Braunschweig, Abteilung Statistik
und Operations Research des Instituts für
Wirtschaftswissenschaften, Postfach 3329
D-3300 Braunschweig

ISBN-13: 978-3-540-13134-2 e-ISBN-13: 978-3-642-69546-9
DOI: 10.1007/978-3-642-69546-9

2142/3140-543210

Vorwort

Die 12. Jahrestagung der Deutschen Gesellschaft für Operations Research stand wiederum unter der Zielsetzung, wissenschaftliche Ergebnisse aus dem Bereich der Unternehmensforschung in die Praxis umzusetzen, Problemfelder aus der Praxis in die theoretische Entwicklung aufzunehmen und die Grundlagenforschung zu pflegen. Die Tagung fand vom 21. bis 23 September 1983 an der Universität Mannheim statt, wurde von rund 350 Teilnehmern besucht und bot 14 Übersichtsvorträge, 124 Spezialreferate sowie 3 Berichte.

Die thematischen Schwerpunkte, wie sie das nachstehende Verzeichnis nennt, gliederten den Kongreß wieder in Sektionen, die von Sektionsleitern weitgehend eigenverantwortlich ausgestaltet wurden. Zwei kleinere Programmpunkte kamen außerhalb der Sektionen hinzu: Berichte aus ständigen DGOR Arbeitsgruppen und das OR Forum. Auch in diesem Jahr stellten die Preisträger des Studentenwettbewerbs ihre prämierten Arbeiten vor.

Die nach Tagungsende überarbeiteten Beiträge zum vorliegenden Sammelband berücksichtigen Diskussionsergebnisse aus den Sektionssitzungen, Hinweise aus Fachgesprächen am Rande der Tagung und nachträgliche Anregungen der Gutachter. Die Beiträge sind vollzählig aufgeführt. Der vertraglich begrenzte Umfang des Bandes hat es jedoch nicht erlaubt, sie alle in ihrer ausführlichen Form aufzunehmen. Oft konnten nur Kurzfassungen berücksichtigt werden. Knappe Dokumentationen erscheinen auch in vereinzelten Fällen, in denen eine Veröffentlichung an anderer Stelle vorgesehen ist. Wo der Leser weitergehende Informationen wünscht, bietet das Anschriftenverzeichnis am Ende des Bandes die Möglichkeit einer direkten Kontaktaufnahme mit den Autoren.

Der Programmausschuß dankt allen Referenten für ihre Beiträge, allen Sektionsleitern für die Ausgestaltung und Betreuung der Sektionen und allen Sitzungsleitern für die Moderation und die Diskussionsleitung in den Sitzungen. Die Herren Prof. Dr. K.-W. Gaede, Prof. Dr. D. Ohse und Dr. W. Stahl haben sich als Gutachter um den Studentenwettbewerb verdient gemacht. Besonderer Dank gebührt Herrn Prof. Dr. Ch. Schneeweiß und seinen Mitarbeitern für die ausgezeichnete Organisationsarbeit vor Ort. Sein vorzüglich gestaltetes Rahmenprogramm wird allen Tagungsteilnehmern in sehr angenehmer Erinnerung bleiben.

Regensburg, im Oktober 1983 — Helmut Steckhan

Programmausschuß

H. Steckhan, Regensburg (Vorsitzender), W. Bühler, Saarbrücken, K. E. Jäger, Berlin, Ch. Schneeweiß, Mannheim, J. Schwarze, Braunschweig

Sektionsleiter	Sektionen
A. Bachem	Diskrete Optimierung und Graphentheorie
W. Dinkelbach	Entscheidungstheorie
L. v. Dobschütz	Strategische Unternehmensplanung und Investition
G. Feichtinger	Angewandte Kontrolltheorie
E. M. Hagemann	Netzplantechnik und Projektmanagement
K. Hansen	OR im Gesundheitswesen
K. E. Jäger	Anwendungsberichte aus der industriellen Praxis
K.-P. Kistner	Kostenplanung und Produktionstheorie
H.-J. Lüthi	OR in der öffentlichen Verwaltung
P. Miebach	Prognoseverfahren, Angewandte Statistik
D. Ohse	OR Software
H.-Chr. Pfohl	Logistik und Verkehr
A.-W. Scheer	Fertigungsplanung und -steuerung
H. Schellhaas	Stochastische Entscheidungsprozesse
H. Späth	Datenanalyse

Inhaltsverzeichnis

Eröffnungsvortrag

Anwendungsberichte aus der industriellen Praxis

OR in der öffentlichen Verwaltung

OR im Gesundheitswesen

Strategische Unternehmensplanung und Investition

Kostenplanung und Produktionstheorie

Fertigungsplanung und -steuerung

Netzplantechnik und Projektmanagement

Logistik und Verkehr

Diskrete Optimierung und Graphentheorie

Datenanalyse

Prognoseverfahren, Angewandte Statistik

Stochastische Entscheidungsprozesse

Entscheidungstheorie

Angewandte Kontrolltheorie

QUANTITATIVE ASPEKTE DER STRATEGISCHEN PLANUNG IM UNTERNEMEN

Herbert Gassert, Mannheim
Vorsitzender des Vorstands der Brown, Boverie & Cie AG

Meine Damen und Herren,

wenn die Deutsche Gesellschaft für Operations Research in diesem Jahr Mannheim als Tagungsort gewählt hat, so hat sie nicht nur eine gute, sondern auch eine sachgerechte Entscheidung getroffen. Denn in gewisser Hinsicht hat diese Stadt auch historisch einen Bezug zu den auf dieser Tagung zu behandelnden Themen. Hat doch bereits zu Beginn des 17. Jahrhunderts Kurfürst Friedrich IV. von der Pfalz durch Planung und Bau einer Stadt mit schachbrettartigem Grundriß, mit einer Einteilung in 143 Quadrate, die nach einem leicht begreiflichen System durch Buchstaben und Ziffern benannt sind, ein bemerkenswertes Beispiel für Strukturierung und Systematik geschaffen.

Vielleicht ist nur noch nicht erkannt worden, daß dieser Kurfürst OR mitbegründet hat, denn viele OR-Methoden und Modelle werden ja heute auch bei der Städte- und Verkehrsplanung eingesetzt.

Der ehrenvollen Einladung, bei der diesjährigen Jahrestagung der DGOR den Eröffnungsvortrag zu halten, bin ich gerne nachgekommen, da mir die Intensivierung des Gedankenaustauschs zwischen Wissenschaft und Wirtschaftspraxis sehr am Herzen liegt.

Ich begrüße die Gelegenheit, vor dem hier anwesenden sachkundigen Kreis einige Gedanken und Thesen über das Thema "Quantitative Aspekte der strategischen Planung im Unternehmen" vortragen zu können, gleichsam auch als einen ersten Beitrag zu dem auf dieser Tagung vorgesehenen Austausch von Erfahrungen und Meinungen.

Lassen Sie mich das Thema einleiten mit einigen allgemeinen Bemerkungen zur strategischen Unternehmungsplanung.

Die strategische Planung und im Handlungsvollzug des Geplanten - die strategische Führung - sind vor dem Hintergrund einer sich rasch wandelnden Welt von zentraler Bedeutung für eine an den Unternehmensziele ausgerichtete erfolgreiche Bewältigung der Zukunftsprobleme.

Operations Research Proceedings 1983

Oberste und wichtigste Aufgabe der Unternehmensleitung muß es sein, h e u t e die Weichen für künftige Aktivitäten so zu stellen, daß die Existenz des Unternehmens, unter Einsatz aller verfügbaren Ressourcen, über einen möglichst langen Zeithorizont in die Zukunft hinein gesichert ist.

Diese Aufgabenstellung führte dazu, daß die Planung im Unternehmen im Zeitverlauf immer mehr zu einem methodischen bzw. instrumentellen Hilfsmittel für die rechtzeitige Identifizierung und zur Lösung strategischer Entscheidungs- und Führungsprobleme geworden ist.

Im Mittelpunkt strategischer Planung stehen das Aufspüren und Realisieren sowie die Erhaltung und Sicherung von weit in die Zukunft reichenden Erfolgspotentialen.

Erfolgspotentiale umfassen alle produkt- und marktspezifischen, erfolgsrelevanten Bedingungen und Voraussetzungen, die für das Unternehmen spätestens dann gegeben sein müssen, wenn es um die Erfolgsrealisierung geht.

Alle dazu gehörenden sachbezogenen Voraussetzungen haben die gemeinsame Eigenschaft, daß für ihre Schaffung eine relativ lange Zeitdauer gebraucht wird, die nicht beliebig verkürzt werden kann.

Man denke dabei nur an Produktentwicklungen, den Aufbau von Produktionskapazitäten, von Marktpositionen und Organisationsstrukturen, aber auch an die Probleme, die mit einem geordneten Rückzug aus einem Marktsegment verbunden sein können. Neben den Sachfragen spielt somit der Zeitfaktor bei der strategischen Planung eine wesentliche Rolle, da in der Gegenwart versäumte Taten oft zu Mißerfolgen in der Zukunft führen.

Strategische Fehler lassen sich später kaum durch operative Maßnahmen erfolgreich, d.h. mit einem vertretbaren Aufwand korrigieren. Unsere Zeit ist leider voll von Beispielen.

Strategische Planung ist ein prospektiver geistiger Prozeß, der sich aus verschiedenen Informationsgewinnungs- und -verarbeitungsvorgängen zusammensetzt und der Entscheidungsfindung für künftiges Handeln dient.

Durch die vielen Hilfsmittel, die bei der Planung Anwendung finden, wie beispielsweise morphologische Verfahren, Korrelations- und Regressionsanalysen, Trendextrapolationen, Matrixdarstellungen, um nur einige zu nennen, entsteht mancherorts die irrige Vorstellung, daß Planung im Kern nur im Einsatz solcher Methoden oder in der Quantifizierung komplizierter mathematischer Modelle besteht. Es erscheint aus diesem Grunde angebracht, darauf hinzuweisen, daß Planung in den entscheidenden Phase, welche Richtung und Ziel bestimmen, mehr qualitativ ausgerichtet ist. Mit dieser Aussage soll in keiner Weise die Bedeutung von Methoden und Verfahren, wie sie insbesondere von der Unternehmensforschung seit mehr als 20 Jahren erarbeitet wurden, geschmälert werden, da deren sachkundige, problemorientierte Anwendung ausschlaggebend für die Qualität der Planungsergebnisse ist.

Bezüglich der quantitativen Aspekte der strategischen Planung im Unternehmen ist die Grundsystematik von Bedeutung, die sich in den letzten Jahren herausgebildet hat und die auch für die Erfassung und Verarbeitung der Plandaten richtungsweisend ist.

Diese Grundsystematik ist in ihrer Ordnungsstruktur vor allem an dem allgemeinen sach- und zeitbezogenen Wirkungsgefüge der für Erfolgspotentiale wesentlichen Faktoren orientiert.

Sie ist sowohl eine Art von Arbeitsrahmen für die Identifizierung strategischer Probleme wie auch für die Vollständigkeits- und Konsistenzkontrolle bei der Erarbeitung strategischer Entscheidungsalternativen.

Bei dieser Systematik ist zu unterscheiden zwischen Entwicklungstendenzen und Daten, die völlig außerhalb des Einflußbereiches der Unternehmung liegen, also einer Fremdbestimmung unterworfen sind und zwischen Fakten, Daten und Zahlen interner Art, die vom Unternehmen beherrscht und damit eigengesteuert werden können.

Ein Charakteristikum externer Problemfelder sind ihre autonomen Entwicklungstrends, eine Aussage, die für das einzelne Unternehmen sicher gilt, die aber für die Gesamtheit der Unternehmen eines Wirtschaftsgebildes noch relativiert werden muß. Da es aber im Sinne der Existenzsicherung Aufgabe eines Unternehmens ist, sich den Entwicklungstendenzen der ökonomischen und gesellschaftspolitischen Umwelt anzupassen, besteht die Herausforderung in der Realisierung der langfristigen Erfolgsmöglichkeiten in dem durch diese Entwicklungstendenzen vorgegebenen Aktionsrahmen.

Welcher Art sind nun diese externen Problemfelder?

An oberster Stelle der externen Bestimmungsgrößen mit dem am weitesten in die Zukunft reichenden Zeithorizont ist das Anwenderproblem zu nennen, zu dessen Lösung die vom Unternehmen am Markt angebotenen Produkte, Systeme, Anlagen oder Dienstleistungen dienen sollen. Erkennbare Veränderungen des Anwenderproblems gehören mit zu den wichtigsten und frühesten Warnsignalen strategischer Art.

An zweiter Stelle externer Bestimmungsgrößen rangieren alle derzeitigen oder im Entwicklungsstadium befindlichen Lösungstechniken und -technologien für das Anwenderproblem einschließlich relevanter Forschungsaktivitäten.

Eine weitere wichtige externe Größe ist die Bestimmung der Konkurrenzsituation, d.h. Art, Anzahl, Struktur und erkennbare Strategien der Wettbewerber in Gegenwart und Zukunft.

Schließlich gehört zu den wichtigsten unternehmensexternen strategischen Rahmenbedingungen die Entwicklung des sozio-ökonomischen Umfelds.

Sie mögen sich über die Reihenfolge der Bestimmungsgrößen wundern, ist es doch üblich, die Veränderungen des sozio-ökonomischen Umfelds zuvorderst zu beklagen und daraus Sachzwänge abzuleiten.

Im Sinne strategischer Planung sei jedoch der ketzerisch erscheinende Hinweis erlaubt, daß eine Fehlbeurteilung des wirklichen Anwenderproblems solche späteren Sachzwänge erst schafft. Dies meinte ich vorher auch mit Relativierung der autonomen Entwicklungstrends und deswegen steht bei den externen Bestimmungsgrößen das Anwenderproblem oben an.

Um vom eigentlichen Thema nicht allzuweit abzukommen, möchte ich diesen Aspekt nicht vertiefen, sondern zum Nachdenken einen Aphorismus von Georg Christoph Lichtenberg einfügen: "Das Gegenwärtige, von dem Vergangenen geschwängert, gebiert das Zukünftige".

Meine Damen und Herren, viele Ereignisse der 70er Jahre, politischer und wirtschaftlicher Art, wie z.B. der Zusammenbruch des Weltwährungssystems, die beiden Ölpreis-Schocks, der weltweite Strukturwandel, ausgelöst z.T. durch das Vordringen der Schwellenländer und durch die Expansion der Japaner, machten die Grenzen der Prognostizierbarkeit von Umweltveränderungen deutlich. Aber auch im Bereich der Wertvorstellungen über Gesellschaftsformen und Lebensstile wurden in den letzten Jahren Entwicklungen angestoßen, die das Feld der Unsicherheiten auf dem Gebiet des Vorhersehbaren vergrößerten.

Manche in den 70er Jahren sorgfältig ausgearbeiteten Planungen, die auf reinen Trendextrapolationen beruhten, führten zu folgenschweren Fehlentscheidungen, weil sie externe Einflüssen nicht berücksichtigten oder von Störereignissen aus dem politischen oder wirtschaftlichen

Raum überrollt oder ad absurdum geführt wurden.

Die Entwicklung der letzten Jahre hat deutlich gemacht, daß es für Umweltprognosen notwendig ist, mit Bandbreiten zu arbeiten und gegebenenfalls signifikante alternative Entwicklungen aufzuzeigen. Hierzu gehört auch die Darstellung von Restriktionen, kritischen Prämissen der Planansätze und die Beurteilung und Bewertung von Störgrößen.

Zur Lösung dieser Aufgabenstellung wird von einer wachsenden Zahl von Unternehmen die Szenario-Technik eingesetzt. Bekanntlich beschreibt und quantifiziert ein Szenario eine möglichst zukünftige Situation und zeigt ferner den Entwicklungsverlauf auf, der zu dieser Situation hinführt. Der Szenarioansatz und die entscheidenden Prämissen sind für den Anwender transparent, was für die Entscheidungsfindung sehr bedeutend ist.

Wie schon erwähnt, ist gerade bei der heute gegebenen Unsicherheit die Analyse von Auswirkungen signifikanter Störereignisse von Bedeutung.

Darunter sind solche plötzlich auftretende Ereignisse zu verstehen, die Trendbrüche verursachen und die Entwicklung in eine völlig neue Richtung lenken können.

Bei diversifizierten Unternehmen ist die Anwendung der Szenario-Technik insofern vorteilhaft, als es mit diesem Ansatz gelingt, unterschiedliche Informationsanforderungen bei der Ermittlung von geschäftsspezifischen Szenarien zu berücksichtigen. Damit kann die Konsistenz der gesamtwirtschaftlichen Szenarien mit geschäftsspezifischen Szenarien, die weitgehend nur von den mit dem Geschäft vertrauten Führungskräften erstellt werden können, gewährleistet werden.

Als Basismaterial für volkswirtschaftliche Szenarien im Unternehmen werden in der Regel Analysen und Prognosen anerkannter Institute sowie langfristige Entwicklungsplanungen staatlicher Stellen und internationaler Organisationen herangezogen.

Aus dem bisher skizzierten Wirkungsgefüge externer Sachverhalte und der Quantifizierung unter besonderer Beachtung von Interdependenzen läßt sich das Marktvolumen für die jeweiligen Tätigkeitsfelder des Unternehmens ableiten.

Bei den folgenden Betrachtungen geht es nun um die Planung der vom Unternehmen selbst zu schaffenden Voraussetzungen für die Realisierung von Erfolgspotentialen.

Wesentliche Schlüsselgrößen interner Art sind die jeweiligen Marktanteile einmalig als unmittelbare Ziel- und Meßgrößen für die Erfolgspotentiale des Unternehmens und zum anderen als Indikator für den langfristig notwendigen Mittelbedarf, den sogenannten Mittelfluß-Saldo oder Netto-Cash-Flow.

Daß größere Mengen eines Produktes mit niedrigeren Stückkosten herstellbar sind, ist in der Betriebswirtschaftslehre seit langem bekannt. Seit etwa 1965 hat diese Erkenntnis mit der Entdeckung der sogenannten Erfahrungskurve durch die Boston Consulting Group auch in ihrem Ursachengefüge von der Herstellung bis zum Vertrieb ein wesentlich breiteres und tiefer reichendes Fundament erhalten.

Der empirisch ermittelte Erfahrungskurveneffekt besagt, daß mit jeder Verdoppelung der kumulierten Menge eines Produktes die Wertschöpfungskosten, bezogen auf konstante Geldwerte, um 20% bis 30% niedriger sein können. Der Kostenrückgang ist allerdings nur potentieller Natur, d.h. er tritt nicht automatisch ein.

Seine Realisierung setzt voraus, daß die Fähigkeiten zum Erkennen und zum Realisieren der Kostensenkungspotentiale im Unternehmen vorhanden sein müssen.

Aus diesen Erkenntnissen ist abzuleiten, daß der Wettbewerber mit dem größten Marktanteil und darum den über die Zeit gesehen größten akkumulierten Erfahrungen, bei im übrigen gleich gutem Management, ein niedrigeres Kostenniveau verwirklichen kann als seine Konkurrenten.

Wie sich aus vielen empirischen Untersuchungen belegen läßt und wie die Erfahrungen auch in unserem Unternehmen bestätigen, findet dieses Ablaufmuster bei den Kosten langfristig auch stets seinen Niederschlag in den Preisen. Dieser Sachverhalt wird allerdings häufig verdeckt oder überlagert durch gegenläufige inflatorische Veränderungen des Geldwertes.
Marktanteil und Erfahrungskurve sind im Grunde nichts anderes als eine - wenn auch noch so mangelhafte - Meßlatte für das in einem Unternehmen über längere Zeit hinweg angesammelte produkt- und marktspezifische Know-how.

Aus diesem Grund spielt bei jeglicher Strategie eine an den produkt- und marktspezifischen Erfahrungen orientierte Abgrenzung der Produkte und Märkte eine tragende Rolle. Man nennt das Ergebnis dieser Abgrenzungen "Strategische Geschäftsgebiete".

Wer mit Marktanteilen arbeitet, ohne ausreichende Segmentierung und entsprechende Analyse wettbewerblicher Unterschiede, kann folgenschweren Irrtümern unterliegen.

Wenn, wie wir feststellten, Marktanteile Erfolgspotentiale repräsentieren, dann erfordert die Erhaltung guter Erfolgspotentiale das Halten der entsprechenden Marktanteile. Ein Marktanteil läßt sich aber nur halten, wenn das eigene Geschäftsgebiet genauso wächst wie der Markt, ganz gleich, ob das Marktwachstum hoch oder niedrig ist. Eine Steigerung der Marktanteile heißt stets, daß die eigene Wachstumsrate höher sein muß als die des Marktes. Umgekehrt führt jedes langsamere Wachstum, als es der Marktentwicklung entspricht, zu einem Marktanteilsverlust.

Dieser zwingende arithmetische Zusammenhang zwischen Marktwachstum, Marktanteilsveränderung und dem Unternehmenswachstum - gemessen in Mengen - kann man als eine Grundformel der Unternehmens-Strategie bezeichnen. Diese Grundformel lautet somit:

Marktvolumensveränderung x Marktanteilsveränderung = Unternehmenswachstum.

Wenn also beispielsweise das Marktwachstum 5% beträgt, eine Marktanteilsveränderung von 5 auf 6% geplant ist, bedeutet dies ein Unternehmenswachstum in Mengen von 26%.

Jedes strategische Geschäftsgebiet kann charakterisiert werden

- einmal durch die relative Wettbewerbsposition in Form eines relativen Marktanteils, d.h. des Quotienten aus dem Marktanteil des eigenen strategischen Geschäftsgebietes dividiert durch den entsprechenden Marktanteil des größten Konkurrenten
- und zum anderen durch die Wachstumsrate des Marktes.

Eine Strategie, welche nur auf den bisher genannten Überlegungen aufbauen würde, könnte ohne die Ermittlung der damit verbundenen Finanzwirkungen völlig daneben gehen. Wie Henderson von der Boston Consulting Group sehr treffend bemerkt, führt das fehlende Wissen um die Wachstumsdynamik in ihren Wechselbeziehungen zwischen Marktanteilsaufbau- und -erhaltung und den dazu notwendigen Finanzmitteln häufig dazu, daß Unternehmen in Wachstumsmärkte eintreten, ohne die geringste Ahnung über den zur langfristigen Erfolgssicherung notwendigen Investitionsbedarf zu haben.

Aufgrund fehlender Finanzierungsmöglichkeiten steht am Ende dann oft ein Rückzug in eine aussichtslose Randposition, die mit ständig kleiner werdenden Marktanteilen immer verlustreicher und unhaltbarer wird.

Die notwendige Abstimmung zwischen Unternehmens-Strategie und Finanzierungspotential setzt als erstes eine hinreichend genaue Ermittlung der mit der Realisierung jeder singulären Produkt/Marktstrategie verbundenen Finanzwirkungen voraus.
Die am Ende dieser Ermittlung pro strategischem Geschäftsgebiet in einer Summe zum Ausdruck kommenden Finanzwirkungen bezeichnet man als Mittelfluß-Saldo oder Netto-Cash-Flow.

Die Elemente des Mittelfluß-Saldos sind an den wesentlichen Gruppierungen der Bilanz orientiert. Die Elemente des Mittefluß-Saldos sind:

1. Investitionen
2. Abschreibungen
3. Veränderungen des Umlaufvermögens
4. Veränderungen der Lieferanten-Verbindlichkeiten
5. das Ergebnis, nach Abzug von Zinsen und Steuern und Ausschüttungen, d.h. die für die Selbstfinanzierung verfügbaren Ergebnisanteile.

Die Elemente des Mittelfluß-Saldos sind insoweit gleichzeitig die Elemente einer Vorschau-Bewegungsbilanz pro strategischem Geschäftsgebiet. Die Summe der Mittelflußsalden aller strategischen Geschäftsgebiete ergibt die Daten für die Vorschau-Bewegungsbilanz für das Unternehmen als Ganzes.

Die daraus abgeleitete Planbilanz schließlich gibt eine Übersicht über die mit der Realisierung der Geschäftsstrategien verbundenen Veränderungen in der Bilanzstruktur sowie die Finanzierungskonsequenzen und den dafür bestehenden finanzpolitischen Spielraum.

Die Erfahrungskurve ist, wie schon erwähnt, abgeleitet aus einer empirischen Erkenntnis, deren Wirkungsgefüge jedoch inzwischen auf breiter Basis praktische Bestätigung gefunden hat.

In unserer Gesellschaft, ebenso in vielen anderen Unternehmen, bilden heute die aus der Erfahrungskurve abgeleiteten Erkenntnisse die Grundlage für die Erarbeitung der internen Produkt-Marktstrategie.

Da aus der Erfahrungskurve nur die Potentiale für Kostensenkungen usw. abgeleitet werden können, ist die quantitative Umsetzung dieses Wirkungszusammenhangs in zuverlässige Vorausrechnungen nicht einfach und erfordert ein hohes Maß an Erfahrung, Scharfsinn und fachlichem Können.

Bezüglich der intern zu verarbeitenden Daten empfiehlt es sich, Fragestellung und Planansätze hinsichtlich des Datenbedarfs im wesentlichen an die im Rechnungswesen traditionell vorhandenen Datenbestände und Datenstrukturen anzupassen.

Meine Damen und Herren, das von mir skizzierte sach- und zeitablaufbedingte Wirkungsgefüge externer und interner Sachverhalte, strategischer Planung im Unternehmen, beginnend beim Anwender-, d.h. Kundenproblem bis hin zur Planbilanz, macht die Komplexität des Planungsprozesses und auch den Stellenwert des Quantitativen dabei deutlich. Es wird aber auch erkennbar, daß der Prozeß der strategischen Planung im Unternehmen eine hochentwickelte Denk- und Arbeitsdisziplin erfordert.

Ich glaube, ich brauche nicht besonders hervorzuheben, daß strategische Planung trotz des langfristigen Charakters flexibel sein muß und daher fortlaufend zu aktualisieren ist. Nur so ist es möglich, daß unternehmenspolitische Kurskorrekturen rechtzeitig eingeleitet werden können.

Damit kommt auch der Ausarbeitung sogenannter Frühwarnsysteme zur Plankontrolle eine besondere Bedeutung zu.

Meine Damen und Herren, wie ich aufgezeigt habe, beginnt der strategische Planungsprozeß mit der Identifizierung qualitativer Probleme, führt über die Ermittlung und Planung der Mengen - wie z.B. Marktvolumen, Marktanteile, Rationalisierungspotentiale, Preisentwicklungen- zur Ableitung der jeweils relevanten Zeitkonstanten und letztlich zur Ermittlung der mit der Planrealisierung verbundenen finanzwirtschaftlichen Auswirkungen.

Zur Lösung der bei diesem Prozeß auftretenden Aufgabenstellungen leisten partiell quantitative Methoden und Verfahren nicht nur wertvolle Dienste, sondern sind bei komplexen Zusammenhängen oft unerläßlich.

Es ist jedoch festzustellen, daß der Einsatz von OR-Verfahren heute im Schwerpunkt im operativen und nicht im strategischen Bereich stattfindet.
Dies mag unter anderem daran liegen, daß viele von OR entwickelten Methoden im Ansatz zu theoretisch und damit für den Einsatz im betrieblichen Planungsprozeß nicht geeignet sind.

Wohlstrukturierte Entscheidungssituationen, wie sie z.B. die sogenannte praktisch normative Entscheidungstheorie fordert, sind in der Realität äußerst selten.
Die Datensituation in der Praxis ist vielmehr im wesentlichen stochastisch und lückenhaft und damit ungeeignet für die Anwendung sogenannter analytischer Verfahren.

Aus diesem Grund sollten vorhandene Ansätze zur Neutentwicklung von OR-Methoden unter den Bedingungen von Unsicherheiten verstärkt vorangetrieben werden. Auch der methodischen Verbesserung und Verfeinerung heuristischer Verfahren sollte meines Erachtens mehr Beachtung geschenkt werden, wenngleich die optimierende Qualität dieser Planungsmethodik nicht wie bei den analytischen Modellen gegeben ist.

Ganz allgemein gesagt könnte mit Sicherheit eine Verstärkung der Zusammenarbeit zwischen Wissenschaft und Praxis zur Verbesserung problemorientierter, praktisch anwendbarer und damit akzeptabler Lösungsansätze für die strategische Planung beitragen.

Meine Damen und Herren, trotz sehr verfeinerter Planungsmethoden, trotz Einsatz und Logik und Intellekt aller am Planungsprozeß Beteiligten, liegt im unternehmerischen Entscheidungsprozeß immer ein Restrisiko, bleibt die Ungewißheit der Zukunft.

Die letzten richtungsweisenden strategischen Entscheidungen über die Unternehmensziele und die einzuschlagenden Wege zur Zielerreichung liegen immer in den Händen und im Ermessen der Unternehmensleitung.

Auf die Entscheidungsproblematik, welche z.B. für die Unternehmen der Elektroindustrie vor dem Hintergrund großer Streubreiten der Ergebnisse von Energieszenarien gegeben ist, und auf die von der Energiepolitik der öffentlichen Hand ausgehenden Sachzwänge möchte ich heute nicht näher eingehen. Auch eine solche diffuse Ausgangssituation verlangt von der Leitung der Unternehmung Entscheidungen weitreichender Art.

Je verwickelter die Verhältnisse und je folgenschwerer ein Fehlentscheid, desto schwerer ist es, auch einmal das eigene Urteil den gut aufbereiteten Empfehlungen von Planungsteams entgegenzusetzen. Und doch gibt es Situationen, wo die Unternehmensleitung auf der Grundlage von Erfahrungswissen und Selbstvertrauen den Weg der eigenen Erkenntnis gehen muß.

Dazu gehört Mut und zweifellos auch das, was man in der Realisierungsphase das Glück des Tüchtigen nennt. Um es mit Shakespeare zu sagen: "Gibt es eben mehr Dinge zwischen Himmel und Erde, als unsere Schulweisheit sich träumen läßt".

Entscheidungen müssen gefällt werden und können nicht gerechnet werden. Trotzdem kann viel zur Entscheidungsvorbereitung methodisch und modellhaft ermittelt werden.

Um Mißverständnisse auszuschließen, möchte ich betonen, daß ich keinesfalls das Wort rede der reinen Intuition oder dem Fingerspitzengefühl oder gar dem sogenannten gesunden Menschenverstand, so wichtig diese Attribute im Einzelfall sein mögen. Und Erfahrung ist auch nur dann hilfreich, wenn man das, was man einmal erfahren hat, nicht schematisch auf scheinbar gleiche Situationen überträgt, sondern in einem permanenten Prozeß des Mitdenkens die Erfahrungen verarbeitet und sie damit den sich stets verändernden Bedingungen anpaßt.

Damit komme ich zu einem letzten kurzen Exkurs in das Quantitative. Ich habe die Erfahrung gemacht, daß bei der Ermittlung und Planung von Mengen, Stückzahlen, Gewichten, Dimensionen und Größen, verkürzt gesagt von physischen Werten diese viel besser herauskommen als der Faktor Zeit. Wir sagen zwar, wir haben keine Zeit, wenig Zeit oder eine Menge Zeit, wir meinen oft, der Zeit voraus zu sein, auch wenn wir ihr nachhinken, aber da wir die Zeit nicht bevorraten können, da wir sie im eigentlichen Sinn des Wortes nicht fassen können, da morgen heute gestern ist, scheinen wir sie - und hier beschränkte ich mich jetzt bewußt auf unser Thema - in ihrer Wirkung zu unterschätzen.

Die Redewendung "alles zu seiner Zeit" hat bei der strategischen Planung einen besonders tiefen Sinn. Einmal ist Zeit hier wirklich Geld, zum anderen ist Reaktionsgeschwindigkeit im Umsetzen von neuen Erkenntnissen erfolgsentscheidend. Die letzten Jahre haben uns gelehrt, daß Extrapolation, die ja etwas Statisches in sich hat, oft nicht mehr zum Ziele führt. Wir benötigen eher Szenarien und Modelle, die dynamisch angelegt sind, ohne damit Hektik zu stimulieren. Auf der Suche, was denn nun das Gegenteil von Extrapolation sei, bin ich vergangene Woche in meiner Leidenschaft für Wortspiele dem Wort Transpolation verfallen, das nicht im Duden steht, das Sie auch gleich wieder vergessen sollen, mit dem ich aber ausdrücken will, daß strategische Planung über das, was man immer gemacht hat, hinausgehen und die Quantität Zeit in stärkerem Maße berücksichtigen muß.

Meine Damen und Herren, wenn ich nun meine Ausführungen am Thema messe, so muß ich feststellen, daß ich mehr über qualitative als über quantitative Aspekte gesprochen habe. Ich hoffe, Ihnen trotzdem für die Diskussion in den Arbeitskreisen einige brauchbare Denkanstöße gegeben zu haben, und ich wünsche Ihrer Tagung schon an dieser Stelle einen erfolgreichen Verlauf.

Was ich zum Ausdruck bringen wollte, ist dies, daß es nicht nur eine Einbahnstraße gibt, die mit einer gewissen Zwangsläufigkeit zu rationalen strategischen Entscheidungen führt, sondern ein weitverzweigtes Quellgebiet der Erkenntnis.

Die methodische Fortentwicklung der strategischen Planung im Unternehmen, die Vertiefung der Erkenntnisse strategisch relevanter Phänomene und Gesetzmäßigkeit sind jedoch gerade vor dem Hintergrund zunehmender Unsicherheit eine zwingende Notwendigkeit.

Und um nochmals auf die Relation qualitativ zu quantitativ zurückzukommen, möchte ich zur richtigen Einordnung sagen, daß sich die Qualität eines Unternehmens in der Quantität seines finanziellen Erfolges ausdrückt.

Schließlich sei mir noch ein post scriptum zu meinem Exkurs über den Faktor Zeit gestattet. Die alte Weisheit "kommt Zeit, kommt Rat" scheint für die Unternehmensplanung nun doch brüchig geworden zu sein, denn meist kommt nach Eugen Roth "zu Unzeit, Unrat".

Helfen Sie mit, durch methodische Beiträge dies zu verhindern.

Ich danke Ihnen für Ihre Aufmerksamkeit.

MITTELFRISTIGE PRODUKTIONSPLANUNG AUS DER SICHT DES MANAGEMENTS

W.H. Buchloh, Mannheim
H.D. Steitz, Mannheim

DEERE & COMPANY ist weltweit der größte Landmaschinenhersteller und beschäftigt zur Zeit 48.000 Mitarbeiter. Der Konzernumsatz betrug im Geschäftsjahr 1982 US $ 4.6 Milliarden. Der Sitz des Unternehmens befindet sich in Moline im Staate Illinois, USA. Die Produktion verteilt sich auf 11 Fertigungsbereiche in Nordamerika sowie 8 Werke außerhalb Nordamerikas. Die Produkte werden durch 25 John Deere Verkaufshäuser vertrieben.

Die John Deere Werke in Mannheim stellen Traktoren her und beschäftigen zur Zeit 4.200 Mitarbeiter. Die Kapazität beträgt 46.000 Traktoren im Jahr und wird momentan mit ca. 75 % ausgelastet. 90 % der Produktion geht in den Export und davon ca. 1/3 nach Nordamerika.

Die Produktionsplanung geschieht nun in enger Abstimmung mit den einzelnen Verkaufshäusern (Europa/USA) und unter Federführung der europäischen Hauptverwaltung, die für Europa, Afrika, Middle East verantwortlich zeichnet. Das Sammeln, Analysieren und Aufbereiten der Absatzschätzung der einzelnen Verkaufshäuser nach bestimmten Gesichtspunkten, die Ausarbeitung eines Produktionsprogramm-Vorschlages, der die Kapazitäten der einzelnen Werke, die teilweise in Verbundfertigung arbeiten, berücksichtigt, sind wesentliche Entscheidungskriterien für das "Schedule Committee Meeting", das vierteljährlich tagt.

Aufgrund der Festlegung in den vierteljährlichen Schedule Meetings wird dann für die einzelnen Produktionsstätten (Mannheim - Traktoren/ Bruchsal - Kabinen / Frankreich - Motoren) ein Produktionsprogramm für rollende 12 Monate erarbeitet und umgesetzt. Im Interesse einer möglichst marktnahen und -gerechten Produktion sowie einer engen Bestandskontrolle sowohl an Fertigerzeugnissen wie auch an Roh- und Halbfertigerzeugnissen in den einzelnen Werken ist eine permanente Kontrolle der Verkaufs- und Marktentwicklung notwendig.

Operations Research Proceedings 1983

PERSONAL-COMPUTER-GESTÜTZTER EINSATZ EINES KENNZAHLENMODELLS ALS PLANUNGSHILFE IN EINEM INDUSTRIEUNTERNEHMEN

Bernd Collmer, München
Michael Richarz, München
Horst Stielow, München
Nino Grau, München

Ein breit gefächertes Produktionsprogramm, ein weltweites Vertriebsnetz, mehrere in- und ausländische Fertigungsstandorte sowie die Einbettung in einem Konzern führten zu umfangreichen Planungsaktivitäten, die durch ein EDV-Modell unterstützt werden sollen. Dabei kam es darauf an, das Modell so zu gestalten, daß es einerseits komplex genug ist, die wesentlichen Interdependenzen darstellen zu können, andererseits so überschaubar zu halten, daß es von allen am Planungsprozeß Beteiligten (auch Nicht-OR-Fachleuten) akzeptiert wird.

Es wird ein Simulationsmodell für Unternehmensplanung auf der Grundlage eines Kennzahlensystems verwendet. Das Modell wird für die Wirtschaftsplanung (operative Planung) im Unternehmensbereich Bauelemente der Firma Siemens AG eingesetzt. Darüber hinaus ist der Einsatz zu Schulungszwecken möglich, um komplexe Zusammenhänge und die Auswirkung von Entscheidungen sowie die Änderungen von Parametern auf das Ergebnis zu verdeutlichen.

Als Eingabedaten dienen Schätzungen über die Entwicklung unternehmenseigener und exogener wirtschaftlicher Größen, wobei sowohl einfache Veränderungen als auch Strukturänderungen berücksichtigt werden. Darüber hinaus kann man für jede Schätzung die Streubreite angeben. Es wird die Normalverteilung der Schätzvariablen vorausgesetzt.

Ziel des Einsatzes dieses Kennzahlenmodells in der zentralen Planungsabteilung ist, sich von der Fülle der Detailinformationen weitgehend zu lösen, um alternative Planungsvorstellungen durchzuspielen, die für das Ergebnis relevanten Erfolgskomponenten (z.B. Preise, Produktivität) zu ermitteln und die Sensitivität des Ergebnisses bezüglich der Eingabeparameter festzustellen (Simulationsprogramm).

Die Realisierung im Dialogbetrieb auf einem Personalcomputer führt zu hoher Verfügbarkeit der Rechnerkapazität in der Fachabteilung.

Operations Research Proceedings 1983

DIE OPTIMIERUNG VON HOCHOFEN-GICHTSÄTZEN IM PROZESSRECHNER

Gustav Günther, Duisburg

Zusammenfassung

Der Einsatz der Beschickung in den Hochofen wird in Schwelgern seit 1973 von Prozeßrechnern gesteuert. Die Einträge an Koks und Möller basieren auf Optimierungsrechnungen, die im on line-Betrieb ablaufen und die sich auf die jeweils aktuellen verfügbaren Bunkerbestände, Einsatzstoffanalysen und Sollvorgaben beziehen.

Die an die Beschickung gestellten Anforderungen lassen sich als lineares Optimierungsproblem formulieren. Das Ergebnis der Rechnung wird im closed loop-Betrieb in Materialeinträge umgesetzt.

1. Einführung

Die Optimierung des Hochofenmöllers unter Einsatz von mathematischen Modellen und Datenverarbeitungsanlagen wird in einigen Veröffentlichungen als Lösung einer betriebswirtschaftlichen Planungsaufgabe dargestellt, die auf ein lineares Optimierungsproblem führt /1/,/2/.

Zur Prozeßsteuerung herangezogene Hochofenmodelle befassen sich durchweg mit der Kontrolle des Wärmeangebots im Unterofen über den Windeintrag an den Formen /3/,/4/.

Millar und Reed berichten von einem Versuch der United States Steel Corporation, ein Mölleroptimierungsmodell mit einem Unterofenmodell zusammenzufassen. Die benötigten Prozeßdaten werden von mehreren in verschiedenen Teilen der USA stehenden Hochöfen von Bedienern über Fernschreiber einem zentralen Rechner mitgeteilt; die Ergebnisse kommen über Fernschreiber und Bediener an den Prozeß zurück /5/.

1968 begann die Thyssen AG mit der Entwicklung eines Programmsystems zur on line-Steuerung der Möller- und Kokswaagen von Hochöfen. Erste Versionen des Programms arbeiteten seit 1969 im on line-Einsatz, aber noch ohne automatische Ansteuerung der Wiegeorgane.

Mit der Inbetriebnahme des Großhochofens der Thyssen Stahl AG in Schwelgern 1973 /6/ wurde es dann möglich, die durch Lösen einer linearen Optimierungsaufgabe errechneten Materialeinträge zur bedienungslosen Ansteuerung der Möller- und Kokswaagen zu benutzen.

Operations Research Proceedings 1983

2. Die Betriebsweise der Möllerung

Die Aufgabe der Möllerung ist es, dem Hochofen die stückigen Einsatzstoffe - getrennt nach Koks und Möller - in definierten Portionen zuzuführen. Zur Möllerung gehören Vorratsbunker, Siebe, Transporteinrichtungen und Wiegeanlagen.

Am Schwelgernofen sind diese Bunker in zueinander spiegelsymmetrischen Halbzeilen angeordnet. Jede Halbzeile verfügt über ein Förderband, das den Materialtransport über Siebstationen und Wiegegefäße zum zentralen Hauptförderband hin besorgt. Das Hauptförderband sammelt diese Zuflüsse und transportiert sie zum Ofenkopf.

Die Bunkeranlage umfaßt 50 Bunker zur Bevorratung eines Tagesbedarfs an Rohstoff und insgesamt 16 Wiegeanlagen,

- 4 für Koks mit jeweils 5 Bunkern,
- 4 für Sinter und Pellets, davon 2 mit 5 und 2 mit 4 Bunkern,
- 2 für Erz und Pellets mit je 3 Bunkern und
- 6 für Zuschläge mit je einem Bunker.

Diese Waagen sind gruppenweise unterschiedlich ausgelegt: Wiegetaschenvolumen und Waagenmeßbereich richten sich nach dem jeweiligen Schüttgewicht und den durchzusetzenden Materialmengen.

Der Inhalt eines Bunkers kann nur über eine Wiegevorrichtung ausgetragen werden. Jede Wiegetaschenfüllung soll nur einem Bunker entnommen werden. Die Materialmenge, die beim Austrag der Wiegetaschen auf dem Hauptförderband als sogenanntes Sandwich gesammelt und geschlossen durch einen Einschleusvorgang an der Gicht in den Ofen gefördert wird, nennt man eine Fahrt.

Es gibt Koksfahrten und Möllerfahrten. Koksfahrten beinhalten nur Koks. Möllerfahrten beinhalten die übrigen Einsatzstoffe, also Sinter, Pellets, Erze und Zuschläge. Zu einer Fahrt kann eine Waage nicht mehr als einen Austrag beisteuern.

Eine endliche Folge von Koks- und Möllerfahrten bildet einen Gichtsatz. Ein Gichtsatz ist eine in sich geschlossene Einheit. Das aus ihm zu erschmelzende Roheisen und die aus ihm zu erschmelzende Schlacke müssen alle an ihre Zusammensetzung gestellten Anforderungen erfüllen.

3. Benutzte Rechnersysteme

Ein Doppelrechnersystem Siemens 306 mit umfangreicher Prozeßperipherie steuert und überwacht das Prozeßgeschehen für den Hochofen. Auch von anderen Rechnern erfaßte oder erzeugte Daten werden von diesem System gesammelt und sind hier verfügbar. Das Doppelrechnersystem führt Buch über die Zu- und Abgänge der Bunker und kennt die Daten der Stoffe in den Bunkern; es kennt die technischen Daten der Bunker, Wiegeanlagen und Materialbehälter an der Gicht. In diesem System werden die Gichtsätze berechnet.

Ein untergeordnetes Prozeßrechnersystem, eine AEG 60-10, hat die Aufgabe, die ihm übermittelten Gichtsätze in einen entsprechenden Materialfluß in den Hochofen umzusetzen.

4. Die Optimierung der Gichtsätze

4.1 Aufgaben des Programms

Die vorgegebene Zusammensetzung und das Mengenverhältnis des im Hochofen erschmolzenen Roheisens und der Schlacke müssen innerhalb zulässiger Bandbreiten bleiben. Die Gründe dafür sind das Bestreben nach einem gleichmäßigen Ofengang und die Qualitätsanforderungen der diese Produkte weiterverarbeitenden Betriebe, der Stahlwerke und Zementwerke. Ursachen für die Änderungen am Mengengerüst sind

- Schwankungen in der Zusammensetzung der Einsatzstoffe,
- Wechsel auf Schichten mit anderem Material im gleichen Bunker,
- Ausfälle von Bunkern, Bandwegen und Wiegevorrichtungen und
- geänderte Anforderungen an die Fahrweise des Ofens.

Um die angestrebte Vergleichmäßigung der Produktion zu erreichen, ist es sinnvoll - gestützt auf die aktuellen Prozeßdaten - für jeden Zyklus die Optimierung des zugehörigen Gichtsatzes vorzunehmen. Der Zeitabstand zwischen zwei Rechnungen liegt zur Zeit bei etwa 40 Minuten.

Wegen der - gemessen daran - relativ großen Zeitdifferenz von 4 bis 6 Stunden zwischen dem Eintrag der Beschickung in den Ofen und ihrer Einflußnahme auf das thermische Geschehen im Unterofen hielten wir es für richtig, Mölleroptimierung und Unterofensteuerung in völlig getrennten Modellen zu behandeln.

Das Programm wurde so angelegt, daß es nach Vorgabe der vom Betrieb an die Begichtung gestellten Forderungen einen bedienungslosen Betrieb gewährleistet, solange die gestellten Forderungen gültig sind und der Anlagenzustand die geforderte Fahrweise ermöglicht.

Die Vorgaben an das Programm machen Ingenieure oder qualifizierte Meister mit Hilfe von Bildschirmen. Die Verantwortung für die Vorgaben liegt beim Hochofenbetrieb.

Durch eine entsprechende allgemeingültige Formulierung dieser Anforderungen sollte erreicht werden, daß Änderungen von Vorgaben selten nötig werden und mit wenig Bedienungsaufwand möglich sind.

4.2 Metallurgische und anlagentechnische Restriktionen

Die metallurgischen Restriktionen beziehen sich vor allem auf die Zusammensetzung von Roheisen und Schlacke; die Höchst- und Mindestgehalte an chemischen Elementen wie Mangan oder Phosphor im Roheisen und Aluminium- und Magnesiumoxyd in der Schlacke sind vorgegeben.

Der Basengrad der Schlacke, das Verhältnis von basischen zu sauren Bestandteilen der Schlacke, muß eingehalten werden.

Das Verhältnis von Schlackenmenge zu Roheisenmenge soll sich in vorgegebenen Grenzen halten.

Der Kokssatz soll den thermischen Erfordernissen der Unterofensteuerung entsprechen; diese Restriktion ist die wichtigste Nahtstelle zwischen Möller- und Unterofensteuerung.

Neben den metallurgischen Anforderungen, die für Planungs- und Prozeßführungsaufgaben in gleicher Weise gelten, bestehen zur Gewährleistung eines reibungslosen Prozeßablaufs zusätzliche Forderungen: Gewichts- und Volumenrestriktionen für den Inhalt der Wiegegefäße und der Materialbehälter an der Gicht.

4.3 Die Zielfunktion

Die Anlagenrestriktionen begrenzen die mit einem Gichtsatz in den Ofen beförderte Materialmenge und bestimmen damit die mögliche Leistung der Möllerung. Eine hohe Auslastung erreicht man durch die Maximierung der in einem Gichtsatz produzierten Roheisenmenge.

Die maximale Anlagenleistung wird außerdem bestimmt durch die Fahrtdauer, also die Austragszeit der am stärksten beaufschlagten Waage einer Fahrt. Bei Koksfahrten kann man zur Beschleunigung des

Austrags die Waagenausträge einer Fahrt gleich setzen. Bei Möllerfahrten geht das wegen der unterschiedlichen beteiligten Stoffe nicht; durch Minimieren des maximalen Wägebunkeraustrags erreicht man die kürzestmögliche Austragszeit für eine Fahrt.

Einsatzstoffplanung und Kostenoptimierung sind langfristige und überbetriebliche Aufgaben. Die Betriebsweise eines Einzelaggregates, also auch die eines prozeßgesteuerten Hochofens, hat sich diesen übergeordneten Planungen anzupassen, soweit die aktuelle Rohstoffbevorratung und die oben beschriebenen Restriktionen das zulassen.

Das entsprechende Optimierungsziel ist die Minimierung der gewichteten Abweichungen von vorgegebenen Sollverbräuchen; diese Sollverbräuche sind zumeist ein Kompromiß zwischen aktuellem Lagerbestand und langfristigen Sollverbräuchen aus vorangegangenen globalen Planungsrechnungen. Die Minimierung der Einsatzstoffkosten ist ein Sonderfall dieser Strategie.

4.4 Organisatorische Festlegungen

Einige vereinfachende Annahmen waren nötig, um den Umfang des Programmsystems in praktikablen Grenzen zu halten.

Das Programm zur Bunkerbilanzierung geht davon aus, daß alle in einen Bunker eingetragenen Stoffe den Bunker unvermischt in der gleichen Reihenfolge wieder verlassen. Ein Bunker kann mehrere verschiedene Materialschichten enthalten.

Die Anzahl der im Programmsystem vorkommenden Einsatzstoffe ist formal nicht begrenzt. Sie müssen allerdings zu einer begrenzten Zahl von Stoffsorten zusammengefaßt werden. Das sind zur Zeit 2 Kokssorten, 6 Sinter-, Pellet- oder Erzsorten und 6 Zuschlagsorten. Durch diese Zusammenfassung ist gewährleistet, daß als gleichwertig eingestufte Stoffe gegeneinander ausgetauscht werden können.

In früheren Programmversionen war es dem Programm überlassen, wie es die an Fahrten beteiligten Waagen zusammenstellte. Die Zusammenstellung der Bunker und Waagen zu Fahrten wurde als Zuordnungsproblem formuliert; bevorzugt werden konnten

- die Bunker mit dem größten Inhalt,
- die Bunker mit den am längsten eingelagerten Materialien,
- Zuordnungen, die besonders lange aufrechterhalten werden konnten.

Im betrieblichen Alltag stellten sich andere Gesichtspunkte als wichtiger heraus: So werden die den Waagen nächstgelegenen Bunker wegen geringerer Fallhöhen bevorzugt. Außerdem wird darauf geachtet, daß die Bunker einen gewissen Füllstand nicht unterschreiten, weil große Fallhöhen den unerwünschten Feinanteil erhöhen. Für Reparaturen sollen gewisse Bunker leergefahren bzw. Waagen außer Betrieb genommen werden können. Die automatische Zuordnung wurde als Einengung empfunden.

In der jetzigen Version wird von den Bedienern der Möllerung ein sogenannter Rahmengichtsatz vorgegeben: Den Fahrten werden Waagen zugewiesen; jeder Waage kann wahlweise entweder ein Bunker oder eine zu fahrende Stoffsorte zugewiesen werden.

4.5 Lösungsalgorithmus

Als Lösungsalgorithmus wird das Simplexverfahren mit explizitem Tableau benutzt.

Da zahlreiche Spaltenvariablen obere Begrenzungen aufweisen, zeigte sich die Anwendung der Upper-Bounding-Technique als äußerst nützlich.

Aufeinanderfolgende Materialschichten in Bunkern werden mit Hilfe der separierbaren Programmierung dargestellt.

Die Anwendung des dualen Simplexverfahrens zur Suche einer zulässigen Lösung bietet im Falle einer unzulässigen Lösung die Möglichkeit, dem Anwender mitzuteilen, welche Restriktionen zueinander im Widerspruch stehen.

4.6 Ergebnisse, betriebliche Praxis

Das Ergebnis eines Programmlaufs ist der Gichtsatz mit allen Informationen, die der Möllerwaagen-Rechner braucht, um ihn fahrtenweise abzuarbeiten. Die Wägungen einer Fahrt sind charakterisiert durch die Angabe der Bunkernummer, der Nummer eines Ersatzbunkers und das Austragssollgewicht. Ist der zugewiesene Bunker gestört oder leer, so tritt der Ersatzbunker an seine Stelle.

Ist ein Gichtsatz länger als acht Fahrten, so kann ihn der Waagenrechner nicht in voller Länge übernehmen. Er bekommt seine Informationen dann in Form von Teilzyklen mit maximal acht Fahrten. Wenn der Waagenrechner mit der Bearbeitung einer solchen Fahrtenfolge beginnt, benachrichtigt er den vorgeschalteten Rechner. Das ist für diesen der Anlaß, mit der Bereitstellung der nächsten Folge zu beginnen.

Bei dieser Ablauforganisation ist die hier behandelte Prozeßaufgabe keineswegs zeitkritisch. Findet das Simplexverfahren keine zulässige Lösung, so hat der Bediener während der Abarbeitung dieser Folge die Gelegenheit, die Situation zu überprüfen und durch geänderte Vorgaben zu bereinigen. Die erwähnte Auflistung der zueinander im Gegensatz stehenden Restriktionen soll ihm die Suche erleichtern.

Solche Störungen sind relativ selten. Ihre Ursache sind fast immer Fehler in dem umfangreichen Datenmaterial, auf das das Programm zurückgreifen muß. Der häufigste Anlaß für solche Fehler sind Irrtümer von Bedienern in nicht dem Routineablauf entsprechenden Situationen. Mit zunehmendem Automationsgrad wird die Häufigkeit solcher Fehler zusehends geringer.

Fehler dieser Art stören nicht nur den Ablauf des Programms, sondern können bei Nichtentdeckung durch das Programm zu empfindlichen Störungen des Betriebs von Möllerung und Hochofen führen.

Abweichungen zwischen vorgegebenen Sollgewichten und gefahrenen Istgewichten werden vom Waagenrechner bei späteren Austrägen der gleichen Stoffsorte ausgeglichen.

Neben dem on line closed loop-Betrieb kann das Programm auch zum probeweisen Erstellen von Gichtsätzen für Planspiele benutzt werden. "Virtuelle Hochöfen" können angelegt und durch Kopieren vorhandener Dateien oder entsprechende Vorgaben mit Daten versorgt werden. Für solche gedachten Hochöfen ermittelte Gichtsätze sind selbstverständlich nicht zur Weitergabe an den Waagenrechner bestimmt. Die an einem virtuellen Ofen erprobten Vorgaben können schließlich in die entsprechenden Dateien des realen Ofens kopiert werden, um die so ermittelte Fahrweise für den praktischen Einsatz zu übernehmen.

Damit hat der Hochöfner die Möglichkeit, für besondere Anlagenzustände entsprechende Strategien wirklichkeitsnah zu erproben und für den Bedarfsfall bereitzuhalten.

5. Rückblick und Ausblick

Das beschriebene Programm ist seit 1973 ununterbrochen und fast unverändert im betrieblichen Einsatz. Geringfügige Änderungen hatten ihren Anlaß vorwiegend in Modernisierungsmaßnahmen am Hochofen, zum Beispiel beim Einbau eines glockenlosen Gichtverschlusses /7/. Auch einen bevorstehenden Generationswechsel der unterdessen hochbetagten Rechnersysteme wird unser Modell zur Gichtsatzoptimierung wahrscheinlich nahezu unverändert überstehen.

Literatur:

/1/ Köster, H. D.; Telegdy, L.:
Optimierung des Eisenerzeinkaufs mit Hilfe der linearen Programmierung.
Ablauf- und Planungsforschung 6, 225-239, (1965)

/2/ Wartmann, R.:
Rechnerische Erfassung der Vorgänge im Hochofen zur Planung und Steuerung der Betriebsweise sowie der Erzauswahl.
Stahl und Eisen 89, 478-486, (1969)

/3/ Staib, C.; Michard, J.:
On-Line Computer Control of the Blast Furnace.
J. Metals 17, 33-39, 165-170, (1965)

/4/ van Langen, J. M.; Poos, A.; Vidal, R.:
Continuous Control of the Blast Furnace by Computer.
J. Metals 17, 1379-1384, (1965)

/5/ Millar, W. D.; Reed, C. M.:
Computer techniques for Blast Furnace burdening control.
J. Metals 24, 33-39, (1972)

/6/ Zimmermann, K. A.; Heynert, G.; Peters, K. H.:
Die neuen Anlagen für die Roheisenerzeugung mit dem neuen 14m Hochofen in Schwelgern.
Stahl und Eisen 94, 1283-1291, (1974)

/7/ Heynert, G.; Peters, K. H.; Ringkloff, G.:
Gichtverschluß ohne Glocken für Hochleistungshochöfen.
Stahl und Eisen 93, 505-517, (1973)

EIN MEHRSTUFIGES OPTIMIERUNGSMODELL DES INTERNATIONALEN ERDGASHANDELS

Hans Weinberger, Essen

In den letzten zwei Jahrzehnten hat sich die Erdgasversorgung in der Bundesrepublik Deutschland zu einem bedeutenden Faktor der Energiewirtschaft entwickelt. Dieses konnte nur dadurch realisiert werden, daß die deutsche Gaswirtschaft rechtzeitig im Weltenergiehandel Fuß faßte. Zur Abbildung, Analyse und Simulation des internationalen Erdgashandels wurde im Hause der Ruhrgas AG ein DV-System entwickelt, welches als einen Bestandteil ein mehrstufiges Optimierungsmodell enthält. Ziel ist es, bei Berücksichtigung verschiedener Restriktionen (Importbedarf, Exportverfügbarkeit, Mindestbeschäftigung, Projektlänge, anlegbarer Preis etc.) eine Mengenverteilung zu ermitteln, die langfristig einen optimalen Interessenausgleich zwischen den einzelnen Importeuren und Exporteuren ermöglicht. Da der Ansatz zu einem gemischt-ganzzahligen O/1 Programm führt, wird mit Hilfe einer vorgeschalteten Heuristik die Rechenzeit in wirtschaftlich vertretbaren Grenzen gehalten. Eine Vielzahl von Steuerungsparametern liefert dem Benutzer ferner umfangreiche Eingriffsmöglichkeiten in den Verlauf der Optimierung.

Im einzelnen gliedert sich der Vortrag in folgende Abschnitte:

1. Einleitung
1.1 Entwicklung des internationalen Erdgashandels
1.2 Stellung der Bundesrepublik Deutschland im Welterdgashandel
2. Übersicht über das DV-System INTERGAS
3. Problemstellung und Zielsetzung des zugehörigen Optimierungsmodells
4. Modell
5. Matrixgenerierung
6. Optimierung
6.1 Stufen des Optimierungsprozesses
6.2 Vorgeschaltete Heuristiken
6.3 Übersicht über die möglichen Parameter
7. Berichtsgenerierung

Operations Research Proceedings 1983

OPTIMIERUNG DES ANTEILS DER KRAFTWERKSLEISTUNG ZUR DECKUNG DER GRUNDLAST DER ÖFFENTLICHEN STROMVERSORGUNG IN DER BR DEUTSCHLAND - ANWENDUNG EINES EDV-RECHENPROGRAMMS ZUR AUSBAUPLANUNG MIT HILFE EINER PROBABILISTISCHEN KRAFTWERKSEINSATZSIMULATION

Heinz Bergmann, Essen

Gegenstand dieses Berichtes ist die Anwendung eines EDV-Rechenprogramms zur Ausbauplanung von Kraftwerksystemen. Die grundsätzliche Fragestellung im Rahmen der Ausbauplanung von Kraftwerksystemen ergibt sich aus der Verpflichtung der Elektrizitätsversorgungsunternehmen durch das Energiewirtschaftsgesetz, elektrische Energie jederzeit ausreichend, sicher und so billig wie möglich bereitzustellen.

Die Erweiterung eines Kraftwerkparks muß daher so geplant werden, daß eine ausreichende Versorgungssicherheit bei der Deckung der erwarteten Lastentwicklung gegeben ist. Aufgrund der bei unbefriedigender gesamtwirtschaftlicher Entwicklung auch im Bereich der Stromerzeugung geringeren Bedarfsentwicklung besteht derzeit ein Überhang an Kraftwerkskapazität, d.h. die Forderung nach einer sicheren Stromerzeugung ist zur Zeit ohne Zweifel erfüllt. Auch in der Zukunft dürfte der zuwachsende Bedarf an Kraftwerksleistung bei einer langsamer wachsenden Volkswirtschaft geringer ausfallen als in der Vergangenheit. Auch wenn aufgrund der gestiegenen Vorlaufzeiten für Genehmigung und Bau neuer Kraftwerksanlagen der notwendige Planungshorizont heute bei etwa 10 - 15 Jahren liegt, so ist aufgrund der zur Zeit in Bau befindlichen Kraftwerksleistung und der in der Planung befindlichen Projekte keine Gefährdung der Versorgungssicherheit zu erkennen.

Die zweite Forderung des Energiewirtschaftsgesetzes ist zur Zeit jedoch nicht in gleicher Weise erfüllt. Der vorhandene Kraftwerkpark ist hinsichtlich seiner Kostenstruktur keineswegs optimal. Die Ursache dafür liegt insbesondere in der Preisentwicklung bei den konventionellen Primärenergien. Die heute vorhandenen Öl- und Gaskraftwerke, die ursprünglich für den Einsatz in der Grundlast geplant waren, gehören inzwischen kostenmäßig in die Spitzenlast. Wegen des entstandenen Defizits an kostengünstiger Grundleistung müssen die Steinkohlekraftwerke, deren wirtschaftlicher Einsatzbereich in der Mittellast liegt, teilweise zur Deckung des Grundlastbedarfs eingesetzt werden.

Für den Einsatz von EDV-Programmen im Bereich der Kraftwerksausbaupla-

Operations Research Proceedings 1983

nung bedeuten geringere Lastzuwächse eine Verengung der Bandbreite, innerhalb derer optimiert werden kann. Darüber hinaus ist die Zubauplanung in der BR Deutschland heute durch zahlreiche Randbedingungen eingeschränkt:

- Der Zubau von Öl- und Gaskraftwerken kommt aus energiepolitischen Gründen wegen der hohen Importabhängigkeit nicht in Frage.
- Die Möglichkeiten des Braunkohle- und Laufwassereinsatzes sind praktisch ausgeschöpft. Die geplanten Braunkohle-Kraftwerksblöcke sind lediglich Ersatz für die Außerbetriebnahme alter Leistung.
- Der Einsatz heimischer Steinkohle für die Verstromung ist durch langfristige Abnahmegarantien festgelegt.

Der Einsatz von Optimierungsprogrammen ist damit jedoch nicht überflüssig geworden. Wegen der Zielsetzung einer möglichst wirtschaftlichen Stromerzeugung ist es notwendig zu überprüfen, inwieweit durch die geänderten relevanten Kosten auch eine Außerbetriebnahme alter Leistung - eventuell vor Ende der technischen Lebensdauer - zugunsten neuer Kraftwerke mit anderer Kostenstruktur sinnvoll sein könnte.

Als Beispiel für eine solche Untersuchung wird hier die Kraftwerks- und Bezugsleistung der öffentlichen Versorgung analysiert und ein aus wirtschaftlicher Sicht notwendiger Anteil an Grundleistung ermittelt.

Das eingesetzte EDV-Rechenprogramm ist eine weiterentwickelte Version des Programms EXPAN des Rheinisch-Westfälischen Elektrizitätswerks AG, das bereits in einer früheren Veröffentlichung /1/ beschrieben wurde.

Da der Schwerpunkt dieses Berichtes anwendungsorientiert sein soll, kann das zugrundeliegende mathematische Modell hier nicht in den Einzelheiten beschrieben, sondern nur ein kurzer Abriß der Vorgehensweise gegeben werden:

Der Ausbauplanungsalgorithmus basiert auf dem Prinzip der dynamischen Planungsrechnung. Kriterium für einen Leistungszubau bzw. -abbau ist eine geforderte Versorgungszuverlässigkeit des Kraftwerksystems. Die Versorgungszuverlässigkeit wird als sogenannte Loss-of-Load-Probability (LoLP) vorgegeben. LoLP entspricht der Wahrscheinlichkeit, daß in einem betrachteten Zeitintervall eine auftretende Last durch die betriebsbereite Leistung (= installierte Engpaßleistung abzüglich der wegen Reparatur- und Revisionsarbeiten sowie bei Kernkraftwerken wegen Brennelementwechsel planmäßig nicht einsetzbaren Leistung) nicht mehr gedeckt werden kann. Kriterium für die Optimalität der ermittelten Ausbaustrategie ist der Gesamtbarwert der entscheidungsrelevanten Kosten, d.h. für die vorhandenen und weiterbetriebenen Kraftwerksblöcke sind nur die beweglichen Kosten (= Brennstoffkosten und sonstige ausnutzungsabhängige Kosten), für abgebaute Kraftwerksblöcke zusätzlich die festen, ausnutzungsunabhängigen Betriebskosten und für zugebaute Kraftwerksblöcke darüber hinaus die Kapitalkosten zu berücksichtigen.

Für jeden untersuchten Ausbauzustand des Systems wird eine probabilistische Einsatzsimulation der Kraftwerksblöcke durchgeführt. Für ein betrachtetes Zeitintervall muß die Lastsituation vorgegeben werden als Wahrscheinlichkeitsverteilung (Dauerlinie). Für jedes Kraftwerk ist als statistische Größe eine Arbeits(nicht)verfügbarkeit zu definieren. Ermittelt wird eine Dauerlinie der ausgefallenen Leistung. Überlagert mit der Dauerlinie der Last ergibt sich die Wahrscheinlichkeitsverteilung der sogenannten äquivalenten Belastung (= Last plus ausgefallene Leistung). Diese Verteilungsfunktion läßt sich auch interpretieren als Dauerlinie der äquivalenten Betriebszeit (= tatsächliche Betriebszeit plus Ausfallzeit) der Kraftwerksblöcke. Die Einsatzreihenfolge der Kraftwerksblöcke richtet sich zunächst nach ihren beweglichen Kosten. Kostenunabhängig kann für alle Kraftwerksblöcke einzeln oder für definierte Kraftwerkpools eine untere oder obere Einsatzgrenze vorgegeben werden. Die maximale Betriebszeit der Kraftwerksblöcke ergibt sich aus den vorgegebenen Arbeitsverfügbarkeiten; da die in der Grundlast eingesetzten Kraftwerksblöcke bei Arbeitsverfügbarkeiten < 100 % die ihnen aufgrund der Einsatzreihenfolge zugeordneten äquivalenten Betriebszeiten nicht erreichen können, müssen für Zeiten niedrigerer Belastung die Betriebszeiten anderer Kraftwerke entsprechend erhöht werden (Ersatzforderung). Ergebnis der Einsatzsimulation ist eine Dauerlinie der Erzeugung. Der Flächeninhalt unter der Dauerlinie der Erzeugung entspricht dem unter der Last-Dauerlinie und ist ein Maß für den Stromverbrauch einschließlich Netzverlusten im betrachteten Zeitintervall.

Die bestehende Programmversion ermöglicht auch die Berücksichtigung mehrerer Pumpspeicher. Den Pumpspeicher-Kraftwerken wird außerhalb der Dauerlinie die Energie der kurzzeitigen Belastungsspitzen zugeordnet. Darüber hinaus können die Pumpspeicher im Wälzbetrieb bei Beachtung der Wirtschaftlichkeitsgrenze zur Verdrängung teurer thermischer Erzeuger eingesetzt werden.

Die im Rahmen dieser Untersuchung durchgeführten Rechnungen basieren auf den Daten der vorhandenen Kraftwerks- und Bezugsleistung der öffentlichen Versorgung für das Kalenderjahr 1980. Da für den Gesamt-Kraftwerkpark der öffentlichen Versorgung keine geeigneten Werte für die planmäßige Außerbetriebnahme der Kraftwerksblöcke zur Verfügung standen, und da eine detaillierte Berücksichtigung der Wartung in jedem

Fall eine unterjährige Betrachtung erforderlich gemacht hätte, für die aber wiederum keine Last-Dauerlinien verfügbar waren, wurde nicht mit der betriebsbereiten Leistung sondern mit der insgesamt installierten Kraftwerksleistung gerechnet. Die angesetzten Arbeitsnichtverfügbarkeiten der Kraftwerksblöcke berücksichtigen deshalb nicht nur die Störausfall-Wahrscheinlichkeiten sondern auch die planmäßigen Nichtverfügbarkeiten. Mit den Arbeitsnichtverfügbarkeiten der Kraftwerksblöcke ergibt sich dann eine Dauerlinie der nicht betriebsbereiten Leistung. Die Wahrscheinlichkeit kritischer Last-Situationen (LoLP) entspricht der Wahrscheinlichkeit dafür, daß Last plus nicht betriebsbereite Leistung höher sind als die installierte Engpaßleistung.

Tabelle 1 zeigt die Kraftwerks- und Bezugsleistung der öffentlichen Versorgung im Jahre 1980, aufgeteilt nach Primärenergieeinsatz. Von den für die Stromversorgung zur Verfügung stehenden Primärenergien sind Laufwasser, Braunkohle und Kernenergie aufgrund des niedrigen beweglichen Kostenanteils zur Deckung des Grundlast-Bedarfs besonders geeignet. Der Leistungsanteil dieser Kraftwerke, der hier als Grundleistung bezeichnet wird, beträgt 31,9 %, also knapp ein Drittel der Gesamtleistung.

Die in der DVG-Vorschau 1982 /2/ genannte Kraftwerks- und Bezugsleistung des Jahres 1980 von 74,6 GW-netto enthält 5,1 GW-netto nicht einsetzbare Leistung, die zur Winterhöchstlast vorhersehbar nicht einsetzbar war. 2,9 GW-netto sind auf die eingeschränkten Einsatzmöglichkeiten der Wasserkraftwerke und 2,2 GW-netto auf Sonderfälle zurückzuführen. Als für die Deckung des Strombedarfs einsetzbare Leistung (= 100 %) sind hier 72,4 GW-netto zugrunde gelegt, d.h. die um die Sonderfälle der nicht einsetzbaren Leistung bereinigte Gesamtleistung.

Auf Basis der folgenden Ansätze wurde zunächst eine Einsatzsimulation für die vorhandene Kraftwerksleistung durchgeführt:

- Jahresdauerlinie der Last mit einer Höchstlast von 50 GW und einem Energieinhalt von 294,2 TWh (ohne Pumpspeicher-Einspeisung).
- Netzeinspeisung der Pumpspeicherkraftwerke von 4,0 TWh wird außerhalb der Jahresdauerlinie gesondert berücksichtigt, so daß insgesamt der tatsächliche Stromverbrauch des Jahres 1980 einschließlich Netzverlusten von 298,2 TWh-netto abgebildet wird.
- Unterteilung der Kraftwerksleistung entsprechend der tatsächlichen Struktur nach Kraftwerksblöcken.
- Differenzierung der beweglichen Kosten nach Leistungsgröße aufgrund einer Auswertung statistischer Daten.

- Angesetzte Arbeitsverfügbarkeiten für

Braunkohle	90 % ≙ rd. 7.900 h/a
Steinkohle, Gas, Öl, Sonstiges	85 % ≙ rd. 7.400 h/a
Kernenergie	75 % ≙ rd. 6.600 h/a
Laufwasser	55 % ≙ rd. 4.800 h/a

- Die bestehenden Einsatz-Restriktionen bezüglich Primärenergie (Steinkohlen-Vertrag, VDEW/GVSt) und aufgrund der unterschiedlichen Kraftwerkstruktur der einzelnen Versorgungsunternehmen sind bewußt vernachlässigt, um den maximalen Arbeitsanteil der Grundleistung für den bestehenden Kraftwerkpark nach ausschließlich wirtschaftlichen Kriterien zu ermitteln.

Das Ergebnis der im Hinblick auf minimale Gesamtkosten optimierten Einsatzplanung der vorhandenen Kraftwerksleistung ist ebenfalls in Tabelle 1 wiedergegeben. Der Grundleistung fällt ein Arbeitsanteil von 53,8 % zu.

Bild 1 zeigt die verwendete Jahresdauerlinie der Last sowie die Jahresdauerlinie der Erzeugung, die sich bei der Einsatzsimulation unter Berücksichtigung der genannten Ansätze ergibt. Unter der Dauerlinie der Erzeugung sind die Anteile der einzelnen Primärenergien an der Bereitstellung der elektrischen Arbeit eingetragen. Diese Beiträge zum Stromaufkommen ergeben sich aufgrund der Einsatzreihenfolge nach beweglichen Kosten. Da in der Jahresdauerlinie der Erzeugung die Kraftwerksblöcke in der Reihenfolge der ermittelten Arbeitsausnutzung geordnet werden, erscheint der Anteil der Grundleistung auf Basis von Braunkohle, Kernenergie und Laufwasser wegen der unterschiedlichen Arbeitsverfügbarkeiten nicht als ein geschlossenes Feld. Ergebnis der modellmäßigen Einsatzsimulation ist auch der eingangs bereits erwähnte Einsatz von Steinkohle-Kraftwerksleistung im Grundlastbereich. Der aus Bild 1 zu ersehende Steinkohle-Leistungsblock entspricht rd. 12 GW-netto und spiegelt damit den tatsächlichen Grundlasteinsatz der Steinkohleblöcke richtig wider.

Nach der Einsatzsimulation mit der Kraftwerksleistung des Jahres 1980 wurde in einem zweiten Schritt zur Optimierung des vorhandenen Kraftwerkparks folgende Modellrechnung durchgeführt:

- Unterstellt wird, daß ein Kraftwerkszubau bzw. -abbau so erfolgt wäre, daß der modellmäßig veränderte Kraftwerkpark für das betrachtete Jahr 1980 zur Verfügung steht. Der Ausbauplanungsalgorithmus des eingesetzten EDV-Rechenprogramms wird dabei in der Weise verwendet, daß der Betrachtungszeitraum formal um ein zweites Jahr erweitert wird, das aber wiederum durch die Lastverteilung und die Kostenverhältnisse aus 1980 gekennzeichnet wird.

- Zulässig ist der Zubau von 1.300-MW-DWR-Kernkraftwerksblöcken und 750-MW-Steinkohleblöcken (heimische Steinkohle).
- Zulässig ist der Abbau alter Steinkohle-, Öl- und Gas-Kraftwerksleistung.
- Die festen Betriebskosten der abbaufähigen Kraftwerksblöcke sind wie die beweglichen Kosten aufgrund einer Auswertung statistischer Daten nach Leistungsgröße differenziert.
- Die Versorgungszuverlässigkeit (LoLP) des veränderten Systems wird so vorgegeben, daß sich im Saldo ein Leistungsabbau in Höhe des Überhangs in 1980 laut DVG-Vorschau von 5,2 GW-netto ergibt. Dieser Leistungsüberhang entspricht den Angaben der DVG-Mitglieder aufgrund der detaillierten Rechnungen für die einzelnen Versorgungsunternehmen.

Die anhand der obigen Kriterien optimierte Struktur der Kraftwerks- und Bezugsleistung und der zugehörige Kraftwerkseinsatz ohne Berücksichtigung zusätzlicher Restriktionen sind in Tabelle 2 wiedergegeben. Bild 2 zeigt analog zur Darstellung in Bild 1 die Jahresdauerlinien der Last und der Erzeugung. Zugebaut werden insgesamt 8 Kernblöcke mit einer Gesamtleistung von rd. 10 GW-netto. Dem steht ein Abbau alter Kraftwerksleistung von rd. 15 GW-netto gegenüber. Der Steinkohle-Leistungsblock im Grundlastbereich ist deutlich kleiner geworden. Der Anteil der Grundleistung erhöht sich auf 49,1 %, der zugehörige Anteil an der elektrischen Arbeit auf 74,5 %. Die ermittelte Struktur der Kraftwerksleistung ergibt sich aufgrund der Kostenrelationen in 1980. Die Investitionskosten der zugebauten Kraftwerksblöcke sind berücksichtigt über einen Annuitätsfaktor, der einer gleichmäßigen Kapitalaufbringung über eine kalkulatorische Betriebszeit von 20 Jahren entspricht.

Wenn man demgegenüber davon ausgeht, daß sich die festen Betriebskosten und die beweglichen Kosten der Kraftwerksblöcke zukünftig mit etwa 6 % p.a. verteuern und als Entscheidungskriterium für den Umfang des Zubaus bzw. Abbaus an Kraftwerksleistung die finanzmathematisch mittleren Kosten über eine kalkulatorische Betriebszeit der Zubauleistung von 20 Jahren wählt, so ergibt sich die optimierte Kraftwerksstruktur und der zugehörige Kraftwerkseinsatz entsprechend Tabelle 3. In Bild 3 sind wiederum die Jahresdauerlinien der Last und der Erzeugung dargestellt. Durch den Zubau weiterer Kernblöcke bei einem verstärkten Abbau alter Leistung erhöht sich der Anteil der Grundleistung auf 60,1 %, ihr Anteil an der Bereitstellung der elektrischen Arbeit auf 87,0 %.

Zusammenfassend läßt sich sagen, daß die für die gesamte Kraftwerks- und Bezugsleistung der öffentlichen Versorgung durchgeführten Modellrechnungen sicherlich keine Aussage über eine sinnvolle Außerbetriebnahme konkreter Altleistung liefern können. Dazu sind in jedem Fall detailliertere Analysen erforderlich, die die spezielle Situation bei den betroffenen Versorgungsunternehmen berücksichtigen müssen. Aus den Ergebnissen der Rechnungen läßt sich aber entnehmen, daß aus wirtschaftlicher Sicht ein Anteil der Grundleistung auf Basis Laufwasser, Braunkohle und Kernenergie von mindestens 50 % angestrebt werden sollte. Wenn, z.B. aufgrund energiepolitischer Überlegungen, anderen Primärenergien ein so starkes Gewicht bei der Verstromung eingeräumt wird, daß diese Größenordnung für die Grundleistung nicht realisiert werden kann, so müssen wirtschaftliche Nachteile in Kauf genommen werden.

Literatur

/1/ Tröscher H., Lange H.-W.: Ein Modell zur Produktionskostensimulation und langfristigen Ausbauplanung für die Elektrizitätserzeugung, Elektrizitätswirtschaft 75 (1976), S. 110 - 116

/2/ Deutsche Verbundgesellschaft: Langfristige Vorschau für die öffentliche Stromversorgung der Bundesrepublik Deutschland 1982-93, Heidelberg 1982

	GW-netto		10^3 h/a		TWh-netto	
Braunkohle	12,2		7,9		95,8	
Kernenergie	8,5		6,6		56,0	
Laufwasser	2,4	23,1 ≙ 31,9 %	4,8	7,1	11,8	163,6 ≙ 53,8 %
Steinkohle	20,1		5,9		118,0	
Gas	11,7		1,2		14,2	
Öl	10,3		0,2		1,6	
Sonstiges	0,3		7,4		2,5	
Speicher/Pumpspeicher	6,9	49,3 ≙ 68,1 %	0,6	2,8	4,0	140,3 ≙ 46,2 %
Bereinigte Kraftwerks- und Bezugsleistung / Netzeinspeisung		72,4 ≙ 100 %		4,2		303,9 ≙ 100 %
Pumpstromaufwand der thermischen Kraftwerke						- 5,7
Stromverbrauch einschl. Netzverluste						298,2
Nicht einsetzbare Leistung (Sonderfälle)		+ 2,2				
Kraftwerks- und Bezugsleistung		74,6				

Tabelle 1: Vorhandene Struktur der Kraftwerks- und Bezugsleistung im Jahre 1980 - Einsatzsimulation mit Kostenverhältnissen 1980

		GW-netto		10^3 h/a		TWh-netto	
Braunkohle		12,2		7,7		93,5	
Kernenergie	8,5 + 8 x 1,24 =	18,4		6,6		120,9	
Laufwasser		2,4	33,0 ≙ 49,1 %	4,8	6,9	11,8	226,2 ≙ 74,5 %
		(23,1 + 9,9)					
Steinkohle	20,1 - 7,8 =	12,3		4,7		57,2	
Gas	11,7 - 2,3 =	9,4		1,3		12,6	
Öl	10,3 - 5,0 =	5,3		0,3		1,4	
Sonstiges		0,3		6,8		2,4	
Speicher/Pumpspeicher		6,9	34,2 ≙ 50,9 %	0,6	2,3	4,0	77,6 ≙ 25,5 %
		(49,3 - 15,1)					
Bereinigte Kraftwerks- und Bezugsleistung / Netzeinspeisung	72,4 - 5,2 =		67,2 ≙ 100 %		4,5		303,8 ≙ 100 %

LoLP = 3,4 Tage/a

(entspricht rechnerisch einem Energiedefizit von 0,05 TWh-netto oder ca. 2 Vollasttagen eines 1.300-MW-KKW-Blockes)

Tabelle 2: Optimierte Struktur der Kraftwerks- und Bezugsleistung für 1980 - Einsatzsimulation mit Kostenverhältnissen 1980

		GW-netto		10^3 h/a		TWh-netto	
Braunkohle		12,2		6,9		83,8	
Kernenergie	8,5 + 14 x 1,24 =	25,8		6,5		168,7	
Laufwasser		2,4	40,4 ≙ 60,1 %	4,8	6,5	11,8	264,3 ≙ 87,0 %
		(23,1 + 17,3)					
Steinkohle	20,1 - 8,1 =	12,0		2,6		30,5	
Gas	11,7 - 6,1 =	5,6		0,5		2,8	
Öl	10,3 - 8,3 =	2,0		0,2		0,5	
Sonstiges		0,3		4,3		1,5	
Speicher/Pumpspeicher		6,9	26,8 ≙ 39,9 %	0,6	1,5	4,1	39,4 ≙ 13,0 %
		(49,3 - 22,5)					
Bereinigte Kraftwerks- und Bezugsleistung / Netzeinspeisung	72,4 - 5,2		= 67,2 ≙ 100 %		4,5		303,7 ≙ 100 %

LoLP = 6,7 Tage/a
(entspricht rechnerisch einem Energiedefizit von 0,14 TWh-netto oder ca. 5 Vollasttagen eines 1.300-MW-KKW-Blockes)

Tabelle 3: Optimierte Struktur der Kraftwerks- und Bezugsleistung für 1980
- Einsatzsimulation mit den mittleren Kostenverhältnissen über die Betriebszeit der Zubauleistung

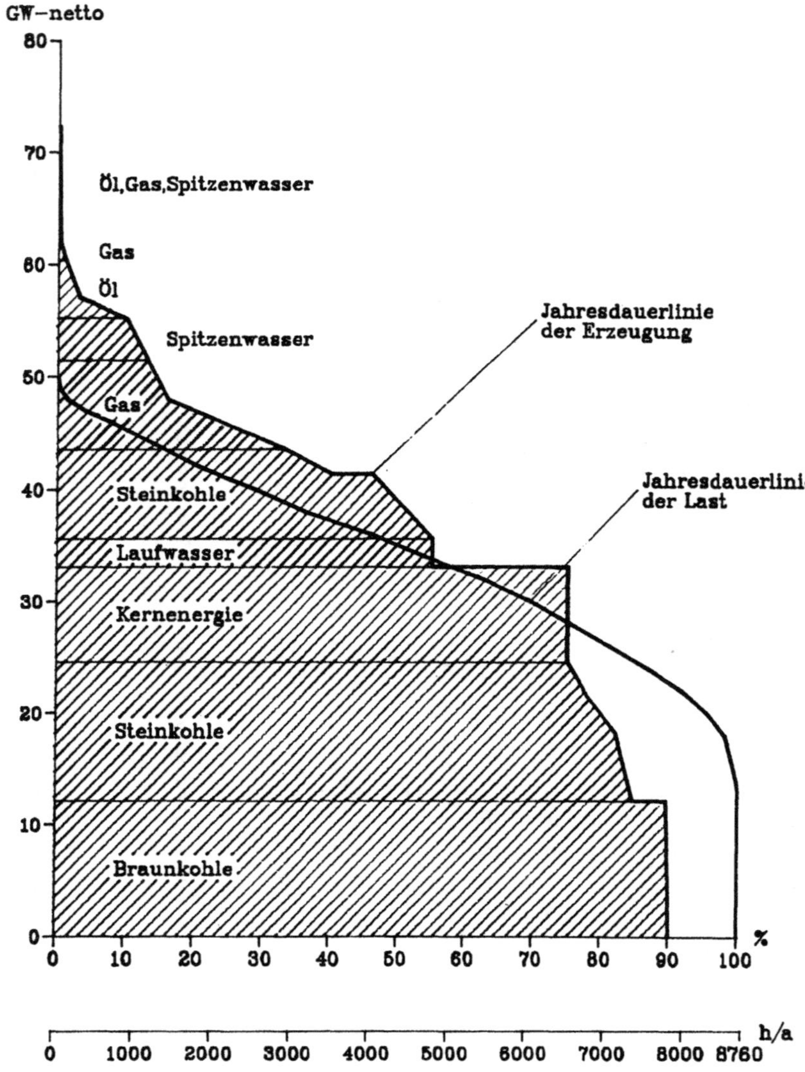

Bild 1: Jahresdauerlinien der Last und der Erzeugung für die öffentliche Stromversorgung der BR Deutschland im Jahre 1980 – vorhandene Struktur der Kraftwerks- und Bezugsleistung, Einsatzsimulation mit Kostenverhältnissen 1980

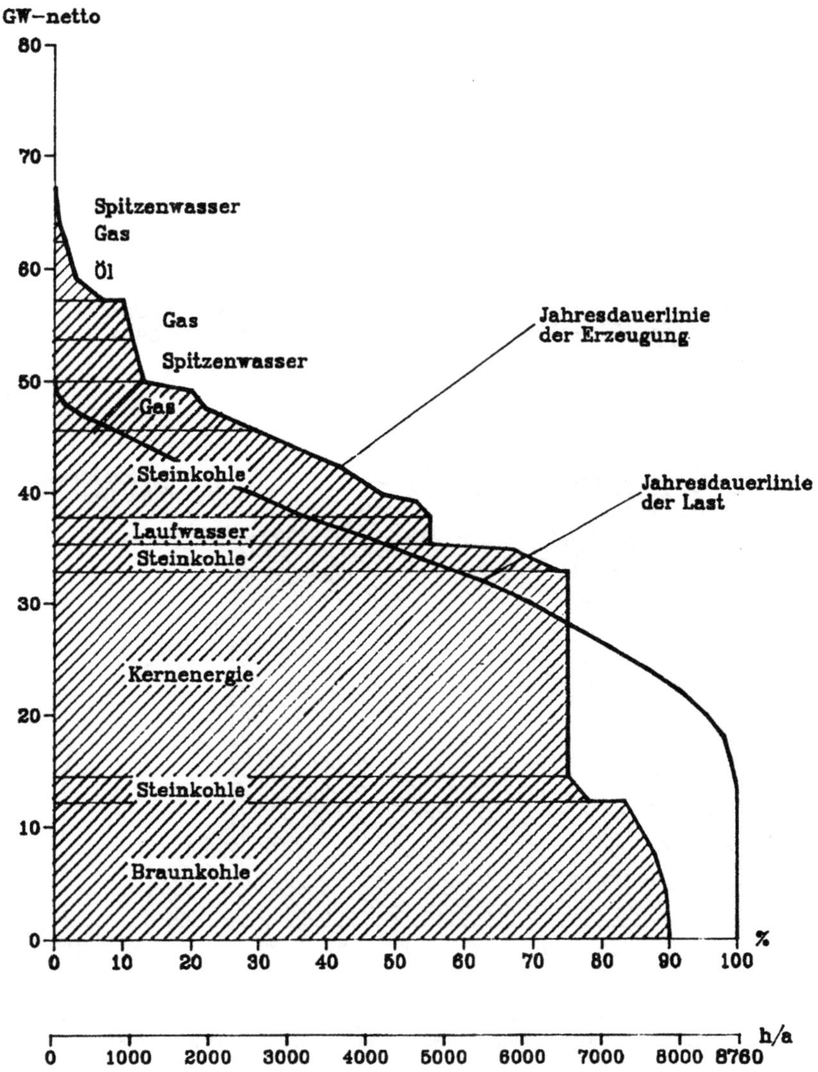

Bild 2: Jahresdauerlinien der Last und der Erzeugung für die öffentliche Stromversorgung der BR Deutschland im Jahre 1980 – optimierte Struktur der Kraftwerks- und Bezugsleistung, Einsatzsimulation mit Kostenverhältnissen 1980

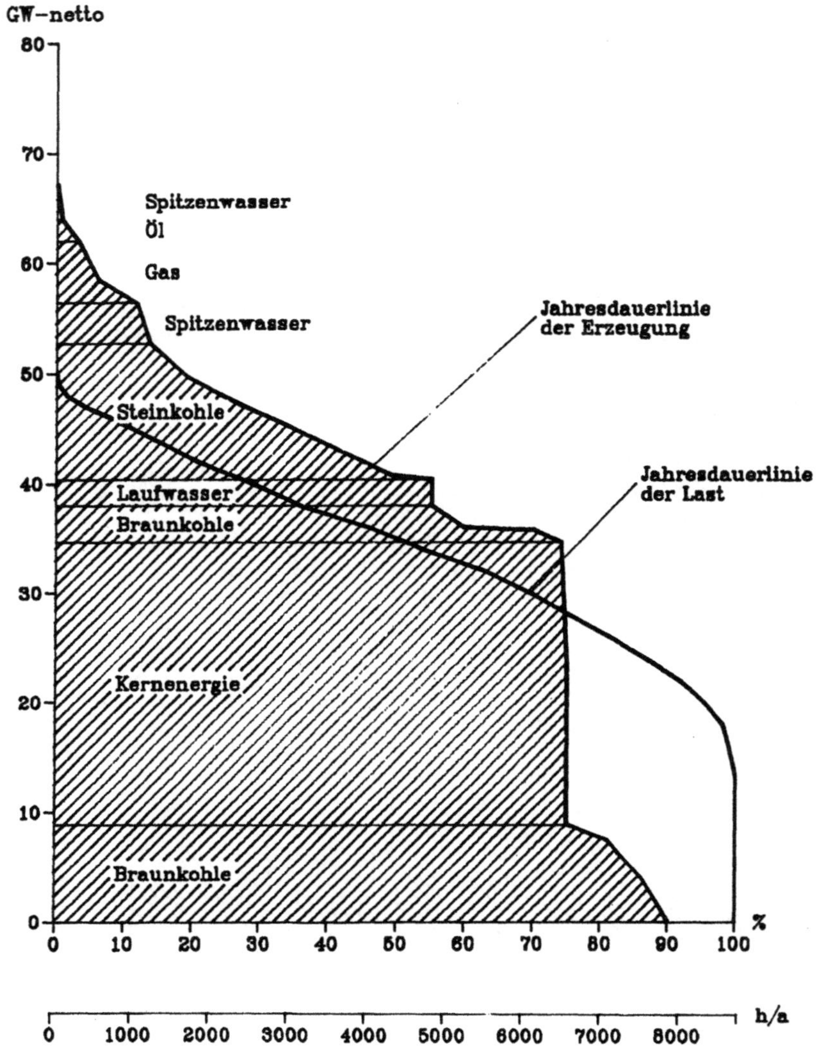

Bild 3: Jahresdauerlinien der Last und der Erzeugung für die öffentliche Stromversorgung der BR Deutschland im Jahre 1980 – optimierte Struktur der Kraftwerks- und Bezugsleistung, Einsatzsimulation mit den mittleren Kostenverhältnissen über die Betriebszeit der Zubauleistung

ITERATIVE ENTWICKLUNG VON HEURISTIKEN ZUR MONTAGESTEUERUNG BEI MEHRPRODUKT - FLIESSFERTIGUNG

Gabriele Bauer, München
Gero Scholz, München

Zusammenfassung: Die Fertigung verschiedener Modellvarianten auf einem Fließband führt zu zeitlichen Belastungsschwankungen der Arbeitsstationen; verschiedene Umsortiersysteme ermöglichen einen gewissen Ausgleich durch die Bildung geeigneter Montagereihenfolgen. Eine DV-gestützte Echtzeitsteuerung solcher Sortiersysteme erfordert einfache und robuste mathematische Verfahren. Der Beitrag stellt die schrittweise Entwicklung entsprechender Heuristiken in einer Zusammenarbeit zwischen Hochschule und Praxis dar.

I) BESCHREIBUNG DES MONTAGESTEUERUNGS-SYSTEMS UND DER AUFTRETENDEN SCHWIERIGKEITEN

Die Bayrischen Motorenwerke (BMW-AG) bieten ihren Kunden innerhalb einer Baureihe viele verschiedene Motorvarianten, Lackfarben und Sonderausstattungen an. Außerdem bestehen zahlreiche Unterschiede zwischen den Inlands- und Exportausführungen. So kann zB. ein Fahrzeug der Baureihe 5 einen Einspritz-Motor mit 2000 cm^3 Hubraum, eine Metallic-Lackierung, ein elektrisches Schiebedach, eine Klimaanlage, ein Automatikgetriebe und - als Exportfahrzeug - Rechtslenkung besitzen.
Die Fertigung vollzieht sich in mehreren großen Teilabschnitten, wobei in jedem Abschnitt bestimmte Eigenheiten des Fahrzeugs von besonderer Bedeutung sind.

1. Fertigungsablauf (vgl. Abbildung 1)

Die Blechteile der Karosserie werden in Losen gepreßt und bis zur Weiterverarbeitung gelagert. Im Rohbau werden diese Teile dann zusammengeschweißt. Parallel dazu wird der zugehörige Motor gebaut. Nach dem Rohbau durchläuft die Karosse die Lackiererei, gelangt in die Vor- und Endmontage, wird getestet und anschließend an den Vertrieb übergeben. Um für jeden Abschnitt günstige Reihenfolgen zu erhalten, werden die Karossen an mehreren Stellen umsortiert. Im Mittelpunkt der folgenden Untersuchung steht der sog. "PF-Speicher", ein Umsortiersystem zwischen Lackiererei und Vormontage.

Abb. 1 :

Fertigungs-
ablauf

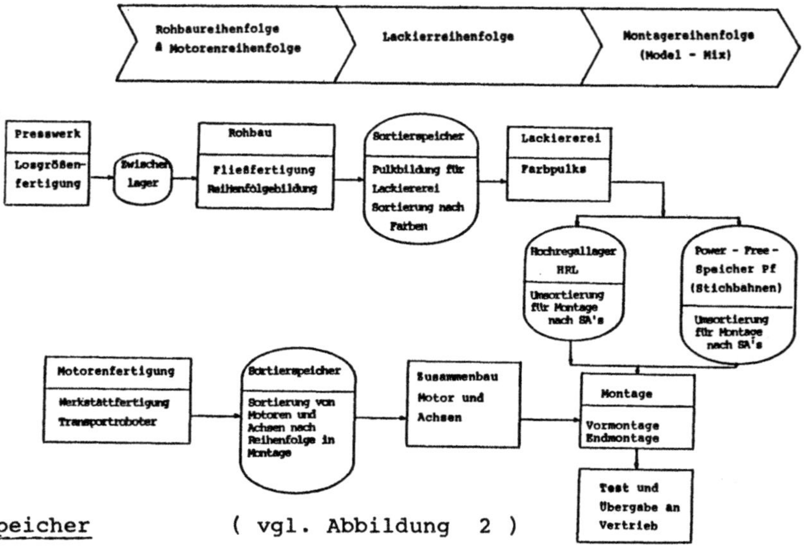

2. Der PF-Speicher (vgl. Abbildung 2)

Es handelt sich hierbei um einen Stichbahnen-Speicher (Einbahnstraßenprinzip ohne Überholmöglichkeit) mit 21 Bahnen zu je 6 Stellplätzen und zwei zusätzlichen Staubahnen à 11 Plätzen. Aufgrund des ungleichmäßigen Zulaufs aus der Lackiererei (Verzögerungen durch Nachlackierungen) kommt dem Speicher nicht nur eine Sortierfunktion, sondern auch eine Pufferfunktion zu. Erfahrenes Personal beschickt bislang die drei Vormontagebänder durch manuelle Steuerung des PF-Speichers. Die hierbei immer wieder auftretenden Schwierigkeiten sollen künftig durch eine Prozeßrechnersteuerung behoben werden.

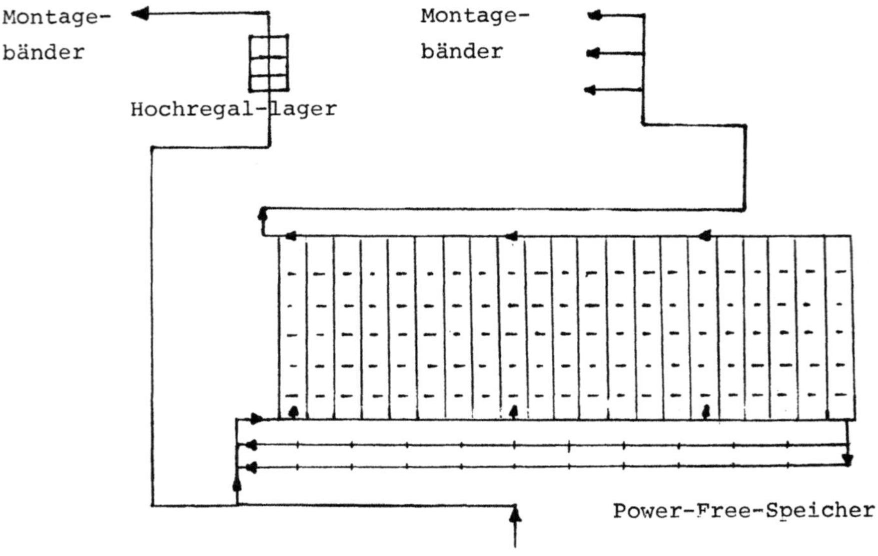

Abb. 2 : Power-Free-Speicher

3. Schwierigkeiten bei der Steuerung des PF-Speichers

Das Steuerpersonal ist durch die hohe Komplexität der Aufgabe und den ständigen Zeitdruck starken Belastungen ausgesetzt.
Immer wieder klagen einzelne Werker am Montageband darüber, daß die von ihnen bearbeiteten Sonderausstattungen (SA) in unregelmäßigen Abständen bei ihrer Arbeitsstation ankommen. Die Mehrbelastung durch zu dichtes Aufeinanderfolgen solcher Aufträge zwingt sie zum Verlassen ihrer Stationsgrenzen und führt damit zu Konflikten mit benachbarten Stationen /4/. Gelingt es dem Steuerpersonal nicht, das tägliche SA-Volumen gleichmäßig auf die beiden Arbeitsschichten zu verteilen, so resultieren hieraus weitere Konflikte.
Der gleichmäßige Abzug der betroffenen Karossen aus dem PF-Speicher wird sowohl durch vorübergehenden Stillstand einzelner Vormontagebänder, als auch durch fehlendes Material für einzelne SA's beeinträchtigt. Gleichzeitig führt der unregelmäßige Zulauf aus der Lackiererei zu starken Schwankungen des Speicherfüllstandes.

II) ZUSAMMENSETZUNG DER ARBEITSGRUPPE UND PROJEKTPLANUNG

Seit einigen Jahren existieren im Unternehmen Vorschläge für eine rechnergestützte Erstellung der Montagereihenfolge. Die Realisierung erfolgte bisher nur teilweise und führte zu unbefriedigenden Ergebnissen. Anläßlich der Einführung einer neuen Rechnergeneration sollten alte Regeln verbessert oder neue entwickelt werden.
Trotz einer gewissen Skepsis aufgrund früherer Erfahrungen mit Hochschulen fand sich das Unternehmen zu einer Zusammenarbeit mit der Hochschule der Bundeswehr München bereit.

1. Mitglieder der Projektgruppe

Der organisatorische Hintergrund im Unternehmen war durch die Stab-Linie-Problematik gekennzeichnet. Direkter Problemträger war der Bereich Logistik in einem Zweigwerk des Unternehmens. Der Zentralbereich Logistik übernahm unterstützende und beratende Funktionen. Bei ihm lag auch die Zuständigkeit für die Entwicklung neuer Steuerungssysteme. Die endgültige Entscheidung über die Realisierung lag jedoch beim Zweigwerk.
Aus der Sicht der Hochschule sollte das Projekt Gelegenheit zu einer praxisnahen Ausbildung der studierenden Offiziere bieten. Im Rahmen eines Studienprojekts /3/ arbeiteten 13 Studenten der Vertiefungsrichtung OR unter intensiver Betreuung durch 2 wissenschaftliche Mitarbei-

ter an diesem Projekt. Bei dem Studienprojekt handelt es sich um eine der wenigen Veranstaltungen, die trotz Regelstudienzeit nicht zum Pflichtkatalog gehört. Die Freiwilligkeit der Teilnahme sowie das hautnahe Miterleben eines Problemlösungsprozesses mit praktischer Relevanz wirkten außerordentlich motivierend auf die Studenten.
Um einen stetigen Informationsfluß zwischen Unternehmen und Hochschule zu gewährleisten, nahm ein Angehöriger der Zentralabteilung Logistik an den Projektsitzungen teil.

2. Zeitliche und inhaltliche Planung des Projekts

Für die gesamte Abwicklung des Projekts standen 2 Trimester mit jeweils 8 Wochenstunden zur Verfügung. In der ersten Projektsitzung wurde folgender Zeitplan entwickelt:

	Dauer (Wochen)	Inhalt
	2	Werksbesichtigung und Einarbeitung
	4	Datenbeschaffung , Ist-Analyse
	2	Entwicklung erster Ideen, Konzeption
==)	1	Zwischen-Präsentation
	2	endgültige Konzeption
	6	Weiterentwicklung der Ideen und Programmierung
	2	Test mit empirischen Daten
	4	Erstellen des Abschlußberichts
==)	1	Abschluß-Präsentation

Für die Durchführung des Projekts wurden 3 Arbeitsgruppen gebildet, die sich mit der Analyse und Aufbereitung der Ist-Daten, der Entwicklung von Steuerungsregeln bzw. der Entwicklung von Gütekriterien zur Bewertung von Montagereihenfolgen beschäftigten.

Zum Verlauf des Projekts sei an dieser Stelle angemerkt, daß sich der "Verbindungsmann" als sehr nützlich und notwendig erwiesen hat. Die frühzeitige Durchführung einer Zwischenpräsentation, bei der auch die eigentlichen Problemträger (Zweigwerk) einbezogen wurden, stellte wichtige Weichen für den weiteren Projektverlauf:

- o Die anfängliche Skepsis auf Seiten des Unternehmens verwandelte sich in eine positive Erwartungshaltung.
- o Die ursprünglich geplante Betrachtung von Ein- und Auslagerungsvorgängen des PF-Speichers wurde zugunsten einer intensiveren Analyse der Auslagerung zurückgestellt.

III) DURCHFÜHRUNG DES PROJEKTS

1. Entwicklung von Gütekriterien für Montagereihenfolgen

Eine Reihenfolge hat grundsätzlich dann als "gut" zu gelten, wenn sie zu einer gleichmäßigen Auslastung aller Werker am Band führt /2/.
Bei den Werkern, die für den Einbau von Sonderausstattungen zuständig sind, ist die Arbeit so bemessen, daß sie für normale Aufträge weniger als einen ganzen Takt benötigen, für Aufträge mit der betreffenden SA jedoch mehr als einen Takt.

Beispiel: (Einbau des elektrischen Fensterhebers FH)

- o 480 Karossen je Schicht (= 8 Stunden)
- o Bandtaktung = 1,0 Minuten
- o 192 Karossen davon mit FH
- o Zeitbedarf für normale Karosse = 0,66 Minuten
- o Zeitbedarf für Karosse mit FH = 1,5 Minuten

Im günstigsten Fall besitzt abwechselnd jede 2. und jede 3. Karosse, die an dem Werker vorbeikommt, einen elektrischen Fensterheber.

Ein sinnvolles Gütekriterium muß sowohl kurzfristige, als auch langfristige Abweichungen von der Idealreihenfolge bewerten.Unter "kurzfristiger" Abweichung verstehen wir die Differenz zwischen realem und idealem Abstand zweier Karossen mit gleicher SA; Verzerrungen, die dadurch entstehen, daß mehrfach hintereinander zu kurze oder zu lange Abstände vorkommen, erfassen wir als "langfristige" Abweichungen. Da beiden Komponenten eigenes Gewicht zukommt, wurden zwei entsprechende Gütemeßziffern konstruiert. Die Formelbildung lehnt sich hierbei an die Berechnung statistischer Größen an. Bei der kurzfristigen Gütemeßziffer handelt es sich um die Standardabweichung der Abstände zwischen zwei Karossen der selben SA, bei der langfristigen Gütemeßziffer um die Standardabweichung der Differenzen zwischen den kumulierten Abständen der realen Folge und den ebenfalls kumulierten Abständen der entsprechenden idealen Folge. Diese letzteren Differenzen lassen unmittelbar erkennen, ob eine bestimmte Karosse mit der betreffenden SA zu früh (negativer Wert) oder zu spät (positiver Wert) im Verhältnis zum idealen Eintreffzeitpunkt ankommt. Die o.g. Gütemeßziffern ermöglichen die Beurteilung einer Montagereihenfolge immer nur bezüglich einer bestimmten SA. Aus Gründen der Vergleichbarkeit zwischen SA's unterschiedlicher Häufigkeit wurde deshalb noch eine entsprechende Standardisierung beider Meßziffern vorgenommen.
Versuche einer weitergehenden Aggregation wurden zwar gemacht, führten jedoch zu wenig aussagekräftigen Globalmeßziffern. Für den Vergleich

zweier Montagereihenfolgen stellen die Einzelmeßziffern ein wesentlich geeigneteres Kriterium dar, da es hierbei oft gerade auf die "Ausreißer" ankommt, d.h. auf bestimmte SA's, deren gleichmäßige Verteilung besonders kritisch und/oder aufgrund der Datenstruktur besonders schwierig ist.

2. Iterative Entwicklung von Regeln zur Steuerung des PF-Speichers

Es bot sich eine Zerlegung der Problemstellung in folgende Teilaufgaben an :

a) Zuordnung der Karossen (des gesamten Tagespakets) auf die einzelnen Vormontagebänder
b) Entwicklung von Regeln zum Abzug der Karossen aus dem PF-Speicher
c) Entwicklung von Regeln zur Beschickung des PF-Speichers

zu a) Die bisherige Aufteilung des Tagespakets (Konzentration besonders SA-intensiver Karossen auf einem Vormontageband) wurde zunächst beibehalten.

zu b) Für die Entwicklung von Abzugsregeln wurden anfangs zwei stark vereinfachende Annahmen getroffen:
- Wahlfreier Zugriff (analog einem Hochregallager) auf alle Karossen des Tagespakets
- Ausschluß von SA-Kombinationen (jede Karosse besitzt nur eine SA)

Durch die völlige Vernachlässigung des PF-Speichers konnte eine Obergrenze "guter" Reihenfolgen für ein gegebenes Tagespaket bestimmt werden. Der Ausschluß von SA-Kombinationen ließ das "Verzahnungsproblem" deutlich werden - um bestimmte Plätze rivalisieren mehrere Karossen, für andere findet sich keine geeignete Karosse.

Die so entwickelten Regeln wurden im nächsten Schritt auf eine Untermenge des Tagespakets angewandt, deren Größe dem Fassungsvermögen des PF-Speichers entsprach (Hochregallager, ca. 1/5 Tagespaket). Wir erhielten so eine Obergrenze für die mögliche Qualität von Reihenfolgen unter Verwendung des PF-Speichers. Außerdem konnten Schwächen der Regeln unter dem langfristigen Aspekt entdeckt und verbessert werden.

Durch die anschließende Begrenzung dieser Untermenge auf die Anzahl der Stichbahnen des PF-Speichers (Betrachtung nur der ersten Karosse je Stichbahn) ergaben sich Anhaltspunkte für die Größenordnung von Abzugsreihenfolgen bei Einsatz des PF-Speichers.

<u>In einem weiteren Schritt</u> wurden Aufträge einbezogen, die mehrere SA's gleichzeitig besitzen; allerdings wurde dabei unterstellt, daß ein Werker maximal eine SA bearbeitet. Die bis dahin entwickelten Regeln konnten durch eine Gewichtung der SA's befriedigend erweitert werden.

<u>Schließlich</u> wurde noch berücksichtigt, daß in der Realität zwei Arbeitsstationen existieren, an denen gleichzeitig je zwei SA's bearbeitet werden. Die Einführung fiktiver Zusatz-SA's für das gleichzeitige Auftreten der beiden Eigenschaften führte zu akzeptablen, allerdings nicht restlos überzeugenden Ergebnissen.

Die endgültige Fassung der entwickelten Formel für die Auswahl der nächsten abzuziehenden Karosse zu einem bestimmten Entscheidungszeitpunkt lautet :

$$\min_{j=1..J} \sum_{i=1}^{I} \left| \frac{a_i * ((N+1)-(N_i+x_{ij})*T_i) + (1-a_i) * (A_i+(1-x_{ij})-T_i)}{T_i / b_i} \right|$$

j = Index der Karossen ($j=1,..,J$;J=Größe der betracht. Untermenge)

i = Index der SA's ($i=1,..,I$)

x_{ij} = 1 , wenn Karosse j Sonderausstattung i besitzt; = 0 , sonst.

A_i = Anzahl der Karossen, die seit dem letzten Abzug einer Karosse mit der Sonderausstattung i abgezogen wurden, plus 1

T_i = "Takt" der Sonderausstattung i; = Kehrwert des Anteils der Sonderausstattung i am gesamten Tagespaket; i.d.R. nicht ganzz.

N = Anzahl der Karossen, die bis zum Entscheidungszeitpunkt insgesamt abgezogen wurden

N_i = Anzahl der Karossen mit Sonderausstattung i, die bis zum Entscheidungszeitpunkt insgesamt abgezogen wurden

a_i = Gewichtungsfaktor für lang-/kurzfristigen Aspekt, der aufgrund der Tätigkeitsstruktur des SA-Werkers empirisch bestimmt werden muß

b_i = Faktor für die Gewichtung der SA's untereinander

zu c) Da beim Abzug immer nur die vorderste Karosse jeder Stichbahn zugänglich ist, kommt der richtigen Beschickung des Speichers hohe Bedeutung zu. Fehler, die hier gemacht werden, sind beim Abzug kaum mehr ausgleichbar.

Im Rahmen des Projekts wurden nur wenige Beschickungsregeln erprobt. Methoden der dynamischen Optimierung kamen wegen des damit verbundenen Rechenaufwandes nicht in Betracht (Prozessrechnerfähigkeit). Dennoch konnten mit relativ einfachen Ideen (Ermittlung der Dringlichkeit von SA's anhand ihrer momentanen langfristigen Güte; entsprechende Einsortierung der Aufträge auf gering oder reichlich gefüllte Stichbahnen) deutliche Verbesserungen gegenüber einer rein zufälligen Einlagerung erreicht werden.

Bei der Simulation stellte sich heraus, daß eine feste Zuordnung der Stichbahnen zu den Vormontagebändern weniger effizient ist als eine völlig freie Verwendung des Gesamtspeichers. Die leichtere Handhabung bei manueller Steuerung im Störungsfall sprach jedoch gegen die Ausnutzung dieser Möglichkeit.

IV) ERGEBNISSE

Bereits bei der Datenanalyse ergab sich, daß die vom Unternehmen als sehr wesentlich bezeichnete Eigenschaft "Karossentyp" nur eine Bezeichnung für besonders häufig vorkommende Kombinationen bestimmter Sonderausstattungen darstellte. Durch die explizite Betrachtung dieser Sonderausstattungen konnten gegenüber der bisherigen Situation zusätzliche Freiheitsgrade gewonnen werden (5 SA's gegenüber ca. 20 sogenannten Typen). Die sich daraus ergebende überschneidungsfreie Definition der SA's brachte auch für die derzeitige manuelle Steuerung erhebliche Vorteile.
Die Untersuchungen zur Gewichtung der SA's orientierten sich an den jeweiligen "kritischen" Werkern (= Engpaß-Werker der SA). Hieraus ergaben sich nützliche Hinweise für die monatliche Austaktung der Montagebänder. Die bisherige Zusammenfassung SA-intensiver Karossen auf einem Vormontageband wurde in Simulationsläufen überprüft und bestätigt.

Die entwickelten Regeln führten bei allen Simulationsläufen zu mindestens gleich guten, in der Regel aber zu erheblich besseren Ergebnissen als die bisherige manuelle Steuerung (gemessen an den von uns definierten Gütekriterien).

V) IMPLEMENTIERUNG

Sowohl das betroffene Zweigwerk als auch die zentrale Stabsabteilung "Logistik" zeigten großes Interesse an den Ergebnissen - besonders im Hinblick auf die Nutzbarkeit der entwickelten Regeln für die Steuerung eines ebenfalls vorhandenen Hochregallagers.

Die Stabsabteilung codiert derzeit die entwickelten Regeln (mehrere Versionen /1/) für den Einsatz auf dem Prozeßrechner in einer anderen Programmiersprache und schafft die Voraussetzungen für weitere Testläufe mit aktuellen Daten.
In absehbarer Zeit werden diese Testergebnisse mit den Verantwortlichen im Zweigwerk diskutiert. Danach soll über den Zeitplan für die Realisierung als Hochregallager-Steuerung entschieden werden. Die Realisierung als Steuerung des PF-Speichers verzögert sich zur Zeit noch aufgrund übergeordneter planerischer Erwägungen.

Literatur

/1/ Bauer G.; Scholz G.; et al.
Entwicklung von Entscheidungsregeln für die Erstellung von Montagereihenfolgen in einem Automobilunternehmen.
Hochschule der Bundeswehr München, FB WOW,
Projektbericht, März 1983

/2/ Hackstein R.; Felbecker O.
Bedeutung der Reihenfolgeplanung bei Varianten-Linienfertigung.
Arbeitsvorbereitung AV 18 (1981), Heft 3, S. 76-81

/3/ Meyer zu Selhausen H.
Project study in operation research at the University of the Federal Armed Forces Munich.
EJOR 11 (1982) pp 212-216

/4/ Thomopoulos N.T.
Line Balancing-Sequencing For Mixed-Model Assembly.
MS Vol. 14, No 2, October 1967 pp B59-B75

EINFÜHRUNG EINES EDV-GESTÜTZTEN LAGERHALTUNGSSYSTEMS IN EINEM UNTERNEHMEN DER ELEKTRIZITÄTSWIRTSCHAFT

Johannes M. Ruhland, München
Rolph Sebrak, Traunstein
Hans-Peter Wagner, Traunstein

Als Elektrizitätsversorgungsunternehmen für den Raum Oberbayern unterhalten die Isar/Amperwerke München ein über ihr gesamtes Versorgungsgebiet verstreutes System von Materiallägern. Hauptziel der vorliegenden Studie ist die simulative Untersuchung der ökonomischen Konsequenzen einer Umstellung der derzeit manuellen Lagerdisposition auf ein dezentrales EDV-System.

Die Datenbasis liefert eine geschichtete Artikel-Stichprobe des Gesamtsortiments. Beim retrospektiven Test mehrerer deskriptiver Bedarfsprognoseverfahren erweisen sich die bekannten Einfachverfahren gegenüber der komplexeren in fast allen Artikelgruppen als überlegen. Der Vergleich zeigt, daß die Neueinführung erhebliche Ersparnisse von rund 20 % des Ist-Werts ohne Verschlechterung der Lieferbereitschaft mit sich bringen wird. Die Abtauschrelation von Kosten und Lieferbereitschaft wurde ermittelt. Gleichzeitig wird eine Standardisierung des Bestellwesens bewirkt; auf die derzeit kaum überschaubare Vielfalt von Bestell-Besonderheiten kann verzichtet werden.

Die EDV-Anlage amortisiert sich sehr rasch. Eine rasche Verwirklichung ist daher angezeigt. Die Simulation gibt auch Hinweise, wie diese Implementierung schrittweise vollzogen werden kann.

Operations Research Proceedings 1983

AIMS : ERSATZTEILPLANUNGS- UND VERTEILUNGSSYSTEM FÜR DEN AIRBUS

Lavkamad Chandra, Hamburg

Die Materialplanung und der Materialeinkauf für über 100.000 verschiedene Ersatzteile der Airbusflotte ist mit Hilfe eines integrierten DV-Systems unter Einsatz von OR-Modellen weitestgehend zu automatisieren.
Das Materialplanungskonzept hat davon auszugehen, daß nur 10% der Ersatzteile eine hinreichende Bewegung, d.h. mehr als 20 Entnahmen pro Jahr, vorweisen. Außerdem ist die Materialverteilung auf mehrere Nebenläger zu berücksichtigen. Um das obengenannte Ziel zu erreichen, wurde die Konzipierung eines DV-Systems AIMS (Airbus Inventory Management System) nach folgenden Kriterien vorgenommen :

1. Entwicklung von DV-Systemen, die eine Dateninfrastruktur für die Planungssysteme bereitstellen. Die so erzeugten Daten sollen zuverlässig, aktuell und ohne zusätzlichen manuellen Aufwand gewinnbar sein.
2. Entwicklung eines Materialplanungs- und Materialverteilungssystems auf der Basis vorhandener Dateninfrastruktur, geeigneter Bedarfsprognoseverfahren und optimaler Lagerhaltungsmodelle für sporadische Nachfrage.
3. Integration der Lagerhaltungsmodelle in dem Gesamtsystem unter Einbeziehung verschiedener Meß- und Reglungsmöglichkeiten.

Um das gegebene Ziel zu erreichen, wurden die integrierten Dialog-Systeme für die Teilbereiche Einkauf, Ersatzteilverkauf, Lagerhaltung und Telekommunikation konzipiert und realisiert. Das ermöglicht dem Planer, als Übergangslösung alle relevanten Daten aus dem Einkauf, dem Lager usw. beim Erreichen des Bestellpunktes zu erhalten. Die Ergebnisse des bisher realisierten Konzepts haben bereits zu einer wesentlichen Steigerung der Datenqualität und zu einer Steigerung der Produktivität je Mitarbeiter von über 4 Std. pro Vorgang im Jahr 1975 zu ca. 1/2 Std. im Jahr 1980 geführt. Ausgehend von den bisherigen Erfahrungen sind wir z.Zt. dabei, ein automatisierbares Materialplanungssystem mit mehreren Meß- und Reglungsmöglichkeiten zu konzipieren.

Operations Research Proceedings 1983

OPTIMAL CONTROL OF A DAM UNDER SEASONAL ELECTRICITY PRICES

Laurent Cantaluppi, Zürich

1. Introduction

The economic use of reservoir water in the generation of hydroelectric power has already been the subject of numerous papers. It originated in Massé /4/ and was formalized by Little /3/ using the technique of dynamic programming. Further refinements appeared with Russell /6/, who introduced piecewise-linear costs. Rossman /5/ examined randomized policies in the case of release commitments and Chow and Maidment /2/ studied the problem of correlated inflows. Bogle and O'Sullivan /1/ suggested a special computational procedure when the probability density functions of the inflows are piecewise-linear.

The two principal methods used to solve these reservoir models are non-linear programming and dynamic programming. Non-linear programming is of advantage when the return is a non-separable function of the variables involved, but cannot handle stochastic inflows very well. Dynamic programming, on the other hand, performs well with stochastic inflows, but poorly with non-separable returns, which, in the case of one single reservoir, plays no role.

Many authors derive special structures for the optimal policy that can be used to speed up the computations. Most authors give as a policy the quantity of water to be released as a function of the level at the beginning of the period under consideration. It is in some cases advantageous to determine a policy through goal-levels that should be attained, or at least approximated as closely as possible at the end of the period under consideration.

In many cases the management of a reservoir is restricted by the presence of release commitments. These contracts should therefore be incorporated in the model and results concerning the "cost" of a contract and its reliability should be obtainable.

We assume that the year is devided into m periods (for example months or weeks) in which the price of electricity is deterministic and known. The flows into the reservoir are seasonal and stochastic, but the flows in two different periods are assumed to be independent. The electric energy generated at the reservoir is proportional to

Operations Research Proceedings 1983

the amount of water released through the turbines; the effect of the height of the reservoir level above the turbines is negligible. The seepage loss of water is a convex function of the water level.

Therefore, if we consider the state of the system as an ordered pair representing the water level in the reservoir and the period, we face a Markov decision chain. The goal is then to maximize the expected discounted return. We assume for simplicity that the water levels are given in energy units. The quantity of energy that can be produced in one period is limited by the combined capacity ot the turbines.

The solution to this problem can be theoretically easily computed, but the high number of states make these computations very expensive. For this reason it is important to characterize the optimal policy so that the computations can be reduced as much as possible.

In Section 2 we define more precisely the goal-level policies and show that in the simplest price structure (flat price for every energy unit produced), the optimal goal-level is independent of the water level at the beginning of the period. Moreover the optimal goal-level can be extremely easily computed without evaluating all policies. In Section 3 the price structure is generalized, the return in one period being a piecewise-linear concave function of the production level. In this case it is shown that the optimal policy consists of multi-goal-levels. It is also shown how long-term contracts can be incorporated in the models. Moreover the cost of the contract and its reliability can be easily computed. Finally, some conclusions are presented in Section 4.

2. The Goal-Level Policies

The water level is allowed to vary continuously between 0 and S, the maximal capacity of the reservoir. Let $\{0,\dots,m-1\}$ be the time periods, r_k the unit price of electricity in period k, f^k the density of inflows in the reservoir in period k. We also assume the existence of seepage and evaporation losses. The losses in one period depend only on the water level z at the beginning of this period and are given by s(z), where s is differentiable and convex. The discount factor (per period) is α, with $0 < \alpha \leq 1$ and T is the combined capacity of the turbines. A state of the system is given by an ordered pair (z,k) giving the period k and the water level z at the beginning of this period. Denote by $V^{(n)}(z,k)$ the optimal expected discounted return after n periods, when starting in period k with a water level z.

A policy gives for each period a goal-level, i.e. a level that should be reached, if possible, at the end of the period, or at least approximated as well as possible. If z is the water level at the beginning of the period, x the inflow of water during that period and g the goal-level, then the quantity to be produced is given by

$$d_g(x,z) = \begin{cases} 0 & \text{if } z+x-s(z) \le g \\ z+x-s(z)-g & \text{if } g \le z+x-s(z) \le g+T \\ T & \text{if } z+x-s(z) \ge g+T. \end{cases}$$

It can be shown that the optimal goal-level $\bar{g}$ is <u>independent</u> of the level z at the beginning of the period.

Goal-level policies have a few nice properties. Firstly, the whole policy is characterized by only one number for each period, as opposed, for example, to a complete tableau with one entry for each state of the system. Secondly, with such a policy, more will be produced in periods with high inflows and less in periods with low inflows, which tends to "smooth" out the water levels in the different years and corresponds to a practical situation. Thirdly, we will see that the goal-levels can be extremely easily computed. One disadvantage of such a policy is that one does not know at the beginning of a period exactly how much will be produced in this period. Therefore they cannot be honestly simulated, but are often welcomed by practitioners who are used to operate with goal-curves.

Goal-level policies give also a better return than policies for which inflows in one period can not be used for release in this same period.

The optimality equation of dynamic programming is given by

$$V^{(n+1)}(z,k) = \sup E^k\{r_k d_g(x,z) + \alpha V^{(n)}(z+x-s(z)-d_g(x,z),k+1)\}$$

where E^k stands for the expectation operator corresponding to the density f^k and $V^{(n)}(y,k+1) = V^{(n)}(S,k+1)$ for all $y \ge S$, since the water that overflows is lost.

The following lemma is the central result of this section.

<u>Lemma</u>: If $V^{(n)}(z,k+1)$ is a concave function of z, then $V^{(n+1)}(z,k)$ is also concave in z and the sup is realized by a unique g_k for all z.

Moreover, g_k, the optimal goal-level for period k can be easily computed, without evaluating any policy. The goal-level g_k is given by the conditions

$$\dot{V}^{(n)}(z,k+1) \ge \frac{r_k}{\alpha} \quad \text{for } z < g_k$$

and

$$\dot{V}^{(n)}(z,k+1) \le \frac{r_k}{\alpha} \quad \text{for } z > g_k.$$

(We choose $g_k = 0$ if $\dot{V}^{(n)}(0,k+1) \leq \frac{r_k}{\alpha}$ and $g_k = S$ if $\dot{V}^{(n)}(S,k+1) \geq \frac{r_k}{\alpha}$). This says that water should be released as long as its present value is smaller than the price of the period under consideration.

The concavity of the functions $V^{(n)}$ for all $n \geq 0$, has a nice practical interpretation. This says that one more unit of water in the reservoir has more value when the reservoir is almost empty as when it is almost full. At least three reasons stand behind this property:

(1) the higher the level in the reservoir, the larger the proportion of the additional unit that disappears in losses (s is convex).

(2) The higher the level in the reservoir, the larger the probability that the additional unit is going to produce an overflow.

(3) The higher the level in the reservoir, the longer the time until the additional unit is released through the turbines (finite capacity), possibly with a lower price.

Note that this property is not necessarily true if the influence of the water head is not negligible. In this case the increase in efficiency due to one additional unit of water can make its value larger when the reservoir is almost full then when it is almost empty. The negligible influence of the water head is therefore an important assumption.

Moreover, in a month with maximal price, the goal-level has to be zero, since the marginal value of water cannot be larger than this maximal price. This result can be helpful in practical cases. In actual computations, the question arises to a good choice of $V^{(0)}$. It is often the case in alpine reservoirs that at the end of the periods with highest prices (winter) the reservoir has to be empty. It is therefore advantageous to start the (backwards) recursion at that point in time with, for example, $V^{(0)} = 0$. If the reservoir is empty at the end of this period with probability 1, then the choice of $V^{(0)}$ has no influence on the optimal policy. In that case the planning horizon can be restricted to one year.

3. Concave Piecewise-linear Return Function and Release Commitments

We now consider the case where the price at which electricity can be sold in one period is not independent of the quantity of energy that is actually sold. We first assume that in period k, the first q_k units of energy can be sold at a unit price R_k and the remainder at a unit price r_k, with $r_k < R_k$. This price structure is denoted by (R_k, q_k, r_k) and can occur in several different situations. For example it is usual to have a daytime price and a nighttime price for electricity, the latter being smaller than the former, reflecting a higher demand during daytime. Another situation where this price structure occurs is the presence of long-term contracts.

Because of the more complex structure of the return function, a policy is to be given by two goal-levels G_k and g_k for each period k. The interpretation is the following. Firstly G_k is considered as an ordinary goal-level, but with maximal turbine capacity q_k. From the resulting level, g_k is again considered as an ordinary goal-level with maximal turbine capacity $T-q_k$.

In this case again the optimal return $V^{(n)}(z,k)$ is a concave function of z and the goal-levels G_k and g_k can be computed with the same rule as in the previous section, i.e., G_k is such that

$$\dot{V}(z) \geq \frac{R_k}{\alpha} \text{ for } z < G_k \text{ and } \dot{V}(z) \leq \frac{R_k}{\alpha} \text{ for } z > G_k$$

and g_k is such that

$$\dot{V}(z) \geq \frac{r_k}{\alpha} \text{ for } z < g_k \text{ and } \dot{V}(z) \leq \frac{r_k}{\alpha} \text{ for } z > g_k.$$

These goal-levels can therefore be calculated without evaluating any policy.

As already mentioned this result can be useful in presence of contracts. Such a contract stipulates for each period k an amount of energy v_k that should be produced. These release commitments can be taken into account by giving them a high value. The reward function in period k is of the type $(M+r_k, v_k, r_k)$, where M is a large number. In this case the goal-level G_k corresponding to the quantity v_k should be ignored, which says that as long as there is water in the reservoir, one should produce to satisfy the release commitment. The second goal-level g_k has then the interpretation of an ordinary goal-level, but after release for the contract.

It is of interest to the practitioner to know the reliability of a contract, i.e., the expected percentage of release commitments that he can deliver. One way to do this is to compute the expected return of the policy given above twice: first with the price structure $(M+r_k, v_k, r_k)$ and then with constant price r_k. Since in the first computation each unit of release commitment is sold at a price M units higher than in the second, it is easy to determine the expected amount that has been sold to satisfy the contracts.

The practitioner is also interested in the cost of a contract. Suppose that the release commitment v_k in period k is sold to a price R_k. Then the total expected return can be computed using the optimal policy given above and the price structure (R_k, v_k, r_k). This number can then be compared with the expected optimal return, without release commitments and with flat price r_k. This comparison says if the contract is worthwhile or not.

4. Conclusions

This model has been programmed in Pascal on a DEC-10 System, with release commitments. The running time, with computation of an optimal policy, of the contract reliability and of its cost, is 4-5 CPU seconds, with 65 discretization points of the water levels.

Owing to the great speed of computations, the planner can communicate with the computer interactively. This allows him to try many different scenarios in a very short period of time.

5. References

/1/ Bogle M.G.B.; O'Sullivan M.J., Stochastic Optimization of a Water Supply System. Water Resour. Res. 15, 778-786 (1979).

/2/ Chow V.T.; Maidment D.R., Stochastic State Variable Dynamic Programming for Reservoir Systems Analysis. Water Resour. Res. 17, 1578-1584 (1981).

/3/ Little J.D.C., The Use of Storage Water in a Hydroelectric System. Operations Research 3, 187-197 (1955).

/4/ Massé P., Les réserves et la régulation de l'avenir dans la vie économique. Hermann, Paris (1946).

/5/ Rossman L.A., Reliability-Constrained Dynamic Programming and Randomized Release Rules in Reservoir Management. Water Resour. Res. 13, 247-255 (1977).

/6/ Russell C.B., An Optimal Policy for Operating a Multipurpose Reservoir. Operations Research 20, 1181-1189 (1970).

OPTIMIERUNG DES BETRIEBES VON OEFFENTLICHEN WASSERVERSORGUNGEN

Peter Grombach, Zürich

Die Optimierung des Betriebes von öffentlichen Wasserversorgungen hat davon auszugehen, dass für die Hebung des Wassers auf den üblichen Versorgungsdruck eine Energiemenge von etwa 0,3 kWh/m^3 erforderlich ist. In besonderen Fällen mit tiefliegenden oder weit entfernten Wassergewinnungsanlagen kann der Energieaufwand für die Wasserhebung auch ein Vielfaches betragen. Die vorliegenden Ausführungen befassen sich mit der Optimierung des Energieaufwandes im Betrieb. Sie befassen sich nicht mit der optimalen Planung von Neuanlagen, d.h. Minimierung von Baukosten. Vielmehr werden die Gewinnungs-, Verteilungs- und Speicheranlagen als vorhanden angenommen und als Randbedingungen in das Optimierungsmodell aufgenommen.

Die Optimierung des Wasserversorgungsbetriebes wird durch zahlreiche Restriktionen eingeengt. Diese sind so umfassend, dass für die Optimierung relativ wenig Raum bleibt und bei den meisten Versorgungen die Einhaltung dieser Betriebsbedingungen alleinige Richtlinie der Betriebsführung ist. Die wichtigsten Randbedingungen umfassen die Einhaltung des Minimaldruckes im Verteilnetz, die Lieferung von Wasser an jede Stelle im gewünschten Ausmass und die Gewährleistung eines Minimaldurchflusses bei allen wichtigen Rohrleitungen. Trotz dieser einschneidenden Bedingungen ist eine Optimierung möglich durch die Ausnützung niedrigerer Energiepreise während der Nacht, Bevorzugung günstig gelegener Wassergewinnungen und Verwendung von Geräten mit bestem Wirkungsgrad. Das entscheidende Werkzeug zur Optimierung des Betriebes ist die Ausnützung von Behälterraum, der nur während weniger Grossverbrauchstage im Jahr betrieblich benötigt wird und während der übrigen Zeit zur Aufnahme einer Manövriermasse dienen kann.

Die Zielfunktion ist somit gegeben durch die Kosten der gesamten verkauften Wassermenge während des massgebenden Zeitabschnittes. Für diesen wird zweckmässigerweise die Woche gewählt. Bei der Ermittlung der Zielfunktion ist zu berücksichtigen, dass das Wasser aus der Gewinnung zum Verbraucher entweder direkt gefördert werden kann oder

Operations Research Proceedings 1983

im Reservoir zwischengelagert wird. Wenn alles Wasser direkt zum Verbraucher geleitet oder sogar überschüssiges Wasser in das Reservoir gepumpt wird, entstehen hohe Kosten für die Wasserförderung während des Tages. Wenn alles Wasser in der Nacht gefördert werden soll, müssen grosse Zwischenbehälter zur Verfügung stehen, was in diesem Ausmass normalerweise nicht der Fall ist. Der optimale Punkt der Zielfunktion liegt also bei demjenigen Verhältnis von direktgepumptem zu zwischengespeichertem Wasser, bei dem der vorhandene Reservoirraum gerade noch genügt. In diese Kostenfunktion kann neben den Energiekosten auch der Leistungspreis eingebracht werden, wobei es aber zweckmässiger erscheint, diesen als Restriktion in die Optimierung einzubringen (Bild 1).

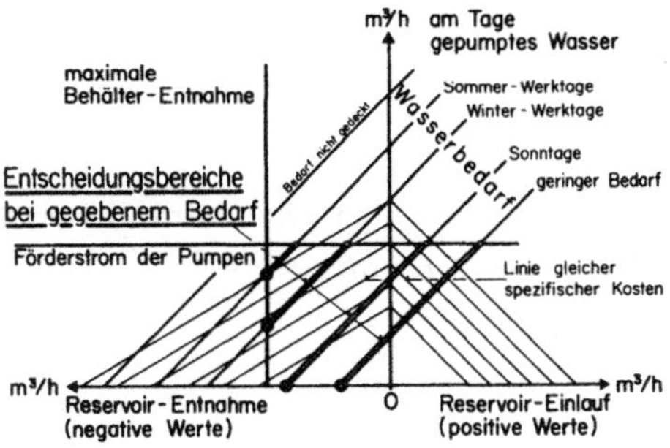

Bild 1: Beispiel für Zielfunktion und Entscheidungsraum

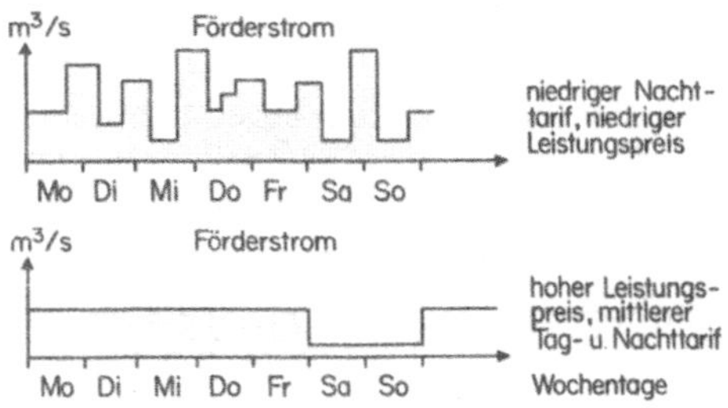

Bild 2: Förderströme bei zwei verschiedenen Stromtarifen

Die Restriktionen, denen bei der Betriebsoptimierung Rechnung getragen werden muss, sind vielfältig und müssen in ihrer relativen Bedeutung sorgfältig abgewägt werden. Folgende Restriktionen sind besonders wichtig:

- Die Produktionsleistung in den Wassergewinnungsanlagen ist begrenzt.
- Der Förderstrom der Pumpen und Pumpwerke ist begrenzt (Bild 2).
- Der Abgabestrom der Druckerhöhungsanlagen und Druckmindereranlagen ist begrenzt.
- Der Abgabestrom aus den Reservoiren ist begrenzt durch die beschränkten Querschnitte der Verbindungsleitungen.
- Der Nutzinhalt der Reservoire ist begrenzt (Bild 3).
- In den Reservoiren muss ein Minimalvorrat aus Gründen der Hydraulik und der Betriebssicherheit erhalten bleiben.

- Der Netzdruck beim Wasserverbraucher darf nicht unter ein Minimum fallen.

- Der Netzdruck darf an keiner Stelle die Druckfestigkeit der Röhren überschreiten.

- Soweit keine drehzahlregulierten Pumpen zur Verfügung stehen, ist der Förderstrom der Pumpwerke auf einzelne diskrete Werte begrenzt (Bild 4).

- Der Förderstrom in den Zubringerleitungen von der Wassergewinnung zum Verteilrohrnetz ist begrenzt.

- In keiner Leitung darf das Wasser länger als einen Tag unbeweglich stehen.

- Grundwassergewinnungsanlagen sollen möglichst gleichmässig betrieben werden. Diese Restriktion muss von Fall zu Fall schärfer gefasst werden, wobei der selten erreichbare Idealzustand bei ständig gleichmässiger Entnahme liegt.

- Parallel arbeitende Anlagen, z.B. zwei in das gleiche Netz einspeisende Pumpwerke müssen so geschaltet werden, dass jede Anlage täglich mindestens eine Stunde in Betrieb steht.

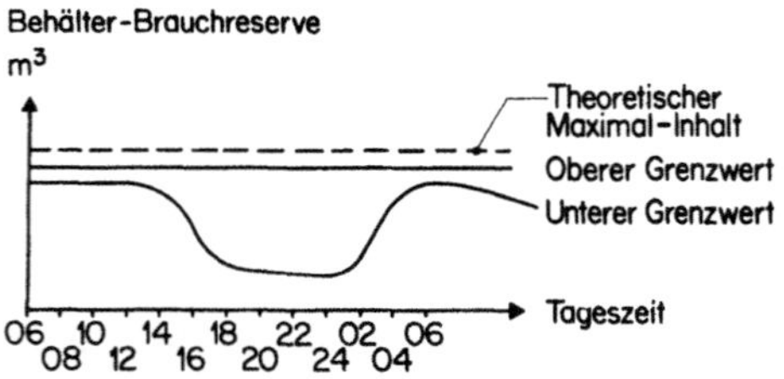

Bild 3: Oberer und unterer Grenzwert des Behälter-Inhalts

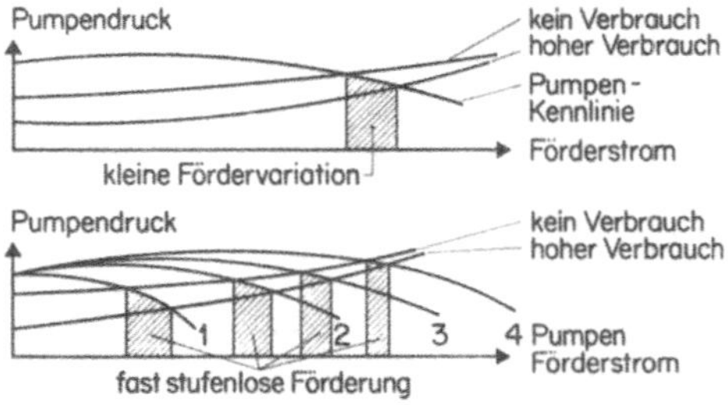

Bild 4: Förderstrom-Funktion: Förderstrom in Abhängigkeit vom Verbrauch, für 1 Pumpe (oben) und 4 Pumpen (unten)

Die Restriktionen können als mathematische Funktionen ausgedrückt werden. Sie sind zum Teil konstant, zum Teil Funktionen der Zeit, in vielen Fällen voneinander abhängig und teilweise vom Wochentag und der Jahreszeit abhängig.

Es sei nochmals darauf hingewiesen, dass die Deckung des momentanen Wasserverbrauchs nicht eine Restriktion darstellt, sondern bereits in der Formulierung der Zielfunktion enthalten ist.

Die Zielfunktion ist mathematisch gegeben durch die Summe der Wasserproduktionskosten der verschiedenen Gewinnungs- und Pumpanlagen, jeweils integriert über den Berechnungszeitraum von 7 Tagen. Bezeichnet man mit q(t) den zeitabhängigen Förderstrom einer Anlage und mit P(t) die zeitabhängigen Förderkosten der Anlage, so ergibt sich die Zielfunktion nach der Formel

$$K = \sum_{\text{alle Werke}} \int_{\text{Montag}}^{\text{Sonntag}} q(t) \cdot P(t)\, dt = \text{Minimum}$$

$$\text{mit} \quad \sum_{W} \int_{Mo}^{So} q(t)\, dt = \int_{Mo}^{So} q'(t)\, dt \qquad \text{mit} \quad q'(t) = \text{Verbrauchsverteilung}$$

Aufgabe der Optimierung ist es nunmehr, den Verlauf der Funktion q(t) für jeden Zeitpunkt (t) zu ermitteln.

Im folgenden sollen einige Restriktionsfunktionen in ihrem generellen Verlauf dargestellt werden.

Die Beschränkung der Ergiebigkeit einer Wassergewinnungsanlage ist in vielen Fällen eine Konstante, die jedoch zu verschiedenen Jahreszeiten verschiedene Werte annehmen kann.

Der Förderstrom eines Pumpwerkes ist nicht durch die konstante maximale, installierte Leistung gegeben, sondern muss im Hinblick auf den Elektrizitätstarif während kurzen Sperrzeiten auf null, tagsüber auf einen mittleren Wert und nur nachts und am Wochenende gleich der installierten Leistung gesetzt werden (Bild 5).

Die maximal zulässige Entnahme aus den Reservoiren ist durch den Druckverlust in den Ablaufleitungen begrenzt. Je geringer der Netzdruck angesetzt werden darf, umso höher darf der Entnahmestrom sein. Da der Netzdruck durch verschiedene Einspeisungen und durch den Verbrauch gegeben ist, liegt hier ein Fall einer Restriktion vor, die von zahlreichen anderen Restriktionen mitbeeinflusst wird.

Die im Minimum in den Reservoiren bereitgehaltene Wassermenge wird in vielen Fällen als Konstante angesehen. Es ist aber möglich, diese Minimalreserve als zeitabhängige Funktion zu berücksichtigen, indem am Abend nach Rückgang des Verbrauchs eine geringere Notreserve für die nächsten 6 oder 12 Stunden benötigt wird als am Morgen vor Einsetzen des Grossverbrauches (Bild 3).

Minimale und maximale zulässige Drücke im Versorgungsgebiet sind zeitunabhängige Funktionen des Förderstromes und des Verbrauches. Sie werden meist auf Grund der Erfahrung der Betriebsleitung als Konstanten am Pumpwerksausgang betrachtet. Diese Restriktion wird häufig indirekt als Betriebsrestriktion der Pumpwerke berücksichtigt, indem gefordert wird, dass der Pumpbetrieb während des Tages nicht ganz eingestellt werden darf und während der Nacht eine Maximalleistung nicht überschreiten darf. Zusammen mit den diskret abgestuften Förderströmen ergibt sich damit eine sehr einschneidende Restriktion, welche den Optimierungsbereich der Zielfunktion stark einengt. Die Restriktion kann durch Verlegung leistungsfähiger Zubringer- und Hauptleitungen entschärft werden, womit an dieser Stelle ein Zusammenhang zwischen Betriebsoptimierung und Optimierung der Versorgungseinrichtungen aufgezeigt ist.

Die dargestellten Beispiele stellen nur eine kleine Auswahl der gesamten zu berücksichtigenden Restriktionen dar. Bei der Ausarbeitung eines Optimierungsprogrammes ist es daher wichtig, zunächst nur einige wenige Restriktionen im Detail zu berücksichtigen und alle übrigen als Konstanten zu betrachten, gänzlich wegzulassen oder durch geeignete Form der Zielfunktion implizit zu berücksichtigen. Dieses Verfahren wird im praktischen Wasserwerkbetrieb von den Betriebsleitern bei der Ausarbeitung der Betriebsvorschriften bewusst oder unbewusst auch angewendet.

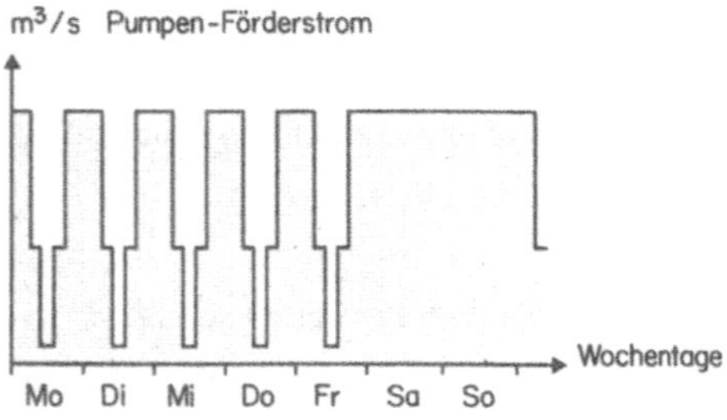

Bild 5: Maximaler Pumpen-Förderstrom während einer Woche

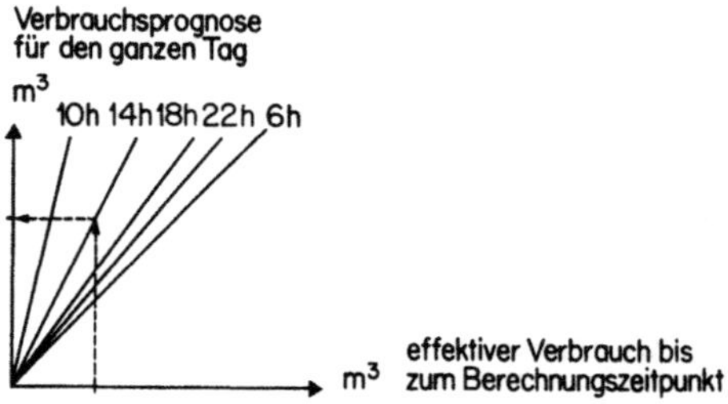

Bild 6: Verbrauchs-Prognose: Gesamter Tagesverbrauch, berechnet aufgrund des effektiven Verbrauchs für verschiedene Berechnungszeitpunkte

Für die Ausarbeitung der Zielfunktion und der Restriktionsfunktionen sind eine Reihe von Hilfsfunktionen nötig, die zweckmässigerweise im voraus bestimmt werden. Die wichtigsten Hilfsfunktionen sind die Verbrauchsvorhersagen für den laufenden Tag und die laufende Woche, die auf Grund statistischer Daten über die normale Verbrauchsverteilung während des Tages, abhängig vom Wochentag und der Jahreszeit, ausgearbeitet werden können. Sie dienen dazu, die in der Zielfunktion implizit enthaltene Verbrauchsfunktion $q'(t)$ für die Optimierungsperiode im voraus zu bestimmen. Im praktischen Betrieb ist es wichtig, die Optimierung immer wieder, z.B. jede Stunde auf Grund der effektiven Verbrauchswerte neu zu errechnen. Es hat sich gezeigt, dass die Verbrauchsfunktion $q'(t)$ bis auf einen konstanten Faktor für jeden einzelnen Wochentag während des ganzen Jahres nahezu unverändert ist. Das bedeutet, dass man im Laufe des Vormittags auf Grund des effektiv eingetretenen Verbrauchs den Gesamtverbrauch bis zum nächsten Morgen zuverlässig vorhersagen kann, wenn man nur den richtigen Wochentag berücksichtigt. Selbstverständlich unterscheidet sich die Verbrauchsentwicklung an Samstagen und Sonntagen grundlegend von derjenigen an Werktagen (Bild 6).

Weitere Hilfsfunktionen betreffen den Netzdruck an kritischen Stellen in Abhängigkeit vom Gesamtverbrauch, den Reservoirinhalt in Abhängigkeit vom Wasserspiegel im Reservoir, die laufende Verbrauchsbilanzierung in Abhängigkeit von Pumpbetrieb und Reservoir-Differenzen sowie den Netzdruck in Abhängigkeit vom Betrieb verschiedener Pumpwerke. Auf diese nach hydraulischen Gesetzen einfach zu ermittelnden Hilfsfunktionen soll hier nicht näher eingegangen werden.

Von besonderer Bedeutung ist die Funktion des Energiepreises in Abhängigkeit von der Tageszeit, dem Wochentag und der momentanen Leistung. Die Zeitabhängigkeit ergibt sich durch eine unstetige Kurve, die tagsüber den Wert des Tagespreises und nachts den reduzierten Preis annimmt. Als zusätzliche Variable ist die momentane Gesamtleistung in einer Anlage oder bei entsprechenden Verträgen mit dem Elektrizitätswerk in allen Anlagen zusammen einzuführen. Vereinfachend kann auch statt des Leistungspreises eine Sperrzeit eingeführt werden, bei der der Energiepreis unendlich oder jedenfalls sehr hoch angesetzt wird (Bild 7).

Die Optimierung des Wasserwerkbetriebes unter Ausnützung von freiem Reservoirraum ermöglicht erfahrungsgemäss Einsparungen bei den Energiekosten von 5 bis 10 %. Voraussetzung ist jedoch, dass die nötigen Betriebsdaten laufend in eine Zentrale übermittelt und in dieser Zentrale verarbeitet werden. Dies betrifft insbesondere diejenigen Daten, die für die Ausarbeitung einer zuverlässigen Verbrauchsprognose nötig sind (Bild 8). Weitere Voraussetzung ist, dass von der Steuerzentrale aus die entsprechenden Schaltbefehle an die Wasserwerke abgegeben werden können. Da in letzter Zeit zahlreiche Wasserversorgungen mit leistungsfähigen Steuerzentralen ausgerüstet wurden, steht der Einführung der Betriebsoptimierung nach den Methoden des Operations Research in der Wasserversorgung nichts im Wege.

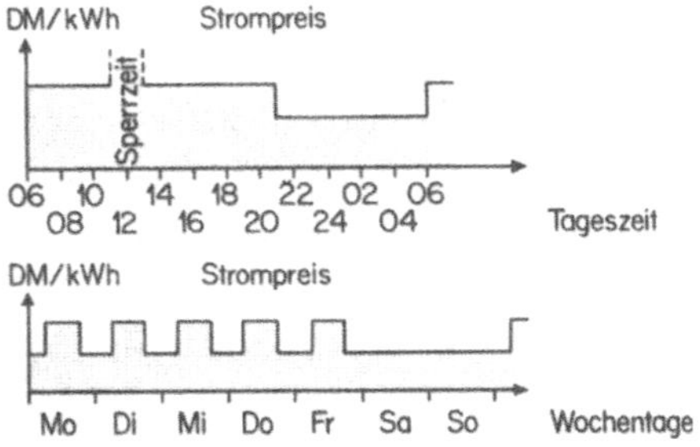

Bild 7: Zeitabhängiger Strompreis

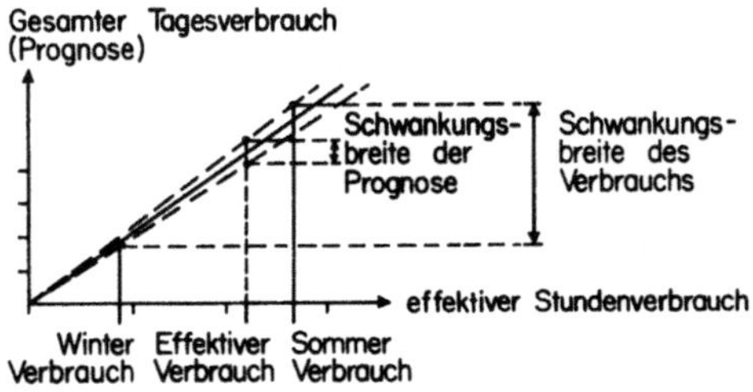

Bild 8: Verbrauchs-Prognose: Gesamter Tagesverbrauch in Abhängigkeit vom effektiven Stundenverbrauch

OPTIMALE STEUERUNG DER WASSERVERSORGUNG DER STADT ZUERICH

Andreas M. Holzer, Zürich

1. Problembeschreibung

Die Wasserversorgung der Stadt Zürich gewährleistet für die Stadt und die dem Netz angeschlossenen Gemeinden jederzeit den benötigten Bedarf an Trink- und Brauchwasser (Tagesdurchschnittsverbrauch: 201'000 m^3/Tag). Die vor kurzer Zeit in Betrieb genommene Fernwirkanlage ermöglicht eine zentrale Steuerung der gesamten Versorgung. Die eigentliche Steuerung wird vom Dispatcher sowohl anhand der aktuellen Reservoirbestände wie auch aufgrund von Erfahrungswerten getätigt.

Im Herbst 1982 wurde vom Institut für Operations Research der ETH Zürich eine Diplomarbeit durchgeführt, mit dem Ziel, die Steuerung der Produktions-, Transport- und Verteilanlagen zu optimieren. Eine bessere Ausnützung des Informationsgehaltes der vorhandenen Messdaten kann zu einer Senkung der durch die Pumpwerke verursachten Stromkosten führen.

2. Systemanalyse

Die Struktur der mathematischen Aufgabe, den zeitlich kontinuierlichen Prozess der Steuerung des Versorgungsnetzes einer Stadt zu optimieren, ist vor allem durch folgende Grössen bestimmt:

- Die Struktur und den Umfang des Grundnetzes.
  Diese ist wiederum durch die Topographie und die Ausdehnung der zu versorgenden Stadt gegeben.
  Ebenso sind die möglichen Quellen für den Wasserbezug (Grund-, See- und Quellwasser) Einflussfaktoren auf die Grundnetzstruktur.
- Die zeitliche Abhängigkeit der Steuerung, bedingt durch den variablen Verbrauch, gibt dem Problem eine zusätzliche Dimension, die Zeit.

Dem Grundnetz wird also zu jeder Zeit ein neues Versorgungsproblem gestellt, das durch die Reservoirstände mit der Vergangenheit gekoppelt ist.

Operations Research Proceedings 1983

2.1 Das Grundnetz

Das Versorgungsnetz der Stadt Zürich ist durch folgende Elemente charakterisiert:

(a) Es wird aus 3 verschiedenen Quellen Wasser bezogen:
- Seewasser aus den beiden Werken Moos-Horn und Lengg-Tiefenbrunnen (70%);
- Grundwasser aus dem Werk Hard (20%);
- Quellwasser aus dem Sihltal (10%).

(b) Das Leitungs- und Versorgungsnetz kann in 5 verschiedene Druckzonen gegliedert werden:
- Limmatzone (400 - 455 m),
- Glattzone (425 - 480 m),
- Hangzone (450 - 515 m),
- Bergzone (515 - 580 m),
- Gipfelzone (580 - 600 m).

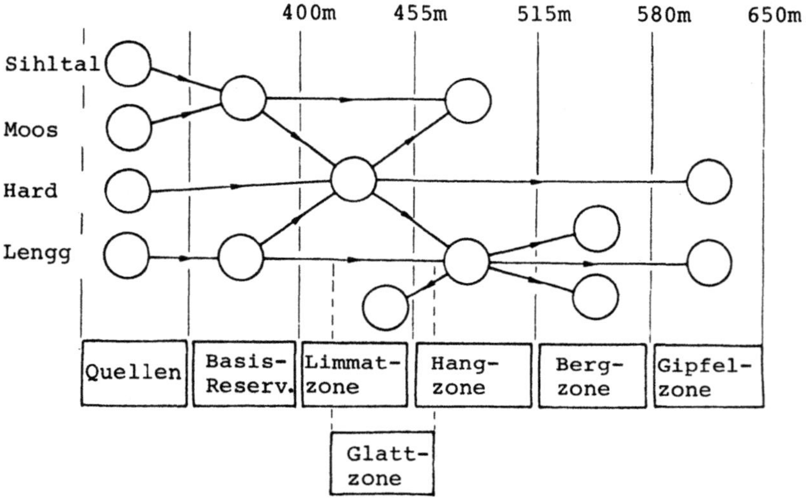

Abb. 1: Das vereinfachte Grundnetz der Stadt Zürich

Druckzonen wiederum werden aufgeteilt in einzelne Verbrauchszonen. Diese werden nicht unabhängig gespiesen, sondern sind stark miteinander gekoppelt. Sogenannte Vertragspartner, Gemeinden, welche an das Netz angeschlossen sind, können auf Vertragsbasis ebenfalls Wasser beziehen. Ihre Bezüge können den entsprechenden Verbrauchszonen superponiert werden.

(c) Der Transport in die verschiedenen Druckzonen wird durch zahlreiche Pumpwerke unterschiedlicher Grösse und Leistungsgrade gewährleistet. Pumpen können nur an- oder abgestellt werden; ihre Leistung ist so dimensioniert, dass sie die Kapazität der Leitungen nicht überschreitet.

(d) Jeder Zone sind Reservoire angegliedert, welche als Puffer dienen und deshalb Verbrauchsschwankungen ausgleichen können. Eine hohe Versogungssicherheit wird durch grosszügig angelegte feste Sicherheitsbestände jederzeit gewährleistet.

Alle Elemente der Produktions-, Transport- und Verteilanlagen können durch die seit 1979 betriebene Fernwirkanlage zentral gesteuert und überwacht werden. Diese Arbeitsstelle ist das ganze Jahr rund um die Uhr besetzt.

2.2 Der Verbrauch

Nach einer qualitativen Untersuchung der Verbrauchsdaten kann man folgende Aussagen machen:

a) Jeder Wochentag hat eine eigene Verbrauchscharakteristik/Tagesverlauf.

b) Jede Verbrauchszone hat eine spezifische Charakteristik, diese ist von der Zusammensetzung der Zone aus privaten und industriellen Haushalten bestimmt.

c) Der Jahresverlauf veranschaulicht die Abhängigkeit des Tagesverbrauchs von der Jahreszeit. Diese Kurven unterscheiden sich in den letzten Jahren nur unwesentlich.

d) Die Jahreszeiten beeinflussen nur den Gesamttagesverbrauch, die Tagescharakteristik bleibt, d.h. dieser prozentuale Anteil des Verbrauchs eines Intervalls am Tagesverbrauch ist immer der gleiche.

Mit diesen Annahmen lässt sich eine sehr einfache Prognose-Rechnung aufbauen. Im Rahmen unserer Diplomarbeit haben wir auf eine solche Rechnung verzichtet und uns darauf beschränkt, das Optimierungsmodell anhand von Vergangenheitsdaten zu testen.

2.3 Kostenanalyse

Im Rahmen des Systems sind alle Kosten, welche mit der eigentlichen Wasserförderung zusammenhängen, enthalten. Die Stromkosten für die Pumpenleistung berechnen sich nach zwei Tarifen, dem Niedertarif von 20.00 bis

06.00 Uhr zu Rp. 5/kWh und dem Hochtarif sonst zu Rp. 12/kWh. Zu diesen variablen Kosten kommt noch ein semivariabler Kostenanteil, der Leistungspreis. Jeden Monat wird der maximale Stromverbrauch pro Pumpengruppe zu Fr. 6.--/kWh verrechnet.
Aufbereitungskosten, Reparaturen und Wartungskosten der Pumpen und des Leitungsnetzes sind in bezug auf die Optimierung irrelevant.

2.4 Diskretisierung der Zeit

Die dritte Problemdimension ist die Zeit. Der variable Verbrauch macht auch die Steuerung von der Zeit abhängig.
Um das System für einfache mathematische Methoden zugänglich zu machen, ist es notwendig, die Zeit in diskrete Intervalle einzuteilen, mit konstantem Durchschnittsverbrauch.
Aufgrund der vorhergehenden Verbrauchs- und Kostenanalyse haben wir einen Optimierungshorizont von 24 Stunden gewählt, mit Beginnzeitpunkt 06.00.

3. Mathematische Formulierung

Die Aufgabe kann nun folgendermassen formuliert werden:

Gegeben: Graph G^0 mit Knoten i, $i \epsilon N$ und Bögen j, $j \epsilon M$. In jedem Knoten i ist der Verbrauch v_{ik} für jedes Zeitintervall k, $k \epsilon T$ bekannt.

Gesucht: Der Fluss x_{jk} in jedem Bogen j für jedes Intervall k so, dass die Gesamtkosten $\sum\sum c_{jk} x_{jk}$ minimal sind.

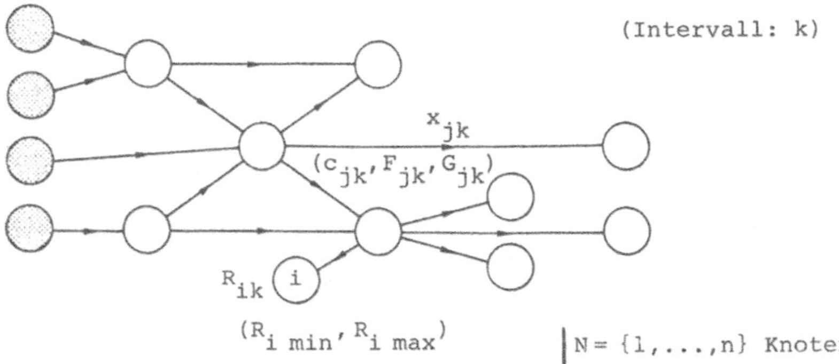

Quellen (Verbrauch $v_{ik} \geq 0$), $i \epsilon N_1$ = Wasserwerke

Senken (Verbrauch $v_{ik} \leq 0$), $i \epsilon N_2$ = Reservoire und Verbraucherzonen

$N = \{1,\ldots,n\}$ Knotenmenge $(i \epsilon N)$

$M = \{1,\ldots,m\}$ Bogenmenge $(j \epsilon M)$

$T = \{1,\ldots,t\}$ Menge der Zeitintervalle $(k \epsilon T)$

Abb. 2: Graph (G^0)

Bedingungen:

- In den Knoten i, $i \in N_2$, sind Kapazitätsrestriktionen gegeben, denn die Reservoirs in den Knoten haben einen vorgegebenen Mindestbestand $R_{i\,min}$ (Sicherheitsbestand) und einen Maximalbestand $R_{i\,max}$. Der Reservoirinhalt R_{ik} darf zu keiner Zeit k diese Bandbreite verlassen (R_{ik} = Zustandsvariable)

$$R_{i\,min} \le R_{ik} \le R_{i\,max}.$$

- Der Fluss in den Bögen x_{jk} ist ebenfalls durch eine obere Grenze, die maximale Förderkapazität einer Pumpengruppe F_{jk} und eine untere Grenze, eine vorgegebene Grundlast G_{jk} für jedes Zeitintervall k eingeschränkt

$$G_{jk} \le x_{jk} \le F_{jk}.$$

3.1 Bilanzgleichungen

Der Zusammenhang der Zustandsvariablen (R_{ik}) mit den Steuervariablen (x_{jk}) kann durch die Mengenbilanzen pro Reservoir (i) und Zeitintervall (k) hergeleitet werden. Für den Graphen G^0 sei in Zukunft die Bogeninzidenzmatrix A gegeben:

$$(a_{ij}) := \begin{cases} -1 & \text{für jeden Bogen j, der vom Knoten i weggeht} \\ 1 & \text{für jeden Bogen j, der zum Knoten i geht} \\ 0 & \text{sonst} \end{cases}$$

Mengenbilanz

im Knoten i:

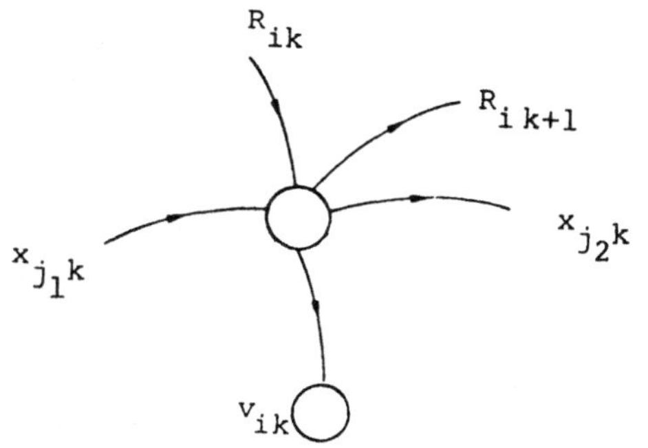

$$R_{i\,k+1} = R_{ik} + \sum_{j=1}^{m} a_{ij} x_{jk} + v_{ik}$$

Reservoirbestand am Ende der Periode k (= Anfang k+1)	=	Reservoirbestand am Anfang der Periode k	+	Hineingepumpte Menge - hinausgepumpte Menge in der Periode k	+	Verbrauch von Knoten i in der Periode k

Damit ist auch die zeitliche Koppelung des Flussproblems auf dem Grundgraphen (G^0) definiert.

Der resultierende Reservoirbestand $R_{i\ k+1}$ am Ende der Periode (k) ist gleichzeitig der Anfangsbestand der Reservoire in der Periode (k+1). Mit einem definierten Anfangsbestand R_{iA} in der Zeit $k = 1$ für jedes Reservoir und einem gegebenem Endbestand R_{iE} am Ende des Intervalls ($k = t+1$), präsentiert sich das Problem folgendermassen:

$$R_{ik} - v_{ik} + \sum_{j=1}^{m} a_{ij} x_{jk} = R_{i\ k+1} \qquad \begin{cases} i=1,\dots,n \\ k=1,\dots,t \end{cases}$$

$$R_{i1} = R_{iA} \qquad i=1,\dots,n$$

$$R_{i\ t+1} = R_{iE}$$

$$R_{i\,min} \le R_{ik} \le R_{i\,max} \qquad \begin{cases} i=1,\dots,n \\ k=1,\dots,t \\ j=1,\dots,m \end{cases}$$

$$G_{jk} \le x_{jk} \le F_{jk}$$

$$\sum_{k=1}^{t} \sum_{j=1}^{m} c_{jk} x_{jk} = \min!$$

Aus dieser Beziehung kann eine allgemeine Aufgabe der linearen Programmierung aufgestellt werden. Sie enthält für das vorliegende Beispiel der Stadt Zürich 140 Variable und ungefähr 400 Restriktionen.

3.2 Transshipmentproblem

Aufgrund der besonderen Struktur dieser Aufgabe lässt sie sich auch als Transshipmentproblem formulieren.
Durch eine Duplizierung des Grundgraphen G^0 für jedes Intervall k wird die Zeit als dritte Dimension eingeführt. Jedes Reservoir wird durch neue Bögen in Richtung der Zeitachse mit sich selber verbunden.
Somit können die Kapazitätsrestriktionen in den Knoten durch Flussrestriktionen auf den neuen Bögen ersetzt werden.
Die Anfangs- und Endbedingungen für die Reservoire können durch eine zusätzliche Quelle bzw. Senke realisiert werden.
Die mathematische Formulierung der Mengenbilanzen beschränkt sich in diesem Falle auf das korrekte Aufstellen des Graphen G^T, denn die Bilanzen in den Knoten werden bei Transportproblemen automatisch eingehalten.
Für das Beispiel der Stadt Zürich besteht der Graph G^T aus ca. 120 Knoten und 280 Bögen.

4. Verfahren zur Lösung

Zur Lösung dieses Minimalfluss-Netzwerkproblems können verschiedene Algorithmen verwendet werden.

Das vorliegende Flussproblem der Stadt Zürich wurde auf zwei Arten gelöst:

- Fertiges Programmpaket für allgemeine Aufgaben der linearen Programmierung (APEX);
- Lösungspaket mit dem primalen Transport- und Transsshipment-Algorithmus (TRASHI) vom Institut für Operations Research der ETH Zürich.

Es hat sich gezeigt, dass die Rechenzeit mit dem Programm TRASHI um den Faktor 10 kleiner ist. Ein Computer des Typs CYBER 722 benötigte genau 2 Sekunden zur Ermittlung der optimalen Lösung. Der benötigte Kernspeicherplatz für die Aufgabe der Stadt Zürich (120 Knoten, 280 Bögen) ist kleiner als 2K-Byte. Dieser geringe Speicherplatzbedarf würde sogar eine Optimierung durch Mikro-Computer erlauben.

RISIKOANALYSE ZUR SCHWEIZERISCHEN ERNÄHRUNGSPLANUNG FÜR NOTZEITEN

Pius Hättenschwiler, Fribourg (Schweiz)

A) Ausgangssituation: Die schweizerische Ernährungsplanung (EP) für Notzeiten ist seit 1975 zu einem wichtigen Instrument im Dienste der wirtschaftlichen Vorsorge geworden. Die Frage, ob und wie eine Selbstversorgung mit Nahrungsmitteln über mehrere Jahre möglich wäre, wird mit einem LP-Modell beantwortet, das die wichtigsten Aktivitäten des Ernährungssektors unter Autarkiebedingungen optimiert. Das Modellresultat hängt in Inhalt und Zuverlässigkeit von einer Vielzahl von Annahmen ab. Die Entscheidungsträger müssen bei der Verwendung der Modell-Resultate diese, mit den Annahmen verbundene Planungsunsicherheit berücksichtigen.

B) Zielsetzung: Die vorliegende Arbeit soll die Zuverlässigkeit der Entscheidungsunterlagen aus der EP untersuchen und operationalisieren. Der stochastische Einfluss der Witterung soll vertieft analysiert und als witterungsbedingtes Risiko quantifiziert werden.

C) Hauptergebnisse: In einem ersten Teil mit Uebersichtscharakter wurde die Planungsunsicherheit in der EP nach Ungewissheits-, Unsicherheits- und Risikoelementen bzw. -quellen strukturiert und die wichtigsten Elemente (Plandurchsetzung, Produktionsmittelknappheit, witterungsbedingte Ertragsschwankungen, Zeitpunkt und Intensität des Kriseneintritts, Lageverschlechterung) wurden beschrieben. Im zweiten Teil wurden einerseits in bezug auf den Witterungseinfluss risikogünstige Selbstversorgungsstrategien ermittelt und andererseits die Risikoverteilungen der wichtigsten Versorgungskenngrössen je Strategie simuliert.

D) Vorgehen/Methoden: Für die Simulation von witterungstypischen Ertragskonstellationen wurde ein stochastisches Simulationsmodell entwickelt. Zur Ermittlung von risikogünstigen Selbstversorgungsstrategien wurden mit dem bestehenden EP-Modell die expost-optimalen Ernährungspläne zu 100 simulierten Ertragskonstellationen berechnet und ausgewertet. Durch Vorgabe von jeweils einer risikogünstigen Strategie wurde das EP-Optimierungsmodell in ein EP-Simulationsmodell umfunktioniert und mit diesem der Einfluss der witterungsbedingten Ertragsschwankungen auf das Selbstversorgungsniveau in Form einer Risikoverteilung ausgewertet.

Operations Research Proceedings 1983

AUSWERTUNG VON INFORMATION ÜBER KOMPLEXE SYSTEME

Beat Friedrich Schmid, Zürich

Die Verwaltung und Planung komplexer Systeme (wie Städte, Regionen) benötigen Information über deren mögliches oder wahrscheinliches Verhalten und deren Beeinflussbarkeit durch Massnahmen. Modelle dieser Systeme im Sinne von Abbildern, die gleiches oder ähnliches (kausales) Verhalten zeigen, existieren i.a. nicht. Dagegen besitzt man meist zahlreiche, jedoch oft unscharfe Aussagen über diese Systeme: empirisch gesicherte Feststellungen, gut begründete Vermutungen, vom Entscheidungsträger Geglaubtes sowie normative Aussagen. Damit stellt sich das Problem, diese Information in die gesuchte Information zu transformieren (ohne weitere Hypothesen zu verwenden).

Dieses Problem wird für Systeme, die als Gesamtheiten (Kollektive, Populationen, Ensemble) von Objekten aufgefasst werden können, unter bestimmten Voraussetzungen gelöst. Die Systemobjekte werden so in Klassen eingeteilt und die möglichen Veränderungen derselben so beschrieben, dass die sprachliche Komponente der vorhandenen bzw. der gesuchten Information in dieser Beschreibungssprache rekonstruierbar wird. Der Datenteil findet seine adäquate Repräsentation in einem Wahrscheinlichkeitsmass über dem so entstandenen Zustandsraum des Systems.

Formal wird dem System auf diese Weise ein Markov-Prozess zugeordnet und die Fragen an das System können durch Filter- oder Kontrollprobleme repräsentiert werden.

Das Verfahren wurde bei zahlreichen Fragestellungen der Demographie, bei Stadt- und Regionalproblemen, bei Energiesystemen etc. erfolgreich angewendet.

Operations Research Proceedings 1983

OPTIMALE PORTEFEUILLES FÜR INSTITUTIONELLE ANLEGER

Heinz H. Müller, Zürich
Markus J. Granziol, Zürich
René Capitelli, Zürich

In dieser Studie werden optimale Portefeuilles für Pensionskassen und Lebensversicherungen aufgrund von schweizerischem Datenmaterial berechnet. Verwendet werden die jährlichen Renditen von Obligationen, Aktien und Land während der Periode 1960-78. Die besonderen Charakteristiken der institutionellen Anleger (hohe Liquidität, langfristige Anlagen) werden u.a. durch die Wahl der Daten zu berücksichtigen versucht. Sowohl für nominelle als auch für reale Renditedaten werden die optimalen Portefeuilles mit Hilfe der Standardmethode von Markovitz bestimmt. Bei der Untersuchung stellt sich insbesondere heraus:

1) Sowohl bei nomineller als auch bei realer Zielsetzung enthalten die optimalen Portefeuilles nur einen relativ kleinen Aktienanteil.

2) Oft wird bei Pensionskassen und Lebensversicherungen eine nominelle Zielsetzung unterstellt, während die Versicherten an einer realen Zielsetzung interessiert sein dürften. Die unterschiedlichen Zielsetzungen führen i.a. zu einem "Effizienzverlust". Die vorliegende Studie gelangt zum Schluß, daß ein solcher "Effizienzverlust" für das untersuchte Datenmaterial beinahe vernachlässigbar klein sein muss.

Operations Research Proceedings 1983

STRATEGISCHE KONZEPTIONEN IM BEREICH DER MEDIZINISCHEN DIAGNOSTIK

Ernst Ostheimer, München
Christa Dymant, München

Zur Abklärung bestehender und zur Suche neuer strategischer Konzeptionen in der medizinischen Diagnostik wurde von der IABG ein Studienauftrag folgenden Inhalts durchgeführt:

- Typisierung/Klassifizierung möglicher bzw. tatsächlich angewandter strategischer Verhaltensweisen im Bereich der med. Diagnostik
- Ermittlung bisher bereits zur Anwendung kommender diagnostischer Strategien
- Zusammenstellung von Vorschlägen für weiterführende Untersuchungen zur Entwicklung, Ausgestaltung oder Umsetzung diagnostischer Strategien

Die Ergebnisse liegen in Berichtsform vor /1/.
Abgestützt auf systemtheoretische Überlegungen in der Fachliteratur und unter Berücksichtigung der Anregungen aus einer Expertenbefragung wurde ein mehrstufiges Begriffsraster zur Typisierung/Klassifizierung diagnostischer Strategien abgeleitet. In das Begriffsraster sind folgende Bestimmungsgrößen für strategische Verhaltensweisen in der Medizin eingegangen:

die Leistungserbringer, die medizinischen Leistungsbereiche, die Kostenträger, die Krankheit, das Beschwerdebild des Patienten, die Behandlungs-/Untersuchungsphasen, die Zielsetzung der Diagnostik, die operationalen Richtlinien

sowie Bestimmungsgrößen, die die persönliche Bindung der Beteiligten an die Strategie charakterisieren und sich somit auf die Akzeptanz der Strategie bei den Beteiligten beziehen.

Die operationalen Richtlinien weisen unter allen Bestimmungsgrößen am stärksten auf den Weg hin, auf dem die Zielsetzung der Strategie erreicht werden soll. Sie stellen insofern den Kern einer Strategie dar. Bei der Entwicklung und Auswahl optimaler operationaler Richtlinien können mathematische Verfahren des Operations Research und der Systemanalyse (z.B. Entscheidungstheoretische Modelle, Simulationstechniken, Kosten-Nutzen-Analysen) wesentliche Hilfe leisten.

/1/ IABG, BEARBEITET VON DYMANT C., OSTHEIMER E.
STRATEGISCHE KONZEPTIONEN IM BEREICH DER MEDIZINISCHEN DIAGNOSTIK
B - SZ 1231/02, 5.12.1980

Operations Research Proceedings 1983

PROBLEME DES DATENBANKEINSATZES IN GESUNDHEITSÖKONOMISCHEN UNTERSUCHUNGEN

Matthias Jarke, New York

Entscheidungen über Maßnahmen im Gesundheitswesen sind häufig gekennzeichnet durch komplexe Zielräume, eine Vielzahl von Betroffenengruppen und teilweise unbekannte Wirkungszusammenhaänge. Von den Methoden zur Entscheidungsfindung unter mehrfacher Zielsetzung eignen sich daher am ehesten solche wie die Kosten-Wirksamkeits-Analyse, die zwar Daten und Zielraum verdichten, den Entscheidungsträgern aber mehrere Kriterien zur Endauswahl präsentieren. Inwieweit unterstützen Datenbanksysteme diese Informationssystemfunktion?

Im Rahmen einer Studie im Bereich der Krankenhaushygiene /1/ wurde eine Infektionsdatenbank entworfen. Über ein Statistikpaket können Zustandsanalysen und Zeitvergleiche durchgeführt werden, z.B. die Kostenanalyse von Krankenhausinfektionen und die Bestimmung von Risikofaktoren. Alle Analysen finden außerhalb des Datenbanksystems statt. Dynamische Analysen der Maßnahmen selbst sind gar nicht möglich. Diese Beschränkungen der Anwendbarkeit von Datenbanken lassen sich auf Probleme der angebotenen Datenbanksprachen zurückführen: Anfragesprachen, Manipulationssprachen und Konsistenzsprachen (zur Formulierung von Integritätsbedingungen) reichen in ihrer gegenwärtigen Form lediglich aus, Systemzustände abzufragen bzw. zu verändern. Dagegen fehlen Sprachen zur Analyse und Bewertung von Veränderungen.

Um solche Sprachen definieren zu können, ist zunächst die Konsistenzsprache zu erweitern. Statt nur die Zulässigkeit einer Transaktion zu entscheiden, sollte sie das Zielsystem der Kosten-Wirksamkeits-Analyse enthalten und so die zulässigen Transaktionen (Abbildung potentieller Handlungsalternativen) bezüglich ihrer Zielerfüllung bewerten. Nach dieser Ergänzung kann ein neuer Typ von Anfrage, Entscheidungssprache genannt, definiert werden, die dem Entscheidungsträger die Frage nach Handlungsalternativen mit bestimmten Zielerfüllungsgraden gestattet. Wir arbeiten derzeit an einer Implementation dieses Ansatzes, in welcher die Entscheidungssprache auf Anfragen an eine Kollektion interagierender konventioneller Datenbanken zurückgeführt wird.

/1/ ARBEITSGEMEINSCHAFT INFEKTIONSKONTROLLE IM KRANKENHAUS: Kosten-Nutzen-Untersuchungen über Maßnahmen gegen Krankenhausinfektionen, Untersuchungsbericht i.A. des Bundesministers für Arbeit und Soziales, Hamburg 1983.

Operations Research Proceedings 1983

Optimale Standorte und Fahrzeugzahlen im Rettungsdienst - Eine empirische Untersuchung

Ursula Köhler-Sagerer, Erlangen

1. Organisation und Aufgaben des Rettungsdienstes

"Aufgabe des Rettungsdienstes ist es, bei Notfallpatienten am Notfallort lebensrettende Maßnahmen durchzuführen und die Transportfähigkeit herzustellen sowie diese Personen unter Aufrechterhaltung der Transportfähigkeit und Vermeidung weiterer Schäden in ein geeignetes Krankenhaus zu bringen. ....
Aufgabe des Rettungsdienstes ist es auch, kranke, verletzte oder sonstige hilfsbedürftige Personen unter sachgerechter Betreuung zu befördern, die keine Notfallpatienten sind." /1/
Entsprechend den unterschiedlichen Aufgaben - Krankentransport und Notfallrettung - werden verschiedene Rettungsmittel eingesetzt. Krankentransportwagen sind für die Beförderung von Nicht-Notfallpatienten bestimmt, während Rettungswagen mit ihrer besseren medizinischen und technischen Ausstattung für Notfalleinsätze bereitzuhalten sind.

Jedes Bundesland ist in Rettungsdienstbereiche aufgeteilt. Jeder dieser Bereiche besitzt eine zentrale Rettungsleitstelle, in der alle Anforderungen eingehen und die alle Aktivitäten anstößt und koordiniert. Verteilt über den Rettungsdienstbereich sind die Rettungswachen, an denen die Fahrzeuge und das Personal stationiert sind.

2. Problemstellung und Zielsetzung

Abbildung 1 zeigt anhand der Rettungskette den typischen Ablauf eines Rettungseinsatzes. Diese Darstellung verdeutlicht gleichzeitig einige Faktoren, die die Effizienz des Rettungsdienstes beeinflussen. Neben Problemen qualitativer Art, wie Ausbildung des Personals, technische und medizinische Ausrüstungen, Organisation und Koordination müssen auch die quantitativen Fragen nach der Art und Anzahl der benötigten Rettungsmittel und nach ihren Standorten gelöst werden. Die besondere

Das Forschungsvorhaben wurde von Herrn Prof.Dr.M.Meyer, Lehrstuhl für OR, Univ. Erlangen - Nürnberg initiiert und betreut und von der Robert-Bosch-Stiftung finanziert.

Operations Research Proceedings 1983

Problematik liegt in der Ungewißheit der Anforderungen. Sie sind weder nach ihrer Art (leichte Verletzungen, lebensbedrohende Krankheiten, einfache Krankentransporte) noch nach ihrem zeitlichen und räumlichen Auftreten genau vorhersehbar. Das bedeutet aber, daß Personal und Einsatz-

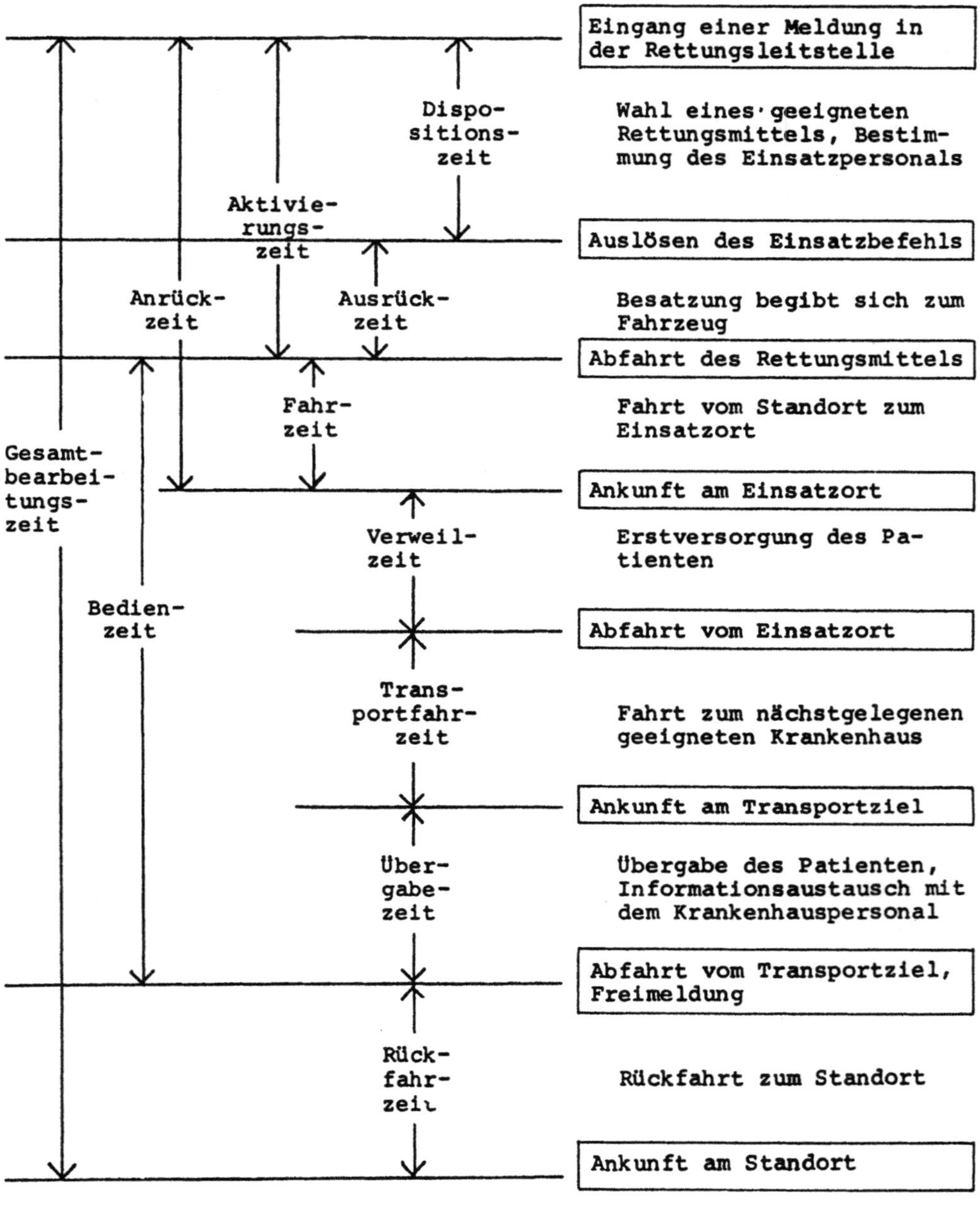

Abbildung 1: Die Rettungskette

mittel vorgehalten werden müssen. Je umfangreicher und qualifizierter diese Vorhalteleistung ist, um so besser wird im Bedarfsfall die Patientenversorgung, um so höher sind aber auch die Kosten. Da die direkte Auflösung dieses Zielkonfliktes, die - allein aus ethischen Gründen nicht zu vertretende - monetäre Bewertung von Menschenleben verlangt, wird hier als aussagekräftiges und operationales Ersatzkriterium die Anrückzeit gewählt. Ihre Verkürzung erhöht die Heilungschancen eines Patienten. Ändert man die Anzahl und/oder die räumliche Verteilung der Rettungsfahrzeuge, dann werden sich jeweils unterschiedliche Anrückzeiten ergeben. Durch solche Alternativrechnungen werden Einflußfaktoren deutlich und Systemzusammenhänge transparent gemacht.

Das Ziel der vorliegenden Arbeit ist die Entwicklung eines Modells, das Planern im Rettungsdienst Entscheidungshilfen geben kann bei Fragen nach optimalen Standorten von Rettungswachen und nach Anzahl und Art benötigter Rettungsmittel. Im Mittelpunkt der Überlegungen steht dabei nicht so sehr die Modelloptimierung im Sinne ausgefeilter analytischer Methoden, sondern die Entwicklung eines robusten Planungsinstruments, das zwar einerseits die Realität genügend genau abbildet, aber andererseits keine Anforderungen an Eingabedaten und Rechenzeiten stellt, die eine Anwendung in der Praxis verhindern.

3. Empirische Untersuchungen eines Rettungsdienstbereiches

Der Untersuchung liegt ein dünn besiedelter, ländlicher Rettungsdienstbereich in Bayern zugrunde. Die Vorgehensweise bei der Systemanalyse und Datenerhebung, die dabei aufgetretenen Probleme und ihre Lösungen können hier aus Platzgründen nicht dargestellt werden. Dazu sei auf /2/ verwiesen. Im Folgenden werden nur die wichtigsten Ergebnisse diskutiert.

Über 75 % aller Einsätze im Rettungsdienstbereich sind Krankentransporte. Häufigste Anlässe für Notrufe sind internistische Notfälle (1/3) und Verkehrsunfälle (1/4). Die Notruffrequenz ist gering und unterscheidet sich an den einzelnen Wochentagen nur wenig. Sie schwankt während des Tages um 1 Notruf pro Stunde und sinkt in den frühen Morgenstunden sehr stark ab. Aus diesen niedrigen Einsatzraten kann man jedoch nicht einfach auf eine entsprechend geringe Zahl von Rettungsfahrzeugen schließen. Die Analyse der räumlichen Verteilung ergibt nämlich, daß die Notfälle zwar häufiger in den wenigen großen Ortschaften entstehen, daß sie aber gerade nachts und an Wochenenden in nicht zu vernachlässigendem Umfang auch in den dünn besiedelten Gebieten auftreten. Hier kommt mit aller

Deutlichkeit die besondere Problematik des Rettungsdienstes in weiträumigen Gebieten mit geringer Bevölkerungsdichte zum Ausdruck.

Anders als bei den Notfällen zeigen die Wochentagprofile der Krankentransporte charakteristische Ausprägungen in den Vormittagsstunden und fallen gegen Abend ab. Das drückt sich zum Beispiel in einer Krankentransportrate von 6,5 pro Stunde in der Zeit zwischen 8^{00} und 12^{00} Uhr und weniger als 3 pro Stunde zwischen 14^{00} und 18^{00} Uhr aus. Stellt man diesen Zahlen die Schichtpläne gegenüber, dann spiegeln sich die Anforderungsunterschiede nicht in der Personalbesetzung wider. Die Rettungswachen scheinen also entweder vormittags unter- oder nachmittags überbesetzt zu sein. Allerdings muß man bedenken, daß die Besatzungen Notfall- und Krankentransport-Einsätze durchführen, daß die Anforderungsraten noch nichts über die Länge der Einsätze aussagen, daß auch andere Tätigkeiten z.B. zur Instandhaltung der Fahrzeuge anfallen usw.

	Anrückzeit		Verweilzeit		Bedienzeit	
	MW	S	MW	S	MW	S
Krankentransporte	13,5	49,6	7,6	48,6	56	130,5
Notfälle	9,7	5,8	9,9	8,1	59	26,8

Tabelle 1: Wichtige zeitliche Kenngrößen in Minuten (MW = Mittelwert; S = Streuung)

Auffällig bei allen Zeitangaben, besonders im Krankentransport, sind die großen Streuungen. Die Unterschiede in den Bediendauern bei Krankentransporten lassen sich an zwei häufig vorkommenden Extrembeispielen verdeutlichen. Einmal wird ein Patient von seiner Wohnung zu einer nahe gelegenen Arztpraxis gefahren. Bei einem anderen Einsatz muß eine Verlegung von einem Kreiskrankenhaus in eine weit entfernte Spezialklinik durchgeführt werden. Dabei ist nicht nur die Fahrzeit lang, sondern auch die Aufenthaltszeiten an den beiden Krankenhäusern. - Die Übergabezeit an Krankenhäusern (im Mittel fast 30 Minuten) scheint im Untersuchungsbereich generell eine Schwachstelle zu sein; hier müßten die Abläufe an den einzelnen Kliniken genauer analysiert werden.

Besonders bei Notfällen bilden die Anrückzeiten ein entscheidendes Gütekriterium. Zum Beispiel verlangt das Bayerische Rettungsdienstgesetz, daß jeder an einer Straße liegende Einsatzort in der Regel innerhalb von höchstens 12 Minuten erreichbar sein muß (Hilfsfrist). Hierzu ergibt die Datenerhebung, daß etwa 51 % aller Notfälle nach 8 Minuten, 74 % nach 12, 85 % nach 15 und 95 % nach 20 Minuten erreicht wurden. Auch wenn man der angestrebten Fahrzeit von 12 Minuten 2 bis 3 Minuten für Dispositions- und Ausrückzeit hinzuaddiert, werden innerhalb dieses Zeitraums im Untersuchungsbereich nur knapp 85 % der Notfälle erreicht . Dieser Zustand ist sicher nicht zufriedenstellend, wobei noch hinzukommt, daß bei über 20 % der Notfalleinsätze Krankentransportwagen statt Rettungswagen benutzt werden mußten. Es fragt sich, ob man bereits durch eine günstigere örtliche und zeitliche Verteilung der Fahrzeuge ein besseres Ergebnis erzielen kann, bzw. wo, wann und wieviele zusätzliche Fahrzeuge benötigt werden.

4. Modellentwicklung und Ergebnisse

Das hier zu beschreibende Modell soll folgende Problemstellungen bearbeiten können:

- wieviele Rettungswachen sind nötig und wo sollen sie stehen, damit jeder potentielle Einsatzort (oder ein bestimmter Prozentsatz aller Einsatzorte) innerhalb einer maximalen Anrückzeit erreicht wird?
- wo sollen eine oder mehrere neue Rettungswachen am günstigsten gebaut werden?
- wieviele und welche Arten von Fahrzeugen müssen an den einzelnen Rettungswachen (oder auch außerhalb) stationiert werden, damit alle Anforderungen in angemessener Zeit erfüllt werden können?
- sollen zu bestimmten Tages-, Wochen- oder Jahreszeiten zusätzliche oder weniger Fahrzeuge bereitgestellt werden?
- wie sollte dann ihre örtliche Verteilung aussehen?
- welche Auswirkungen hätte das auf die Leistungsfähigkeit des Systems?

Die wichtigsten und gleichzeitig problematischsten Eingabegrößen für das Modell sind die Fahrzeiten. Es gibt die unterschiedlichsten Straßenarten, von Feldwegen bis zu Autobahnen, in Städten kommen Kreuzungen mit und ohne Ampelanlagen hinzu. Außerdem hängt die Fahrzeit von den herrschenden Verkehrs- und Witterungsverhältnissen, von der Fahrweise, der Art des Fahrzeugs usw. ab. Im Rettungsdienst ist zusätzlich zu beachten, ob Sonderrechte in Anspruch genommen werden können, die Fahrweise muß sich nach dem Zustand des Patienten richten u.ä. Vor der Ermittlung der Fahrzeiten steht aber noch die Frage, zwischen welchen Punkten diese Fahrzeiten gelten sollen. Das bedeutet, daß das Untersuchungsgebiet in repräsentative Punkte abzubilden ist. Da keine Straßendatenbank oder sonstige direkt verwendbare Daten vorliegen, werden die Ortsangaben in ein

Koordinatensystem übertragen und mit Hilfe von Clusteranalyseverfahren, unter Verwendung der örtlichen Einsatzverteilungen aus den Vergangenheitsdaten, repräsentative Punkte ermittelt. Diese Einteilung wird mit den Mitarbeitern des Rettungsdienstes besprochen und abgestimmt. Entfernungsfunktionen und Durchschnittsgeschwindigkeiten dienen dann zur Bestimmung der Fahrzeiten zwischen den Clusterschwerpunkten. Auch diese Ergebnisse werden wieder mit den Praktikern diskutiert und gegebenenfalls angepaßt. Damit liegen mehrere, jeweils für verschiedene Voraussetzungen zutreffende Fahrzeitmatrizen vor.

Zur Bearbeitung der im vorhergehenden genannten Fragen werden zwei Teilmodelle, zur Standortoptimierung und zur Fahrzeugzahlbestimmung, entwickelt. Die Standortproblematik läßt sich in ein Set-Covering-Modell /3/ abbilden.

Minimiere $$Z = \sum_{j=1}^{N} x_j$$

unter den Nebenbedingungen $$\sum_{j=1}^{N} a_{ij}\, x_j \geq 1 \qquad i=1,\dots,N$$
$$x_j \in \{0,1\} \qquad j=1,\dots,N$$

mit

Z minimale Anzahl benötigter Rettungswachen

N Anzahl der Knoten (= repräsentativen Punkte)

$$x_j = \begin{cases} 1 & \text{wenn Knoten } j \text{ als Standort festgelegt wird} \\ 0 & \text{sonst} \end{cases}$$

$$a_{ij} = \begin{cases} 1 & \text{wenn Knoten } i \text{ in der vorgegebenen Hilfsfrist von Knoten } j \text{ aus erreicht werden kann} \\ 0 & \text{sonst} \end{cases}$$

Gelöst wird es mit dem Programmpaket MPCODE /4/ auf einer CDC Cyber 173. Die Rechenzeiten, inklusive Ein-/Ausgabezeiten, betragen zwischen 10 und 40 Sekunden (bei N=165). Um für die Praxis wichtige, unterschiedliche Problemstellungen behandeln zu können, berechnet ein Vorprogramm, abhängig von den vom Benutzer eingegebenen Bedingungen, die Koeffizienten a_{ij}. Es können Standorte fest vorgegeben oder ausgeschlossen, aber auch Präferenzen vergeben werden.

Eine erste Reihe von Modellrechnungen beantwortet die Frage, wie viele Rettungswachen nötig sind, um alle bzw. 95 % der Einsätze in einer bestimmten Hilfsfrist zu erreichen (Abb. 2). Hier zeigt sich, daß 16 Wachen bestehen müßten, gegenüber den tatsächlich vorhandenen neun. Bezüglich der Berechnungen, wo die Wachen am günstigsten zu stationieren wären, sei auf /2/ verwiesen. Insgesamt sind die bestehenden Standorte bestätigt, aber auch die momentane Unterversorgung eines Gebietes am Rande des Rettungsdienstbereichs hervorgehoben worden. Hier müßte man eine zusätzliche Wache einrichten oder eine enge Zusammenarbeit mit dem angrenzenden Bereich praktizieren.

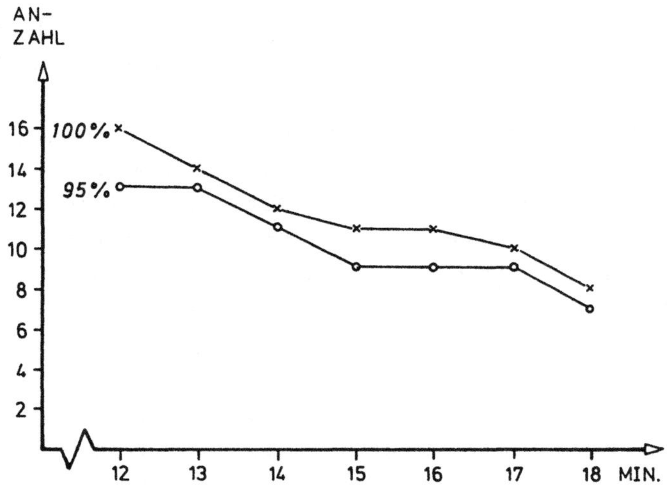

Abbildung 2: Minimale Standortzahl in Abhängigkeit von der Hilfsfrist

Häufig wird gefordert, Rettungswachen nur an Krankenhäusern einzurichten. Gibt man im Untersuchungsbereich die 9 bestehenden Krankenhäuser als Standorte vor, dann sind weitere 5 Wachen nötig, um eine Hilfsfrist von 15 Minuten zu erreichen. Einseitig unter diesem Gesichtspunkt betrachtet, scheint also die Stationierung von Rettungswachen an Krankenhäusern nicht optimal. Aber es kommt natürlich auf die Verteilung der Krankenhäuser an, und außerdem macht dieses Beispiel die Grenzen des Standortmodells deutlich. Es geht davon aus, daß bei Bedarf ein Rettungsmittel an der günstigsten Wache zur Verfügung steht. Das ist aber abhängig von der Zahl der an den einzelnen Wachen vorhandenen Fahrzeuge und von den stochastischen Anforderungsraten und Bedienzeiten. Letztere könnten aber eventuell durch die Einrichtung der Wachen an Krankenhäusern verkürzt werden, womit die Rückkopplung zum Standortmodell hergestellt ist. Die Erreichbarkeit der einzelnen Orte innerhalb einer Hilfsfrist stellt also nur eine Vorbedingung dar, die eine gute bis schlechte Ausgangslage schafft. Es kommt nun darauf an, unter Berücksichtigung der stochastischen Anforderungen und Abläufe ein optimales Szenarium zu finden.

Die Abläufe im Rettungsdienst stellen sich als ein komplexes System dar, das durch zeitliche und räumliche stochastische Prozesse geprägt ist. Die zeitlichen Aspekte lassen sich in ein Warteschlangenmodell abbilden. Aufgrund statistischer Untersuchungen der Vergangenheitsdaten wird ein (M/G/N):(N,FIFO)-Modell /5/ gewählt. Es liefert für gegebene Anforderungsraten, Bediendauern und Fahrzeugzahlen die Wahrscheinlichkeit, daß m (m=0,1,...,M) Fahrzeuge besetzt sind. Da die Anrückzeiten zu jedem Knoten (potentieller Einsatzort) ein wichtiges Gütekriterium darstellen, müssen sie für jeden der möglichen 2^M Systemzustände berechnet werden. Bei 220 Knoten und realistischen Fahrzeugzahlen von mindestens 10 bis 20 ergeben sich enorme Kombinationsmöglichkeiten. Darum ermittelt das Programm zwar für die Zustände null und ein Fahrzeug besetzt die Anrückzeiten exakt, alle weiteren jedoch mittels Monte-Carlo-Methoden. Zusätzlich zu den mittleren Anrückzeiten werden aber für die einzelnen Zustände die maximalen Werte gespeichert, sodaß der Planer später auch Extremfälle in die Entscheidungsfindung einbeziehen kann.

Nach der Validierung des Modells mit Hilfe der Vergangenheitsdaten sind eine ganze Serie von Modellrechnungen durchgeführt worden. Sie gehen von den unterschiedlichsten Szenarien aus. Die Auswirkungen von verschiedenen Schichten, d.h. Auskunftsraten, Bediendauern, unterschiedlichen räumlichen Einsatzverteilungen oder Fahrzeiten und sich ändernden Standorten und Fahrzeugzahlen auf die wichtigen Leistungsparameter Anrückzeiten und Auslastung der Fahrzeuge sind so schnell zu ermitteln (Rechenzeiten im Mittel 30 Sekunden). Da konkrete Situationen aus der Praxis zugrunde lagen, konnte z.B. gezeigt werden, daß die geplante Streichung eines bestimmten Standorts die Anrückzeiten wesentlich verschlechtern, während bei dem Wegfall eines anderen Fahrzeugs kaum Auswirkungen entstehen würden. Für den Krankentransport wird der bereits bei den Datenerhebungen vermutete Engpaß an den Werktag-Vormittagen durch die Modellrechnungen bestätigt. Bezüglich der konkreten Eingabewerte und einzelnen Ergebnisse sei wieder auf /2/ verwiesen.

5. Diskussion

Die in dieser Arbeit beschriebenen Datenauswertungen und Modelle sollen in der Praxis dazu dienen, den mit der Planung, Organisation und Ausführung des Rettungsdienstes befaßten Personen Entscheidungshilfen zu geben bei Fragen nach optimalen Standorten, Anzahl und Art benötigter Rettungsmittel. Dabei wurde aus mehreren Gründen bewußt eine relativ grobe Abbildung der Realität gewählt. Jedes analytische Modell muß von einer Abbildung der untersuchten Region ausgehen. Das bedeutet zwangsläufig eine Vergröberung der Realität. Die Fahrzeiten in der Region bilden wichtige Eingabegrößen für die Berechnungen. Sie schwanken aus den verschiedensten Gründen. Auch wenn man abhängig von den Voraussetzungen jeweils mehrere Fahrzeiten ermittelt, kann es sich doch immer nur um Mittelwerte handeln. Anzahl und Art der Anforderungen und Bedienzeiten sind stochastische Größen. Man kann zwar ihre durchschnittlichen Werte ermitteln, aber im Einzelfall können sie stark abweichen. Für feiner strukturierte Modelle müssen noch wesentlich mehr Eingabedaten ermittelt werden, die aber wiederum Ungenauigkeiten in sich bergen. Entsprechend steigt auch der Rechenaufwand für die Modelle. Es gibt Einflußfaktoren, die sich nur schwer quantifizieren lassen, z.B. politische Zielsetzungen, emotionale Rivalitäten um den Besitz eines Rettungsfahrzeugs zwischen Ortschaften usw. Gerade der letzte Punkt ist aber auch ein Grund für den Einsatz der Modelle. Denn damit kann man die verschiedensten gewünschten Alternativen berechnen und so Entscheidungsprozesse versachlichen.

Literatur

/1/ Deutscher Bundestag. 7. Wahlperiode. Drucksache 7/489. Muster für ein Landesgesetz über den Rettungsdienst. Bonn (1973).

/2/ Köhler-Sagerer, U. Optimale Standorte und Fahrzeugzahlen für Rettungsdienst. (Dissertation). Wirtschafts- und Sozialwissenschaftliche Fakultät der Friedrich-Alexander-Universität Erlangen-Nürnberg. 213 S. (1982).

/3/ Salkin, H.M. Integer Programming. Reading, Mass. (1975).

/4/ Land, A.H.; Powell, S. FORTRAN Codes for Mathematical Programming: Linear, Quadratic and Discrete. London (1973).

/5/ Meyer, M.; Hansen, K.; Klausmann, H.-S. Mathematische Planungsverfahren II. Essen (1975).

STOCHASTISCHE METHODEN ZUR KOSTENPLANUNG UND KOSTENKONTROLLE IM KRANKENHAUS

Werner Buchholz, Mannheim

Der andauernde Kostenanstieg im Krankenhauswesen erfordert in verstärktem Maße interne Wirtschaftlichkeitskontrollen. Geeignetes Instrument ist eine Plankostenrechnung, die dem stochastischen Charakter der Leistungserstellung von Krankenhäusern Rechnung trägt. Mit Hilfe von Markov-Ketten ist es möglich, den Krankheitsverlauf und den Leistungserstellungsprozeß abzubilden. Dieser Prozeß ist so zu beschreiben, daß zu diskreten Zeitpunkten Diagnose-, Therapie- und Pflegemaßnahmen ergriffen werden, die den Patienten in einen anderen Zustand überführen. Sowohl die Wirksamkeit der ergriffenen Maßnahmen und der folgende Zustand als auch die Aufenthaltsdauer und der Ressourceneinsatz sind dabei unsicher. Werden jeweils zustandsoptimale Diagnose-, Therapie- und Pflegemaßnahmen vorgenommen, läßt sich, differenziert nach einzelnen Krankheiten bzw. Diagnosegruppen, die Produktionsfunktion des Krankenhauses ableiten. Ansätze für derartige Produktionsfunktionen sind für verschiedene Krankheiten vorhanden, beispielsweise Epilepsie, Schizophrenie, Tuberkulose, Leukämie und Krebserkrankungen. Durch die Bepreisung des Faktoreinsatzes erhält man die Kostenfunktion des Krankenhauses als Summe von fixen Vorhaltekosten, patientenzahlabhängigen Kosten, verweildauerabhängigen Kosten und krankheitsabhängigen Kosten. Die auf der Grundlage dieser Abhängigkeiten zu planenden Kosten sind wiederum Ausgang für eine als Soll-Ist-Vergleich ausgestaltete Wirtschaftlichkeitskontrolle. Neben Abweichungen, die aus dem medizinischen, medizintechnischen und pflegerischen Fortschritt, den Änderungen von Krankheitsverläufen und Krankenhausfällen sowie Schwankungen der Faktorpreise resultieren, interessieren vor allem Verbrauchsabweichungen, die auf einem wirtschaftlicheren oder unwirtschaftlicheren Faktoreinsatz gründen. Entsprechend den Zielen des Krankenhauses sind hier zwei Arten zu unterscheiden: Verbrauchsabweichungen, denen eine Verletzung der Sachziele vorausgegangen ist, und Abweichungen, deren Ursache 'echte' Rationalisierungserfolge und Unwirtschaftlichkeiten darstellen.

Operations Research Proceedings 1983

ANWENDUNGSCHANCEN DER KERNSPINTOMOGRAPHIE IN DER BUNDESREPUBLIK DEUTSCHLAND

Dieter König, Ottobrunn

Die Anwendung der Kernspin-Resonanz (Nuclear Magnetic Resonance) zur Bildgebung (Imaging) in der Medizin hat in den letzten Jahren eine beachtliche Entwicklung erfahren. Hauptgrund hierfür ist die erwartete Leistungsfähigkeit dieses medizinischen Großgerätes hinsichtlich

- der im Vergleich zu anderen bildgebenden Verfahren geringen Belastung und Gefährdung von Patienten und Bedienungspersonal (keine ionisierende Strahlung)
- der sich abzeichnenden guten Differenzierbarkeit von verschiedenen Geweben (insbesondere Weichgeweben)
- der Möglichkeit Funktionsprüfungen durchzuführen.

Diesen erwarteten Leistungsmerkmalen werden synoptisch die Qualitätsmerkmale der derzeitig in der Medizin angewendeten bildgebenden Diagnoseverfahren gegenübergestellt (Röntgen, Computertomographie, Szintigraphie, Ultraschall, Thermographie). Weiterhin wird die Anwendungshäufigkeit dieser Verfahren auf der Grundlage von Basisdaten von öffentlichen und privaten Krankenversicherungen sowohl im ambulanten wie stationären Bereich der Krankenversorgung hochgerechnet.

Unter Beachtung der Leistungsfähigkeit aller bildgebenden Diagnoseverfahren (incl. Kernspin-Tomographie) wird die Anwendungshäufigkeit der KST im stationären Bereich analytisch abgeschätzt. Grundlage für diese Abschätzung sind die Krankheitshäufigkeiten nach der Systematik des ICD (International Code of Diseases). Unter Berücksichtigung weiterer Gesichtspunkte, wie Kosten und Praktikabilität des Verfahrens, Wirtschaftlichkeit des Einsatzes, Anwendungshäufigkeit der anderen bildgebenden Verfahren, Interessenslage der Ärzte sowie gesundheitspolitische Aspekte werden die Anwendungschancen der Kernspintomographie in der Bundesrepublik Deutschland analysiert und der Gerätebedarf an Ganzkörper-Kernspin-Tomographen prognostiziert.

Operations Research Proceedings 1983

EINE KONZEPTION DER STRATEGISCHEN UNTERNEHMENSPLANUNG

Hartmut Kreikebaum, Frankfurt/Main

Ausgangssituation und Zielsetzung

Im Rahmen einer empirischen Analyse des Einführungs- und Implementierungsprozesses strategischer Planungssysteme in der Bundesrepublik Deutschland und in den USA zeigte sich u.a., daß die Praxis der strategischen Unternehmensplanung bestimmt wird durch ein Vorherrschen operativer Planungsaktivitäten. Zudem genießt das kurzfristig zu bewältigende Tagesgeschäft vielfach Priorität vor den geistig anstrengenden und häufig auf Widerstände stoßenden Planungsüberlegungen überhaupt. Strategische Planung wird häufig mit Prognose verwechselt oder mit der Anwendung einer bestimmten Planungsmethode gleichgesetzt. Ein aktionsorientierter Managementstil trägt dazu ebenso bei wie die in 'Gresham's law of planning' beschriebene Vernachlässigung komplexerer Planungsaufgaben. Der Beitrag soll Wege zur Überwindung dieses Dilemmas aufzeigen und zu einer Neubesinnung über die konzeptionelle Ausgestaltung der strategischen Unternehmensplanung anregen.

Darstellung einer neuen Konzeption der strategischen Unternehmensplanung

Der Vorschlag zu einem Neuansatz der strategischen Planung soll zunächst auf die strukturellen Elemente dieser Konzeption eingehen. Der Zusammenhang und die Abfolge von unternehmerischen Absichten, Strategien, Maßnahmen und Zielen werden theoretisch begründet und anhand von praktischen Beispielen erläutert. Abschließend soll die Fruchtbarkeit dieser Konzeption bei der Bewältigung neuer inhaltlicher Anforderungen an die strategische Planung erprobt werden, wie sie sich aus der Forderung nach qualitativem Wachstum ergeben.

Operations Research Proceedings 1983

MODULARE GENERIERUNG VON UNTERNEHMENSMODELLEN

Reinhart Schmidt, Kiel

Planungssprachen [vgl. die Vergleiche bei Schneider et al. (1983) und - für Mikrocomputer - bei Terino (1983)] werden eingesetzt, um Modelle schnell, flexibel und benutzerfreundlich generieren zu können. Der Benutzer muß aber die Modellformulierung selbst übernehmen. Dagegen bezweckt die modulare Generierung von Unternehmensmodellen, solche Modelle aus fertigen Bausteinen modular und benutzergesteuert zusammenzusetzen.

Bei der Entwicklung eines solchen Systems auf einem Apple IIe sind folgende Arbeiten berücksichtigt worden:

1. Beschreibungen von Modellformulierungen [Buchinger/Schwarz (1979), Francis/Rowell (1978), Hahn/Steinmetz (1983), Hartmann et al. (1980), Meyer (1977), Rychel (1977), Schmidt (1980)] ;
2. Ansätze zur strategischen Planung [Holloway/Pearce (1982), Schmidt (1982)] ;
3. Ansätze zur Modellkonstruktion und -zerlegung [Fischer (1981), Himmelblau (1973), Schmidt (1978)] ;
4. Ansätze zur Softwaregestaltung [Bierhaus et al. (1983), Griffiths (1978), Hackstein/v. Below (1980), Lieb/Peirlberger (1979), Peters/Tripp (1977)].

Die Generierung eines modularen Modells ist als Prototyp in BASIC in der Form realisiert worden, daß in einem mehrperiodigen Simulationsmodell jeder Unternehmensbereich (Division) entscheiden kann, welches Modul in welcher Version er für sich verwenden will. Der letzte Bereich wird von der Zentrale repräsentiert, bei deren Modellrechnung die Ergebnisse der anderen Bereiche u.a. aggregiert Verwendung finden. Das System kann dezentral und/oder zentral genutzt werden.

Das System ist im einzelnen dadurch gekennzeichnet, daß

- interaktives lineares Programmieren vorweg ablaufen kann, um Werte für das What-if-Modell zu berechnen, die dann in eine Datenbank eingestellt werden und so von dem Simulationsprogramm aufgerufen werden können
- die Daten im Dialog eingegeben oder verändert werden können
- bereichsspezifische Reports ausgegeben werden können.

Erweiterungen für fortgeschrittene Benutzer bestehen darin, BASIC-Programmzeilen im Dialog zu erzeugen und als Module zu kennzeichnen, die bei späteren Modelläufen abgearbeitet werden können.

Operations Research Proceedings 1983

PLANUNG VON PRODUKT-MARKT-STRATEGIEN IN KOMPLEX STRUKTURIERTEN MÄRKTEN

Johannes M. Ruhland, München
Klaus D. Wilde, München

Ein Charakteristikum der Wirtschaft hochtechnisierter Länder ist die Spezialisierung und die mit ihr verbundene institutionelle Trennung einzelner Wertschöpfungsstufen in wirtschaftlich autonome Produktions- und Distributionsorganisationen. Der Effekt dieser "Mehrstufigkeit" der Märkte auf die Attraktivität verschiedener Produkt- oder Marktfelder wurde jedoch in der Betriebswirtschaftslehre lange Zeit stiefmütterlich behandelt. Wie die nachfolgende Studie zeigt, kann jedoch insbesondere bei weit vom Endprodukt "entfernten" Wertschöpfungsstufen das Verhalten der nachgelagerten Marktstufen eine entscheidende Determinante der wirtschaftlichen Attraktivität von Produkt/Märkten darstellen. Am Beispiel der Bewertung eines neuen Produkt-Markt-Feldes wird eine Methodik zur Einbeziehung dieses Problemkreises in quantitative Modelle entwickelt. Diese Vorgehensweise kann völlig analog in die Bewertung umfangreicherer Produkt/Marktportfolien einbezogen werden.

1. Problemstellung

Ein Hersteller industrieller Vorprodukte für den Bausektor stand vor der Entscheidung, sich in einem deckungsbeitragsstarken, innovativen Produktmarkt zu engagieren, das die etablierten Produkte aufgrund besserer technologischer Eigenschaften teilweise substituieren wird. Dabei erfordert die langfristige Sicherung eines angemessenen Marktanteils aufgrund der gegebenen Konkurrenzsituation eine möglichst frühzeitige Besetzung von Marktpositionen. Dem standen jedoch technologische Risiken entgegen. Kurzfristige Intensivtests konnten das Risiko erheblicher Reklamationen nach mehreren Einsatzjahren nicht mit letzter Sicherheit ausschließen.

2. Quantitative Risikoanalyse

Die einander gegenüberstehenden ökonomischen Chancen und technologiebedingten Risiken des Neuprodukts führten im Vorstand zu divergierenden Beurteilungen der Attraktivität einer Markteinführung. Um die verschiedenen Einzelaspekte des Projekts zu einer integralen Bewertung der verschiedenen Produkteinführungsstrategien zusammenzuführen, wurde eine quantitative Risikoanalyse durchgeführt, welche die summarischen Auswirkungen auf die langfristige Marktposition und Gewinnsituation des Unternehmens ausweisen sollte.

Operations Research Proceedings 1983

Kern der quantitativen Risikoanalyse ist ein Gewinnmodell, das seinerseits auf einem Marktmodell und einem Modell zur Quantifizierung der ökonomischen Folgen des technischen Risikos fußt.

3. Marktmodell

Angesichts der Struktur des Marktes (Bild 1) sind die Reaktionen nachgelagerter Marktstufen von ausschlaggebender Bedeutung für den Erfolg einer Produktstrategie.

Unter Berücksichtigung erheblicher Überkapazitäten auf allen Verarbeitungsstufen handelt es sich um klassische Käufermärkte, so daß die Verteilung der Nachfrage auf die einzelnen Produkte durch den Abnehmer bestimmt ist (demand pull). Aus der Sicht des Endabnehmers ist das neue Einzelprodukt dem bisherigen technologisch geringfügig überlegen, so daß ein begrenter Diffusionsprozeß des Neuprodukts auch dann zu erwarten ist, wenn es dem Endabnehmer über dem Altproduktpreis angeboten wird. Substitutionspotential und Diffusionsgeschwindigkeit können jedoch durch aggresive Preispolitik beim neuen Endprodukt erheblich gesteigert werden.

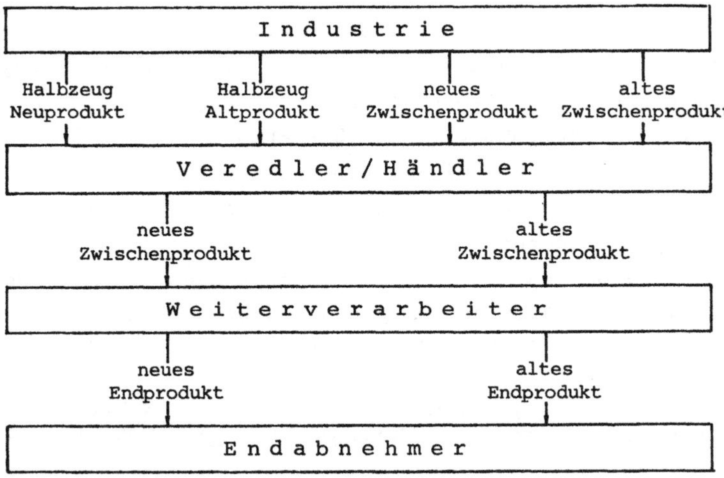

Bild 1: Marktstruktur

Die Endabnehmerpreisgestaltung für altes und neues Endprodukt liegt jedoch beim Weiterverarbeiter, der sich dabei nicht nur an seinen Bezugspreisen, sondern auch an der unterschiedlichen Verarbeitungsfreundlichkeit und den Verarbeitungskosten der beiden Produkte sowie seiner eigenen Gewinnsituation orientiert. Die Bezugspreise der Weiterverarbeiter werden ihrerseits durch "Veredler" bestimmt. Auch für sie ist ihr Bezugspreis nur eine Determinante ihres Abgabepreises.

Die diffusionsbeschleunigende Wirkung einer aggressiven Preisstellung auf Industrieebene wird somit entscheidend durch die Bereitschaft der zwischengelagerten Handels- und Weiterverarbeitungsstufen zur Weitergabe einer Preissenkung bis zum Endverbraucher bestimmt.

Zur Bewertung verschiedener Industrie-Preisstrategien muß deshalb der geschilderte Transmissionsmechanismus abgebildet werden. Dazu war im ersten Schritt die Marktreaktion der Endabnehmer auf alternative Preissetzungen der Weiterverarbeiter zu quantifizieren. Für eine Reihe von diskreten Endabnehmerpreisszenarien aus der vollen Bandbreite des als realistisch erachteten Preisspektrums wurden mit Hilfe des Vertriebs die jeweils zugehörigen Nachfragemengen unter Berücksichtigung ihrer Unsicherheit subjektiv geschätzt (Bild 2). Auf Wunsch des Vertriebs wurde die Marktreaktion für die einzelnen Jahre des Planungshorizonts gesondert angegeben, um dem autonomen Diffusionsprozeß des Neuprodukts Rechnung zu tragen. In Ableitung der Nachfragemenge, der sich die Veredler bei alternativer Festsetzung ihrer Preise gegenübersehen, wurde die Eintrittswahrscheinlichkeit der in Bild 2 dargestellten Verarbeiterpreisszenarien für verschiedene Veredlerpreissetzungen geschätzt (Bild 3). Da sich Nachfragemengen und Deckungsbeiträge bei den Weiterverarbeitern für jedes durch Endabnehmer- und Verarbeiterpreise charakterisierte Szenario berechnen lassen, können diese Größen in die Schätzung dieser Eintrittswahrscheinlichkeiten einfließen. Dadurch wird es möglich, die Mengen- und Wertziele der Weiterverarbeiter bei der Schätzung fundiert zu berücksichtigen. Auf der Basis der in Bild 2 und 3 dargestellten Informationen kann nun die Wahrscheinlichkeitsverteilung der Alt- und Neuproduktnachfrage für jede Preissetzung der Veredler simulativ erzeugt werden (Bild 4). In diesen Wahrschein-

Szenario Preiskonstellation	Endabnehmerpreise Altprodukt	Endabnehmerpreise Neuprodukt	Nachfragemenge Altprodukt	Nachfragemenge Neuprodukt
			min ws max	min ws max
1	150	160	12-14-15	5- 6- 8
2	150	180	15-16-17	3- 4- 5
3	150	200	17-18-19	1- 2- 3
4	170	160	6- 8-11	9-12-17
5	170	180	12-13-14	6- 7- 8
6	170	200	14-15-16	4- 5- 6
7	190	160	1- 3- 5	15-17-19
8	190	180	8- 9-10	10-11-12
9	190	200	10-11-13	7- 9.10

Bild 2: Marktreaktion der Endabnehmer auf verschiedene Preissetzungen der Weiterverarbeiter 1983

Endabnehmerpreisszenario 87 ＼ Verarbeiterpreisszenario 87		Altprod. preis Neuprod. preis	65 65			65 75			65 85			. . . . . .	90 85		
Altprod. preis	Neuprod. preis		Menge	DB	WS %	Menge	DB	WS %	Menge	DB	WS %	. . .	Menge	DB	WS %
100	100	Altprod. Neuprod.							10–12 10–12	350– 420 250– 300	10				
100	140	Altprod. Neuprod.							10–14 8–14	350– 490 520– 910	20				
100	160	Altprod. Neuprod.							15–17 5–17	525– 595 425– 595	5				
140	100	Altprod. Neuprod.							4– 7 15–18	300– 525 375– 450	10				
140	140	Altprod. Neuprod.							8–10 12–14	600– 750 780– 910	20				
140	160	Altprod. Neuprod.							10–15 7–12	750–1125 595–1020	30				
160	100	Altprod. Neuprod.							1–13 19–21	95– 285 475– 525	1				
160	140	Altprod. Neuprod.							5– 8 14–17	475– 760 910–1105	3				
160	160	Altprod. Neuprod.							6– 9 13–16	570– 855 1105–1360	2				
S u m m e											100				

WS = Eintrittswahrscheinlichkeit   DB = Deckungsbeitrag

Bild 3: Schätzung der Weiterverarbeiterreaktion auf verschiedene Veredler/Handelspreisstrategien (fiktives Zahlenbeispiel)

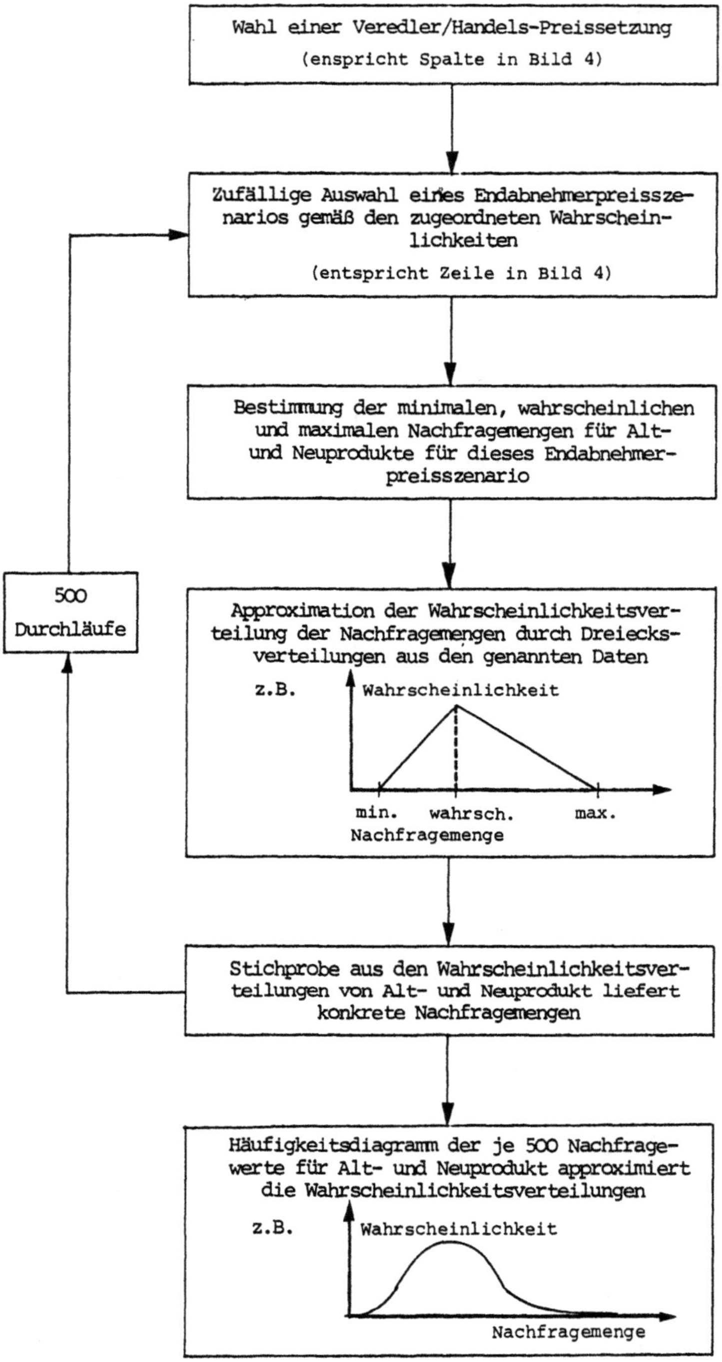

Bild 4: Simulative Erzeugung der Wahrscheinlichkeitsverteilungen der Nachfragemengen in Abhängigkeit von der Preispolitik der Veredler/Großhändler (schematisch)

lichkeitsverteilungen ist die gesamte Information über das Nachfrageverhalten der Weiterverarbeiter und Endabnehmer enthalten. Diese Wahrscheinlichkeitsverteilungen lassen sich zu einer Tabelle wie in Bild 2 verdichten. Sie repräsentiert die Preis-Absatzfunktion, der sich die Veredler gegenübersehen.

Darauf aufbauend kann die Preis-Nachfrage-Relation für die Industrie völlig analog zu Bild 2 - Bild 4 abgeleitet werden, wobei die Industrie die Rolle der Veredler und diese die Rolle der Weiterverarbeiter übernehmen. Nach Abbildung des Transmissionsmechanismus steht nunmehr für die Industrie eine unsicherheitsbehaftete Preis-Nachfrage-Relation zur Verfügung (Bild 5), die dem Reaktionsverhalten sämtlicher nachgelagerter Verarbeitungsstufen Rechnung trägt. Bei der Wahl der Preisstrategie sind jedoch neben der Preis/Absatzrelation noch weitere Einflußfaktoren zu beachten:

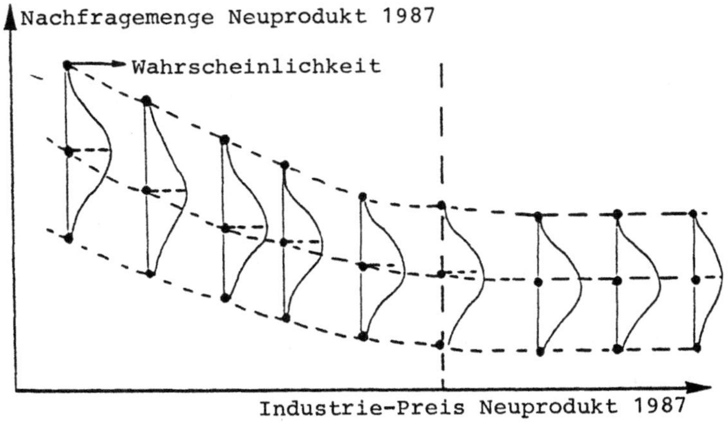

Bild 5: Preisreaktionsfunktion für die Industrie

Mit Rücksicht auf die Fertigungskosten des Neuprodukts und die oligopolistische Angebotsstruktur auf der Industrieebene kann jedoch das Unternehmen seine Position auf dieser Preis-Nachfrage-Funktion nicht frei wählen. Im Falle einer Unterbietung des jeweils etablierten Marktpreises durch einen Anbieter ist mit einer sofortigen Anpassung der Wettbewerber zu rechnen, so daß Preisdifferenzierungen keinen nachhaltigen Bestand haben. Tendenziell ist im Zeitablauf ein autonomer Preisverfall zu erwarten, da jede Preissenkung eines Wettbewerbers zur Preisstabilisierung auf niedrigerem Niveau führt und Preiserhöhungen einzelner Konkurrenten zu tiefgreifenden Absatzeinbrüchen führen würden.

Grundlage für die preispolitischen Überlegungen des betrachteten Unternehmens sind deshalb die zu erwartenden Preisstrategien der Wettbewerber.

Diesbezüglich wurden für jedes Planjahr minimale, wahrscheinliche und maximale Preissetzungen der Wettbewerber geschätzt, mit deren Hilfe die Wahrscheinlichkeitsverteilungen des Konkurrenzpreises durch Dreiecksverteilungen approximiert wurden. Dem geschilderten Preismechanismus wird durch die in Bild 6 dargestellte Generierung von Konkurrenzpreisszenarien Rechnung getragen.

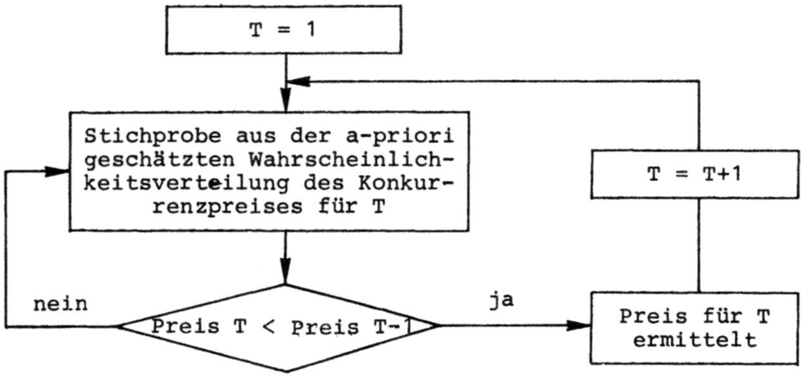

Bild 6: Simulation konsistenter Zeitreihen von Konkurrenzpreisen

Eine aggressive Unterbietung des Konkurrenzpreises seitens des eigenen Unternehmens kann aus zwei Gründen erwogen werden:

- Senkung der Industriepreise zur Beschleunigung der Diffusionsgeschwindigkeit des Neuprodukts
- Verdrängungswettbewerb gegen Konkurrenten

Da ein Verdrängungswettbewerb explizit vermieden werden soll, erwies sich der Preisspielraum des Unternehmens auf dem rechts von der gestrichelten Linie liegenden Bereich der Preis-Nachfragerelation in Bild 5 beschränkt. Wie man erkennt, sind innerhalb dieses Bereichs keine nennenswerten, preisinduzierten Diffusionsbeschleunigungen zu erzielen.

Bereits dieses Teilergebnis hatte weitreichende Konsequenzen für die Beurteilung des Projekts und den weiteren Verlauf der Studie:

- Hätte man unterstellt, daß Preisvariationen innerhalb des untersuchten Bereichs von den nachgelagerten Weiterverteilungsstufen proportional weitergegeben werden, so wären aufgrund der Preis-Nachfragerelation der Endabnehmer erhebliche Diffusionsbeschleunigungen als Folge von Industriepreissenkungen erwartet worden. Dies hätte zur fundamentalen Fehlbeurteilung von Preisstrategien geführt. Die autonomen Ziele und Reaktionen nachgelagerter Weiterverarbeitungsstufen wurden damit als zentraler Erfolgsfaktor der Marketingstrategien der Industrie identifiziert.

- Die Substitution des Altprodukts ist damit nicht mehr entscheidungsabhängig, so daß sich die weitere Analyse ausschließlich auf die Betrachtung des Neuprodukts konzentrieren kann.
- Für das eigene Unternehmen ist demzufolge ausschließlich eine reaktive Anpassung an Konkurrenzpreissetzungen, keinesfalls eine darüber hinausgehende aggressive Preisstrategie sinnvoll.
- Für die quantitative Risikoanalyse des Gewinns ist die Wahrscheinlichkeitsverteilung der erzielbaren Preise durch das Ergebnis der in Bild 6 dargestellten Vorsimulation, die Wahrscheinlichkeitsverteilung des Marktvolumens durch die Verteilungen im rechten Teil von Bild 5 gegeben.

STRATEGISCHE KAPAZITÄTSPLANUNG MIT HILFE DER INDUSTRIE-KOSTENKURVE

Armin Schirmer, München

ZUSAMMENFASSUNG:

Das aus der mikroökonomischen Preistheorie abgeleitete Konzept der Industrie-Kostenkurve wird benutzt, um die Interdependenz zwischen Preis, Gewinn, Nachfrage, Kapazität und Kosten der Wettbewerber in einem Industriesegment modellmäßig zu beschreiben. Die Optimierung des Modells mit Hilfe der Linearen Programmierung sowie die Durchrechnung alternativer Wettbewerbsszenarien dienen dazu, strategische Entscheidungen bezüglich Preis-, Kapazitäts- und Kostengestaltung vorzubereiten.

ABSTRACT:

Based on micro-economic theory, the industry cost-curve approach provides an analytical framework that describes the link between price, profit, demand, capacity and cost of competitors in an industry segment. This model can be optimized by linear programming and allows the simulation of competitive scenarios in connection with strategic decisions on price, capacity or cost issues.

* * *

Strategische Entscheidungen sind auf das Schaffen nachhaltiger Wettbewerbsvorteile im Kräftedreieck Unternehmen - Käufer - Wettbewerber ausgerichtet. Modelle zur Vorbereitung strategischer Entscheidungen müssen daher die Beziehungen zwischen diesen drei Kräften adäquat abzubilden suchen. Mit der Industrie-Kostenkurve steht ein Rahmenkonzept zur Verfügung, mit dessen Hilfe die Interdependenz zwischen Marktpreis, Gewinn, Nachfrage, Kapazitäten und Kosten der Wettbewerber modellmäßig beschrieben werden kann. Nach einer Kurzbeschreibung dieses Konzeptes wird im folgenden anhand eines praktischen Falles zunächst der Aufbau des Modells und anschließend seine Anwendung zur Vorbereitung strategischer Entscheidungen erläutert.

KONZEPT DER INDUSTRIE-KOSTENKURVE

Das Konzept der Industrie-Kostenkurve basiert auf den aus der mikroökonomischen Preistheorie bekannten Zusammenhängen zwischen Angebot und Nachfrage, wonach der Gleichgewichtspreis in einem Markt durch das Kostenniveau des Grenzanbieters determiniert wird. Unter den Kosten des Grenzanbieters liegende Marktpreise würden den Grenzanbieter zum

Operations Research Proceedings 1983

Schließen der Kapazität veranlassen und aufgrund des Nachfrageüberhangs zu steigenden Preisen führen. Über den Grenzkosten liegende Preise hingegen würden zusätzliche Kapazitäten attraktiv machen (bzw. bisherige Leerkapazität aktivieren) und somit über den entstehenden Angebotsüberhang sinkende Preise hervorrufen.

Die Zusammenhänge sind in Abbildung 1 graphisch dargestellt. Die Kostenkurve repräsentiert die Stückkosten der einzelnen Wettbewerber. Die Gesamtnachfrage kann durch die Kapazität der vier kostengünstigsten Anbieter A, B, C und D befriedigt werden, die Kapazitäten der Wettbewerber E und F stellen Überkapazitäten dar. Entsprechend der mikroökonomischen Gleichgewichtsmechanik bildet sich der Marktpreis zwischen den Kostenniveaus der Wettbewerber D und E. Die Fläche zwischen Marktpreisgerade und Kostenkurve repräsentiert das gesamte Ergebnispotential des Marktes.

Das so beschriebene Modell macht den logischen Zusammenhang zwischen Preis, Gewinn, Nachfrage, Kapazität und Kosten deutlich. Wächst die Kapazität schneller als der Markt, so wird der Marktpreis sinken, im umgekehrten Fall steigen. Ebenso beeinflussen Kostenveränderungen des Grenzanbieters den Gleichgewichtspreis, während Kostenänderungen der übrigen Anbieter lediglich die Ergebnissituation, nicht aber Marktpreis und Marktanteile verändern.

Aus den bisherigen Überlegungen folgt, daß Entscheidungen der Anbieter über signifikante Kapazitätsänderungen nicht ohne Berücksichtigung von Nachfragesituation und Wettbewerbs-

Abb. 1

Die Kosten des Grenzanbieters determinieren den Marktpreis

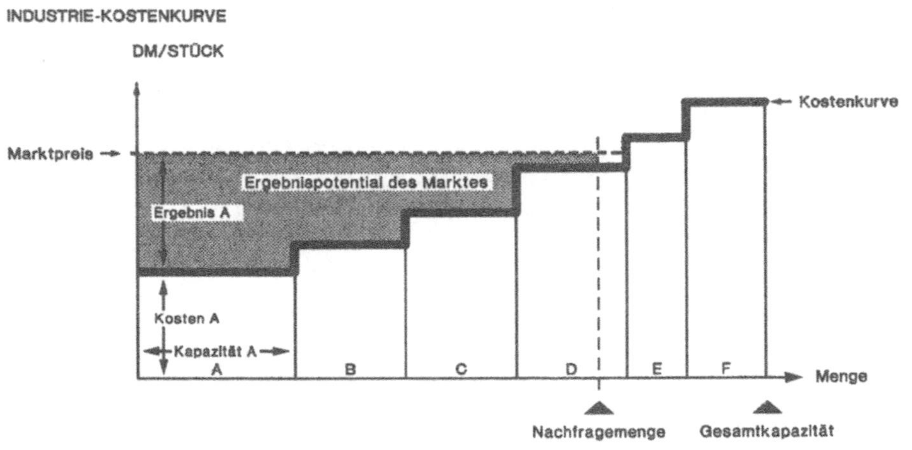

umfeld getroffen werden dürfen. Auf ausschließlich unternehmensindividuellen Gegebenheiten basierende Überlegungen unter Annahme konstanter Umweltbedingungen führen nicht selten zu nicht realitätsgerechten Investitionsrechnungen und damit zu Fehlentscheidungen. Eine Verdoppelung der Kapazität des Wettbewerbers A aus Abbildung 1 würde - bei unveränderten Kosten aller Wettbewerber und konstanter Nachfrage - nicht zu einer Verdoppelung des Ergebnisses, sondern - aufgrund des gesunkenen Marktpreises - nur zu einer Ergebnissteigerung von 35% bei sinkender Gesamtrendite führen (Abbildung 2). Rationalisierungsinvestitionen ohne Kapazitätserweiterungen könnten in diesem Falle zweckmäßiger sein. Im Einzelfall können signifikante Kapazitäts- und Absatzerweiterungen sogar mit einem sinkenden Gesamtergebnis verbunden sein.

Das bisher beschriebene einfache Modell eines Produktes in einem Markt läßt sich leicht analysieren und optimieren: Die kostengünstigen Anbieter produzieren bis zur Befriedigung der Marktnachfrage bei voller Kapazitätsauslastung, die restlichen potentiellen Anbieter produzieren nicht.

Der weitaus realistischere Fall von mehreren Produkten in mehreren Märkten läßt sich manuell nicht mehr optimieren und bedarf aufwendigerer Analysemethoden. Das Konzept der Industrie-Kostenkurve bietet hier die Voraussetzung für die Anwendung der Linearen Programmierung, mit deren Hilfe die Auswirkungen geplanter Kosten- und/oder Kapazitätsänderungen unter Berücksichtigung von Wettbewerbsaktionen/-reaktionen und veränderten Marktbedingungen simuliert werden können.

Abb. 2

Die Kapazitätserweiterung eines Anbieters führt zur Senkung des Marktpreises

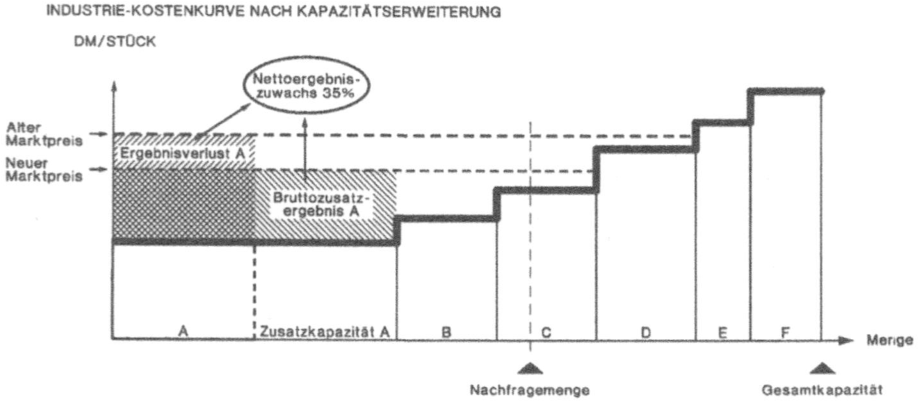

AUFBAU DES MODELLS

Der Aufbau eines auf dem Konzept der Industrie-Kostenkurve basierenden Modells soll am Beispiel eines Produktsegments aus der stahlverarbeitenden Industrie demonstriert werden. In diesem Modell ist der Weltmarkt für dieses Produkt mit den vier relevanten Regionalmärkten und den 26 wichtigsten Produktionsstätten der Wettbewerber adäquat abgebildet.

Das Modell erfordert drei Gruppen von Inputdaten:

1) Nachfrage des Marktes

   Zur Darstellung des Weltmarktes wird der Gesamtmarkt in die vier regionalen Nachfragezentren West-Europa, Nord-Amerika, Japan und Ost-Europa aufgeteilt, die über 90% des Weltmarktes repräsentieren. Für jeden Teilmarkt werden die gegenwärtigen und zukünftigen Nachfragemengen in das Modell eingegeben.

2) Absatz, Produktion und Kapazität der Wettbewerber

   Angebotsseitig bilden die 26 Produktionsstätten der zwölf Hauptwettbewerber die Marktversorgung im Weltmarkt hinreichend genau ab. Für jede Produktionsstätte wird die gegenwärtig verfügbare Kapazität, das Produktionsvolumen und die Verteilung des Produktionsvolumens auf die vier Teilmärkte ermittelt bzw. abgeschätzt. Weiterhin werden geplante Kapazitätsveränderungen der Wettbewerber sowie Begrenzungen bei der Verteilung der Produktion auf die Teilmärkte mit in das Modell einbezogen.

3) Kostenstruktur der Wettbewerber

   Für jede der 26 Produktionsstätten wird die Kostenstruktur analytisch durch Aggregation der für die Problemstellung relevanten Kostenelemente ermittelt. Die Definition der im einzelnen zu quantifizierenden Kostenelemente hängt von dem in der jeweiligen Industrie relevanten Geschäftssystem ab. Primär sind diejenigen Kostenelemente zu berücksichtigen, die den Hauptteil der Gesamtkosten ausmachen und die bei den einzelnen Wettbewerbern signifikante Unterschiede aufweisen.

Abbildung 3 zeigt die im vorliegenden Fall verwendete Kostenstruktur, welche die Gesamtkosten zunächst in Produktions- und Transportkosten sowie in Importzölle zerlegt. Inwieweit Abschreibungen und Verwaltungs- und Vertriebskosten mit in die Produktionskosten einbezogen werden, hängt von der jeweiligen Fragestellung ab. Die Quantifizierung der einzelnen Kostenelemente erfolgt durch systematische Wettbewerbsanalyse, wobei auf allgemein verfügbare Daten (z.B. Energiepreise) sowie auf intern beim Unternehmen vorhandene Wettbewerbsinformationen zurückgegriffen wird. Für alle Kostenelemente wird zunächst die Ist-Situation zugrundegelegt; zu erwartende Änderungen in Zukunft werden, soweit quantifizierbar, ebenfalls als Modellinput eingegeben.

Aus den ermittelten Daten lassen sich nunmehr die Industrie-Kostenkurven für jeden Teilmarkt konstruieren. Dabei werden zunächst alle Daten auf die Ist-Situation beschränkt, so daß die entstehenden Kostenkurven die gegenwärtige Marktsituation abbilden. Abbildung 4

Abb. 3

Kostenstruktur des Industrie-Kostenmodells

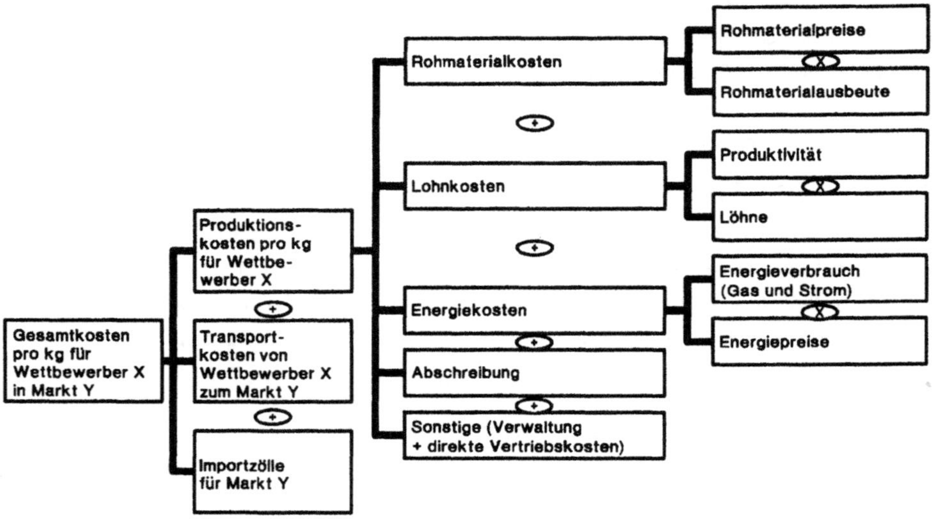

Abb. 4

Die Modellrechnung bestätigt die gegenwärtigen Marktpreise

Markt für Stahlprodukte, West-Europa

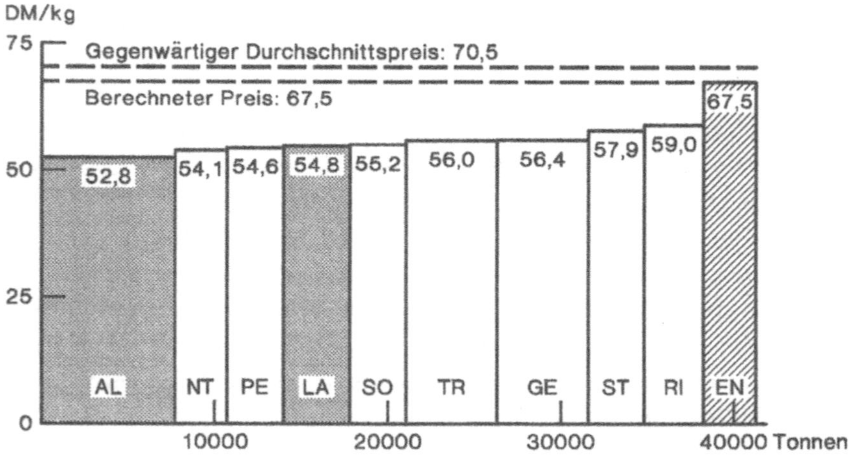

zeigt die Industrie-Kostenkurve für den west-europäischen Teilmarkt. Anhand eines Vergleichs zwischen effektivem Marktpreis und sich modellmäßig ergebendem Marktpreis kann die Relevanz des Modells zur Abbildung der realen Marktsituation überprüft werden. Im vorliegenden Fall zeigt sich eine nur sehr geringe Abweichung zwischen beiden Preisen.

ANWENDUNG DES MODELLS ZUR VORBEREITUNG STRATEGISCHER ENTSCHEIDUNGEN

Das aufgebaute Industrie-Kostenmodell kann nunmehr zur Vorbereitung strategischer Entscheidungen genutzt werden, indem die Auswirkungen geplanter Kosten- und/oder Kapazitätsänderungen auf Marktanteil und Ergebnis unter Berücksichtigung von Wettbewerbsaktionen/-reaktionen und veränderten Marktbedingungen simuliert werden.

Zunächst soll die Frage beantwortet werden, welche Kostenkurven, Kapazitätsauslastungen, Marktpreise und Ergebnispotentiale sich bei optimaler Allokation von Kapazitäten und Märkten ergeben. Zu diesem Zweck kann davon ausgegangen werden, daß sich in einem Markt mittel- bis langfristig ein Gleichgewichtszustand einstellt, bei dem jeder Hersteller in die für ihn profitabelsten Segmente/Teilmärkte liefert und bei dem jeder Nachfrager seine Nachfrage zum jeweils niedrigsten Preis befriedigt. In diesem mikroökonomischen Gleichgewichtszustand werden also alle Märkte zu niedrigsten Kosten versorgt. Diese Situation läßt sich mit Hilfe eines linearen Gleichungssystems darstellen und durch Lineare Programmierung optimieren:

$$\text{Minimiere} \quad C = \sum_{i=1}^{m} \sum_{j=1}^{n} Cij\ Xij$$

$$\text{unter} \quad \sum_{i=1}^{m} Xij \geq Dj \qquad j = 1, \ldots, n$$

$$\sum_{j=1}^{n} Xij \leq Ki \qquad i = 1, \ldots, m$$

$$Xij \geq 0$$

$i = 1, \ldots, m$ Index der Produktionsstätten

$j = 1, \ldots, n$ Index der Teilmärkte

Cij Gesamtkosten pro Stück für Produktionsstätte i im Teilmarkt j

Xij Absatzmenge von Produktionsstätte i im Teilmarkt j

Dj Nachfragemenge des Teilmarktes j

Ki Kapazität der Produktionsstätte i

Ergebnis der Optimierung sind die Industrie-Kostenkurven aller betrachteten Teilmärkte bei optimaler Kapazität/Markt-Allokation. Abbildung 5 zeigt die sich so ergebende Industrie-Kostenkurve für West-Europa, unter Berücksichtigung der Nachfragesituation im Jahre 1990: Die Anzahl der Anbieter in diesem Teilmarkt hat sich von zehn auf sieben reduziert; durch die nach Optimierung wesentlich flacher verlaufende Kostenkurve ergibt sich eine Senkung des Marktpreises um etwa 17% und eine erhebliche Reduzierung des gesamten Ergebnispotentials, was trotz Marktanteilsausweitung Ergebnisverluste der Hersteller zur Folge hat.

Aus dem Vergleich der Kostenkurven aller Teilmärkte vor und nach der Optimierung geht hervor, daß die kostenmäßig ungünstigen Anbieter EN und RI den Gesamtmarkt verlassen, die Anbieter PE und GE nur noch nach Ost-Europa liefern und lediglich der relativ kostengünstige Produzent UB als Anbieter in West-Europa hinzukommt.

Dieses Gesamtbild der Kostenkurven aller Teilmärkte liefert wesentliche Informationen über die Wettbewerbsposition der europäischen, amerikanischen und japanischen Hersteller und die zu erwartenden Import-/Export-Flüsse. So zeigt sich zum Beispiel, daß der amerikanische Markt für die japanischen Hersteller wegen höherer Marktpreise und geringerer Transportkosten attraktiver ist als der west-europäische, so daß der west-europäische Markt zunächst einmal vor dem japanischen Wettbewerb geschützt sein könnte.

Das mit dem Modell arbeitende Unternehmen erhält außerdem Aufschluß über die ergebnis-optimale Allokation seiner Produktionskapazitäten in West-Europa, USA und Japan auf die verschiedenen Märkte.

Abb. 5

Die Modellprognose zeigt wesentlich niedrigere Marktpreise und damit geringere Erträge

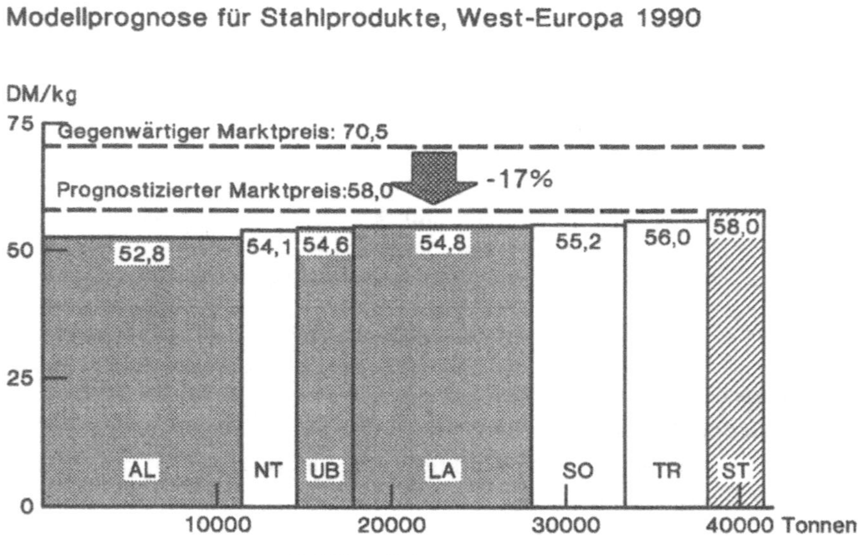

Das Modell kann nun in vielfacher Weise durch Parametervariation zu Simulationsrechnungen benutzt werden, z.B. durch

- Berücksichtigung zu erwartender Kapazitäts- und Kostenstrukturänderungen aller Marktteilnehmer
- Berücksichtigung alternativer Nachfrageentwicklungen
- Berücksichtigung alternativer strategischer Optionen beim eigenen Unternehmen bezüglich Kapazität und/oder Kostenstruktur jeder Produktionsstätte, mit oder ohne Einbeziehung von Wettbewerbsreaktionen.

Abbildung 6 zeigt zum Beispiel, daß bei einer Kapazitätserweiterung in den europäischen Produktionsstätten des betrachteten Unternehmens zwar eine erhebliche Volumenausweitung erzielt wird, das Gesamtergebnis jedoch sinkt.

Das beschriebene Modell läßt hinreichend Freiraum für Erweiterungen aller Art. Hier sind insbesondere die Einbeziehung produktionsmäßig substitutiver Produkte (Mehrprodukt-Fall), verfeinerte Regionalmärkte und verfeinerte Kostenstrukturen zu nennen. Die konkrete Ausgestaltung des Modells wird dabei von der jeweils zu beantwortenden Fragestellung determiniert.

Abb. 6

Trotz wesentlich gestiegener Absatzmengen prognostiziert das Modell sinkende Erträge

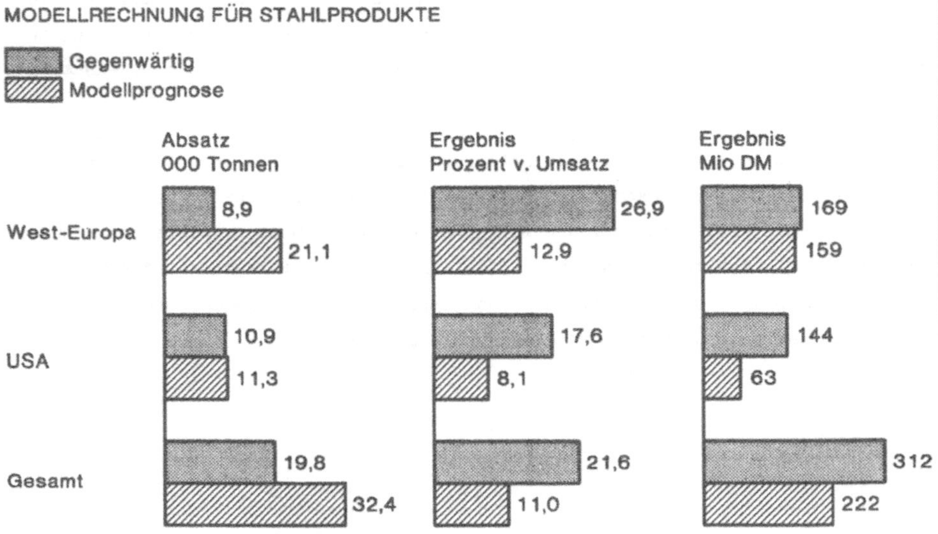

SCHWACHSTELLEN DER INVESTITIONSPLANUNG UND EIN VERSUCH ZU DEREN ÜBERWINDUNG

Karl-Friedrich Rausch, Darmstadt

Häufig werden in der Fachliteratur Schwachstellen der Investitionsplanung genannt. Sie führen dazu, daß Investitionsprojekte nicht erfolgreich abgeschlossen werden, obwohl die Ergebnisse der Investitionsplanung eine ausreichende Rendite versprochen haben. Die schwerwiegendsten Schwachstellen sind dabei:

- Die häufig fehlende oder mangelhafte Investitionskontrolle
- Die nicht ausreichende Bereitstellung des Investitionsrisikos und des technischen Fortschritts
- Die unzureichende Flexibilität der Investitionsplanung bezogen auf die Unterschiedlichkeit der Investitionsobjekte
- Die Behandlung der Desinvestition als lediglich negative Investition.

Im Vortrag soll über Ansätze berichtet werden, mit Hilfe eines EDV-gestützten Investitionsplanungssystems diese Schwachstellen zu überwinden. Die Aufgaben und Einsatzbereiche dieses Systems liegen dabei in folgenden Bereichen:

- Planung der Einzelinvestitionsobjekte
- Erstellung des Investitionsbudgets
- Datenmäßige Verfolgung der Investitionsobjekte von ihrer Anregung bis zum Ausscheiden des Objekts aus dem Unternehmen (Desinvestition).

Ein zentraler Baustein des Investitionsplanungssystems ist eine Investitionsdatenbank, in der alle Investitionsobjekte zu speichern sind. Durch die Verbindung zu anderen betrieblichen Datenbanken kann das Investitonsplanungssystem zu einem integralen Bestandteil der Gesamtunternehmensplanung gemacht werden.

Im Vortrag wird weiterhin die organisatorische Stellung eines Investitionsplaners konzipiert, für den das beschriebene System ein wichtiges Werkzeug seiner Arbeit darstellt. Dabei wird versucht, die in der Literatur oftmals propagierte Trennung von wirtschaftlicher und technischer Investitionsplanung aufzuheben. Abschließend wird auf den Ablauf des Investitionsplanungsprozesses eingegangen, wie er bei Einsatz des Investitionsplanungssystems sinnvoll erscheint.

Operations Research Proceedings 1983

DIE LINEARE PROGRAMMIERUNG ALS INSTRUMENT DER PRODUKTIONS- UND KOSTENTHEORIE

Klaus-Peter Kistner, Bielefeld

A. Problemstellung

In dieser Übersicht möchte ich mich mit der Anwendung der linearen Programmierung in der Produktions- und Kostentheorie befassen. Hierbei sollen weder die Formulierung spezieller Probleme der Produktionsplanung mit Hilfe der linearen Programmierung noch Rechenverfahren und Algorithmen zur Lösung derartiger Probleme dargestellt werden. Vielmehr möchte ich aufzeigen, wie Sätze der linearen Programmierung auf produktionstheoretische Fragen übertragen werden können, um generelle Aussagen über die Struktur produktionstheoretischer Beziehungen zu gewinnen.

Hierbei möchte ich wie folgt vorgehen:

1. Aus den Postulaten der linearen Aktivitätsanalyse wird ein lineares Produktionsmodell als formaler Rahmen für produktions- und kostentheoretische Überlegungen entwickelt.
2. Das Eckentheorem liefert generelle Aussagen über die Dimension von Produktionsprogrammen und dient der Begründung des Intensitätssplittings bei intensitätsmäßiger Anpassung.
3. Die Dualitätstheorie dient der Bewertung des Einsatzes knapper Kapazitäten und ermöglicht eine Analyse genereller Beziehungen zwischen Produktions- und Kostentheorie.
4. Mit Hilfe der parametrischen Programmierung werden die Existenz von Produktions- und Kostenfunktionen nachgewiesen und einige generelle Eigenschaften dieser Funktionen aufgezeigt.
5. Abschließend werden zwei neuere Probleme der Produktions- und Kostentheorie, die Einbeziehung von Umweltbelastungen und Umweltschutzmaßnahmen sowie sich erschöpfende Ressourcen, auf der Grundlage der Theorie der linearen Programmierung analysiert.

B. Die lineare Programmierung in der Produktions- und Kostentheorie

I. Aktivitätsanalyse und lineares Produktionsmodell als formaler Rahmen

1) Postulate der linearen Aktivitätsanalyse

Während die neoklassische Produktionstheorie (vgl. hierzu: Krelle /24/) die Existenz einer Produktionsfunktion als eindeutige Beziehung zwischen Faktoreinsatz- und Ausbringungsmengen und deren formale Eigenschaften

Operations Research Proceedings 1983

postuliert, geht die Aktivitätsanalyse (Koopmans /23/, Debreu /9/) von der Technologie-Menge T als Menge aller technisch realisierbaren Produktionspläne aus und leitet produktionstheoretische Aussagen aus elementaren Eigenschaften dieser Technologie-Menge her. Im Fall der linearen Aktivitätsanalyse sind die wichtigsten Eigenschaften der Technologie-Menge:

(1) Proportionalität: Falls ein Produktionsplan $(\underline{r},\underline{x})$ mit den Faktoreinsatzmengen $\underline{r} = (r_1,\ldots,r_n)$ und den Ausbringungsmengen $\underline{x}=(x_1,\ldots,x_m)$ realisierbar ist, dann ist auch das λ-fache dieses Planes realisierbar:

$$(\underline{r},\underline{x}) \in T \Rightarrow (\lambda\underline{r},\lambda\underline{x}) \in T$$

(2) Additivität: Falls zwei Produktionspläne $(\underline{r}^1,\underline{x}^1)$ und $(\underline{r}^2,\underline{x}^2)$ einzeln realisierbar sind, sind sie auch gemeinsam realisierbar:

$$(\underline{r}^1,\underline{x}^1) \in T \text{ und } (\underline{r}^2,\underline{x}^2) \in T \Rightarrow (\underline{r}^1+\underline{r}^2,\underline{x}^1+\underline{x}^2) \in T$$

(3) Möglichkeit der kostenlosen Beseitigung überschüssiger Faktor- und Produktmengen (Free Disposal).

2) Das lineare Produktionsmodell

a) Der Einprodukt-Fall

Obgleich die mikroökonomische Gleichgewichtstheorie die Eigenschaften linearer Technologien primär mit Hilfe der Theorie konvexer Kegel analysiert (Debreu /9/), wurde relativ früh erkannt, daß die lineare Aktivitätsanalyse die Möglichkeit eröffnet, produktionstheoretische Probleme auf lineare Programme zurückzuführen (Dorfman /12/, Dorfman-Solow-Samuelson /13/, Beckmann /4/, Baumol /3/, Albach /1/): Aus dem Postulat der Proportionalität folgt die Existenz von Produktionsprozessen mit konstanten Produktionskoeffizienten a_i^k ; aus dem Postulat der Additivität folgt die Möglichkeit, mehrere Produktionsprozesse miteinander zu kombinieren; berücksichtigt man weiter, daß vorgegebene Faktormengen verschwendet werden können, dann läßt sich im Einproduktfall das folgende LP zur Maximierung der Ausbringung x formulieren:

$$\max_{\underline{z}} \{x = \underline{1}'\underline{z} \mid \underline{A}\,\underline{z} \leq \underline{r} \; ; \; \underline{z} \geq \underline{0}\}$$

Dabei ist $\underline{z} = (z_1,\ldots,z_\ell)'$ das Niveau, mit dem die Prozesse genutzt werden sollen, $\underline{1}' = (1,1,\ldots,1)$ der ℓ-dimensionale Summationsvektor, $\underline{A}=(a_i^k)$ die Matrix der Produktionskoeffizienten und $\underline{r} = (r_1,\ldots,r_n)'$ der Vektor der Faktorbestände.

Die große Flexibilität des LP-Ansatzes erlaubt es, neben diesen technisch bedingten Restriktionen weitere institutionelle oder marktbedingte Restriktionen in der Form

$$\underline{B}\,\underline{z} \leq \underline{b}$$

zu berücksichtigen.

Ein gewisses Unbehagen ergibt sich aus der Tatsache, daß vielfach die Lösung dieser Modelle weniger durch die technologischen Produktionsbedingungen, als vielmehr durch institutionelle Randbedingungen und Faktorbeschränkungen bestimmt werden. Johansen /18/ und neuerdings Hildenbrand /16/ führen aus diesem Grund explizit Kapazitätsbeschränkungen für die einzelnen Prozesse ein:

$$\underline{O} \leqq \underline{z} \leqq \underline{\bar{z}}$$

Auch die in der betriebswirtschaftlichen Diskussion dominierende Theorie der Anpassungsformen (Gütenberg /15/) läßt sich weitgehend auf lineare Produktionsmodelle zurückführen (Albach /2/):

Die zeitliche Anpassung bei Unterbeschäftigung kann unmittelbar als Spezialfall der Nutzung eines Prozesses ohne Vollauslastung seiner Kapazität angesehen werden. Zur Erfassung von Überstunden wird ein zusätzlicher kapazitierter Prozeß mit höheren Produktionskoeffizienten eingeführt. Der Fall der quantitativen und der selektiven Anpassung wird erfaßt, indem für jedes Zusatzaggregat ein eigener kapazitierter Prozeß eingeführt wird. Die der intensitätsmäßigen Anpassung entsprechenden Produktionsbedingungen lassen sich ebenfalls zumindest näherungsweise durch lineare Produktionsmodelle abbilden: Jeder Produktionsgeschwindigkeit entspricht nämlich genau ein Produktionsprozeß mit konstanten Produktionskoeffizienten; die meist als stetig unterstellten Verbrauchsfunktionen können dann approximativ durch eine endliche Menge von Produktionskoeffizienten repräsentiert werden.

Die optimale Auswahl der zu nutzenden Aggregate und die Bestimmung der optimalen Produktionsgeschwindigkeit ist damit zurückgeführt auf die Wahl zwischen Produktionsprozessen. Es ist allenfalls darauf zu achten, daß die Kapazitätsauslastung eines Aggregates durch die Arbeitszeit aller ihm zugeordneten Prozesse definiert ist.

Bewertet man die Faktoreinsätze mit Preisen $\underline{q}' = (q_1, \ldots, q_n)$ und setzt für die Stückkosten $\underline{c}' = \underline{q}'\underline{A}$, dann läßt sich das folgende LP zur Minimierung der Kosten bei vorgegebenen Ausbringungsmengen formulieren:

$$\min_{z} \{K = \underline{c}'\underline{z} \mid \underline{A}\ \underline{z} \leqq \underline{r}\ ;\ \underline{1}'\underline{z} \geqq x\ ;\ \underline{O} \leqq \underline{z} \geqq \underline{\bar{z}}\}$$

b) Der Mehrproduktfall

Im Gegensatz zum Einproduktfall, für den mit der neoklassischen Produktionstheorie eine ausgebaute Theorie vorlag, wurde eine operationale Theorie des Mehrprodukt-Unternehmens erst durch die lineare Programmierung ermöglicht (vgl. Bohr /7/, Danø /8/). Wegen der Heterogenität der

Produkte wird dabei meist auf eine rein mengenmäßige Betrachtung und die Herleitung einer Produktionsfunktion verzichtet und die Analyse auf gewinnmaximale Produktionspläne beschränkt. Da sich die Restriktionen unmittelbar als Verallgemeinerung der Nebenbedingungen des Einproduktfalls angeben lassen, kann hier auf die explizite Wiedergabe des entsprechenden LP verzichtet werden.

II. Lineare Programmierung und allgemeine Struktur linearer Produktionsmodelle

1) Das Eckentheorem und seine produktionstheoretischen Implikationen

a) Das Eckentheorem

Eine zentrale Aussage der Theorie der linearen Programmierung, die die algorithmische Grundlage des Simplex-Verfahrens darstellt, ist der folgende Satz:

Satz 1: Eckentheorem

Existiert eine optimale Lösung eines LP, dann gibt es mindestens eine optimale Basislösung, in der höchstens so viele Variable von Null verschieden sind, wie Restriktionen zu beachten sind. Alle optimalen Lösungen lassen sich als Konvexkombinationen derartiger Basislösungen darstellen.

b) Die Optimalität des Intensitätssplittings

Wenn Verbrauchsfunktionen nicht konvex sind oder wenn U-förmige Verbrauchsfunktionen zu S-förmigen Kostenverläufen führen und zeitliche Anpassungsmaßnahmen technisch nicht möglich sind, dann kann es sinnvoll sein, zwischen zwei Produktionsgeschwindigkeiten auf einer Maschine zu wechseln (Intensitätssplitting) (vgl. Schüler /25/, Dellmann /10/).

Um die Optimalität des Intensitätssplittings mit Hilfe des Eckentheorems nachzuweisen, betrachten wir eine endliche Zahl von Intensitäten, die in dem Vektor $\underline{d}'=(d_1,\ldots,d_N)$ zusammengefaßt sind. Weiter sei $\underline{k}'=(k_1,\ldots,k_N)$ der Vektor der Kosten/Zeiteinheit bei Produktion mit den Intensitäten d_ν und $\underline{t}'=(t_1,\ldots,t_N)$ die Zeitdauer der Nutzung der Maschine mit Intensität d_ν. Dann können wir das folgende LP zur Minimierung der Kosten/Zeiteinheit formulieren:

$$\min_{\underline{t}} \{K = \underline{k}'\underline{t} \mid \underline{d}'\underline{t} = x;\ \underline{1}'\underline{t} = 1\ ;\ \underline{t} \geqq 0\}$$

Da genau zwei Restriktionen zu berücksichtigen sind, gibt es mindestens eine optimale Lösung, in der höchstens zwei Intensitätsstufen genutzt werden. Hierbei sind zwei Fälle zu unterscheiden:

(1) Es wird mit zwei benachbarten Intensitätsstufen gearbeitet. Dieses

bedeutet, daß die tatsächlich stetige Intensitätsvariation im Zwischenintervall approximiert wird.

(2) Es werden zwei nicht benachbarte Intensitätsstufen genutzt. Dann liegt ein echtes Intensitätssplitting als Konvexkombination von zwei Intensitäten vor.

2) Dualitätstheorie in der Produktions- und Kostentheorie

a) Das Preistheorem

Optimale Lösungen des linearen Programms $\max_{\underline{x}} \{\underline{c}'\underline{x} \mid \underline{A}\,\underline{x} \leq \underline{b};\ \underline{x} \geq \underline{0}\}$ sind charakterisiert durch

Satz 2: Preistheorem

Die Zahlen $x_j^o \geq 0$ $(j=1,\ldots,m)$ *sind genau dann optimale Lösungen des LP, wenn es Zahlen* $w_i^o \geq 0$ $(i=1,\ldots,n)$ *gibt, so daß*

$$\sum_{i=1}^{n} a_{ij} w_i^o \begin{Bmatrix} = \\ > \end{Bmatrix} c_j \quad \Rightarrow \quad x_j^o \begin{Bmatrix} \geq \\ = \end{Bmatrix} 0 \qquad j = 1,\ldots,m$$

$$\sum_{j=1}^{m} a_{ij} x_j^o \begin{Bmatrix} = \\ < \end{Bmatrix} b_i \quad \Rightarrow \quad w_i^o \begin{Bmatrix} \geq \\ = \end{Bmatrix} 0 \qquad i = 1,\ldots,n$$

Die Zahlen w_i^o sind optimale Lösungen des dualen Programms $\min \{\underline{b}'\underline{w} \mid \underline{A}'\underline{w} \geq \underline{c};\ \underline{w} \geq \underline{0}\}$. Sie geben die relative Änderung des Zielfunktionswertes in Bezug auf eine Änderung der Restriktionskonstanten an (solange dadurch kein Basiswechsel verursacht wird). Die Dualvariablen können daher als Bewertungen der Restriktionen in Zielfunktionseinheiten interpretiert werden.

b) Opportunitätskosten für die Nutzung knapper Kapazitäten

Im Gewinnmaximierungsmodell lassen sich die Dualvariablen als Opportunitätskosten interpretieren (Beckmann /5/): Eine anderweitige Nutzung einer Kapazität bzw. eines knappen Faktors ist äquivalent mit einer entsprechenden Verringerung der Restriktionskonstanten, der Wert der zugehörigen Dualvariablen gibt aber gerade die dadurch verursachte Gewinnreduktion bzw. den entgangenen Gewinn an.

Böhm und Wille /6/ haben diese Ergebnisse in ihr System der Grenzerfolgskalkulation eingebaut, indem sie die Nutzung der knappen Kapazitäten mit Dualvariablen bzw. Grenzerfolgssätzen bewerten. Dann ergeben sich die Kosten bei Vollbeschäftigung als

Kosten = Pagatorische Teilkosten + Grenzerfolgssätze.

Auf eine kritische Analyse dieses kostenrechnerischen Konzepts muß hier verzichtet werden. Hier ist lediglich festzustellen, daß Opportunitätskosten nur in Bezug auf ein (optimales) Produktionsprogramm definiert sind, so daß sie nur nachträgliche Änderungen und Programmabweichungen bewerten können und Aufschluß über die Dringlichkeit von Kapazitätserweiterungen geben.

c) Produktionstheoretische Konsequenzen

Ein interessanter Aspekt der Dualitätstheorie für die Theorie des Einproduktunternehmens wurde von Johansen /18/ aufgezeigt: Das Dual zu dem Programm zur Maximierung der Ausbringung im Einproduktfall bei Kapazitätsbeschränkungen ist gegeben durch

$$\min_{\underline{q},\underline{w}} \{\underline{r}'\underline{q} + \bar{\underline{z}}'\underline{w} \mid \underline{A}'\underline{q} + \underline{w} \geqq \underline{1} \; ; \; \underline{q} \geqq \underline{0} \; ; \; \underline{w} \geqq \underline{0}\}$$

Aus dem Preistheorem folgt für die optimale Lösung von Primal und Dual

$$\sum_{i=1}^{n} a_i^k q_i^o + w_k^o \begin{Bmatrix} = \\ > \end{Bmatrix} 1 \quad \Rightarrow \quad z_k^o \begin{Bmatrix} \geqq \\ = \end{Bmatrix} 0$$

$$\sum_{k=1}^{\ell} a_i^k z_k^o \qquad \begin{Bmatrix} = \\ < \end{Bmatrix} r_i \quad \Rightarrow \quad q_i^o \begin{Bmatrix} \geqq \\ = \end{Bmatrix} 0$$

$$z_k^o \begin{Bmatrix} = \\ < \end{Bmatrix} \bar{z}_k \quad \Rightarrow \quad w_k^o \begin{Bmatrix} \geqq \\ = \end{Bmatrix} 0$$

Daraus folgt unmittelbar

$$\sum_{i=1}^{n} a_i^k q_i^o > 1 \qquad \Rightarrow \qquad z_k^o = 0$$

$$\sum_{i=1}^{n} a_i^k q_i^o < 1 \qquad \Rightarrow \quad w_k^o > 0 \Rightarrow z_k^o = \bar{z}_k$$

$$\sum_{i=1}^{n} a_i^k q_i^o = 1 \qquad \Rightarrow 0 \leqq z_k^o \leqq \bar{z}_k$$

Interpretiert man die Dualvariablen als Grenzproduktivitäten der Faktoren, dann folgt aus dem Preistheorem, daß ein Prozeß mit voller Kapazität genutzt wird, wenn die Summe der mit Grenzproduktivitäten gewichteten Produktionskoeffizienten kleiner als 1 ist, und daß er nicht genutzt wird, wenn diese Summe größer als 1 ist; ist sie gleich, dann wird der Prozeß teilweise genutzt.

d) Dualität von Kosten und Produktionsfunktionen

In der mathematischen Wirtschaftstheorie wird der Dualität von Produktions- und Kostenfunktion große Bedeutung zugemessen (Shephard /26/): Die in Produktions- und Kostenfunktionen gespeicherten Informationen sind einander äquivalent. Im Zentrum dieser Dualitätstheorie steht das Effizienzpreistheorem, das für lineare Produktionsmodelle unmittelbar aus dem Preistheorem hergeleitet werden kann (vgl. Kistner /20/).

Satz 3: Effizienzpreise

Ein Produktionsplan ist genau dann effizient, wenn es mindestens ein

System positiver Faktorpreise gibt, für das der Produktionsplan kostenoptimal ist.

3) Parametrische lineare Programmierung und Produktions- und Kostenfunktionen

Aufgabe der parametrischen linearen Programmierung ist es, die Auswirkungen systematischer Veränderungen der Koeffizienten eines LP auf Lösungsmenge und Zielfunktionswert zu untersuchen. Von besonderem produktionstheoretischem Interesse ist die parametrische Variation des Beschränkungsvektors (vgl. Kistner /20,21/). Hierfür lassen sich folgende Eigenschaften herleiten (vgl. Dinkelbach /11/):

Satz 4: *Eigenschaften parametrischer LP bei Variation des Beschränkungsvektors*

(1) Der Parameter t kann innerhalb eines Intervalls stetig variiert werden, so daß für jeden Parameterwert eine optimale Lösung existiert. Der Zielfunktionswert der optimalen Lösungen variiert über diesem Intervall stetig.

(2) Innerhalb bestimmter Teilintervalle bleiben sowohl die Basis der optimalen Lösung als auch die Werte der Dualvariablen konstant.

(3) Es gibt eine endliche Zahl kritischer Punkte, in denen sich die Basis der optimalen Lösung ebenso wie die Werte der Dualvariablen sprunghaft ändern.

(4) Die Zielfunktion ist in Abhängigkeit von dem Parameter t stückweise linear; im Maximum-Problem ist sie konkav, im Minimum-Problem konvex.

b) Eigenschaften der Produktionsfunktion im linearen Modell

Im Einproduktfall läßt sich die Produktionsfunktion durch parametrische Variation der Faktorbeschränkungen in dem Programm zur Maximierung der Ausbringungsmenge konstruieren.

Wegen der Eigenschaft (1) parametrischer linearer Programme existiert eine in einem bestimmten Bereich stetige Produktionsfunktion. Bei totaler Faktorvariation werden alle Faktoreinsatzmengen in konstantem Verhältnis variiert, d.h. die Produktion wird entlang einem Prozeßstrahl ausgedehnt. Bestehen keine weiteren Restriktionen, sind insbesondere die Prozesse nicht kapazitätsbeschränkt, dann steigt die Ausbringung proportional zur Ausdehnung des Faktoreinsatzes. Die Skalenerträge sind in diesem Fall konstant. Sind die Kapazitäten der Prozesse hingegen beschränkt oder sind andere Restriktionen zu berücksichtigen, dann folgt aus (4), daß die Ausbringung stückweise linear und konkav mit der Ausdehnung des Faktoreinsatzes steigt. Die Produktionsfunktion ist also durch abnehmende Skalenerträge charakterisiert.

Die Produktionsfunktion bei partieller Faktorvariation erhält man bei parametrischer Variation eines einzelnen Faktors bei Konstanz der übrigen Einsatzmengen. Die dem variablen Faktor zugeordnete Dualvariable kann in diesem Fall als Grenzproduktivität interpretiert werden, weil sie die relative Veränderung der Ausbringung in Bezug auf die Veränderung der Einsatzmenge dieses Faktors angibt. Sie ist stückweise konstant und sinkt in endlich vielen Sprüngen auf Null ab, die Produktionsfunktion bei partieller Faktorvariation ist folglich stückweise linear und konkav. Es gilt also das Ertragsgesetz.

Um die Isoquante zu konstruieren und die Grenzraten der Substitution zu ermitteln, formulieren wir das lineare Produktionsmodell leicht um, indem wir die Einsatzmenge r_i eines Faktors bei Konstanz der übrigen Faktoren und der Ausbringungsmenge x minimieren. Variieren wir die Einsatzmenge r_j eines anderen Faktors parametrisch, so liefert uns die Zielfunktion in Abhängigkeit von diesem Parameter die zu der vorgegebenen Ausbringungsmenge gehörende Isoquante, die dem Faktor zugeordnete Dualvariable kann als Grenzrate der Substitution interpretiert werden, weil sie die relative Veränderung der Einsatzmenge des Faktors i in Bezug auf eine Variation der Einsatzmenge des Faktors j angibt. Aus den Eigenschaften der Lösungsmenge parametrischer linearer Programme folgt unmittelbar, daß die Isoquante stückweise linear und konvex ist, daß also das Gesetz von der abnehmenden Grenzrate der Substitution gilt.

c) Eigenschaften der Kostenfunktion

Variiert man die vorgegebene Ausbringungsmenge x im Kostenminimierungsmodell parametrisch, dann erhält man folgende Ergebnisse: Die der Ausbringungsmenge zugeordnete Dualvariable kann als Grenzkosten interpretiert werden, weil sie die relative Veränderung der Kosten in Bezug auf eine Variation der Ausbringungsmenge angibt. Die Grenzkosten verlaufen stückweise konstant und steigen bei endlich vielen kritischen Ausbringungsmengen sprunghaft an. Es ergeben sich also nicht-abnehmende Grenzkosten. Die Kostenfunktion ist folglich stückweise linear und konvex.

d) Ergebnisse

Als Ergebnisse der Analyse linearer Produktionsmodelle kann festgehalten werden:

(1) Wesentliche Eigenschaften der neoklassischen Produktions- und Kostentheorie, nämlich konstante bzw. abnehmende Skalenerträge, abnehmende Grenzerträge, abnehmende Grenzraten der Substitution und steigende Grenzkosten werden durch das lineare Produktionsmodell reproduziert.

(2) Bereiche steigender Skalen- und Grenzerträge existieren nicht.

(3) Wegen der Möglichkeit des Intensitätssplittings ergeben sich selbst bei U-förmigen und nicht-konvexen Verbrauchsfunktionen keine Bereiche sinkender Grenzkosten und damit keine S-förmigen Gesamtkostenverläufe.

C. Einige aktuelle Probleme der Produktions- und Kostentheorie

Nachdem ich gezeigt habe, daß das lineare Produktionsmodell als formaler Rahmen für alle traditionellen Ansätze der Produktionstheorie dient, möchte ich abschließend am Beispiel zweier aktueller Probleme - der Berücksichtigung von Umweltbelastungen und sic erschöpfender Ressourcen - die Fähigkeit dieses Ansatzes aufzeigen, über den Rahmen der traditionellen Produktions- und Kostentheorie hinausgehende Fragen zu analysieren.

I. Umweltschutz und Emissionsgrenzen

1) Die Berücksichtigung von Emissionsgrenzen im linearen Produktionsmodell

Die Postulate der Additivität und des "Free Disposal" stehen in einem gewissen Gegensatz zu der Notwendigkeit, die Umweltbelastung durch produktionsbedingte Emissionen zu berücksichtigen. Es ist zu beachten, daß die Umweltbelastung durchaus tolerierbar ist, wenn nur einer von zwei Produktionsplänen durchgeführt wird, während - im Gegensatz zum Postulat der Additivität - die gemeinsame Durchführung beider Pläne vorgegebene Emissionsgrenzen überschreitet und damit aus rechtlichen Gründen nicht möglich ist. Weiter ist zu berücksichtigen, daß die Beseitigung von Emissionen als unerwünschte Kuppelprodukte in der Regel mit erheblichen Kosten verbunden ist.

Das lineare Produktionsmodell erlaubt es jedoch ohne Schwierigkeiten, neben technologisch bedingten Faktorrestriktionen auch Emissionsgrenzen als institutionelle Beschränkungen zu berücksichtigen. Weiter ist es möglich, neben produktiven Aktivitäten auch - mit Faktorverbräuchen und Kosten verbundene - Disposal-Aktivitäten zur Reduktion von Emissionen einzuführen (Kistner /22/).

Es seien k Emissionsarten zu berücksichtigen, deren Grenzen durch den Vektor $\underline{u}$ vorgegeben sind. Die spezifischen Emissionen der m Produktionsprozesse seien in der Matrix $\underline{C}$ zusammengefaßt. Weiter seien ℓ Disposal-Aktivitäten verfügbar, deren spezifische Faktorverbrauchsmengen in der Matrix $\underline{B}$ zusammengefaßt sind; die spezifischen Emissionsreduktionen seien in der Matrix $\underline{D}$ erfaßt. Das Niveau der Disposal-Aktivitäten sei $\underline{v}$. Dann ergibt sich folgendes modifizierte LP für die Maximierung der Ausbringung im Einprodukt-Fall:

$$\max_{\underline{z},\underline{v}} \{\underline{1}'\underline{z} \mid \underline{A}\,\underline{z} + \underline{B}\,\underline{v} \leq \underline{r}\ ;\ \underline{C}\,\underline{z} - \underline{D}\,\underline{v} \leq \underline{u}\ ;\ \underline{z} \geq \underline{0}\ ;\ \underline{v} \geq \underline{0}\}$$

2) Auswirkungen von Emissionsgrenzen auf Produktions- und Kostenfunktionen

Durch parametrische Variation der Faktorbestände können dann die Eigenschaften der Produktionsfunktion hergeleitet werden. Da durch die Einführung von Emissionsgrenzen und Disposal-Aktivitäten die Struktur des LP nicht verändert wird, bleiben die produktionstheoretischen Implikationen - abnehmende Grenzerträge und abnehmende Grenzrate der Substitution - erhalten. Da zwar die Faktorbestände, nicht aber die Emissionsgrenzen proportional ausgedehnt werden können, treten abnehmende Skalenerträge an die Stelle konstanter Skalenerträge.

Sind die Stückkosten der Disposal-Aktivitäten durch $\underline{d}$ gegeben, dann kann man folgendes Programm zur Minimierung der Kosten bei gegebenen Faktorbeständen und gegebener Ausbringung formulieren:

$$\min_{\underline{z},\underline{v}} \{\underline{c}'\underline{z} + \underline{d}'\underline{v} \mid \underline{A}\,\underline{z} + \underline{B}\,\underline{v} \leqq \underline{r}\,;\ \underline{C}\,\underline{z} - \underline{D}\,\underline{v} \leqq \underline{u};\ \underline{1}'\underline{z} = x;\ \underline{z} \geqq \underline{0};\ \underline{v} \geqq \underline{0}\}$$

Durch parametrische Variation von x kann gezeigt werden, daß die Konvexität der Kostenfunktion bzw. die Zunahme der Grenzkosten durch die Einführung von Emissionsgrenzen und Disposalaktivitäten ebenfalls nicht berührt werden.

II. Sich erschöpfende Ressourcen

1) Sich erschöpfende Ressourcen in der Wirtschaftstheorie

Obwohl ein erster Ansatz zur Analyse sich erschöpfender Ressourcen bereits 1931 von Hotelling /17/ vorgeschlagen wurde, hat erst die Ölkrise und ihre Folgen das Interesse an diesem Problem richtig geweckt. Während bei den bisher betrachteten Problemen der Produktions- und Kostentheorie die Aufteilung der in einem bestimmten Zeitpunkt verfügbaren Bestände an knappen Faktoren auf konkurrierende Produktionsalternativen im Vordergrund stand, stellt sich im Zusammenhang mit sich erschöpfenden Ressourcen die Frage nach der zeitlichen Aufteilung des Bestandes dieser Ressource. Methodisch wurden diese Probleme meist mit der Kontrolltheorie bzw. der dynamischen Programmierung angegangen (vgl. hierzu Kemp-Long /19/, Eichhorn u.a. /14/). Wegen der Beschränkung auf eine kleine Zahl von Kontroll- und Zustandsvariablen impliziert dieses Vorgehen, daß die Analyse auf Fragen der Preisbildung und der Abbaurate beschränkt wurde. Will man das Problem der zeitlichen Aufteilung von Beständen knapper Ressourcen mit Fragen der Produktionsplanung verbinden, dann bietet es sich an, ein Planungsmodell auf der Grundlage der linearen Programmierung zu formulieren.

2) Ein LP-Modell für die Nutzung einer sich erschöpfenden Ressource

Hierzu gehen wir von der folgenden Situation aus: Der Einsatz y_t einer sich erschöpfenden Ressource soll auf die Produktion der Perioden

$t=1,\ldots,T$ verteilt werden. Der verfügbare Bestand sei Y. In jeder Periode stehen verschiedene produktive Alternativen zur Verfügung, die im Umfang $\underline{x}_t$ durchgeführt werden sollen. Die Nettoerlöse dieser Produktionsalternativen seien gegeben durch den Vektor $\underline{p}_t$. Diese Aktivitäten setzen reproduzierbare Produktionsfaktoren ein, von denen Bestände von $\underline{r}_t$ verfügbar sind. Die Matrix der Produktionskoeffizienten in t sei $\underline{A}_t$. Daneben werden $\underline{b}_t$ Einheiten der sich erschöpfenden Ressource genutzt. Dann kann man folgendes LP zur Maximierung der mit dem Faktor q diskontierten Nettoerlöse aufstellen:

$$C_o = \sum_{t=1}^{T} \underline{p}_t'\underline{x}_t\, q^{-t} \Rightarrow \max!$$

$$\underline{A}_t\underline{x}_t \leqq \underline{r}_t \qquad t = 1,\ldots,T$$

$$\underline{b}_t'\underline{x}_t \leqq y_t \qquad t = 1,\ldots,T$$

$$\underline{x}_t \geqq \underline{0} \qquad t = 1,\ldots,T$$

Interpretiert man die Einsatzmengen y_t als nicht-negative Variable und fordert zusätzlich, daß der Gesamtbestand Y nicht überschritten wird

$$\sum_{t=1}^{T} y_t \leqq Y$$

dann erhält man für gegebene Daten eine optimale Aufteilung des Bestandes der sich erschöpfenden Ressource auf die einzelnen Perioden und einen optimalen Produktionsplan für diese Perioden.

Um tiefere Einsicht in das Problem der Aufteilung sich erschöpfender Ressourcen mit Hilfe der Dualitätstheorie und der parametrischen Programmierung zu gewinnen, kann es angebracht sein, die Einsatzmengen y_t als Daten, als vorgegebenen Abbauplan für die knappe Ressource anzusehen, an den die Produktion x_t angepaßt werden soll. Dann liefern die der Restriktion $\underline{b}_t' \underline{x}_t \leqq y_t$ zugeordneten Dualvariablen eine Bewertung der Zuteilung der Ressource, mit deren Hilfe Abweichungen von dem Abbauplan bzw. alternative Abbaupläne analysiert werden können. Schließlich können durch parametrische Variation der Abbaupläne in Analogie zum Vorgehen bei der Herleitung der Eigenschaften von Produktionsfunktionen Monotonieeigenschaften und ähnliche Gesetzmäßigkeiten aufgezeigt werden.

Literaturverzeichnis

/ 1/ Albach, H.
Zur Verbindung von Produktionstheorie und Investitionstheorie. Zur Theorie der Unternehmung, Festschr. z. 65. Geburtstag v. E. Gutenberg, 137-203 (1962).

/ 2/ Albach, H.
Produktionsplanung auf der Grundlage technischer Verbrauchsfunktionen.
Arbeitsgem. f. Forschung d. Landes Nordrhein-Westfalen, Heft 105, 45-98 (1962).

/ 2/ Baumol, W.J.
Economic Theory and Operations Analysis (1961).

/ 4/ Beckmann, M.J.
Grundbegriffe der Produktionstheorie vom Standpunkt der Aktivitätsanalyse.
Weltwirtschaftliches Archiv 75, 33-58 (1955).

/ 5/ Beckmann, M.J.
Lineare Planungsrechnung (1959).

/ 6/ Böhm, H.-H.; Wille, F.
Direct Costing und Programmplanung (1964).

/ 7/ Bohr, K.
Zur Produktionstheorie der Mehrproduktunternehmung.
Beiträge zur Betriebswirtschaftlichen Forschung 27 (1967).

/ 8/ Danø, S.
Industrial Production Models (1966).

/ 9/ Debreu, G.
Theory of Value (1959).

/10/ Dellmann, K.; Nastansky, L.
Kostenminimale Produktionsplanung bei rein intensitätsmäßiger Anpassung mit differenzierten Intensitätsgraden.
ZfB 39, 239-268 (1969).

/11/ Dinkelbach, W.
Sensitivitätsanalyse und parametrische Programmierung.
Ökonometrie und Unternehmensforschung XII (1969).

/12/ Dorfman, R.
Application of Linear Programming to the Theory of the Firm (1951).

/13/ Dorfman, R.; Solow, R.M.; Samuelson, P.A.
Linear Programming and Economic Analysis (1958).

/14/ Eichhorn, W.; Henn, R; Neumann, K.; Shephard, R.W.
Economic Theory of Natural Resources (1982).

/15/ Gutenberg, E.
Grundlagen der Betriebswirtschaftslehre, Bd. 1: Die Produktion (1951).

/16/ Hildenbrand, W.
Short-run Production Functions Based on Microdata.
Econometrica 49, 1095-1125 (1981).

/17/ Hotelling, H.
The Economics of Exhausting Resources.
Journ. Political Economy 38, 137-175 (1931).

/18/ Johansen, L.
Production Functions. An Integration of Micro and Macro, Short Run and Long Run Aspects.
Contributions to Economic Analysis 75 (1972).

/19/ Kemp, M.C.; Long, N.V.
Exhaustible Resources, Optimality, and Trade.
Contributions to Economic Analysis 127 (1980).

/20/ Kistner, K.-P.
Produktions- und Kostentheorie (1981).

/21/ Kistner, K.-P.
Aktivitätsanalyse, lineare Programmierung und neoklassische Produktionstheorie.
WiSt. 10, 145-151 (1981).

/22/ Kistner, K.-P.
Zur Erfassung von Umwelteinflüssen der Produktion in der linearen Aktivitätsanalyse.
WiSt. 12, 389-395 (1983).

/23/ Koopmans, T.C.
Analysis of Production as an Efficient Combination of Activities.
Activity Analysis of Production and Allocation. Cowles Foundation 13 (1951).

/24/ Krelle, W.
Produktionstheorie (1969).

/25/ Schüler, W.
Optimaler Anlageneinsatz im Einzelproduktunternehmen.
(Dissertation).
Rechts- und Staatswissenschaftl. Fakultät d. Univ. Bonn.
151 S. (1970).

/26/ Shephard, R.W.
Theory of Cost and Production Functions (1970).

/27/ Wittmann, W.
Produktionstheorie.
Ökonometrie und Unternehmensforschung XI (1968).

KOSTENPLANUNG MIT HILFE VON DUALEN LP-MODELLEN AUF DER GRUNDLAGE DES PICHLER-MODELLS

Wolfgang Teusch, Dortmund
Joachim Schlüter, Dortmund

PICHLER-Modelle erlauben die Beschreibung von komplexen Produktionssystemen mit sich gegenseitig beliefernden Fertigungsstellen.
Die bisherigen Ansätze, die eine Kostenplanung mit Hilfe des PICHLER-Modells versuchten, basierten auf der Invertierbarkeit eines Teils der Kopplungsmatrix.
Diese Voraussetzung der Invertierbarkeit ist bei dem in der Praxis oft auftretenden Fall der verbundenen Produktion nicht gegeben.
Um auch diesem Problem gerecht zu werden, wird ein Ansatz zur Kostenplanung vorgestellt, der auf der Lösung zweier dualer LP-Modelle beruht.
Entsprechend dem Aufbau des PICHLER-Modells wird die Kostenplanung als eine kombinierte Kostenarten-, Kostenstellen-, Kostenträgerrechnung durchgeführt.
Zunächst wird unter den möglichen Inputkombinationen, mit denen ein vorgegebenes Produktprogramm realisiert werden kann, durch ein LP-Modell diejenige ausgewählt, die die Gesamtkosten minimiert.
In einem zweiten Schritt lassen sich durch einfache Matrizenmultiplikation die so ermittelten minimalen Gesamtkosten, differenziert nach Kostenarten und Einflußfaktoren in den jeweiligen Kostenstellen, ausweisen.
Schließlich wird in einem dritten Schritt ein Teil der minimalen Gesamtkosten mit Hilfe des dualen LP-Modells auf die Kostenträger zugerechnet.

Die theoretischen Erörterungen werden durch ein Beispiel aus der Zementindustrie ergänzt, dem empirisches Zahlenmaterial zugrundeliegt.
Für den Fertigungsbereich eines Zementwerkes wird die numerische Ermittlung der Plankosten gezeigt.

Operations Research Proceedings 1983

KRITISCHE PREIS- UND KOSTENFUNKTIONEN

Klaus Hellwig, Bielefeld

Üblicherweise wird unter dem kritischen Preis eines Produktes der Preis verstanden, zu dem die Produktion des Produktes gerade noch sinnvoll ist, d.h. ohne Gewinneinbuße realisiert werden kann. Entsprechend sind die kritischen Kosten eines Produktionsfaktors der Preis, zu dem der Kauf des Faktors gerade noch sinnvoll ist. Kritische Preise bzw. Kosten hängen von der Beschäftigungshöhe bzw. dem mengenmäßigen Einsatz des Produktionsfaktors im Produktionsprozeß ab. Die Abhängigkeit des kritischen Preises von der Beschäftigungshöhe wird als kritische Preisfunktion, die Abhängigkeit der kritischen Kosten eines Produktionsfaktors von dessen mengenmäßigen Einsatz als kritische Kostenfunktion bezeichnet. Die Spanne zwischen dem für ein Produkt erzielbaren Preis und dessen kritischen Preis definiert den preispolitischen Spielraum und den Bereich gewinnbringender Produktion dieses Produktes. Entsprechendes gilt für die Spanne zwischen den kritischen Kosten eines Produktionsfaktors und dessen Einstandspreis.
Kritische Preis- und Kostenfunktionen setzen sich additiv aus einem pagatorischen und einem Opportunitätskostenbestandteil zusammen. Sie lassen sich aus einem parametrischen Programm mit einem Parameter im Restriktionenvektor ableiten. Sie sind stetig, sofern die Deckungsbeitragsfunktionen der Produkte stetig bis auf Sprungstellen nach oben sind und die Verbrauchsfunktionen streng monoton wachsen. Insbesondere führen intervallfixe Kostenverläufe nicht zur Unstetigkeit der kritischen Preis- und Kostenfunktion. Im Falle nur eines knappen Faktors lassen sich kritische Preis- und Kostenfunktionen unmittelbar ableiten. Dabei zeigt sich, daß unter bestimmten Voraussetzungen eine Rangbildung mittels spezifischer Deckungsbeiträge auch bei linearen Preisabsatzfunktionen möglich ist.

K. Hellwig:
Kritische Preis- und Kostenfunktionen, Diskussionspapier, Universität Bielefeld 1983

Operations Research Proceedings 1983

ZUR BESTIMMUNG DER OPTIMALEN NUTZUNGSDAUER AUS VERSCHLEISSDATEN

Klaus-Peter Kistner, Bielefeld
Adolf Stepan, Wien

Die Bestimmung der optimalen Nutzungsdauer einer Anlage ist in der Regel an sehr restriktive und realitätsfremde Annahmen über den Verlauf von Einzahlungsüberschüssen und Restwert gebunden.

Bei Einbeziehung realitätsnaher Verschleißdaten versagen jedoch die klassischen Methoden der dynamischen Investitionsrechnung.

Zur Bestimmung der optimalen Nutzungsdauer wird nun ein Regenerationskostenkriterium herangezogen und untersucht inwieweit Optimalität des Ergebnisses auch bei diesem realitätsnahen Kalkül erreicht werden kann.

1. Die Ermitttlung der optimalen Nutzungsdauer in der Investitionstheorie

Bei der Bestimmung der optimalen Nutzungsdauer von Investitionsprojekten geht man im allgemeinen von folgenden Prämissen (vgl. hiezu: Kistner /1/, S.170, Preinreich /2/,S. 12-44, Lutz u. Lutz /3/) aus:

- a) konstante Intensität der Nutzung
- b) stetig sinkende Einzahlungsüberschüsse durch
  - ba) ständig steigende Instandhaltungskosten
  - bb) ständig steigende Faktormehrverbräuche infolge kontinuierlicher Wirkungsgradverschlechterung
  - bc) steigende Ausschußquoten
- c) stetig sinkender Restwertverlauf
- d) kontinuierlicher Zeitablauf.

Mit diesen Prämissen und bei Anwendung der Differentialrechnung wird als Ergebnis (siehe z.B. Swoboda /4/ S.91 ff) erhalten:
Die optimale Nutzungsdauer T ist erreicht, wenn zu t = T letztmals gilt:

$$Q(t) = R_{t-1} - R_t + qR_{t-1} + qK(t)$$

mit $Q(t)$ Einzahlungsüberschuß der Periode T

R_t Restwert

$K(t)$ Barwert der Einzahlungsüberschüsse der Nachfolger

q Diskontrate

Operations Research Proceedings 1983

Im folgenden wird gezeigt, daß diese Prämissen teilweise im Widerspruch zu neueren Ergebnissen der Produktionstheorie stehen. Insbesonders wird gezeigt, daß nicht damit gerechnet werden kann, daß wegen Verschleißerscheinungen Instandhaltungskosten und Faktorverbrauchsmengen monoton steigen.

2. Die Ermittlung der optimalen Nutzungsdauer als Aufgabe der Produktions- und Kostentheorie

2.1. Instandhaltungskosten und Verschleiß

Während die traditionelle Theorie der Nutzungsdauer das Betriebsmittel als eine Einheit sieht, die durch Gebrauch gleichmäßig verschleißt, geht die neuere Verschleißforschung (Tribologie) von einer disaggregierten Betrachtungsweise aus.Ein Betriebsmittel ist in mehrere - als separierbar unterstellte - Verschleißteile zerlegt.Für jeden Verschleißteil (Tribosystem) ist ein kritischer Verschleißzustand durch ein Dauergebrauchskriterium vorgegeben, bei dessen Unterschreitung das Verschleißteil ersetzt werden muß. Nach Ersatz des Verschleißteiles funktioniert dieses wieder wie neu. (Ähnliche Vorstellungen finden sich übrigens auch in der stochastischen Zuverlässigkeits- und Ersatztheorie). Unter diesen Bedingungen ist aber die Vorstellung von kontinuierlich ansteigenden Betriebs- und Instandhaltungskosten nicht mehr haltbar: vielmehr muß davon ausgegangen werden, daß in diskreten Zeitpunkten in denen ein Verschleißteil regeneriert wird, Kostensprünge bzw. endliche Kostenimpulse auftreten. Selbst wenn man davon ausgeht, daß die Faktorverbrauchsmengen verschleißbedingt ansteigen, dann muß man aber wohl auch berücksichtigen, daß sie in den Regenerationszeitpunkten sprunghaft absinken. Im Zeitablauf ist also mit folgendem Verlauf der Regenerations- und Betriebskosten zu rechnen (siehe Abb.1).

2.2. Prämissen und Konsequenzen für die Zahlungsströme

Bei der weiteren Analyse gehen wir von folgenden Prämissen aus:

a) Konstante Intensität der Nutzung
b) eine Untergrenze für die Qualität des Outputs kann definiert werden (Dauergebrauchskriterium (siehe Stepan /5/,S.22 ff).

Abb. 1

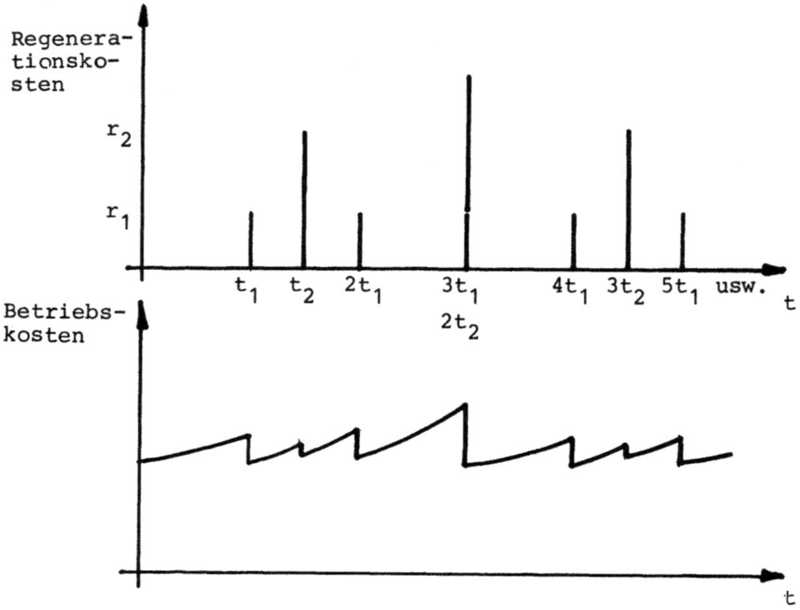

Annahme b) ist von Bedeutung um sicherzustellen, daß nur eine horizontale Kette von Investitionsprojekten (Aggregaten) beachtet wird und nicht eine vertikale Kette von Projekten, die durch stille Desinvestition und stille Investition in unterschiedliche Nutzungsbereiche gebildet wird wenn Dauergebrauchsanforderungen verletzt werden und nicht regenerierend reagiert wird.

In Verbindung mit Annahme a) erlaubt Annahme b) die Ableitung konstanter Perioden (Standzeiten) für den Ersatz der Verschleißteile (Tribosysteme), deren Verschleiß das Dauergebrauchskriterium tangiert.

Die Verschleißbeseitigung durch Regenerationsaktivitäten (Reparatur oder Austausch von Verschleißteilen) ist simultan mit den verschleißhemmenden Wartungsaktivitäten im Rahmen der Instandhaltung organisiert. Wartung und Regeneration können voroptimiert werden (Stepan /5/ S.43ff), sodaß im hier behandelten deterministischen Scenario ohne technischen Fortschritt von konstanten Standzeiten für die Verschleißteile ausgegangen werden kann. Eine weitere Konsequenz von a) und b) sind durchschnittlich konstante Repetierfaktorverbräuche (Fertigungsmaterial,

Energie, etc.) da durch die Regeneration des Aggregats Wirkungsgrad und Ausschußquote periodisch partiell angehoben werden.Für den Restwert gilt, daß er den Kostenvorteil des installierten Aggregats gegenüber der Anlage abbildet (Kistner /1/, S. 175). Zum Unterschied vom Marktrestwert (MRW) für die Anlage am Gebrauchtanlagenmarkt sei der Kostenvorteil als Restnutzungswert (RNW) für die Benutzer aus der Sicht des Betriebes bezeichnet. Marktrestwert und Restnutzungswert stimmen auf vollkommenen Märkten, wenn von Transaktionskosten abstrahiert wird, überein. Damit ist aber der Restwert eines Aggregats eine Funktion der Regenerationskosten und hat Sprungstellen an jenen Punkten der Zeitachse, an welchen Regenerationsaktivitäten gesetzt werden. Die Restwertdifferenz an einer Sprungstelle, also unmittelbar vor und nach dem Regenerationszeitpunkt, entspricht den im Regnerationszeitpunkt anfallenden Kosten (Zahlungen). Damit kann keineswegs von ständig sinkenden Restwerten für ein Aggregat ausgegangen werden.

2.3. Regenerationskosten und Restnutzungswert als Kriterium für die Bestimmung der Nutzungsdauer

Die optimale Nutzungsdauer ist jenes Intervall, das zwischen zwei Anschaffungsauszahlungen bei unendlicher identischer Reinvestition einer horizontalen Kette von Investitionsprojekten liegt und für das die Kostenannuität (bei konstanten Erlösen für den Output) ein Minimum ist. Die Minimierung der Kostenannuität impliziert die Minimierung des Kapitalwerts der unendlichen Kette von identischen Reinvestitionen.

Um die optimale Nutzungsdauer eines Betriebsmittels zu bestimmen, gehen wir von folgenden Überlegungen aus:

(1) Als Kandidat für den optimalen Ersatzzeitpunkt kommen nur Zeitpunkte unmittelbar vor einem oder mehreren Regenerationsereignissen in Frage, weil andernfalls die Kosten dieser Instandhaltungsmaßnahmen nur teilweise amortisiert würden. Sind t_i (i = 1 ... n) die Standzeiten der einzelnen Verschleißteile, dann wird nach T (= kleinstes gemeinsamens Vielfaches von t_i, i = 1 .... n,) das gesamte Betriebsmittel erneuert. Damit beschränkt sich die Suche auf den Vergleich der Kostenannuitäten bei einer endlichen Zahl kritischer Regenerationspunkte.

(2) Notwendige Bedingung für die optimale Nutzungsdauer ist, daß der Restnutzungswert (RNW) nicht positiv ist.
Daraus läßt sich folgende Heuristik zur Bestimmung des ersten Regenerationszeitpunktes mit nicht positivem Restnutzungswert herleiten. Es sei

A Anschaffungszahlung

r_i Regenerationskosten des i-ten Verschleißteiles

t_i Standzeiten des i-ten Verschleißteiles

q Diskontrate

K_T^o Barwert des Zahlungsstromes zu t = 0 und identische Reinvestition der Anlage jeweils zu T

K_t Barwert des Zahlungsstromes bei unendlicher identischer Regeneration der Bauteile zu t jeweils unmittelbar vor einem Regenerationsereignis.

<u>Start</u>: Ermittle $\sum_i r_i$

Für Probleme mit $\sum_i r_i < A$ ist die optimale Nutzungsdauer unendlich bzw. unendliche identische Reinvestition der Komponenten (Tribosysteme) optimal. Die Rechnung ist beendet.

Für Probleme mit $\sum_i r_i > A$ fahre fort mit Schritt 1.

<u>Schritt 1</u>: Berechne

$$K_T^o = (A + \sum_i r_i(1-e^{-n_i q t_i})/(e^{q t_i}-1))/(1-e^{-qT})$$

mit

$$n_i = \begin{cases} [T/t_i] & \text{wenn } T/t_i \text{ nicht ganzzahlig} \\ T/t_i - 1 & \text{wenn } T/t_i \text{ ganzzahlig.} \end{cases}$$

Wähle als Startwert für Schritt i $T = \infty$, d.h. unendliche identische Reinvestition der Tribosysteme. Wir erhalten für K_∞^o aus obiger Formel

$$K_\infty^o = A + \sum_i r_i/(e^{q t_i}-1).$$

Schritt 2: Berechne unmittelbar vor jedem Regenerationsereignis zu t, das nach der letzten Installation der ganzen Anlage erfolgt, (für T = ∞ nach dem Zeitpunkt Null, sonst nach T)

$$K_t = \sum_i r_i e^{q(t_i - t_{Ri})} / (e^{qt_i} - 1)$$

mit

t_{Ri} restliche Standzeit der i-ten Komponente zu 1.

Schritt 3: Berechne den Restnutzungswert (RNW) der Anlage zu t

$$RNW = \text{Min } K_T^O - K_t$$

Falls bis zu jenem Zeitpunkt, der dem kleinsten gemeinsamen Vielfachen aller t_i entspricht, kein negativer RNW im Vergleich mit dem kleinsten bisher gefundenen K_T^O errechnet wird, ist jene Nutzungsdauer optimal, die im Index T des kleinsten K_T^O festgehalten ist. Die Rechnung ist beendet. Andernfalls setze beim ersten t, für das der RNW $<$ O wird T=t-O und fahre fort mit Schritt 1.

Bei obiger Heuristik wurde unterstellt, daß bei RNW = O zwar Indifferenz zwischen der installierten Anlage und einer Neuanlage besteht, die Anlage aber nicht ausgewechselt wird (Transaktionskosten). Da die Bestimmung der optimalen Nutzungsdauer ein ex ante Problem ist, ist die Heuristik auf dem langfristigen Regenerationskostenkriterium aufgebaut (Stepan /5/S77ff, Stepan /6/S436). Sollten nach erfolgter Installation der Anlage Marktrestwerte MRW $\neq$ RNW zu beliebigen Zeitpunkten t festgestellt werden, so ist zur Ermittlung des optimalen Ersatzzeitpunktes das Restwertekriterium anzuwenden (/5/ S80ff, /6/S436).

Wie das folgende Beispiel zeigt, ist der erste Regenerationszeitpunkt mit nicht positivem Restnutzungswert jedoch nicht notwendig die optimale Lösung.

2.4 Beispiel

$A = 5{,}000,\ \ q = 0{,}1,\ \ r_i = 1,\ \ t_i = 4,\ \ r_2 = 3,\ t_2 = 5,\ r_3 = 1{,}8,\ t_3 = 6,$

Schritt 1:

$$K_1^O : 5 + \frac{1}{e^{0,4} - 1} + \frac{3}{e^{0,5} - 1} + \frac{1{,}8}{e^{0,6} - 1} = 13{,}847193$$

Schritt 2 und Schritt 3:

t	t_{R1}	t_{R2}	t_{R3}	K_t	K_T^o	
4	0	1	2	13,198459	$<$ 13,847193	$= K^o_\infty$
5	3	0	1	13,481382	"	
6	2	4	0	11,593719	"	
8	0	2	4	13,265107	"	
10	2	0	2	13,37419	"	
12	0	3	0	12,671065	"	
15	1	0	3	13,324544	"	
16	0	4	2	13,354955	"	
18	2	2	0	12,715273	"	
20	0	0	4	13,331945	"	
24	0	1	0	13,921626	$>$ 13,847193; RNW $<$ 0	
25	3	0	5	12,291298	$<$ 13,839765	$= K^o_{24}$
28	0	2	2	12,54194	"	
30	2	0	0	14,097358	$>$ 13,839765; RNW $<$ 0	
32	0	3	4	11,355818	$<$ 13,834084	$= K^o_{30}$
35	1	0	1	13,978892	$>$ 13,834084; RNW $<$ 0	aber: $K^o_{35} > K^o_{30}$
36	0	4	0	12,133553	$<$ 13,834084	$= K^o_{30}$
40	0	0	2	13,924024	$>$ 13,834084; RNW $<$ 0	aber: $K^o_{40} > K^o_{30}$
42	2	3	0	12,121231	$<$ 13,834084	$= K^o_{30}$
44	0	1	4	12,60638	"	
45	3	0	3	12,827033	"	
48	0	2	0	13,265107	"	
50	2	0	4	12,782111	"	
52	0	3	2	11,947898	"	
54	2	1	0	13,371792	"	
55	1	0	5	13,324544	"	
56	0	4	4	10,818306	"	
60	0	0	0	14,647192	$>$ 13,834084; RNW $<$ 0	aber: $K^o_{60} > K^o_{30}$

Ende der Rechnung da hier die theoretische Obergrenze der opt. Nutzungsdauer wegen $\sum_i r_i > A$ erreicht ist.

1. Schritt: T = 24,

$$K_{24}^{o} = \left[5 + \frac{1\ (1-e^{-2})}{e^{0,4} - 1} + \frac{3\ (1-e^{-2})}{e^{0,5} - 1} + \frac{1,8\ (1-e^{-1,8})}{e^{0,6} - 1}\right] / \ (1-e^{-2,4})$$

$$K_{24}^{o} = 13,839765$$

1. Schritt: T = 30,

$$K_{30}^{o} = 13,834084$$

1. Schritt: T = 35,

$$K_{25}^{o} = 13,843091 > K_{30}^{o}$$

1. Schritt: T = 40,

$$K_{40}^{o} = 13,845758 > K_{30}^{o}$$

1. Schritt: T = 60,

$$K_{60}^{o} = 13,845204 > K_{30}^{o}$$

3. Schritt:

Zu t = 30 Ende der Rechnung da

$$\sum r_i = 5,8 > A$$

Der Kapitalwert der optimalen Lösung K_{30}^{o} wird mit einer Nutzungsdauer T = 30 erreicht.

2.5. Bemerkungen zur Sensibilität bei Variation des Zinssatzes

a) Zinssatz

Die zu vergleichenden Kapitalwerte der Strategien werden auf A bzw. auf $\sum_i r_i$ der momentan fälligen Regenerationsauszahlungen reduziert. Ersatz ist angezeigt, wenn

$$\sum_i r_i > A \qquad i \in I \quad \text{Menge der zu t fälligen Tribosysteme.}$$

Diese Lösung ist ident mit der absoluten Obergrenze für die Nutzungsdauer bei endlichen Zinssätzen >0 (vergleiche Schritt 6).

b) Zinssatz O

Die zu vergleichenden Kapitalwerte werden unendlich groß. Hier versagt die Kapitalwertbildung, die Optimierung der Nutzungsdauer kann nur mit dem Durchschnittskostenkalkül (siehe statische Investitionsrechnung) erfolgen. Bei konvex steigenden Reparaturkosten kann die optimale Nutzungsdauer auch durch die repair limits Methode ermittelt werden (aber: siehe Prämissenkritik).

Die Obergrenze der Nutzungsdauer ist jedenfalls auch hier erreicht, wenn wie oben gilt:

$$\sum_i r_i > A$$

Auch wenn hier nicht alle Teile zu ersetzen sind, so wird durch den Ersatz aller Teile zum Preis von A nicht nur eine momentane Einsparung von $\sum_i r_i - A$, $i \in I$, erzielt, sondern auch die Nutzungsdauer aller nicht momentan zu ersetzenden Teile verlängert. Im Falle des Zinssatzes ∞ wird dies nicht honoriert, im Falle des Zinssatzes O beträgt die Ersparnis jedoch insgesamt $\sum_1^n r_i$ - A weil eben jedenfalls zu tätigende spätere Reparaturzahlungen ($\sum_1^n r_i - \sum_i r_i$, $i \in I$) kostenlos erhalten werden.

LITERATURVERZEICHNIS

/1/ Kistner K.-P.: Produktions- und Kostentheorie. Würzburg-Wien 1981, S. 170, S. 175.

/2/ Preinreich G.A.D.: The Economic Life of Industrial Equipment. Econometrica 8 (1940) S. 12-44.

/3/ Lutz F. und V. Lutz: The Theory of Investment of the Firm. Princeton 1950.

/4/ Swoboda P.: Investition und Finanzierung. 2. Auflage, Göttingen 1977, S. 91 ff.

/5/ Stepan A.: Produktionsfaktor Maschine. Würzburg-Wien 1981, S. 22 ff, S. 43 ff.

/6/ Stepan A.: Die Struktur von Investitionsproblemen bei Berücksichtigung meßbarer Verschleißprozesse und Kriterien für den Anlagenersatz. ZfB 53 (1983) S. 426-441.

ZUM VERHÄLTNIS VON STEUERGRÖSSEN, ERZEUGNISMENGEN UND BEZUGS- ODER EINFLUSSGRÖSSEN IN KOSTENRECHNUNGSMODELLEN

Hermann Schwab, Regensburg

1. Erzeugnismengen als Elemente des Alternativenfelds

Der Alternativenraum eines Entscheidungsmodells ist so definiert, daß er alle und sich gegenseitig ausschließende Aktionen (Wahlakte) des Entscheidungsträgers enthält. Bei der Interpretation dieser Aussage wird stets auf das darin enthaltene Prinzip der "vollkommenen Alternativenstellung" hingewiesen, selten aber klargestellt, daß es sich bei den Wahlakten des Entscheidungsträgers grundsätzlich um unmittelbar festlegbare Steuergrößen handeln muß.
Beispiel: [10, S. 37]: Ein Autofahrer hat nicht die Möglichkeit, unmittelbar den Treibstoffverbrauch festzulegen, sondern er kann ihn nur durch die Wahl der Steuergrößen "Gaspedalstellung" und "Getriebeübersetzung (Gang)" beeinflussen.
Werden aber die Alternativen statt unmittelbar durch Wahlakte durch Ergebnisse vorgelagerter Wahlakte beschrieben, so wird ein Teil des Entscheidungsproblems nach außerhalb verwiesen für den Fall, daß diese Zwischenergebnisse jeweils durch mehrere Wahlakte erreicht werden können, wenn also die Zuordnung Wahlakt - Zwischenergebnis nicht eineindeutig ist.
Vor allem für die praktische Durchführung der im Entscheidungsmodell ermittelten optimalen Lösung hat dies gravierende Konsequenzen, denn zunächst bleibt offen, wie diese "optimale Alternative", beschrieben in Form eines Ergebnisses, in eine unmittelbare Handlungsanweisung umgesetzt werden kann.
Genau in dieser Situation befindet sich die Produktionsplanung, wenn sie bei Vorliegen von Wahlmöglichkeiten im Produktionsvollzug die Erzeugnismengen als Entscheidungsvariablen deklariert. Der Output wie auch der Input eines Produktprozesses sind nicht unmittelbar wählbar, sondern sie sind - wie wir spätestens seit Gutenberg's Produktionstheorie wiessen - Ergebnisse der alternativen Einsatzweisen der Produktionsanlagen und sonstiger von der Umwelt bestimmter Produktionsbedingungen[1].

---

1) Vgl. dazu die Ausführungen Luhmers [9, S. 72] zur Kritik am Gütervektor als Steuerungsvektor im dynamischen Produktionsmodell von Stöppler.

Operations Research Proceedings 1983

In Verbindung mit dem entscheidungsorientierten Kostenbegriff muß daher konsequenterweise gefordert werden, daß als Kosteneinflußgrößen grundsätzlich nur die unmittelbar festlegbaren Handlungsalternativen und die relevanten Umweltmerkmale herangezogen werden dürfen. Im Zuge der regelmäßig notwendigen Reduktion des Alternativenraums und des Zustandsraums der Umwelt durch die Methoden der Selektion und Kopplung [10, S. 41] kann es nun aber zweckmäßig sein, den Alternativenraum mit Hilfe der seinen Elementen zuordenbaren Zwischenergebnisse - Eineindeutigkeit vorausgesetzt - zu beschreiben, so daß auf diesem Weg die Erzeugnismengen als abgeleitete Kosteneinflußgrößen auftreten können.
Im Kostenplanungsmodell nach Kilger, der Grenzplankostenrechnung (GPKR), und im Kostenplanungsmodell nach Laßmann, dem sogenannten Betriebsmodell, treten Erzeugnismengen als Kosteneinflußgrößen auf. Für beide Kostenrechnungsmodelle sollen zuerst die Implikationen analysiert werden. Nachfolgend wird versucht, aus den Erkenntnissen dieser Analyse einen - wenn auch noch sehr allgemein gehaltenen - Aufbau einer geschlossenen Kosten- und Erlösrechnung zu konzipieren.

2. Das geschlossene Kostenplanungsmodell von Kilger

2.1. Die Stellung der Bezugsgrößen in der GPKR

Bezugsgrößen in der GPKR sind dabei "Maßgrößen der Kostenverursachung" [7, S. 324], die "unter der Voraussetzung konstanter Betriebsbereitschaft und fester Preis- bzw. Lohnsätze zu den variablen Kosten der einzelnen Kostenstellen in einer proportionalen Beziehung stehen" [1, S. 327] und sich "bei der laufenden Abrechnung als Istbezugsgrößen erfassen lassen müssen" [6, S. 164].
Mit den Bezugsgrößen lassen sich die Beziehungen zwischen den Produktmengen und variablen Kosten der Kostenstelle mittelbar darstellen:

$$(1) \qquad K_{ai}^{(V)} = \sum_{s=1}^{S_i} k_{asi}\, b_{si} \qquad (a = 1,\ldots,A),\ (i = 1,\ldots,I)$$

$$(2) \qquad b_{si} = \sum_{j=1}^{J} b_{sij}\, x_{ij} \qquad (s = 1,\ldots,S_i),\ (i = 1,\ldots,I)$$

mit: $K_{ai}^{(V)}$: = variable Gemeinkosten der Kostenart a an der Kostenstelle i

b_{si} : = Ausprägung der Bezugsgröße s an der Kostenstelle i

k_{asi}: = die durch eine ME der Bezugsgröße s bewirkten Kosten der Art a an der Kostenstelle i.

b_{sij}: = Mengeneinheiten der Bezugsgröße s, die an der Kostenstelle i zur Bearbeitung einer ME der Produktart j anfallen.

Ermittelt man über

$$(3) \qquad k_{si} = \sum_{a=1}^{A} k_{asi} \qquad (s = 1,\ldots,S_i),\ (i = 1,\ldots,I)$$

die Grenzkosten der Bezugsgröße s an der Kostenstelle i, so ergeben sich bei Verwendung von Bezugsgrößen die variablen Kosten der Kostenstelle i mit

$$(4) \qquad K_i^{(V)} = \sum_{s=1}^{S_i} \sum_{j=1}^{J} k_{si}\, b_{sij}\, x_{ij} \qquad (i = 1,\ldots,I)$$

Für $S_i = 1$ liegt der Fall der "homogenen", für $S_i > 1$ der Fall der "heterogenen Kostenverursachung" vor [1, S. 33 ff.].

Die Bezugsgrößen dienen dazu, das "Knäuel" der Beziehungen zwischen den Erzeugnismengen und den ihnen proportionalen Kosten einer Kostenstelle zu entwirren. Sie gewichten bezüglich der nach Erzeugnisart unterschiedlichen "Kostenverursachung" bei den einzelnen Kostenarten bzw. Kostenartengruppen ("produktbedingte Heterogenität der Kostenverursachung") [4, S. 72].

Eine zweite, andere Art von Heterogenität der Kostenverursachung liegt vor, wenn Wahlmöglichkeiten des Produktionsvollzugs gegeben sind ("verfahrensbedingte Heterogenität der Kostenverursachung"). Hierbei werden "die variablen Kosten nicht nur von den Entscheidungen der Produktionsprogrammplanung (,) sondern auch von den Entscheidungen der Produktionsvollzugsplanung beeinflußt", so daß "die gleichen Erzeugnismengen je nach den gewählten Verfahrens- oder Prozeßbedingungen unterschiedliche variable Kosten verursachen" [7, S. 143]. Mit Bezugsgrößen von der Art, wie sie durch die Beziehungen (1) und insbesondere durch (2) gekennzeichnet sind, ist man auch bei Ausweitung ihrer Anzahl nicht in der Lage, Wahlmöglichkeiten des Produktionsvollzugs in e i n e r Planungsrechnung zu berücksichtigen, so daß die "nachdrücklich" hervorgehobene Behauptung von Kilger, "daß es theoretisch möglich ist, *mit Hilfe einer entsprechend weitgehenden Bezugsgrößendifferenzierung jeden beliebigen Kosteneinfluß exakt zu erfassen*" [4, S. 73, kursiv im Original] innerhalb dieser Bezugsgrößenkonzeption nicht zutreffend ist.

Die Lösung des Problems der Integration der Produktionsdurchführungsplanung mit der Grenzplankostenrechnung liegt nicht in einer höheren

Komplexität der Kostenrechnung mittels einer größeren Anzahl von Bezugsgrößen, sondern in einem geänderten Verständnis der Stellung der Bezugsgrößen zu den Erzeugnismengen und in Folge auch der relevanten Kosten zu den variablen Kosten.

2.2. Die Stellung der Bezugsgrößen im geschlossenen Kostenplanungsmodell von Kilger

Das Phänomen alternativ konstanter Grenzkosten hat Kilger zuerst durch das auf Produktionsplanungsmodellen von Jacob und Albach aufbauende Konzept der Alternativkalkulation versucht zu erfassen.
Aus der Kritik an der Alternativkalkulation entwickelte sich das zweite Konzept, das an einer neuen Definition der Bezugsgrößen ansetzt, so daß sie nicht mehr als Gewichtungsparameter der Erzeugnismengenvariablen interpretiert, sondern als eigenständige Variablen angesehen werden müssen, indem man "neben den Endprodukten auch den wählbaren Alternativen des Produktionsvollzugs Variablen zuordnet" [3, S. 25] in der Form, daß man die Bezugsgrößen "nach Aktivitäten des Produktionsvollzugs" differenziert [7, S. 327]. Als frühes Beispiel sei hier verwiesen auf das Produktionsprogrammplanungsmodell mit integrierter Wahlmöglichkeit zwischen Eigenherstellung und Fremdbezug von Einzelteilen als Alternativen des Produktionsvollzugs [2, S. 294 ff.].
Kilger hat die darin enthaltene Überlegung verallgemeinert und ein "geschlossenes Kostenplanungsmodell" entwickelt, in dem die Sollkostenfunktionen der einzelnen (primären) Kostenstellen in linearer Abhängigkeit von den weiterhin von ihm als Bezugsgröße bezeichneten Kosteneinflußgrößen dargestellt werden. Da das Modell ohne vorherige Planannahmen über Produktionsprogramm und -vollzug erstellt werden kann, wird es von ihm als ein "produktionsprogramm- und verfahrensneutrales Bezugsgrößenmodell" bezeichnet [4, S. 87/88].
Mit der Einführung der Vollzugsvariablen in das Kostenplanungsmodell ist aber "eine Zerlegung der Grenzselbstkosten pro Einheit der Endprodukte in relevante Kosten ersten und zweiten Grades" erforderlich [3, S. 25]. Während die relevanten Kosten ersten Grades nicht von den Variablen des Produktionsvollzugs, sondern nur von denen des Programms abhängen und daher den Produkten zugeordnet werden können, werden als relevante Kosten zweiten Grades diejenigen Bestandteile der Grenzselbstkosten bezeichnet, "die z u s ä t z l i c h auch von den Entscheidungen des Produktionsvollzugs abhängen" [3, S. 25], "n e b e n den Produktmengen a u c h von den Entscheidungen des Produktionsvollzugs

abhängig sind" [4, S. 92], "die aus den Erzeugniskosten zu e l i m i - n i e r e n" sind [7, S. 108] (Hervorhebungen v.V.)[1]. Die den Variablen des Produktionsvollzugs linear zugeordneten Kostenparameter der Zielfunktion im geschlossenen Kostenrechnungsmodell nach Kilger enthalten demnach nur den Teil der von der Entscheidung über die Variablen beeinflußten Kosten (relevante Kosten), der a u c h zur Ausbringung, d.h. zu den Endprodukten sich veränderlich verhält.
Das Modell erfaßt durch seinen Aufbau also n i c h t a l l e relevanten Kosten. In dem schon angesprochenen Beispiel zur Planung über Eigenherstellung oder Fremdbezug fällt dieser Fehler im System nicht auf, da die darin enthaltenen Variablen des Produktionsvollzugs unmittelbar in Mengeneinheiten der erzeugten Güter gemessen werden. Die von der Entscheidung über die Eigenfertigung bewirkten Kosten sind somit auch vollständig variable, d.h. mit der Ausbringung sich ändernde Kosten.

Doch gibt es daneben auch Variablen des Produktionsvollzugs, wie z.B. die von Kilger explizit genannte Rüstzeit, bei denen eine Änderung keine unmittelbare Änderung der Erzeugnismenge hervorruft, für die also keine "Ausbeutekoeffizienten" existieren. Die Grenzkosten dieser Variablen sind daher nicht notwendigerweise und in vollem Umfang variabel mit den Erzeugnismengen.
Verrechnet man aber diesen Variablen nur die anteiligen variablen Kosten - wie bei Kilger gefordert -, so verstößt man gegen das Prinzip der vollständigen Verrechnung der relevanten Kosten. Erfaßt man aber, wie dies Kilger [4, S. 75 und S. 79] in einem Beispiel macht, alle relevanten Kosten des Rüstvorgangs und verrechnet nach Planannahmen über Rüstzeit und Seriengröße die Rüstkosten, so bedeutet dies die Proportionalisierung (ausbringungs-)fixer Kosten.
Das geschlossene Kostenrechnungsmodell nach Kilger ist also dahingehend zu korrigieren, daß allen Variablen ihre j e w e i l i g variablen Kosten - in der Terminologie von Riebel ihre relativen Einzelkosten - zugerechnet werden müssen.

---

1) Nach Kilger ist für Entscheidungen über den Produktionsvollzug "heute weitgehend bekannt, daß hierfür a u s s c h l i e ß l i c h die beschäftigungsunabhängigen Kosten relevant sind" [5, S. 303], (Hervorhebung v.V.). Diese Aussage ergibt sich zwingend aus dem Dogma der Grenzplankostenrechnung, daß nur zur Ausbringung variable Kosten als relevant angesehen werden.

3. Das Kostenrechnungssystem von Laßman in der Form der Betriebsmodelle

3.1. Einflußgrößenfunktionen

Die Einflußgrößenvariablen im Kostenrechnungssystem nach Laßman sind "in Richtung auf den Kostengüterverbrauch als unabhängige Variablen zu betrachten", werden aber ihrerseits "entweder von außen her bestimmt oder von der Unternehmensleitung unmittelbar oder mittelbar mit dem Erzeugnisprogramm vorgegeben" [8, S. 78]. Somit besteht das Modell aus zwei Gleichungssystemen:

Kostengüter - Einflußgrößen-Funktionen

$$y_a = y_{ao} + \sum_{s=1}^{S} y_{as} e_s \qquad (a = 1,...,A) \tag{5}$$

mit y_a := Kostengütermenge der Art a in der Periode

y_{ao}:= unabhängig von den Einflußgrößen existierender Verbrauch der Güterart a in der Periode

y_{as}:= Verbrauch der Güterart a pro Einheit der Einflußgröße s

e_s := Mengen der Einflußgrößen s $(s = 1,...,S)$

Einflußgrößen - Erzeugnisprogramm-Funktionen

$$e_s = \sum_{j=1}^{J} e_{sj} x_j + \sum_{p=J+1}^{P} e_{sp} x_p \qquad (s = 1,...,S) \tag{6}$$

mit x_j := Mengen des Erzeugnisses j in der Periode $(j = 1,...,J)$

x_p := Mengeneinheiten der Variable, die zusätzliche Bestandteile des Erzeugnisprogramms oder Bedingungen des Produktionsablaufs festlegt $(p = J + 1,...,P)$

e_{sj} bzw. e_{sp}:= Mengeneinheiten der Einflußgröße s, die durch eine Mengeneinheit der Variable j bzw. p bedingt werden.

Im Betriebsmodell entfällt die Kostenaufspaltung in den fixen und den variablen Anteil, da a l l e Kosten - soweit man bei der auch hier notwendigen Vereinfachung bei der Modellbildung davon sprechen darf - erfaßt werden sollen.

Das Modell setzt a priori keine Unterscheidung der Kostenkategorien nach ihrer Entscheidungsrelevanz voraus - dies geschieht modellintern - sondern erfordert nur die Beachtung der Vollständigkeit der Kosten.

3.2. Die Stellung der Einflußgrößen im Betriebsmodell

So überzeugend das Kostenrechnungssystem von Laßmann in seinem Wertteil sich darstellt, so fordert es in seinem Mengengerüst, hier speziell im Verhältnis von Erzeugnismengen und Kosteneinflußgrößen, zur Kritik heraus. Beziehung (6) unterstellt, daß die Erzeugnismengen im Verein mit den sonstigen Variablen die Kosteneinflußgrößen eindeutig bestimmen:

$$(6') \qquad \underline{e} = f(\underline{x})$$

Die mit der Funktion f ausgedrückte Rechtseindeutigkeit entspricht nicht den Relationen zwischen den korrespondierenden realen Größen, da es im allgemeinen mehrere Konstellationen von Einflußgrößen gibt, die zum gleichen Output führen, manchmal es aber auch keine einzige Konstellation gibt, die den gewünschten Output herbeiführen kann. Laßmann muß daher vorab

- die Möglichkeit der Realisierung eines Outputs im Sinne der Existenz einer zulässigen Lösung sicherstellen und
- das Wahlproblem ausschließen oder im Sinne einer Voroptimierung als gelöst unterstellen.

Für den Fall, daß es mehrere Konstellationen von Einflußgrößen $\underline{e}$ gibt, die zum gleichen Output $\underline{x}$ führen, ist die Funktion $f(\underline{x})$ nicht eindeutig umkehrbar. Durch eine Voroptimierung muß diejenige Konstellation $\underline{e}^*$ bestimmt werden, die den Output $\underline{x}$ mit den geringsten Kosten herbeiführt.

$$(7) \qquad \min_{\underline{e}} K = \sum_{a=1}^{A} y_a(\underline{e})q_a \,|\, f^{-1}(\underline{e}) = \underline{x}$$

mit q_a als Preis des Faktors a.

Die Einflußgrößenfunktionen (6) müssen daher Ergebnisse der Voroptimierung nach (7) sein.
Wegen der Struktur des Modells lassen sich aber nicht alle Produktionsdurchführungsmaßnahmen erfassen. So entziehen sich die intensitätsmäßige Anpassung und die Substitutionsmöglichkeit von Kostengütern der Abbildung in e i n e m linearen Betriebsmodell dieser Art und können bei Laßmann nur über wechselnde Matrizen eingefangen werden.

4. Grundsätzlicher Aufbau einer geschlossenen Kosten- und Erlösrechnung

4.1. Technischer Output und Input

Um Substitutionsmöglichkeiten zwischen Kostengütern und um den Zusammenhang zwischen Einflußgrößen und Erzeugnismengen ohne Voroptimierung, aber weiterhin im Rahmen eines linearen Modells erfassen zu können, ist es zweckmäßig, den Begriff des technischen Outputs bzw. Inputs einzuführen und ihre Variablen im Modell im Sinne intervenierender Variablen zu interpretieren.

Eine Anlage sei in der Lage, N verschiedene technische Outputs in der Menge r_n (n = 1,...,N) bereitzustellen. Für Z gitterpunktartig einstellbare Konstellationen aller Einflußgrößen der Produktionsverfahren[1] und P sonstige Variablen (im Sinne des Laßmann'schen Modells) ergibt sich folgender technischer Output:

$$(8) \qquad r_n = \sum_{z=1}^{Z} r_{nz}\, e_z + \sum_{p=Z+1}^{Z+P} r_{np}\, e_p \qquad (n = 1,\ldots,N)$$

Mit ihm lassen sich folgende Erzeugnismengen realisieren:

$$(9) \qquad r_n = \sum_{j=1}^{J} r_{nj} x_j \qquad (n = 1,\ldots,N)$$

mit r_{nj} als Verbrauch an Mengeneinheiten des technischen Outputs n zur Produktion einer Erzeugniseinheit j an der Kostenstelle (Anlage).

Die Darstellung des Kostengüterverbrauchs erfolgt analog mit Hilfe des technischen Inputs v_m (m = 1,...,M):

$$(10) \qquad v_m = v_{mo} + \sum_{z=1}^{Z} v_{mz}\, e_z + \sum_{p=Z+1}^{Z+P} v_{mp}\, e_p \qquad (m = 1,\ldots,M)$$

$$(11) \qquad v_m = \sum_{a=1}^{A} v_{ma}\, y_a \qquad (m = 1,\ldots,M)$$

Die Gleichungen erfassen folgende Heterogenitäten:

- (8) und (10): verfahrensbedingt
- (9): produktbedingt
- (11): faktorbedingt.

---

1) Wir unterstellen eine beschränkte Anzahl unterschiedlicher "Anpassungsgewohnheiten".

4.2. Kopplung der Variablen

Die Gleichungen (8) mit (11) sind zu ergänzen um Nebenbedingungen, z.B. im Produktbereich wegen Kopplung im Sinne der Kuppelproduktion und wegen marktbedingter Komplementarität (z.B. $x_j = x_{j+1}$) oder wegen marktbedingter Substitutionalität ($x_j + x_{j+1} = const.$), vor allem aber wegen der Beziehungen zwischen den Konstellationen der Einflußgrößen des Produktionsverfahrens und den Variablen aus $\{e_p\}$. Die Zulässigkeit der Lösung, die für den Fall, daß die letztgenannten Nebenbedingungen nicht explizit vorliegen, vorab garantiert werden muß, ist leichter zu kontrollieren als im Laßmann'schen Modell, da die Prüfung sich nur auf die faktische Durchführbarkeit von Maßnahmen erstreckt, nicht aber auf die technologische Realisierbarkeit von Erzeugnismengen und Merkmalen des Programms.

5. Ergebnis

Die alle Entwicklungsformen der Grenzplankostenrechnung kennzeichnende verengte Sicht allein auf die Erzeugnismengen als Träger der ihnen zurechenbaren Kosten mit der Folge, daß nur (beschäftigungs-)variable Kostenanteile in die Kostenparameter von Entscheidungsmodellen eingehen können, muß überwunden werden zugunsten von Kostenrechnungssystemen, in denen den Wahlakten und den Zuständen der Umwelt alle von ihnen beeinflußten Kosten zugeordnet werden. Nur so ist dem Identitätsprinzip voll Rechnung getragen, einem Prinzip, dem nicht nur "inhaltlich", wie Kilger [3, S. 76] meint, zuzustimmen ist, sondern das man auch bei der Entwicklung von Produktionsplanungsmodellen konsequent umsetzen muß, indem man bei Wahlmöglichkeiten des Produktionsvollzugs den Vollzugsvariablen die gleiche Stellung als unabhängige Variablen mit eigenständigen Kosten zumißt wie den Variablen des Erzeugnisprogramms.

LITERATURVERZEICHNIS

[1] Kilger, W.
Flexible Plankostenrechnung
5. Aufl., Opladen (1972).

[2] Kilger, W.
Optimale Produktions- und Absatzplanung.
Opladen (1973).

[3] Kilger, W.
Die Entstehung und Weiterentwicklung der Grenzplankostenrechnung als entscheidungsorientiertes System der Kostenrechnung.
In: Jacob, H. (Hrsg.): Schriften zur Unternehmensführung, 9-39.
Wiesbaden (1976).

[4] Kilger, W.
Die Grenzplankosten- und Deckungsbeitragsrechnung als geschlossenes Planungsmodell.
In: Mellwig, W. (Hrsg.): Unternehmenstheorie und Unternehmensplanung, 69-94.
Wiesbaden (1979).

[5] Kilger, W.
Soll- und Mindest-Deckungsbeiträge als Steuerungselemente der betrieblichen Planung.
In: Hahn, D. (Hrsg.): Führungsprobleme industrieller Unternehmungen, 299-326.
Berlin-New York (1980).

[6] Kilger, W.
Einführung in die Kostenrechnung.
2. Aufl., Wiesbaden (1980).

[7] Kilger, W.
Flexible Plankostenrechnung und Deckungsbeitragsrechnung.
8. Aufl., Wiesbaden (1981).

[8] Laßmann, G.
Die Kosten- und Erlösrechnung als Instrument der Planung und Kontrolle in Industriebetrieben.
Düsseldorf (1968).

[9] Luhmer, A.
Maschinelle Produktionsprozesse. Ein Ansatz dynamischer Produktions- und Kostentheorie.
Opladen (1975).

[10] Schwab, H.
Modelltechnologische Grundlagen betrieblicher Anlagenwirtschaft.
Frankfurt/Main - Zürich (1978).

STAND UND ENTWICKLUNGSTENDENZEN DER VERFAHREN ZUR FERTIGUNGSSTEUERUNG

Hans-Peter Wiendahl, Hannover

1 Einführung

Kurze Lieferzeiten und hohe Termintreue sind zu einem wesentlichen Wettbewerbsfaktor der Industrie geworden. Demgegenüber ist die Bedeutung einer anderen, bisher stark betonten Zielsetzung, der möglichst hohen Kapazitätsauslastung, eher zurückgegangen /1, 2, 3/. Die Produktionsplanung und -steuerung (PPS) verzeichnet daher steigendes Interesse sowohl auf der Seite der industriellen Hersteller und Abnehmer von Erzeugnissen als auch der Anbieter und Entwickler von PPS-Systemen. Es zeigt sich jedoch, daß der Erfolg der oft aufwendigen rechnergestützten Fertigungssteuerungssysteme in vielen Fällen unbefriedigend bleibt. Als wesentliche Kritikpunkte werden genannt: zu starke Abweichungen der realisierten Termine von den Planvorgaben, zu geringe Flexibilität bei unterschiedlichen Auftrags- oder Kapazitätssituationen sowie zu geringe Transparenz des gesamten Prozesses trotz großer Datenmengen /1/. Diese Aussagen gelten insbesondere für die auf Arbeitsgangebene durchgeführte Feinterminplanung.

Neben mangelnder Abstimmung zwischen Verkauf und Produktion einerseits und den der Fertigung vorgelagerten planenden Bereichen andererseits sowie einer unzureichenden Betriebsdatenerfassung und -verarbeitung wird immer häufiger das bisher übliche Verfahren selbst in Frage gestellt. Bekanntlich ordnet man im Rahmen der Durchlaufterminierung die einzelnen Arbeitsgänge so auf einer Zeitachse an, daß sich unter Berücksichtigung einer Übergangszeit, die kürzbare Pufferanteile enthält, eine möglichst gleichmäßige Auslastung ergibt (B i l d 1) /4/. Wie zahlreiche Untersuchungen gezeigt haben, ist die Durchlaufzeit aber eine stark streuende Größe (B i l d 2) /4/, so daß man bei der Einlastung oder Verschiebung eines einzelnen Arbeitsganges gar nicht weiß, welcher Wert bei der Durchführung tatsächlich erreicht wird.

Bevor einige Verfahren näher betrachtet werden, die dieses Problem aus einer anderen Sicht zu lösen versuchen, sind zunächst einige grundlegende

Zusammenhänge zwischen den wesentlichen Größen der Fertigungssteuerung zu erläutern.

2 Grundlegende Zusammenhänge zwischen den Grundgrößen der Fertigung

Registriert man die an einem Arbeitssystem (z. B. Maschinengruppe, Kostenstelle oder Betriebsbereich) durchlaufenden Aufträge mit ihrem Arbeitsstundeninhalt und dem Zeitpunkt ihres Eintreffens und Verlassens, so läßt sich ein Belastungs- und Leistungsverlauf gemäß Bild 3 konstruieren /5/. Im stationären Zustand, d. h. ohne wesentliche Schwankungen auf der Zugangs- und Abgangsseite, lassen sich die beiden Kurven zu zwei parallelen Geraden idealisieren. Parallel deswegen, weil das System sonst entweder leer laufen oder sich - im umgekehrten Falle - ein immer größerer Bestand an wartenden Aufträgen bilden würde. Bei einem ausgelasteten System entspricht weiterhin die Steigung der Leistungsgeraden der Kapazität. Daraus läßt sich die im Bild 3 genannte einfache Beziehung ableiten, derzufolge die mittlere Durchlaufzeit gleich dem mittleren Bestand dividiert durch die mittlere Leistung ist.

Dabei ist jedoch zu beachten, daß man die Durchlaufzeit entgegen der üblichen Definition in diesem Falle nicht auf den einzelnen Arbeitsvorgang beziehen darf, sondern als Durchlaufzeit je Stunde Vorgabezeit verstehen muß /6/. Sie wird auch als gewichtete Durchlaufzeit bezeichnet und errechnet sich, wenn die Ankunfts- und Abgangstermine in einem Arbeitssystem bekannt sind, gemäß folgender Beziehung /6/:

$$\overline{DLZ}_{gewichtet} = \frac{\sum_{i=1}^{m} (T_{Ei} - T_{Ai}) \cdot ASI_i}{\sum_{i=1}^{m} ASI_i} \quad [Tage] \tag{1}$$

mit T_{Ai} = Anfangstermin des Arbeitsvorganges i

T_{Ei} = Endtermin des Arbeitsvorganges i

$T_{Ei} - T_{Ai}$ = Durchlaufzeit des Arbeitsvorganges i in Arbeitstagen

ASI_i = Arbeitsstundeninhalt (Belegungszeit) des Arbeitsvorganges i in Vorgabestunden

m = Anzahl der betrachteten Arbeitsvorgänge

Offensichtlich wird der Mindestbestand und damit die Mindestdurchlaufzeit von dem kleinstmöglichen Abstand der beiden Kurven bestimmt und damit wiederum von

- der Gleichmäßigkeit des Zu- und Abflusses (Belastungs- und Leistungsschwankung),

- dem Mittelwert und der Streuung der Arbeitsstundeninhalte (Losgrößen) sowie

- dem Abfertigungsverhalten des Systems (Prioritätsregeln).

Verändert man nun in einem Arbeitssystem durch eine entsprechende Dosierung des zufließenden Stundenstroms das Bestandsniveau, so läßt sich eine Kennlinie entwickeln, die B i l d 4 für einen aus 90 Arbeitsplatzgruppen bestehenden Betriebsbereich zeigt /7/. Die Kennlinie wurde durch eine realitätsnahe Nachbildung des Fertigungsprozesses in Form von Simulationen erzeugt /6, 10/. Man erkennt, daß es einen Bestandsbereich zwischen Punkt ③ und ④ gibt, oberhalb dessen die Leistung praktisch nicht mehr weiter ansteigt, weil die Kapazität ausgelastet ist; doch wächst die Durchlaufzeit weiterhin proportional dazu. Unterhalb dieses Bereiches dagegen sinkt die Leistung proportional mit dem Bestand ab, weil es zu Stillständen infolge Auftragsmangel kommt; jedoch verkürzt sich die Durchlaufzeit weiter. Der Mindestwert der (gewichteten) Durchlaufzeit ist der (gewichtete) mittlere Arbeitsstundeninhalt plus der mittleren (gewichteten) Transportzeit plus der mittleren (gewichteten) Mindestübergangszeit.

Verändert man die Losgröße in Richtung kleinerer Lose, ergibt sich teilweise eine Verbesserung des Ablaufes. Bild 4 zeigt eine zweite (gestrichelte) Kennlinie, die dadurch entstanden ist, daß während der Simulation alle Aufträge mit einem Arbeitsstundeninhalt von jeweils mehr als 40 Stunden in zwei oder mehr Lose geteilt wurden. Oberhalb des bereits diskutierten Bereiches von etwa 6 000 Stunden Bestand leistet das System infolge der zusätzlichen Rüstzeit mehr Vorgabestunden, die Durchlaufzeit entspricht praktisch dem Vergleichswert ohne Losteilung. Die Losteilung wirkt sich erst unterhalb des diskutierten Bereiches aus. Hier ist der Gewinn an Leistung infolge weniger Stillstandszeiten durch die kleineren Lose größer als der durch die zusätzliche Rüstzeit verursachte Leistungsverlust. Dieser Umstand kommt auch der Durchlaufzeit zugute, die gegenüber den Vergleichswerten ohne Losteilung im unteren Bestandsbereich erkennbar niedriger liegt.

Ein weiterer wichtiger Zusammenhang besteht zwischen dem Mittelwert der Durchlaufzeit und ihrer Streuung. In Bild 5 sind die Verteilungen der Bezugskennlinie aus Bild 4 in den Kennlinienpunkten ① und ④ gegenübergestellt /6/. Die Streuung der Durchlaufzeitwerte ist bei Punkt ④ deutlich geringer als bei Punkt ①. Dies bedeutet nichts anderes, als daß sich die Termintreue mit kürzeren Durchlaufzeiten erhöht, und ist dadurch zu erklären, daß sich mit sinkendem Bestand ein zunehmender Zwang zur Abarbeitung der Aufträge entsprechend ihrer vorgesehenen Reihenfolge (first in - first out) ergibt.

3 Neue Verfahrensansätze zur Fertigungssteuerung

Angesichts der eingangs geschilderten Unzulänglichkeiten "deterministischer" Verfahren ist es verständlich, daß vermehrt nach Ansätzen gesucht wird, welche die soeben abgeleiteten Beziehungen besser berücksichtigen. In diesem Zusammenhang tauchen in der Diskussion in letzter Zeit immer wieder die drei Begriffe "Fortschrittszahlenkonzept", "Kanban" und "belastungsorientierte Fertigungssteuerung" auf, die daher kurz charakterisiert werden sollen.

Das Fortschrittszahlenkonzept stammt ursprünglich aus der Automobilindustrie und hat sich seit Jahrzehnten in der Großserienfertigung bewährt. Der Grundgedanke läßt sich anhand von Bild 6 an einem einfachen Beispiel veranschaulichen /8/. Gegeben sei der Fertigungsprozeß eines Produktes mit den Stufen Teilefertigung, Zwischenlager und Montage. An jedem dieser als Kontrollblock bezeichneten Bereiche zählt man die im Laufe der Zeit austretenden Teile mit Hilfe der sogenannten Fortschrittszahl. Die so entstehende Kurve entspricht der Leistungskurve von Bild 3, nur daß statt des Arbeitsstundeninhaltes die Fortschrittszahl an der Ordinate steht. Dies ist deswegen sinnvoll, weil der Arbeitsstundeninhalt aller Teile gleich und das Abzählen der Teile sehr einfach ist. Die Teile haben eine mittlere Durchlaufzeit durch jeden Block, die deshalb Blockverschiebezeit heißt. Da der Ausgang des Vorgängerblocks den Eingang für den Folgeblock bildet, läßt sich eine Schar von Fortschrittszahlen aufzeichnen, die den gesamten Prozeß abbilden. Selbstverständlich muß durch eine entsprechende Kapazitätsbemessung sichergestellt sein, daß Blockverschiebezeit und Leistung auch realistisch sind. Der Vorteil des Ansatzes liegt in der integralen Betrachtung von Eingang und Ausgang und in der einfachen Steuerung durch Vergleich von Soll- und Ist-Fortschrittszahl an den einzelnen Kontrollpunkten. Der hauptsächliche Anwendungsbereich liegt im Bereich der Großserien- und Serienfertigung, die als

Fließfertigung organisiert ist /8/.

Unter dem Kanban-Ansatz versteht man demgegenüber die Steuerung einer Produktion in der Weise, daß der im Materialfluß jeweils nachgeschaltete Bereich, beginnend mit der Montage, mit Hilfe von Kanbans (japan.: kanban = Schild, Karte) die benötigte Menge zum benötigten Termin vom Vorgängerbereich abruft (Holpflicht). Bild 7 /9/ zeigt eine Gegenüberstellung zur üblichen Steuerung, bei der die Bringeschuld das wesentliche Merkmal ist. Zur Realisierung des Prinzips sind vor den einzelnen verbrauchenden Bereichen Pufferlager eingerichtet. Wird ein vorgesehener Mindestbestand unterschritten, löst der Verbraucher mit Hilfe einer Auftragskarte (Bestellkanban) einen Auftrag mit definierter Menge bei seinem Vorgänger aus. Dieser beginnt nach Eintreffen des Kanbans mit der Fertigung der im Kanban angegebenen Menge und stellt sie in einem standardisierten Behälter zum verlangten Termin bereit. Im allgemeinen entspricht eine Karte einem Behälterinhalt /9, 11/.

Vergleicht man diese Art der Steuerung mit der konventionellen Steuerung, so wird deutlich, daß sowohl der Arbeitsinhalt der einzelnen Aufträge (Kanbans) als auch der Bestand an freigegebenen Aufträgen (Summe aller Kanbans) konstant gehalten wird; so werden minimale Bestände und demzufolge auch kurze Durchlaufzeiten garantiert (Bild 8). Als Richtwert wird angegeben, daß ein Auftrag möglichst nur einen Bruchteil eines Tagesbedarfs umfassen soll. Die Mengenanpassung im Verbrauch erfolgt durch Veränderung der Bestellfrequenz und nicht durch Veränderung des Arbeitsstundeninhaltes mit Hilfe der Losgröße (Bild 9) /9/.

Der Gesamtbestand an Kanbans in einem Regelkreis errechnet sich zu:

$$\text{Anzahl Kanbans} = \frac{\text{Tagesbedarf [Stück/Tag]} \times \text{Durchlaufzeit [Stück]} \times (1+\alpha)}{\text{Behälterinhalt [Stück]}} \qquad (2)$$

mit $(1+\alpha)$ = teileabhängiger Sicherheitsfaktor, zur Definition des Sicherheitsbestandes

$$\text{Bestand [Stück]} = \text{Anzahl Kanbans} \times \text{Behälterinhalt [Stück]} \qquad (3)$$

Da die Leistung des liefernden Systems im Mittel dem Verbrauch entsprechen muß, ergibt sich /10/:

Bestand Stück
= Leistung [Stück/Tag] x Durchlaufzeit Tag x $(1 + \alpha)$ (4)

Vergleicht man Gleichung (4) mit Bild 3, wird deutlich, daß es sich um denselben Grundgedanken handelt, nämlich den festen Zusammenhang zwischen Bestand, Leistung und Durchlaufzeit für die Steuerung zu benutzen.

Aus diesem Vergleich lassen sich auch unmittelbar die Voraussetzungen für den Einsatz des Kanban-Prinzips ableiten. Zunächst wird eine erzeugnisorientierte Betriebsmittelordnung vorausgesetzt, weiterhin ein gleicher Arbeitsinhalt der einzelnen Aufträge sowie eine hohe Verfügbarkeit und niedrige Umrüstzeit der Betriebsmittel. Das System findet auch in der Bundesrepublik bei Serienfertigern zunehmende Verbreitung /11/.

Der in Bild 3 abgeleitete Zusammenhang läßt sich auch in der reinen Werkstättenfertigung anwenden, indem man vor Freigabe eines jeden Auftrages prüft, ob ein vorher definierter zulässiger Bestand voraussichtlich nicht überschritten wird. Dies führt zum Ansatz der belastungenorientierten Auftragsfreigabe, welche am Institut für Fabrikanlagen der Universität Hannover unter der Leitung von H. KETTNER entwickelt wurde /5/.

Bild 10 /5, 6/ zeigt die einzelnen Verfahrensschritte. Die von der Disposition erzeugten durchlaufterminierten Aufträge werden mit Hilfe einer Terminschranke in dringliche und nicht dringliche Aufträge aufgeteilt. Für die einzelnen Arbeitsgänge der einzelnen Aufträge folgt nun für jede betroffene Arbeitsplatzgruppe eine Abfrage, ob in der nächsten Periode ein bestimmter Bestand - Belastungsschranke genannt - durch die Belastung nicht überschritten wird. Die Wahrscheinlichkeit, mit der die einzelnen Arbeitsgänge in der nächsten Planperiode einen Arbeitsplatz belasten, berücksichtigt man mit Hilfe des folgenden Abwertungsfaktors AFA:

$$AFA = \left(\frac{1}{EPS}\right)^{p-1}$$

EPS = Einlastungsprozentsatz = zulässiger Bestand / geleistete Stunden des betreffenden Arbeitssystems in einer Periode

P = Position des Arbeitsganges im Arbeitsfortschritt, betrachtet vom Standpunkt "Heute"

Zur Verdeutlichung sei ein einfaches Beispiel angeführt, bei dem die Einlastungsprozentsätze für alle Arbeitsplätze mit 200 % gleich angenommen werden (B i l d 11) . Man erkennt, daß die Abwertung beim 4. Arbeitsgang bereits sehr stark ist und um so stärker wirkt, je höher der Einlastungsprozentsatz EPS wird.

B i l d 12 veranschaulicht den Vorgang der Freigabe an einem einzelnen Arbeitsplatz noch einmal an einem Analogiemodell, und B i l d 13 zeigt die Einbindung des Verfahrens in eine belastungsorientierte Fertigungssteuerung /10, 12, 13/. Durch eine vorgeschaltete Grobterminierung muß ein grober Abgleich zwischen Nachfrage (Produktionsprogramm) und Angebot (Kapazität) erfolgt sein.

Das Verfahren der belastungsorientierten Fertigungssteuerung wurde mittlerweile von mehreren Unternehmen aufgegriffen. Ein Software-Haus wendet es im Rahmen eines umfassenden Planungs- und Kontrollsystems an /14/. Ein Unternehmen der Feinwerktechnik hat es selbst programmiert und ist in der Einführung begriffen /15/. Ein Elektrokonzern hat es ebenfalls selbst programmiert und in einem Werk seit über einem Jahr im Einsatz. Eine Vermarktung ist ebenfalls vorgesehen. Das Verfahren wird im Institut für Fabrikanlagen der Universität Hannover auf der Basis von langfristig angelegten Forschungsarbeiten stetig weiterentwickelt.

4 Ausblick

Die bisher geschilderten Verfahren berücksichtigen besser als bisher die statistische Natur des Fertigungsprozesses. Neben diesen Entwicklungen zeichnen sich zwei weitere Forderungen an zukünftige Systeme der Fertigungssteuerung ab.

Die erste Forderung betrifft die bessere Verwertung der Betriebsdaten im Sinne eines Diagnose- und Kontrollsystems. Analog zur Prozeßüberwachung in chemischen Fabriken, Kraftwerken, Flugsystemen usw. sollten wesentliche Kenngrößen aus den Betriebsdaten statistisch und graphisch so aufbereitet werden, daß gezielt Schwachstellen erkannt und Hinweise auf Eingriffsmöglichkeiten gegeben werden können. Es ist erstaunlich, daß von keinem Fertigungssteuerungssystem oder BDE-System die vier wesentlichen Zielgrößen - Durchlaufzeit, Bestand, Leistung und Termineinhaltung, bezogen auf Aufträge und Kapazitäten - regelmäßig mit Mittelwert und Streuung als Zeitreihe in mehreren Verdichtungsstufen ausgegeben werden. Es scheint wenig sinnvoll, "neue" Verfahren der Fertigungssteuerung zu entwickeln und einzuführen, wenn die zu steuernden Parameter nicht gemessen werden. Bild 14 zeigt einen Vorschlag zur stufenweisen Einbindung eines derartigen Diagnosesystems in statistisch orientierte Fertigungssteuerungen der in Abschnitt 3 vorgestellten Art /16/.

Ein Praxisbeispiel für Diagnosekennzahlen dieser Art zeigt Bild 15, mit denen der Bestand, gemessen in Prozent der Plankapazität, die Übergangszeit und die Leistung - hier Ablieferung genannt - einer Maschinengruppe überwacht werden /15/.

Die zweite Forderung betrifft die Integration von Simulationsverfahren in die Terminplanung. Sämtliche hier vorgestellten Verfahren gehen von bestimmten, vereinfachenden Annahmen aus, die im Einzelfall kurzfristig nicht zutreffen können. In einigen Programmsystemen wird daher versucht, die im Fertigungssystem bestehenden Warteschlangen abzubilden, um so zu realistischen Liegezeiten zu gelangen. Wegen des großen Rechenaufwandes ist ein allgemeiner Durchbruch noch nicht festzustellen. Auch die seit vielen Jahren betriebenen Ansätze, Warteschlangenmodelle im Rahmen der Fertigungssteuerung einzusetzen, sind bisher nicht erfolgreich verlaufen. Eine kritische Analyse dieser Modelle hat gezeigt, daß sie die Verhältnisse in der Fertigung nicht befriedigend abbilden, weil sie z. B. den Bestand, der entsprechend den Ausführungen in Abschnitt 2 eine entscheidende Rolle für die Durchlaufzeit spielt, gar nicht berücksichtigen /17/. Ziel weiterer Entwicklungen muß es daher sein, realitätsnähere Modelle zu entwickeln.

Zusammenfassend läßt sich feststellen, daß im Bereich der Fertigungssteuerung nach den großen Fortschritten auf der Seite der Datenverarbeitung entsprechende Fortschritte auf der Seite der Verfahren folgen müssen, mit dem Ziel, eine praxisnahe und einfache Abbildung des Fertigungsprozesses zu erreichen.

5 Schrifttum

/1/ GERLACH, H.-H.; VORTHERMS, B.
PROBLEME BEIM EINSATZ VON EDV-SYSTEMEN IN DER PRODUKTIONSSTEUERUNG.
WERKSTATTSTECHNIK, 67, 629-634 (1977).

/2/ WIENDAHL, H.-P.
KURZE LIEFERZEIT UND HOHE TERMINTREUE SIND MITENTSCHEIDEND FÜR DEN

MARKTERFOLG.
INDUSTRIEANZEIGER, 103, 40-44 (1981).

/3/ BRANKAMP, K.
STAND UND TENDENZEN VON PLANUNGS- UND STEUERUNGSSYSTEMEN FÜR DIE PRODUKTION.
IN: VDI-BERICHTE (DÜSSELDORF) NR. 490, 5-14 (1983).

/4/ KETTNER, H.; BECHTE, W.
DURCHLAUFZEITEN KONTROLLIEREN - MÖGLICHKEITEN UND GRENZEN.
MASCHINENMARKT 86/18, 330-333 (1980).

/5/ KETTNER, H.; BECHTE, W.
NEUE WEGE DER FERTIGUNGSSTEUERUNG DURCH BELASTUNGSORIENTIERTE AUFTRAGSFREIGABE.
VDI-Z, 123, 459-466 (1981).

/6/ BECHTE, W.
STEUERUNG DER DURCHLAUFZEIT DURCH BELASTUNGSORIENTIERTE AUFTRAGSFREIGABE BEI WERKSTATTFERTIGUNG.
(DISSERTATION).
FACHBEREICH MASCHINENBAU DER UNIVERSITÄT HANNOVER.
131 S. (1980).

/7/ WIENDAHL, H.-P.
EINFLUSSGRÖSSEN DES FERTIGUNGSABLAUFS.
IN: H.-P. WIENDAHL: BETRIEBSORGANISATION FÜR INGENIEURE.
MÜNCHEN, 217-233 (1983).

/8/ GOTTWALD, M. K.
PRODUKTIONSSTEUERUNG MIT FORTSCHRITTSZAHLEN.
UNTERLAGE DER GFMT (GESELLSCHAFT FÜR MANAGEMENT UND TECHNOLOGIE MÜNCHEN) ZUM SEMINAR "NEUE PPS-LÖSUNGEN" IN MÜNCHEN AM 12./13.10. 1982.

/9/ WILDEMANN, H.
PRODUKTION AUF ABRUF. WERKSTATTSTEUERUNG NACH JAPANISCHEN KANBAN-PRINZIPIEN.
VDI-Z, 125, 53-58 (1983).

/10/ BUCHMANN, W.
ZEITLICHER ABGLEICH VON BELASTUNGSSCHWANKUNGEN BEI DER BELASTUNGSORIENTIERTEN FERTIGUNGSSTEUERUNG.
(DISSERTATION).
FACHBEREICH MASCHINENBAU DER UNIVERSITÄT HANNOVER.
150 S. (1983).

/11/ WILDEMANN, H. (HRSG.)
FLEXIBLE WERKSTATTSTEUERUNG DURCH INTEGRATION VON JAPANISCHEN KANBAN-PRINZIPIEN IN DEUTSCHEN UNTERNEHMEN.
FUNKTIONSWEISE - EINSATZMÖGLICHKEITEN - WIRTSCHAFTLICHKEIT.
SEMINARUNTERLAGE DES LEHRSTUHLS FÜR BETRIEBSWIRTSCHAFTSLEHRE DER UNIVERSITÄT PASSAU (1983).

/12/ BUCHMANN, W.
KONZEPTION EINES PROGRAMMSYSTEMS ZUR BELASTUNGSORIENTIERTEN FERTIGUNGSSTEUERUNG
ZWF, 77/8, 374-377 (1982).

/13/ BUCHMANN, W.
REALISIERUNG VON PROGRAMMSYSTEMEN ZUR BELASTUNGSORIENTIERTEN FER-

TIGUNGSSTEUERUNG.
ZWF, 12, 390-394 (1982).

/14/ SCHMITT, H.
ÜBERSICHT ÜBER DAS SYSTEM PSK AUS SYSTEMTECHNISCHER SICHT.
IN: P. BROEDNER (HRSG.): RECHNERGESTÜTZTE FERTIGUNGSSTEUERUNG FÜR DIE MITTELSTÄNDISCHE INDUSTRIE.
PROJEKTTRÄGER FERTIGUNGSTECHNIK IM KERNFORSCHUNGSZENTRUM KARLSRUHE.
BERICHT KFK-PFT 38, KARLSRUHE (1982).

/15/ RITTER, K.-H.
BELASTUNGSORIENTIERTE AUFTRAGSFREIGABE.
ERFAHRUNGEN MIT EINEM NEUEN ANSATZ ZUR KONTROLLIERTEN BESTANDS- UND DURCHLAUFZEITSENKUNG.
VDI-BERICHTE (DÜSSELDORF) NR. 463, 13-18 (1982).

/16/ WIENDAHL, H.-P.
BEEINFLUSSBARKEIT VON DURCHLAUFZEITEN, BESTÄNDEN, LEISTUNG UND TERMINTREUE MIT HILFE VON PPS-SYSTEMEN.
VDI-BERICHTE (DÜSSELDORF) NR. 490, 85-91 (1983).

/17/ LORENZ, W.
DIE ANALYSE VON WARTESCHLANGENMODELLEN AUF DER BASIS REALER BETRIEBSDATEN EINER WERKSTATTFERTIGUNG.
IN: PROCEEDINGS DER 12. JAHRESTAGUNG DER DEUTSCHEN GESELLSCHAFT FÜR OPERATIONS RESEARCH 21.-23.9.1983 IN MANNHEIM.
SPRINGER-VERLAG: BERLIN, NEW YORK, HEIDELBERG (1983).

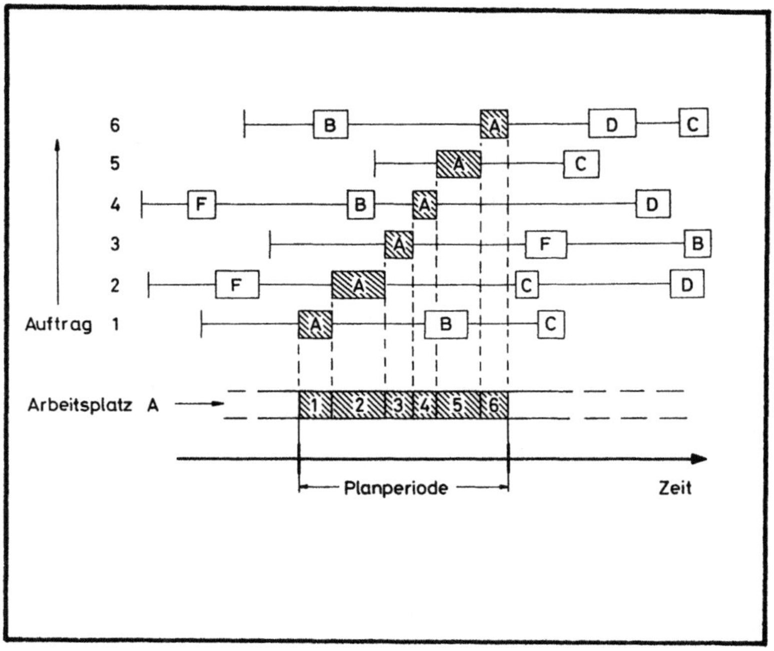

BILD 1: PRINZIP DER "GENAUPLANUNG"

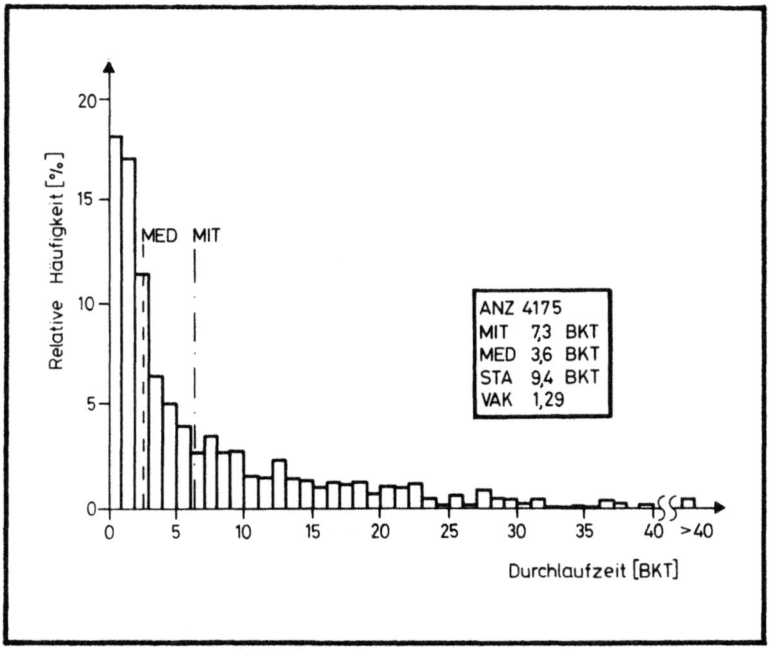

BILD 2: VERTEILUNG DER DURCHLAUFZEITEN JE ARBEITSVORGANG NACH ANZAHL ARBEITSVORGÄNGE (PRAXISBEISPIEL SERIENFERTIGUNG)

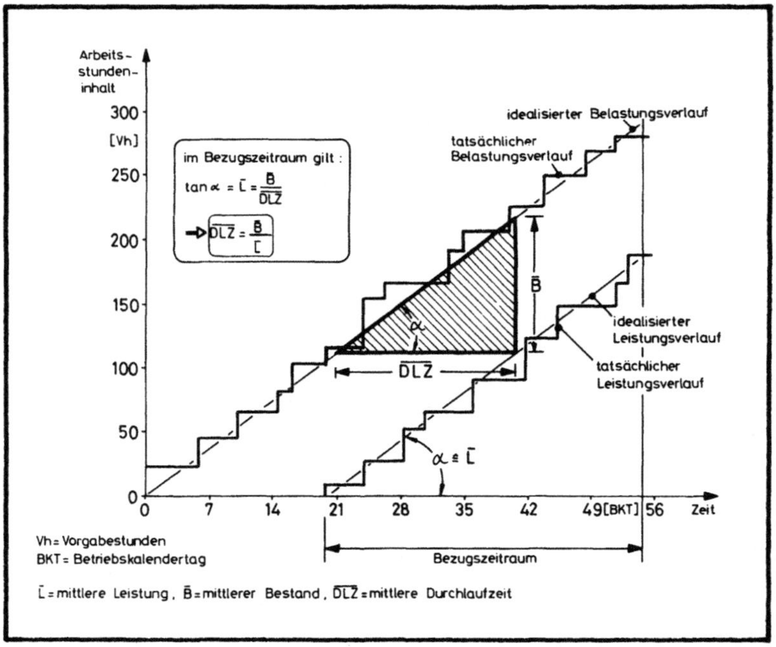

BILD 3: ANALYTISCHE ABLEITUNG DER BEZIEHUNG ZWISCHEN LEISTUNG, BELASTUNG UND DURCHLAUFZEIT AN EINEM ARBEITSPLATZ

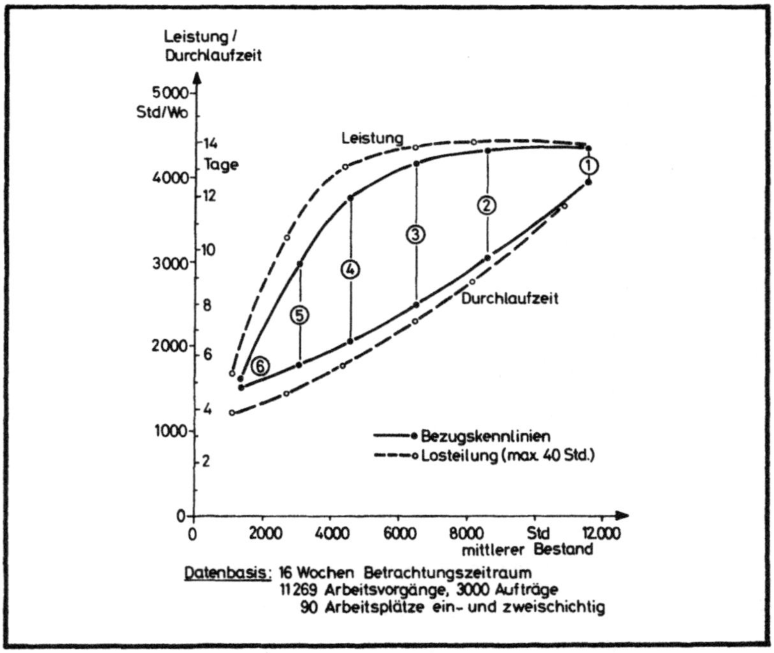

BILD 4: KENNLINIEN MIT UND OHNE LOSTEILUNG

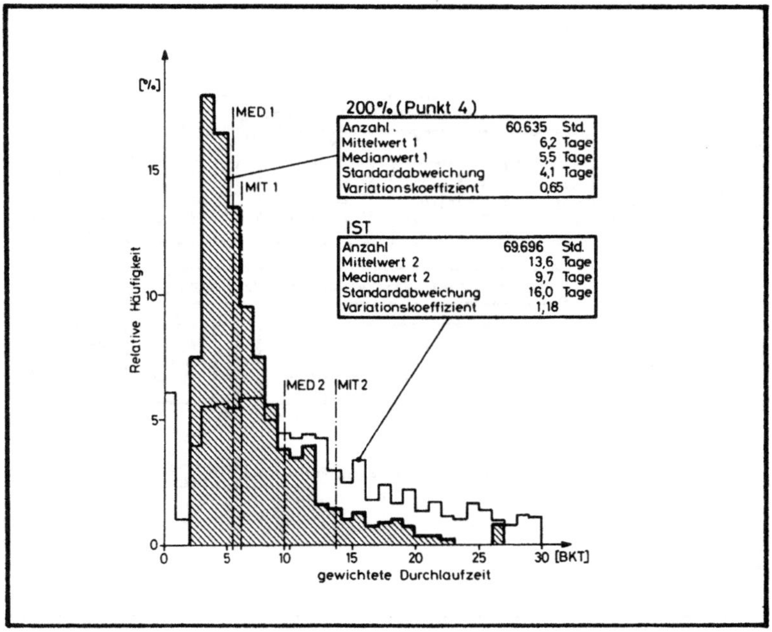

BILD 5: VERTEILUNG DER ARBEITSVORGANGSDURCHLAUF-ZEIT FÜR DEN GESAMTBETRIEB BEI EINER BELASTUNGSSCHRANKE VON 200 %

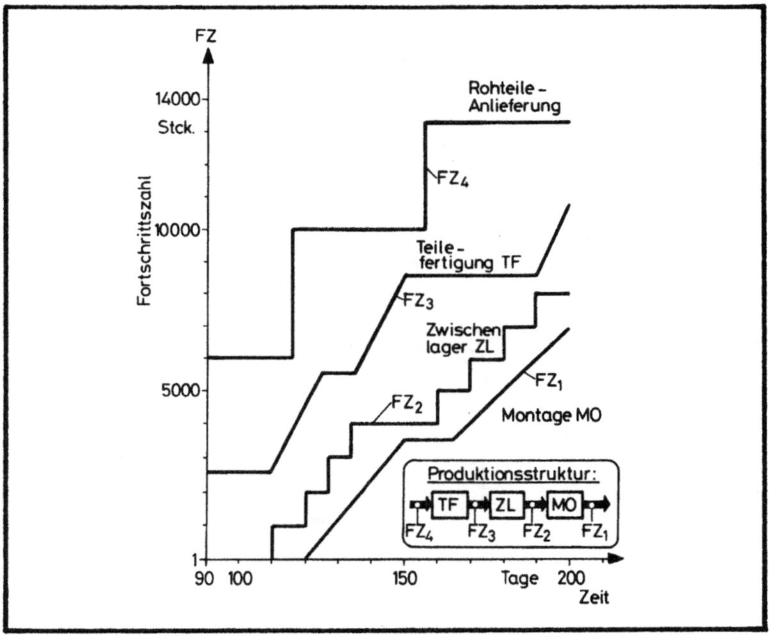

BILD 6: FORTSCHRITTZAHLENSYSTEM AM BEISPIEL EINER FLIESSFERTIGUNG MIT ZWISCHENLAGERUNG /M.K. GOTTWALD/

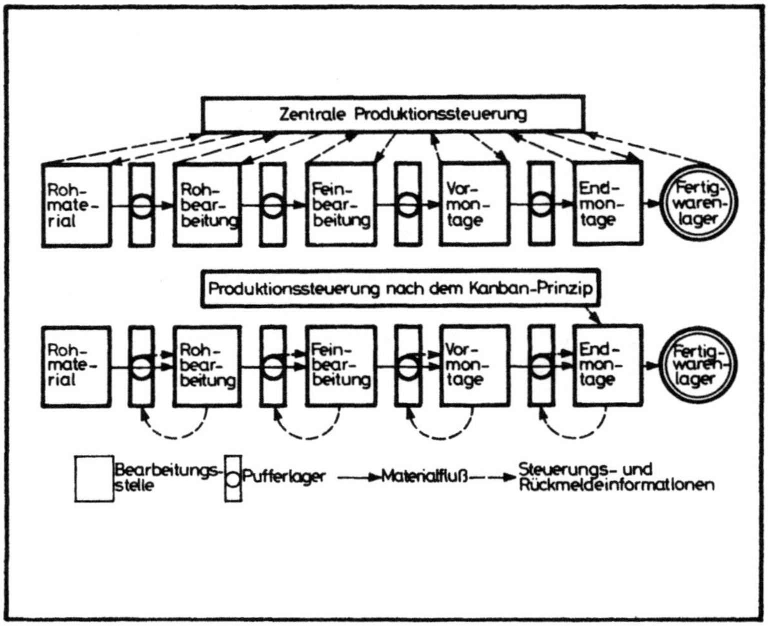

BILD 7: GEGENÜBERSTELLUNG DES INFORMATIONS- UND MATERIALFLUSSES BEI EINER ZENTRALEN PRODUKTIONSSTEUERUNG UND BEI EINER PRODUKTIONSSTEUERUNG NACH KANBAN-PRINZIPIEN /WILDEMANN/

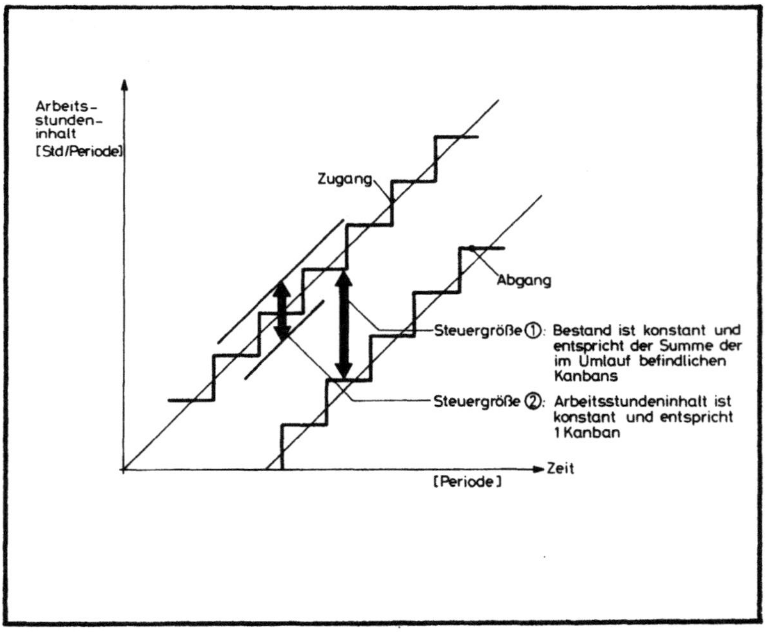

BILD 8: CHARAKTERISIERUNG DES KANBAN-PRINZIPS IM ARBEITSSTUNDENINHALT - ZEIT - DIAGRAMM

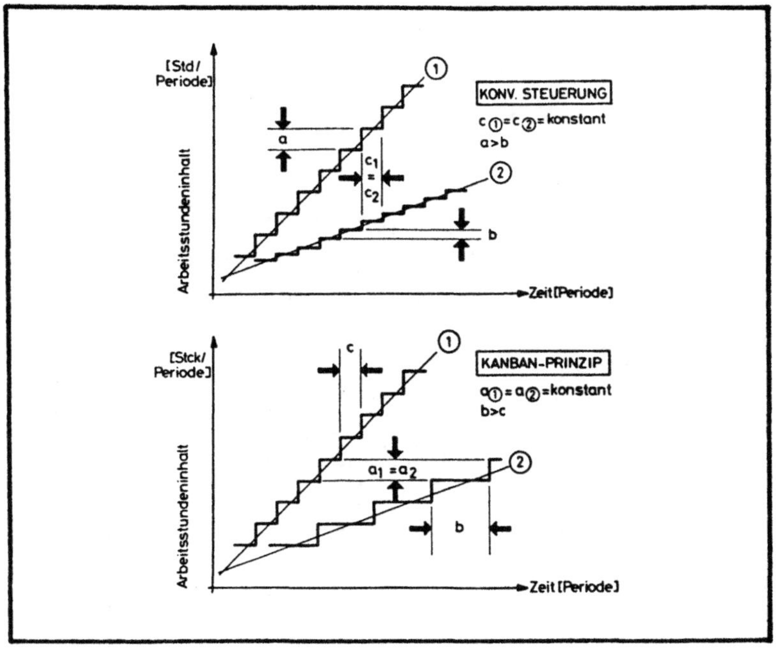

BILD 9: VERBRAUCHSSTEUERUNG BEI KONVENTIONELLER UND KANBANORIENTIERTER FERTIGUNGSSTEUERUNG

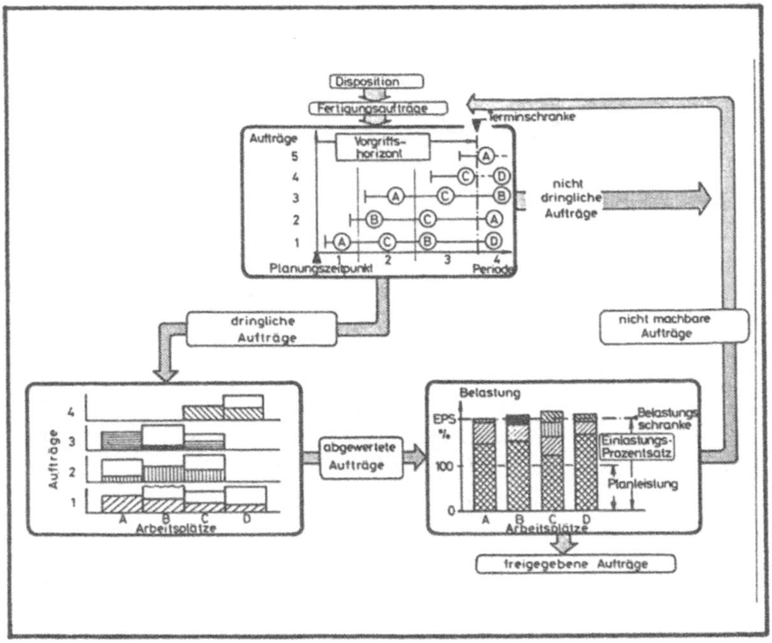

BILD 10: SCHRITTE DER BELASTUNGSORIENTIERTEN AUFTRAGSFREIGABE

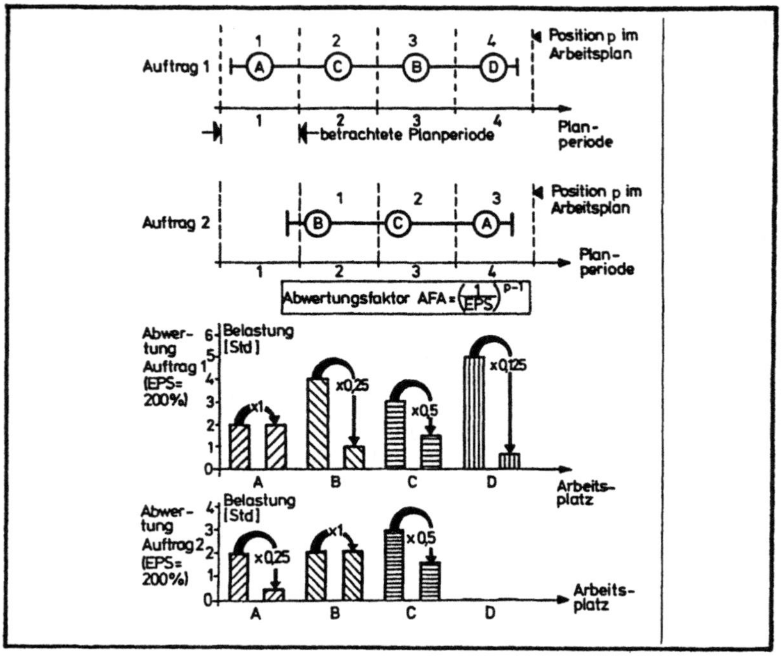

BILD 11: BELASTUNGSABWERTUNG DER AUFTRÄGE 1 UND 2 BEI EINEM EINLASTUNGSPROZENTSATZ EPS = 200%

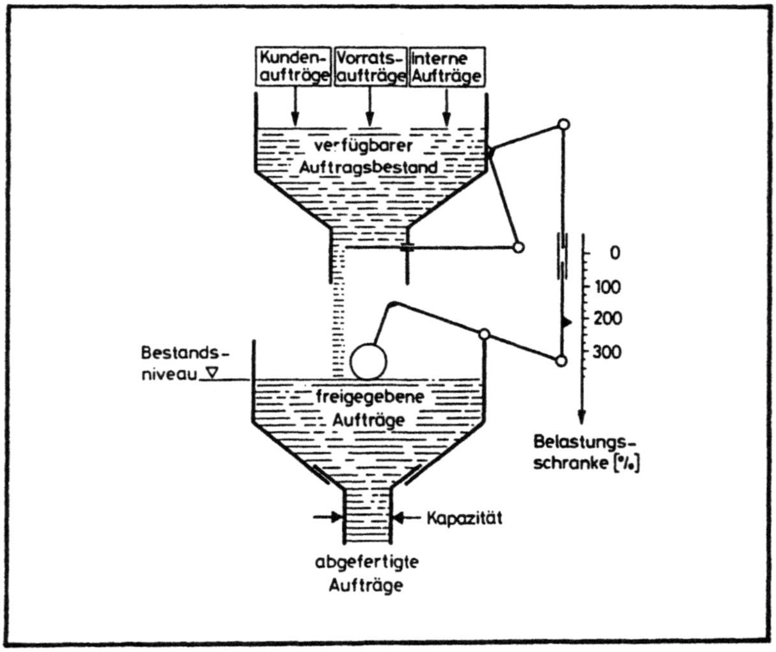

BILD 12: REGLER - ANALOGIE DER BELASTUNGSORIENTIERTEN AUFTRAGSFREIGABE

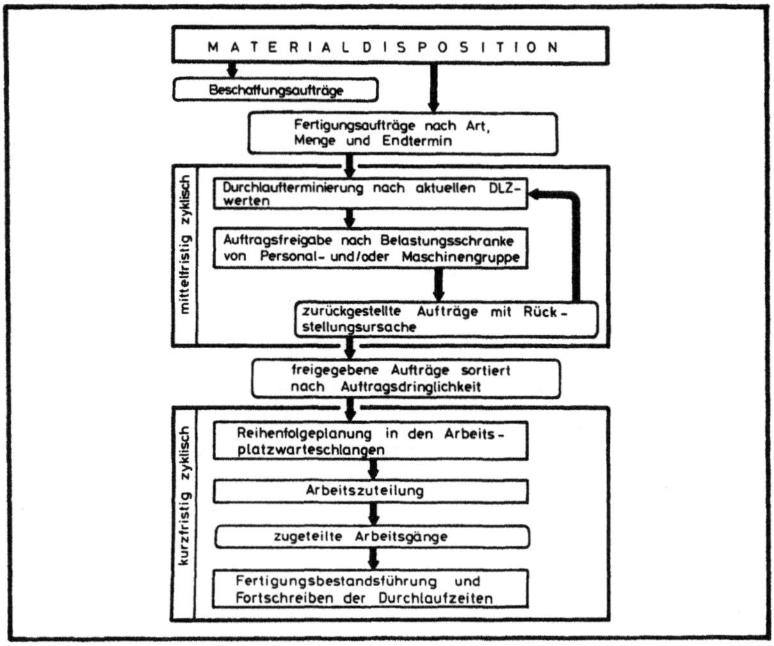

BILD 13: PROGRAMMABLAUF DER BELASTUNGSORIENTIERTEN FERTIGUNGSSTEUERUNG

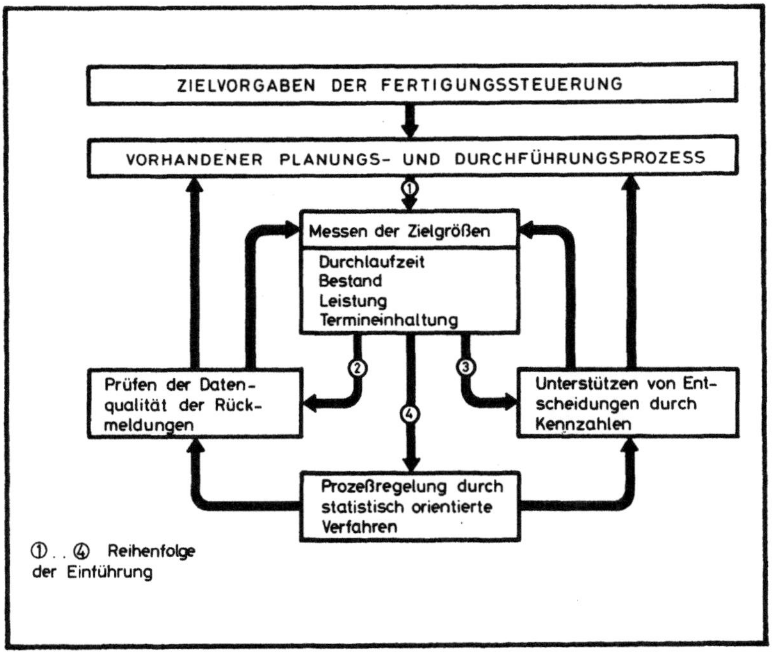

BILD 14: STRATEGIEN ZUR BEEINFLUSSUNG DER ZIELGRÖSSEN DER FERTIGUNGSSTEUERUNG

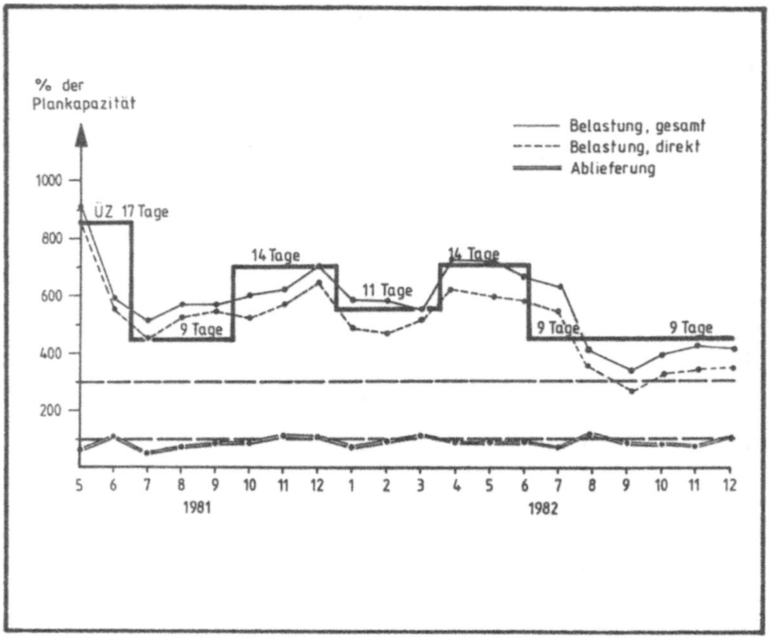

BILD 15: KENNZAHLENBLATT FÜR EINE DREHMASCHINEN-GRUPPE /K.-H. RITTER, FA.DRÄGER AG/

METHODEN ZUR DIFFERENZIERTEN BEWIRTSCHAFTUNG BEI SORTENFERTIGUNG

Theodor Kraus, Stuttgart
Gerald Weber, Neckarsulm

1. Problemstellung

Bei der Sortenfertigung wird in der Regel auf Lager gefertigt, um Kundenwünsche möglichst schnell befriedigen zu können. Die meist sehr hohen Lagerbestände, die durch die geforderte Lieferbereitschaft, den schwer vorhersagbaren Nachfrageverlauf sowie die Reaktionszeit der Fertigung beeinflußt werden, haben eine hohe Kapitalbindung zur Folge und belasten dadurch die Finanzstruktur eines Unternehmens in erheblichem Maße.

Besteht der überwiegende Teil der Warenbestände aus Fertigprodukten, so müssen die Bestandsstrategien vor allem darauf ausgerichtet sein, die Bestände an Fertigprodukten abzubauen. Da eine Reduzierung der Lieferbereitschaft jedoch einerseits nicht akzeptabel ist und man andererseits den Nachfrageverlauf nur sehr beschränkt beeinflussen kann, bleibt als einziger erfolgversprechender Ansatz eine Verkürzung der Reaktionszeiten in der Fertigung. Hierzu bieten sich grundsätzlich mehrere Strategien an. Eine davon ist die gezielte Bevorratung von Fertigprodukten, von Baugruppen/Einzelteilen und von Rohmaterialien.

Das hier vorgestellte Dispositionssystem /1, 2/ baut auf der Idee auf, Aufträge in drei Klassen mit unterschiedlichem Auftragsablauf einzuteilen (Bild 1):

- Erzeugnisvarianten, die rein bedarfsorientiert zu fertigen sind ("Sonder- oder Z-Varianten")

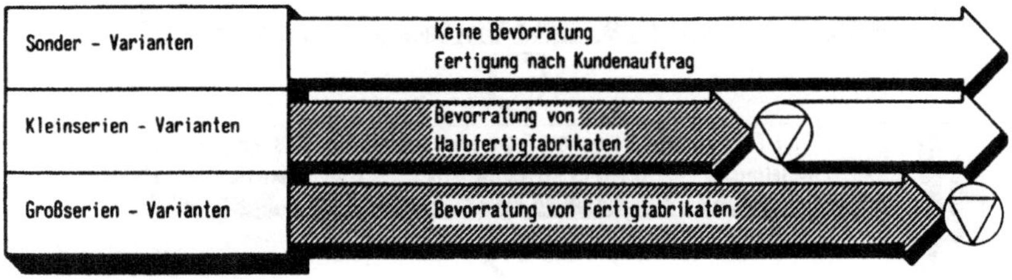

Bild 1: Differenzierte Bevorratungsebenen

Operations Research Proceedings 1983

- Erzeugnisvarianten, die vom Baugruppen-/Einzelteillager bedarfsorientiert produziert werden unter Berücksichtigung der Mehrfachverwendbarkeit von Komponenten ("Kleinserien- oder Y-Varianten")
- Erzeugnisvarianten, die nach Programm gefahren werden und damit entsprechend dem Lieferbereitschaftsgrad am Fertigwarenlager verfügbar sind ("Großserien- oder X-Varianten")

Als Vorstufe zur differenzierten Bewirtschaftung wird die Differenzierung von Produktvarianten vorausgesetzt (vgl. Bild 2).

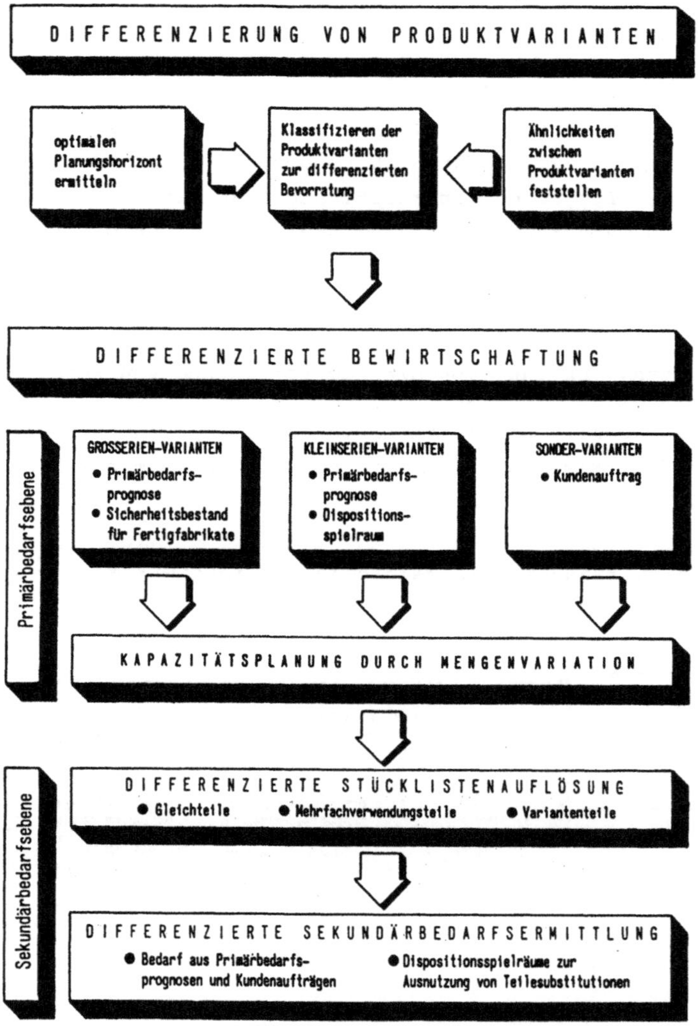

Bild 2: Differenziertes Bewirtschaftungssystem

2. Differenzierung von Produktvarianten

Die Differenzierung von Produktvarianten wird nach folgenden Merkmalen vorgenommen:

a. Feststellung von Ähnlichkeiten zwischen den Produktvarianten hinsichtlich ihrer gemeinsamen Baugruppen/-teile (Gleich-, Mehrfachverwendung) mittels einer Produktstrukturanalyse.

b. Zusammenfassung ähnlicher Produktvarianten zu Variantengruppen nach ähnlicher absatz- und produktbeschreibender Merkmalsausprägung (z.B. Unterscheidung hohe/geringe Absatzschwankungen).

3. Differenzierte Bewirtschaftung

Die Festlegung unterschiedlicher Bevorratungsebenen macht eine differenzierte Bewirtschaftung, die den Charakter der Gleich-, Mehrfachverwendungs- und Variantenteile berücksichtigt, erforderlich. Aus Bild 2 geht die Ablaufstruktur hervor.

3.1 Primärbedarfsermittlung für Großserienvarianten

Im ersten Schritt des Bausteins "Primärbedarfsermittlung für X-Varianten" wird der Bedarf in erster Linie auf Basis des Verbrauchs der Vergangenheit geplant. Grundsätzlich kann diese Bedarfsvorhersage heuristisch, d.h. auf der Basis von Erfahrungen und Einschätzungen von qualifizierten Sachbearbeitern erfolgen. Wenn es sich nur um wenige X-Varianten handelt, kann dies durchaus zweckmäßig sein und zu recht genauen Vorhersagen führen. In der Regel wird man jedoch mathematisch-statistischen Prognoseverfahren - verbunden mit dem Einsatz von EDV - den Vorzug geben, da hiermit einerseits für eine Vielzahl von Varianten der Bedarf vorhergesagt werden kann und andererseits der Aufwand des Disponenten sich im wesentlichen auf die Plausibilitätsbeurteilung der Prognoseergebnisse und entsprechende Änderungen reduzieren läßt. Beim Praxistest des Modells wurden Bedarfsvorhersagen mit Hilfe eines Verfahrens der exponentiellen Glättung durchgeführt.

Im darauffolgenden Arbeitsschritt muß der für die Planungsperiode bereitzustellende Sicherheitsbestand, der eine mögliche Abweichung des tatsächlichen vom erwarteten Bedarfswert abdecken soll, für jede einzelne Variante berechnet werden. Hierzu bieten sich grundsätzlich zwei Ansätze an:

a. Abdeckung des über dem durchschnittlichen Monatsverbrauch liegenden Bedarfs

b. Abdeckung des zu erwartenden (positiven) Prognosefehlers

Bei beiden Ansätzen müssen die Verbrauchswerte der Vergangenheit und der geforderte Lieferbereitschaftsgrad als Ausgangsdaten vorliegen. Für b. müssen zusätzlich die Plan-/Prognosewerte der Vergangenheit bereitgestellt werden.

In der Regel sind bei der Verwendung der unter b. angesprochenen "Prognosefehler-Methoden" bessere Ergebnisse zu erwarten, da hier die Verbrauchsabweichung von einem vorgegebenen Planwert und nicht - wie bei a. - von einem durchschnittlichen Monatsverbrauch abhängt. Der Einsatz der Prognosefehler-Methoden ist jedoch nur sehr begrenzt, da sie vielfach erst nach Überschreiten der halben Produktlebensdauer verwendet werden können. Daher ist es vielfach zweckmäßig, Ansatz a. zu verwenden.

Zunächst ist dazu erforderlich, die Verbrauchsverteilung auf Normalverteilung oder linksschiefe Verteilung hin zu überprüfen. Linksschief bedeutet hierbei, daß die meisten Verbrauchswerte kleiner sind als der Mittelwert, jedoch wenige andere Werte erheblich höher liegen. Eine mathematisch relativ einfach zu handhabende linksschiefe Verteilung ist die Lognormalverteilung.

Der Sicherheitsbestand kann dann nach folgenden Formeln berechnet werden:

$SB_{Normalv.}$	$= SF * S$
$SB_{Logn.v.}$	$= \bar{x} * (e^{SF \cdot \ln(\eta^2+1) - \frac{1}{2}\ln(\eta^2+1)} - 1)$

mit SF = Sicherheitsfaktor, der von der Höhe der geforderten Lieferbereitschaft abhängig ist und aus einer Tabelle entnommen werden kann (vgl. z.B. /3/ S. 53)

$S = \sqrt{\frac{\Sigma(x_i - \bar{x})^2}{n - 1}}$: Standardabweichung

x_i : Verbrauchswert

$\bar{x}$: arithmetisches Mittel der Verbrauchswerte

n : Anzahl Verbrauchswerte

$\eta = \frac{S}{\bar{x}}$: Variationskoeffizient der Verbrauchsverteilung

Zum Zweck der Nettobedarfsermittlung werden Primärbedarf und Sicherheitsbestand der Planungsperiode addiert. Der zu produzierende Nettobedarf für die einzelnen X-Varianten ergibt sich dann durch Subtraktiondes aktuellen Lagerbestands und der geplanten Zu- und Abgänge bis zum Beginn der Planungsperiode.

3.2 Primärbedarfsermittlung bei "Kleinserien"-Varianten

Da Y-Varianten auf der Erzeugnisebene nicht lagerhaltig sind, brauchen im Rahmen der Primärbedarfsermittlung keine Lagerbestände berücksichtigt zu werden.

Für die Verwendung von Prognoseverfahren für die Bedarfsermittlung von Y-Varianten ergeben sich einige Schwierigkeiten, da einige Varianten aufgrund ihres sporadischen Auftretens oder wegen zu starker Verbrauchsschwankungen nicht prognostizierbar sind. Diesem Problem wird dadurch begegnet, daß Prognosen auf Variantengruppen bezogen erstellt werden. Die Variantengruppen werden im Rahmen der Produktstrukturanalyse gebildet und stellen eine Gruppe von sehr ähnlichen Varianten dar.

Von diesen Prognosewerten auf Variantengruppenebene werden die Primärbedarfe der prognostizierbaren Varianten abgezogen, und es wird der resultierende prognostizierte Primärbedarf auf die übrigen Varianten entsprechend ihrem Vorjahresverbrauch verteilt. Damit ergibt sich die im Planungsmonat zu produzierende Menge der einzelnen Y-Varianten - der Primärbedarf.

Einen weiteren wesentlichen Arbeitsschritt dieses Bausteins stellt die Ermittlung des Sicherheitsbestands an Y-Varianten dar. Grundsätzlich können hier die gleichen Methoden wie bei den X-Varianten eingesetzt werden. Es ist jedoch zu beachten, daß dieser Sicherheitsbestand nicht auf Erzeugnisebene, sondern auf Baugruppen/-teileebene bereitgestellt wird. Diese Bestände auf der Teileebene werden im Rahmen der differenzierten Sekundärbedarfsermittlung unter Berücksichtigung des Substitutions- oder Mehrfachverwendungscharakters der Teile disponiert und gelagert.

3.3 Differenzierte Stücklistenauflösung

Das Ziel, das mit Hilfe dieses Bausteins erreicht werden soll, ist die differenzierte Auflösung des Produktionsprogramms nach X-, Y-Varianten sowie nach Gleich-, Mehrfachverwendungs- und Variantenteilen zur Sekundärbedarfsermittlung, damit dann der Bedarf für die entsprechenden Teile und Baugruppen errechnet werden kann (vgl. Bild 2).

Der für die einzelnen X- und Y-Varianten kapazitätsmäßig abgeglichene Primärbedarf sowie der Sicherheitsbestand der einzelnen Y-Varianten wird mit Hilfe der Stücklisten auf die Baugruppen-/-teileebene aufgelöst. Dies geschieht, indem für jede einzelne Variante deterministisch der sogenannte Brutto-Brutto-Sekundärbedarf jeweils für die Gleich-, Mehrfachverwendungs- und Variantenteile aus dem Nettobedarf der X-Varianten, aus dem Primärbedarf der Y-Varianten und aus dem Sicherheitsbestand der Y-Varianten abgeleitet wird. Der "aufgelöste Sicherheitsbestand" der Y-Varianten wird im folgenden mit σ gekennzeichnet.

3.4 Differenzierte Sekundärbedarfsermittlung

Die Differenzierung des gesamten Baugruppen-/-teilespektrums nach Gleich-, Mehrfachverwendungs- und Variantenteilen entsprechend der Stücklistenauflösung ist eine wesentliche Eingangsvoraussetzung zur Sekundärbedarfsermittlung (vgl. Bild 2).

Der aufgelöste Nettobedarf der X-Varianten sowie der aufgelöste Primärbedarf der Y-Varianten wird in voller Höhe disponiert. Zusätzlich wird ein eventueller Ersatzteilbedarf und ein Bedarf für erwarteten Ausschuß geplant. Für die Berücksichtigung des "aufgelösten Sicherheitsbestands" für Y-Varianten sind folgende Fälle zu unterscheiden:

- Der Sicherheitsbestand der Baugruppen/-teile, die nur für eine Erzeugnisvariante verwendet werden können ("Variantenteile"), wird in voller Höhe des "aufgelösten Sicherheitsbestands" bevorratet, da für jede einzelne Erzeugnisvariante ein kurzfristig zu erfüllender Mehrbedarf auftreten kann.
- Für Baugruppen/-teile, die in allen Erzeugnisvarianten einer Variantengruppen verwendet werden können ("Gleichteile"), wird kein oder nur ein sehr niedriger Sicherheitsbestand bevorratet, da hier eine universelle Verwendbarkeit innerhalb der Variantengruppe vorliegt.
- Für Baugruppen/-teile, die für einige aber nicht für alle Produkte einer Variantengruppe verwenden werden können ("Mehrfachverwendungsteile"), wird das Fehlerfortpflanzungsgesetz angewendet: pro Mehrfachverwendungsteil (MVT) wird die Wurzel aus den quadrierten Summen der - voneinander unabhängigen - aufgelösten Sicherheitsbestände (σ) für alle Kleinserienvarianten einer Variantengruppe errechnet. Dieser Wert ist in aller Regel niedriger als die Summe der einzelnen aufgelösten Sicherheitsbestände.

$$SB(MVT_1) = \sqrt{\sigma^2_{\text{Erzeugnis } 1} + \ldots + \sigma^2_{\text{Erzeugnis } n}}$$

Bild 3 zeigt an einem Beispiel die bestandssenkende Wirkung der Bevorratung von Sicherheitsbeständen auf Teileebene gegenüber der Bevorratung auf Fertigproduktebene.

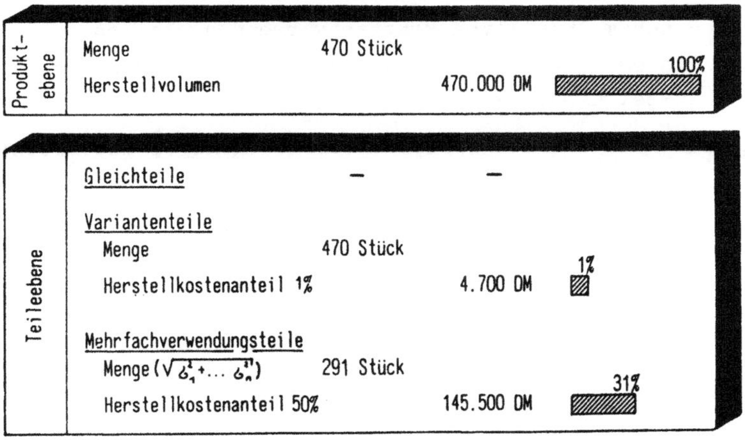

Bild 3: Vergleich des Sicherheitsbestands für Kleinserienvarianten bei Bevorratung auf Erzeugnis- und auf Teileebene (Beispiel)

Um also in diesem Fall über einen Sicherheitsbestand für mehrere ähnliche Kleinserienvarianten in Höhe von 470 Geräten im Rahmen der kurzfristigen Planung verfügen zu können, ist nur ein Lagerbestand von ca. 32% des entsprechenden Herstellkostenvolumens zu bevorraten.

4. Eignung des Systems

Das beschriebene System der differenzierten Bewirtschaftung ist vor allem auf die Problematik der Sortenfertiger abgestimmt. Hier liegt in der Regel eine hohe Variantenvielfalt auf Erzeugnisebene vor. Durch die Bevorratung von weniger gängigen Produktvarianten auf Baugruppen-/Einzelteilebene wird einerseits der Lagerbestand wertmäßig gesenkt, da der Produktwert (bzw. die Herstellkosten) des fertigen Erzeugnisses im allgemeinen höher sind als die entsprechende Summe der Baugruppen/Einzelteile. D.h. durch den somit niedrigeren Lagerwert sind niedrigere Kapitalbindungskosten anzusetzen.

Andererseits kann durch Ausnutzung des Mehrfachverwendungscharakters der Baugruppen bzw. Einzelteile eine Reduzierung des Bestands bei gleichbleibender Flexibilität und Lieferbereitschaft erreicht werden.

Dementsprechend eignen sich Betriebe mit

- hohem Lagerbestand auf Erzeugnisebene
- hoher Variantenvielfalt
- niedrigem (wertmäßigem) Anteil an Variantenteilen
- hohem Anteil von Mehrfachverwendungsteilen
- niedrigen Durchlaufzeiten bei der Baugruppen-/ -teilemontage

in besonderem Maße für den wirtschaftlichen Einsatz des beschriebenen Modells.

LITERATUR:

/1/ Weber, G.: Gestaltung eines integrierten Produktionssystems für die Sortenfertigung unter Einsatz der Clusteranalyse. Springer-Verlag, Berlin, Heidelberg, New York, Tokio, 1983.

/2/ Kraus, Th.; Kremser, W.: Reduzierung des Umlaufvermögens durch geänderte Bestandsstrategien. Werkstatt und Betrieb 116 (1983) 7, S. 431-436.

/3/ Sachs, L.: Angewandte Statistik - Statistische Methoden und ihre Anwendungen. Springer-Verlag, Berlin, Heidelberg, New York, 1978.

ABLAUFPLANUNG IM DIALOG
ALTERNATIVE ODER ERGÄNZUNG ZUR OPTIMIERUNG

Erhard Kazmaier, Metzingen

Definition und Problematik

Die Ablaufplanung erstellt einen Plan über die Reihenfolge, nach der Fertigungsaufträge an den Betriebsmitteln abgearbeitet werden sollen. Dabei werden u.a. folgende Ziele verfolgt:

- minimale Gesamtdurchlaufzeit
- gleichmäßige Kapazitätsauslastung
- maximale Terminsicherheit

Da diese Ziele miteinander konkurrieren, muß ein Kompromiß im Zielerfüllungsgrad eingegangen werden. Das Ergebnis der Ablaufplanung kann als Auftragsnetz dargestellt werden.

Bild Auftragsnetz:

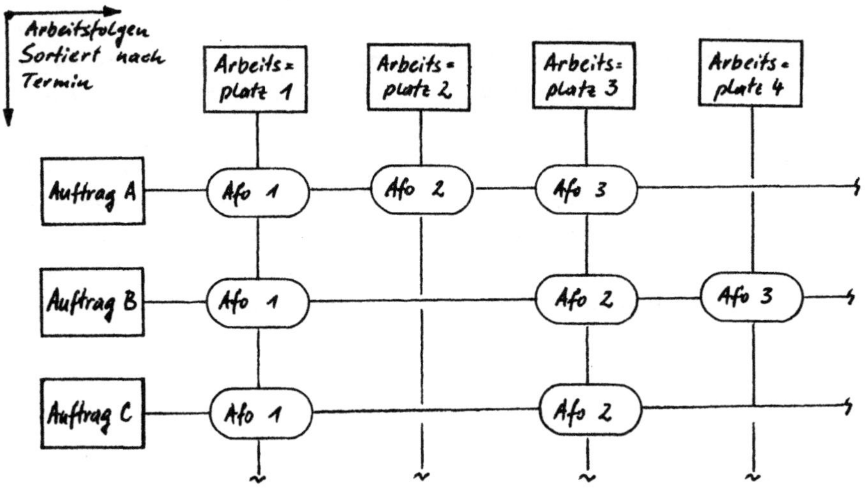

Operations Research Proceedings 1983

Ein besonderes Problem der Ablaufplanung besteht auch noch darin, daß einmal aufgestellte Pläne rasch wieder veraltern. Die äußeren Bedingungen, unter denen ein Plan aufgestellt wird, ändern sich ständig, z.B. durch:

- neue Kundenaufträge
- Auftragsänderungen
- Prioritätsänderungen usw.

Außerdem treten bei der Abarbeitung des Planes nicht planbare Ereignisse als Störung auf. Ein Ablaufplan kann deshalb nicht festgeschrieben werden, sondern muß ständig überarbeitet werden.
Hierzu bieten sich 2 Verfahren an:

- der Neuaufwurf
- die Fortschreibung

Neuaufwurf

Der Neuaufwurf geht davon aus, daß alle vorkommenden Aufträge einem Stapellauf neu aufgelöst werden und somit die Verknüpfungen des gesamten Auftragsnetzes neu erstellt werden.
Der Vorteil des Neuaufwurfs besteht darin, daß bei einer gemeinsamen Betrachtung aller Aufträge und Neuerstellungen des Ablaufplanes Optimierungsalgorithmen eingesetzt werden können. In der Praxis eingesetzte Neuaufwurfverfahren arbeiten in der Regel mit Prioritätensteuerung und sind sehr laufzeitintensiv. Dabei werden die Zielkonflikte mit einer meist einfachen programmierten Strategie gelöst.
Das Neuaufwurfverfahren würde die Gelegenheit zur Optimierung des Auftragsnetztes schaffen. Aber es gibt noch kein genügend schnelles Verfahren, das das Optimum errechnen kann. Dadurch entfällt der eigentliche Vorteil des Neuaufwurfs gegenüber dem Fortschreiben. Der Nachteil, daß Ergebnisse aufgrund neuer Ereignisse nur periodisch vorliegen, wiegt umso schwerer.

Fortschreibung

Die Fortschreibung (net-change) untersucht nur die Auswirkungen der geänderten Daten und schreibt sie entsprechend fort. Dabei werden nur die betroffenen Teile des Auftragsnetzes geändert. Da die Fortschreibung jeweils nur kleine Datenbestände bearbeitet, kann sie im Dialogbetrieb erfolgen.

Dieser Dialog kann beim Auftreten von Zielkonflikten unterbrochen werden. Die angemessene Strategie zur Lösung des Problems wird von außen eingegeben.
Durch eine Kombination der Fähigkeiten des qualifizierten Sachbearbeiters mit den Fähigkeiten einer modernen Rechenanlage können im net-change auch komplexe Vorgänge wie die Kapazitätsterminierung durchgeführt werden.

Vorteile der Rechenanlage	Vorteile des Sachbearbeiters
rechnet schnell	besitzt kreativen Sachverstand
macht keine Fehler	assoziiert
große Informationsmenge	ist kritisch

Um im net-change optimale Ergebnisse zu erzielen muß die Aufgabe zwischen Sachbearbeiter und Maschine funktional aufgeteilt werden.

Die Maschine ...	Der Sachbearbeiter ...
... zeigt die absehbaren Konsequenzen einer Entscheidung auf.	... trifft die notwendigen Entscheidungen, wenn Probleme auftreten.

Die Ablaufplanung im Dialog und die Möglichkeit, jeden Problemfall mit einer anderen Strategie zu beheben, bieten d i e Gelegenheit, ein besseres Gesamtoptimum zu erreichen als die Verfahren des Neuaufwurfs.
Mit Sicherheit spielen die Qualifikation des Disponenten und die Handhabbarkeit des EDV-Systems dabei entscheidende Rollen.

Die praktische Anwendung

Viele Probleme und Störungen im Abarbeiten von Ablaufplänen resultieren aus der fehlerhaften oder ungenauen Abstimmung aller Faktoren, die zur Produktion benötigt werden.
In PROFIS können deshalb die Produktionsfaktoren

- Material
- Werkzeuge
- Betriebsmittel
- Personen

simultan eingeplant werden.

Die Einplanung eines Auftrages erfolgt in 3 Phasen:

1. Phase: Kopieren des Fertigungsplanes (Stückliste und Arbeitsplan), Auswahl von Varianten, Ermitteln der Durchlaufzeit und der technologischen Termine durch Subtraktion der Zeitkomponenten vom Wunschtermin.
   Die Zeitkomponenten je Arbeitsgang (AG) bestehen aus:

   - tr = Rüstzeit
   - ta = Ausführungszeit
   - zv = Dispositionsspielraum vor Bearbeitung
   - zn = Dispositionsspielraum nach Bearbeitung

2. Phase: Reduzierung des Auftrags-Starttermins um den Puffer für den Kapazitätsausgleich und Überprüfung der Verfügbarkeit für die in der 1. Phase ermittelten Bedarfszahlen. Dieser Puffer wird erzeugnisbezogen definiert.
   Bei Nichtverfügbarkeit einer Komponente wird das ganze "Paket" (zusammengehörendes Material, Werkzeug und Arbeitsgangpositionen) so lange in die Zukunft geschoben, bis Verfügbarkeit gegeben ist.

Bild Terminierungsphasen:

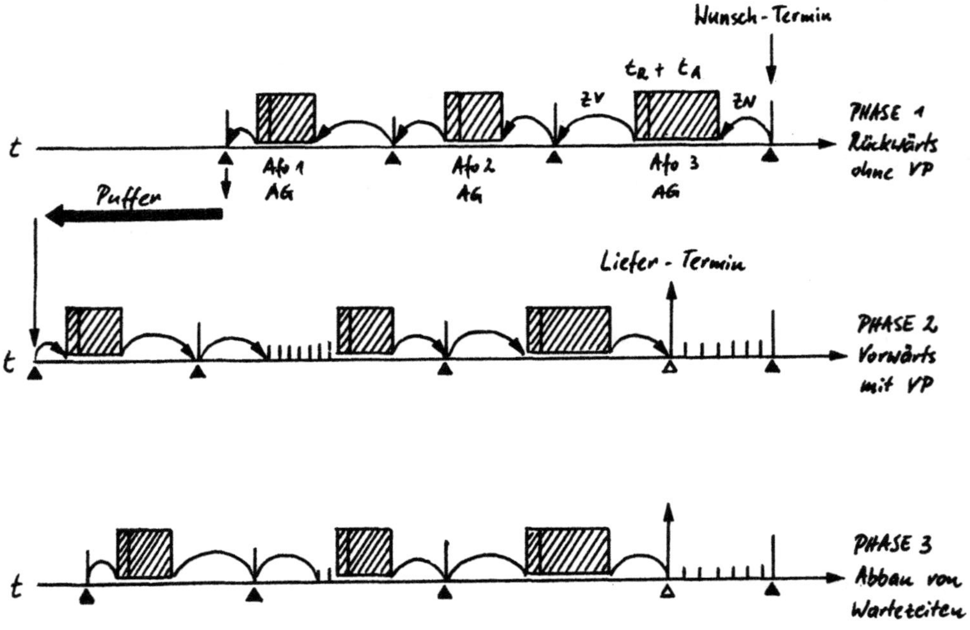

3. Phase: In einer Rückwärtsbetrachtung wird versucht, die eventuell in Phase 2 entstandenen unnötigen Wartezeiten wieder abzubauen.

Das Ergebnis der Terminierung wird in einem Auftragsnetz festgehalten. Dieses Auftragsnetz wird ständig fortgeschrieben.
Im Auftragsnetz sind alle Bedarfstermine mit +/- Schranken vergeben. Innerhalb dieser Schranken kann die Produktion in der Werkstatt verschoben werden, ohne daß Folgearbeitsplätze oder gar Liefertermine beeinträchtigt werden.
Diese +/- Schranken geben dem Auftragsnetz eine große Flexibilität gegenüber Störungen. Gleichzeitig ermöglichen sie auch die Bildung einer optimalen Reihenfolge durch den Werkmeister vor Ort.

Bild Terminschranken:

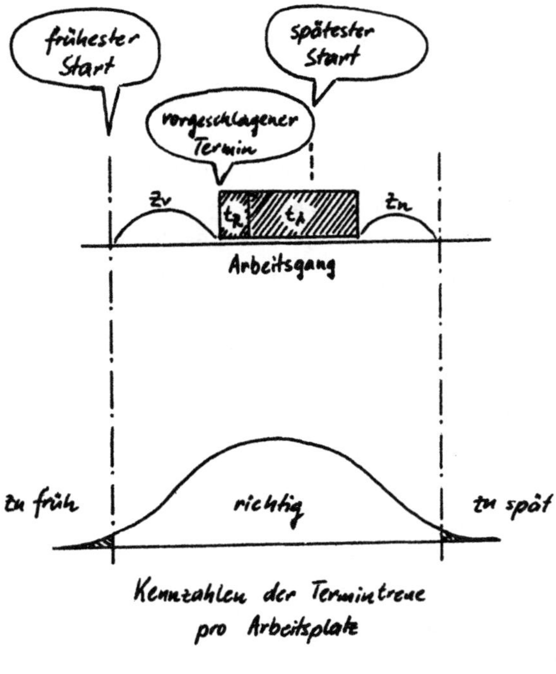

Um dem Sachbearbeiter seine Aufgabe zu erleichtern wurde viel Komfort in die Handhabung des Programmsystems gelegt.

- In Übersichtsdarstellungen werden Summenbilder gezeigt, die die Gesamtsituation z.B. an einem Engpaß aufzeigen.
- Zu diesen Summenbildern werden Lupenfunktionen angeboten, mit denen die Summen in Einzelkomponenten zerlegt werden können.
- Der Dialog ist in viele Subfunktionen untergliedert, zu denen fast beliebig verzweigt werden kann. Der Weg, den ein Disponent dabei einschlägt, wird vom System gespeichert und kann über 2 Stufen zurückverfolgt werden.
- Zu jedem Bild steht eine detaillierte Bedienungsanleitung zur Verfügung, die während eines Dialoges am Bildschirm aufgerufen werden kann. Die eingegebenen Daten und der aktuelle Bearbeitungsschritt bleiben dabei erhalten.
- Für Routinefälle stehen Automatikfunktionen zur Verfügung, die selbständig ablaufen können und nur bei Zielkonflikten unterbrochen werden.

Umfeld

Die Ablaufplanung im Dialog ist eingebettet in das PPS-System PROFIS und seit Anfang 1982 erfolgreich im Einsatz.
PROFIS ist vom Anwender, Elring Dichtungswerke GmbH, Fellbach, selbst entwickelt, wobei viele neue Lösungsansätze zur wirtschaftlichen Lösung der PPS-Aufgabenstellung eingearbeitet sind, z.B.

- Durchlaufzeitreduzierung durch
  . Beschleunigung des Informationsaustausches
  . Verzicht auf feste Periodenraster

- Lagerbestandsreduzierung durch
  . simultane Planung von Material und Kapazitäten
  . Reduzierung von Dispositionsstufen
  . tägliche Dispositionsrechnung

- Werkstattsteuerung durch eine belastungsorientierte Auftragsfreigabe

PROFIS wird seit Anfang 1983 als PPS-System angeboten.

PLANUNG KOSTENGÜNSTIGER ZWISCHENLAGERSTRUKTUREN MIT HILFE EINES DIALOGORIENTIERTEN SIMULATORS

Rolf Bäckers, Aachen

Der Vortrag behandelt die Lösung einer betrieblichen Planungsaufgabe, die im Rahmen der Neugestaltung einer Fertigung für mehrstufige Serienprodukte zu bewältigen war. Hierbei galt es, die Zwischenlagerbestände zu ermitteln, die gerade eine lückenlose Beschäftigung der Bearbeitungsstationen auf der letzten Fertigungsstufe gewährleisten - unter Berücksichtigung verschiedener Losgrößen und Fertigungskapazitäten.

Zur Lösung der Aufgabe diente ein dynamisches Simulationsmodell, das mit Hilfe eines dialogorientierten Simulators erstellt wurde (auf der Basis der Simulationssprache GPSS). Die Arbeitsweise mit dem Simulator wird am Beispiel der gelösten Planungsaufgabe beschrieben.

Die prognostizierten Jahresabsatzmengen bildeten die Eingangsdaten für eine Serie von Modellversuchen, deren Ergebnisse die Entscheidungsgrundlage für die Dimensionierung der Zwischenläger lieferten.

Operations Research Proceedings 1983

AUSWIRKUNGEN EINER AKTUELLEN BETRIEBSDATENERFASSUNG AUF DIE QUALITÄT DER ABLAUFPLANUNG

Jürgen Holdhof, Kiel

Als Voraussetzung für eine wirkungsvolle Fertigungssteuerung wird in den letzten Jahren verstärkt das Vorhandensein eines Betriebsdatenerfassungssystems (BDE) angesehen. Dieses ist durch die Bereitstellung aktueller Daten über den Produktionsprozeß in maschinenlesbarer Form am Ort des Datenanfalls charakterisiert. Die damit zur Verfügung stehenden aktuellen Informationen über Arbeitsfortschritt und Betriebsmittelzustände erlauben die Anwendung neuer Strategien zur Ablaufplanung. Diese Strategien entstehen durch Kombinationen von Einlastungs- und Abfertigungsregeln. Sie kommen mittelfristig bei der Terminierung des Einlastungszeitpunktes der Fertigungsaufträge und kurzfristig bei der Festlegung von Bearbeitungsprioritäten der vor einer Bedienungseinheit wartenden Fertigungsaufträge zum Einsatz.

Mit Hilfe eines flexiblen Simulationsmodells zur Werkstattfertigung werden Strategien, die unterschiedlich aktuelle und detaillierte Daten benutzen, auf ihre Auswirkungen untersucht. Verschiedene Produktionsbedingungen finden durch Veränderung der Faktoren, die bestimmte Fertigungssysteme und Auftragsstrukturen abbilden, Berücksichtigung. Da ein vollständiges faktorielles Design aus Rechenzeitgründen nicht realisiert werden kann, kommen hochfraktionierte Versuchspläne zur Anwendung. Die Auswertung erfolgt über eine mehrfache Varianzanalyse in Verbindung mit der Multiple Classification Analysis zur Erfassung von Wirkungsunterschieden zwischen den Faktoren und den einzelnen Faktorniveaus. Damit werden Bewertungen alternativer Strategien für unterschiedliche Typen von Fertigungsbetrieben ermöglicht. Insbesondere wird geprüft, ob die Verwendung zeitnaher Betriebsdaten signifikant bessere Ergebnisse liefert als traditionelle Strategien der Ablaufplanung.

Operations Research Proceedings 1983

PRODUKTIONSPROGRAMM- UND RESSOURCENPLANUNG FÜR SACHBEARBEITER

Hans Czap, Göttingen

Eine Entscheidungsunterstützung durch Verfahren der mathematischen Optimierung scheitert in vielen Fällen daran, daß die Modellerstellung und die Nutzung von Optimierungssoftware spezifisches Fachwissen verlangt. Dieses ist in Klein- und Mittelbetrieben aber auch in Fachabteilungen häufig nicht vorhanden. Andererseits eröffnet der wachsende Trend Computerleistung am einzelnen Arbeitsplatz verfügbar zu haben die Möglichkeit in breitem Rahmen Entscheidungsmodelle einzusetzen.

Vorgestellt wird ein Modellgenerator implementiert auf einem Mikrorechner, der ausgehend von einer graphischen Darstellung der Mengenbewegungen ein lineares Modell erstellt, das mit Hilfe eines linearen Programmes gelöst wird. Der Systemnutzer benötigt dazu keinerlei Kenntnisse der linearen Optimierung.

Zur Modellgenerierung ist die graphische Darstellung der Mengenbewegungen als Mengenflußgraph einzugeben. Ein Mengenflußgraph ist ein gerichteter, bewerteter Graph ohne isolierte Knoten, wobei jedem Knoten über die Knotenart implizite Restriktionen zugeordnet sind. Die Interpretation eines Knotens als Prozeß bedingt die Möglichkeit, jedem Knoten explizite Restriktionen zuzuordnen.

Der Nachvollzug einer Eingabesequenz demonstriert, daß zur Modellgenerierung keine OR-Kenntnisse erforderlich sind.

Ein Zahlenbeispiel aus der Mineralölindustrie zeigt einen typischen Einsatz bei Entscheidungen über Produktionsmengen bei Kuppelproduktion.

Ein anderes ebenfalls gezeigtes, typisches Anwendungsgebiet ist die Planung des Rohstoff-Einsatzes zur Wursterzeugung in Fleischereibetrieben.

Operations Research Proceedings 1983

PRODUKTIONSPLANUNG MIT VERDICHTETEN DATEN

Norbert Wittemann, Saarbrücken

1. Verfahren im Rahmen der Produktionsplanung

In Produktionsunternehmen wird die Kapazitätssituation in der Fertigung bereits zum Zeitpunkt der Auftragsannahme durch den Vertrieb festgelegt. Zum Einplanen dieser Aufträge lassen sich Verfahren

- der Sukzessivplanung und
- der Simultanplanung

einsetzen.

Die Sukzessivplanungssysteme arbeiten in den Schritten

- Primärbedarfsermittlung
- Materialbedarfsplanung
- Kapazitätsplanung und
- Werkstattsteuerung /3/.

Dabei wird im Rahmen der Materialbedarfsplanung der aus den Absatzwerten ermittelte Primärbedarf auf die Ebene von Baugruppen und Einzelteilen hinuntergebrochen. Grundlage hierfür sind die vorhandenen Stücklisten, deren Aufbau sich durch Gozintographen darstellen läßt. In der Kapazitätsplanung werden neben den Stücklisten auch Arbeitsplan- und Arbeitsganginformationen benötigt. In der Werkstattsteuerung wird eine feste Zuordnung von Fertigungsaufträgen zu Betriebsmitteln vorgenommen.

Dabei wächst das Datenvolumen mit jedem Planungsschritt an. Da die Schritte sukzessiv aufeinander aufbauen, wird die Grundlage für das mögliche Scheitern von Kapazitätsabgleichalgorithmen bereits im ersten Schritt gelegt.

Dies führt zu Problemen im Rahmen der als Standardsoftware verfügbaren Produktionsplanungssysteme, die üblicherweise dem Sukzessiv-Planungsgedanken folgen. Die schwächsten Teile der Softwaresysteme sind die Kapazitätsplanungsalgorithmen, deren lange Planungsläufe keine realisierbaren Ergebnisse garantieren /7/.

Operations Research Proceedings 1983

Simultanplanungsansätze versuchen diese Interdependenzen zwischen den einzelnen Planungsschritten zu berücksichtigen. Dabei ergeben sich mit den auf unterschiedliche Problemstellungen ausgerichteten Modulen /2/ immer dann Schwierigkeiten, wenn ein großes Datenvolumen gehandhabt werden soll. Die Simultanplanungsansätze bedienen sich in erster Linie der Methode der linearen Programmierung (LP), für die bei in der Praxis verfügbare, rechnergestützte Lösungen Begrenzungen vor allem in Bezug auf die Anzahl der Nebenbedingungen existieren. Deshalb sind derartige Ansätze bei der Betrachtung von mehrperiodischen Problemstellungen häufig nicht verwendbar.

Aus diesem Grund ist es erforderlich, eine Reduzierung des in die Planung eingehenden Datenvolumens vorzunehmen. Hier lassen sich zwei grundsätzliche Richtungen angeben. Zum einen gibt es Lösungen, die durch Verwendung der ABC-Analyse die wesentlichen Bestimmungsgrößen (Teile, Betriebsmittel) für die Planung herausfiltern /5/. Zum zweiten werden mit Hilfe der Clusteranalyse Zusammenfassungen in Endproduktgruppen und Betriebsmittelgruppen vorgenommen, die als Elemente im Planungsprozeß verwendet werden /9/.

Beide Datenreduzierungsverfahren sind zu kritisieren. Wenn sich bei der ersten Variante eine Verschiebung der Produktion hin zu B- und C-Teilen ergibt, so läßt sich dies erst nach einer neuen ABC-Analyse berücksichtigen, da eine Planung nur für A-Teile vorgenommen wird. Ebenso verhält es sich beim zweiten Verfahren. Wegen der Ausrichtung auf Produktgruppen geht einmal eine Fülle von Detailinformationen verloren (Heinrich reduziert beispielsweise den Datenbestand eines gesamten Maschinenbaubetriebes auf 11 Endproduktgruppen /1/). Zum anderen können in der Planung generell keine Endprodukte, Baugruppen und Einzelteile berücksichtigt werden, selbst wenn sie verkaufsfähige Einheiten darstellen.

2. Ein Vorschlag zur Reduzierung des Datenvolumens

Die zur Planung bislang durchgeführten Verdichtungs- bzw. Datenreduzierungsverfahren haben ausschließlich eine Zusammenführung von Daten zu einer nächsthöheren Stufe zum Inhalt. So werden beispielsweise Werte von Endprodukten zugrundegelegt, um zu Endproduktgruppen zu gelangen. Dabei können aber in dem Gozintographen der Abb. 1 die Kapazitätsdaten der Baugruppe B1 fast denen des Endproduktes P1 entsprechen, so daß man diese Fertigungsteile unter Kapazitätsgesichtspunkten ohne weiteres gemeinsam betrachten kann.

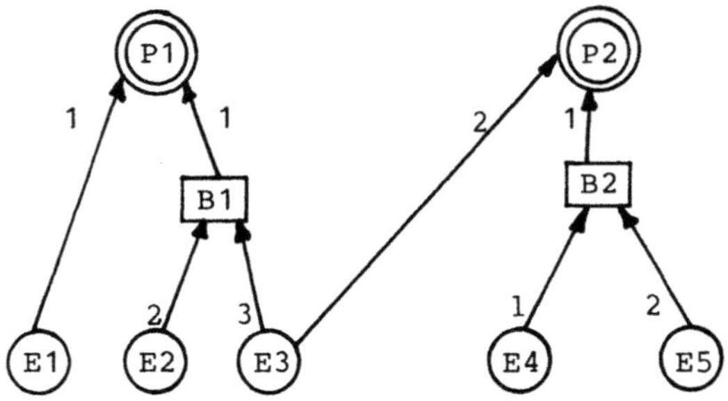

Abb. 1: Gozintograph

Geht man bis zur Ebene der Einzelteile, so lassen sich viele Ähnlichkeiten aufgrund der Fertigungsvorschriften feststellen. Beispielsweise wird in der Praxis schon im Sprachgebrauch eine Klassifizierung vorgenommen, indem etwa von Drehteilen usw. gesprochen wird.

Bei einer Untersuchung der gesamten Fertigungsteile eines Unternehmens läßt sich mit Hilfe der Clusteranalyse eine starke Reduzierung der für die Planung relevanten Elemente erzielen. Bei der großen Anzahl der Teile bietet sich für die Clusteranalyse ein Verfahren wie das von Späth beschriebene Programm CLUDIA an /8/.

Für alle mit Hilfe der Clusteranalyse in einem Cluster zusammengefaßten Teile werden die Kapazitätswerte des Centroids ermittelt und für alle in der Planung benötigten Teile aus <u>einem</u> Cluster nur <u>einmal</u> benötigt. Dies ist nur dann sinnvoll möglich, wenn bei Durchführung der Planung ein direkter Zugriff auf die Kapazitätswerte möglich ist. Deshalb ist eine Erweiterung der im Produktionsbereich üblicherweise vorhandenen Datenbasis /6/ um die gewünschten Datentypen für die Werte der Cluster erforderlich.

Eine Übertragung des für die Reduzierung des Datenvolumens bei Teilen entwickelten Verfahrens ist auch auf die Ebene der Arbeitspläne und Arbeitsgänge möglich. Da sich unter der ausschließlichen Verwendung des Kriteriums Funktionsgleichheit auch die Betriebsmittelgruppen zu verdichteten Betriebsmittelgruppen zusammenfassen lassen, ergibt sich als

Maximalausbau der Datenbasis das in Abb. 2 gezeigte Datenbankschema. Dabei sind die aufgrund der Clusteranalyse entstandenen Daten in den doppelt umrandeten Datentypen abgelegt.

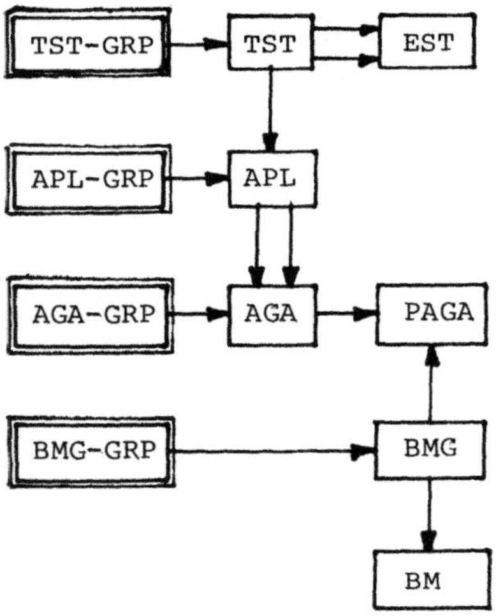

es bedeuten:

EST	:	Erzeugnisstruktur
TST	:	Teilestammsatz
APL	:	Arbeitsplan
AGA	:	Arbeitsgang
PAGA	:	Paralleler Arbeitsgang
BMG	:	Betriebsmittelgruppe
BM	:	Betriebsmittel
TST-GRP	:	Teilegruppen
APL-GRP	:	Arbeitsplangruppen
AGA-GRP	:	Parallele Arbeitsganggruppen
BMG-GRP	:	verdichtete Betriebsmittelgruppen.

→ : 1:n-Beziehung

Abb. 2: Erweitertes Datenbankschema für den Fertigungsbereich

Mit dem dargestellten Maximalausbau der Datenbasis sind Planungsläufe mit unterschiedlichem Genauigkeitsgrad möglich. Dabei handelt es sich um:

1. Planung aufgrund der Elementardaten
2. Planung aufgrund der Daten der AGA-GRP
3. Planung aufgrund der Daten der APL-GRP
4. Planung aufgrund der Daten der TST-GRP.

In allen genannten Planungsstufen ist es dabei möglich, aufgrund der Zusammengehörigkeits-Information aus BMG-GRP weiter zu aggregieren. Außerdem können diese Informationen dazu verwendet werden, bereits für die Abspeicherung der aggregierten AGA, APL und TST-Werte eine Verdichtung bezüglich der Betriebsmittelgruppen vorzunehmen. Mit der letztgenannten Maßnahme begibt man sich bei Zugriff auf die aggregierten Werte allerdings in den Planungsläufen der Möglichkeiten, Überlegungen auf der Ebene der Betriebsmittelgruppen anzustellen.

3. Generierung eines Linearen Planungsmodells unter Verwendung verdichteter Daten

Der in diesem Abschnitt beschriebene Modellgenerator ist eine Weiterentwicklung des bereits von Scheer für die Planung auf der Basis von Elementardaten erstellten Vorschlags /7/. Abb. 3 enthält das Ablaufschema des bei der Planung anzustoßenden Programmsystems.

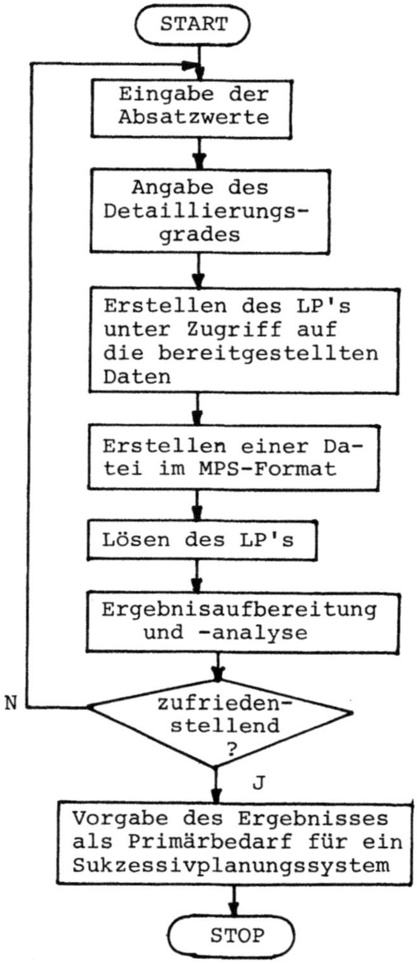

Abb. 3: Ablaufschema des Modellgeneratorsystems (vgl. /3/)

Liegen nun z.B. in einem Planungslauf auch für die im Gozintographen der Abb. 1 enthaltenen Fertigungsteile B1 und P1 Absatzzahlen vor, so werden sie bei einer Planung mit dem Detaillierungsgrad TST-GRP zu einem fiktiven Planungsteil zusammemgefaßt. Für dieses fiktive Teil werden die im Datentyp TST-GRP für diese Teile abgelegten Kapazitätswerte der Datenbank entnommen. Die Absatzwerte werden bei der Modellgenerierung - wie in Abb. 4 gezeigt - zusammengefaßt.

Teil	Absatz-obergrenze	Absatz-untergrenze
P1	10	5
B1	7	4

⇒

Teile-gruppe	Absatz-obergrenze	Absatz-untergrenze
TG 1	17	9

Abb. 4: Zusammenfassen der Absatzwerte (in ME)

Die für das LP benötigten Zielfunktionskoeffizienten können nicht mehr aus der Datenbank entnommen werden, da die dort gespeicherten Werte auf Teile bezogen sind. Für die Modellgenerierung sind deshalb aus den Fertigungskosten und den Verkaufspreisen der in eine Gruppe eingehenden Teile neue, gewichtete Werte zu errechnen. Dies geschieht in der Form, daß der Gewichtungsfaktor innerhalb einer Teilgruppe umso näher an der Absatzgrenze eines Teils ist, je höher sein Deckungsbeitrag innerhalb dieser Teilgruppe ist. Dabei wird davon ausgegangen, daß bei einer Betrachtung auf Teileebene die Teile mit höherem Deckungsbeitrag bevorzugt zur Fertigung vorgeschlagen würden.

Mit diesem Vorgehen werden die Zielfunktionskoeffizienten erst zum Zeitpunkt der Modellgenerierung gewichtet bestimmt und nicht schon bei der Bildung der Teilegruppen definiert. Somit läßt sich ein größerer Genauigkeitsgrad bei der Planung erreichen.
Die Bereitstellung der Inputdaten im MPS-Format gewährleistet, daß eine Lösung mit Hilfe der gängigen LP-Programmsysteme berechnet werden kann.

Die Ergebnisse des LP-Laufes sind auf Teileebene herunterzubrechen, um eine den Eingabedaten entsprechende Interpretation zu gewährleisten. Im Rahmen eines interaktiven Entscheidungsprozesses kann das Resultat entweder abgelehnt werden, was zu einem neuen Planungslauf führt, oder angenommen werden. Im Fall der Annahme des Planungsergebnisses kann ein kapazitativ zulässiger Primärbedarf an ein nachfolgendes Sukzessivplanungssystem übergeben werden.

4. Resümee

Eine Produktionsplanung auf der Basis verdichteter Daten kann zu einer erheblichen Reduzierung des Planungsumfangs führen. Dies ist im Sinne der Begrenzungen existierender LP-Programmsysteme vor allem bei Durchführung einer simultanen, mehrperiodischen Produktions- und Absatzplanung von Vorteil. Bei einer Integration der verdichteten Daten in die Datenbasis des Fertigungsbereichs ist eine schnelle Modellgenerierung möglich.

Die bei einem Arbeiten mit aggregierten Informationen entstehenden Informationsverluste /4/ lassen sich zum einen durch eine weitergehende Eingrenzung des Fehlers bei der Bestimmung der Zielfunktionskoeffizienten reduzieren. Zum anderen ist durch die Einbindung in ein interaktives Entscheidungssystem eine ausschnittsweise Betrachtung des Gesamtmodells möglich, um in kritischen Bereichen zu exakteren Ergebnissen kommen zu können.

Literaturverzeichnis

/1/ Heinrich, G.
Ein Beitrag zur langfristigen Produktionsplanung mit verdichteten Daten bei überwiegender Serienfertigung.
(Dissertation).
Berlin (1980).

/2/ Kilger, W.
Optimale Produktions- und Absatzplanung.
Opladen (1973).

/3/ Kneip, L.; Scheer, A.-W.; Wittemann, N.
PROMOS - Ein Produktionsplanungs-Modellgenerator-System.
Heft 26 der Veröffentlichungen des Instituts für Wirtschaftsinformatik.
Saarbrücken (1981).

/4/ Liesegang, G.
Aggregation bei Linearen Optimierungsmodellen - Beiträge zur Konzipierung, Formalisierung und Operationalisierung.
(Habilitationsschrift).
Köln (1980).

/5/ Michael, R.
Untersuchung über die Auswirkungen unterschiedlicher Vorgehensweisen der Datenverdichtung - Dargestellt am Beispiel der Terminplanung.
(Dissertation).
Aachen (1979).

/6/ Scheer, A.-W. unter Mitarbeit von L. Bolmerg, H. Demmer und C. Helber.
Wirtschafts- und Betriebsinformatik.
München (1978).

/7/ Scheer, A.-W.
Produktionsplanung auf der Grundlage einer Datenbank des Fertigungsbereichs.
München, Wien (1976).

/8/ Späth, H.
Cluster-Analyse-Algorithmen zur Objektklassifizierung und Datenreduktion.
München, Wien (1975).

/9/ Strauch, R. von
Variantenanalyse und ihre Anwendung in der Serienfertigung.
in: Späth, H., Fallstudien Operations Research, Band 3.
München, Wien (1980).

OPTIMALE PRODUKTIONSPLANUNG - DISKUTIERT AM MODELLFALL AUTOMOBIL-PRODUKTION

Dieter Bartmann, München

Unsicherheiten über zukünftige Absatzerwartungen werfen bei der Produktionsplanung erhebliche Probleme auf. Soll man bei einem vorherzusehenden Absatztal Kapazität abbauen oder halten? Wie fängt man Nachfrageschwankungen am kostengünstigsten ab? Lassen sich im Lager kritische Bestandszonen definieren, die im Sinne eines Frühwarnsystems wirken? Wie sichert man sich am geeignetsten gegen Fehlplanung ab?

Derartige Fragen werden anhand einer fiktiven Modellfirma "Automobilhersteller" unter dem Szenario schwankender Kraftstoffpreise diskutiert. Der Vortrag behandelt die drei Themenkreise

mathematisches Optimierungsmodell

Absatzprognose

Modellrechnungen (optimale Produktionsraten, Personalvorhaltung, Überproduktion, künftige Entwicklung von Bestand und Produktion)

Es zeigen sich zwei Eigenschaften des Modells:

a) Glättung gegenüber den Nachfrageschwankungen durch Antizipation
b) Glättung gegenüber dem deterministischen Modell durch Risikoabwägung.

Insbesondere der letzte Punkt macht die Überlegenheit gegenüber den bisherigen deterministischen Planungsmethoden mit verschiedenen Szenarien deutlich.

Operations Research Proceedings 1983

ANWENDUNGSBERICHT EINSATZ CAD BEI DER SPALTSTÜCKKONSTRUKTION

Theodor Ellinger, Köln
Rainer Leisten, Köln
Winfried Melcher, Solingen

Thema:
Entwicklung eines Algorithmus zur rechnerunterstützten Konstruktion von Spaltstücken und Implementierung auf einem Mikro-Computer

Ziele:
Senkung der Materialkosten für nach dem Fertigungsverfahren 'Gesenkschmieden' vom Spaltstück hergestellte Schmiedeteile sowie Erhöhung der Transparenz des Konstruktionsprozesses und seines Entscheidungsfeldes.

Anwendungsbereich und Hauptergebnisse:
Bei der Spaltstückkonstruktion wird für ein vorgegebenes Schmiedeteil eine dem örtlichen Werkstoffbedarf der Endform angepaßte Ausgangsform nach den Gesetzen des Flächenschlusses konstruiert. Da verschiedene Flachstahlabmessungen mit unterschiedlichen Materialpreisen als mögliche Ausgangsmaterialien zugrundegelegt werden können, wurde das Informationssystem OMASIS (Optimale Massenverteilung im Spaltstück) geschaffen. Die technisch möglichen Alternativen mit unterschiedlichen Spaltstückformen je Abmessung werden mit Hilfe des Algorithmus ermittelt, graphisch dargestellt und mit Kosten bewertet. Neben Konstruktionszeichnungen und Schablonen für Spaltstücke, die von einem Plotter erstellt werden können, werden die für die Konstruktion entscheidungsrelevanten Daten vom System bereitgestellt.

Modell und Algorithmus:
Grundlage für die Erstellung der Konstruktionszeichnungen und die Ermittlung entscheidungsrelevanter Daten ist ein von den Verfassern entwickeltes Modell, das zum Algorithmus OMASIS führt. Mit Hilfe des auf einem Mikro-Computer implementierten Algorithmus werden in Bezug auf die Massenverteilung gleichoptimale Spaltstückformen für unterschiedliche Flachstahlabmessungen bestimmt. Durch die Bewertung mit Kosten kann ein Materialkostenoptimum gefunden werden.

Operations Research Proceedings 1983

ON LEADTIMES AND COSTS IN CAPACITATED ASSEMBLY NETWORKS

Paul van Beek, Wageningen
Arie Bremer, Eindhoven
Cornelis van Putten, Eindhoven

Abstract

In the last decade considerable attention has been paid to the analysis and optimization of multi-echelon assembly networks. Research contributions in this field are mainly focussed on the determination of optimal batch quantities In this paper the notion of *minimum network leadtime* is introduced. This turns out to be (besides minimal average cost per period) a performance indicator of considerable importance. The ideas will be illustrated by presenting a medium-scale example on which the optimization is performed.

Key-words: dynamic programming, leadtime, lot-sizing, manufacturing resource planning, multi-echelon network.

1. Introduction

In the last few years considerable attention has been paid to the optimization of multi-echelon assembly networks under *infinite* loading conditions. These conditions turn out to be quite unrealistic in practice because capacity at the various assembly stages will invariably be *finite*.

Recently some attention has been focussed on models for simultanous lot-sizing and capacity planning in multi-echelon assembly networks (Blackburn and Millen, 1981). This area of research is both for practice and theory of crucial importance.

In the framework of Manufacturing Resource Planning (MRP) the need for "closing the loop" in the assembly/production process is evident. This means that in the process of exploding the requirements defined through the Master Production Schedule (MPS) to all subassemblies and parts involved, constraints on the capacity of all assembly operations should be taken into account. In this way the rescheduling of the entire assembly network (with a modified MPS until a feasible schedule has been found) becomes superfluous.

The majority of the contributions in the field of simultaneaous lot-sizing and capacity planning in these networks is concentrated on the determination of batch sizes. Although this is considered to be of utmost importance there are more relevant questions to be posed such as how to deal with leadtimes in the network. To achieve flexibility in the assembly operations the assembly lead times should be *short*. Shortening these leadtimes will be the only realistic way to tune final assembly with the ultimate sales as intimate as possible resulting also in a drastic reduction of stocks.

Operations Research Proceedings 1983

Having a model in which total cost and lead times can be studied together it will be possible to indicate those assembly stages in which driving down set-up costs has maximum impact on the reduction of total leadtime. By driving down set-up costs in assembly stages it becomes economical to run smaller batches. This can be achieved by spending on assembly engineering to cut these set-up costs (Schonberger, 1981). The ideas will be illustrated by presenting a medium-scale example (called MEDSYS).

2. The Model

2.1. Preliminary Remarks

Recently, Blackburn and Millen (1981) reported on an exploratory study of an alternative approach to the problem of how to determine optimal lot-sizes in capacitated assembly networks having a directed tree structure*). Figure 1 shows a typical example of such a network with 4 levels and 9 assembly stages, a so-called 4-level, 9-stage assembly network.

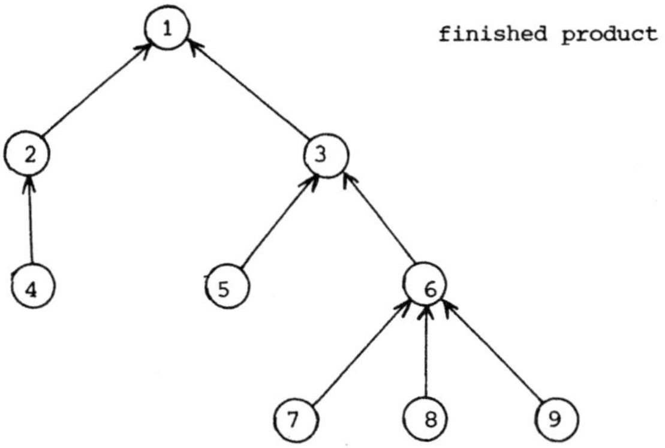

Figure 1: A 4-level, 9-stage assembly network

The nodes of the network represent the various assembly stages whilst the *arcs* indicate the flow of goods. Node 1 always corresponds to the *finished product* stage. The other nodes correspond to the other stages where subassemblies are produced. *Batches* (or *lots*) are generated according to a *pull system* initiated by the demand for the finished product. By this we mean that the assembly at each stage is scheduled on the basis of the requirements of its successor stage. The assembly operation in stage i consists of increasing the value of the preceding subassemblies with the value of *materials* and *labour* added in stage i.

---

*) The multiple finished product version (arborescence) is not treated here. We restrict ourselves to directed networks with *tree* structure.

An example (figure 1): the value of the subassembly 3 consists of the value of the two subassemblies 5 and 6 augmented with the value of materials and labour added in stage 3. The latter value is the very function of the assembly operation at stage 3. Starting point for our contribution is the *constant* demand, *infinite* horizon, *capacitated* network model of Blackburn and Millen.
In section 2.3. we shall illustrate our approach by means of a very simple 2-level, 2-stage assembly network (see figure 2).

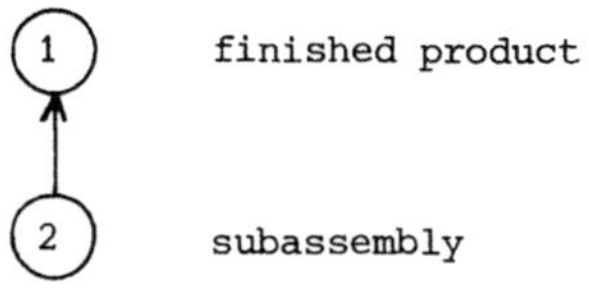

Figure 2: A 2-level, 2-stage assembly network

In the sequel we make use of the following definitions:

- D : = demand per period for the finished product (number of items)
- J : = total number of assembly stages
- n_j : = number of periods between two set-ups of batches in stage j
- P_j : = the set of immediate predecessor stages of stage j (in figure 1 : $P_6 = \{7,8,9\}$)
- α_j : = cost-coefficient of stockholding per period due to the *material* added in stage j to *one* item of subassembly j
- β_j : = cost-coefficient of stockholding per period due to the *labour* added in stage j to *one* item of subassembly j
- F_j : = fixed set-up cost incurred each time the assembly of a new batch is started in stage j
- M_j : = value of the *material* added in stage j to *one* item of subassembly j
- L_j : = value of the *labour* added in stage j to *one* item of subassembly j
- $\overline{B}_j$: = upper bound for the lot-size $n_j D$ at stage j
- $\underline{B}_j$: = lower bound for the lot-size $n_j D$ at stage j
- v_j : = the maximum number of items that can be assembled in stage j during one period
- $p(j)$: = the total number of nodes on the path from node j to node 1 (including node j and node 1. In figure 1: $p(8) = 4$, $p(3) = 2$)
- $s(j,i)$: = the $(i-1)^{th}$ *successor stage* of stage j, $i = 1,2,\ldots,p(j)$ (in figure 1: $s(7,1) = 7$, $s(7,2) = 6$, $s(7,3) = 3$ and $s(7,4) = 1$).

2.2. Cost relations

In this section we discuss the following cost relations: cost of stockholding and cost of set-up.

A. *Cost of stockholding*

Consider figure 3, derived for the 2-level, 2-stage network of figure 2 (we assume $v_j = D$, $j = 1,2$). At time $t = 0$ the assembly of a lot of subassembly 2 starts. Material (with value M_2n_2D) for assembling this lot (with lot-size n_2D) enters the system at $t = 0$.

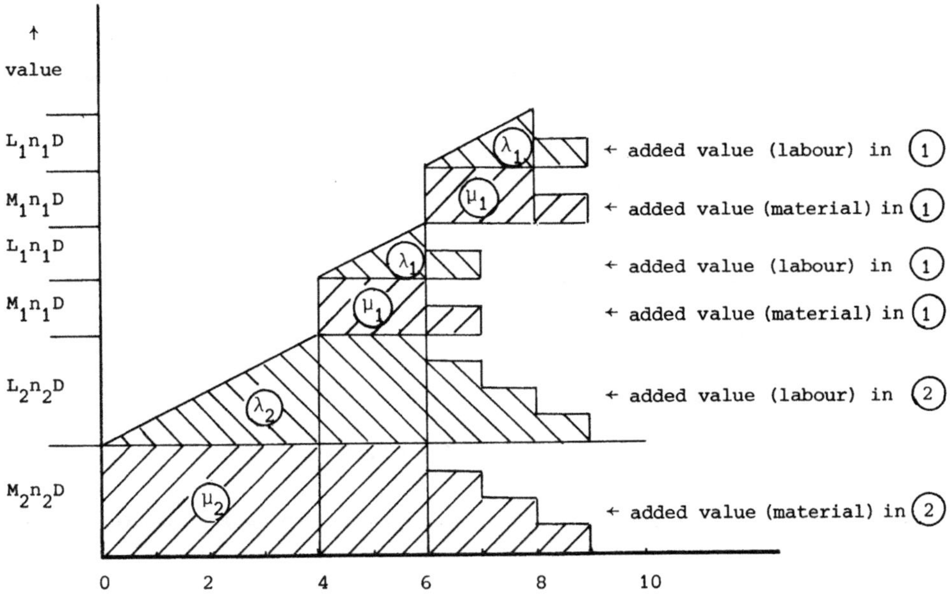

Figure 3: A 2-level, 2-stage assembly network (n_1=2, n_2=4)
(The costs are proportional to the shaded area).

At time $t = n_2 = 4$ this lot is completed and forwarded (with no delay) to the next stage 1.

At time $t = n_2 = 4$ the assembly of the *first* lot of the finished product 1 can start. Material (with value M_1n_1D) for assembling this lot (with lot-size n_1D) enters the system at $t = n_2$.

From $t = n_1 + n_2 = 6$ on the finished product can be delivered to the customers in the desired portions of D items per period.

At time $t = n_2 + n_1 = 6$ the assembly of the *second* lot of the finished product 1 can start. Material (with value M_1n_1D) for assembling this second lot (with lot-size n_1D) enters the system at $t = n_1 + n_2 = 6$.

In contrast to the fact that *material* necessary for making a lot n_2D of subassembly

2 should be available at time $t = 0$, the *labour* (with value L_2n_2D) necessary for making that lot is brought into the system *gradually* during the periods $1, 2, \ldots, n_2$ (see figure 3).
The value M_2n_2D remains in the assembly system during the periods $1, 2, \ldots, n_1 + n_2$. During the periods $n_1 + n_2 + 1, \ldots, n_1 + 2n_2$ this value leaves the system in portions of M_2D per period (as part of the value of a finished product item). An analogous reasoning can be held for the value L_2n_2D, M_1n_1D and L_1n_1D (see figure 3).
Total costs of stockholding (related to the value M_2n_2D of the material added in stage 2 at $t = 0$) are proportional to the shaded area (indicated in figure 3 as: μ_2) with proportionality factor α_2.
As the value M_2n_2D is supplied to the system once per n_2 periods, the average cost of stockholding (concerning the material added in stage 2) per period can be obtained by dividing this total cost by n_2.
Now let us consider the situation of a general network.
The shaded area μ_j, corresponding to the *material* supplied to stage j amounts to (compare figure 3):

$$(1) \quad \mu_j = M_jn_jD\,(t_j + \tfrac{1}{2}n_j - \tfrac{1}{2})$$

with

$$(2) \quad t_j := \sum_{i=1}^{p(j)} \frac{n_{s(j,i)}D}{v_{s(j,i)}}$$

(t_j is called the *minimum assembly leadtime for stage* j).

The shaded area λ_j, corresponding to the *labour* supplied to stage j gradually, amounts to:

$$(3) \quad \lambda_j = L_jn_jD\,(t_j - \frac{n_jD}{2v_j} + \tfrac{1}{2}n_j - \tfrac{1}{2}).$$

Note that the factor 2 in $\frac{n_jD}{2v_j}$ stems from the fact that labour is supplied *gradually* in stage j. Now it is possible to draw up the average cost per period related to stockholding ($C_j^{(1)}$):

$$(4) \quad C_j^{(1)} = \alpha_jM_jD(t_j + \tfrac{1}{2}n_j - \tfrac{1}{2}) + \beta_jL_jD(t_j - \frac{n_jD}{2v_j} + \tfrac{1}{2}n_j - \tfrac{1}{2}).$$

Remark: The quantity $D(t_j + \frac{1}{2}n_j - \frac{1}{2})$ corresponds to the notion of *average echelon stocklevel of stage j* (see Clark and Scarf (1960)).

B. *Cost of set-ups*

This cost component is very easy to obtain. As only *one* set-up occurs during n_j periods the average cost per period related to set-up ($C_j^{(2)}$) is as follows:

$$(5)\qquad C_j^{(2)} = \frac{F_j}{n_j} .$$

The average total cost per period (C_{tot}) now becomes:

$$(6)\qquad C_{tot} = \sum_{j=1}^{J} \{C_j^{(1)} + C_j^{(2)}\}$$

3. Optimization

In this section we minimize the expression for C_{tot} (formule (6)) with respect to $n_1, n_2, \ldots, n_J$ and subject to capacity constraints. Here we postulate the validity of the so-called Integrality Property (see also Williams (1982) and Szendrovits (1983)): *In minimizing expression (6) with respect to $n_1, n_2, \ldots, n_J$ and subject to capacity and leadtime constraints we can restrict ourselves to feasible solutions for $n_1, n_2, \ldots, n_J$ satisfying the Integrality Property:*

$$(7)\qquad n_j = k_j n_i , \qquad j \in P_i , \; i = 0, 1, \ldots, J .$$

The variable k_j is a *positive* integer, $n_0 := 1$ and $P_0 := \{1\}$ (See Crowston et al. (1973) and Schwarz and Schrage (1975)).
The Integrality Property also finds its "justification" in practice. Our first aim is optimization of the average total cost C_{tot} subject to capacity restrictions and the restriction that the minimum leadtimes t_j, $j = 1, 2, \ldots, J$, should not exceed a prescribed value T:

$$(8)\qquad \text{minimize } \{C_{tot}\}$$

subject to:

$$\begin{cases} n_j = k_j n_i & , \; n_i \text{ and } k_j \in \mathbb{N} \; , \; j \in P_i \; , \; i = 0, 1, \ldots, J \\ \underline{B}_j \leqslant n_j D \leqslant \bar{B}_j & , \; j \in P_i \; , \; i = 0, 1, \ldots, J \\ t_j \leqslant T & , \; j = 1, 2, \ldots, J \end{cases}$$

We use Dynamic Programming (DP) to solve problem (8) (compare also Crowson et al. (1973) and Schwarz and Schrage (1975)). Problem (8) can be converted immediately to the following Dynamic Programming recursion:

$$(9)\qquad V_i(n_i,t_i) = \sum_{j\in P_i} \; \underset{\underline{B}_j \leqslant n_j D \leqslant \bar{B}_j \& t_j \leqslant T}{\text{minimum}} \Big\{ \frac{F_j}{n_j} + \alpha_j M_j D(t_j + \tfrac{1}{2}n_j - \tfrac{1}{2}) +$$

$$\beta_j L_j D(t_j - \frac{n_j D}{2v_j} + \tfrac{1}{2}n_j - \tfrac{1}{2}) + V_j(n_j,t_j) \Big\} , \; i=J,J-1,\ldots,0 ,$$

with

(i) $V_j(n_j,t_j) = 0$ for all n_j and $t_j \leqslant T$ if $P_j = \emptyset$

(ii) $n_j = k_j n_i$ and $t_j = t_i + \dfrac{n_j D}{v_j}$, $i = 0, 1, \ldots, J$, $j \in P_i$.

As usual in Dynamic Programming V_i is the *value function* and (9) the *Bellman Recursion formula*. To simplify the presentation we assume tacitly that the numbering of the stages is such that $j > i$ as soon as $j \in P_i$. This is always possible in directed networks with tree structure. In evaluating (9) we need only carry out P_i minimizations of functions of *one* discrete variable k_j, $j \in P_i$, for a number of relevant combinations of n_i and t_i $(i = J, J-1, \ldots, 0)$.

In the sequel we make use of the following definition. We define the *minimum network leadtime* t as follows:

$$t := \max_{j \in R} \{t_j\} \quad \text{with} \quad R := \{j | P_j = \emptyset\} .$$

Furthermore, by $C^*_{tot}(T)$ we mean the *optimal* value of C_{tot} in (8) for a certain T.

4. Results

In this section we apply the ideas developed in this paper to the product MEDSYS having 4 levels and 26 stages (see figure 4).

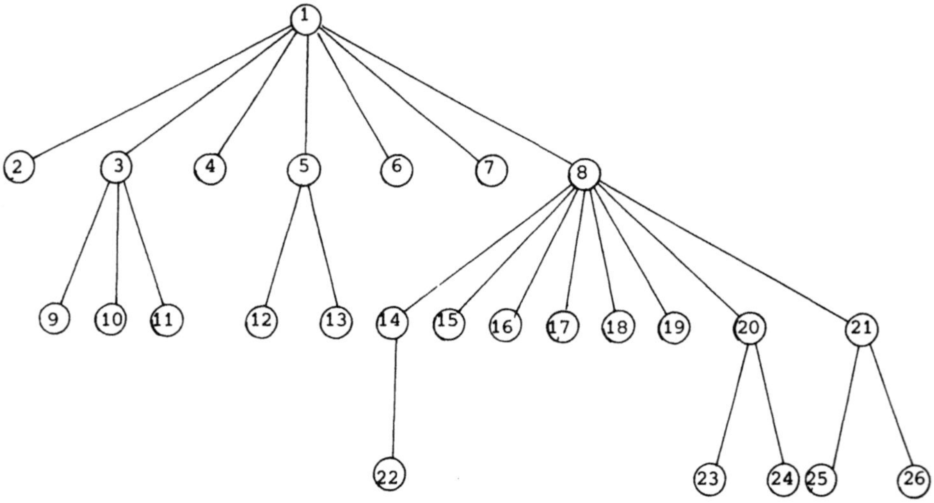

Figure 4: The MEDSYS 4-level, 26-stage assembly network.

The finished product MEDSYS possesses a yearly demand of 100 items. For the sake of simplicity we choose the length of the planning period as $\frac{250}{100} = 2,5$ days (we assume 250 working days per year). As a consequence we have $D = 1$. Furthermore we assume: $\alpha_i = \beta_i = 0.0018$, $i = 1, 2, \ldots, J$.

In Table 1 the remaining parameters of MEDSYS are displayed.

PARAMETERS OF MEDSYS									
i	v_i	F_i	L_i	M_i	i	v_i	F_i	L_i	M_i
1	2.60	100	452	1401	14	6.20	100	384	0
2	1000.00	800	0	5991	15	2.00	990	593	3172
3	6.40	100	185	361	16	2.30	1110	519	2668
4	14.60	450	81	410	17	1000.00	1810	0	4773
5	16.00	100	74	0	18	10.70	100	111	0
6	4.70	800	255	1148	19	1000.00	1750	0	3771
7	1000.00	500	0	1001	20	5.70	100	207	0
8	1.25	100	1891	0	21	13.30	100	177	0
9	1000.00	510	0	61	22	21.00	1280	56	5343
10	18.00	590	66	251	23	1000.00	690	0	858
11	1000.00	140	0	62	24	1000.00	1220	0	2311
12	1000.00	540	0	161	25	1000.00	1110	0	988
13	26.70	560	44	211	26	4.10	1190	586	1230

Table 1: The parameters of MEDSYS

The following (restricted) number of computerruns concerning MEDSYS have been carried out (with a FORTRAN computer code called SIMLOT):

A. The optimal assembly batches $n_i D$ are calculated by solving (with DP) problem (8) with $T = \infty$. Results: see Table 2.

B. The value $C^*_{tot}(T)$ has been calculated for a number of T-values.

Computing time was very moderate. Each alternative took about 4 seconds on the AMDAHL AV 8 SYSTEM (VSPC-FORTRAN).

THE QUANTITIES n_i $(T = \infty)$							
i	n_i	i	n_i	i	n_i	i	n_i
1	3	8	3	15	15	22	18
2	12	9	96	16	18	23	36
3	12	10	48	17	21	24	24
4	30	11	48	18	30	25	36
5	27	12	54	19	24	26	24
6	24	13	54	20	12		
7	24	14	9	21	12		

Table 2: The quantities n_i , i = 1, 2, ..., 26 for alternative A.

The main result of this paper is the opportunity to obtain insight into the relation of $C^*_{tot}(T)$ and T. Choosing the "best" combination of $C^*_{tot}(T)$ and T is in fact a *bicriterion decision problem* with which the logistics manager is faced. All combinations of $C^*_{tot}(T)$ and T constitute the *efficient frontier* or *Pareto optimal set* for this decision problem.

In figure 5 some combinations of $C^*_{tot}(T)$ and T are given.

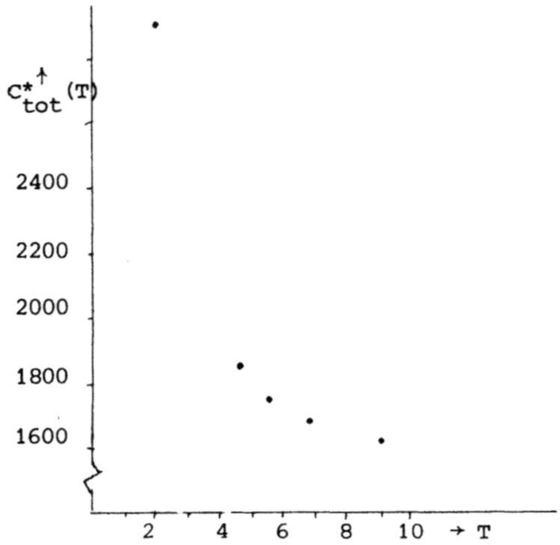

T	$C^*_{tot}(T)$
9.1	1628
6.8	1687
5.7	1750
4.6	1849
2.3	2906

Figure 5: Some combinations of $C^*_{tot}(T)$ and T.

From calculations performed on real products manufactured at Philips Medical Systems Division the authors conclude that application of SIMLOT implies *costprice* savings of 2 - 5 % in relation to the former way of lot-sizing.

Furthermore, a substantial reduction of the minimum network leadtime t could be achieved.

Acknowledgement: The authors wish to express their gratitude to Arja Kapitein (student of the Agricultural University Wageningen) for developing the second release of SIMLOT and providing the numerical results.

5. References

1. Blackburn, J.D. ; Millen, R.A.
   Simultaneous lot-sizing and Capacity Planning in Multi-Stage Assembly Processes, Working Paper No. 81-130,
   Owen Graduate School of Management, VanderBilt University.
2. Clark, A.J. ; Scarf, H.
   Optimal policies for a multi-echelon inventory problem,
   Management Science, Vol. 6, No. 4, July 1960, 475 - 490.

3. Crowston, W.B. ; Wagner, M. ; Williams, J.F.
Economic lot-size determination in multi-stage assembly systems,
Management Science, Vol. 19, No. 5, January 1973, 517 - 527.

4. Schonberger, R.J.
Kanban applications at Kawasaki, USA,
American Production & Inventory Control Society 1981 Conference Proceedings,
pp. 188 - 191.

5. Schwarz, L.B. ; Schrage, L.
Optimal and System myopic policies for multi-echelon production/inventory
assembly systems,
Management Science, Vol 21, No. 11, July 1975, 1285 - 1294.

6. Szendrovits, A.Z.
Non-integer optimal lot size ratios in two-stage production/inventory systems,
Int. Journal Prod. Res. 1983, Vol. 21, No. 3, 323 - 336.

7. Williams, J.F.
On the optimality of integer lot size ratios in "Economic Lot Size Determination
in Multi-Stage Assembly Systems",
Management Science, Vol. 28, No. 11, November 1982, 1341 - 1349.

DIE ANALYSE VON WARTESCHLANGENMODELLEN AUF DER BASIS REALER BETRIEBSDATEN EINER WERKSTATTFERTIGUNG

Wolfram Lorenz, Hannover

Die Fertigungssteuerung der oft stark vernetzten Fertigungsaufträge einer Werkstattfertigung basiert größtenteils auf deterministisch arbeitenden, rechenintensiven Planungsalgorithmen. Der Fertigungsprozeß hat aber wegen der nie vermeidbaren Störungen und Planabweichungen im realen Ablauf in erster Linie stochastischen Charakter. Dieser stochastische Charakter wird aber in herkömmlichen Methoden der Fertigungssteuerung nur ungenügend oder garnicht berücksichtigt, weil bisher die Anwendbarkeit von stochastischen Modellen nur unzureichend überprüft wurde.

Ziel des Beitrags ist deshalb die Überprüfung von 25 in der Literatur existierenden stochastischen Warteschlangenmodellen.

In der dafür besonders entwickelten Prüfmethode wird aus realen Rückmeldungen einer Fertigung die mittlere Durchlaufzeit der Arbeitssysteme gemessen. Nach der anschließenden Berechnung der Ankunfts- und Abfertigungsprozeßparameter und der mittleren Verweilzeit wird diese in einer Fehlerbetrachtung mit der zuvor gemessenen Durchlaufzeit verglichen.

Das für diese Untersuchung verwendete Datenmaterial entstammt Rückmeldungen der Teilefertigung eines metallverarbeitenden Unternehmens. Dabei wurden 3261 Aufträge mit 14889 Arbeitsvorgängen erfaßt, die sich während des Untersuchungszeitraums von 16 Wochen in dem aus über 100 Arbeitssystemen bestehenden Untersuchungsbereich befanden.

Als Hauptergebnis dieser Untersuchung ist der relativ große Fehler aller untersuchten Warteschlangenmodelle bei ihrer Anwendung auf betriebliche Daten einer Werkstattfertigung zu sehen. Er ist zurückzuführen auf unrealistische Voraussetzungen der Modelle, welche die speziellen Gegebenheiten einer Werkstattfertigung nicht berücksichtigen. Der Vortrag schließt mit Hinweisen zur Konzeption eines neuen verbesserten Modells.

Operations Research Proceedings 1983

EIN ZWEISTUFIGES MODELL ZUR GLÄTTUNG DER PRODUKTION UND DES PERSONALEINSATZES

Hans Otto Günther, Mannheim

1. Problemstellung

Quantitative Modelle zur mittelfristigen Planung des Produktionsprogramms nehmen in der betriebswirtschaftlichen Literatur einen breiten Raum ein. Häufig wird dabei der Einsatz des Personals in der Fertigung als gegeben unterstellt, und das gewinnmaximale Produktionsprogramm ist lediglich unter Beachtung von Kapazitäts- und Absatzhöchstmengen zu planen. Dagegen lautet in vielen praktischen Fällen die Problemstellung: wieviel Arbeitszeit ist in einer Planperiode im gesamten Fertigungsbereich einzusetzen, damit die Nachfrage nach allen Endprodukten vollständig befriedigt werden kann, und wie ist die Gesamtarbeitszeit auf einzelne Produktionszentren zu verteilen? Die Glättung des Personalbedarfs- und -einsatzes wird dabei oft als vorrangig gegenüber der Minimierung relevanter Fertigungskosten angesehen. Als Planungshorizont wird ein Zeitraum von 1-2 Jahren angenommen.

Den folgenden Ausführungen liegt ein praktischer Fall aus einem bekannten deutschen Industrieunternehmen zugrunde. Bei der Darstellung der Modelle wurde jedoch von unternehmensspezifischen Details abgesehen. Zur Einordnung des dargestellten Modells in den Gesamtzusammenhang der Unternehmensplanung vergleiche man /2/. Eine gute Übersicht über den Einsatz quantitativer Modelle bei der Personalplanung findet man in /4/.

Der gesamte betrachtete Fertigungsbereich ist in mehrere Fertigungslinien mit jeweils unabhängigem Materialfluß gegliedert. Sämtliche in einer Fertigungslinie hergestellten Endprodukte können zu einer Produktgruppe zusammengefaßt werden. Die hierbei unterstellte Aggregation ist aus praktischen wie rechentechnischen Gründen durchaus sinnvoll. Eine zu sehr ins Detail gehende Erfassung von Kapazitäts- und Produkteinheiten würde dem Charakter einer mittelfristigen Rahmenplanung widersprechen.

Operations Research Proceedings 1983

Ausgegangen wird von einem Gesamtpersonalbestand, der durch Einstellungen und Entlassungen den saisonalen Einflüssen angepaßt werden kann. Unterschiedliche zeitliche Schwankungen des Arbeitszeitbedarfs in den einzelnen Fertigungslinien werden durch Versetzungen von Arbeitskräften aufgefangen. Überstunden und Leerzeiten werden hier aus Vereinfachungsgründen ausgeschlossen, können jedoch ohne weiteres in die Modellformulierung einbezogen werden.

2. Formale Darstellung des Entscheidungsproblems

Der Planungshorizont von 1-2 Jahren ist in monatliche Teilperioden $t \in T$ $(t=1,\ldots,H)$ gegliedert. Der Index der Produktgruppen sei $i \in I$ $(i=1,\ldots,M)$. Wegen des linienförmigen und unabhängigen Materialflusses kennzeichnet der Index i gleichzeitig eine Fertigungslinie.

Zu bestimmen sind die Entscheidungsvariablen:

X_t = im gesamten Fertigungsbereich in Periode t eingesetzte Arbeitszeit (X_0 = geg.),

x_{it} = Produktionsmenge von Produktgruppe i in Periode t bzw. Output der entsprechenden Fertigungslinie (x_{io} = geg.).

An Daten sind gegeben:

a_i = Stückbearbeitungszeit von Produktgruppe i,

A_t = effektiv nutzbare Arbeitszeit pro Person in Periode t,

d_{it} = Nettobedarf von Produktgruppe i in Periode t.

Zur Erleichterung der formalen Darstellung wird folgende abkürzende Schreibweise verwendet:

$D_i(\underline{t},\overline{t})$ = Kumulierter Nettobedarf von Produktgruppe i von Periode $\underline{t}$ bis $\overline{t}$

$$= \text{Max } \{0; -x^L_{i,\underline{t}-1} + \sum_{K=\underline{t}}^{\overline{t}} d_{iK}\}$$

wobei $x^L_{i,\underline{t}-1}$ = Lagerbestand von Produktgruppe i am Ende der Periode $\underline{t}-1$

Bei der Modellformulierung wird von folgenden Annahmen ausgegangen:

(1) Maschinenkapazitäten stehen ausreichend zur Verfügung.

(2) Der Nettobedarf an Endprodukten ist deterministisch und schwankt saisonal.

(3) Die effektiv nutzbare Arbeitszeit pro Person und Periode unterliegt zeitlichen Schwankungen in Folge von Urlaubszeiten, Abwesenheiten, Betriebsschließungen usw.

(4) Die kurzzeitige Einstellung von Aushilfspersonal ist nicht vorgesehen.

(5) Qualifikationsunterschiede von Arbeitskräften sowie Zugehörigkeit zu Akkordgruppen und andere personalorganisatorische Gegebenheiten werden nicht betrachtet.

(6) Fremdbezug von Zwischenprodukten und die Fremdvergabe von Produktionsaufträgen werden nicht eingeplant.

(7) Der Produktionsprozeß wird für die Zwecke der mittelfristigen Planung als einstufig angenommen.

(8) Die Durchlaufzeiten betragen eine Periode.

(9) Rüstkosten werden in der mittelfristigen aggregierten Betrachtung vernachlässigt.

(10) Fehlmengen sind nicht erlaubt.

In der Literatur wird als Zielfunktion der mittelfristigen Produktionsplanung zumeist die Minimierung der relevanten Kosten bzw. die Maximierung des Deckungsbeitrages vorgeschlagen. Bezieht man den Personalbereich mit in die Planung ein, so scheitert die Formulierung einer Zielfunktion häufig an der mangelnden Quantifizierbarkeit einiger Personalkostenarten, wie etwa der Einstellungs-, Entlassungs- und Versetzungskosten. Ein Ausweg besteht in der Vorgabe eines teils qualitativen,teils quantitativen Mehrfachkriteriums und in der Formulierung von zusätzlichen Nebenbedingungen, die den Lösungsbereich im Hinblick auf die gewünschte Zielerreichung weiter einschränken. Die Lösung des Modells bedarf zu ihrer Verabschiedung als verbindlicher Rahmenplan der Zustimmung der Entscheidungsträger. Gegebenenfalls ist der Lösungsprozeß unter Einbeziehung der verantwortlichen Entscheidungsträger zu wiederholen, bis ein akzeptabler Plan gefunden ist.

In Anlehnung an einen Anwendungsfall aus der Praxis soll folgendes Mehrfachkriterium vorgeschlagen werden:

(K_1) Minimierung der externen Fluktuation

Unter externer Fluktuation soll die Veränderung der Beschäftigtenzahl durch Einstellungen und Entlassungen verstanden werden. Das Kriterium muß sowohl das Ausmaß der Fluktuation als auch die Kontinuität der Beschäftigungsbewegung einbeziehen. Dem Teilkriterium der kontinuierlichen Beschäftigungsbewegung genügt ein Plan, der längere Phasen der Abnahme, Zunahme bzw. Konstanz der Beschäftigung vorsieht. Innerhalb eines Horizonts von 24 Monaten seien höchstens 4 Änderungen der Beschäftigungsbewegung erlaubt. Unter Verzicht auf eine Quantifizierung der Fluktuationskosten ist dann ein Kriterium

$$K_1 = K_1 \ (X_t; \ t \in T)$$

zu minimieren mit der Nebenbedingung

$$X_t / A_t = X_{t-1} / A_{t-1} + \alpha_s \qquad t \in [t_{s-1}+1, t_s]$$

wobei s = Index für die Phasen der Beschäftigungsbewegung ($s=1,\ldots,S$) mit $1 \leq S \leq 4$

t_s = letzte Periode der Phase s

α_s = Veränderung der Beschäftigtenzahl pro Periode während der Phase s

Die obige Nebenbedingung entspricht einem stückweise linearen Verlauf der Beschäftigtenzahl.

(K_2) Minimierung der internen Fluktuation

Eine kontinuierliche Bewegung der Gesamtarbeiterzahl bedeutet noch nicht, daß auch in den einzelnen Produktionslinien der Personaleinsatz ausreichend geglättet ist. Verläuft wegen der unterschiedlichen Nachfragezeitreihen die Produktion der einzelnen Produktgruppen asynchron, so sind unter Umständen Versetzungen von Arbeitskräften erforderlich. Diese Versetzungen zwischen verschiedenen Produktionslinien werden im folgenden als interne Fluktuation bezeichnet und können als Funktion der Produktionsmengen dargestellt werden. Bei der Minimierung des Kriteriums

$$K_2 = K_2 \ (x_{it}; \ i \in I, \ t \in T)$$

ist sowohl das Ausmaß der Versetzungen als auch ihre zeitliche Verteilung von Interesse. Zwischen Produktions- und Beschäftigungsplan einerseits und den Versetzungen v_t in Periode t andererseits besteht folgender Zusammenhang:

$$v_t = \begin{cases} \sum_{i \in I} \text{Max} \{0; x_{i,t-1} \frac{a_i}{A_{t-1}} - x_{it} \frac{a_i}{A_t}\}, & \text{falls } X_t/A_t \geq X_{t-1}/A_{t-1} \\ & \text{(Einstellungen)} \\ \sum_{i \in I} \text{Max} \{0; x_{it} \frac{a_i}{A_t} - x_{i,t-1} \frac{a_i}{A_{t-1}}\}, & \text{falls } X_t/A_t < X_{t-1}/A_{t-1} \\ & \text{(Entlassungen)} \end{cases}$$

Nimmt man an, daß sich die Lagerungskosten pro Stück und Periode zwischen den einzelnen Produktgruppen nicht wesentlich unterscheiden, so kann auf die Minimierung der Lagerungskosten in der hier behandelten mittelfristigen Planung verzichtet werden.

Das Gesamtmodell (0) enthält ein zweifaches qualitativ-quantitatives Kriterium

(0.1) $K = \{K_1, K_2\}$

und die folgenden Nebenbedingungen:

stückweise linearer Beschäftigungsverlauf

(0.2) $X_t/A_t = X_{t-1}/A_{t-1} + \alpha_s$ $\qquad s = 1,\ldots,S$

(0.3) $1 \leq S \leq 4$ $\qquad t \in [t_{s-1}+1, t_s]$

$t_0 = 0, X_0 = \text{geg.}$

Allokation der Gesamtarbeitszeit auf Produktgruppen

(0.4) $X_t = \sum_{i \in I} a_i \cdot x_{it}$ $\qquad t \in T$

Bedarfsdeckung

(0.5) $\sum_{t=1}^{K} x_{it} \geq D_i(1,K)$ $\qquad K \in T, i \in I$

Nichtnegativität

(0.6) $x_{it}, X_t \geq 0$ $t \in T,\ i \in I$

Das Modell ließe sich als gemischt-ganzzahliges Programm darstellen. Jedoch legen die mangelnde Quantifizierbarkeit der Zielfunktion und der zu erwartende Rechenaufwand eine Strukturierung des Gesamtmodells und einen heuristischen Lösungsweg nahe.

3. Strukturierung des Gesamtmodells

Es bietet sich an, das Gesamtmodell in zwei Teilmodelle aufzuspalten, zum einen in die Glättung der Gesamtbeschäftigung mit der Minimierung der externen Fluktuation als Kriterium (Modell 1) und zum anderen in die Glättung der Produktion und des Personaleinsatzes mit der Minimierung der internen Fluktuation als Kriterium (Modell 2).

3.1 Glättung der Gesamtbeschäftigung

Das Modell (1) lautet:

Kriterium

(1.1) $K = K_1\ (X_t;\ t \in T)$

stückweise linearer Beschäftigungsverlauf

(1.2) $X_t/A_t = X_{t-1}/A_{t-1} + \alpha_s$ $s = 1,\dots,S$

(1.3) $1 \leq S \leq 4$ $t \in [t_{s-1}+1,\ t_s]$

Deckung des gesamten Arbeitszeitbedarfs

(1.4) $\sum_{t=1}^{K} X_t \geq \sum_{i \in I} a_i \cdot D_i(1,K)$ $K \in T$

Nichtnegativität

(1.5) $X_t \geq 0$ $t \in T$

Die vollständige Quantifizierbarkeit des Kriteriums vorausgesetzt, ließe sich eine exakte Lösung des Modells mit Hilfe der gemischt-ganzzahligen Programmierung erreichen. Die folgende Heuristik, die sich im praktischen Einsatz bewährt hat, führt mit geringem Rechenaufwand zu akzeptablen Beschäftigungsplänen.

Gesucht sind die Steigungen der Beschäftigungszeitreihen α_s und die dazugehörigen Phasen $[t_{s-1}+1,t_s]$, $(s=1,\ldots,S)$. Aus den Bedingungen (1.2) und (1.4) lassen sich Untergrenzen für α_s herleiten:

$$\alpha_s \geq UG_t(\alpha_s) = \frac{\sum\limits_{i\in I} a_i \cdot D_i(t_{s-1}+1,t) - X_{t_{s-1}}/A_{t_{s-1}} \sum\limits_{K=t_{s-1}+1}^{t} A_K}{\sum\limits_{K=t_{s-1}+1}^{t} A_K(K-t_{s-1})}$$

Eine Phase der Beschäftigungsbewegung endet mit einer Periode t_s, für die gilt

$$t_s = \max_t \{t \mid \alpha_s = UG_t(\alpha_s)\}$$

Über die Beziehung (1.2) läßt sich dann die Entwicklung der Beschäftigung fortschreiben. Man wiederholt die obigen Berechnungen, bis das Ende des Planungszeitraums erreicht ist. Jede so gefundene Lösung garantiert die Deckung des gesamten Arbeitszeitbedarfs (aufgrund der Nettobedarfsmengen aller Produktgruppen) und damit die Existenz einer zulässigen Lösung in dem nachfolgenden Teilmodell (2).

3.2 Glättung der Produktion und des Personaleinsatzes

Ausgehend von einer gegebenen Lösung X_t^0 $(t \in T)$ des Teilmodells (1) wird nun eine Disaggregation der Gesamtarbeitszeit in einzelne Produktionsmengen bzw. in den damit verbundenen Personaleinsatz angestrebt. Das Modell (2) lautet:

Kriterium

(2.1) $K = K_2\ (x_{it};\ i \in I,\ t \in T)$

Allokation der gegebenen Gesamtarbeitszeit auf Produktgruppen

(2.2) $\sum\limits_{i\in I} a_i \cdot x_{it} = X_t^0 \qquad t \in T$

Bedarfsdeckung

$$(2.3) \quad \sum_{t=1}^{K} x_{it} \geq D_i(1,K) \qquad K \in T,\ i \in I$$

Nichtnegativität

$$(2.4) \quad x_{it} \geq 0 \qquad t \in T,\ i \in I$$

Gelingt es, das Kriterium vollständig zu quantifizieren, so läßt sich dieses Teilmodell als lineares Programm formulieren. Ein LP-Modell mit einer zu minimierenden Zielfunktion $V = \sum_{t \in T} v_t$ mißachtet jedoch die gleichmäßige Verteilung der Versetzungen (v_t) über den Planungszeitraum. Es wurde daher auf einen stückweise-linearen Ansatz (ähnlich wie in Abschnitt 3.1 dargestellt) zurückgegriffen. Dabei muß durch geeignete Abfragen sichergestellt werden, daß alle relevanten Nebenbedingungen eingehalten werden. Vergleiche hierzu den Ansatz von GABBAY /1/.

Numerische Untersuchungen haben gezeigt, daß geeignete lineare Entscheidungsregeln im Vergleich mit LP-Modellen zu Lösungen führen können, die 1) Produktion und Beschäftigung stärker glätten, 2) im Zuge der rollenden Planung stabiler sind und die 3) unter stochastischen Nachfragebedingungen einen signifikant höheren Gewinn erzielen. (Siehe hierzu /3/.)

Literatur

/1/ GABBAY, H.
Optimal aggregation and disaggregation in hierarchical planning.
Disaggregation problems in manufacturing and service organizations, hrsg. von L.P. RITZMAN et al., Boston, 95-106 (1979).

/2/ GÖTZEN, G., KIRSCH, W.
Problemfelder und Entwicklungstendenzen der Planungspraxis.
ZfbF 31, 162-194 (1979)

/3/ GÜNTHER, H.O.
Mittelfristige Produktionsplanung: Konstruktion und Vergleich quantitativer Modelle.
München (1982)

/4/ SADOWSKI, D.
Der Stand der betriebswirtschaftlichen Theorie der Personalplanung.
ZfB 51, 88-105 (1981)

EIN VERFAHREN ZUR MEHRSTUFIGEN PRÄFERENZORIENTIERTEN ABLAUFPLANUNG

Gilbert Kalb, Berlin
Hans Röck, Berlin
Günter Schmidt, Berlin

Die Arbeit ist ein erster Versuch aufzuzeigen, wie das Instrumentarium des Operations Research praktisch nutzbar gemacht werden kann, um Gruppen bei der Planung des Arbeitseinsatzes ihrer Mitglieder im Fertigungsablauf nach deren individuellen zeitlichen und inhaltlichen Präferenzen zu unterstützen. Folgende Situation wird betrachtet: Eine Gruppe von Personen will in mehreren aufeinanderfolgenden Perioden eines längeren Planungszeitraumes verschiedene Tätigkeiten unter Einhaltung bestimmter Bedingungen durchführen. Zu Beginn jeder aktuellen Periode geben die Gruppenmitglieder ihre individuellen Wünsche hinsichtlich Arbeitszeit und Arbeitsinhalt an, indem sie ein Budget von Präferenzpunkten entsprechend auf die in dieser Periode noch offenen Tätigkeiten und Zeiten vergeben. Die Budgets werden dynamisch fortgeschrieben.

Ziel ist es, Tätigkeiten, Zeiten und Personen einander so zuzuordnen, daß über den Planungszeitraum insgesamt gesehen, ein qualifizierter Ausgleich der individuellen Wünsche erreicht wird. Daneben wird die Verträglichkeit der vorgegebenen Bedingungen überprüft.

Das Zuordnungsproblem der aktuellen Periode wird als ein Netzflußmodell formuliert, für das ein Lösungsverfahren auf einem Kleinrechner implementiert wurde. Der kostenminimale Fluß wird als optimale Zuordnung für die aktuelle Periode interpretiert.

Mögliche Handhabungsweisen dieses Ansatzes im Sinn fortlaufender Planung werden vorgeschlagen und diskutiert.

Operations Research Proceedings 1983

Literaturhinweise

AHRENS J.H.; FINKE G.
Primal transportation and transshipment algorithms.
ZOR 24, 1-32 (1980).

ARTHUR J.L.; RAVINDRAN A.
A multiple objective nurse scheduling model.
AIIE Transactions 13, 55-60 (1981).

COFFMAN E.G.jr.
Computer and Job-Shop Scheduling Theory.
Wiley, New York (1976).

HORN W.A.
Some simple scheduling algorithms.
Naval Res.Log.Quart. 21, 177-185 (1974).

MILLER H.F.; PIERSKALLA W.P.; RATH G.J.
Nurse scheduling using mathematical programming.
Operations Research 24, 857-870 (1976).

RÖCK H.
Equivalence of lower and upper capacitated mixed cost to upper capacitated nonnegative cost transshipment problems.
Bericht 78-25, Fachbereich Informatik, Technische Universität Berlin (1978).

SCHMIDT G.
Polynomial lösbare Ablaufplanungsprobleme mit zeitlich begrenzten Ressourcenverfügbarkeiten.
Dissertation, Fachbereich Informatik der Technischen Universität Berlin, Berlin 1983.

SMITH L.D.; WIGGINS A.
A computer-based nurse scheduling system.
Comput.and Opers. Res. 4, 195-242 (1977).

SMITH L.D.; WIGGINS A.; BIRD D.
Post implementation experience with computer assisted nurse scheduling in a large hospital.
INFOR 17, 309-321 (1979).

WARNER D.M.
Scheduling nursing personnel according to nursing preference: a mathematical programming approach.
Pers.Res. 24, 842-856 (1976).

AUSWAHL UND ANPASSUNG VON EINPRODUKT-LAGERHALTUNGSMODELLEN ZUR LÖSUNG RESTRINGIERTER MEHRPRODUKT-LAGERHALTUNGSPROBLEME

Jürgen Alscher, Mannheim

Zusammenfassung: Betriebliche Lagerhaltung ist i.d.R. eine artikelindividuelle Disposition, obwohl aufgrund von Restriktionen tatsächlich eine simultane Bestellmengenberechnung notwendig ist. Es wird gezeigt, daß in dieser Situation die bekannten Verfahren zur Bestellmengenberechnung unterschiedlich zweckmäßig sind, indem sie abhängig vom Nachfrageprozeß die Kapazitäten systematisch unterschiedlich auslasten. Damit wird eine an der Vermeidung von Restriktionsverletzungen orientierte Verfahrensauswahl möglich. Reicht diese zweckorientierte Auswahl nicht aus, wird gezeigt, wie über eine entsprechende Festlegung der Kostenparameter in den Einproduktmodellen eine zulässige Gesamtpolitik erzeugbar ist.

Summary: In practice multi-item inventory problems with constraints are handled by resolving n individual single-item inventory models. It is shown, that in this situation the well known single-item inventory models are differently useful. Therefore we can select the best model with respect to the relevant restriction. In addition to this model-selection a concept is developed to adapt the cost-parameter so, that a permissible inventory policy will be found, if there is an active restriction.

1. Das Modellauswahl- und Modellanpassungskonzept im Kontext betrieblicher Lagerhaltungsprobleme

Praktische Lagerhaltung bedeutet i.d.R. die Bevorratung mehrerer Artikel, die gemeinsam in einem Lagerraum chaotisch gelagert werden und für die Einlagerung und Bestellung gemeinsam von dafür vorgesehenen Betriebseinheiten ausgeführt werden. Die einzusetzenden Ressourcen, wie Lager- und Handlingkapazität, grenzen, als nur langfristig und in mehr oder weniger großen Einheiten veränderbare Potentiale, das Entscheidungsfeld ein. Die in der Praxis mit Hilfe deterministischer Lagerhaltungsmodelle erfolgende isolierte Einprodukt-Disposition, wird nur im Ausnahmefall auf eine nicht gegen die Nebenbedingungen verstoßende Gesamtlagerhaltungspolitik führen. Richtigerweise müßten restringierte Mehrprodukt-Lagerhaltungsmodelle eingesetzt werden. Solche Modelle sind aber bei einer praxisrelevanten Artikelanzahl numerisch nicht berechenbar, bzw. es stehen die notwendigen Lösungsalgorithmen in der Praxis nicht zur Verfügung. Die Steuerung der restringierten

Operations Research Proceedings 1983

Mehrprodukt-Lagerhaltung kann damit nur über die Realisation von Einprodukt-Lagerhaltungsmodellen angestrebt werden, so wie sie auch bereits in der Praxis implementiert sind. Vergegenwärtigt man sich, daß damit aber nicht das artikelindividuelle Ergebnis von Bedeutung ist, sondern die Lösung des Mehrproduktproblems, ergibt sich ein anderer Beurteilungsstandpunkt der Einproduktmodelle.
Einem von SCHNEEWEISS allgemein entworfenen und für die Probleme der betrieblichen Lagerhaltung konkretisierten Modellauswahl- und Modellanpassungskonzept folgend, stellt das Mehrprodukt-Modell ein unberechenbares, u.U. auch nicht quantitativ modellierbares Obermodell dar, aus dem durch Vernachlässigung der aus den Restriktionen resultierenden Interdependenzen als handhabbare Hilfs- oder Untermodelle zur Lösung des Obermodells die Einprodukt-Lagerhaltungsmodelle abgeleitet werden. Die Modellauswahl verlangt im Rahmen dieses Konzeptes dann die Auswahl des zur Lösung des Obermodells zweckmäßigsten Untermodells, während die Modellanpassung die Modifikation der Untermodelle zur Berücksichtigung der vernachlässigten Interdependenzen vorsieht. Dazu werden Elemente in die Untermodelle eingeführt, die sich nicht aus dem durch sie abgebildeten Sachverhalt ergeben, sondern die lediglich der Untermodellsteuerung dienen, um aus diesen hinsichtlich des Obermodells befriedigende Lösungen zu berechnen.

Obermodell:
stochastisch instationäres restringiertes Mehrprodukt-Lagerhaltungsmodell mit periodischer Inspektion

U n t e r m o d e l l a u s w a h l u n d - a n p a s s u n g

Einprodukt-Lagerhaltungsmodell des Artikels 1	Einprodukt-Lagerhaltungsmodell des Artikels 2	. . .	Einprodukt-Lagerhaltungsmodell des Artikels n

Werden nur solche bereits in der betrieblichen Praxis implementierte Verfahren zur Bestellmengenberechnung in die Modellauswahl einbezogen, so ist z.B. auszuwählen zwischen

- dem part-period Verfahren (PPV)
- dem Verfahren der gleitenden Losgröße (GLV) und
- dem Wagner-Whitin-Algorithmus (WWA).

Diese deterministischen Untermodelle werden zur Bewältigung der gegebenen Stochastik in eine rollierende Bestellmengenplanung integriert, wobei die stochastischen Größen über Prognosen in "quasi-deterministische" transformiert werden. Demnach wird eine Bestellung u_{it} für den Artikel i zum Lagerüberprüfzeitpunkt t dann ausgelöst, wenn der disponible Lagerbestand z_{it}^{d} kleiner ist als der Bestellpunkt s_{it}. Dieser wird aus den zum Zeitpunkt t für die Perioden t+k, k=0,1,2,...,K berechneten Absatzprognosen $\hat{r}_{it}(t+k)$ und dem Sicherheitsbestand SB_{it} ermittelt:

$$(1) \qquad s_{it} := \sum_{k=0}^{TW_i} \hat{r}_{it}(t+k) + SB_{it} \quad .$$

Mit TW_i wird die ebenfalls prognostizierte Wiederbeschaffungszeit des Artikels i bezeichnet. Die Bestellmenge u_{it} ergibt sich wie folgt:

$$(2) \qquad u_{it} = \begin{cases} u_{it}^{*} + \sum_{k=0}^{TW_i - 1} \hat{r}_{it}(t+k) + SB_{it} - z_{it}^{d}, & \text{falls } z_{it}^{d} < s_{it} \\ 0 & \text{falls } z_{it}^{d} \geq s_{it} \end{cases}$$

Die so festgelegte Bestellregel (2) zeigt die Dekomposition des Mehrproduktproblems in n isoliert zu lösende Einproduktprobleme auf. Die Bestellung des Artikels i wird ausgelöst ohne Orientierung an den Lagerhaltungspolitiken der anderen Artikel.

Nach (2) setzt sich eine positive Bestellmenge u_{it} zusammen aus der optimalen Bestellmenge u^{*}_{it}, die sich aus der Anwendung und Berechnung eines Lagerhaltungsmodells ergibt, und einem Restglied, mit dem ein voraussichtlicher Lagerbestand zum Zeitpunkt des Eintreffens der Bestellung im Lager berücksichtigt wird. Welches Modell zur Berechnung der optimalen Bestellmenge u_{it}^{*} herangezogen wird, hat sich im Kontext des oben vorgestellten Konzeptes nun nicht mehr hinsichtlich eines Kostenkriteriums auf der Einprodukt-Dispositionsebene auszurichten, sondern nach dem Obermodell und insbesondere den hier berücksichtigten Restriktionen. Ist z.B. die vorhandene Handlingkapazität der Engpaß, so ist die Realisation eines Untermodells angezeigt, das im Vergleich zu den anderen Ansätzen systematisch größere Bestellmengen berechnet. Gerade solche Unterschiede lassen sich für die oben angeführten Lagerhaltungsmodelle in Abhängigkeit von der Art des Nachfrageprozesses feststellen, so daß ausgehend davon, ob die Handling- oder Lagerbestandsrestriktion zu beachten ist, ein entsprechend zweckmäßiges Modell ausgewählt werden kann.

2. Restriktionsorientierte Modellauswahl bei unterschiedlicher Nachfrage

Ohne auf die analytischen Ableitungen einzugehen, soll anhand von Simulationsergebnissen die unterschiedliche Zweckmäßigkeit der oben ausgewählten Einprodukt-Lagerhaltungsmodelle aufgezeigt werden. Es wurde die isolierte, rollierende Bestellmengenplanung von 16 Artikeln mit jeweils den angegebenen Verfahren und bei unterschiedlichen Nachfrageprozessen nachgebildet. Die im folgenden wiedergegebenen Auswertungen beziehen 150 bzw. 160 Beobachtungsperioden ein. Um Abhängigkeiten und der Sensitivität der Ergebnisse nachgehen zu können, wurde der Prognosefehler und die Bestellhäufigkeit variiert, so daß sich jeweils unter Zugrundelegung eines bestimmten Nachfrageprozesses vier zu untersuchende Mehrprodukt-Lagerhaltungsprobleme ergaben, die im folgenden mit a) bis d) bezeichnet sind.

Prognosefehler	Bestellhäufigkeit allg. hoch	allg. niedrig
allg. niedrig	a)	b)
allg. hoch	c)	d)

2.1 Zweckmäßigkeitsauswahl im Fall konstanter Nachfrageprozesse

Weisen alle zu disponierenden Artikel einen konstanten Nachfrageprozeß (gleichverteilte Periodennachfragen) auf und werden dementsprechend die Prognosen für die deterministische Bestellmengenplanung mit solchen Prognoseverfahren wie der "Exp. Glättung 1. Ordnung" oder "gleitende Mittelwertmethode" berechnet, so stellt der WWA das zweckmäßigste Verfahren zur Berechnung der u^*_{it} dar, wenn im Obermodell die Lagerbestandsrestriktion einzubeziehen ist. Die anderen Verfahren führen bei identischen Ergebnissen auf einen wesentlich höheren durchschnittlichen Periodenlagerbestand ØLB und auf eine zeitliche Kapazitätsauslastung, bei der in mehr Perioden eine gegebene Lagerkapazität verletzt würde.

Ist dagegen im Obermodell die Handlingrestriktion zu berücksichtigen, so sind die PPV/GLV-Politiken zweckmäßiger, da aus ihnen eine niedrigere durchschnittliche Anzahl an Bestellungen pro Periode ØBA und ein günstigeres Auslastungsprofil der Handlingkapazität im Zeitablauf resultiert. Diese Periodendurchschnittswerte bzw. das jeweils realisierte Konfidenzintervall LB_{KI} für ØLB und das für die durchschnittliche Anzahl an Bestellungen pro Periode BA_{KI} sind in der folgenden Tabelle für die vier untersuchten Mehrprodukt-Lagerhaltungsprobleme wiedergegeben.

		WWA	PPV/GLV		WWA	PPV/GLV
a)	ØLB	6878	9411	ØBA	5,84	3,84
	LB_{KI}	6856; 6900	9389; 9434	BA_{KI}	5,82;5,87	3,83;3,85
b)	ØLB	10657	14453	ØBA	3,48	2,48
	LB_{KI}	10633;10682	14427;14479	BA_{KI}	3,46;3,79	2,47;2,49
c)	ØLB	7105	9550	ØBA	5,59	3,71
	LB_{KI}	7024; 7186	9458; 9641	BA_{KI}	5,55;5,63	3,69;3,73
d)	ØLB	10803	14552	ØBA	3,37	2,44
	LB_{KI}	10710;10897	14442;14663	BA_{KI}	3,34;3,39	2,42;2,46

Indem die PPV/GLV-Politiken höhere Lagerbestände bewirken, resultiert daraus auch eine erhöhte Lieferbereitschaft. Die entsprechenden Servicegrade liegen bis zu drei Prozentpunkte über denen der WWA-Politiken. Die zweckmäßigere zeitliche Lagerkapazitätsnutzung durch die WWA-Politiken zeigt sich, indem diese in a) auf 150, b) 148, c) 150, d) 150 Perioden von den ausgewerteten 150 auf einen signifikant geringeren Periodenlagerbestand führen.

Im Fall der Handlingkapazitätsausnutzung sind diese Ergebnisse nicht ganz so eindeutig. Die PPV/GLV-Politiken führen in a) auf 130, b) 83, c) 131, d) 74 Perioden mit einer signifikant geringeren Anzahl an Bestellungen. Die Signifikanz der Zweckmäßigkeit der PPV-GLV-Politiken nimmt dabei mit geringer werdender Bestellhäufigkeit ab. Da jedoch in der Mehrzahl der betrachteten 150 Perioden die durchschnittliche Anzahl an Bestellungen pro Periode bei den PPV/GLV-Politiken unterhalb der durchschnittlichen Periodenbestellhäufigkeit der WWA-Politiken liegt, kann davon ausgegangen werden, daß eine erhöhte Anzahl an Simulationsläufen oder die Einbeziehung von mehr als 16 Artikeln, bei den PPV/GLV-Politiken auf mehr Perioden mit einer geringeren Auslastung führen würde.

2.2 Zweckmäßigkeitsauswahl im Fall konstanter saisonaler Nachfrage

Im folgenden wird nun für alle Artikel ein konstanter saisonaler Nachfrageprozeß unterstellt. Zur Prognoseberechnung wird das Verfahren von Winters herangezogen. Aufgrund unterschiedlicher Zyklen bei den einzelnen Nachfragen werden pro Simulationslauf 160 Perioden ausgewertet. Im einzelnen sind die Ergebnisse der folgenden Tabelle zu entnehmen.

	WWA		PPV		GLV	
	ØLB	LB_{KI}	ØLB	LB_{KI}	ØLB	LB_{KI}
a)	6744	6727; 6761	7933	7907; 7959	9765	9765; 9828
b)	10955	10904;11007	13381	13355;13407	16552	16552;16617
c)	7227	7170; 7285	8417	8364; 8470	9897	9818; 9977
d)	11224	11136;11311	13746	13685;13807	16763	16633;16894
	ØBA	BA_{KI}	ØBA	BA_{KI}	ØBA	BA_{KI}
a)	5,14	5,12;5,16	4,31	4,28;4,33	4,25	4,23;4,28
b)	2,73	2,71;2,75	2,34	2,33;2,35	2,35	2,34;2,35
c)	5,17	5,14;5,21	4,31	4,28;4,34	4,22	4,19;4,25
d)	2,79	2,76;2,82	2,34	2,33;2,35	2,31	2,29;2,32

Wieder ist der WWA das zweckmäßigste Verfahren, wenn die Modellauswahl vor dem Hintergrund der Lagerplatzrestriktion erfolgt. Dies gilt auch hinsichtlich der Lagerkapazitätsauslastung im Zeitablauf. Das PPV führt in a) 150, b) 147, c) 155, d) 159 der ausgewerteten 160 Perioden signifikant auf einen höheren Periodenlagerbestand. Beim GLV sind dies a) 152, b) 153, c) 151, d) 156 Perioden.
Ist dagegen die Handlingkapazität zu berücksichtigen, so empfiehlt sich die Anwendung des PPV bzw. GLV. Das GLV führt auf die geringste durchschnittliche Periodenauslastung dieser Kapazität, ebenso ist die zeitliche Auslastung, die aus der Anwendung des PPV resultiert, günstiger zu beurteilen. Jeweils in a) 77, b) 67, c) 73, d) 80 Perioden von den betrachteten 160 ist die Anzahl an Bestellungen pro Periode beim PPV signifikant höher.

2.3 Zweckmäßigkeitsauswahl im Fall einer trendförmigen Nachfrage

Abschließend wird der Fall betrachtet, daß alle Artikel einen linear ansteigenden Nachfrageverlauf aufweisen. Zur Prognoseberechnung wird die "Exp. Glättung 2. Ordnung" herangezogen. Pro Simulationslauf werden 150 Perioden ausgewertet. Die analytischen Untersuchungen führen wieder auf den WWA als zweckmäßigstes Verfahren im Fall einer lagerrestriktionsorientierten Auswahl, bzw. auf das GLV bei einer handlingrestriktionsorientierten Auswahl. Die folgenden Simulationsergebnisse verdeutlichen dies.

	WWA		PPV		GLV	
	∅LB	LB_{KI}	∅LB	LB_{KI}	∅LB	LB_{KI}
a)	32918	32843;32992	39838	39767;39909	39916	39841;39991
b)	52056	51991;52121	67077	66974;67180	67368	67249;67487
c)	33830	33583;34077	40605	40363;40806	40722	40486;40957
d)	52722	52459;52985	67534	67261;67807	67887	67575;68200
	∅BA	BA_{KI}	∅BA	BA_{KI}	∅BA	BA_{KI}
a)	6,01	5,99 ; 6,03	4,89	4,87 ; 4,92	4,88	4,86 ; 4,90
b)	3,37	3,36 ; 3,38	2,54	2,53 ; 2,55	2,53	2,52 ; 2,54
c)	5,96	5,94 ; 5,98	4,86	4,84 ; 4,88	4,84	4,82 ; 4,86
d)	3,34	3,33 ; 3,35	2,52	2,51 ; 2,53	2,50	2,49 ; 2,51

Die Auswertung der obigen Simulationsergebnisse unter der Berücksichtigung, daß sie sich aus einer varianzreduzierenden parallelen Doppelsimulation ergeben, weist in allen Entscheidungssituationen für das GLV signifikant eine niedrigere durchschnittliche Bestellanzahl aus. Allerdings resultieren aus dem GLV gegenüber dem PPV nur in a) 62, b) 27, c) 55, d) 20 Perioden eine signifikant niedrigere Anzahl an Bestellungen pro Periode. Für die restlichen Perioden läßt sich dies statistisch abgesichert nicht ableiten.

3. Restriktionsorientierte Modellanpassung

Im vorhergehenden Abschnitt wurden die durch eine zweckorientierte Untermodellauswahl erzielbaren Wirkungen aufgezeigt. Ergibt sich trotz Anwendung des jeweils zweckmäßigsten Untermodells eine unzulässige Gesamtbestellpolitik, so ist die Modellanpassung vorzunehmen. Ausgehend von den betrachteten Untermodellen bietet sich hier als Strategie die Kostenparameteranpassung an, die ihre theoretische Begründung in der wertmäßigen Kostentheorie findet. Hier wurde gezeigt, daß eine isolierte Planung statt einer notwendigen Simultanplanung im Fall aktiver Nebenbedingungen dann möglich ist, wenn neben den pagatorischen Kosten, Opportunitätskosten berücksichtigt werden. Dies setzt allerdings die Lösung eines Simultanansatzes voraus, was aber gerade hier nicht möglich ist. Somit kann nur eine ausreichend genaue Festlegung der Opportunitätskosten erfolgen, die nicht zwingend auf eine zulässige Gesamtpolitik führen müssen. In Abhängigkeit von der wirksamen Restriktion wird zunächst das zweckmäßigste Untermodell ausgewählt; anschließend werden Kostenparameter eingesetzt, die sich aus den pagatorischen Kosten und den angenähert bestimmten Opportunitätskosten der aktiven Restriktion zusammensetzen. Diese sollen als Lenkkostenparameter in Abgrenzung zu den wertmäßigen Kosten mit exakt ermittel-

ten Opportunitätskosten bezeichnet werden.
Die Lenkkostenparameterbestimmung erfolgt hier über die Berechnung eines restringierten Mehrprodukt-Wurzelmodells, denn dieses ist im Gegensatz zu einem restringierten deterministisch dynamischen Modell berechenbar. Die aus der Lösung des Wurzelmodells resultierenden Opportunitätskosten führen anschließend auf die Lenkkostenparameter der deterministisch dynamischen Einproduktmodelle.

3.1 Modellanpassung an eine aktive Lagerrestriktion

Für den Fall einer aktiven Lagerrestriktion hat sich der WWA als zweckmäßigster Ansatz zur Bestellmengenberechnung für sämtliche Nachfragestrukturen herausgestellt. Die Wahl dieses Verfahrens ist aber nicht ausreichend, wenn in Abänderung zu den oben betrachteten Entscheidungssituationen im Fall der gleichverteilten und saisonalen Nachfrage eine Lagerkapazität von 5000 Kapazitätseinheiten bzw. bei der trendförmigen Nachfragesituation eine von 25000 Einheiten gegeben ist. Die notwendige Kostenparameteranpassung nach dem oben skizzierten Verfahren führt in der Entscheidungssituation a) auf die folgenden Ergebnisse.

Nachfrage	Kapazität	⌀LB ohne Anpassung	⌀LB mit Anpassung
gleichverteilt	5 000	6 878	3 331
saisonal	5 000	6 744	2 612
trendförmig	25 000	32 918	17 617

Während die unangepaßten Politiken im Fall der
- gleichverteilten Nachfrage auf 150 von 150,
- saisonalen Nachfrage auf 122 von 160,
- trendförmigen Nachfrage auf 149 von 150

Perioden mit einem unzulässigen Lagerbestand führen würden, ergeben sich nach der Anpassung aus der isolierten Disposition der betrachteten 16 Artikel in allen Fällen sämtlich nur zulässige Periodenlagerbestände. Damit erzeugt die Kostenparameteranpassung auch eine strukturell zulässige Gesamtbestellpolitik.

3.2 Modellanpassung an eine aktive Handlingrestriktion

Die vor dem Hintergrund einer restriktiv wirkenden Handlingkapazität erfolgende Modellauswahl führt zur Realisation des PPV/GLV im Fall gleichverteilter Nachfrage (hier liefern beide Ansätze identische Ergebnisse); bei trendförmiger Nachfrage zur Auswahl der GLV; während bei saisonaler Nachfrage die Wahl zwischen PPV und GLV zu erfolgen hat. Das PPV führt auf eine etwas höhere, und auch ungleichmäßigere Auslastung. Wird für die Entscheidungssituation a) eine aktiv wirkende Handlingkapazität von 2 Bestellungen pro Periode unterstellt, so führen die mit Lenkkostenparametern berechneten Bestellpolitiken auf die folgenden Ergebnisse.

Nachfrage	Verfahren	Kapazität	∅BA ohne Anpassung	∅BA mit Anpassung	zul.Periodenauslast. ohne Anp.	mit Anp.
gleichverteilte	PPV/ GLV	2	3,84	2,13	0	70
saisonal	GLV	2	4,25	2,01	1	82
trendförmig	GLV	2	4,88	2,09	0	66

Es zeigt sich, daß im Fall der Handlingrestriktion die Kostenparameteranpassung zwar auf eine niveaumäßige Zulässigkeit führt, nicht jedoch auf eine vollständige strukturelle.Diese kann jetzt aber dadurch erzielt werden, wenn jeweils in den Perioden, in denen die Kapazität nicht vollständig genutzt wird, noch nicht notwendige Bestellungen vorgezogen werden.

<u>Literatur:</u>

SCHNEEWEISS, CH.
MODELLIERUNG INDUSTRIELLER LAGERHALTUNGS-SYSTEME.
BERLIN HEIDELBERG NEW YORK 1981

AUFBAU UND ARBEITSWEISE EINES DIALOGORIENTIERTEN PLANUNGSSYSTEMS ZUR DURCHFÜHRUNG BETRIEBLICHER JAHRESABSCHLUSSPRÜFUNGEN

Roland Gabriel, Kaiserslautern
Wolfgang Knop, Duisburg

Die Planung einer einzelnen betrieblichen Jahresabschlußprüfung durch eine Wirtschaftsprüfungsunternehmung stellt i.d.R. ein sehr komplexes Problem dar, das sich als Netzplan darstellen läßt. Herkömmliche Verfahren (zur Durchführung der Zeit- und Strukturplanung) versagen hier aufgrund starker Unsicherheiten im Datenmaterial, die u.a. auf eine prinzipiell variable Zuordnung der Prüfer zu einzelnen Teilen einer Jahresabschlußprüfung zurückzuführen sind. Einen Ausweg bietet die interaktive Vorgehensweise, bei der stets neue Informationen und auch alternative Daten beim Lösungsprozeß berücksichtigt werden können. Zu diesem Zweck wurde ein computerunterstütztes Planungssystem aufgebaut, das auf einem Kleinrechner implementiert wurde. Zur Durchführung der Zeitplanung, der Struktur- und Personalplanung wurden Modelle und Methoden entwickelt, die in einem benutzerfreundlichen Dialog vom Wirtschaftsprüfer genutzt werden können. Sehr schnell lassen sich Lösungen generieren, die man z.B. durch Eingabe unterschiedlicher Prüfungszeiten und Strukturgrößen erhält. Basis hierfür ist neben der Modell- und Methodenbank eine Datenbank, die alle relevanten Problemdaten enthält. Die Modelle und Methoden stammen aus der Netzplantechnik und der linearen ganzzahligen Optimierungstheorie. Ziel des Vortrags ist die Darstellung des Aufbaus und der Arbeitsweise des implementierten Planungssystems. Dabei sollen die praktische Realisierung und die Vorteile gegenüber herkömmlichen Verfahren aufgezeigt werden.

Operations Research Proceedings 1983

PROJEKTMANAGEMENT BEI DER ENTWICKLUNG VON EDV-ANWENDUNGSSYSTEMEN IN DEUTSCHEN UNTERNEHMEN

Jürgen Selig, Darmstadt

Vor dem Hintergrund ständig fallender Hardware-Preise rückt die termin-, kosten- und leistungsgerechte Entwicklung von EDV-Anwendungssystemen in den Unternehmen immer mehr in den Vordergrund. In dem Bemühen, die Qualität der Software zu erhöhen und gleichzeitig den Entwicklungsprozeß effizienter und zielorientierter zu gestalten, entstand in den letzten Jahren eine Vielzahl von Methoden, Techniken und Hilfsmitteln zur Software-Entwicklung. Unsere Überzeugung ist es jedoch, daß der Schlüssel für eine erfolgreichere Software-Entwicklung hauptsächlich in der organisatorischen Gestaltung des Entwicklungsprozesses und in dessen Management liegt. Bestätigung fanden wir in einer von der Gesellschaft für Mathematik und Datenverarbeitung (GMD) geleiteten Untersuchung, deren Ziel zunächst eine "Bestandsaufnahme über die Methoden und Hilfsmittel für die Software-Produktion" (/1/, S.13) war und deren Schwerpunkt im Verlauf aufgrund erster Ergebnisse u.a. auf das Projektmanagement gelegt wurde (vgl. /1/, S.16).

Dies war Ausgangspunkt des von Prof. Müller-Merbach geleiteten Forschungsprojekts "Der Prozeß des Modellbaus und der Systemanalyse", für dessen finanzielle Unterstützung wir der Deutschen Forschungsgemeinschaft (DFG) danken möchten. Neben der Entwicklung von EDV-Anwendungssystemen wird in diesem Projekt parallel der Prozeß der Entwicklung von Planungsmodellen im Sinne des Operations Research (OR-Prozeß) untersucht. Erste Ergebnisse des Parallelprojekts stellt Möser auf dieser Tagung vor (/8/).

Ziel des gemeinsamen Forschungsprojekts ist es, den Umfang der Prozesse, d.h. die durchzuführenden Tätigkeiten und den Ablauf, d.h. die zeitliche Anordnung dieser Tätigkeiten zu untersuchen. Uns interessierte die Frage, inwieweit diese Prozesse in der Praxis festgelegt sind, welche Ablaufempfehlungen gegeben und welche Erfahrungen verzeichnet werden, um darauf aufbauend Folgerungen abzuleiten und Gestaltungsempfehlungen abgeben zu können.

Operations Research Proceedings 1983

1. Die empirische Untersuchung

Nach der Entwicklung eines konzeptionellen Bezugsrahmens (vgl. /11/, S. 657) begann der empirische Teil des Projekts mit der Durchführung einer Voruntersuchung (vgl. /7/), um den gewählten Ansatz sowohl inhaltlich als auch formal zu überprüfen. Die Hauptuntersuchung wurde im Jahr 1982 durchgeführt. Die Datenerhebung erfolgt in Form Strukturierter Interviews, die eine Dauer von 3-4 Stunden hatten und möglichst von Möser und dem Autor gemeinsam durchgeführt wurden. Die Fragen waren strukturiert in die Themenbereiche (siehe auch /9/):

- Angaben zum Unternehmen,
- Angaben zur EDV-Abteilung (z.B. Organisation, Größe, Mitarbeiter etc.),
- Angaben zum funktionellen Projektmanagement (z.B. Projektantrag, Wirtschaftlichkeitsanalyse, Projektplanung, -steuerung und -kontrolle),
- Angaben zum institutionellen Projektmanagement (z.B. Projektteam, Projektleiter, Kompetenzen etc.),
- Angaben zur Projektdurchführung und formelle Regelungen.

Im Bereich der Systementwicklung wurden in 36 Unternehmen 58 Personen aus EDV-Abteilungen befragt. Diese teilten sich auf nach der Funktion in 8 ORG/DV-Leiter, 28 Personen mit Leitungsfunktion in der Systementwicklung, 12 Projektleiter, 2 Organisatoren/Systemanalytiker und 8 Leiter bzw. Mitarbeiter der DV-Methodengruppe.

Die Auswahl der befragten Unternehmen wurde in erster Linie von der Paralleluntersuchung beeinflußt, wo eine Vollerhebung der in der Bundesrepublik Deutschland bestehenden OR-Gruppen angestrebt wurde, da es unser Ziel war, möglichst den Systementwicklungsprozeß und den OR-Prozeß im gleichen Unternehmen parallel untersuchen zu können. Dies gelang auch in 26 der 36 befragten Unternehmen, die restlichen 10 Unternehmen wurden angesprochen aufgrund uns bekannt gewordener, interessant erscheinender Ansätze zur Entwicklung von Anwendungssystemen. Insofern ist die Untersuchung im Bereich der Datenverarbeitung nicht als voll repräsentativ anzusehen. In die Untersuchung wurden 3 DV-Dienstleistungsunternehmen neben Unternehmen aus 13 verschiedenen Branchen einbezogen, bei denen es sich fast ausschließlich um Großunternehmen handelt. So lag der Umsatz 1981 in 28 Unternehmen (85%) über einer Milliarde DM. In den EDV-Abteilungen waren in 23 Unternehmen (72%) mehr als 100 Mitarbeiter beschäftigt, davon mit der Entwicklung von Anwendungssystemen in 30 Abteilungen (86%) mehr als 25 Mitarbeiter.

Nach der Datenerhebung und -aufbereitung wurden die Antworten zu den offenen Fragen strukturiert. Das Projekt befindet sich jetzt in der Phase der Interpretation. Aus dem Fragenbereich funktionelles Projektmanagement seien im folgenden einige ausgewählte erste Ergebnisse vorgestellt. Die Ausführungen stützen sich dabei teilweise auf an der TH Darmstadt durchgeführte Diplomarbeiten (vgl. /5/, /6/, /10/).

2. Problembereiche bei der Entwicklung von EDV-Anwendungssystemen

Die Interviewpartner wurden gebeten, auf Likert-Skalen eine Bewertung der Probleme bei der Entwicklung von Anwendungssystemen vorzunehmen. Angekreuzt werden konnte mit einer Bewertungsziffer von 1 bis 5 'sehr großer', 'großer', 'mittlerer', 'kleiner' und 'kein' Problembereich (vgl. Anhang, Abb. 1). Aus dem arithmetischen Mittel dieser Angaben lassen sich die folgenden Aussagen ableiten:

- Die Zeit- und Kostenschätzung sowie die Einhaltung von Budgets und Terminen werden im arithmetischen Mittel aller Interviewpartner als größte Problembereiche gesehen.
- Mit deutlichem Abstand, aber immer noch als mittlerer Problembereich, wird die Definition der Anforderungen, Qualitätsstandards und -kontrolle sowie die Dokumentation erkennbar.
- Als deutlich unproblematisch erweist sich das Finden geeigneter Projekte sowie die Codierung.

Diese Ergebnisse decken sich von der Tendenz her mit denen von Abel aus dem Jahr 1980 (vgl. /1/, S.53).

Deutliche Unterschiede in der Problemsicht ergeben sich, teilt man die Interviewpartner in die eingangs erwähnten Personengruppen auf. Danach werden die aufgeführten Problembereiche von den ORG/DV-Leitern meistens als geringer und von den Mitarbeitern aus Methodengruppen (7 Antworten) meist deutlich höher als im arithmetischen Mittel aller Antworten eingestuft. Diese niedrigere Problemsicht der ORG/DV-Leiter fällt insbesondere bei der Zeit- und Kostenschätzung sowie dem Punkt Qualitätsstandards und -kontrolle auf. Die Definition der Anforderungen wird von dieser Gruppe als größter Problembereich empfunden. Weiterhin ist darauf hinzuweisen, daß die Projektleiter die Zeit- und Kostenschätzung sowie die Einhaltung von Budgets und Terminen überdurchschnittlich und als größte Problembereiche für ihre Arbeit ansehen. Daher wollen wir im Anschluß die Wirtschaftlichkeitsanalyse näher betrachten, in deren Verlauf eine Kostenschätzung durchzuführen ist.

3. Wirtschaftlichkeitsanalyse (WA) und Nachkalkulation (NK) von EDV-Anwendungssystemen

Die Entwicklung von Anwendungssystemen erfordert in den Unternehmen einen beträchtlichen Aufwand. Daher ist zu fordern, daß die Projekte - wie alle anderen Investitionen auch - einer Wirtschaftlichkeitsanalyse zu unterziehen sind. Inwieweit dieser Forderung in der Praxis aber gefolgt wird, zeigen die folgenden Ergebnisse.

Angaben darüber, bei welchen EDV-Projekten WA eingesetzt werden, lagen von 16 der 36 Unternehmen vor. Danach werden

- nur in 6 Unternehmen generell für alle EDV-Projekte WA durchgeführt,
- in 10 Unternehmen muß eine gewisse Projektgröße erreicht sein, ab der eine WA notwendig wird. Diese Größe liegt in 3 Unternehmen unter 1/2 Mannjahr (MJ), in 4 Unternehmen zwischen 1/2 und 2 MJ, in 3 Unternehmen über 5 MJ.

Damit führen 9 der 16 Unternehmen (56%) schon bei relativ kleinen Projekten (unter 1/2 MJ) eine WA durch. Um so mehr erstaunt aber, daß in 3 Unternehmen Investitionen bis zu ca. 0,5 Mio DM (bei 1 MJ = ca. 100.000,- DM) ohne eine WA getätigt werden.
Den Einsatz eines <u>standardisierten Verfahrens</u> gaben etwa die Hälfte der befragten Unternehmen (19 von 36) an.

Die Zuständigkeit für die Kostenschätzung liegt in allen Unternehmen bei der DV-Abteilung, die für die Nutzenschätzung fast immer bei der Anwenderabteilung. Die eigentliche Wirtschaftlichkeits<u>rechnung</u> wird häufiger (15 Unternehmen) von der EDV-Abteilung, seltener durch die Anwenderabteilung oder deren Organisationsabteilung (6 Unternehmen) durchgeführt. Hingewiesen werden soll auf 3 Unternehmen, wo die Rechnung durch eine neutrale Stelle erfolgt.
Der <u>Zeitpunkt</u> einer WA und die Frage nach der <u>Aktualisierung</u> einer WA beeinflussen sehr stark deren Güte. Wirtschaftlichkeitsanalysen zu einem frühen Zeitpunkt im Systementwicklungsprozeß sind notwendig für die Entscheidung zum Beginn einer Entwicklung, sind aber naturgemäß vage und sollten aufgrund von Veränderungen im Leistungsumfang und der Informationszunahme im Laufe der Systementwicklung aktualisiert werden. In etwa der Hälfte der Unternehmen (18 von 34; zweimal keine Angabe) wird <u>keine</u> Aktualisierung durchgeführt. Von diesen 18 Unternehmen erfolgt die WA

- 7-mal bereits zum Projektantrag bzw. vor der Vorstudie,
- 6-mal während bzw. im Anschluß an die Vorstudie und
- 5-mal während bzw. im Anschluß an die Problemanalyse.

Während des fachlichen und anschließenden DV-technischen Entwurfs wird in keinem Unternehmen die erste WA erstellt.
Betrachten wir nun diese 16 Unternehmen, die eine Aktualisierung vornehmen. Lediglich <u>eine</u> Aktualisierung findet in 8 Unternehmen statt, zwei

Aktualisierungen werden in 6 Unternehmen und drei in 2 Unternehmen vorgenommen. Die erste WA wird

- in 5 Unternehmen zum Projektantrag bzw. vor der Vorstudie,
- in 8 Unternehmen während bzw. im Anschluß an die Vorstudie,
- in 3 Unternehmen während der Problemanalyse bzw. des fachlichen Entwurfs ausgeführt.

Unter den 11 auftretenden Kombinationen von Erstellungs- und Aktualisierungszeitpunkten tritt eine Kombination mit fünf Nennungen hervor, bei der die WA während einer Vorstudie durchgeführt wird und Aktualisierungen je einmal während der Problemanalyse bzw. des fachlichen Entwurfs und während des EDV-Entwurfs erfolgen.

Bei der Frage, welche Kostenarten in eine WA einbezogen werden, ergab sich folgendes Bild:

- Ausschließlich die Entwicklungskosten ohne die Wartungs- und Betriebskosten schätzen 4 Unternehmen.
- Allein die Betriebskosten betrachtet 1 Unternehmen.
- Die Entwicklungs- und Betriebskosten, jedoch ohne die Wartungskosten, werden von 8 Unternehmen und
- sowohl Entwicklungs-, Wartungs- und Betriebskosten von 17 Unternehmen prognostiziert (6 Unternehmen: keine Angabe).

Befragt nach dem 'wie' der Kostenschätzung, den eingesetzten Verfahren, verwendeten Interviewpartner aus 23 Unternehmen den Begriff 'Erfahrung', und in 21 Unternehmen wurde angegeben, eine Projektstrukturierung durchzuführen, um die Kostenschätzung zu verbessern. Der Detaillierungsgrad der Strukturierung ist in 5 Unternehmen als lediglich 'grob' einzustufen (z.B. Phasen, Teilprojekte), bei weiteren 10 als 'mittel' (z.B. Programme) und in 6 Unternehmen als 'fein' (z.B. Module). Formelle Prognoseverfahren zur Kostenschätzung (vgl. /4/, S. 153 ff.) wurden lediglich in 2 Unternehmen genannt und von 11 Unternehmen explizit verneint, wobei in 4 dieser Unternehmen ein Einsatz - allerdings ohne Erfolg - versucht worden sei. Hier bestätigt sich die empirisch gewonnene Erfahrung von Stahlknecht und Thienell (/12/, S.232), wonach formelle Rechenverfahren in der Praxis wenig akzeptiert werden und der Analogieschluß anhand der Erfahrung aus vorangegangenen Projekten zur Kostenschätzung eingesetzt wird.

Bei der Schätzung des Nutzens sind der quantifizierbare und der nicht quantifizierbare Nutzen zu unterscheiden. Beide Dimensionen werden in 30 Unternehmen im Rahmen der WA betrachtet. Lediglich 4 Unternehmen beschränken sich auf den quantifizierbaren Nutzen (2 Unternehmen: keine Angabe). Eine Abwägung von quantifizierbarem und nicht quantifizierbarem Nutzen, z.B. in Form einer Nutzwertanalyse, wird aber nur von einer Minderheit von 7 Unternehmen (11-mal keine Angabe) vorgenommen; 12 Unternehmen betrachten beide Faktoren nebeneinander.

Mit diesen Ergebnissen wird u.E. keine sehr erfreuliche Situation skizziert. Es lassen sich die Forderungen ableiten,

- WA stärker als bisher nicht nur für Großprojekte durchzuführen,
- standardisierte Verfahren zu entwickeln und einzusetzen,
- eine Aktualisierung der WA vorzunehmen
- und den gesamten Lebenszyklus eines Systems von der Entwicklung, Wartung und Betrieb in die WA miteinzubeziehen.

An einem mangelnden Problembewußtsein der Systementwickler dürfte dies nicht scheitern, denn 48 der 58 Interviewpartner (87%, 3-mal keine Angabe) stuften eine WA als 'sinnvoll' oder 'sehr sinnvoll' ein.

Die Prognosen im Rahmen der Wirtschaftlichkeitsanalyse sollten durch eine Nachkalkulation (NK) überprüft werden, insbesondere um zu erkennen, ob der Nutzen auch eingetreten ist und um Erfahrungen für folgende Projekte zu sammeln. Es zeigte sich aber, daß gerade in 11 Unternehmen (ca. 30%) NK regelmäßig durchgeführt werden, in 7 Unternehmen nur zum Teil und in der Hälfte der Unternehmen (18) überhaupt nicht. In einigen Interviews entstand der Eindruck, daß auf eine NK bewußt verzichtet wird, da eine Wirtschaftlichkeit ohnehin nicht mehr erreichbar wäre und dies nur zum Schaden einzelner Personen dokumentiert würde.

4. Die Projektplanung und -kontrolle

Eine auf der Erfüllung von Terminen, Kosten und Leistungen gezielte Entwicklung von Anwendungssystemen dürfte wohl nur in Ausnahmen ohne eine Projektplanung und -kontrolle möglich sein. Nach der Klärung der Zuständigkeiten und der Planungsinhalte sollen im Mittelpunkt der Betrachtung die Instrumente zur Projektplanung und -kontrolle einschließlich der Netzplantechnik stehen.

Die Zuständigkeit für die Projektplanung und -kontrolle liegt fast ausschließlich bei dem Projektleiter. Die Projektplanung wird in 16 Unternehmen weitgehend allein von ihm durchgeführt, nur in 12 Unternehmen seien weitere Personen daran beteiligt. Auch für die Kontrolle der Leistungen und Termine ist meistens der Projektleiter verantwortlich (17 Unternehmen). Selten wurde bei der Beantwortung der entsprechenden Frage ein Abteilungsleiter oder ein EDV-Ausschuß angegeben (4-bzw. 2-mal, 13-mal keine Angabe), obwohl EDV-Ausschüsse mit Projektkontrollfunktion in 19 Unternehmen erhoben wurden.

Befragt nach den Inhalten der Planung gaben alle Unternehmen an, Termine und Leistungen zu planen, bei den Gesamtkosten einer Systementwicklung waren es nur 23 Unternehmen. Ein eigentlicher Kostenplan über die Entwicklungszeit, unerläßlich für einen permanenten Soll-Ist-Vergleich, wird sogar nur in 11 Unternehmen erstellt. Ein ähnliches Bild zeichnet sich ab bei der Kontrolle, wobei die in 12 Unternehmen angegebene Kostenkontrolle in 6 Fällen als eine reine Erfassung zur Kostenweiterverrechnung anzusehen ist, da in diesen Unternehmen keine Kostenplanung (über die Zeit) vorgenommen wird.

Neben dem Umfang einer Leistung ist deren Qualität für die Beurteilung des Anwendungssystems entscheidend. Diese Beurteilung ist fundiert nur auf der Grundlage von Qualitätsmaßen (vgl. /3/, S.10) möglich, die auf Qualitätsmerkmalen, etwa Funktionsabdeckung, Änderbarkeit etc., aufbauen (vgl. /2/, S.17 f.). Gefragt nach dem Vorhandensein von Qualitätsmaßen gaben 17 von 33 Unternehmen (3-mal keine Angabe) eine mehr oder weniger umfangreiche Aufzählung von Qualitätsmerkmalen an, allen voran Modularität (7 Nennungen), Dokumentation (6) und Anwenderzufriedenheit (4). Lediglich ein Unternehmen nannte ein Testmaß, das sich als Qualitätsmaß interpretieren läßt, in 3 Unternehmen seien Qualitätsmaße im Aufbau und in zweien geplant. Dagegen gaben 10 Unternehmen an, keine Qualitätsmaße zu besitzen. Diese Auswertung bestätigt die Feststellung von Bons, van Megen (/3/, S.10), wonach Qualitätsmaße in der Praxis kaum verbreitet sind.

Betrachten wir nun ausführlicher die eingesetzten Planungs- und Kontrollinstrumente. Vorab sei angemerkt, daß die entsprechende Frage in den Interviews bewußt offen gestellt wurde und keine Liste der möglichen Instrumente vorgelegt oder abgefragt wurde, um die Generierung von Antworten zu vermeiden. Mehrfachantworten waren zugelassen. Das Ergebnis ist im Anhang, Tab. 1 dargestellt. Danach werden in 16 Unternehmen die verschiedensten, meist EDV-gestützten Projektmanagement-Systeme für die Planung eingesetzt. Balkendiagramme kommen ebenfalls in 16 Unternehmen zum Einsatz. Erstaunlich ist, daß Phasenkonzepte nur in 13 Unternehmen als Planungsinstrumente angegeben werden, obwohl in 30 der 36 Unternehmen ausgearbeitete Phasenkonzepte vorgefunden wurden. Dies ist wohl als ein Indiz für die Verwendung der Phasenkonzepte in der Praxis zu werten!
Die Kontrollkomponente von Projektmanagement-Systemen setzen 21 Unternehmen ein, dies sind 5 Nennungen mehr als bei der Planungskomponente. Zu vermuten ist, daß in diesen Unternehmen die Systeme allein zur Zeiterfassung mit entsprechenden Auswertungen eingesetzt werden, ähnlich wie in den 9 Unternehmen, die Zeiterfassungssysteme nennen. Keinerlei Hilfs-

mittel für die Planung geben 3 Unternehmen an, für die Kontrolle 4 Unternehmen.

Die Verwendung der Netzplantechnik (NPT), wie sie von 5 Unternehmen berichtet wird, soll nochmals eingehender betrachtet werden. Drei Unternehmen geben an, schlechte Erfahrungen mit der NPT gesammelt zu haben und sie deshalb nicht mehr einzusetzen. Zu berücksichtigen ist aber, daß in PPC III und PAC II die Terminplanung auf der Grundlage von Netzplänen erfolgt. Aus den genannten Erfahrungen lassen sich die Vor- und Nachteile des Einsatzes von NPT erkennen. So wird betont, ein Netzplan liefere einen guten Überblick (1 Nennung), weil eine Strukturierung durchgeführt werden müsse (1) und dadurch die Abhängigkeiten erkennbar würden (1). Als Nachteil wird insbesondere der hohe Aufwand beklagt (3). Ein weiterer Nachteil liege in der nicht zu leistenden Detaillierung, die ein Netzplan verlange (2). Aufgrund des Aufwands wird ein Netzplan wohl auch nur in Großprojekten (2) erstellt und eine Aktualisierung nur von 2 oder 5 Unternehmen durchgeführt.

Zusammenfassend besteht der begründete Eindruck, daß die Projektplanung und -kontrolle durchaus noch zu verbessern wäre und insbesondere mit mehr Nachdruck durchgeführt werden müßte. Dies scheint verwunderlich, da doch diese Frage eingangs als ein Problembereich, wenn auch mit Abstrichen bei der EDV-Leitung, erkannt worden ist. Eine mögliche Lösung dieses scheinbaren Widerspruchs ergibt sich u.E. daraus, was als Projektmangel empfunden wird.

Die Interviewpartner wurden gebeten, anzukreuzen, welche Bedeutung die in Abbildung 2 (siehe Anhang) angegebenen Projektmängel für sie hätten. Danach wiegen Leistungsmängel und mangelnde Zuverlässigkeit der Systeme am schwerwiegendsten, Zeit- und Kostenüberschreitungen sind in der Abwägung der Ziele relativ unwichtig. Die Unterschiede zwischen den einzelnen befragten Gruppen waren nicht gravierend.
Demnach stellt sich uns eine Situation dar, in der die Planung von Budgets und Terminen sowie deren Einhaltung zwar als problematisch erkannt, die Verfehlung von Kosten und Terminen aber nicht als ein besonders großer Mangel empfunden wird. Daher ist es nicht weiter verwunderlich, wenn der Planung und Kontrolle dieser Größen kein besonderes Gewicht beigemessen wird. Hier liegt u.E. eine wesentliche Aufgabe für das Management der EDV-Abteilung, aber auch der Anwenderabteilungen, darin, eine Bewußtseinsänderung herbeizuführen und auf die Durchführung von Wirtschaftlichkeitsanalysen sowie von Projektplanung und -kontrolle mit mehr Nachdruck zu dringen. Wir sind der Überzeugung, daß sich daraufhin Verbesserungen in der Einhaltung von Budgets und Terminen einstellen werden.

Literaturverzeichnis

/1/ Abel, E.; Harraß,E.; Schoenen, H.J.; Schwald, A.
Untersuchung über Maßnahmen zur Verbesserung der Software-Produktion, Teil 2, Einsatz von Methoden der Software-Produktion in der Bundesrepublik Deutschland.
München, Wien 1980.

/2/ Bons, H.; van Megen, R.
Softwarequalität darf kein Zufallsprodukt sein - Teil 2.
In: Computerwoche vom 8. April 1982, S. 17 - 19.

/3/ Bons, H.; van Megen, R.
Softwarequalität darf kein Zufallsprodukt sein - Teil 4.
In: Computerwoche vom 30. April 1982, S. 10 - 11.

/4/ Gewald, K.; Schelle, H.
Prognose von Software-Entwicklungskosten.
In: Molzberger, P.; Schelle, H. (Hrsg.): Software.
München, Wien 1981.

/5/ Hamann, J.
Funktionelles Projektmanagement bei der Entwicklung von EDV-Anwendungssystemen - Ergebnisse einer empirischen Untersuchung - .
Diplomarbeit, Technische Hochschule Darmstadt 1983.

/6/ Krause, M.
Aspekte des EDV-Managements - Ergebnisse einer empirischen Untersuchung.
Diplomarbeit, Technische Hochschule Darmstadt 1983.

/7/ Möser, M.
Der OR-Prozeß: Erste Ergebnisse einer empirischen Studie.
In: Fleischmann , B. et al. (Hrsg.): Operations Research Proceedings, Vorträge der 10. Jahrestagung in Göttingen 1981
Berlin, Heidelberg, New York 1982, S. 663 - 669.

/8/ Möser, M.
OR-Aktivitäten in deutschen Unternehmen: Organisatorische Eingliederung und Anwendereinbeziehung.
Vortrag auf der 12. Jahrestagung der DGOR in Mannheim 1983.

/9/ Müller-Merbach, H.; Möser, M.; Selig, J.
The Processes of Operations Research and Software Engineering - Empirical Findings.
In: Witte, E.; Zimmermann, H.-J. (Hrsg.): Empirical Research on Organizational Decision Making,
erscheint demnächst.

/10/ Pfeiffer, U.
Institutionelles Projektmanagement bei der Entwicklung von EDV-Anwendungssystemen - Ergebnisse einer empirischen Untersuchung - .
Diplomarbeit, Technische Hochschule Darmstadt 1983.

/11/ Selig, J.
Der OR-Prozeß: Die empirische Untersuchung von Gestaltungsempfehlungen.
In: Fleischmann, B. et al. (Hrsg.): Operations Research Proceedings, Vorträge der 10. Jahrestagung der DGOR in Göttingen 1981,
Berlin, Heidelberg, New York 1982, S. 654 - 662.

/12/ Stahlknecht, P.; Thieneil, K.
Ergebnisse empirischer Erhebungen über quantitative Verfahren zur Aufwandsschätzung für DV-Projekte.
In: Bühler, W. et al. (Hrsg.): Operations Research Proceedings, Vorträge der 11. Jahrestagung der DGOR in Frankfurt/M. 1982,
Berlin, Heidelberg, New York 1983, S. 231 - 233.

Anhang

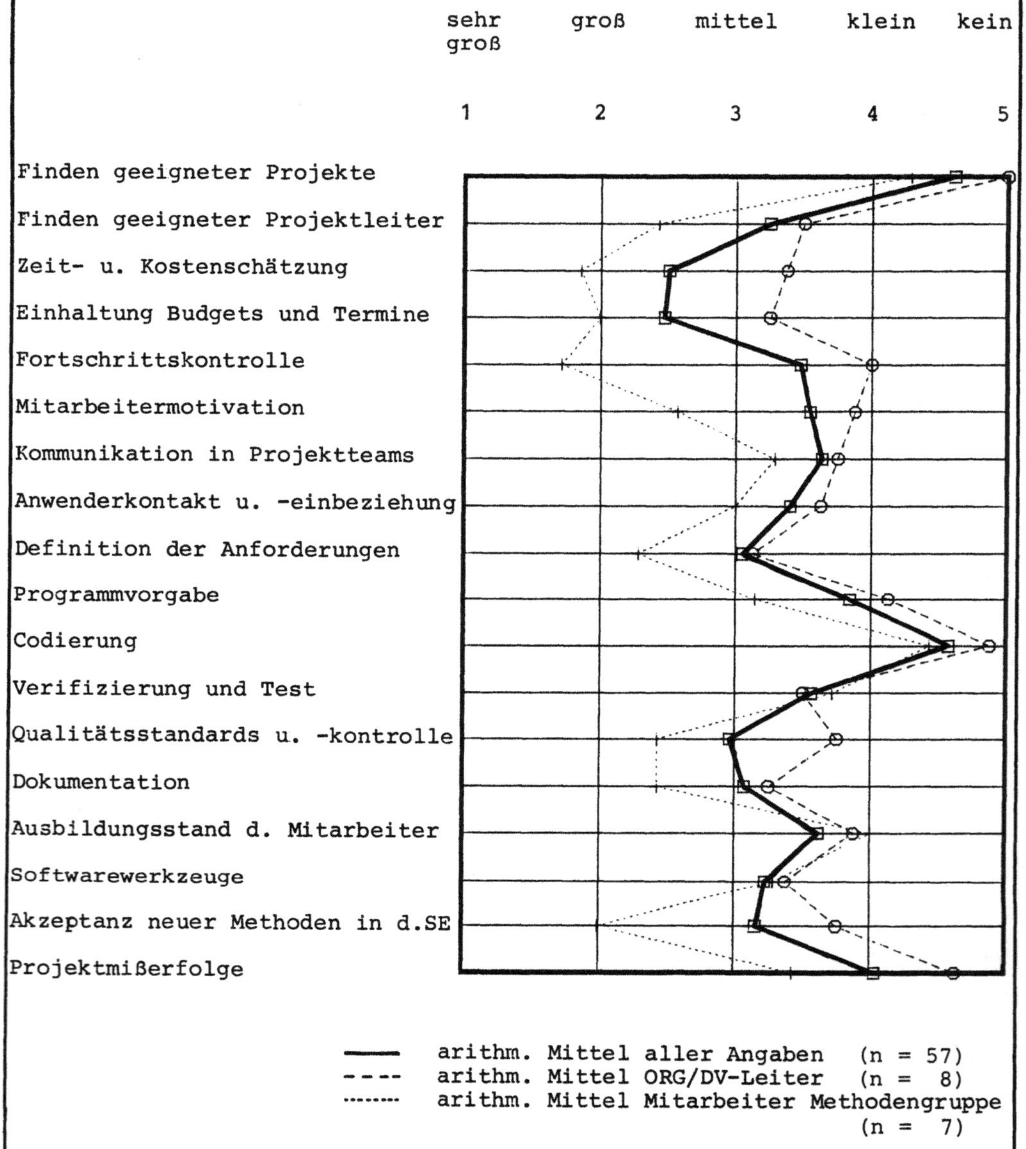

Abb. 1: PROBLEMBEREICHE BEI DER ENTWICKLUNG VON ANWENDUNGSSYSTEMEN

	Planung	Kontrolle
Projektmanagement-Systeme	16	21
davon		
- PPC III	4	5
- PAC II	3	3
- Netzplantechnik (u.a. PROJACS)	5	5
- selbst entwickelte	5	5
- keine Angabe	-	3
Zeitaufschreibungssysteme	-	9
Balkendiagramme	16	3
Phasenkonzepte	13	-
Aktivitäten-/Checklisten	3	2
andere Hilfsmittel (z.B. Formblätter)	5	1
keine Hilfsmittel	3	4

(Anzahl der Nennungen, Mehrfachnennungen möglich)

Tab. 1: EINSATZ VON PROJEKTPLANUNGS- UND -KONTROLLINSTRUMENTEN BEI DER ENTWICKLUNG VON EDV-ANWENDUNGSSYSTEMEN

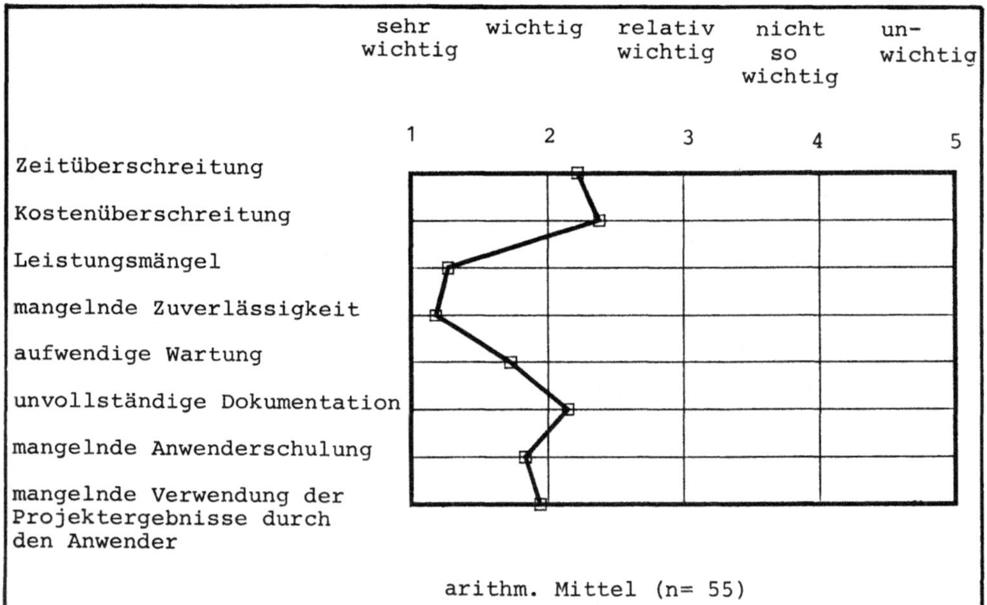

Abb. 2: BEDEUTUNG VON PROJEKTMÄNGELN

ZUR BESTIMMUNG UND INTERPRETATION VON PUFFERZEITEN IN VORGANGSKNOTEN-NETZPLÄNEN

Hans Ziegler, Paderborn

Gegenstand des Vortrags ist die Bestimmung und die Interpretation von Verschiebungspufferzeiten in Vorgangsknoten-Netzplänen zur Projektablaufplanung, wenn zwischen den Vorgängen Mindest- und Höchstabstände zu beachten sind. Es wird gezeigt, daß die in der Literatur vorgeschlagenen Ansätze zur Bestimmung der gesamten und der unabhängigen Pufferzeit zum Teil auf inkonsistenten Zeitplänen für den Projektablauf basieren. Ferner sind, selbst bei konsistenter Berechnung, die Interpretationen dieser Pufferzeitenarten als maximale bzw. minimale Verschiebungsmöglichkeit des betrachteten Vorgangs nicht allgemein gültig.

Auf der Grundlage von verschiedenen Prämissensystemen für den zeitlichen Ablauf des Projektes werden Ansätze zur Ermittlung von Verschiebungspuffern vorgestellt, die die Existenz zulässiger Zeitpläne gewährleisten. Zur Bestimmung der maximalen und der minimalen Verschiebungsmöglichkeiten eines Vorgangs ist es nicht immer möglich, a priori Prämissen für die zeitliche Lage der mit dem zu verschiebenden Vorgang verknüpften Vorgänge anzugeben, die zur maximalen bzw. minimalen Verschiebungsmöglichkeit des betrachteten Vorgangs führen. Vielmehr ist die Ermittlung des maximalen und des minimalen Verschiebungspuffers im allgemeinen simultan mit der Ermittlung der zugehörigen Zeitpläne für den Projektablauf vorzunehmen. Hierzu sind relativ komplexe Ansätze erforderlich, die sich nur in bestimmten, von der Struktur des den zu verschiebenden Vorgang umgebenden Teilnetzplanes abhängigen Fällen, vereinfachen lassen.

Operations Research Proceedings 1983

QUANTITATIVE METHODEN DER STANDORT- UND LAYOUTPLANUNG

Wolfgang Domschke, Hamburg
Andreas Drexl, Hamburg

Zur Lösung praktischer Standortplanungsprobleme werden drei Typen von Modellen formuliert:

a) Modelle zur betrieblichen Standortplanung:
Hierzu zählen Median- sowie Warehouse Location-Probleme. Eine zweite Gruppe bilden Zentren- oder Minimax-Probleme. Im ersten Fall handelt es sich um lineare gemischt-binäre Optimierungsprobleme, zu deren Lösung heuristische wie exakte (Branch and Bound-) Verfahren existieren. Im zweiten Fall liegen Probleme mit nichtlinearer Zielfunktion vor. Zu ihrer Lösung kommen insbesondere auf einem Set-Covering-Ansatz basierende Verfahren in Frage.

b) Modelle zur betrieblichen und innerbetrieblichen Standortplanung:
Hierzu zählen die kontinuierlichen Standortprobleme (Standortplanung in der Ebene). Spezialfälle sind das Steiner-Weber-Problem sowie Location- Allocation-Probleme. Sie lassen sich mit gegen das Optimum konvergierenden Iterationsverfahren lösen.

c) Modelle zur innerbetrieblichen Standortplanung:
Hierzu zählen quadratische Zuordnungsprobleme. Zu ihrer Lösung kommen hauptsächlich verkürzte exakte (z.B. Schnittebenen-) Verfahren sowie heuristische Konstruktions- und Vertauschungsverfahren in Frage. Zu nennen sind ferner graphentheoretische Ansätze zur Layoutplanung. Sie dienen der Bestimmung maximaler planarer Graphen mit maximaler Summe der Kantenbewertungen, durch deren Dualisierung anschließend das Layoutproblem gelöst werden kann.

Von besonderer Bedeutung sind vor allem im Rahmen der innerbetrieblichen Standortplanung interaktive Ansätze.

Literatur:

Handler, G.Y.; Mirchandani, P.B.
Location on Networks: Theory and Algorithms.
MIT Press, Cambridge (Mass.) - London 1979.

Tansel, B.C.; Francis, R.L.; Lowe, T.J.
Location on Networks: A Survey.
Management Science 29 (1983), S. 482-511.

Domschke, W.; Drexl, A.
Logistik: Standorte.
Oldenbourg Verlag, München - Wien 1984.

Operations Research Proceedings 1983

DIE OPTIMIERUNG VON STANDORTMODELLEN IN DER DISAGGREGIERTEN FORMULIERUNG

Wilhelm Hummeltenberg, Aachen

Die Formulierung von Standortmodellen in Analogie zum Transportproblem der Linearen Programmierung zeigt, daß der Rechenaufwand beim Einsatz von Standard-MPS-Software für die Lösung von MILP-Problemen entscheidend bestimmt wird durch die Art der Modellformulierung und die Wahl der Daten zur Abbildung von Implikationen zwischen kontinuierlichen und (0,1)-Variablen. Maßgebend für den Rechenaufwand beim Branch and Bound- (B&B-) Prozeß mit LP-Relaxation ist die "Schärfe" der konvexen Hülle der LP-Relaxation, welche sich in der Höhe der dualen Lücke äußert.

Die höhere Schärfe der disaggregierten gegenüber der aggregierten Formulierung von Standortmodellen (s. /1/, /2/) läßt sich am leichtesten beim unkapazitierten Standortproblem zeigen. Hierzu werden geeignete Lagrange-Relaxationen analysiert. Der Vorteil der disaggregierten Formulierung äußert sich grundsätzlich darin, daß sie bei geeigneter Wahl der Daten die Chance bietet, daß entweder bereits das LP-Optimum ganzzahlig ist oder nur wenige Verzweigungen im B&B-Prozeß für die Bestimmung des MILP-Optimums und seinen Optimalitätsnachweis genügen. Diese Eigenschaft macht die disaggregierte Form auch für parametrische Studien geeignet.

Die Aussagen werden durch einen Vergleich der Berechnung von unkapazitierten, kapazitierten und beidseitig beschränkten Standortmodellen in der aggregierten und der disaggregierten Formulierung verdeutlicht (vgl. /1/, S.260f). Die Ergebnisse mehrerer Berechnungen von Standortmodellen für die BRD (s.a. /1/, S.239ff, und /2/) weisen darauf hin, daß bei der disaggregierten Formulierung die Zahl der ganzzahligen Variablen von geringer Bedeutung ist, die hochgradige primale Entartung der Basislösungen zu keinen numerischen Problemen führt, wohl aber das Verhältnis von fixen zu variablen Kosten die Rechenzeit maßgeblich beeinflußt.

/1/ Hummeltenberg W., Optimierungsmethoden zur betrieblichen Standortwahl - Modelle und ihre Berechnung, Würzburg/Wien 1981.

/2/ Hummeltenberg W., Die Berechnung von Standortmodellen mit der heutigen MPS-Software, Zeitschrift für betriebswirtschaftliche Forschung 35, 461-477 (1983),

Operations Research Proceedings 1983

EINE VERKEHRSUMLEGUNGSMETHODE FÜR ÜBERLASTETE STRASSENNETZE MIT DYNAMISCHER WIDERSTANDSERMITTLUNG

Manfred Stiebel, Bremen

In der Verkehrsplanung wird mit dem Teilmodell Verkehrserzeugung die Entstehung des Verkehrs als Menge beschrieben. Das Ergebnis aus der nachfolgenden Verkehrsverteilungs- und der Verkehrsteilungsrechnung wird in dem Verfahrensschritt der Umlegung in Belastungsstärken der Netzelemente umgerechnet. Diese Belastungsstärken stehen für Strecken- und Knotendimensionierungen und für die Ableitungen von betriebsbedingten Umweltbelastungen zur Verfügung. Aufgrund des intensiv entwickelten und verdichteten Verkehrs sind Verbesserungen, hinsichtlich einer expliziten Einbeziehung und Bewertung von unökonomischen und umweltschädigenden Verkehrsstaus, dringlich.

Das Abbildungsdefizit wird mit der Betrachtung eines Netzwerks behoben, indem jeder Pfeil mit einer d-dimensionalen, belastungsabhängigen Widerstandsfunktion bewertet ist, wobei d die Anzahl derjenigen Quell-Ziel-Beziehungen angibt, für die ein Weg existiert der den Pfeil durchläuft. Zur Ermittlung der Widerstandswerte, aus einer statischen Fahrtenmatrix und mittleren, normierten Erzeugungsganglinien, wird eine simulative Methode vorgestellt. Charakterisiert wird die Methode durch Zeitdiagramme der Flüsse und der Staus. Stärkere Belastungsspitzen führen zwangsläufig zu, teilweise nur für kurze Zeiten bestehenden, Stauerscheinungen. Für den Rechenaufwand ist der Betrachtungszeitraum sowie die Dauer der Zeitintervalle verantwortlich.

Zur Einstellung des Gleichgewichtszustandes nach Wardrop (1952) wird eine Variation des Inkrementgraphalgorithmusses nach Domschke (1973) verwendet. Dieser Algorithmus ist für größere Netze praktikabel und eignet sich für die verkürzte Durchführung von Flußnetzwerkoptimierungen.

Operations Research Proceedings 1983

EXAKTE UND HEURISTISCHE VERFAHREN ZUR VERKEHRSUMLEGUNG IN STARK BELASTETEN NETZEN

Peter Bothner, Bremen

1. Einleitung

Das Wachstum des Verkehrsaufkommens in den vergangenen Jahren führte insbesondere in den Ballungsgebieten zu den Hauptverkehrszeiten des Berufsverkehrs zu starken Belastungen. Für starke Belastungen gilt im Strassennetz (vgl. auch VLIET et al./9/; JANSEN et al./4/) das 1. Prinzip von WARDROP /10/:

- alle benutzten Routen von einer Quelle zu einem Ziel haben den gleichen Widerstand.
- nicht benutzte Routen haben einen höheren Widerstand.

Hierdurch wird ein Gleichgewichtszustand definiert. Für die Verkehrsumlegung wurden zahlreiche heuristische und exakte Umlegungsverfahren entwickelt. Entgegen Behauptungen in der Literatur (z.B. DIRUF /3/) wird das Gleichgewicht von dem z. Zt. in der Verkehrsplanung dominierenden heuristischen Verfahren, der Sukzessivumlegung, selbst bei beliebig kleiner Schrittweite vom Prinzip her nicht erreicht. Exakte Verfahren hingegen realisieren den Gleichgewichtszustand. Sie werden nach SCHAECHTERLE /8/ als Sonderverfahren bezeichnet und sind nach seiner Meinung:

" ... als Wegewahlmodelle wegen des höheren Rechenaufwandes nicht geeignet ... aufgrund der mathematischen Theorie äusserst komplex und daher von einer für den Planungsprozess ungünstigen Intransparenz."

Ziel dieses Vortrags ist es, an einem einfachen Beispiel zu zeigen, dass:

- heuristische Verfahren, wie z.B. die Sukzessivumlegung, zu prinzipiellen Fehlern führen.
- exakte Verfahren weder mathematisch komplexer noch rechenaufwendiger als heuristische sein müssen (s.a. JANSEN /4/).

2. Ein Beispiel

Es werden die nachstehenden Begriffe eingeführt:

Fa	Fahrtenmatrix mit fa(q,s) als Quelle- Zielfluss von Quelle q zum Ziel s.
$\underline{ka}$	Kapazitätsvektor mit ka(u,v) als Kapazität der Kante (u,v).
$\underline{x}, \underline{y}$	Flussvektoren mit x(u,v), y(u,v) als Fluss auf (u,v).
$\underline{to}$	Vektor mit to(u,v) als Widerstand ohne Belastung.
t (x(u,v))	belastungsabhängiger Widerstand von (u,v) mit: $t(x(u,v)) := to(u,v) * \left[1 + (x(u,v)/ka(u,v))^h\right]$ mit h>=1.
$\underline{t}(\underline{x})$	Widerstandsvektor mit den Komponenten t(x(u,v)).
relmax	maximaler Widerstandsfehler für den Vergleich der Widerstände eines Quelle- Zielflusses, $T^{q,s}_{min}$, eines Umlegungsverfahrens mit den entsprechenden Widerständen im Gleich-

Operations Research Proceedings 1983

gewicht $T_*^{q,s}$. Er berechnet sich als:

$$\max_{q,s} \left[\left| (T_{min}^{q,s} - T_*^{q,s}) \right| / T_*^{q,s} \right]$$

In dem folgenden stark vereinfachten Netz soll eine Fahrtenmatrix so umgelegt werden, dass das 1. Prinzip von Wardrop erfüllt ist. Das Beispiel beschreibt grob die Situation in einer Stadt mit einer Ortsdurchfahrt und einer Umgehungsstrasse. Es soll dazu dienen, das Ergebnis der Sukzessivumlegung mit dem exakten Ergebnis zu vergleichen. Die zugehörige Modellbeschreibung geht aus Abb. 1 hervor.

Abb 1:

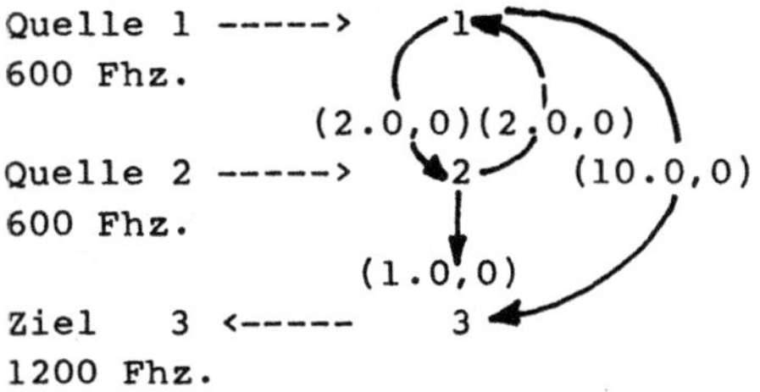

fa(q,s):	ka(u,v):	to(u,v):
(1,3):=600	(1,2):=200	(1,2):= 2.0
(2,3):=600	(1,3):=600	(1,3):=10.0
	(2,1):=200	(2,1):= 2.0
	(2,3):=300	(2,3):= 1.0

belastungsabhängiger Widerstand von (u,v) mit h:= 4.
Das Gleichgewicht ergibt folgende Widerstands- und Belastungswerte:

Abb. 2:

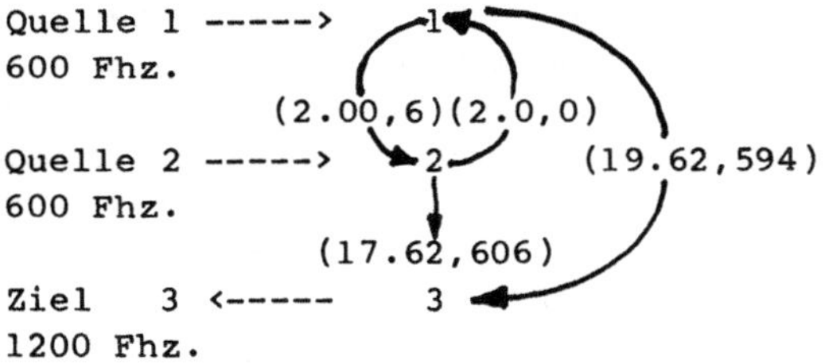

Im Beispiel sind die Widerstände der beiden Quelle- Zielflüsse im Gleichgewichtszustand:

- für die zwei benutzten Routen der Quelle 1:
  Widerstand der ersten Route über die Kanten (1,2)(2,3)= 19.62.
  Widerstand der zweiten Route über die Kante (1,3) = 19.62.
- für die eine benutzte Route der Quelle 2 ist der Gleichgewichtszustand trivialerweise erfüllt. Ihr Widerstand beträgt 17.62.

3. Prinzipieller Fehler der Sukzessivumlegung

Bei der Sukzessivumlegung wird das Netz auf der Basis von Kurzwegalgorithmen mit gleichen Anteilen aller Quelle- Zielflüsse der Fahrtenmatrix belastet.Durch die nach jeder Teilumlegung korrigierten Streckenwiderstände wird eine Belastungsabhängigkeit impliziert und das Auffinden von Alternativwegen erreicht. Diese Vorgehensweise führt entgegen Behauptungen in der Literatur (z.B. DIRUF /3/) selbst bei kleinsten Umlegungsanteilen nicht zu dem gewünschten Gleichgewichtszustand. Um dies zu zeigen, wurden im vorgestellten Beispiel die Elemente der Fahrtenmatrix einzeln umgelegt und die Widerstände nach jeder der 600 Teilumlegungen nachgestellt.

Als Ergebnis kommt es zu folgender Aufteilung:

Abb. 3:

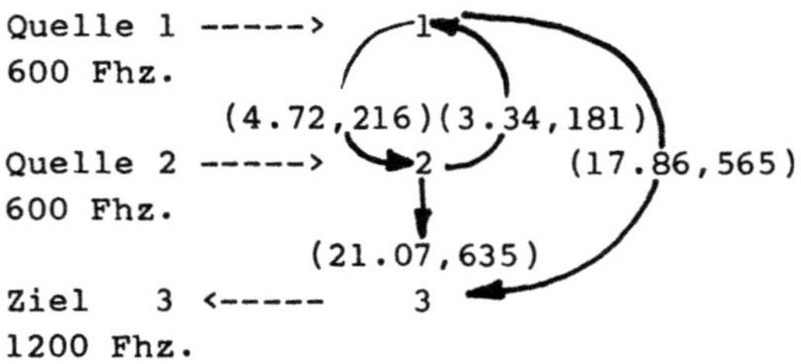

Im Beispiel ist das Wardropsche Prinzip für die beiden Quelle-Zielflüsse nicht erfüllt. Auf der Basis der Widerstände des Ergebnisses liegt der Widerstand des kürzesten Weges von Quelle 1 bei 17.86, während er für die 2. Quelle 21.07 beträgt. Somit ist relmax 0.196. Ursache für diesen Fehler ist die Tatsache, dass sich selbst bei Umlegung kleinster Anteile das Gleichgewicht nicht einstellt, da sämtliche zu Beginn des Verfahrens umgelegten Anteile der Quelle-Zielflüsse nicht mehr korrigiert werden können und somit auf Routen verbleiben, deren Widerstände gegen Ende des Verfahrens grösser werden. Dieser Fehler lässt sich ebenfalls an dem von LEBLANC /5/ beschriebenen Netz der Stadt Sioux- Falls nachweisen. Es führt zu Werten, die um 130% falsch sind. Offensichtlich hängt der Fehler der Sukzessivumlegung vom Grad der Netzbelastung ab und ist nach Untersuchungen über benutzte Alternativwege (vgl. SCHAECHTERLE /8/) nicht zu vertreten. Aus diesen Diversionskurven lässt sich ableiten, dass eine 10 %- ige Widerstandsänderung bei 2 Alternativrouten zu Flussänderungen in Höhe von 30 % führen kann. Es ist daher notwendig, insbesondere für stark belastete Netze, Verfahren zu verwenden, deren Ergebnisse höchstens 10 %- ige Widerstandsfehler liefern.

4. Gleichgewichtsverfahren

4.1 Das Verfahren von LEBLANC

Um das Gleichgewichtsproblem nach Wardrop 1 zu lösen, hat BECKMANN et al. /1/ das dazu äquivalente nichtlineare konvexe Optimierungsproblem (NLP) mit linearen Nebenbedingungen aufgestellt. Für die Lösung des NLP gibt LEBLANC /5/ ein Lösungsverfahren an, welches das NLP entsprechend dem Verfahren von Frank-Wolfe durch eine Folge von LP's löst, wobei die LP's ersetzt werden durch Bestwegumlegungen. Das Verfahren lässt sich als eine gewichtete Summe einer Folge von Bestwegumlegungen interpretieren.

Es hat folgende Schritte:

1.: Setze Iterationszähler n:= 1.
Bestimme im unbelasteten Netz für alle Quelle- Zielflüsse die kürzesten Wege und belaste die Kanten mit der ganzen Fahrtenmatrix. Diese Bestwegumlegung liefert Kantenbelastungen einer ersten Lösung $\underline{x}_1$.

2.: Setze Iterationszähler n:= n+1.
Korrigiere die Widerstände entsprechend der Kantenbelastung der letzten Lösung, d.h. berechne: $\underline{t}(\underline{x}_{n-1})$.

3.: Bestimme auf Grund der Widerstände aus 2. für alle Quelle- Zielflüsse die kürzesten Wege und belaste die Kanten mit der ganzen Fahrtenmatrix. Diese Bestwegumlegung liefert die Kantenbelastungen $\underline{y}_n$ als Ergebnis der LP' s.

4.: Löse das nichtlineare Minimierungsproblem:

$$\min_{0<=a_n<=1} \sum_{(u,v)} \int_0^{(1-a_n)*x_{n-1}(u,v)+a_n*y_n(u,v)} t(z(u,v))\, dz$$

d. h. die Zielfunktion des NLP ist entlang der konvexen Linearkombination zu minimieren. Dies ergibt eine verbesserte Lösung $\underline{x}_n$:

$$\underline{x}_n := (1-a_n) * \underline{x}_{n-1} + a_n * \underline{y}_n \quad \text{mit } 0 <= a_n <= 1.$$

5.: Gehe nach 2., falls ein vorgegebenes Abbruchkriterium nicht erfüllt ist. Übliche Abbruchkriterien sind:
- feste Anzahl von Iterationen
- Unterschreiten einer vorgegebenen Schranke
  für a_n,
  für Widerstände aufeinanderfolgender kürzester Wege,
  für aufeinanderfolgende Kantenbelastungen oder
  für Differenzen aufeinanderfolgender Zielfunktionswerte.

Das Resultat des Verfahrens ist die Kantenbelastung der Lösung $\underline{x}_n$ im Gleichgewicht.

4.2 Das modifizierte Verfahren nach LEBLANC

Durch Vereinfachung des Verfahrens von LEBLANC lässt sich eine Variante entwickeln, in der in Schritt 4 (unter 4.1) die Bestimmung des günstigsten Wertes a_n für die Interpolation zwischen $\underline{x}_{n-1}$ und $\underline{y}_n$ ersetzt wird durch die Vorgabe einer festen Folge von Werten für a_n. Die Lösung $\underline{x}_n$ wird demnach wie folgt berechnet:

$$\underline{x}_n := (1-a_n) * \underline{x}_{n-1} + a_n * \underline{y}_n \quad \text{mit } a_n := 1/n$$

Dieses Verfahren wird von VLIETH et al./9/ als "ad hoc iterativ" bezeichnet und ein Konvergenzbeweis wird von POWELL et al./6/ angegeben. Die Folge von Interpolationswerten bewirkt eine gleiche Aufteilung der Fahrtenmatrix auf die pro Iteration ermittelten Kurzwege. So ergeben sich für k:= 6 Iterationen die nachstehenden Flussvektoren:

$$\underline{x}_1 := \underline{y}_1, \quad \underline{x}_2 := (1 - 1/2) * \underline{y}_1 + 1/2 * \underline{y}_2$$

$$\underline{x}_3 := (1 - 1/3) * \underline{x}_2 + 1/3 * \underline{y}_3 = 2/3 * (1/2 * \underline{y}_1 + 1/2 * \underline{y}_2) + 1/3 * \underline{y}_3$$

$$\vdots$$

$$\underline{x}_6 := (1 - 1/6) * \underline{x}_5 + 1/6 * \underline{y}_6 = 5/6 * (1/5 * \underline{y}_1 + 1/5 * \underline{y}_2 \ldots + 1/5 * \underline{y}_5) + 1/6 * \underline{y}_6$$

$$= 1/6 * \underline{y}_1 + 1/6 * \underline{y}_2 + 1/6 * \underline{y}_3 + 1/6 * \underline{y}_4 + 1/6 * \underline{y}_5 + 1/6 * \underline{y}_6$$

oder allgemein bei Abbruch mit n := k :

$$\underline{x}_k := 1/k * \underline{y}_1 + 1/k * \underline{y}_2 + 1/k * \underline{y}_3 + 1/k * \underline{y}_4 \ldots 1/k * \underline{y}_k$$

4.3 Das Verfahren der sukzessiven Gleichgewichtsumlegung

Bei der sukzessiven Gleichgewichtsumlegung wird das Netz in jedem Schritt mit dem k- ten Teil aller Quelle- Zielflüsse der Fahrtenmatrix belastet. Dabei werden die Streckenwiderstände nach jeder

Teilumlegung jedoch so berechnet, als wäre die gesamte Fahrtenmatrix entsprechend der Summe der bisher umgelegten Teilflüsse auf das Netz verteilt worden. Vom Rechen- und Speicherplatzaufwand ist dieses Verfahren identisch mit der herkömmlichen Sukzessivumlegung unter 3. Die sukzessive Gleichgewichtsumlegung führt unter der Bedingung, dass die vorgegebene Schrittzahl k mit der Zahl der Iterationen des modifizierten Verfahrens von LEBLANC übereinstimmt, zum gleichen Ergebnis. Bei Umlegung in k Schritten kann das Verfahren, wie folgt beschrieben werden:

1.: Setze Iterationszähler n:= 1.
Bestimme im unbelasteten Netz für alle Quelle- Zielflüsse die kürzesten Wege und belaste die Kanten mit dem k- ten Teil aller Quelle- Zielflüsse der Fahrtenmatrix. Diese Teilumlegung liefert die Kantenbelastung $\underline{x}_n$.

2.: Korrigiere die Widerstände des Flussvektors $\underline{x}_n$ so, als wäre die ganze Fahrtenmatrix entsprechend der Summe der bisher umgelegten Teilflüsse verteilt worden, d.h. multipliziere die aktuellen Kantenflüsse mit dem Quotienten aus der Zahl fest vorgegebener Teilumlegungen (k) und der Anzahl bisher umgelegter Teilflüsse (n).
t(x (u,v)):= t(x (u,v) * k / n)

3.: Bestimme auf Grund der Widerstände aus 2. für alle Quelle- Zielflüsse die kürzesten Wege und belaste die Kanten der kürzesten Wege mit Teilflüssen aller Quelle- Zielflüsse der Fahrtenmatrix.

4.: Falls n < k: Gehe nach 2. und setze: Iterationszähler n:= n+1.

4.4 Das Verfahren von SAHLING und das Verfahren AUSGLEICH

Unabhängig von der Formulierung als NLP- Problem gibt SAHLING /7/ ein methodisch weniger aufwendiges Verfahren an, das als Grundlage für das am ehesten der Anschauung entsprechende Verfahren AUSGLEICH diente. Beide Vorgehensweisen führen durch Bestwegumlegungen und anschliessende Einzelkorrekturen auf den Alternativrouten der Quellflüsse (SAHLING) bzw. der Quelle- Zielflüsse (AUSGLEICH) zum Gleichgewicht, d.h. sie realisieren das Gleichgewicht direkt, ohne den Umweg der Formulierung als NLP- Problem. Auf AUSGLEICH lässt sich der Konvergenzbeweis des Verfahrens von LEBLANC übertragen. Das Verfahren AUSGLEICH kann wie folgt beschrieben werden:

1.:
- Bestimme im Netz für eine Quelle die kürzesten Wege zu allen Zielen.
- Belaste die Kanten der kürzesten Wege mit dem jeweiligen Quelle- Zielfluss der Fahrtenmatrix.
- Korrigiere vor dem Übergang zur nächsten Quelle die Widerstände entsprechend der aktuellen Kantenbelastung.
- Gehe nach Schritt 2, falls alle Quellen abgearbeitet wurden.

2.:
- Korrigiere die Widerstände der Kanten.
- Bestimme auf Grund der letzten Kantenbelastung für eine Quelle die kürzesten Wege zu allen Zielen. Dies ergibt für diejenigen Quelle- Zielflüsse eine neue Route, deren Routenwiderstände höher sind als der Widerstand des gefundenen kürzesten Weges.

- Stelle durch Umverteilen der Quelle- Zielflüsse der Fahrtenmatrix auf die vorhandenen Routen der betrachteten Quelle- Zielflüsse Widerstandsgleichheit her.
- Korrigiere vor dem Übergang zum nächsten Ziel die Widerstände der Kanten und der zugehörigen Routen.

3.: Gehe nach 2., falls noch nicht alle Quellen betrachtet wurden.

4.: Gehe nach 2., falls in 2. bei mindestens einem Quelle- Zielfluss eine Umverteilung stattgefunden hat.

Das Resultat des Verfahrens ist die Kantenbelastung im Gleichgewicht und die Quelle- Zielflüsse auf den zugehörigen Routen mit den Quelle-Zielwiderständen.

5. Fehlerbetrachtung

Für die folgenden Fehlerbetrachtungen wird das von LEBLANC beschriebene Netz von Sioux- Falls und die zugehörigen Quelle- Zielflüsse verwendet. Aus Gründen der Vergleichbarkeit ist in den folgenden Fehlerbetrachtungen unter einer Iteration die Bestimmung aller Kurzwege von allen Quellen zu allen Zielen zu verstehen.

Abb. 4:

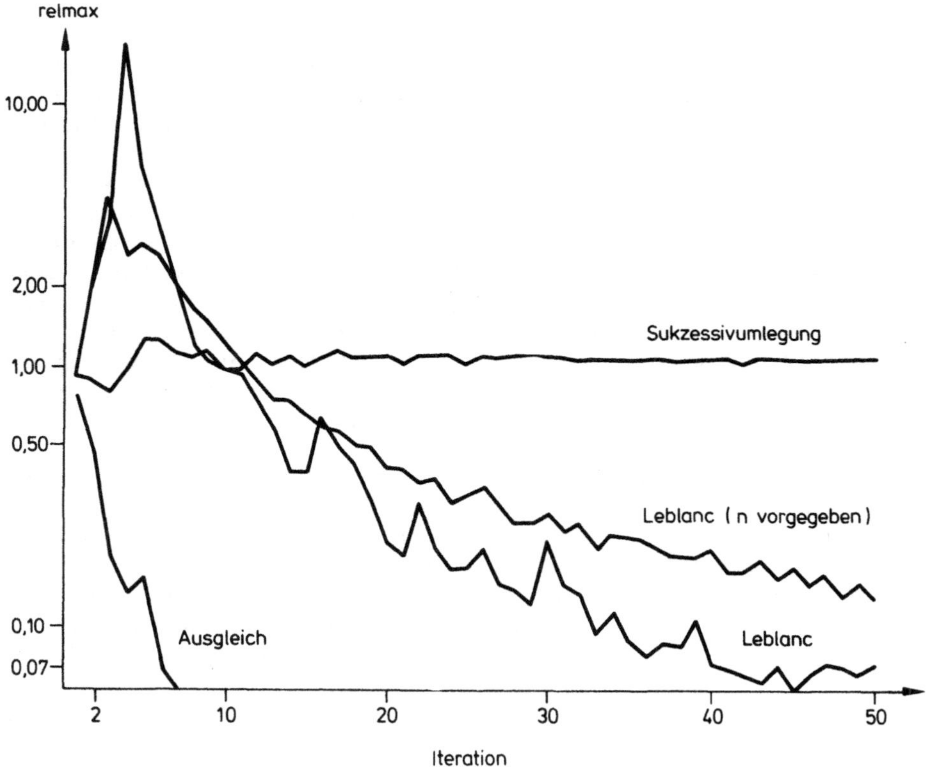

Anmerkung:

- 1) relmax ist stark abhängig von der Genauigkeit der Minimumbestimmung in Schritt 4 (unter 4.1).

6. Rechenzeiten und Speicherplatz

Die Rechenzeiten (in sek/100) der Verfahren ergeben sich aus Abb. 5. Sie beziehen sich auf den Rechner SIEMENS 7880 und SIMULA 67.

Abb. 5:

VERFAHREN	1.Iteration	8.Iteration	10.Iteration	20.Iteration	30.Iteration	40.Iteration	50.Iteration
LEBLANC	12.6	76.6	74.1	141.6	205.6	272.7	336.1
LEBLANC (n vorgeg.)	12.6	56.0	59.0	108.3	155.2	203.3	249.9
SUKZESSIVES GLEICHGEW.	12.6	47.8	56.7	107.5	157.2	208.8	257.2
AUSGLEICH	14.8	109.6					

Anmerkung:

- Die Rechenzeit des Verfahrens von SAHLING wird mit dem Aufwand der Sukzessivumlegung bei 8- 10 Teilumlegungen und linearer Widerstandsfunktion angegeben.

Der Speicherplatz des Verfahrens AUSGLEICH ist- ebenso wie der des Verfahrens von SAHLING- wesentlich grösser als der bei den Verfahren nach LEBLANC, weil hier alle Quelle- Zielflüsse bzw. alle Quellflüsse gespeichert werden müssen.

7. Ergebnisse

Die Verfahren AUSGLEICH und SAHLING realisieren das Gleichgewicht, da sie die Widerstände der Alternativrouten pro Quelle- Zielfluss direkt vergleichen und entsprechend umverteilen. Für die Fehlerbetrachtung unter 5. wurden deshalb die Ergebnisse von AUSGLEICH verwendet. Beim Verfahren von LEBLANC kann das Ergebnis vom Gleichgewicht mehr abweichen als das Abbruchkriterium angibt, da durch das Abbruchkriterium lediglich Werte aufeinanderfolgender Lösungen verglichen werden (s. Schritt 5 unter 4.1). Ein weiterer Nachteil des Verfahrens ist das schlechte Konvergenzverhalten des Frank- Wolfe Verfahrens. Die in der Literatur vorgeschlagenen Verbesserungen der Gleichgewichtsverfahren ("quantal loading"; VLIETH et al./9/) sind zwischen SAHLING und AUSGLEICH einerseits und dem Verfahren von LEBLANC einzuordnen und es dürfte hier ein noch nicht ausgeschöpftes Verbesserungspotential liegen.

Die sukzessive Gleichgewichtsumlegung ist hinsichtlich Speicherplatz und Rechenaufwand nicht aufwendiger als die Sukzessivumlegung. Sie vermeidet den prinzipiellen Fehler der Sukzessivumlegung und erlaubt ausserdem, wie die Sukzessivumlegung, eine insbesondere für schwach belastete Netzteile wichtige stochastische Änderung der Kantenwiderstände. Man gewinnt damit ein Verfahren, das sowohl für stark belastete als auch für schwach belastete Netzteile geeignet ist.

8. LITERATUR

/1/ BECKMANN M., McGUIRE C. B., WINSTEN C. B. (1956):
Studies in the economics of transportation. Cowles Commission Monograph, Yale University Press.

/2/ BOTHNER P., LUTTER W. (1982):
Arbeitsbericht 1, Forschungsgruppe Verkehrssysteme, Universität Bremen.

/3/ DIRUF G. (1978):
Entwicklung von Modellkonzepten zur Erfassung langfristiger Wechselwirkungen zwischen Siedlungs- und Verkehrsstruktur einer Stadtregion, A. Hain, Meisenheim a. G.

/4/ JANSEN G., BOVY P. (1983):
Ein belastungsabhängiges Umlegungsverfahren: Theorie und Anwendung des Gleichgewichtsmodells. In: Strassenverkehrstechnik, Heft 1.

/5/ LEBLANC L. J. (1973):
Mathematical programming algorithms for large scale network equilibrium and network design problems.Ph.D. Diss., Dpt. of Industrial Engineering and Management Sc.,Northwestern University,Evanston,Ill.

/6/ POWELL W. B., SHEFFI Y. (1982):
The convergence of equilibrium Algorithms with predetermined step sizes. In: Transportation Science, Vol 16, No. 1.

/7/ SAHLING B. M. (1977):
Verkehrsablauf in Netzen, ein graphentheoretisches Optimierungsverfahren. Diss. Universität Karlsruhe, Institut f. Verkehrswesen.

/8/ SCHAECHTERLE Kh. (1977):
Vergleichende Untersuchung vorhandener Verfahren für Verkehrsumlegung unter Verwendung elektronischer Rechenanlagen, Strassenbau und Strassenverkehrstechnik, Heft 222, Bonn.

/9/ VLIET VAN D., DOW P.D.C. (1979):
Capacity- restraint road assignment. In: Traffic Engineering and Control, Vol. 20, No. 6.

/10/WARDROP J. G. (1952):
Some theoretical aspects of Road Traffic Research. In: Proceedings of the Institute of Civil Engineering 2.1

VERKEHR ALS MARKOV'SCHER PROZESS

Klaus Dübbers, Hamburg

Verkehrsuntersuchungen sind ein klassisches Anwendungsgebiet der Wahrscheinlichkeitsrechnung. Im einfachsten Fall sind dies Verteilungen einzelner Meßgrößen. Ein aufwendigeres Beispiel ist die Korrelation des Verkehrsaufkommens zwischen Quelle und Ziel mit erklärenden Größen aus der Siedlungsstruktur und den Wegewiderständen. Die Zufälligkeit in der Verteilung über Zeit und Weg ist aber mit zunehmender Verkehrsdichte für individuelle Verkehrsteilnehmer stark eingeschränkt, für Teilnehmer am kollektiven Verkehr ist sie nur vereinzelt gegeben. Das Quelle-Ziel-Aufkommen muß bisher durch aufwendige Befragungen ermittelt werden, um es anschließend mit erklärenden Größen korrelieren zu können.

Man kann jedoch davon ausgehen, daß die einzelnen Teilnehmer am individuellen wie am kollektiven Verkehr nicht voneinander abhängig sind. Ein statistischer Zusammenhang besteht nur gemeinsam mit den erwähnten erklärenden Größen als äußeren Einflüssen. Daher kann man die Verteilung der einzelnen Verkehrsteilnehmer auf die verschiedenen Quelle-Ziel-Relationen als stochastischen Prozeß betrachten. Vereinfachend sei nur Verkehr mit Zugangsbeschränkung auf Einzelpunkte betrachtet, wie er im öffentlichen Personenverkehr mit seinen Haltestellen oder im Verkehr auf Schnellstraßen mit festen Zu- und Abfahrten gegeben ist. Der lineare Ablauf solchen Verkehrs mit seinen zählbaren Querschnitten ist in Abb. 1 dargestellt. Wie die dort angegebenen Zusammenhänge zeigen, reicht es zur vollständigen Erfassung aus, zwei der drei Größen Aussteiger, Einsteiger und Besetzung zu zählen.

Der Markov'sche Prozeß eignet sich als Modell zur Darstellung der stochastischen Verteilung der einzelnen Verkehrsteilnehmer auf die verschiedenen Quelle-Ziel-Relationen. Die typische Eigenschaft Markov'scher Prozesse ist es, daß der zukünftige Zustand des Prozesses nur vom gegenwärtigen Zustand abhängt und nicht von den bereits durchlaufenen Zuständen. In den meisten Beispielen verlaufen diese Prozesse über der Zeit (t). Zur Nachbildung der Verkehrsverteilung auf Quelle-Ziel-Relationen wird der Prozeß jedoch nicht über der Zeit, sondern über dem Weg (s) betrachtet, wie dies in Abb. 2 dargestellt ist. Es handelt sich

Operations Research Proceedings 1983

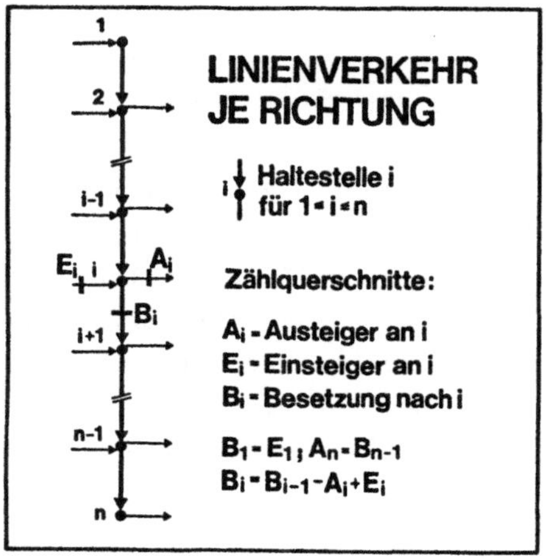

Abb. 1: Linienverkehr je Richtung

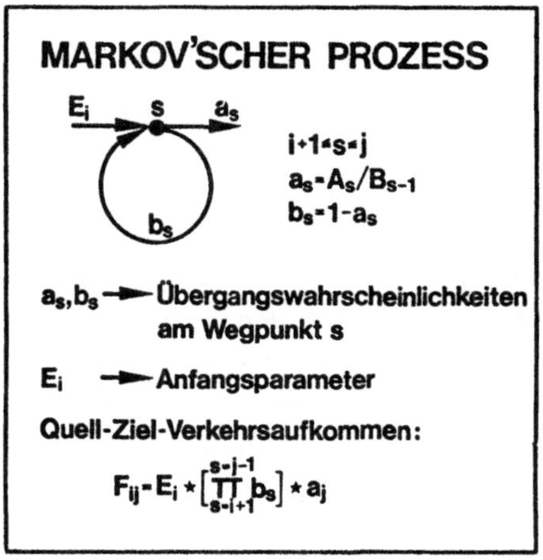

Abb. 2: Verkehr als Markov'scher Prozeß

dabei um einen Prozeß an den diskreten Punkten der Haltestellen. An jedem dieser Punkte können nur die Zustände "Weiterfahren" oder "Aussteigen" erreicht werden. Die zugehörigen Übergangswahrscheinlichkeiten sind in der Abb. 2 angegeben. Aussteiger werden absorbiert, Anfangsparameter sind die Einsteiger der betrachteten Quellhaltestelle. Das Verkehrsaufkommen Fij von der Quelle i zum Ziel j stellt sich demnach dar als die an der Haltestelle j absorbierten Verkehrsteilnehmer des Anfangsparameters der Haltestelle i. Der Prozeß ist endlich, da an der letzten Haltestelle einer Linie mit Sicherheit der Zustand "Aussteigen" erreicht wird. Der Prozeß ist allerdings inhomogen, da sich die Übergangswahrscheinlichkeiten von Haltestelle zu Haltestelle ändern.

Das Berechnungsverfahren mit seinen Varianten läßt sich graphisch veranschaulichen, wie dies in Abb. 3 gezeigt ist. Die Gesamtheit der Besetzung vor der Zielhaltestelle j ist dort vertikal aufgeteilt in Teilmengen entsprechend den Quellhaltestellen i von 1 bis j-1. Folgt man dem Modell des Markov'schen Prozesses, so ist die Aufteilung der gleichen Gesamtheit in die Teilmengen Aussteiger und Weiterfahrer an der Haltestelle j von der erstgenannten Aufteilung nach Quellhaltestellen unabhängig. Diese Aufteilung ist in Abb. 3 horizontal gezeigt. Die Schnittmenge der an j aussteigenden Fahrgäste von der Quelle i stellt die gesuchte Verkehrsmenge zwischen i und j dar, die bisher nur über Fahrgastbefragungen ermittelt wird.

Dem Markovischen Prozeß als Modell für die Verkehrsverteilung auf Quelle-Ziel-Relationen liegt die Annahme zugrunde, daß die Benutzung des betrachteten Verkehrssystems für kurze und für lange Strecken gleich wahrscheinlich ist. Dies ist bei realen Systemen meist nicht der Fall, da der Benutzer im allgemeinen zwischen mehreren konkurrierenden Verkehrssystemen wählen kann. Betrachtet man z.B. innerstädtische Buslinien, so ist ein konkurrierendes System der Fußweg. Es wird also Widerstand vorhanden sein gegen die Benutzung des Busses für Kurzstrekken. Dieser Widerstand ist um so größer je weiter der Weg zur Haltestelle ist, je seltener der Bus fährt und je mehr für die kurze Busfahrt bezahlt werden muß. Die Verteilung der Fahrten auf Quelle-Ziel-Relationen bleibt trotzdem ein stochasitscher Prozeß.

Die Berücksichtigung dieses Kurzstreckenwiderstandes in der Berechnung ist ebenfalls in Abb. 3 angedeutet. Als linearer Ansatz hierzu läßt sich die horizontale Aufteilung zwischen Aussteigern und Weiterfahrern um den Mittelpunkt der Horizontalen verschwenken. Ein bei linearem Ansatz maximaler Kurzstreckenwiderstand wird errechnet, wenn die Grenzlinie zwischen Austeigern und Weiterfahrern am Extrempunkt zu null oder zu eins wird. An diesem Punkt wird die darstellung der kleineren der beiden Teilmengen zu einem Dreieck.

Abb. 3: Berechnungsverfahren mit Varianten

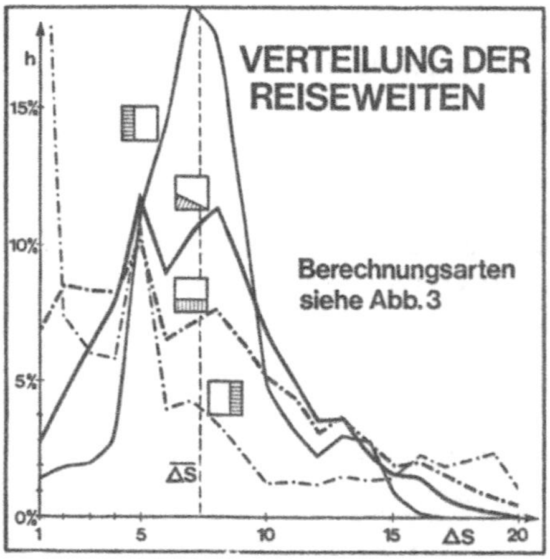

Abb. 4: Verteilung der Reiseweite nach Berechnungsart

In jedem dieser Fälle sind die aus der vorausgehenden Verkehrszählung ermittelten Werte wie Haltestellenbelastung, Streckenbelastung und mittlere Reiseweite eingehalten. Dies bleibt auch bei extremen Aufteilungen, wie z.B. "first-in-first-out" oder "last-in-first-out". Das veränderte Ergebnis durch unterschiedliche Ansätze zeigt sich jedoch u.a. in den Verteilungen der Reiseweiten, wie sie aus dem Beispiel einer mittleren Stadt mit ca. 30.000 Busfahrgästen je Werktag in Abb.4 dargestellt sind. Daraus wird deutlich, wie mit zunehmendem Kurzstrekkenwiderstand die Streuung um den Mittelwert abnimmt. Da der Widerstand aus Haltestellendichte, Fahrplantakt, Tarif u.ä. von Stadt zu Stadt verschieden ist, muß der Berechnungsansatz im Einzelfall justiert werden. Dazu kann eine Stichprobenbefragung an einer stark frequentierten Haltestelle herangezogen werden.

Verkehrsnetze bestehen aus mehreren Einzellinien, die an festgelegten Punkten verknüpft sind, wie z.B. durch Umsteigepunkte, Autobahnkreuze oder entsprechendes. Für diese Fälle muß die bisherige Betrachtung der Einzellinien erweitert werden. Aus der Übergangswahrscheinlichkeit für den Zustand "Aussteigen" aus Abb. 2 sind an den Verknüpfungspunkten entsprechend den möglichen Richtungen die umsteigenden "Weiterfahrer" auszugliedern. Als Ausgangsgrößen müssen an diesen Stellen die Umsteigerrelationen für jede Richtungskombination erfaßt werden. Wo diese "Abbiegeströme" nicht klar kanalisiert sind, ist dazu, wie z.B. in Busnetzen, eine Umsteigerbefragung notwendig. Da an solchen Stellen das Verkehrsaufkommen in Relation zu den möglichen Richtungskombinationen hoch ist, reicht diese Erhebung als Stichprobe. Diese Umsteigerbefragung kann selbstverständlich zu der oben erwähnten Justierung des Kurzstreckenwiderstandes mitverwendet werden.

Die Vorteile des hier geschilderten Verfahrens lassen sich wie folgt zusammenfassen:

- Zur Ermittlung der Matrix der Quelle-Ziel-Relationen in einem Verkehrsnetz sind nicht mehr umfassende Befragungen notwendig, sondern nur noch Querschnittszählungen mit punktuellen Stichprobenbefragungen.
- Die für Befragungen erforderlichen Störungen des Verkehrsablaufes entfallen weitgehend.
- Querschnittszählungen lassen sich im Gegensatz zu Befragungen automatisieren (z.B. Induktionsschleifen in Fahrspuren, Trittbrettkontakte bei Bussen) oder zur späteren Auswertung festhalten (z.B. Videoaufzeichnungen).

- Der Erhebungsaufwand geht aus den genannten Gründen deutlich zurück.
- Alle Leistungsstatistiken wie Fahrgastzahlen, Personenkilometer, Streckenbelastung, Haltestellenbelastung u.ä. gehen aus den Querschnittszählungen exakt hervor.
- Sind die Übergangswahrscheinlichkeiten in einem Verkehrsnetz einmal festgestellt, so lassen sie sich punktuell aktualisieren, was mit geringem Aufwand Vorher-Nachher-Untersuchungen für einzelne Änderungsmaßnahmen ermöglicht.

Erfahrungen bei Bus-Verkehrsbetrieben mittlerer Größe bestätigen die Anwendbarkeit des Verfahrens. Die Auswertung erfolgte in diesen Fällen auf einem Kleinrechner. Noch nicht durchgeführt wurde ein Vergleich mit einer realisierten Fahrgastbefragung. Außerdem ist die Veränderung der Übergangswahrscheinlichkeiten während der Tageszeit und ein eventueller Zusammenhang mit der Struktur des Einzugsgebietes der Haltestellen zu erforschen. Die bisherigen Erfahrungen ermutigen die Weiterarbeit in der eingeschlagenen Richtung.

EIN HEURISTISCHES VERFAHREN ZUR BERÜCKSICHTIGUNG HETEROGENER FAHRZEUGEINSATZCHARAKTERISTIKEN IN DER COMPUTERGESTÜTZTEN TOURENPLANUNG

Günther Diruf, Bamberg

1. Auftragseigenschaften und Fahrzeugeinsatzrestriktionen in Tourenplanungsproblemen der Praxis

Unabhängig vom verwendeten Dispositionsverfahren lassen sich Tourenplanungsprobleme als kombinierte Allokations- und Reihenfolgeprobleme konzipieren: Kundenaufträge sind zu Gruppen zusammenzufassen und nach Festlegung einer Bedienungssequenz ist jeder Auftragsgruppe ein bemanntes Fahrzeug zuzuordnen. Der allokative Aspekt des Problems ist allerdings in der stark vereinfachten Grundvariante der Tourenplanung nur schwach ausgeprägt. Die Kundengruppierungen werden hier allein von den räumlichen oder zeitlichen Entfernungen und vom Gewicht oder Volumen der Kundenbedarfe beeinflußt. Ein Zuordnungsproblem ist nicht zu lösen, da der Fuhrpark aus gleichen Fahrzeugen besteht. Die Einfachheit der Allokation verschwindet jedoch bereits, wenn die vorhandenen Fahrzeuge unterschiedliche Kapazitäten aufweisen. Je differenzierter die Einsatzcharakteristiken der Fahrzeuge einerseits und die Eigenschaften der Kundenaufträge andererseits werden, desto schwieriger gestaltet sich die Kundengruppierung und die Zuordnung der Fahrzeuge zu den Gruppen. Nicht allgemein geltende, sondern nur spezifische Kunden- und Fahrzeugrestriktionen verursachen die Zuordnungsproblematik. Zu nennen sind insbesondere:

- unterschiedliche Gewichts- und Volumenkapazitäten der vorhandenen Fahrzeuge,
- Fahrzeuggrößenbeschränkungen für einzelne Kunden
- und schließlich spezifische Kundenzeitschranken für die Ausführung des Be- und Entladevorgangs in Verbindung mit unterschiedlichen Fahrzeugeinsatzzeitschranken.

Für alle genannten Restriktionen lassen sich in der Praxis bedeutende Anwendungsfälle finden. Die Kapazitätsheterogenität des Fuhrparks tritt manchmal sogar verstärkt in Form von Ein- und Mehrkammerfahrzeugen zum Transport unverträglicher Güter auf. Von besonderer Wichtigkeit sind spezifische Zeitschranken. Bei den Kunden werden sie z.B. durch Mittagspausen, Fußgängerzonen oder kundeninterne Ablaufvorgänge verursacht. Unterschiedliche Einsatzzeitschranken für Fahr-

Operations Research Proceedings 1983

zeuge können z.B. auf Grund von Wartungsarbeiten oder bei mehreren Einsatzarten entstehen. So sind z.B. in Speditionen jene Fahrzeuge, die vormittags zum Verteilen genutzt werden, erst nachmittags für Sammeltouren verfügbar.

2. Entwicklung einer flexiblen Heuristik für die Zuordnung von Fahrzeugen und Touren

Wir gehen aus von einem Basisverfahren, das
- Touren schrittweise aggregiert,
- hierbei nur einen Weiterbau an den Tourenrändern vornimmt und
- aufgebaute Touren nicht wieder zerbricht.

Zur Klasse dieser Verfahren gehört nicht nur die Savingsmethode /1/, sondern auch sämtliche Verfahrensvarianten, die einen schrittweisen Tourenaufbau mit Hilfe von prioritätsgesteuerten Verknüpfungsversuchen vornehmen (vgl. z.B. /3/). Im Prinzip arbeiten diese Verfahren wie folgt: Ausgangspunkt ist ein i.d.R. sehr ungünstiger Trivialplan, der die Bedienung aller Kunden durch Pendeltouren vorsieht. Nach den oben definierten Aggregationsregeln werden sodann Pendeltouren und später auch Kombinationstouren sukzessive zu immer längeren und kostengünstigeren Tourenmustern verknüpft. Die äußerst wichtige Reihenfolge der Verknüpfungsversuche wird von der Höhe der durch die Verknüpfung realisierbaren "Ersparnis" bestimmt. Im Falle des Savingsverfahrens handelt es sich hierbei im Wortsinne um Weg- oder Fahrzeitersparnisse, bei anderen Verfahrensvarianten werden allgemeine "Ersparnis"-Definitionen benutzt. Wichtig erscheint in diesem Zusammenhang die Erkenntnis, daß im Laufe des Verfahrensganges das Ersparnispotential ständig abnimmt, so daß z.B. beim Savingsverfahren die Prozedur mit Ersparnissen nahe null endet. Günstige Tourenmuster können wir somit dann erwarten, wenn wir das Tourenwachstum so wenig wie möglich beschneiden. Dies wollen wir zum heuristischen Prinzip erheben: Realisierung eines Verknüpfungsversuches (d.h. einer "Ersparnis"), wenn immer zulässig.

Die Zulässigkeit eines Verknüpfungsversuches im Hinblick auf die Randkundenbedingung und im Hinblick auf generelle Längen-, Zeit- und Kundenzahlbegrenzungen ist leicht zu überprüfen. Bedeutend schwieriger gestaltet sich bereits die Einbeziehung spezifischer Kundenzeitschranken. Eine praktikable und erfolgreich realisierte Methode hierfür wurde an anderer Stelle /2/ beschrieben. Sie beruht auf der Berechnung von richtungsabhängigen Zeitfenstern für die durch die Verknüpfung entstehende Kombinationstour. Falls zumindest in einer Fahrtrichtung ein Zeitfenster existiert, das innerhalb der allgemeinen Einsatzzeitschranken des Fuhrparks liegt, ist die Kombinationstour zulässig.

Unterstellen wir nun die Existenz einer Zuordnungsproblematik zwischen Fahrzeugen und Touren: Die Fahrzeuge unseres Fuhrparks seien äußerst unterschiedlich in ihren Einsatzcharakteristiken, insbesondere in ihren Kapazitäten und Einsatzzeitschranken. Ein unkontrolliertes Tourenwachstum würde hier sehr rasch zu unzulässigen Tourenplänen führen, ein zu starkes Beschneiden des Wachstums würde die Tourenpläne unnötig verschlechtern. Um die Zulässigkeit des Endplans zu sichern, müssen die Fahrzeuge den als Zwischenergebnis auftretenden Kombinationstouren vorläufig zugeordnet werden. Ein häufig verwendetes einfaches Zuordnungsverfahren läßt sich wie folgt beschreiben:

- Führung eines fortlaufend aktualisierten Reservoirs freier Fahrzeuge,
- vorläufige Zuordnung von Fahrzeugen zu den als Zwischenergebnis auftretenden Kombinationstouren (mit kleinen Fahrzeugen beginnend)
- bei jedem Verknüpfungsversuch: Durchsuchung des Reservoirs nach einem Fahrzeug mit geeigneter Kapazität und Einsatzzeit für die geplante neue Kombinationstour,
- bei Ausführung der Verknüpfung: Rückgabe der nicht mehr benötigten Fahrzeuge für die alten Teiltouren in das Reservoir und Entnahme des Fahrzeugs für die neue Tour.

Ein Nachteil dieses einfachen Zuordnungsverfahrens besteht darin, daß Verknüpfungsversuche zurückgewiesen werden, obwohl sie mit dem vorhandenen Fuhrpark realisiert werden könnten. Unnötige Beschneidungen des Tourenwachstums sind insbesondere in den Anfangsphasen des Verfahrens zu befürchten, wenn die vorläufigen Zuordnungen von Fahrzeugen zu den Touren der Zwischenlösungen noch relativ willkürlich sind. Besonders zweckmäßig erscheint deshalb ein Verfahren, das bei jedem Verknüpfungsversuch mit geringem Rechenaufwand, falls nötig, sämtliche Zuordnungsverschiebungen überprüft und im Erfolgsfall die entsprechenden Umordnungen durchführt. Die aus Gründen der Zulässigkeitssicherung notwendigen, in der Anfangsphase der Tourenbildung jedoch willkürlichen Zuordnungen sind bei Anwendung eines solchen Verfahrens noch völlig flexibel. Erst mit fortschreitendem Tourenwachstum fixieren sich die Fahrzeugzuordnungen mehr und mehr. Insgesamt kann man bei dieser adaptiven Vorgehensweise, soweit es die

Nebenbedingungen überhaupt zulassen, eine günstige Tourenbildung und Fahrzeugzuordnung erwarten.

Für die Entwicklung eines flexiblen Zuordnungsverfahrens mit den geforderten Eigenschaften greifen wir auf Techniken zurück, die im Rahmen der Ungarischen Methode verwendet werden. Wie im klassischen Zuordnungsproblem ist es auch unser Ziel, für eine gegebene Menge von unterschiedlichen Fahrzeugen und eine bei einem Verknüpfungsversuch jeweils bekannte Menge von Kombinationstouren eine Maximalzuordnung zu finden. Wir setzen hierzu ein Verfahren von YASPAN /4/ ein, das dazu dient, in einer Matrix eine maximale Zahl unabhängiger Nullelemente zu finden. Für unsere Zwecke der laufenden Bildung und Zuordnung neuer und der Löschung alter Touren ist dieses Verfahren in geeigneter Weise zu modifizieren:

(1) Definition einer Zulässigkeitsmatrix Z. Jede Zeile von Z entspricht einer Fahrzeugnummer i = 1, ..., m. Die Spalten j sind für die in den Zwischenlösungen und in der Abschlußlösung jeweils vorhandenen Kombinationstouren vorgesehen. Da Touren laufend gelöscht werden und andere neu entstehen, ist die Besetzung der Spalten flexibel zu gestalten. Mehr Kombinationstouren als vorhandene Fahrzeuge sind nicht möglich, d.h. es genügt, ebenso viele Spalten wie Zeilen vorzusehen. Die Elemente von Z definieren wir wie folgt: z(i,j) = 1, wenn der Einsatz von Fahrzeug i für Tour j zulässig ist, sonst gilt: z(i,j) = 0. (Bei Programmierung des Verfahrens sollte zusätzlich nach Richtungszulässigkeiten unterschieden werden, worauf wir hier aus Gründen der Beschreibungsvereinfachung verzichtet haben.)

(2) Berechnung eines Zulässigkeitsvektors für die geplante neue Kombinationstour. Wir nehmen nun an, im Rahmen des Tourenbildungsverfahrens seien bereits einige Kombinationstouren entstanden. Ihre Fahrzeugzulässigkeiten und ihre vorläufigen Zuordnungen seien in Z festgehalten. Auf der Basis des nächsten Verknüpfungsversuches soll nun eine neue Kombinationstour geplant und auf Zulässigkeit überprüft werden. Erforderlich ist somit zunächst die Berechnung eines Zulässigkeitsvektors $z_o(i)$, der für jedes Fahrzeug i die Zulässigkeit $z_o(i) = 1$ oder Unzulässigkeit $z_o(i) = 0$ der neu geplanten Tour angibt.

(3) Flexible Fahrzeugzuordnung. Wir definieren: Eine Verschiebung n-ter Ordnung bezeichnet die Umordnung von n vorläufig zugeordneten Fahrzeugen. Unser Ziel ist es, die geplante Verknüpfungstour, falls überhaupt zulässig, mit einer Verschiebung möglichst niedriger Ordnung einzufügen. Die Vorgehensweise soll anhand eines Beispiels erläutert werden: Gegeben sei bei einem aus acht Fahr-

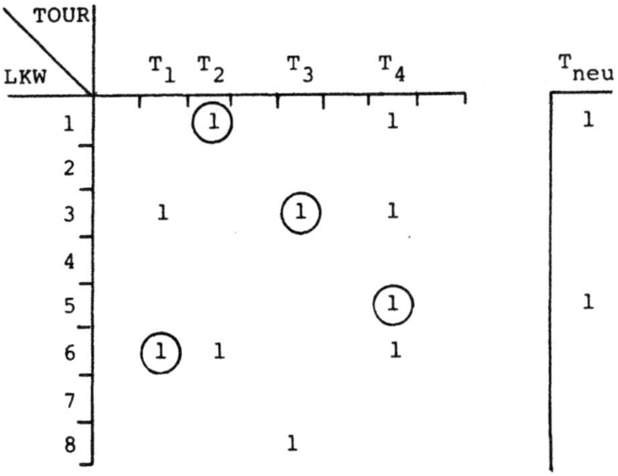

Abb. 1: Beispiel einer Zulässigkeitsmatrix mit vorläufiger Fahrzeugzuordnung und eines Zulässigkeitsvektors zur Überprüfung eines Verknüpfungsversuches T_{neu}

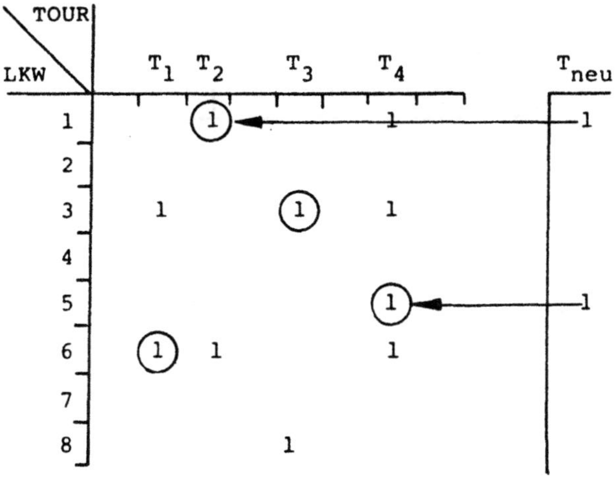

Abb. 2: Fahrzeugverschiebung nullter Ordnung möglich?

zeugen bestehenden Fuhrpark eine Zwischenlösung mit vier Kombinationstouren, die durch das Symbol ◯ den Fahrzeugen vorläufig zugeordnet sind (Abb. 1). Die geplante Verknüpfungstour T_{neu} kann nur mit den Fahrzeugen 1 oder 5 gefahren werden. Da beide Fahrzeuge vorläufig belegt sind, ist die Einfügung der neuen Tour mit einer Verschiebung "nullter" Ordnung nicht möglich (Abb. 2).

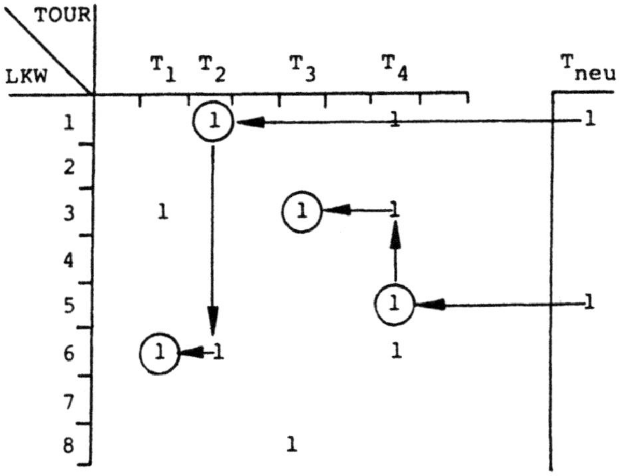

Abb. 3: Fahrzeugverschiebung erster Ordnung möglich?

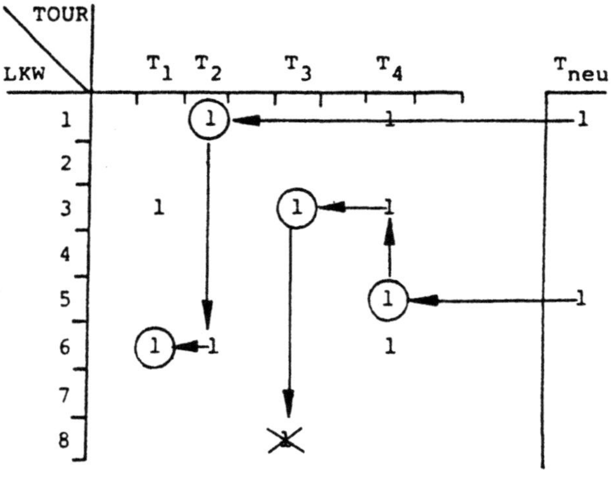

Abb. 4: Fahrzeugverschiebung zweiter Ordnung möglich?

Auch eine Verschiebung erster Ordnung bringt noch keinen Erfolg (Abb. 3). Erst bei der Überprüfung der Verschiebungsmöglichkeiten zweiter Ordnung treffen wir auf ein freies Fahrzeug (Abb. 4: ><). Entlang dem vorher aufgebauten Weg wird die Zuordnungsverschiebung realisiert (Abb. 5). Es verbleibt noch die Einfügung von T_{neu} in eine freie Spalte von Z und die endgültige Löschung der alten Teiltouren.

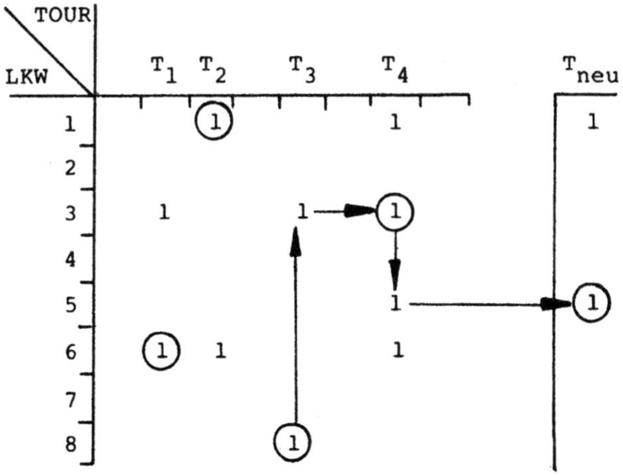

Abb. 5: Neuzuordnung der Fahrzeuge zur Realisierung der Verknüpfung T_{neu}

3. Bisherige Ergebnisse

Das flexible Zuordnungsverfahren wurde anhand einiger kleiner Beispiele (21 Kunden) und an zwei Beispielen realistischer Größenordnung (240 Kunden) getestet und mit dem einfachen Zuordnungsverfahren verglichen. Die Ergebnisse lassen sich wie folgt zusammenfassen:

- Die Rechenzeiten liegen beim flexiblen Verfahren bei sorgfältiger Programmierung nur wenige Prozent über den Rechenzeiten des einfachen Zuordnungsverfahrens.
- Wie zu erwarten, ist die Lösungsqualität der beiden Prozeduren (gemessen an der gefahrenen Gesamtstrecke) gleich oder nahezu gleich, wenn die Kapazitäten und Einsatzzeiten des Fuhrparks verglichen mit der Arbeitslast unkritisch sind.

- Bei stark unterschiedlichen Fahrzeugkapazitäten, Einsatzzeitschranken, Kundenzeitschranken, Fahrzeuggrößenbeschränkungen und einem insgesamt zu knapp bemessenen Fuhrpark zeigen sich Verbesserungen des flexiblen Verfahrens gegenüber der einfachen Prozedur von 10 bis 30 %. Zudem verbleiben bei den Lösungen des flexiblen Verfahrens i.d.R. wesentlich weniger nicht zugeordnete Pendeltouren. Für ein abschließendes Urteil über die mit dem flexiblen Zuordnungsverfahren zu erwartenden Lösungsverbesserungen ist die Zahl der bisherigen Vergleichsrechnungen jedoch zu gering.

Wichtig erscheint es, abschließend darauf hinzuweisen, daß Savingprozeduren, wie jede Heuristik, zufällig schlechte Lösungen erzeugen können. Die Gefahr, verfahrensbedingt schlechte Lösungen zu erhalten, nimmt vermutlich mit der Komplexität des zulässigen Lösungsraumes und mit der Komplexität der in diesen Lösungsraum "einzupassenden" Tourenmuster zu. Die beschriebene Vorgehensweise bietet auf Grund ihrer Flexibilität einen gewissen Schutz gegen diese Gefahr. Nichtsdestoweniger sollten zusätzlich Optionen für mehrfache Lösungsversuche vorgesehen werden, die am einfachsten durch zufällige oder systematische Variation der Verknüpfungsversuche zu erreichen sind (vgl. /2/, S. B 217 ff.). Die Wahrscheinlichkeit, existierende günstige Tourenpläne zu verfehlen, sinkt mit der Zahl variierender Lösungsversuche rasch ab.

Literatur

/1/ CLARKE G.; WRIGHT J. W.
Scheduling of Vehicles from a Central Depot to a Number of Delivery Points.
Operations Research 12, 568-581 (1964).

/2/ DIRUF G.
Kundenzeitschranken in der computergestützten Tourenplanung.
Zeitschrift für Operations Research 24, B 207 - B 220 (1980).

/3/ GASKELL T. J.
Bases for Vehicle Fleet Scheduling.
Operational Research Quarterly 18, 281-294 (1967).

/4/ YASPAN A.
On Finding a Maximal Assignment.
Operations Research 14, 646-651 (1966).

FAHRZEUGEINSATZPLANUNG FÜR ABSETZKIPPERFAHRZEUGE - PROBLEMBESCHREIBUNG UND LÖSUNGSANSÄTZE

Bernhard Geppert, Karlsruhe
Heinrich Paessens, Karlsruhe
Wolfgang Schliebs, Karlsruhe

Die Planung des Einsatzes von Fahrzeugen für den Transport von Absetzmulden (Absetzkipperfahrzeuge) stellt für den Disponenten eines Abfuhrbetriebes eine schwierige und zeitaufwendige Aufgabe dar. Der größte Teil der Kunden hat den Wunsch, auf Anruf hin möglichst umgehend bedient zu werden. Folgend Aufträge sind dabei möglich:

1. Aufstellen einer leeren Mulde,
2. Abholen einer vollen Mulde,
3. Aufstellen einer leeren und gleichzeitiges Abholen einer vollen Mulde,
4. Abholen einer vollen Mulde und anschließendes Wiederaufstellen derselben Mulde (die Mulde ist Eigentum des Kunden).

Je nach Art des abzufahrenden Materials sind unterschiedliche Deponietypen anzufahren. Die Berücksichtigung verschiedener Muldentypen erschwert die Planungsaufgabe zusätzlich.
Die Aufgabe besteht nun in

a) Minimierung der Fahrzeiten,
b) Minimierung der Muldenbewegungszeiten, d.h. der Zeit, die für das Auf- und Abladen der Mulden benötigt wird.

Beide Ziele können durchaus miteinander konkurrieren. Es ist eine Reihenfolge der Kunden zu bestimmen, für die die Gesamtzeit (Fahrzeit + Muldenbewegungszeit) minimal ist.
Es werden heuristische Lösungsverfahren angegeben, deren Einsatz auch auf Mikrocomputern möglich ist. Nach den bisherigen Erfahrungen kann durch den Einsatz dieser Verfahren die Gesamtzeit um circa 10 % gegenüber einer manuellen Planung reduziert werden.

Operations Research Proceedings 1983

DIE VORSTELLUNG VON EINIGEN VERFAHREN ZUR LÖSUNG VON OFFENEN-TOUR-PROBLEMEN BEI BESCHRÄNKUNG AUF ZWEI DEPOTS

Ulrich Eberhard, Mannheim
Hans-Joachim Vaterrodt, Mannheim
Christoph Schneeweiß, Mannheim

Die theoretischen Arbeiten zur Tourenplanung beschäftigen sich primär mit Ein-Depot-, weniger mit Mehr-Depot-Problemen und geschlossenen Touren, d.h. Touren, die an einem Depot x beginnen und enden. Der Beitrag beschäftigt sich mit einem speziellen Mehr-Depot-Fall, bei welchem die Touren an einem Depot x beginnen und an einem, sich geographisch unterscheidenden, Depot y enden, dem sogenannten Offenen-Tour-Problem. Den Anstoß, sich mit diesem Problem zu beschäftigen, gab die reale Situation einer Lebensmitteleinzelhandelskette.
Für das Offene-Tour-Problem mit zwei Depots wurden verschiedene Lösungsverfahren erarbeitet. Es handelt sich dabei um dem neuen Problem angepaßte Verfahren zur Lösung des Travelling-Salesman-Problem, den sogenannten Insertion Procedures, und des Ein-Depot-Tourenplanungsproblems, dem Savingverfahren von Clarke und Wright. Außerdem werden bekannte Überlegungen zur Herleitung einer Ersparnisfunktion aufgegriffen und daraus ein in wesentlichen Punkten neues Verfahren erarbeitet, welches explizit die Richtung der Touren beim Offenen-Tour-Problem berücksichtigt.
Die durchgeführten Testrechnungen zeigen, daß das neue Verfahren für das hier vorgestellte Problem den modifizierten Verfahren vorzuziehen ist.

Literatur:

CLARKE, G.; WRIGHT, J.W.
SCHEDULING OF VEHICLES FROM A CENTRAL DEPOT TO A NUMBER OF DELIVERY POINTS.
OR 12, 568-581 (1964).

EBERHARD, U.
TOURENPLANUNG - DARSTELLUNG VON VERFAHREN DES EIN-DEPOT-PROBLEMS UND DEREN ERWEITERUNG AUF OFFENE-TOUR-PROBLEME,
DIPLOMARBEIT, MANNHEIM (1982).

GOLDEN, B. ET AL.
APPROXIMATE TRAVELLING SALESMAN ALGORITHMS.
OR 28, 694-711 (1980)

Operations Research Proceedings 1983

PLANNING OF A SPECIAL BUS-NETWORK IN CAIRO

Mahmoud El-Bakry, Cairo
Mohamed El-Razaz, Cairo

In Greater Cairo runs a great lot of buses for special services, such as buses serving the workers of companies, factories, institutes .. etc. The utilization of these buses is mostly not optimally planned, which imposes an additional loading to the acute traffics situation in Cairo.
This paper deals with an actually existing problem in a large company:

The company has two factories at Giza, south of Cairo, and Heliopolis, north of Cairo. The working hours are from 7.30 am or 8.30 am till 3.30 pm or 4.30 pm respectively according to the nature of the work in each factory. It is required to find a bus-network for transporting the workers living in Greater Cairo to these factories which leads to minimum total travelling time for all buses. The Greater Cairo is divided into 25 residental zones with 25 main centres (nodes) and a weight is given to each node according to the number of workers living in each residental zone. All routes connecting the nodes are determined. A 0-1 programming model is constructed and solved. Accordingly a time schedule is made such that each bus takes a route starting from one factory to the other factory and returns to the first thus its path is fully utilized.
The model used is simple and could be easily modified according to any future changes.

Operations Research Proceedings 1983

EIN BRANCH-BOUND-ALGORITHMUS ZUR ERMITTLUNG VON K BESTEN WEGEN IN GERICHTETEN GRAPHEN

Tilman Burde, Regensburg

Das Konzept der k-Optimalität ist eine wichtige und viel diskutierte Verallgemeinerung der Optimierung diskreter deterministischer Entscheidungsmodelle: gesucht ist nicht nur eine beste Lösung, sondern eine Reihe von Lösungen, die mindestens so gut sind wie alle anderen Lösungen. Das ist immer dann zweckmäßig, wenn gewisse Restriktionen bei der Modellbildung bewußt vernachlässigt werden oder sich erst unmittelbar vor der realen Entscheidung als relevant erweisen.
Unserer Untersuchung liegt die folgende spezielle Problemstellung zugrunde: (N,A) sei ein endlicher gerichtetet Graph mit $N = \{1,...,n\}$. Auf A sei eine nichtnegative Distanzfunktion definiert. Gesucht sind k kürzeste elementare Wege von 1 nach n.
Zur Lösung dieses Problems schlagen wir einen neuen Algorithmus vor, der die Eigenschaften eines Branch-Bound-Verfahrens hat. Während die meisten konkurrierenden Algorithmen mehr oder weniger direkt das Konzept der Umleitung von bereits ermittelten Wegen verwenden, ist das wesentliche konstruktive Merkmal unseres Verfahrens die Fortsetzung unfertiger Teilwege nach den jeweils besten noch nicht benutzten Folgeknoten.
Umfangreiche numerische Tests ($k \leq 200$, $n \leq 1000$) haben gezeigt, daß unser Verfahren deutlich schneller ist als die bekannten Algorithmen von YEN/2/ und WEIGAND/1/.

/1/ WEIGAND M.M.
Algorithmus 27. Ein neuer Algorithmus zur Bestimmung von k-kürzesten Wegen in einem Graphen.
Computing 16, 139-151 (1976).

/2/ YEN J.Y.
Finding the k shortest loopless paths in a network.
Management Science 17, 712-716 (1971).

Operations Research Proceedings 1983

NETWORK FLOWS AND NONLINEAR 0-1 PROGRAMMING

Pierre Hansen, Mons

1. INTRODUCTION

Network flow theory was developped in the late fifties by L. FORD and D.R. FULKERSON (1956, 1962) and many others. As shown in their classical book *Flows in Networks* both a large number of theoretical results and powerful algorithms to solve some structured linear programs and a host of combinatorial problems were rapidly obtained.

Another approach to combinatorial optimization, linear and nonlinear 0-1 programming, also called *pseudo-boolean programming*, was developped in the sixties, mainly by P.L. HAMMER and S. RUDEANU (1963, 1968) and summarized in their book *Boolean Methods in Operations Research.* Many combinatorial problems including the basic ones of network flow theory were expressed as optimization problems of unconstrained nonlinear functions in 0-1 variables, and a general algebraic method was designed to solve such problems. Computations with this initial method were, however, rather cumbersome, at least when compared to the labelling algorithms of network flow theory. Consequently, the first bridge between both theories, i.e. the formulation by P.L. HAMMER (1965) of the minimum cut problem in terms of minimization of a quadratic function in 0-1 variables, was perceived as a reduction of an easy problem to a difficult one, and given little attention for a long time.

Further arguments for such a view are provided by the theory of computational complexity. On one hand, convergence of the max-flow algorithm of L. FORD and D.R. FULKERSON with an amended rule for labelling was proved by several authors (in the initial version a subtle sequence of clumsy choices of vertices to be labelled allowed to converge to a non-optimal solution when irrational data was used). Moreover, following E.A. DINIC (1970) and J. EDMONDS and R.M. KARP (1972) several authors proposed polynomial algorithms for the max-flow min-cut problem. The best currently available ones appear to be those of A.V. KARZANOV (1974) and V.M. MALHOTRA et al. (1978) which require $O(n^3)$ operations

Operations Research Proceedings 1983

in worst case for dense networks and that of D.D. SLEATOR and R.E. TARJAN (1980, 1981) which requires O(m n log n) operations for sparse networks. On the other hand, minimisation of a general quadratic 0-1 function is an NP-complete problem, as the initial list of 21 such problems given in the classical paper of R.M. KARP (1972) contains the maximum clique problem, equivalent to the maximum stable set problem, which is expressed in such a form in P.L. HAMMER and S. RUDEANU's book.

The importance of P.L. HAMMER's 1965 result stems from considering it in the reverse direction : a number of problems of nonlinear 0-1 programming can be solved by network flow algorithms. This was first fully realised by J.C. PICARD and D. RATLIFF (1975), after some isolated results of J. RHYS (1970) and M.L. BALINSKI (1970) (see below) and gave rise to a surprisingly large amount of theoretical results and applications.

The purpose of the present paper is to survey that development. It is organized as follows : unconstrained optimisation of quadratic and of nonlinear 0-1 functions are considered in the next two sections. Use of complemented variables to transform quadratic 0-1 functions to a form amenable to solution by a max-flow algorithm is studied in section 4. Removal of constraints through Lagrangian relaxation is examined in section 5. Nonlinear hyperbolic 0-1 programs and related subjects are studied in section 6. The resolution of NP-complete pseudo-boolean problems with the help of network flows is then considered : section 7 is devoted to the quadratic knapsack problem and section 8 to the maximization of general quadratic 0-1 functions. Some brief conclusions are drawn in section 9.

A hopefully representative but by no means exhaustive series of applications illustrate the various models considered; they pertain to the fields of graph theory, network design, selection of investments with shared fixed costs, open pit mining, choice of spare parts for a travelling repairman, machine scheduling, facilities location, distributed computing, statistics and data analysis.

2. QUADRATIC 0-1 FUNCTIONS AND NETWORK FLOWS

Let $N = (V,E)$ denote a network with a set of vertices $V = \{v_1, v_2, \ldots, v_n\}$, v_1 being the source and v_n the sink, and a set of arcs $E = \{e_j = (v_k, v_l),\ j = 1,2,\ldots m\}$; let $c_{kl} > 0$ denote the capacity of arc (v_k, v_l), for all such arcs of E. Associate to each vertex v_j of V a boolean variable x_j. We then have :

Theorem 1 (P.L. HAMMER, 1965) *If* $(1, x_2^*, x_3^*, \ldots, x_{n-1}^*, 0)$ *gives a minimum of the pseudo-boolean function*

$$c_{1n} + \sum_{j=2}^{n-1} c_{1j} (1-x_j) + \sum_{j=2}^{n} c_{jn} x_j + \sum_{i=2}^{n-1} \sum_{j=2}^{n-1} c_{ij} x_i (1-x_j) \tag{1}$$

then

$$V_1 = \{v_j \mid x_j^* = 1\}, \quad V_2 = \{v_j \mid x_j^* = 0\}$$

is a minimum cut of N *and conversely.*

Formula (1) may be rewritten after grouping terms with the same variables

$$\sum_{j=2}^{n} c_{1j} + \sum_{j=2}^{n-1} (c_{jn} - c_{1j} + \sum_{i=2}^{n-1} c_{ji}) x_j - \sum_{i=2}^{n-1} \sum_{j=2}^{n-1} c_{ij} x_i x_j . \tag{2}$$

This suggests the following result :

Theorem 2 (J.C. PICARD and H.D. RATLIFF, 1975) *The problem*

$$\textit{Minimize} \quad 1 + \sum_{j=2}^{n-1} p_j x_j - \sum_{i=2}^{n-1} \sum_{j=2}^{n-1} q_{ij} x_i x_j \tag{3}$$

where $q_{ij} \geq 0$ *for* $i \neq j$, $q_{jj} = 0$ *and* $x_j \in \{0,1\}$ *for* $i,j = 2,\ldots,n-1$ *is equivalent to the minimum cut problem in a network with*

$$c_{ij} = q_{ij} \qquad i,j = 2,3,\ldots,n-1 \tag{4}$$

$$c_{1j} = \max\,(\sum_{i=2}^{n-1} c_{ji} - p_j, 0) \qquad j = 2,3,\ldots,n-1 \tag{5}$$

$$c_{jn} = \max(p_j - \sum_{i=2}^{n-1} c_{ji}, 0) \qquad j = 2,3,\ldots,n-1 \tag{6}$$

and

$$c_{1n} = 1 - \sum_{j=2}^{n-1} c_{1j} . \tag{7}$$

This is, in fact, a simplified version of the result of J.C. PICARD and H.D. RATLIFF, who consider a network with both directed and undirected arcs. Note that c_{1n} may be negative, but as $x_1^* = 1$ and $x_n^* = 0$ the fact that this arc is always cut may be expressed by omitting it and adding a constant c_{1n} to the value of the minimum cut of the resulting network.

Example 1. Minimize $2 + 2x_2 - 3x_3 + 5x_4 - 3x_2x_3 - x_2x_4 - 3x_3x_4$ s.t. $x_2, x_3, x_4 \in \{0,1\}$.

The corresponding network is represented on figure 1. The maximum flow, of value 4, is given by $\psi_{12} = \psi_{24} = 1$, $\psi_{13} = \psi_{34} = 3$ and $\psi_{45} = 4$. $V_1 = \{v_1, v_2, v_3\}$, $V_2 = \{v_4, v_5\}$, $c_{1n} = -6$ and the optimal value is -2.

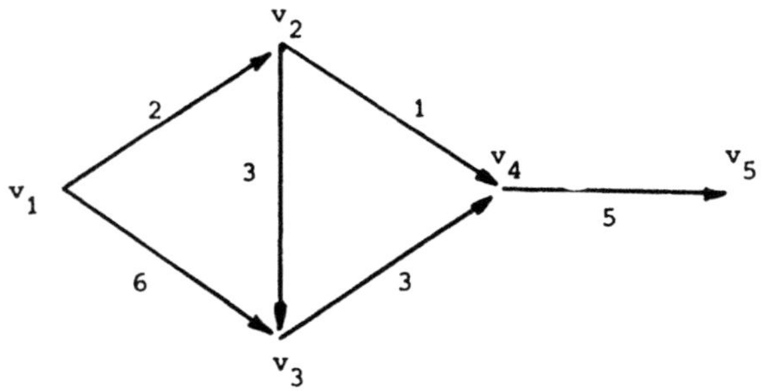

Figure 1. Network corresponding to the minimization of a quadratic 0-1 function.

The network is thus constructed by associating with each quadratic term $- q_{ij}\, x_i\, x_j$ an arc of capacity q_{ij} from v_i to v_j, then by adding up for each vertex v_j the capacities of the arcs with v_j as initial vertex, subtracting p_j and introducing an arc between v_1 and v_j with the so-obtained value as capacity if it is positive or an arc between v_j and v_n with the opposite of that value as capacity otherwise. The resulting network is circuit-free.

Application 1. *Choice of investments with shared fixed costs.* J.M.W. RHYS (1970) noted that in several contexts profitable activities could only be exercised if one could use some facilities, whose cost was not specific to a single activity but should be shared between several of them. Use of more-or-less arbitrary accounting rules to split such fixed costs could lead to suboptimal decisions in the selection of activities and facilities. If each activity requires at most two facilities the problem can be put in the form of formula (3). Two practical examples are the following : a) A transport undertaking is considering the installation of a number of freight terminals, whose cost is fixed, i.e. throughput-independent. The existence of any particular pair of terminals permits a service to be operated between them yielding a net revenue. It is asked to find the optimum selection of terminals given all costs and net revenues; b) A bank is involved in international trade financing. The ability to finance trade between any pair of countries depends on the existence of offices in those countries, to which a fixed cost is associated. Trade financing yields a net revenue and the list of countries where the bank should set up offices to maximize profit is to be determined.

Application 2. *Minimal cost cut equivalent networks.* J.C. PICARD and H.D.RATLIFF (1973 a) have considered the following network synthesis problem : given a network N with costs for each arc proportional to their capacity it is asked to find new capacities such that a) the capacity of each cut is increased by a given value K, and b) the total cost of the network is minimum. Using formula (1) they show this problem can be reduced to a minimum cost flow problem on a related network. Variants, in which upper and/or lower bounds on arc capacities are imposed and/or in which the sum of the costs of the differences between the original and the new capacities must be minimized are solved also.

3. NONLINEAR 0-1 FUNCTIONS AND NETWORK FLOWS

Let $G = (V, V', E)$ denote a bipartite graph, $A = (a_{ij})$ its adjacency matrix, $|V| = n_1$ and $|V'| = n_2$; assume further that weights $d_i, i = 1,2, \ldots n_1$ are associated with the vertices $v_1, v_2, \ldots v_{n_1}$ and weights c_j, $j = 1,2,\ldots, n_2$ with the vertices $v'_1, v'_2, \ldots, v'_{n_2}$ of V'. Recall a separating set (or transversal) of G is a subset of vertices containing one vertex at least from each edge. P.L. HAMMER and S. RUDEANU (1968) have given a pseudo-boolean expression of the problem of determining a minimum weight separating set of G, associating boolean variables y_i, $i = 1,2,\ldots, n_1$ and x_j, $j = 1,2,\ldots, n_2$ with the vertices of V and V' respectively.

Theorem 3 (P.L. HAMMER and S. RUDEANU, 1968) *Let* $(x_1^*, x_2^*, \ldots, x_{n_2}^*)$ *denote a minimizing point of*

$$- \sum_{i=1}^{n_1} d_i \prod_{a_{ij}=1} x_j + \sum_{j=1}^{n_2} c_j x_j \tag{8}$$

and

$$y_i^* = 1 - \prod_{a_{ij}=1} x_j^* ; \tag{9}$$

then the vertices associated with variables equal to 1 *form a minimum weight separating set of* G.

Such a problem appears iteratively as a step of the primal-dual method for solving transportation problems (cf. L. FORD and D.R. FULKERSON, 1962). It can readily be solved by determining a minimum cut in the so-called reduced network. Hence nonlinear 0-1 functions with negative coefficients for all terms involving products of variables can be minimized by network flows. This result is implicit in a paper of J.M.W. RHYS (1970) on selection problems with shared fixed costs (discussed above) and was explicited, without introducing boolean variables, in a note of M.L. BALINSKI (1970); the connection with theorem 3 remained unnoticed.

Example 2. Minimize $- 3x_1x_2 - 4x_1x_3 - x_2x_3 + 2x_1 + 5x_2 + x_3$ s.t. $x_1, x_2, x_3 \in \{0,1\}$. The corresponding reduced network is represented on figure 2. A minimum cut is $V_1 = \{v_0, v_2, v_1', v_3'\}$, $V_2 = \{v_1, v_3, v_2', v_4\}$; the maximum flow is equal to 7. The optimal solution is

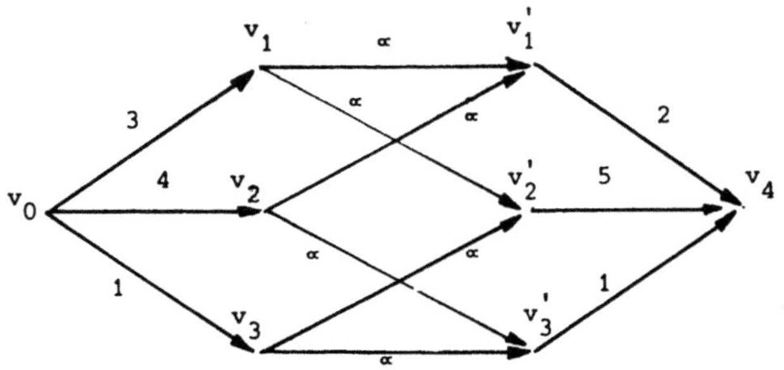

Figure 2. Reduced network corresponding to the minimization of a nonlinear 0-1 function.

$x_1^* = x_3^* = 1$, $x_2^* = 0$ which gives a value of -1.

Thus, the reduced network contains arcs from a source to vertices associated with terms involving products of variables with a capacity equal to the absolute value of these terms'coefficients, arcs of infinite capacity between these vertices and vertices associated with the individual variables if and only if they appear in the corresponding products of variables, and finally arcs from these last vertices to a sink with capacities equal to the coefficients of the linear terms. Variables and products of variables are equal to 1 in the optimal solution if and only if the corresponding vertices are unlabelled in the final labelling. The optimal value is equal to that of the maximum flow plus the sum of the coefficients of the nonlinear terms.

Application 3. *Choice of spare parts for a travelling repairman* (J.W. MAMER and S.A. SMITH, 1982) A wide range of equipment owned by industry or government is repaired and maintained at geographically distributed locations. This is done by travelling repairmen, who carry a kit of tools and spare parts; let c_j denote the yearly inventory cost for including the tool or spare part j in the kit. If not all spare parts required for a particular job i are available a "broken job" or incomplete service occurs, with a penalty cost v_i. Assuming restocking between jobs, if λ_i denotes the expected yearly number of jobs i, setting $d_i = \lambda_i v_i$ and $a_{ij} = 1$ if and only if the tool or spare part j is required for job i yields an expression of the problem of choosing the tools and spare parts of the kit in order to minimize total costs in the form of theorem 3.

4. USE OF COMPLEMENTED VARIABLES

Various rules allow to simplify quadratic or nonlinear 0-1 functions by fixing some variables at 0 or at 1 prior to their minimization.

Proposition 4. (P.L. HAMMER and P. HANSEN, 1981) *Consider a quadratic 0-1 function to be minimized, written in the form of theorem 2. If* $p_j < 0$ *then* $x_j^* = 1$ *in at least one optimal solution; if* $p_j > \sum_{i=2}^{n-1} (q_{ij} + q_{ji})$ *then* $x_j^* = 0$ *in at least one optimal solution.*

If these relations hold as strict inequalities the implications are valid for all optimal solutions. Extension to nonlinear 0-1 functions is straightforward. Formulae valid when the restriction $q_{ij} \geq 0$ is not imposed are also given in the cited reference. Moreover a series of rules allowing to obtain logical relations between pairs or triples of variables, whose conjunction may lead to further conclusions, are provided.

The network flow interpretation of proposition 4 with strict inequalities is the following : if the capacity of the arc joining the source to vertex v_j is larger than the sum of the capacities of the outgoing arcs from v_j, then $v_j \in V_1$ in all minimum cuts; if the capacity of the arc joining vertex v_j to the sink is larger than the sum of the capacities of the ingoing arcs into v_j then $v_j \in V_2$ in all minimum cuts.

Some quadratic 0-1 functions are amenable to the form of theorem 2 by complementing variables, i.e. by substituting $\bar{x}_j = 1 - x_j$ to x_j for some j in formula (3). These functions may be characterized in terms of signed graphs. Associate a signed graph G = (V,E) with formula (3), each vertex v_j corresponding to a variable x_j, each edge $\{v_i, v_j\}$ corresponding to a quadratic term $q_{ij} x_i x_j$ with a sign equal to that of q_{ij}. Recall a signed graph is balanced if and only if for all cycles of G the product of the signs of the edges is positive. This is equivalent to the condition that the negative edges from a cocycle of G (cf D. KÖNIG, 1936, F. HARARY, 1953).

Theorem 5 (P. HANSEN and B. SIMEONE, 1979) *Consider a quadratic* 0-1 *function in the form of formula* (3) *with arbitrary signs for the coefficients* q_{ij}. *This function can be brought to the form of theorem* 2 *if and only if the associated signed graph is balanced.*

Balance of a signed graph can be checked in linear time (P. HANSEN, 1978, F. HARARY and J.A. KABELL,1980). The variables to be complemented are those on one side of the cocycle.

Example 3. Minimize $2x_2 + 3x_3 + 4x_4 + 5x_5 + 2x_2x_3 - 3x_2x_5 + 2x_3x_4 - 4x_4x_5$ s.t. $x_2, x_3, x_4, x_5 \in \{0,1\}$. The associated signed graph is represented on figure 3. Replacing the variable x_3 by $\bar{x}_3 = 1 - x_3$ yields the problem Minimize $3 + 4x_2 - 3\bar{x}_3 + 6x_4 + 5x_5 - 2x_2\bar{x}_3 - 3x_2x_5 - 2\bar{x}_3x_4 - 4x_4x_5$ s.t. $x_2, \bar{x}_3, x_4, x_5 \in \{0,1\}$.

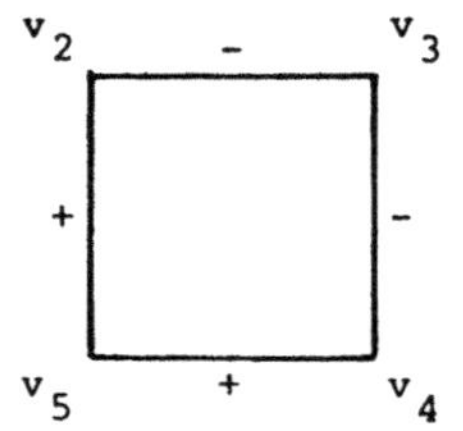

Figure 3. Signed graph associated with a quadratic 0-1 function.

Complementation can also be used to bring some nonlinear 0-1 functions to the form of theorem 3. No characterization of the functions for which this is possible has yet been obtained, to the best of our knowledge.

5. CONSTRAINED PROBLEMS

P.L. HAMMER and S. RUDEANU (1968) have shown how constrained minimization of a 0-1 function subject to equality constraints with non-negative left-hand side could be reduced to unconstrained minimization by a Lagrangian relaxation technique. To that effect, sufficiently large values are chosen for the Lagrangian multipliers to ensure that any non feasible solution has a worse value than any feasible solution in the relaxed problem. In some cases, examined in the present section, the resulting problem can be solved by network flows.

Following J.C. PICARD (1976) let us call closure of a directed graph $G = (V,U)$ any subset of vertices such that the inclusion of any vertex in this subset implies that of all following vertices. Associate 0-1 variables x_j and weights p_j to the vertices of G, for $j = 1,2,\ldots |V|$.

Theorem 6 (J.C. PICARD, 1976) *The maximum weight closure problem*

Maximize $\sum_j p_j x_j$ (10)

s.t. $x_j \leqslant x_k \quad \forall\ (x_j, x_k) \in U$ (11)

and $x_j \in \{0,1\}$ *for* $j = 1,2,\ldots |V|$

can be reduced to the problem of theorem 2.

Indeed, noting that $x_j \leqslant x_k$ is equivalent to $x_j(1-x_k) = 0$, the problem (3) (4) can be written

$$\text{Maximize} \quad \sum_j p_j x_j - \lambda \sum_{j,k|(x_j,x_k)\in U} x_j(1-x_k) \qquad (12)$$

with $\lambda > \sum_j \max(p_j, 0)$ and $x_j \in \{0,1\}$ for all j. Elementary manipulations then lead to the desired result.

Application 4. *Determining optimum open pit mining contours.* (H. LERCHS and I.F. GROSSMAN, 1965, J.C. PICARD, 1976) An important problem in open pit mining engineering is to determine the pit contour, i.e. given an ore body decomposed into blocks choose which blocks will or will not be excavated. For each block, a net value p_j may be obtained from the estimated profit due to the ore minus operations, capital and fixed costs. Constraints on excavation are that any block can only be exploited if those above and in front of it have been removed. Setting x_j equal to 1 if block j is excavated and to 0 otherwise yields a problem of the form (10) (11).

The results of theorems 5 and 6 may be combined, which implies that, in some cases, constraints of the form $x_j \leqslant \bar{x}_k$ may be imposed also; this was already noted by J.M.W. RHYS (1970).

6. NONLINEAR HYPERBOLIC 0-1 PROGRAMS

J.C. PICARD and M. QUEYRANNE (1982) have considered the following nonlinear 0-1 hyperbolic (or fractional) programming problem :

$$\text{Maximize} \quad \left(\sum_{i=1}^{n_1} d_i \prod_{j|a_{ij}=1} x_j\right) \Big/ \left(\sum_{i=1}^{n_2} e_i \prod_{j|b_{ij}=1} x_j\right) = f(X)/g(X) \qquad (13)$$

where a_{ij} (b_{ij}) = 1 if and only if x_j appears in the ith term of f(X) (g(X)) and subject to the following restrictions : $d_i \geqslant 0$ if $\sum_j a_{ij} \geqslant 2$, $e_i \leqslant 0$ if $\sum_j b_{ij} \geqslant 2$, $g(X) > 0$ and $f(X)/g(X) \geqslant 0$ for any boolean solution $X \neq 0$.

It is first noted that a vector X^0 is an optimal solution to (13) if and only if

$$f(X) - [f(X^{o})/g(X^{o})]\ g(X) \tag{14}$$

has a maximum value of O. As this function is in a form equivalent to that of theorem 3, an iterative algorithm is readily obtained. An initial solution X^{o} is tested for optimality; if it is not optimal, a better solution X^{1} is found, etc. The authors then prove the following inclusion theorem, which shows the algorithm is polynomial.

Theorem 7 (J.C. PICARD and M. QUEYRANNE, 1982) *The solutions* $X^{o}, X^{1}, \ldots$ *given by the iterative algorithm are such that* $x_j^k \leq x_j^{k-1}$ *for* $j = 1, 2, \ldots n$ *and all* $k \geq 1$.

Using A.V. KARZANOV's or V.M. MALHOTRA et al's algorithms yields an $O(n^4)$ procedure; using D.D. SLEATOR and R.E. TARJAN's an $O(n^2\ m \log n)$ one

Application 5. *Sequencing jobs on a single machine* (J.B. SIDNEY, 1975, J.C. PICARD and M. QUEYRANNE, 1982) J.B. SIDNEY has proposed the following resolution method for the problem of sequencing jobs on a single machine to minimize the total weighted completion time subject to precedence constraints : find a closure V_1 (relative to the precedence graph) with maximum total weight over total processing-time ratio, delete the corresponding vertices and iterate until no more vertices remain. It follows from theorem 7 that O(n) maximum closure iterations suffice, and they can be expressed in the form of (13).

Application 6. *Density, pseudo-arboricity and arboricity of a graph* (J.C. PICARD and M. QUEYRANNE, 1982) The density of a graph G is the maximum over all partial subgraphs H of G of the ratio of the number of edges of H to the number of its vertices. Clearly, determining G's density can be expressed in the form of (13). A pseudo-forest of G is a subgraph such that each connected component contains at most one cycle. The pseudo-arboricity of a graph is the minimum number of pseudo-forests necessary to cover its edges. J.C. PICARD and M. QUEYRANNE proved that this number is equal to the smallest integer greater than or equal to the density of G. The arboricity of a graph is the minimum number of forests necessary to cover its edges. A theorem of C.St. J. A. NASH-WILLIAMS (1961) shows that the arboricity is equal to the smallest integer greater than or equal, for all subgraphs H of G with at least 2 vertices, to the ratio of the number of edges of H to the number of its vertices minus one. This problem can be solved in $O(n^4)$ time using a variant of the iterative algorithm.

7. QUADRATIC KNAPSACK PROBLEMS

G. GALLO, P.L. HAMMER and B. SIMEONE (1980) have studied the quadratic knapsack problem :

$$\text{Maximize} \quad \sum_{i=1}^{n} \sum_{j=1}^{n} q_{ij}\, x_i\, x_j \tag{15}$$

subject to

$$\sum_{j=1}^{n} a_j\, x_j \leq b \tag{16}$$

and $x_j \in \{0,1\}$ for $j = 1,2,\ldots, n$ where all coefficients q_{ij}, a_j and b are non-negative; note that (15) contains linear terms $q_{jj}x_jx_j = q_{jj}x_j$ and that the sign-constraints imposed on the q_{jj} can be relaxed without altering the results given below. Problem (15) (16) is NP-complete, as the case $q_{ij} = 0$ for all $i \neq j$ is the usual knapsack problem. G. GALLO, P.L. HAMMER and B. SIMEONE have studied knapsack relaxations obtained by majorizing (15) by upper planes, i.e. linear functions resulting from splitting quadratic terms $q_{ij}x_ix_j$ into $\alpha_{ij}q_{ij}x_i$ and $(1-\alpha_{ij})$ $q_{ij}x_j$ with $0 \leq \alpha_{ij} \leq 1$. P. CHAILLOU, P. HANSEN and Y. MAHIEU (1983) have considered the following Lagrangian relaxation of (15) (16) :

$$\text{Maximize} \quad \sum_{i=1}^{n} \sum_{j=1}^{n} q_{ij}\, x_i\, x_j - \lambda(b - \sum_{j=1}^{n} a_jx_j) \tag{17}$$

with $\lambda \geq 0$, subject to $x_j \in \{0,1\}$ for all j, which is in a form equivalent to (3). So (17) can be maximized by a network flow algorithm for any given value of λ. Moreover, a result close to theorem 7 shows that $O(n)$ iterations suffice to determine the best value of λ, i.e. that one yielding the lowest upper bound (and, in fact, the whole set of optimal solutions of (17) for all $\lambda \geq 0$). These results are used in branch-and-bound algorithms.

Application 7. *Selection of freight airport locations* (G. GALLO, P.L. HAMMER, B. SIMEONE, 1980) A number of sites are considered for possible construction of an airport, with an estimated cost a_j. The profits q_{ij} obtained from transportation between airports located at i and j, if they are constructed, are also assumed to be known. The selection of sites maximizing profit subject to a budgetary limitation of b is then readily expressed in the form (15) (16).

Application 8. *Distributed computing* (G.S. RAO, H.J. STONE and T.C. HU, 1979; T.C. HU and F. RUSKEY, 1980) A set of modules must be processed by two computers, one large and one small, the latter having a limited memory b. Let a_j denote the memory required by module j on the small computer, c_{1j} the cost of processing module j on the computer with unlimited memory capacity and c_{ij}, $i \neq j$, $i,j > 1$ the communication costs if modules i and j are processed on different computers. The problem of distributing the modules between the computers in order to minimize processing and communication costs, subject to the constraint on available memory can then be expressed, using formulae (1) and (16), as a constrained minimum cut problem (called circular cut problem by T.C. HU and F. RUSKEY). It is, in fact, equivalent to a quadratic knapsack problem.

8. GENERAL QUADRATIC 0-1 FUNCTIONS

The maximization problem for a quadratic 0-1 function

$$\text{Maximize} \quad \sum_{i=1}^{n} \sum_{j=1}^{n} q_{ij}\, x_i\, x_j \tag{18}$$

subject to $x_j \in \{0,1\}$ for all j, but without restrictions on the signs of the q_{ij} is NP-complete, as mentionned in the introduction J.C. PICARD and H.D. RATLIFF (1973 b) noted that (18) was equivalent to a minimum cut problem in a network with positive and negative arc capacities, but no labelling algorithm is available to solve such a problem.

The interest of (18) is partly due to the fact that all polynomial 0-1 programming problems with rational data can be reduced to it. First, as noted by P. HANSEN (1974) constrained problems can be reduced to unconstrained ones by adding slack variables in inequalities and expressing them as sums of boolean variables multiplied by powers of 2 (after suitable multiplications to have integer coefficients). Then, constraints may be squared and removed by multiplying them by a sufficiently large Lagrangian multiplier and subtracting the so-obtained products from the objective function. Second, as shown by I. ROSENBERG (1975), the bivalent maximization of any 0-1 function is equivalent to the maximization of a quadratic 0-1 function with some additional terms and variables. These transformations may, however yield long expressions. Quite a few problems can be easily expressed in the form (18). For instance, a problem of cluster analysis studied by M.R. RAO (1971), is to partition the objects of a given set in two clusters such that the sum of dissimilarities between entities in the same cluster is minimum. An other closely related, example is the maximum cut problem. Yet another example, from statistics, is THURSTONE's sign problem, studied by J. DE SMET (1969) who showed its equivalence with (18). Much work has recently been devoted to the maximization of unconstrained quadratic 0-1 functions. In P.L. HAMMER, P. HANSEN and B. SIMEONE (1982, 1983) a detailed study is made of upper planes, obtained by majorizing each term $q_{ij}\, x_i\, x_j$ by $\alpha_{ij}\, q_{ij}\, x_i + \alpha_{ij}\, q_{ij}\, x_j$ if $q_{ij} > 0$ and by $\alpha_{ij}\, q_{ij}(x_i + x_j - 1)$ if $q_{ij} < 0$ and summing up. The simultaneous best choice of the α_{ij} can be expressed as a bidirected flow problem (cf E.L. LAWLER, 1976). The upper planes so constructed have the property that if the coefficient of a variable is positive (negative) then this variable takes the value 1(0) in all optimal solutions of (18). Due to lack of space, the other results cannot be described here; let us only mention that extensions of theorem 3 involving complemented variables play an important role in the proofs.

9. CONCLUSIONS

The exploration of relationship between network flows and nonlinear 0-1 programming, which began slowly, appears as a very active and fruitful domain of research. Many nonlinear 0-1 programming problems from various fields can be solved polynomially, as shown above (among the problems we did not describe we mention the maximization of some quadratic integer programs studied by J.C. PICARD and H.D. RATLIFF (1980), the simultaneous location of several new facilities in the rectilinear metric, analysed by J.C. PICARD and H.D. RATLIFF (1978) and A. KOLEN (1981) as well as activity selection games, very recently considered by D. TOPKIS (1983)). Moreover, boolean expressions of problems suggest connections between them and sometimes provide proof techniques. Finally, the conjunction of network flows and boolean techniques allows to attack important NP-complete problems, detect easy subclasses, simplify hard problems and help to construct useful, even if non polynomial, algorithms.

REFERENCES

BALINSKI, M.L.
ON A SELECTION PROBLEM
MANAGEMENT SCIENCE 17 (1970) 230-231.

CHAILLOU P.; HANSEN P.; MAHIEU Y.
BEST NETWORK FLOW BOUNDS FOR THE QUADRATIC KNAPSACK PROBLEM
PAPER PRESENTED AT THE NETFLOW 83 INTERNATIONAL WORKSHOP, PISA, ITALY, 28-31, MARCH 1983.

DE SMET, J.
LE PROBLEME DES SIGNES DE THURSTONE
REVUE FRANCAISE D'INFORMATIQUE ET DE RECHERCHE OPERATIONNELLE 2 (1968) 33-46.

DINIC, E.A.
ALGORITHM FOR SOLUTION OF A PROBLEM OF MAXIMUM FLOW IN A NETWORK WITH POWER ESTIMATION
SOVIET MATH. DOKLADY 11 (1970) 1277-1280.

EDMONDS J.; KARP R.M.
THEORETICAL IMPROVEMENTS IN ALGORITHMIC EFFICIENCY FOR NETWORK FLOW PROBLEMS
JOURNAL ASSOC. COMPUTING MACHINERY, 19 (1972) 248-264.

FORD L.R.; FULKERSON D.R.
FLOWS IN NETWORKS
PRINCETON UNIVERSITY PRESS, PRINCETON, NEW JERSEY (1962).

GALLO, G.; HAMMER P.L.; SIMEONE B.
QUADRATIC KNAPSACK PROBLEMS
MATHEMATICAL PROGRAMMING STUDIES 12 (1980) 132-149.

HAMMER P.L. (IVANESCU)
SOME NETWORK FLOW PROBLEMS SOLVED BY PSEUDO-BOOLEAN PROGRAMMING
OPERATIONS RESEARCH 13 (1965) 388-399.

HAMMER P.L.; HANSEN P.
LOGICAL RELATIONS IN QUADRATIC 0-1 PROGRAMMING
REVUE ROUMAINE DE MATH. PURES ET APPLIQUEES 26 (1981) 421-429.

HAMMER P.L.; HANSEN P.; SIMEONE B.
VERTICES BELONGING TO ALL OR TO NO MAXIMUM STABLE SETS OF A GRAPH
SIAM JOURNAL ON ALGEBRAÏC AND DISCRETE METHODS 3 (1982) 511-522.

HAMMER P.L.; HANSEN P.; SIMEONE B.
ROOF DUALITY, COMPLEMENTATION AND PERSISTENCY IN QUADRATIC 0-1 OPTIMIZATION
MATHEMATICAL PROGRAMMING (FORTHCOMING)

HAMMER P.L. (IVANESCU); ROSENBERG I.; RUDEANU S.
ON THE DETERMINATION OF THE MINIMA OF PSEUDO-BOOLEAN FUNCTIONS (IN ROMANIAN)
STUDII SI CERC. MATH. 14 (1963) 359-364.

HAMMER P.L.; RUDEANU S.
BOOLEAN METHODS IN OPERATIONS RESEARCH
SPRINGER, HEIDELBERG (1968).

HANSEN P.
QUELQUES APPROCHES DE LA PROGRAMMATION NON-LINEAIRE EN VARIABLES 0-1
CAHIERS DU CERO 16 (1974) 291-314.

HANSEN P.
LABELLING ALGORITHMS FOR BALANCE IN SIGNED GRAPHS
PROBLEMES COMBINATOIRES ET THEORIE DES GRAPHES
PARIS, EDITIONS DU C.N.R.S. (1978) 215-217.

HANSEN P.; SIMEONE B.
A CLASS OF QUADRATIC PSEUDOBOOLEAN FUNCTIONS WHOSE MAXIMIZATION IS REDUCIBLE TO A NETWORK FLOW PROBLEM
UNIV. OF WATERLOO RESEARCH REPORT CORR 79-39 (1979).

HARARY F.
ON THE NOTION OF BALANCE OF A SIGNED GRAPH
MICHIGAN MATH. JOURNAL 2 (1953) 143-146.

HARARY F.; KABELL J.A.
AN EFFICIENT ALGORITHM TO DETECT BALANCE IN SIGNED GRAPHS
MATH. SOCIAL SCIENCES 1 (1980)

HU T.C.; RUSKEY F.
CIRCULAR CUTS IN A NETWORK
MATHEMATICS OF OPERATIONS RESEARCH, 5 (1980) 422-434.

KARP R.M.
REDUCIBILITY AMONG COMBINATORIAL PROBLEMS
COMPLEXITY OF COMPUTER COMPUTATIONS (MILLER R.E.; THATCHER J.W., EDITORS)
PLENUM PRESS, NEW YORK (1972) 85-103.

KARZANOV A.V.
DETERMINING THE MAXIMAL FLOW IN A NETWORK BY THE METHOD OF PREFLOWS
SOVIET MATH. DOKLADY 15 (1974) 434-437.

KOLEN A.
EQUIVALENCE BETWEEN THE DIRECT SEARCH APPROACH AND THE CUT APPROACH TO THE RECTILINEAR DISTANCE LOCATION PROBLEM
OPERATIONS RESEARCH 29 (1981) 616-620.

KÖNIG D.
THEORIE DER ENDLICHEN UND UNENDLICHEN GRAPHEN (REPRINT OF 1936 EDITION)
CHELSEA, NEW YORK (1950).

LAWLER E.L.
COMBINATORIAL OPTIMIZATION : NETWORKS AND MATROIDS
HOLT, RINEHART AND WINSTON, NEW YORK (1976).

LERCHS H.; GROSSMAN I.F.
OPTIMUM DESIGN OF OPEN-PIT MINES
CANADIAN MINING METALL. BULLETIN 58 (1965) 17-24.

MALHOTRA V.M.; KUMAR M.P.; MAHESHWARI S.N.
AN $O(|N|^3)$ ALGORITHM FOR FINDING MAXIMUM FLOWS IN NETWORKS
INFORMATION PROCESSING LETTERS 7 (1978) 277-278.

MAMER J.W.; SMITH S.A.
OPTIMIZING FIELD REPAIR KITS BASED ON JOB COMPLETION RATE
MANAGEMENT SCIENCE 28 (1982) 1328-1333.

NASH-WILLIAMS C. St. J.A.
EDGE-DISJOINT SPANNING TREES OF FINITE GRAPHS
JOURNAL LONDON MATH. SOCIETY 36 (1961) 445-450.

PICARD J.C.
MAXIMAL CLOSURE OF A GRAPH AND APPLICATIONS TO COMBINATORIAL PROBLEMS
MANAGEMENT SCIENCE 22 (1976) 1268-1272.

PICARD J.C.; QUEYRANNE M.
A NETWORK FLOW SOLUTION TO SOME NONLINEAR 0-1 PROGRAMMING PROBLEMS, WITH APPLICATIONS TO GRAPH THEORY
NETWORKS 12 (1982) 141-159

PICARD J.C.; RATLIFF H.D.
MINIMAL COST CUT EQUIVALENT NETWORKS
MANAGEMENT SCIENCE 19 (1973) 1087-1092.

PICARD J.C.; RATLIFF H.D.
A GRAPH-THEORETIC EQUIVALENCE FOR INTEGER PROGRAMS
OPERATIONS RESEARCH 21 (1973) 261-269

PICARD J.C.; RATLIFF H.D.
MINIMUM CUTS AND RELATED PROBLEMS
NETWORKS 5 (1975) 357-370.

PICARD J.C.; RATLIFF H.D.
A CUT APPROACH TO THE RECTILINEAR DISTANCE FACILITY LOCATION PROBLEM
OPERATIONS RESEARCH 26 (1978) 422-433.

PICARD J.C.; RATLIFF H.D.
A CUT APPROACH TO A CLASS OF QUADRATIC INTEGER PROGRAMMING PROBLEMS
NETWORKS 10 (1980) 363-370.

RAO G.S.; STONE H.S.; HU T.C.
SCHEDULING IN A DISTRIBUTED PROCESSOR SYSTEM WITH LIMITED MEMORY
IEEE TRANSACTIONS ON COMPUTERS C-28 (1979) 291-299.

RAO M.R.
CLUSTER ANALYSIS AND MATHEMATICAL PROGRAMMING
JOURNAL AMERICAN STAT. ASSOC. 66 (1971) 622-626.

RHYS J.M.W.
A SELECTION PROBLEM OF SHARED FIXED COSTS AND NETWORK FLOWS
MANAGEMENT SCIENCE 17 (1970) 200-207.

ROSENBERG I.G.
REDUCTION OF BIVALENT MAXIMIZATION TO THE QUADRATIC CASE
CAHIERS DU C.E.R.O. 17 (1975) 71-79.

SIDNEY J.B.
DECOMPOSITION ALGORITHM FOR SINGLE-MACHINE SEQUENCING WITH PRECEDENCE
RELATIONS AND DEFERRAL COSTS
OPERATIONS RESEARCH 13 (1975) 283-298.

SLEATOR D.D.
AN O(n m log n) ALGORITHM FOR MAXIMUM NETWORK FLOW
PH. D. THESIS, STANFORD UNIVERSITY (1980).

SLEATOR D.D.; TARJAN R.E.
A DATA STRUCTURE FOR DYNAMIC TREES PROCEEDINGS OF THE THIRTE
ACM SYMPOSIUM ON THEORY OF COMPUTING, MILWAUKEE (1981) 114-122.

TOPKIS D.M.
ACTIVITY SELECTION GAMES AND THE MINIMUM-CUT PROBLEM
NETWORKS 13 (1983) 93-105.

SOME MIN-MAX FORMULATIONS FOR PARTITIONING PROBLEMS IN GRAPHS AND HYPERGRAPHS

D. de Werra, Lausanne

1. INTRODUCTION

We shall consider here the theorems of König for bipartite graphs and present some simple variations and extensions. For all graph-theoretical terms the reader is referred to C. Berge /1/. Following L.E. Trotter /2/, we may formulate the theorems of König in the following way :

<u>THEOREM OF KÖNIG I</u> : In a bipartite graph G , the maximum size of a set of mutually non adjacent edges is equal to the minimum number of sets of mutually adjacent edges covering all edges.

<u>THEOREM OF KÖNIG II</u> : In a bipartite graph G , the maximum size of a set of mutually adjacent edges is equal to the minimum number of sets of mutually non adjacent edges covering all edges.

L.E. Trotter has shown that these results also hold for graphs containing no elementary odd cycles with more than 3 edges /2/.

2. EQUITABLE PAIRS AND S-COVERS

In other words, the theorem of König I says that the maximum cardinality of a matching is equal to the minimum cardinality of a transversal set (i.e. a set of nodes meeting every edge).

Let us now introduce some definitions : if F is a subset of edges in a multigraph $G = (X,E)$, $f(x)$ will denote the number of edges in F which are adjacent to node x . Also two disjoint subsets F_1, F_2 form an <u>equitable pair</u> if for each node x we have $-1 \leqslant f_1(x) - f_2(x) \leqslant 1$. Notice that if F_1 is a matching and if

Operations Research Proceedings 1983

$F_2 = \emptyset$, then F_1, F_2 is an equitable pair.

Furthermore if S is any subset of nodes of G, we call <u>S-cover</u> the union σ of the set S and of the set of edges having 0 or 2 endpoints in S.

It is not difficult to show that in any graph G for any equitable pair F_1, F_2 and any S-cover σ we have $|F_1| - |F_2| \leq |\sigma|$ (see /3/). By using for instance simple network flow techniques, one can obtain (/3/) :

THEOREM 2.1 : For a bipartite graph G

$$\max_{\substack{F_1, F_2 \\ \text{equitable pair}}} (|F_1| - |F_2|) = \min_{\sigma:\text{S-cover}} |\sigma|$$

Notice that this result does not hold for graphs having no elementary odd cycle with more than 3 edges. Observe also that in theorem 2.1 we may consider only equitable pairs F_1, F_2 with $0 \leq f_1(x) - f_2(x) \leq 1$ for all nodes x.

3. OBSTRUCTIONS AND (a,b)-MATCHINGS

The theorem of König II says that the chromatic index of a graph (i.e. minimum number of colors needed to color the edges in such a way that no two adjacent edges have the same color) is equal to the maximum degree.

This result can easily be derived from theorem I by embedding a bipartite graph G into a regular bipartite graph G' having the same maximum degree as G and containing G as an induced subgraph.

Let us now describe a variation on this result : we associate with every node x of a multigraph G two nonnegative integers $a(x) \leq b(x)$; a subset F of edges such that $a(x) \leq f(x) \leq b(x)$ for each node x will be called an <u>(a,b)-matching</u>. Furthermore in $G = (X,E)$ a partial subgraph $H = (X',E')$ (i.e. $E' \subset E$) which is connected, which has $|E'|$ odd and which satisfies

$d_H(x) \in \{a(x),b(x)\}$ for each x in X' will be called an <u>obstruction</u>. Observe that if $a(x) \le b(x) \le 1$, obstructions are odd cycles.

THEOREM 3.1 : Let G be a multigraph and let $a(x) \le b(x)$ be nonnegative integers associated with every node x of G. Assume G contains no obstruction. Then the edge set of G may be partitioned into (a,b)-matchings iff

$$\max_x \left\lceil \frac{d_G(x)}{b(x)} \right\rceil \le \min_x \left\lfloor \frac{d_G(x)}{a(x)} \right\rfloor .$$

<u>Sketch of proof</u>

Clearly if there are nodes x,y (not necessarily distinct) such that $k \equiv \left\lceil \frac{d_G(x)}{b(x)} \right\rceil > k' \equiv \left\lfloor \frac{d_G(y)}{a(y)} \right\rfloor$ then no partition can exist since in any partition there should be at least k and at most k' (a,b)-matchings.

Conversely assume the condition is satisfied and choose any integral k in $\left[\max_x \left\lceil \frac{d_G(x)}{b(x)} \right\rceil, \min_x \left\lfloor \frac{d_G(x)}{a(x)} \right\rfloor\right]$. Start from any partition $P = (F_1,\ldots, F_k)$ of the edge set of G : for each node x define

$$\delta(P,x) = \sum_{i=1}^{k} \max\,(0,f_i(x) - b(x),\ a(x) - f_i(x)) \ge 0.$$

P will be a partition into (a,b).matchings iff $\delta(P,x) = 0$ for each node x .

Assume there is a node x with $\delta(P,x) > 0$. Then there are two indices i,j with either $f_i(x) > a(x) > f_j(x)$ or $f_i(x) < b(x) < f_j(x)$. Since G contains no obstruction, one may recolor the edges in $F_i \cup F_j$ and get a new partition $P' = (F_1',\ldots,F_k')$ (where $F_r' = F_r$ for $r \ne i,j$) such that $\delta(P',x) < \delta(P,x)$ and $\delta(P',y) \le \delta(P,y)$ for all nodes $y \ne x$ (see /4 / for the details of the recoloring procedure).

By repeated applications of this technique we will finally get a partition of the edge set into k (a,b)-matchings. □

If $a(x) = 0$ for each node x, there exists a partition into k $(0,b)$-matchings for any $k \geq \max_x \left\lceil \frac{d_G(x)}{b(x)} \right\rceil$ and if $b(x) = \infty$ for each node x, there exists a partition into k (a,∞)-matchings for any $k \leq \min \left\lfloor \frac{d_G(x)}{a(x)} \right\rfloor$. In these cases obstructions consist of odd cycles with degrees $b(x)$ (resp. $a(x)$). Clearly, if $a(x) = 0$ and $b(x) = 1$ for each node x, we get the theorem of König I.

We may formulate some of these results as follows :

COROLLARY 3.1 : Let G be a graph and let $a(x)$ be positive integers associated with all nodes x of G. Assume G contains no odd cycle with degrees $a(x)$, then the maximum number of subsets F (with $f(x) \geq a(x)$ for each node x) in a partition of the edge set of G is equal to

$$\min_x \left\lfloor \frac{d_G(x)}{a(x)} \right\rfloor .$$

As can be expected the above results are also valid for unimodular hypergraphs and with a proof similar to the proof of theorem 3.1 we obtain the following result (the only difference being that for hypergraphs obstructions cannot be characterized as was the case for graphs).

THEOREM 3.2 : Let H be a unimodular hypergraph and let $a(x) \leq b(x)$ be positive integers associated with every node x of G. Then the edge set of H may be partitioned into (a,b)-matchings iff

$$\max_x \left\lceil \frac{d_H(x)}{b(x)} \right\rceil \leq \min_x \left\lfloor \frac{d_G(x)}{a(x)} \right\rfloor$$

Here again an (a,b)-matching is a subset F of edges of H such that each node x is contained in at least $a(x)$ and at most $b(x)$ edges of F. If for some k we have $b(x) = \lceil d_H(x)/k \rceil$ and $a(x) = \lfloor d_H(x)/k \rfloor$, then the inequalities in theorem 3.2 are trivially satisfied and a partition into such (a,b)-matchings exists. Notice that there may be in this case too several values ℓ for which a partition into ℓ (a,b)-matchings exists with $b(x) = \lceil d_H(x)/k \rceil$, $a(x) = \lfloor d_H(x)/k \rfloor$ for all x.

REFERENCES

/1/ BERGE C.
Graphs and hypergraphs.
North-Holland, Amsterdam (1973)

/2/ TROTTER L.E.
Line-perfect graphs.
Math. Programming 12, 255-259 (1977).

/3/ de WERRA D.
Variation on a theorem of König.
O.R. WP 83/6, EPFL (1983)

/4/ de WERRA D.
Obstructions for regular colorings.
J. of Combinatorial Theory 32, 326-335 (1982)

Dual Price Function vs. Dual Prices for the Capital Budgeting Problem

Soren Holm, Odense

ABSTRACT

The Capital Budgeting model is normally formulated as a 0–1 integer linear programming problem (ILP), but solved as an ordinary LP. The solution is then adapted by inspection. The main reasons for using this approach are that it is easier to solve an LP than an ILP, and that the associated dual variables can be interpretated as shadow prices.

In this paper the Capital Budgeting model is solved as an 0–1 ILP, and we get a dual price function rather than dual prices. The relationship between the dual price function and the recomputed dual price, as suggested by Gomory and Baumol, is investigated.

INTRODUCTION.

The capital budgeting problem deals with the decision area in financial management which establishes goals and criteria for investing resources in long term projects. We will in the following consider the cash flows associated with each project as given and the firm's cost of capital is assumed to be known and to be independent of the investment decisions. For each project it is thus possible to compute a net present value defined as the stream of cash receipt less outlays discounted by the cost of capital. The objective is to maximize the net present value taking into consideration possible limitations on the capital available, other resources, and links between projects. The constraints on available capital could include lending and borrowing, but this will explicitly be excluded in the following. However, possible links between projects are taken into consideration and can among other things include dependent projects, mutual exclusive projects, contingent projects or compound projects. For a more detailed survey of the capital budgeting problem see Weingartner /8/ and Clark, Hindelang and Pritchard /2/.

The capital budgeting problem can be formulated as an integer linear problem (ILP)

$$\begin{aligned} \max\ & cx \\ s.t.\ & Ax \le b \qquad (P) \\ & x = \{0,1\} \end{aligned}$$

where c is the vector of net present values associated with the vector of the projects x and $Ax \le b$ consists of the constraints on the available resources, in addition to any links between the projects. $x = \{0,1\}$

Operations Research Proceedings 1983

guarantees that a project must either be accepted or rejected.

In papers by Johnson /6/, Jeroslow /5/ and Tind and Wolsey /7/ it has been shown that it is possible to close the duality gap with a dual function rather than with dual prices. The dual problem is

$$\min_F F(b)$$
$$s.t.\ F(A_{\cdot j}) \geq c_j, \quad j = 1, \ldots, n$$

where F is a superadditive, nondecreasing function.

Traditionally the capital budgeting problem has been solved as a linear problem (LP) rather than an ILP, insofar that the requirement that $x = \{0, 1\}$ has been relaxed to $0 \leq x \leq 1$. Thus an optimal solution may include fractional projects. Different heuristic rules have then been applied in order to obtain an integer solution, but without any guarantee that the obtained solution is optimal.

The reasons for solving the capital budgeting problem as an LP, rather that an ILP, have mostly been twofold: It is easier to solve an LP than an ILP and it is possible to give an economic interpretation of the associated dual solution to the LP, while this has not been possible for the case of ILP. However, attempts have been made to solve the capital budgeting problem as an ILP and recompute dual variables or prices for economic interpretation. Gomory and Baumol /3/ were the first to recompute dual variables from an ILP solution obtained by using cutting planes. Later Alcaly and Klevorick /1/ and Weingartner /8/ modified their approach.

We will in this paper show the relationship between the recomputed dual prices, as proposed by Gomory and Baumol, and the dual price function obtained from ILP duality theory.

BAUMOL AND GOMORY'S RECOMPUTED DUAL PRICES AND THE DUAL PRICE FUNCTION

Baumol and Gomory /3/ have suggested a method for finding dual prices for an ILP solved by cuts. Although they are also considering problem (P), their analysis is based on the equivalent problem:

$$\text{(B)} \qquad \begin{aligned} &\max\ cx \\ &\text{s.t. } Ax \leq b \\ &\quad -Ix \leq 0 \\ &\quad x \geq 0, \text{ integer} \end{aligned}$$

For problem (B), let R_i be the row coefficients for the row i. In particular, for $i = 1, \ldots, m$, R_i are the row coefficients for the proper constraints. For $i = m+1, \ldots, m+n$, R_i are the row coefficients for the nonnegative constraints $x_i \geq 0$, and finally for $i = m+n+1, \ldots, m+n+r$, R_i is the row coefficients for the cuts added during the course of computations.

Baumol and Gomory's recomputed dual prices are determined through the recursive relation

$$\sum_{i=1}^{m+n+k} u_i^k R_i = \sum_{i=1}^{m+n-k-1} (u_i^k + f_i^{k-1} u_{m+n+k}^k) R_i, \quad k = 1, \ldots, r$$

based on the observation that

$$R_{m+n+k} = \sum_{i=1}^{m+n+k-1} f_i^{k-1} R_i, \text{ where}$$

$$f_i^{k-1} = \begin{cases} \{B_{k-1,\cdot}^{-1} I_m\} & \text{for } i = 1,\ldots,m \\ \{B_{k-1,\cdot}^{-1} A_{\cdot,i-m}^{k-1}\} & \text{for } i = m+1,\ldots,m+n \\ \{B_{k-1,\cdot}^{-1} I_{i-m-n}\} & \text{for } i = m+n+1,\ldots,m+n+r \end{cases}$$

where {} is the operator which takes the fractional part, B_{k-1}^{-1} the optimal basic inverse for the corresponding LP with $k-1$ cuts added and I_e is the identity matrix of dimension e.

In the system (P) u_k^i, $i = 1,\ldots,m$ are the dual variables associated with the constraints $Ax \leq b$ and found in the $z-c$ row for the k'th current tableau in the columns for the corresponding slack variables. For $i = m+n+1,\ldots,m+n+k$, u_i^k are the dual variables associated with the k cuts, while for $i = m+1,\ldots,m+n$, u_i^k are the dual variables associated with the activities $x_i \geq 0$ and are found in the $z-c$ row in the columns for the activities. For system (B) the dual variables on the constraints $x_i \geq 0$ are explicitly taken into consideration, while this is not the case for (P). This is why it is helpfull to look at both (P) and (B) when discussing Baumol and Gomory's approach.

Starting with $k = r$ and u_i^r, $i = 1,\ldots,m+n+r$ the recursive relation "rolls the cuts up from the bottom". The recomputed dual prices $\tilde{u}_i$, $i = 1,\ldots,m+n$ are thus determined from $\sum_{i=1}^{m+n} \tilde{u}_i R_i$. Observe that weights, $\tilde{u}_i$, are given not only to the m original constraints but also to the n activities.

We will in the following compare these recomputed dual prices with the dual price function.

Let activity q be denoted by $A_{\cdot q} \in R^m$ in (P) and by

$$\tilde{A}_{\cdot q} = \begin{pmatrix} A_{\cdot q} \\ -e^q \end{pmatrix} \in R^{m+n}$$

in problem (B), where e^q is the q'th unit vector. Define $B(\tilde{A}_{\cdot q}) = \sum_{i=1}^{m+n} \tilde{u}_i \tilde{A}_{iq}$, where $\tilde{u}_i$ are the recomputed dual prices obtained from the recursive relation.

We can now describe the relationship between the recomputed dual prices and the dual price function. For proofs see Holm /4/.

Theorem 1. *Let q be any activity in the ILP, which is solved by r cuts. Then*

$$B(\tilde{A}_{\cdot q}) = F(A_{\cdot q}) - c_q$$

Remark. Baumol and Gomory set $u_{m+q}^r = c_q$, while Weingartner /8; p. 66/ sets $u_{m+q}^r = 0$. With this difference the theorem would read

$$B(\tilde{A}_{\cdot q}) = F(A_{\cdot q}).$$

Observe that Theorem 1 only deals with activities which are present during solution of the ILP. It follows from ILP duality theory that

$$i.\ x_q^* B(\tilde{A}_{.q}) = x_q^*(F(A_{.q}) - c_q) = 0$$

$$ii.\ \sum_{q=1}^{n} x_q^* B(\tilde{A}_{.q}) = \sum_{q=1}^{n} x_q^* (F(A_{.q} - c_q) = 0$$

$$iii.\ \sum_{q=1}^{n} x_q^* B(\tilde{A}_{.q}) + \sum_{q=1}^{n} x_q^* c_q = \sum_{q=1}^{n} x_q^* F(A_{.q}) = F(\sum_{q=1}^{n} A_{.q} x_q^*) = F(b)$$

where i.-ii. are the complementary slackness conditions and iii. valuation of the resources used, for optimal x^*, B and F.

We will now investigate the relationship between B and F for the case where an activity p, say, has not been present during the solution process.

Let p be an activity which is not included in the solution process. In recomputing the dual prices there is no dual variable corresponding to $-x_p \leq 0$, so

$$A_{.p} = \binom{A_{.p}}{0}$$

Theorem 2. *Let p be an activity which is not present when solving the ILP. Then*

$$B(\tilde{A}_{.q}) \geq F(A_{.q})$$

If p is a new activity we might have $B(\tilde{A}_{.p}) > c_p > F(A_{.p})$ so while the dual price function indicates that p is a potential candidate for entering the optimal solution, Baumol and Gomory's recomputed dual prices reject it as a candidate. Thus their dual prices cannot be used to evaluate new activities and can therefore not be used in a decomposition scheme.

In particular $\tilde{b} = \binom{b}{0}$ so $B(\tilde{b}) \geq F(b) = c\bar{x}$, so the recomputed dual variables overestimate the value of the resources.

Finally, from LP duality theory, we know that if b_i is a free good then its corresponding dual variable will be zero. Likewise for the case of ILP. Since b_i is not binding in any solution, its slack variables will always be in the basis and any fractional cut on that element will be zero, which implies that it does not enter the F function.

References:

/ 1 / Alcaly, R. E.; Klevorick, A. K. [1966]: *A Note on the Dual Prices of Integer Programs.* Econometrica 34, No. 1, pp. 206-214.

/ 2 / Clark, J. J.; Hindelang, T. J.; Pritchard, R. E. [1979]: *Capital Budgeting, Planning and Control of Capital Expenditures.* Prentice-Hall.

/ 3 / Gomory, R. E.; Baumol, W. J. [1960]: *Integer Programming and Pricing.* Econometrica 28, No. 3, pp. 521-550.

/ 4 / Holm, S. [1983]: *Solving the Capital Budgeting Model as a 0-1 Program*. Working Paper, Odense University.

/ 5 / Jeroslow, R. [1978]: *Cutting-plane Theory: Algebraic Methods*. Discrete Mathematics 23, pp. 121-150.

/ 6 / Johnson, E. L. [1977]: *On the Group Problem and a Subadditive Approach to Integer Programming*. Presented at Discrete Optimization 1977, UBC, Vancouver.

/ 7 / Tind, J.; Wolsey, L. A. [1978]: *A Unifying Framework for Duality Theory in Mathematical Programming*. Discussion Paper 7834, CORE, Universitè Catholique de Louvain, Belgium.

/ 8 / Weingartner, H. M. [1974]: *Mathematical Programming and the Analysis of Capital Budgeting Problems*. Kershaw Publishing Company Ltd, London.

Zur Maschinenbelegungsplanung unter TNI-geordneten Restriktionen

Ulrich Faigle, Bonn

Rainer Schrader, Bonn

Zusammenfassung

Wir betrachten das Problem, n Aufgaben, zwischen denen Reihenfolgebedingungen gegeben sind, auf m gleichen Maschinen mit möglichst kurzer Fertigungszeit zu bearbeiten. Wir beschreiben, wie das allgemein NP-vollständige Problem optimal gelöst werden kann, wenn die Reihenfolgebedingungen TNI-Ordnungen darstellen. TNI-Ordnungen verallgemeinern gerichtete Wälder und Intervallordnungen. Wir skizzieren einen Algorithmus, der TNI-Ordnungen effizient erkennt.

Summary

We consider the problem to schedule n tasks under precedence constraints on m identical machines such that the completion time is minimized. We describe a solution for this generally NP-complete problem in the case where the precedence constraints are given by TNI-orders. TNI-orders generalize in-forests and interval orders. We sketch an efficient recognition algorithm for TNI-orders.

1. Einleitung

Ein natürliches kombinatorisches Optimierungsproblem tritt bei der Produktionsplanung auf: gegeben seien n Aufgaben, die auf m identischen Maschinen ausgeführt werden können. Zwischen einzelnen Aufgaben i und j können produktionsbedingte Beschränkungen bestehen derart, daß die Aufgabe j nicht eher begonnen werden kann, bevor die Aufgabe i nicht ausgeführt ist. In diesem Fall schreiben wir $i \leq j$. Wir nehmen an, daß jede Aufgabe in einem Arbeitstakt einer Maschine bearbeitet werden kann. Gesucht ist eine Maschinenbelegung, die die Gesamtzahl der benötigten Arbeitstakte minimiert.

Mathematisch stellt sich also folgendes Problem :
Wir nennen die Abbildung $f : P \rightarrow N$ von der (halb-) geordneten Menge P eine (m-)*zulässige Anordnung* von P, falls für alle $x, y \in P$ gilt:

$$(i) \quad \text{aus } x < y \text{ folgt } f(x) < f(y)$$
$$(ii) \quad |\{x \in P : f(x) = i\}| \leq m \text{ für alle } i \in \mathbf{N}.$$

Operations Research Proceedings 1983

Eine zulässige Anordnung f^* heißt optimal, falls

$$|f^*(P)| \leq |f(P)| \text{ für alle zulässigen Anordnungen } f .$$

Offenbar kann der Bildbereich einer optimalen zulässigen Anordnung f^* als $\{1,2,\ldots,|f^*(P)|\}$ angenommen werden, wobei die Bildelemente den Arbeitstakten der Maschinenbelegung entsprechen.

Dieses Maschinenbelegungsproblem ist im allgemeinen NP–vollständig (vgl. Ullman /6/), so daß sich kein effizientes Verfahren erwarten läßt. Für festes m ist die Frage der NP–Vollständigkeit noch nicht geklärt, lediglich für den Fall $m = 2$ konnte ein polynomialer Algorithmus angegeben werden (vgl. Coffman /1/). Weiterhin konnte gezeigt werden, daß für spezielle Klassen von Ordnungen das Maschinenbelegungsproblem polynomiale Lösungsalgorithmen erlaubt. (siehe Hu /4/ für Bäume und Papadimitriou und Yannakakis /5/ für Intervallordnungen)

Wir wollen in dieser Arbeit eine Klasse von Ordnungen vorstellen, die durch Komposition von Bäumen und Intervallordnungen erzeugt wird und für die das obige Optimierungsproblem effizient lösbar ist. Diese Komposition ist ähnlich zur Serien–Parallel–Verknüpfung von Ordnungen. Es sei angemerkt, daß schon für die Klasse der serien–parallelen Ordnungen das Optimierungsproblem NP–vollständig ist. (vgl. Garey et. al /2/)

2. TNI–Ordnungen

Wir führen in diesem Abschnitt die Klassen der TNI–Ordnung (tree–nested interval orders) ein. Wir benötigen dazu einige vorbereitende Begriffe. Sei P eine endliche Ordnung und $x \in P$. Wir bezeichnen mit $N^+(x)$ die Menge aller oberen Nachbarn und mit $N^-(x)$ die Menge der unteren Nachbarn von x. $N^*(x)$ ist die Menge aller $y \in P$ mit $x < y$. Das Element x heißt *subminimal*, falls $N^-(x) \neq \emptyset$ und jedes Element in $N^-(x)$ minimal ist.

P ist ein (nach oben gerichteter) *Wald*, falls $|N^+(x)| \leq 1$ für alle $x \in P$. P ist eine Intervallordnung, falls für alle $x, y \in P$ entweder $N^*(x) \subseteq N^*(y)$ oder $N^*(y) \subseteq N^*(x)$.

Seien P und Q disjunkte geordnete Mengen, $A \subseteq P$ die Menge der maximalen Elemente von P und $B \subseteq Q$ die Menge der minimalen oder die Menge der subminimalen Elemente von Q. Die *sublineare Summe* $P + Q$ (bzgl. A und B) ist die auf $P \cup Q$ erklärte Ordnung:

$$x \leq y \text{ in } P + Q \text{ genau dann wenn}$$

(*i*) $x \leq y$ in P
(*ii*) $x \leq y$ in Q
(*iii*) $x \leq a$ in P und $b \leq y$ in Q für $a \in A$ und $b \in B$

Die Klasse der *TNI–Ordnung* ist die von Wäldern und Intervallordnungen durch sublineare Summe erzeugte Klasse.

Ein heuristisches Verfahren zur Lösung des Optimierungsproblems ist durch den folgenden Algorithmus gegeben, der in jedem Arbeitstakt die Elemente nach dem Greedyprinzip wählt:

> Hat die verbliebene Ordnung weniger als m minimale Elemente, so werden alle gewählt. Ansonsten wähle man sukzessiv m minimale Elemente mit den jeweils größten Nachfolgermengen.

Satz : *Der Greedyalgorithmus ist optimal für TNI-Ordnungen.* □

Zum Beweis des Satzes zerlegt man eine TNI-Ordnung in kleinere Komponenten, die selbst TNI-Ordnungen sind und benutzt die Induktionsvoraussetzung, daß der Greedyalgorithmus für Bäume und Intervallordungen optimal ist.

3. Erkennbarkeit von TNI-Ordnungen

Es ist einfach zu entscheiden, ob eine vorgegebene Ordnung P ein Wald oder eine Intervallordnung ist (cf. Golumbic /3/). Wir wollen nun skizzieren, wie auch die allgemeinen TNI-Ordnungen effizient erkannt werden können.

Wähle eine beliebige Kante (c,d) im Hassediagramm von P. Sei $K(c,d)$ die Menge aller Kanten (a,b) mit der Eigenschaft, daß die Endpunkte von (a,b) mit den Endpunkten von (c,d) unvergleichbar sind. Setze

$$\mathcal{K}(c,d) = \bigcup_{(a,b)\in K(c,d)} K(a,b)$$

Ist $\mathcal{K}(c,d) = \emptyset$ für alle Kanten (c,d), so ist P eine Intervallordnung. Ist P eine TNI-Ordnung und $\mathcal{K}(c,d) \neq \emptyset$, so bildet $\mathcal{K}(c,d)$ notwendigerweise einen Wald, über den sich P sublinear zerlegen läßt.

Literatur

/1/ E.G. Coffman [1976]: *Computer and Job-Shop Scheduling Theorie.* Wiley, New York.

/2/ M.R. Garey, D.S. Johnson, R.E. Tarjan und M. Yannakakis [1983]: *Scheduling Opposing Forests.* SIAM Journal of Algebraic and Discrete Methods 4, 72 - 93.

/3/ M.C. Golumbic [1980]: *Algorithmic Graph Theory and Perfect Graphs.* Academic Press, New York.

/4/ T.C. Hu [1961]: *Parallel Sequencing and Assembly Line Problems.* Operations Research 9, 841 - 848.

/5/ C.H. Papadimitriou und M. Yannakakis [1979]: *Scheduling Interval-Ordered Tasks.* SIAM Journal on Computing 8, 405–409.

/6/ J.D. Ullman [1975]: *NP-Complete Scheduling Problems.* Journal of Computer and System Sciences, 384 - 393.

Über eine Anwendung statistischer Schranken in der Kombinatorischen Optimierung

Ulrich Derigs, Bonn

Zusammenfassung

Sei z^* der optimale Wert eines Kombinatorischen Optimierungsproblems (o.e. gegeben als Minimierungsproblem) und sei $\underline{z}$ bekannt mit der Eigenschaft Prob($\underline{z} > z^*$) $\leq 1 - \alpha$ wobei $\alpha \in (0,1)$ vorgegeben. Dann heißt $\underline{z}$ *statistische untere Schranke mit Signifikanzniveau* $1 - \alpha$.

Wir zeigen, wie derartige untere Schranken gewonnen werden können und diskutieren ihre Bedeutung

- bei der Gütemessung neuer Heuristiken
- innerhalb von Branch and Bound-Verfahren.

Abschließend berichten wir kurz über numerische Erfahrungen mit diesem Ansatz beim Traveling Salesman Problem und beim Quadratischen Zuordnungsproblem.

Summary

The key idea of the statistical approach is to use statistical inference theory to compute point and interval estimates for the true but unknown optimal value of a (combinatorial) optimization problem from given samples of randomly generated (feasible) solutions.

Confidence intervals for the optimal value can be used

(1) to measure the goodness of an approximative/heuristic solution

(2) as lower bounds in branch-and-bound methods

After discussing basic problems of the general approach and some special approaches proposed in literature we report computational experience with this approach for the travelling salesman and the quadratic assignment problem.

Einleitung

Ein Kombinatorisches Optimierungsproblem (KOP) kann folgendermaßen beschrieben werden:

Gegeben sei eine endliche Menge E, eine Familie $\mathcal{S} \subseteq 2^E$ von zulässigen (Teil-)mengen und eine "Kosten"-funktion $c : E \to \mathbb{R}$. Für $F \subseteq E$ definieren wir $z(F) = \sum_{e \in F} c_e$.
Bestimme $S \in \mathcal{S}$ mit $z(S) = z^*$ wobei $z^* = min\{z(T) \mid T \in \mathcal{S}\}$.

Sei nun $1 - \alpha \in (0,1)$ ein vorgegebenes Signifikanzniveau und Prob($z^* \leq \underline{z}$) $\geq 1 - \alpha$ dann heißt

Operations Research Proceedings 1983

$\underline{z}$ *statistische untere Schranke* für z^* mit *Signifikanz* $1-\alpha$, d.h. daß mit $(1-\alpha)\%$ Wahrscheinlichkeit $\underline{z} \leq z^*$ gilt, und $\underline{z}$ eine korrekte untere Schranke ist.

Aussagen der obigen Art können bei folgenden Problemen von Nutzen sein:

(1) Abschätzung von heuristische Lösungen:

Eine Vielzahl von Kombinatorischen Optimierungsproblemen ist NP–hart, d.h. exakte Lösungsverfahren sind für praktische Problemgrößen kaum realisierbar. Daher greift man in der Regel zu heuristischen Verfahren. Eine heuristische Lösung S_H ist jedoch nur dann akzeptabel, wenn man sicher ist, nicht allzu weit vom Optimum S^* entfernt zu liegen, d.h. der "relative Fehler"

$$\epsilon(S_h) := \frac{z(S_H) - z(S^*)}{z(S^*)}$$

genügend klein ist (etwa $\epsilon(S_H) = 0.01$). Die "worst–case"-Analyse für eine Heuristik versucht, eine allgemeingültige Abschätzung von $\epsilon(S_H)$ über alle möglichen Probleme (= Daten) anzugeben.

In der Regel sind diese Abschätzungen, die ja unabhängig vom konkreten Problem gegeben werden, jedoch nicht scharf genug. Sei nun $\underline{z}$ eine untere Schranke für z^*, dann gilt

$$\epsilon(S_H) \leq \frac{z(S_H) - \underline{z}}{\underline{z}}.$$

Datenabhängige d.h. problemspezifische untere Schranken können oft durch Relaxierung des Ausgangsproblems in ein "leicht lösbares" Problem ermittelt werden. Jedoch sind diese Schranken oft immer noch nicht "scharf" genug, um eine heuristische Lösung als "gut" zu klassifizieren. Die Benutzung von statistischen unteren Schranken kann hier zur Akzeptanz heuristischer Lösungen führen aufgrund der Erkenntnis, daß die Lösung mit "hoher Wahrscheinlichkeit" hinreichend gut ist.

(2) Statistische Schranken in Branch-and-Bound-Verfahren

Die Grundidee von Branch and Bound-Verfahren für KOP'e besteht darin, die Lösungsmenge S zu partitionieren in $S = \bigcup_{i \in I} S^i$ und dann die einzelnen Teilklassen zu untersuchen. Dabei wird eine untere Schranke $\underline{z}^i$ für S^i bestimmt d.h.

$$\underline{z}^i \leq z(S) \quad \text{für alle} \quad S \in S^i.$$

Falls nun gilt $\underline{z}^i > z(T)$ für $T \in S$, T beliebig, so kann die Teilklasse S^i "gestrichen" werden, da sie keine Optimallösung enthalten kann. Falls S^i nicht gestrichen werden kann, so wird S^i weiter partitioniert. Das Ziel ist es nun, durch scharfe untere Schranken möglichst viele Teilklassen zu eliminieren. Für viele KOP'e scheitert dieser Ansatz bei praktischen Problemgrößen, da die konstruierten unteren Schranken nicht scharf genug sind, daher kaum Teilklassen eliminiert werden können und somit (fast) alle Lösungen enumeriert werden müssen. Bei der Verwendung statistischer unterer Schranken würden nun (zusätzlich) Teilklassen eliminiert, weil sie mit "hoher Wahrscheinlichkeit" keine Optimallösung enthalten.

2. Heuristiken und statistische Schranken

Viele der für Standard-KOP'e vorgeschlagenen Heuristiken gehen folgendermaßen vor:

<u>Phase I:</u> Bestimmung einer "guten" zulässigen Lösung ("Konstruktions-Phase")

<u>Phase II:</u> Verbesserung der zulässigen Lösung aus Phase I ("Verbesserungs-Phase")

Die Verbesserungs-Phase wird dabei oft als "lokale Suche" organisiert wobei auf der Menge $\mathcal{S}$ eine Nachbarschafts-Topologie $N : \mathcal{S} \rightarrow 2^{\mathcal{S}}$ definiert ist; etwa durch $N(S) = \{T \in \mathcal{S} \mid |S \Delta T| \leq k\}$. Eine Lösung $S \in \mathcal{S}$ heißt nun lokal optimal falls

$$c(S) \leq c(T) \quad \text{für alle} \quad T \in N(S).$$

Die Verbesserungsphase läuft dann folgendermaßen ab

START: $S \in \mathcal{S}$ zulässig, aus Phase I vorgegeben

ITERATION: Finde $T \in \mathcal{N}(S)$ mit $z(T) < z(S)$ und setze $S := T$;
falls $z(T) \geq z(S)$ für alle $T \in \mathcal{N}(S)$: STOP.

Durch n-malige Anwendung der Verbesserungsphase auf verschiedene Startlösungen aus Phase I erhält man eine Folge $S_1, \ldots, S_n$ von *lokal optimalen* Lösungen. Mit $S_{(1)}, \ldots, S_{(n)}$ bzw. $z_{(1)}, \ldots, z_{(n)}$ bezeichnen wir eine zugehörige geordnete Folge mit

$$z_{(i)} \leq z_{(i+1)} \quad \text{für alle} \quad i = 1, \ldots, n-1.$$

Damit ist $S_{(1)}$ die beste gefundene Näherungslösung.

In der Regel wird man in Phase I eine "clevere" Prozedur benutzen, um gute Startlösungen für Phase II zu erhalten. Falls man jedoch die Startlösungen für Phase II *zufällig generiert*, so kann die gesamte Folge $z_{(1)}, \ldots, z_{(n)}$ herangezogen werden, um eine statistische untere Schranke $\underline{z}$ zu berechnen.

Wir wollen im folgenden nur den von Golden und Alt /4/ entwickelten "Weibull-Ansatz" vorstellen, da andere in der Literatur für kontinuierliche Funktionen vorgeschlagene Schätzmethoden zur Bestimmung von Konfidenz-Schranken sich als nicht auwendbar auf diskrete Probleme erwiesen haben (vgl. Derigs /2/).

Grundlage des Weibull-Ansatzes von Golden und Alt ist dabei ein Satz von Fisher und Tippet /3/, wonach die Werte $z_1, \ldots, z_n$ Weibull-verteilt sind. (Es ist anzumerken, daß der Weibull-Ansatz theoretisch nicht vollständig abgesichert ist, die Ergebnisse in der Praxis "beweisen" seine Anwendbarkeit jedoch in empirischer Hinsicht; (vgl. dazu Derigs /2/.)

Die Weibull-Verteilungsfunktion ist gegeben durch

$$F(x) = 1 - exp(-[x-a]/b)^c$$

mit "location parameter" a, "scale parameter" b und "shape parameter" c.

Diese Parameter müssen nun aus der Folge $z_{(1)}, \ldots, z_{(n)}$ geschätzt werden. Dann kann der Schätzer $\hat{a}$ für den location Parameter a als "Punkt-Schätzer" für das Optimum z^* benutzt werden.

Weiterhin erfüllt die Weibull-Verteilung die Gleichung

$$F(a+b) = 1 - e^{-1} \ (\approx 0.63)$$

Daraus haben Golden und Alt /4/ folgende Formel für ein Konfidenzintervall mit Signifikanz $(1 - e^{-n})$ entwickelt:

$$\text{Prob}\{z_{(1)} - b \leq z^* \leq z_{(1)}\} \approx 1 - exp(-n)$$

Dabei ist der scale Parameter b durch seinen Schätzer $\hat{b}$ zu ersetzen.

Los und Lardinois /5/ haben diesen Ansatz in zweierlei Hinsicht modifiziert:

(i) Sie betrachten nur die Teilmenge der $n' \leq n$ *verschiedenen* lokalen Lösungen und deren Werte $z_{(1)}, \ldots, z_{(n')}$.

(ii) Sie geben folgende Formel für ein Konfidenzintervall an:

$$\text{Prob}\{z_{(1)} - \frac{b}{K} \leq z^* \leq z_{(1)}\} \approx 1 - exp[-n/K^c].$$

Der Vorteil dieser Formel liegt darin, daß durch geeignete Wahl von K untere Schranken für jede vorgegebene Signifikanz $1 - \alpha \in (0,1)$ bestimmt werden können, während das Signifikanzniveau bei der Golden und Alt-Formel durch n, die Anzahl der lokalen Optima, fixiert ist.

Die Los und Lardinois Formel benötigt jedoch zusätzlich einen Schätzer $\hat{c}$ für den shape-Parameter. Es erweist sich jedoch als wesentlich schwieriger, gute Schätzer für c zu konstruieren, als für die anderen Parameter. Da der Parameter c im Exponent auftritt, wirken sich hier Ungenauigkeiten zudem deutlicher aus. Als Folge davon überschätzen die Los und Lardinois-Schranken das Optimum recht häufig, d.h. liefern nicht das korrekte Ergebnis (cf. Derigs /2/.)

3. Schätzer für die Weibull-Parameter

Sei $z_{(1)}, \ldots, z_{(n)}$ die geordnete "Stichprobe" von lokalen Minima. Die folgenden einfachen analytischen Schätzer für den location-Parameter a der Weibull-Verteilung, d.h. Punkt-Schätzer für das globale Optimum, sind in der Literatur vorgeschlagen worden.

$$\tilde{a}_1 = 2z_{(1)} - z_{(2)}$$
$$\tilde{a}_2 = (z_{(1)} \cdot z_{(n)} - z_{(2)}^2)/(z_{(1)} + z_{(n)} - 2z_{(2)})$$
$$\tilde{a}_3 = 2z_{(1)} - (e-1)\sum_{i=1}^{n} z_{(i)}/e^i.$$

Zanakis /7/ untersuchte 17 analytische Schätzer für die Weibull-Parameter. Dabei zeigte sich, daß

$$\tilde{b} = z_{(\lfloor 0,63n \rfloor + 1)} - \tilde{a}$$

eine gute Schätzung für den scale-Parameter liefert. (Hier bedeutet $\lfloor x \rfloor$ die größte ganze Zahl oder gleich x.)

Durch Einsetzen eines der drei oben angeführten Schätzer für a in diese Formel erhalten wir drei verschiedene Schätzer für b, die wiederum in die Golden and Alt-Formel eingesetzt, drei verschiedene untere Schranken liefern. Wir werden die entsprechenden Formeln/Schranken mit GA1, GA2 und GA3 bezeichnen.

Da einfache analytische Schätzer für den scale-Parameter in der Regel nicht exakt genug sind, haben wir darauf verzichtet die Los und Lardinois-Formel auch mit solch einfachen Schätzern anzuwenden.

Die Maximum-Likelihood-Schätzer (MLS) für die Weibull-Parameter ergeben sich als die Werte, die die Likelihood-Funktion

$$L = L(z_1, \ldots, z_n, a, b, c) = (c/b)^n (1/b)^{nc-n} \prod_{i=1}^{n} (z_i - a)^{c-1} exp[-\sum_{i=1}^{n} (\frac{z_i - a}{b})^c]$$

bzw. die zugehörige Log-Likelihood-Funktion

$$\ln L = n \cdot (\ln c - c \cdot \ln b) + (c-1) \sum_{i=1}^{n} \ln(z_i - a) - b^{-c} \sum_{i=1}^{n} (z_i - a)^c$$

unter den Bedingungen

$$a < z_{(1)}$$
$$b > 0$$
$$c > 0$$

maximieren. Der Ansatz $\frac{\partial \ln L}{\partial a} = \frac{\partial \ln L}{\partial b} = \frac{\partial \ln L}{\partial c} = 0$ ergibt dann das folgende System von ML-Gleichungen:

$$-(c-1) \sum_{i=1}^{n} (\frac{1}{z_i - a}) + (\frac{c}{b^c}) \sum_{i=1}^{n} (z_i - a)^{c-1} = 0$$

$$-\frac{n \cdot c}{b} + \frac{c}{b^{c+1}} \sum_{i=1}^{n} (z_i - a)^c = 0$$

$$\frac{n}{c} - n ln b + \sum_{i=1}^{n} ln(z_{i-a}) - \sum_{i=1}^{n} (\frac{z_i - a}{b})^c \cdot ln(\frac{z_i - a}{b}) = 0$$

das unter den obigen Nebenbedingungen zu lösen ist.

Zanakis /6/ untersuchte 7 verschiedenen Methoden der Nichtlinearen Optimierung zur Lösung des MLE-Systems wobei sich die Harter-Moore-Methode /5/ als bestes Verfahren ergab. Bei diesem iterativen Verfahren werden die drei Parameter sukzessiv einzeln mittels der "regula falsi" verbessert.

Unsere eigenen Untersuchungen zeigten diese Methode ebenfalls als sehr robust, jedoch auch als ausgesprochen langsam. Aus diesem Grund kombinierten wir die Harter-Moore-Technik mit dem Newton-Verfahren, von dem bekannt ist, daß es schnell konvergiert, wenn nur die Startwerte hinreichend nahe am Optimum liegen. Diese kombinierte Methode vereinigte die guten Eigenschaften seiner beiden Module: Robustheit und schnelle Konvergenz.

Wir haben die sich ergebenden MLS in die Formel von Golden und Alt eingesetzt — im folgenden mit GA bezeichnet — und in die Formel von Los und Lardinois unter Vorgabe verschiedener Signifikanz-Niveaus.

Numerische Ergebnisse

Wir haben die Güte statistischer unterer Schranken bei Standard-Literatur-Beispielen für das Travelling-Salesman-Problem (TSP) und das Quadratische Zuordnungsproblem (QAP) untersucht und mit den jeweils besten bekannten deterministischen datenabhängigen Bounding-Techniken bzgl. Qualität und Rechenaufwand verglichen.

Als Verbesserungsverfahren haben wir dabei für TSP und QAP die bekannten "Zweier-Austausch"-Verfahren verwendet. Die Benutzung von "besseren" Austausch-Heuristiken wie etwa "Dreier-Austausch"-Verfahren ist aus zwei Gründen im statistischen Ansatz nicht empfehlenswert:

- Die Rechenzeit zur Auffindung der n lokalen Minima erhöht sich erheblich.
- Eine Folge von lokalen Minima "mittlerer" Qualität erweist sich als günstiger, da bessere Startheuristiken dazu tendieren nur wenige verschiedene lokale Optima zu produzieren, wodurch die "Approximationsgüte" der diskreten Verteilung durch die Weibull-Verteilung verschlechtert wird.

Eine ausführliche Analyse der Ergebnisse findet man in Derigs /1/. Wir können hier nur die Haupterkenntnisse stichwortartig aufführen:

- Die besten bekannten deterministischen datenabhängigen unteren Schranken für TSP (1-Baum-Relaxation + Subgradientenoptimierung) sind nicht nur erheblich schärfer als die statistischen Schranken, sondern zudem auch wesentlich schneller zu bestimmen.
- Für QAP sind die statistischen Schranken den besten bekannten deterministischen datenabhängigen Schranken (Lösung eines "gestörten" linearen Zuordnungsproblems) deutlich überlegen. Ihre Berechnung ist jedoch auch wesentlich zeitaufwendiger.
- Für alle Probleme erwies sich die Weibull-Hypothese als akzeptabel (empirischer "Nachweis" per Kolmogorov-Smirnov-Test).
- Die Rechenzeit zur Bestimmung der MLS ist gegenüber der Rechenzeit zur Bestimmung der lokalen Minima vernachlässigbar. (In unseren Tests wurden stets 50 lokale Minima bestimmt.)
- Die einfachen analytischen Schätzer sind qualitativ nicht schlechter als die MLS. Insbesondere liefert hier die Formel GA2 gute Ergebnisse.
- Das Signifikanzniveau für die mittels der Golden und Alt-Formel bestimmten Schranken ist sehr hoch ($1 - e^{-50} \approx 1$). Andererseits sind die Konfidenzintervalle $[z_{(1)} - b, z_{(1)}]$ recht groß und damit die Güte der Schranken entsprechend schlecht. Hier schien die Los und Lardinois-

Formel durch ihre Flexibilität als ein idealer Weg diesen Tradeoff zwischen Signifikanz und Schärfe auszugleichen.

- Die Formel von Los und Lardinois erweist sich jedoch wegen der Benutzung eines Schätzers für den shape parameter häufig als fehlerhaft und ist daher nicht empfehlenswert. Der Optimalwert wurde signifikant häufiger überschätzt als es das vorgegebene Signifikanzniveau erwarten ließ .

Wir haben in einem zweiten Teil unserer Experimente die statistischen Schranken (zusätzlich zu den deterministischen Schranken) in einem Branch and Bound Verfahren zur Lösung des QAP verwendet (FORTRAN-code QAP listed in /1/). Dabei konnte die Anzahl der zu untersuchenden Teilprobleme in der Regel extrem reduziert werden. Bei einem QAP der Dimension 15 benötigte das rein deterministische Branch and Bound Verfahren 12295986 Verzweigungen und 31505 IBM 4331-CPU-sec zur Bestimmung der optimalen Lösung. Bei zusätzlicher Verwendung der Los und Lardinois-Schranke mit Signifikanz $1 - \alpha = .90$ bis zu einer gewissen Tiefe im Branch and Bound - Baum konnte die Anzahl der untersuchten Teilprobleme auf 362 und die Zeit auf 4427 CPU-sec gedrückt werden. U. E. liegt hier eine lohnende Verwendungsmöglichkeit für statistische untere Schranken — wenn man prinzipiell solch lange Lösungszeiten zur Bestimmung von Optimallösungen überhaupt akzeptiert.

References

/1/ Burkard, R.E. and Derigs, U.: *Assignment and Matching Problems: Solution Methods with FORTRAN-Programs.* Springer, LN in Economics and Mathematical Systems 184, [1980].

/2/ Derigs, U.: *On the Use of Confidence Limits for the Global Optimum in Combinatorial Optimization Problems.* Report No. 83295-OR, Institut für Operations Research, Universität Bonn, [1983].

/3/ Fisher, R.A. and Tippett, L.H.C.: *Limiting forms of the frequency distribution of the largest or smallest member of a sample.* Proceedings Cambridge Philosophical Society, Vol. 24, [1928].

/4/ Golden, B.L. and Alt, F.B.: *Interval Estimation of a Global Optimum for Large Combinatorial Problems.* Nav. Res. Log. Quart. 26, 69–77, [1979].

/5/ Los, M. and Lardinois, C.: *Combinatorial Programming, Statistical Optimization and the Optimal Transportation Network Problem.* Transp. Res. 16B, 89–124, [1982].

/6/ Zanakis, S.H.: *Computational Experience with some Nonlinear Optimization Algorithms in Deriving Maximum Likelihood Estimates for the Three-Parameter Weibull Distribution.* TIMS Studies in the Management Sciences 7, 63–77, [1977].

/7/ Zanakis, S.H.: *A Simulation Study of some Simple Estimators of the Three-Parameter Weibull Distribution.* Journal of Statistical Computation and Simulation 9, 101–116, [1979].

ON REDUCTION ALGORITHMS IN NON LINEAR INTEGER MATHEMATICAL PROGRAMMING

Ulrich Fincke, Düsseldorf
Michael Pohst, Düsseldorf

1. INTRODUCTION

In this paper we give a new and very efficient method for solving hard non linear integer programming problems. Our method bases on reduction algorithms coming from the 'Geometry of Numbers'.
At first we want to explain what reduction means:
Given linear independent vectors $\underline{b}_1,\dots,\underline{b}_n \in \mathbb{R}^n$, a reduction algorithm transfers (by unimodular transformations) the vectors $\underline{b}_1,\dots,\underline{b}_n$ in vectors $\underline{\tilde{b}}_1,\dots,\underline{\tilde{b}}_n$ such that the Euclidean norms $\|\underline{\tilde{b}}_1\|,\dots,\|\underline{\tilde{b}}_n\|$ become small.
There are different reduction strategies [1], [4], [5], [8].
The simplest, named pairreduction (see [4]), runs as follows:

For $1\leq i,\ j\leq n,\ i\neq j$ we successively compute $q_{ij} := \dfrac{\underline{b}_j^{tr}\ \underline{b}_i}{\underline{b}_i^{tr}\ \underline{b}_i}$ and each time $|q_{ij}| > \frac{1}{2}$, we transform: $\underline{b}_j := \underline{b}_j - \lfloor q_{ij} + \frac{1}{2}\rfloor\cdot\underline{b}_i$.
The process stops if all $|q_{ij}| \leq \frac{1}{2}$ $(1 \leq i,\ j \leq n,\ i \neq j)$

Example:

$$\begin{pmatrix}20\\19\end{pmatrix},\begin{pmatrix}19\\18\end{pmatrix} \rightarrow \begin{pmatrix}20\\19\end{pmatrix},\begin{pmatrix}-1\\-1\end{pmatrix} \rightarrow \begin{pmatrix}1\\0\end{pmatrix},\begin{pmatrix}-1\\-1\end{pmatrix} \rightarrow \begin{pmatrix}1\\0\end{pmatrix},\begin{pmatrix}0\\-1\end{pmatrix}.$$

2. SOME APPLICATIONS OF REDUCTION ALGORITHMS IN INTEGER MATH. PROGRAMMING

(i) A standard application of reduction theory in integer math. programming is to compute all $\underline{x} \in \mathbb{Z}^n \setminus \{\underline{0}\}$ subject to

$$\underline{x}^{tr}\ B^{tr}\ B\ \underline{x} \leq z \quad \text{where} \quad z \in \mathbb{R}^{>0},\ B \in \mathbb{R}^{n,n} \text{ is a regular matrix,} \tag{1}$$

resp. to solve the minimization problem

Operations Research Proceedings 1983

$$\min_{\underline{0} \neq \underline{x} \in \mathbb{Z}^n} \underline{x}^{tr} B^{tr} B \underline{x} \quad \text{for} \quad B \in \mathbb{R}^{n,n} \text{ a regular matrix.} \tag{2}$$

(Hereby the latter problem (2) can be solved by the same methods for solving (1): As initial value for z we choose the objective function value of a good approximative solution of (2) and each time a better solution is found, z is decreased.)

Since each solution $\underline{x}$ of (1) satisfies

$$(x_i)^2 \leq \|\underline{c}_i\|^2 \cdot z \quad (1 \leq i \leq n), \text{ where } \underline{c}_i \text{ denotes} \tag{3}$$

the i-th row of $C := B^{-1}$, the range of possible candidates for a solution $\underline{x}$ of (1) can be diminished considerably by row-reducing the matrix B^{-1}. (Analogously we transform the matrix B into $\tilde{B}$ and thus obtain a solution $\underline{x}$ by $\underline{x} := B^{-1} \tilde{B} \tilde{\underline{x}}$.)

(ii) Given $A \in \mathbb{Z}^{m,n}$, $b \in \mathbb{Z}^m$, H.W. Lenstra Jr. considers the 'integer linear programming problem'

$$A\underline{x} \leq \underline{b} \quad \text{for} \quad \underline{x} \in \mathbb{Z}^n. \tag{4}$$

In [6] he shows (by applying reduction theory) that the problem of deciding whether there exists a vector $\underline{x} \in \mathbb{Z}^n$ satisfying (4) can be solved by a polynomial-time algorithm, if the number n of variables is fixed.

(iii) In [7] A.M. Odlyzko presents an attack on the multiplicative knapsack cryptosystem. Hereby he considers the problem of finding many vectors $\underline{x} = (x_1, \ldots, x_n) \in \mathbb{Z}^n$ such that for given $a_i \in \mathbb{Z}$, $1 \leq i \leq n$

$$\sum_{i=1}^{n} a_i x_i = 0$$

and such that all coordinates of a solution $\underline{x}$ of (5) are relatively small. To solve this problem he applies the reduction algorithm [5] on the columns of the matrix

$$B = \begin{pmatrix} 2^m \cdot a_1 & 2^m \cdot a_2 & \cdots & 2^m \cdot a_n & 2^{4m} \\ & & & & 0 \\ & & I_n & & \vdots \\ & & & & 0 \end{pmatrix} \in \mathbb{Z}^{n+1,n+1},$$

m sufficiently large.

Considering the reduced matrix $\tilde{B}$, he gets solutions $\underline{x}$ of the desired type.

3. A NEW PROCEDURE IN INTEGER MATH. PROGRAMMING

In the following we give a new procedure for solving hard integer programming problems, which turned out to be very efficient. We introduce this procedure by the following problem:

$$\min_{\underline{0}\neq\underline{x}\in\mathbb{Z}^n} \prod_{i=1}^{n} \left|\sum_{j=1}^{n} a_{ij}x_j\right| \qquad \text{s.t.}\quad L_i \leq \left|\sum_{j=1}^{n} a_{ij}x_j\right| \leq U_i \quad (1 \leq i \leq n) \tag{7}$$

where A is a regular $n \times n$ matrix and $L_i, U_i \in \mathbb{R}^{>0}$ $(1 \leq i \leq n)$.

Analogously to (1) and (2) it suffices to consider the problem of computing all $\underline{x} \in \mathbb{Z}^n \setminus \{\underline{0}\}$ subject to:

$$\prod_{i=1}^{n} \left|\sum_{j=1}^{n} a_{ij}x_j\right| \leq z, \qquad L_i \leq \left|\sum_{j=1}^{n} a_{ij}x_j\right| \leq U_i \quad (1 \leq i \leq n) \tag{8}$$

The main idea of our procedure is to cover the set of admissible points of (8) by a small number of ellipsoids, each centered at the origin and each having the set $\{\underline{x} \in \mathbb{R}^n \mid \prod_{i=1}^{n} |\sum_{j=1}^{n} a_{ij}x_j| = z+1\}$ as tangent.

n=2:

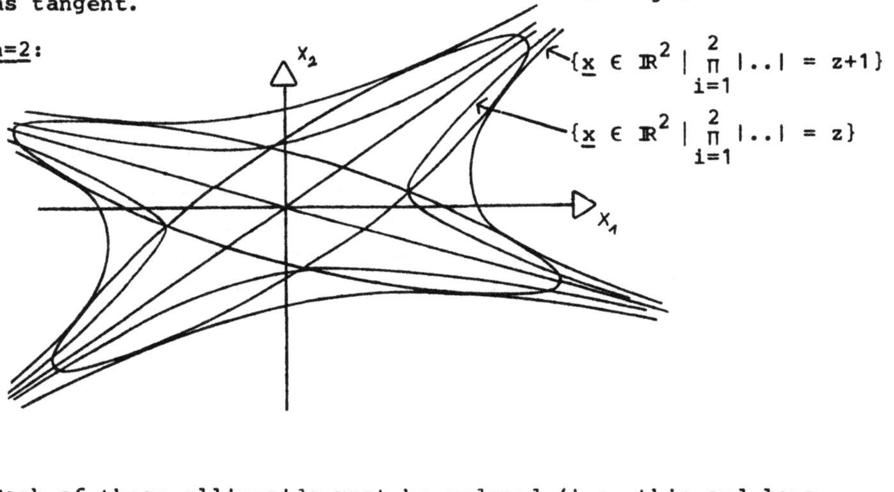

Each of these ellipsoids must be reduced (i.e. thin and long ellipsoids are transformed into equivalent ellipsoids which nearly have the form of a ball) and then enumerated by a very fast technique based on Cholesky's method described in [8] and [3] (-improved version of [8]).

The covering by ellipsoids is precisely described by the following theorem:

Theorem

Let $\underline{x} \in \mathbb{Z}^n$ be a solution of the problem (8). Let λ, R_i, S_i $(1 \leq i \leq n)$ be defined by:

$\lambda \in \mathbb{R}^{>1}$ is a unique zero of

$$(1 - h(\lambda))\lambda^{h(\lambda)} + h(\lambda)\lambda^{h(\lambda)-1} - (1 + \frac{1}{z})^{2/n} = 0 \tag{9}$$

for $h(\lambda) := \frac{\lambda}{\lambda-1} - \frac{1}{\log \lambda}$

$$R_i := \lfloor \frac{2}{\log \lambda} \left(\frac{1}{n} \log z - \log U_i \right) \rfloor ,$$
$$S_i := \lceil \frac{2}{\log \lambda} \left(\frac{1}{n} \log z - \log L_i \right) \rceil \qquad (1 \leq i \leq n). \tag{10}$$

Then there exists $(\Gamma_1,\ldots,\Gamma_n) \in \mathbb{Z}^n$ subject to

$$\sum_{i=0}^{n} \Gamma_i = 0 \tag{11a}$$

$$R_i \leq \Gamma_i \leq S_i \qquad (1 \leq i \leq n) \tag{11b}$$

such that:

$$\underline{x}^{tr} A^{tr} D_\lambda^2 A \underline{x} \leq n(z+1)^{2/n} \tag{12}$$

where $D_\lambda := \text{diag}(\lambda^{\Gamma_1/2},\ldots,\lambda^{\Gamma_n/2})$.

Proof: A detailed proof of this theorem is given in [2].

Remark: (i) The problem (8) is indeed a very old problem in Algebraic Number Theory (see [2]) - but now formulated in the terminology of Mathematical Programming. In [2] we give a worst case analysis of our procedure which shows that our procedure is much more efficient than the enumeration technique used so far for solving this problem.

(ii) Obviously further restrictions on $\underline{x}$ of the form

$$D\underline{x} \leq \underline{d} , \ \underline{d} \in (\mathbb{R}^{\geq 0})^n, \ D \in \mathbb{R}^{m,n}$$

can be added in (1), (2), (7), (8).

Now we can formulate our universal procedure for solving hard integer programming problems as follows.

STEP I. The set of admissible solutions must be closely covered by a small number of ellipsoids.

STEP II. The different ellipsoids $\underline{x}^{tr} B^{tr} B \underline{x} \leq z$

have to be reduced by applying a reduction algorithm (see [1], [4], [5], [8]) on the rows of the matrix B^{-1} and then have to be enumerated each.

While I strongly depends on the considered kind of problem, handling II is a very general problem and thus will be considered more intensive in the sequel.

4. DIFFERENT REDUCTION ALGORITHMS AND ENUMERATION TECHNIQUES

In [8] and [3] we give a procedure based on Cholesky's method for enumerating $\underline{x}^{tr} B^{tr} B \underline{x} \leq z$.

The idea of this is to transform the quadratic inequality

$$\underline{x}^{tr} B^{tr} B \underline{x} \leq z \quad \text{into} \tag{1}$$

$$\sum_{i=1}^{n} a_{ii}(x_i + \sum_{j=i+1}^{n} a_{ij}x_j)^2 \leq z \, , \tag{13}$$

which allows to compute all possible candidates $x_n, x_{n-1}, \ldots, x_1$ successively. In the following we denote this algorithm by RCHO. The algorithm which enumerates the box (3) is called REXNU.

Furthermore we use the following abbreviations.

- RLLL: Reduction algorithm of A.K. Lenstra, H.W. Lenstra Jr., L. Lovasz, [5].
- RDIET: Reduction algorithm of U. Dieter, [1].
- RKNU: Reduction algorithm of D.E. Knuth, [4].
- >>... the time of ... seconds did not suffice to compute any admissible point $\underline{x} \in \mathbb{Z}^n \setminus \{\underline{0}\}$ of the first example.

Before comparing different algorithms numerically, it is often very useful to do some probabilistic considerations at first. Otherwise it can happen that the compared algorithms are carried out for trivial examples. This is so in our case, too.

It can be shown (see [3]):

If the c_{ij}, $(1 \leq i, j \leq n)$ (coefficients of $C = B^{-1}$) are independently and uniformly distributed -

- random variables in [-1,1], then:

  $$P\{C \text{ is already reduced in the sense of D.E. Knuth's alg.}\} \underset{n\in\mathbb{N}}{\rightarrow} 1$$

- random variables in [0,1], then:

  n-1 reduction steps can be given, such that for the obtained matrix $\tilde{C}$ holds

$P\{\tilde{C}$ is reduced (up to an arbitrarily small error ε) in the sense of D.E. Knuth's alg.$\}$ $\underset{n\in\mathbb{N}}{\rightarrow} 1$

If we want to compare the different reduction algorithms and enumeration techniques we must therefore choose the coefficients b_{ij} of the matrix B very carefully.
In the following schedule the listed numbers refer to the CPU-time for 10 computed examples each. The computations were done on a CDC CYBER 76 of the 'Rechenzentrum der Universität zu Köln'.

Computation of all $\underline{0} \neq \underline{x} \in \mathbb{Z}^n$ subject to $\underline{x}^{tr} B^{tr} B \underline{x} \leq z$.
The coefficients b_{ij} $(1 \leq i, j \leq n)$ are independent random variables,where the b_{ij} $(2 \leq i \leq n-1, 1 \leq j \leq n)$ are uniformly distributed in $[0,1]$ and the b_{1j}, b_{nj} $(1 \leq j \leq n)$ are uniformly distributed in $[0,\frac{1}{n}]$.
$z := 0.05 + (n-5)\cdot 0.04$

	n=5	n=10	n=15	n=20
RLLL + REXNU	0.043	6.558	>>254	-
RLLL + RCHO	0.039	0.188	0.573	0.909
RDIET + REXNU	0.045	14.563	>>254	-
RDIET + RCHO	0.045	0.218	0.735	1.548
RKNU + REXNU	0.040	8.580	>>254	-
RKNU + RCHO	0.040	0.205	1.134	2.626
REXNU	>>254	-	-	-
RCHO	0.043	0.404	5.063	13.602

(The schedule is taken from [3].)

This schedule (and further not printed here) shows that a combination of the Lenstra-Lenstra-Lovasz reduction algorithm with our enumeration technique RCHO always yielded best results.

Since our method is universal and since there are now fast techniques for computation of integral prints in ellipsoids, we recommend it for applications to other hard integer programs.

References

[1] DIETER U.
HOW TO CALCULATE SHORTEST VECTORS IN A LATTICE,
MATH. COMP., 29, 827-833 (1975).

[2] FINCKE U.; POHST M.
A PROCEDURE FOR DETERMINING ALGEBRAIC INTEGERS
OF GIVEN NORM,
EUROCAL 83, PROC., LECT. NOTES COMP. SCI., TO APPEAR.

[3] FINCKE U.; POHST M.
IMPROVED METHODS FOR CALCULATING VECTORS OF
SHORT LENGTH IN A LATTICE,
TO APPEAR.

[4] KNUTH D.E.
THE ART OF COMPUTER PROGRAMMING II,
ADDISON-WESLEY, SEC.ED., 95-97 (1981).

[5] LENSTRA A.K.; LENSTRA H.W. JR.; LOVASZ L.
FACTORING POLYNOMIALS WITH RATIONAL COEFFICIENTS,
MATH. ANN.,261, 515-534 (1982).

[6] LENSTRA H.W. JR.
INTEGER PROGRAMMING WITH A FIXED NUMBER OF VARIABLES,
MATH. OF OPER. RES., TO APPEAR.

[7] ODLYZKO A.M.
CRYPTOANALYTIC ATTACKS ON THE MULTIPLICATIVE
KNAPSACK CRYPTOSYSTEM AND ON SHAMIR'S FAST
SIGNATURE SYSTEM,
TO APPEAR.

[8] POHST M.
ON THE COMPUTATION OF LATTICE VECTORS OF MINIMAL
LENGTH, SUCCESSIVE MINIMA AND REDUCED BASES
WITH APPLICATIONS,
ACM SIGSAM BULLETIN, 15, 37-44 (1981).

AMS Subject Classification: 90C10, 90C30, 10E25

AN OPTIMUM PULSE WIDTH MODULATION BASED ON O-1 PROGRAMMING FOR HARMONIC REDUCTION

M. El-Bakry, Cairo
S. Wahsh, Cairo

Pulse width modulation (PWM) was initially introduced for communication techniques, but is now widely used in many applications. PWM is popularly used in power inverters to obtain a variable frequency a.c. power supply to control the speed of a.c. derives. PWM pulses are conventionally obtained by comparing the signal sine wave (modulating signal) with a high frequency carrier wave, usually a triangular wave. The main disadvantage of this technique is the high harmonic contents.

This paper proposes a new PWM technique, where the pulse widthes of the PWM signal are to be determined to satisfy certain harmonic-restrictions, according to requirements. The stat "existence or non existence of a pulse at a certain time" is represented by a binary variable y_i. Numerical Fourier Approximation is applied to find the harmonics in the pulse distribution as a linear function of y_i. Linear O-1 programming is applied to find the values of y_i that maximize the magnitude of the main frequency under the required constraints on the relative values of the harmonics.

Applying the proposed technique, different PWM patterns are obtained with much less harmonic contents than that obtained from the PWM patterns of the conventional PWM generation methods.

The proposed method could be implemented directly by digital circuits as well as in microprocessor applications.

Operations Research Proceedings 1983

ON USING THE LINEAR PROGRAMMING RELAXATION OF ASSIGNMENT TYPE MIXED INTEGER PROBLEMS

Jo van Nunen, Delft
Jacq Benders, Eindhoven
Adri Beulens, Delft

It can be proved, that tight upperbounds can be given for the number of non-unique assignments that are achieved after solving the linear programming relaxation of some types of mixed integer assignment problems. A simple heuristic can then be used to reach a practically good and feasible assignment.

For the generalized assignment problem we give bounds on the required capacity in order to ensure 'easy' solutions.
For more complex large-mixed integer assignment problems similar conditions with respect to the size of the tasks can be given: some applications in the area of distribution planning and time table problems are discussed.

Operations Research Proceedings 1983

LANGFRISTIGE ABBAUPLANUNG IM STEINKOHLENTIEFBAU MIT HILFE EINES BRANCH AND BOUND VERFAHRENS

Friedrich Ludwig Wilke, Berlin
Roland Rünger, Berlin

Wird eine langfristige Abbauplanung für eine Kohlenlagerstätte mit der wirtschaftlichen Zielsetzung der Kapitelwertmaximierung durchgeführt, so kommt der Bestimmung der Reihenfolge, in der die Lagerstättenteile (Blöcke) abgebaut werden sollen, sowie der Dimensionierung und Zuordnung der nachgeschalteten Kapazitäten (Strecken und Schächte) besondere Bedeutung zu.
Die Berücksichtigung der zeitlichen Abfolge von Ein- und Auszahlungen im Investitionsrechnungsverfahren und die durch die technischen Voraussetzungen bedingten Abstufungen der Blockfördermengen und der Streckenquerschnitte führen zu einem dynamischen diskreten Optimierungsproblem. Eine solche Aufgabenstellung läßt sich mit einigen Schwierigkeiten als binäres nichtlineares Optimierungsmodell formulieren; die Lösung praktischer Anwendungsfälle scheitert jedoch an der zu großen Anzahl von Variablen und Restriktionen.
Ein Ausweg ergibt sich durch die Verwendung eines Branch and Bound Verfahrens. Dabei werden schrittweise Abbaureihenfolgen generiert, die die Sollfördermenge der Schachtanlage erbringen. Diese Reihenfolgen sind zulässig, wenn es mit Hilfe eines LP-Algorithmus gelingt, den im Abbau befindlichen Blöcken ausreichende Wettermengen zuzuweisen und wenn die dazu erforderlichen Strecken und Schächte unter Berücksichtigung zeitlicher Restriktionen erstellt werden können.
Um auch Anwendungsfälle mit einem sehr fein verästelten Grubengebäude und vielen Blöcken behandeln zu können, und um dem Benutzer die Möglichkeit zu geben, bei der groben Vorauswahl unter unterschiedlichen technischen Konzepten Rechenzeit einzusparen, werden zusätzlich Heuristiken verwendet, die eine schnellere Bearbeitung des Verzweigungsbaumes ermöglichen.
Bei der Anwendung des Modells auf praktische Probleme mit bis zu 25 Blöcken, 100 Strecken und 10 Schächten und einem Planungszeitraum von 30 Jahren wurden gute Näherungslösungen ermittelt.

Operations Research Proceedings 1983

THERMODYNAMISCH MOTIVIERTE SIMULATION BEI KOMBINATORISCHEN OPTIMIERUNGSPROBLEMEN

Franz Rendl, Graz

Austauschalgorithmen stellen eine wichtige Klasse von Heuristiken für schwere kombinatorische Optimierungsaufgaben wie z.B. Rundreiseprobleme oder quadratische Zuordnungsprobleme dar. In Kirkpatrick's und Cerny's Austauschverfahren zur Lösung des Rundreiseproblems und des Placement Problems wird vorgeschlagen, einen Austausch nicht nur durchzuführen falls der Zielfunktionswert dadurch abnimmt, sondern auch in bestimmten Fällen falls er zunimmt. Ein Austausch, der den Zielfunktionswert erhöht, wird stochastisch durchgeführt, abhängig von der Größe des Zuwachses.

Die Anwendung dieses Verfahrens auf quadratische Zuordnungsprobleme ergab hervorragende Ergebnisse. Suboptimale Lösungen, die sich nur geringfügig von den bisher besten bekannten Lösungen unterscheiden, wurden durch ein einfaches Programm mit geringem Rechenaufwand ermittelt. Das Verfahren erwies sich als numerisch äußerst stabil und lieferte durch wiederholtes Starten mit verschiedenen Ausgangslösungen alle bekannten Minimallösungen.

Die allgemeine Formulierung dieses Ansatzes führt auf ein heuristisches Verfahren, das auf eine breite Klasse von kombinatorischen Optimierungsproblemen angewandt werden kann.

Operations Research Proceedings 1983

CLUSTER-FORMATION UND -ANALYSE - EIN ZWEITER BLICK

Helmuth Späth, Oldenburg

Cluster-Formation und -Analyse ist das Einteilen in bzw. Auffinden von Klassen ähnlicher Objekte in einer Objektmenge, deren Elemente durch Werte für mehrere Merkmale charakterisiert sind.

In den Wirtschaftswissenschaften speziell wird das zugehörige Instrumentarium für die Zusammenfassung von ähnlichen Artikeln, Werkstücken, Aufträgen, Zeitreihen, Gebietseinheiten, Kunden, Lieferanten, Tankstellen usw. in eine überschaubare Anzahl von Repräsentanten und für die Auffindung von z.B. Konsumenten- oder Kreditnehmertypen benutzt.

Dieser (zweite) Übersichtsvortrag (des Autors nach 1975 in Interlaken) konzentriert sich auf eine Darstellung der sogenannten partitionierenden Cluster-Verfahren mit Zielfunktion, die bei größeren Objektmengen die für die Anwendung wichtigsten sind. Speziell wird auf effizienzverbessernde Implementierungsdetails zu Näherungsverfahren für die Lösung dieser i.a. gemischt stetig-kombinatorischen Optimierungsprobleme und auf Hinweise für die Methodenauswahl beim praktischen Einsatz eingegangen /1/.

/1/ SPÄTH, H.
Cluster-Formation und -Analyse:
Theorie, FORTRAN-Programme, Beispiele.
R. Oldenbourg-Verlag,
München 1983.

Operations Research Proceedings 1983

ZUR KOMPLEXITÄT VON HIERARCHISCH-AGGLOMERATIVEN CLUSTERANALYSE-ALGORITHMEN

Detlef Steinhausen, Münster

Von den zahlreichen vorgeschlagenen Clusteranalysealgorithmen haben, gemessen an ihrer Verbreitung in Programmsammlungen zur Clusteranalyse /1,4,6,7/ und in Statistikpaketen (z.B. SAS, BMDP, SPSS) /2,3, 5,8/ , hierarchisch-agglomerative Algorithmen eine herausragende Stellung erlangt. Ob dies auch der Qualität der mit ihnen zu erreichenden Gruppierungsergebnisse entspricht, soll hier nicht diskutiert werden, der Verfasser dieses Beitrages gibt für praktische Problemgrößen iterativen Verfahren den Vorzug. Hier soll vielmehr der Rechenbedarf dieser Verfahren bei größeren Fallzahlen und Möglichkeiten einer Rechenzeit sparenden Implementierung untersucht werden. Bei hierarchisch-agglomerativen Clusteranalysealgorithmen wird ausgehend von einer symmetrischen n-reihigen Distanzmatrix der n zu klassifizierenden Objekte eine hierarchische Folge von Partitionen nach der folgenden Vorschrift konstruiert:

1) Verschmelze die beiden Objekte (Gruppen) mit der kleinsten Distanz zu einer neuen Gruppe
2) Berechne Distanzen der neu gebildeten Gruppe zu den übrigen Gruppen (Objekten)
3) Fahre bei 1) fort, bis alle Objekte (Gruppen) zu einer Gruppe verschmolzen sind.

Zur Bildung dieser hierarchischen Folge von Gruppierungen muß also - sofern man den oben beschriebenen Algorithmus "wörtlich" in ein Computerprogramm umsetzt - zunächst die n-reihige symmetrische Distanzmatrix nach ihrem Minimum durchsucht werden. Nach Aufdatierung einer Zeile/Spalte gemäß Punkt 2) der Beschreibung - je nach Verfahren ergeben sich andere Formeln - hat man im zweiten Durchgang das Minimum einer (n-1)-reihigen symmetrischen Distanzmatrix zu suchen. Auf diese Weise fortschreitend, sieht man leicht, daß dieses Verfahren aus

$$\sum_{i=1}^{n} i\,(i-1)/2 = O(n^3) \text{ Vergleichsoperationen}$$

und

$$\sum_{i=1}^{n} i = O(n^2) \text{ Aufdatierungsoperationen besteht.}$$

Operations Research Proceedings 1983

Untersucht man publizierte Programme /1,4,6,7/, so stellt man fest, daß diese eine mehr oder weniger wörtliche Umsetzung der obigen Beschreibung darstellen, und somit tatsächlich die Komplexität $O(n^3)$ haben. Das gleiche Bild ergibt sich bei experimenteller Ermittlung der Rechenzeit bei Verfahren in Statistikpaketen (z.B. BMDP2M, CLUSTER im SAS), deren Programmtext nicht zugänglich ist. Die Verfahren des Clusteranalysepaketes CLUSTAN wurden hier nicht untersucht.

Diese verglichen mit anderen Algorithmen ungünstige Komplexität $O(n^3)$ schlägt wegen der Einfachheit der jeweiligen Operationen bei kleinen Fallzahlen (n bis 100) nicht sonderlich zu Buche, so daß hierarchisch-agglomerative Verfahren (für die Problemgrößen, bei denen sie u.E. eigentlich nur sinnvoll sind,) als "schnell" gelten.

Erwartungsgemäß ändert sich der Eindruck rasch, wenn man Fallzahlen bis hin zu realistischen Größenordnungen erhöht (n um 1000).

Es ergeben sich einerseits Speicherplatzprobleme, da der Platzbedarf mit n^2 steigt. (Man beachte zudem, daß bei virtuellen Maschinen der zeilenweise Zugriff auf (große) Matrizen, die spaltenweise gespeichert sind, einen erheblichen Paging-Aufwand bedeutet.)

Auf der anderen Seite erhöht sich der Rechenaufwand mit n^3. Die folgenden Überlegungen zeigen jedoch, daß dies bei geschickter Implementierung des Verfahrens noch erheblich zu verbessern ist.

Bei genauerer Betrachtung des Algorithmus fällt auf, daß in jedem Aufdatierungsschritt 2) nur jeweils diejenigen Zeilen/Spalten der Matrix betroffen sind, in der das Minimum steht. Nur bezüglich dieser Zeilen/Spalten ändert sich die Konstellation bei der Minimumsuche.

Somit liegt die folgende zeitsparende Implementierung des Algorithmus nahe:

Zu Beginn berechne man die Minima jeder Zeile der Distanzmatrix und merkt sich deren Position ($\binom{n}{2}$ Vergleiche).

In jedem Durchgang muß dann lediglich der Vektor der Minima nach dem kleinsten Element durchsucht werden. Der Aufdatierungsschritt verlängert sich dadurch, daß der Vektor der Zeilenminima noch abzuändern ist, indem zu ermitteln ist, ob in den Positionen, die den Zeilen/Spalten des gefundenen Minimums entsprechen, nunmehr ein neues Minimum zu finden ist.

Dieser so implementierte Algorithmus hat dann, wie leicht zu sehen ist, die Komplexität $O(n^2)$. Die folgende Tabelle zeigt, welcher Gewinn an Rechenzeit konkret dadurch zu erzielen ist.

n	neu	alt	BMDP2M	SAS
100	1.7	2.5	6.4	10.9
200	5.7	14.0	19.2	80.6
250	8.8	25.4	-	157.7
300	12.5	42.0	41.4	268.2
400	22.0	95.0	71.9	1000.0
500	34.5	186.1	-	-
600	49.7	312.6	-	-
700	67.1	512.7	-	-

Tabelle: CPU-Sekunden (IBM 3032) bei verschiedenen Fallzahlen und Programmen mit agglomerativen Verfahren

Empirisch lassen sich hieraus (m.H. einer Regressionsanalyse) die beiden folgenden Rechenzeitformeln mit sehr hohem Bestimmtheitsmaß (r^2=0.999) ermitteln:

$$T=0.5 + 1.36\ (n/100)^2$$

für das neu nach obigen Ausführungen implementierte Verfahren und

$$T=1.02 + 1.48\ (n/100)^3$$

bei der bisher implementierten Version.
Man erkennt, daß durch diese verhältnismäßig einfache Implementierung der hierarchisch-agglomerativen Verfahren die benötigte Rechenzeit drastisch verringert werden kann.

Literatur

/1/ Anderberg, M.R:
Cluster Analysis for Applications, New York 1973

/2/ Bajaj, S.R:
SPSS - CLUSTER for CDC, unveröffentlichtes Manuskript: Northwestern University, Vogelback Computing Center, Evanston 1982

/3/ Dixon, W.J:
BMDP Statistical Software, UCLA Los Angeles 1981

/4/ Hartigan, J.A:
Clustering Algorithms, New York 1975

/5/ SAS - Institute, SAS User's Guide, Cary NC 1982

/6/ Späth, H.:
Cluster-Analyse-Algorithmen zur Objektklassifizierung und Datenreduktion, München 1975

/7/ Steinhausen, D., Langer, K.:
Clusteranalyse, Berlin 1977

/8/ Steinhausen, D.:
Clusteranalyse - ein Software-Vergleich von Prozeduren und Paketen, in: Wilke, H. (HRsg.): Statistik-Software in der Sozialforschung, Berlin 1983

/9/ Wishart, D.:
CLUSTAN User Manual, 3 rd Edition, Edinburgh 1982

DIE BILDUNG VON ARBEITNEHMERTYPEN AUF DER BASIS IHRER PRÄFERENZEN GEGENÜBER TARIFVERTRAGSKOMPONENTEN

Hans Bauer, Mannheim
Uwe Thomas, Mannheim

1. Problemstellung

Die Tarifautonomie umfaßt das Recht von Gewerkschaften und Arbeitgeberverbänden bzw. einzelner Unternehmen, Löhne und Arbeitsbedingungen in eigener Verantwortung zu regeln. Die Ergebnisse entsprechender Aushandlungsprozesse finden ihren Niederschlag vor allem im Tarifvertrag. Obwohl in der Bundesrepublik Deutschland Jahr für Jahr sieben- bis achttausend Tarifverträge abgeschlossen werden (Clasen 1982, S. 22), gibt es keine empirisch fundierte Theorie der Arbeitnehmerpräferenzen im Hinblick auf die Ausgestaltung komplexer Tarifverträge. Ein Grund dafür mag das Selbstverständnis der Gewerkschaften als Arbeitnehmervertreter sein, ihre Tarifpolitik verkörpere kraft der Existenz von Meinungsbildungsprozessen in Gewerkschaftsorganisationen die Arbeitnehmerpräferenzen per se. Dies ist jedoch nicht unproblematisch. Zum einen verlieren Gewerkschaften dann ihre Legitimation, wenn sie auf Dauer nicht in der Lage oder willens sind, Tarifverträge zu erzielen, hinter denen die Mehrheit ihrer Mitglieder steht. Zum anderen ist zu bedenken, daß nicht bzw. noch nicht gewerkschaftlich organisierte Arbeitnehmer nur bei einer präferenzgerechten Vertretung ihrer Interessen für die Gewerkschaftsbewegung zu gewinnen sind. Ferner dürften die Präferenzstrukturen der Arbeitnehmer bezüglich einzelner Tarifvertragskomponenten von der jeweils aktuellen allgemeinen Wirtschafts- und Arbeitsmarktlage beeinflußt sein. Darüber hinaus machen es neuartige Tarifkomponenten erforderlich, von Zeit zu Zeit die Präferenzen der Arbeitnehmer zu erforschen.

All dies muß bei den Verantwortlichen in Gewerkschaften (Vorstand, Tarifkommissionen) zwangsläufig zu Fragen führen wie: Welcher Nutzen wird von Arbeitnehmern einem Sockelbetrag, einer rein linearen Erhöhung der Einkommen oder einer Kombination aus beiden zugemessen? Auf wieviel Prozent Erhöhung des Einkommens würden Arbeitnehmer zugunsten einer verkürzten Wochenarbeitszeit auf 38 Stunden verzichten, ohne dabei einen Nutzenverlust zu empfinden: Würde eine "Tarifrente" (d.h. eine Lebens-

Operations Research Proceedings 1983

arbeitszeitverkürzung) auch unter Hinnahme eines (gewissen) Lohnverzichts akzeptiert? Bestehen innerhalb der Arbeitnehmer homogene Gruppen (Cluster), die sich hinsichtlich der Teilpräferenzen deutlich voneinander unterscheiden, wie groß sind diese Cluster und welche sozio-demographischen Merkmale können Anhaltspunkte für eine Erklärung der differierenden Nutzeneinschätzungen liefern? Wir sind mit einer Untersuchung diesen Fragen nachgegangen und möchten an dieser Stelle v.a. Ergebnisse zu den letzten Teilfragen vorstellen. (Eine ausführliche Darstellung der Studie erscheint in der ZfbF.)

2. Die Datenbasis der Typenbildung

Eine explizite, d.h. direkte Abfrage der faktischen Präferenzen von Arbeitnehmern hinsichtlich potentieller Tarifvertragskomponenten wie Lohn- und Gehaltssteigerung, Urlaubsverlängerung, Arbeitszeitverkürzung, Tarifrente etc. ist zwangsläufig mit der Gefahr verbunden, lediglich irrelevantes Anspruchsdenken nach dem Muster der berüchtigten "eierlegenden Wollmilchsau" zu erheben. Deshalb gebührt einem Verfahren der Vorzug, das auf indirektem (implizitem) Wege zu Präferenzwerten führt und eine Berücksichtigung der kompensatorischen Beziehungen zwischen den de facto immer unlösbar verbunden vorliegenden Tarifvertragskomponenten erlaubt. Eine solche Methode ist das Conjoint Measurement. Es wurde in der mathematischen Psychologie entwickelt und konnte seine Leistungsfähigkeit in vielen Anwendungsfällen auch außerhalb der Psychologie, vor allem in der Marketingforschung bei der Erfassung der Produktpräferenzen von Verbrauchern unter Beweis stellen (Dichtl/Schobert 1979; Green/Wind 1973; Wind 1982; Cattin und Wittink (1982) haben über 800 kommerzielle Anwendungen untersucht). Das Conjoint Measurement ermöglicht es, den Beitrag einzelner Ausprägungen mehrerer Merkmale zur Bildung einer Rangordnung der Merkmalsträger (Stimuli) zu messen. Als abhängige Variable dienen lediglich ordinal oder kategorial skalierte Daten über globale Ähnlichkeits- oder Präferenzurteile komplexer Stimuli wie z.B. Tarifverträge. Ausgehend von einer Reihe spezifizierter Ausprägungen von Merkmalen (unabhängige Variable, z.B. Zahl der Urlaubstage, Löhnerhöhung in %), von denen anzunehmen ist, daß sie einem Ähnlichkeits- oder Präferenzurteil zugrunde liegen, werden die Stimuli, in unserem Fall fiktive Tarifverträge, nach Maßgabe der Kombinatorik und eines bestimmten experimentellen Designs konstruiert. Die Besonderheit einer CM-Analyse besteht darin, aus den nur für die Gesamtstimuli bekannten Beurteilungen (z.B. Tarifvertrag A ist dem Tarifvertrag B vorzuziehen) die Teilpräferenzwerte der einzelnen Ausprägungen der verschiedenen Merkmale simultan (conjoint) auf Intervallskalenniveau bestimmen zu können. Da wir hier jedoch über die Clusterung von Arbeitnehmern auf der Basis dieser Teilpräferenzwerte berichten wollen, kann aus Zeitgründen auf das Verfahren nicht eingegangen werden. Notwendig jedoch ist es zu zeigen, von welchen potentiellen Tarifvertragskomponenten wir nach sorgfältigen Überlegungen und Pretests ausgegangen sind (vgl. Tab. 1).

EINKOMMENS-ERHÖHUNG	- keine Einkommenserhöhung - 4 % mehr Lohn und Gehalt - 3 % mehr Lohn und Gehalt plus DM 100,- (Sockelbetrag) - 7 % mehr Lohn und Gehalt
URLAUBSDAUER-VERLÄNGERUNG	- keine Urlaubsdauerverlängerung - 2 Tage mehr Urlaub ohne Lohnausgleich - 2 Tage mehr Urlaub bei vollem Lohnausgleich
WOCHENARBEITS-ZEITVERKÜRZUNG	- keine Wochenarbeitszeitverkürzung - 38-Stunden-Woche ohne Lohnausgleich - 38-Stunden-Woche bei vollem Lohnausgleich
BETRIEBLICHE SONDER-ZAHLUNGEN	- keine betrieblichen Sonderzahlungen - Gewinnbeteiligung bis zur Höhe eines vollen Monatsverdienstes (brutto) je nach Ertragslage der Firma
LEBENSARBEITS-ZEITVERKÜRZUNG	- keine Lebensarbeitszeitverkürzung - Tarifrente

Tab. 1: Potentielle Tarifvertragskomponenten und ihre urteilsdeterminierenden Ausprägungen

Diese Komponenten wurden jetzt mittels eines orthogonalen Feldes (Addelman 1962) zu 16 fiktiven Tarifverträgen mit je einer Ausprägung eines jeden Faktors zusammengesetzt. Entsprechend den in Tab. 2 gezeigten Mustern, auf denen der Übersichtlichkeit halber die jeweiligen "Null-Ausprägungen" (also z.B. "keine Einkommenserhöhung") nicht genannt sind, wurden im März 1982 73 zufällig ausgewählten Mannheimer Arbeitnehmern diese 16 fiktiven Tarifverträge zur Bildung einer Rangreihe vorgelegt.

Als Ergebnis von Conjoint-Analysen mittels der Programmpakete MONANOVA und UNICON erhält man für jeden Arbeitnehmer ein Nutzenprofil der Art, wie es in Tab. 3 für alle Befragten in Form durchschnittlicher normierter Teilnutzenwerte gezeigt wird. Die Normierung ermöglicht einen Vergleich der Teilnutzenwerte über die Merkmale und über die Apn hinweg. Die 73 Nutzenprofile bildeten die Datenbasis unserer Klassifikationsversuche.

- 3 % mehr Lohn und Gehalt plus DM 100,-- (Sockelbetrag) - 2 Tage mehr Urlaub bei vollem Lohnausgleich - Gewinnbeteiligung bis zur Höhe eines vollen Monatsverdienstes (brutto) je nach Ertragslage der Firma - Tarifrente	- 7 % mehr Lohn und Gehalt - 2 Tage mehr Urlaub ohne Lohnausgleich - 38-Stunden-Woche ohne Lohnausgleich - Gewinnbeteiligung bis zur Höhe eines vollen Monatsverdienstes (brutto) je nach Ertragslage der Firma
- 2 Tage mehr Urlaub ohne Lohnausgleich - 38-Stunden-Woche bei vollem Lohnausgleich - Gewinnbeteiligung bis zur Höhe eines vollen Monatsverdienstes (brutto) je nach Ertragslage der Firma - Tarifrente	- 4 % mehr Lohn und Gehalt - 2 Tage mehr Urlaub ohne Lohnausgleich - 38-Stunden-Woche ohne Lohnausgleich - Tarifrente

Tab. 2: Vier von 16 Beurteilungsobjekten des verwendeten fraktionierten Untersuchungsdesigns

Tarifvertragskomponenten	Mittlerer Teilnutzenwert
keine Einkommenserhöhung	0,057
4 % mehr Lohn und Gehalt	0,183
3 % mehr Lohn und Gehalt plus DM 100,- (Sockelbetrag)	0,174
7 % mehr Lohn und Gehalt	0,133
keine Urlaubsdauerverlängerung	0,013
2 Tage mehr Urlaub ohne Lohnausgleich	0,043
2 Tage mehr Urlaub bei vollem Lohnausgleich	0,073
keine Wochenarbeitszeitverkürzung	0,047
38-Stunden-Woche ohne Lohnausgleich	0,043
38-Stunden-Woche bei vollem Lohnausgleich	0,081
keine betrieblichen Sonderzahlungen	0,012
Gewinnbeteiligung bis zur Höhe eines vollen Monatsverdienstes (brutto) je nach Ertragslage der Firma	0,056
keine Lebensarbeitszeitverkürzung	0,016
Tarifrente	0,069

Tab. 3: Mittlere Teilnutzenwerte für alle Befragten

3. Die Typenbildung

Unser Ziel war es herauszufinden, ob sich in der Stichprobe Typen von Arbeitnehmern ausmachen lassen, die in sich homogene, zueinander aber heterogene Präferenzstrukturen bezüglich der Tarifvertragskomponenten besitzen. Eine hierfür geeignete Methode ist die Clusteranalyse, die mittels des Programmpakets CLUSTAN wie folgt vorgenommen wurde (Wishart 1978):

Zunächst erfolgte eine Segmentation der Arbeitnehmer mit Hilfe des hierarchischen, agglomerativen Clusteralgorithmus von Ward (Wishard 1978). Hierbei kam die Prozedur HIERARCHY aus CLUSTAN zum Einsatz. Auf der Basis euklidischer Distanzen als Ausdruck der interindividuellen (Un-) Ähnlichkeit der Präferenzstrukturen der Versuchspersonen werden sukzessiv jeweils diejenigen Individuen (Cluster) fusioniert, die den geringsten Zuwachs zum gewählten Heterogenitätsmaß "Fehlerquadratsumme" liefern. Der Ablauf des Gruppierungsvorgangs läßt sich aus dem Dendrogramm der Abb. 1 erkennen. Man sieht, daß der Präferenzdatensatz der befragten Arbeitnehmer einige relativ homogene Cluster beinhaltet, da die Fusion der letzten Cluster verhältnismäßig hohe Zuwächse der Fehlerquadratsumme mit sich bringt.

Aus der Betrachtung der exakten Zielfunktionswerte der einzelnen Fusionsschritte (Abb. 1) geht hervor, daß sich eine Fünf-Cluster-Lösung nach dem Kriterium des maximalen Anstiegs der Fehlervarianz ergibt. Angesichts des relativ geringen Stichprobenumfanges von 73 Apn schien eine Aufteilung in fünf Cluster nicht sinnvoll. Die hierarchische Clusterung diente somit lediglich aus Ausgangspunkt der weiteren Analyse mit Hilfe des nicht-hierarchischen, iterativen Verfahrens RELOCATE des CLUSTAN-Programmpakets. Hierbei wurde als Startkonfiguration einmal die 8er-Partition der Prozedur HIERARCHY und das andere Mal eine zufällige 10er Partition der 73 Versuchspersonen vorgegeben. Mittels der Prozedur RELOCATE werden die einzelnen Elemente des Datensatzes so lange zwischen den Clustern verschoben, bis das Zielkriterium (die Fehlerquadratsumme) nicht weiter verbessert werden kann. Nach dem Kriterium des größten Zuwachses der Fehlerquadratsumme ist in beiden Fällen die Lösung mit drei Clustern die beste, wobei dem Ergebnis auf der Basis des Zufallsstarts wegen der geringeren Anzahl an Iterationen und Umgruppierungen und der damit einhergehenden größeren Stabilität der Vorzug gebührt. Bevor diese 3er-Partition endgültig akzeptiert wurde, war durch eine multiple Diskriminanzanalyse zu prüfen, inwieweit sich die 73 befragten Mannheimer Arbeitnehmer

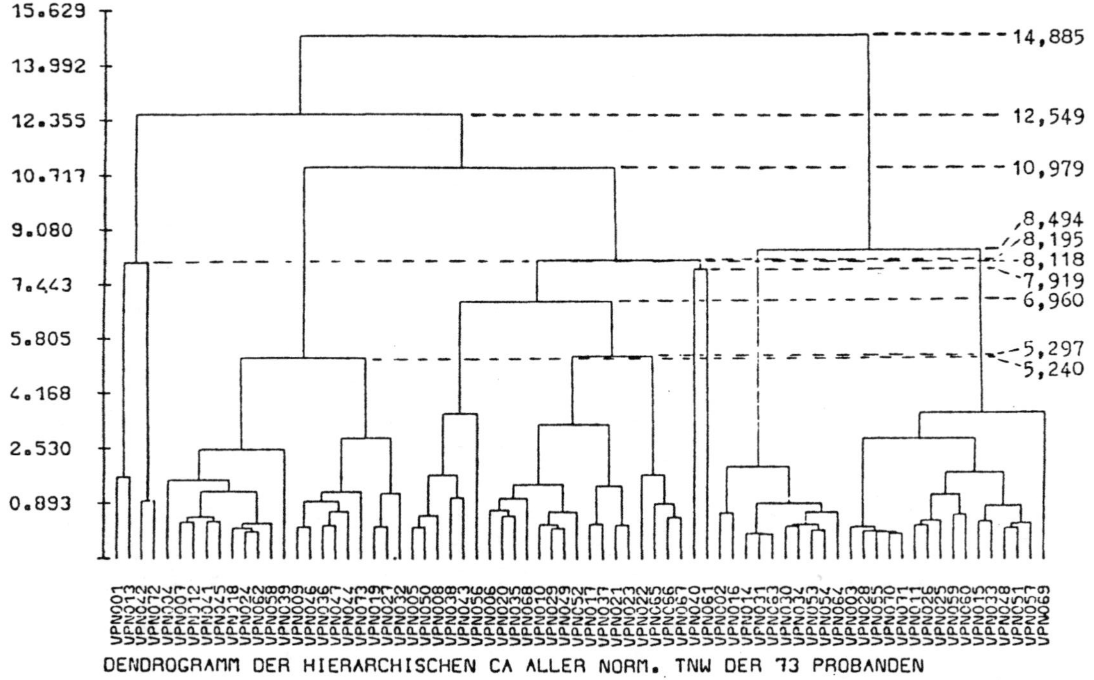

Abb. 1: Dendrogramm der hierarchischen Clusteranalyse aller normalisierten Teilnutzenwertprofile der 73 Versuchspersonen

tatsächlich den drei ermittelten Clustern zuordnen lassen. Ein Klassifikationstest nach dem "Split-Half"-Verfahren erbrachte eine Fehlklassifikation von nur 18 % in der Testgruppe (bei einer zufälligen Fehlklassifikation von 58 %).

Grundlage der Interpretation der gefundenen Cluster sind die von der CLUSTAN-Prozedur RESULT gelieferten Informationen über Fallzahlen, Mittelwerte und v.a. die sog. F- und T-Werte (Wishart 1978, S. 77), die verdeutlichen, wie Varianz und Mittelwerte der Teilnutzenwerte in einem Cluster von jenen der gesamten Stichprobe abweichen (E(F-Wert) = 1,0; E(T-Wert) = 0,0).

Zu Cluster 1 gehören 25 Arbeitnehmer. Diese haben bis auf die Tarifvertragskomponente "7 Prozent mehr Lohn und Gehalt" hinsichtlich aller Segmentationsvariablen wesentlich homogenere CM-Ergebnisse als die Gesamtheit der befragten Arbeitnehmer (F-Werte < 1,0). Folglich kann Cluster 1 als homogenste Gruppierung betrachtet werden. Dabei fällt auf, daß alle Nutzenwerte der Mitglieder von Cluster 1 mit Ausnahme der Werte für die Einkommenskomponenten niedriger liegen als die entsprechenden Werte in der gesamten Stichprobe, was man an den negativen T-Werten erkennen kann. Wie Tab. 4 zeigt, sind sämtliche anderen potentiellen Tarifvertragskomponenten für die in Cluster 1 zusammengefaßten Auskunftspersonen kaum von Belang. Insofern kann der typische Arbeitnehmer gemäß Cluster 1 als der "Verdienstorientierte" charakterisiert werden.

Cluster 2 setzt sich aus 37 Auskunftspersonen zusammen. Diese weisen für 7 Teilnutzenwerte äußerst homogene CM-Ergebnisse auf. Tab. 4 verdeutlicht, welche Tarifvertragskomponenten dies im einzelnen sind und in welcher Richtung bzw. in welcher Stärke die Gruppenmittelwerte von den mittleren Nutzenwerten der gesamten Stichprobe abweichen. Hieraus wird kenntlich, daß die Mitglieder von Cluster 2 sich in erster Linie in ihrer geringen Einschätzung der "Null-Ausprägungen" einig sind. Dies läßt darauf schließen, daß die Mitglieder von Cluster 2 auf jeden Fall einen neuen Tarifvertrag wollten. Welcher Art ihre Präferenzen sind, läßt sich den T-Werten entnehmen. Ins Auge sticht, daß der typische Arbeitnehmer gemäß Cluster 2 an mittleren Einkommenssteigerungen weniger interessiert ist als andere Arbeitnehmer. Sein Nutzenwert für die 7-prozentige Lohn- und Gehaltserhöhung liegt ebenfalls, wenn auch nur wenig, unter demjenigen der anderen Versuchspersonen. Die einzige Tarifvertragskomponente, für welche die Mitglieder von Cluster 2 eine - wenn auch nur in geringem Maße - homogenere Präferenzstruktur und gleichzeitig einen höheren mittleren Nutzenwert aufweisen als die Gesamtstichprobe, ist die "38-Stunden-

Tarifvertragskomponenten	Mittlere Teilnutzenwerte			F-Werte			T-Werte		
	Cluster 1	Cluster 2	Cluster 3	Cluster 1	Cluster 2	Cluster 3	Cluster 1	Cluster 2	Cluster 3
keine Wochenarbeitszeitverkürzung	0,006	0,032	0,191	0,016	0,268	4,656	-0,303	-0,114	1,072
Tarifrente	0,037	0,108	0,008	0,146	1,699	0,029	-0,238	0,298	-0,461
keine Lebensarbeitszeitverkürzung	0,005	0,008	0,069	0,164	0,225	4,919	-0,190	-0,143	0,911
keine Einkommenserhöhung	0,021	0,037	0,208	0,182	0,414	2,073	-0,376	-0,210	1,562
38-Stunden-Woche ohne Lohnausgleich	0,014	0,062	0,043	0,199	1,261	1,225	-0,479	0,323	0,003
keine betrieblichen Sonderzahlungen	0,006	0,004	0,055	0,259	0,083	4,967	-0,147	-0,200	1,005
2 Tage mehr Urlaub bei vollem Lohnausgleich	0,041	0,116	0,001	0,266	1,181	0,001	-0,398	0,532	-0,866
keine Urlaubsdauerverlängerung	0,007	0,014	0,021	0,287	0,996	2,744	-0,188	0,043	0,282
38-Stunden-Woche bei vollem Lohnausgleich	0,035	0,136	0,003	0,321	0,926	0,012	-0,535	0,630	-0,904
Gewinnbeteiligung bis zur Höhe eines vollen ..	0,032	0,089	0,001	0,420	1,226	0,002	-0,343	0,466	-0,787
2 Tage mehr Urlaub ohne Lohnausgleich	0,023	0,053	0,054	0,439	1,086	1,801	-0,344	0,176	0,191
4 % mehr Lohn und Gehalt	0,290	0,109	0,190	0,531	0,358	0,727	0,956	-0,662	0,056
3 % mehr Lohn und Gehalt plus DM 100,-- (Sockelbetrag)	0,277	0,116	0,135	0,788	0,353	0,882	0,911	-0,513	-0,345
7 % mehr Lohn und Gehalt	0,205	0,118	0,023	1,580	0,499	0,153	0,526	-0,115	-0,809

Tab. 4: Kennwerte der drei ermittelten Cluster

Woche bei vollem Lohnausgleich". Insofern kann zumindest von einer tendenziellen Präferenz des Arbeitnehmertyps 2 gegenüber dieser Tarifvertragskomponenten ausgegangen werden. Die mittleren Nutzenwerte der potentiellen Tarifvertragskomponenten zeigen, daß alle Faktoren für die Mitglieder von Cluster 2 eine wichtige Rolle bei der Erstellung der Präferenzrangreihe gespielt hatten. Man kann sie als die "Alles-Fordernden" bezeichnen.

Cluster 3 enthält elf Auskunftspersonen. Fünf der 14 zur Segmentierung herangezogenen Teilnutzenwerte sind in Cluster 3 überaus homogen. Tab. 4 läßt erkennen, daß die Mitglieder von Cluster 3 sich in ihrer Ablehnung aller Maximalausprägungen der vorgelegten Faktoren einig sind, ja sogar eventuell für eine "Lohnpause" gewonnen werden könnten. Von daher scheint der Schluß berechtigt zu sein, daß diese Apn die allgemeine wirtschaftliche Lage zum Zeitpunkt der Befragung als ungeeignet für tarifliche Höchstabschlüsse erachteten. Sie sind treffend als die "Verzichtbereiten" zu charakterisieren.

LITERATUR

Addelman, S.
Orthogonal Main-Effect Plans for Asymmetrical Factorial Experiments
Technometrics, 4, 21-46 (1962).

Addelman, S.
Recent Developments in the Design of Factorial Experiments
Journal of the American Statistical Association, 67, 103-111 (1972).

Cattin, P.; Wittink, D.R.
Commercial Use of Conjoint Analysis: A Survey
Journal of Marketing, 46 (3), 44-53 (1982).

Clasen, L.
Sechs Wochen Urlaub
Der Bundesminister für Arbeit und Sozialordnung (Hrsg.), Bundesarbeitsblatt Nr. 3, 22-30 (1982).

Dichtl, E.; Schobert, R.
Mehrdimensionale Skalierung. Methodische Grundlagen und betriebswirtschaftliche Anwendungen, München 1979.

Fenwick, J.
A User's Guide to Conjoint Measurement
European Journal of Marketing, 12 (2), 203-211 (1978).

Green, P.E.; Rao, V.R.
Conjoint Measurement for Quantifying Judgemental Data
Journal of Marketing Research, 8, 355-363 (1971).

Green, P.E.; Srinivasan, V.
Conjoint Analysis in Consumer Research: Issues and Outlook
Journal of Consumer Research, 5, 103-123 (1978).

Green, P.E.; Wind, Y.
Multiattributive Decisions in Marketing: A Measurement Approach,
Hinsdale 1973.

Jain, A.K.; Malhotra, N.K.; Mahajan, U.
Aggregating Conjoint Data: Some Methodological Considerations and
Approaches
Beckwith, N. et al. (Hrsg.), 1979 Educators' Conference Proceedings,
American Marketing Association, 74-77, Chicago 1979.

Kruskal, J.B.
Analysis of Factorial Experiments by Estimating Monotone Transformations
of the Data
Journal of the Royal Statistical Society, Series B, 251-263 (1965).

Roskam, E.E.
Unidimensional Conjoint Measurment (UNICON) for Multi-Faceted Designs
The MDS(X) Series of Multidimensional Scaling Programs, Edingburgh 1977.

Thomas, L.
Conjoint Measurement als Instrument der Absatzforschung
MARKETING·ZFP, 3, 199-211 (1979).

Wind, Y.
Product Policy. Concepts, Methods and Strategy, Reading 1982.

Wishart, D.
CLUSTAN User Manual, 3. Aufl., Edingburgh 1978.

ZUR METHODIK DER MUSTERERKENNUNG

Christian Scholz, Regensburg

Die Mustererkennung ist im Bereich der Wirtschaftswissenschaft noch relativ wenig verbreitet. Dafür ist neben methodischen Problemen auch die Tatsache verantwortlich, daß sich die Mustererkennung in Teilphasen bekannter Verfahren bedient, wodurch Profilierungsschwierigkeiten entstehen. Daß Mustererkennung einen eigenständigen Ansatz darstellt, zeigt der Vergleich zur Clusterformation: Während bei letzterer die Gruppierung von ähnlichen Objekten im Vordergrund steht, strebt der klassifikatorische Teil der Mustererkennung nach der Extraktion charakterisierender Ausprägungskonfigurationen.

Aufbauend auf einen Mustererkennungsansatz der Personalplanung /1/ wird zunächst eine allgemeine Methodik /2/ der Mustererkennung entwikkelt, die eine Vielzahl alternativer Analyse- und Interpretationsvarianten anbietet. Die Fähigkeit der Mustererkennung zur differenzierten Behandlung vielfältiger Problemstellungen zeigt sich in einer Anwendung dieser Methodik im Bereich der strategischen Planung /3/: Hier werden, ausgehend von neun charakteristischen Finanzvariablen, die für amerikanische EDV-Hersteller, Fluglinien und Bekleidungsunternehmen über zehn Jahre hinweg erhoben wurden, sowohl markante Finanzmuster innerhalb einzelner Branchen gefunden, als auch typische Entwicklungspfade einer Branche aufgedeckt. Die Einsatzmöglichkeiten eines derartigen Analyseinstruments reichen vom Einsatz als Frühwarnsystem, beispielsweise im Hinblick auf Konkursrisiko, bis hin zur Hilfe bei der Bestimmung einer erfolgsversprechenden Wettbewerbsstrategie.

/1/ Scholz, Chr.: Bildschirmorientierte Personalplanung mit SIMIPOC. In: OR-Spektrum 3 (1981), S. 161-174.

/2/ Scholz, Chr.: Pattern Analysis, Regensburger Diskussionsbeiträge zur Wirtschaftswissenschaft Nr. 162, April 1983.

/3/ Scholz, Chr./Josephy, N.: Industry Analysis - The Pattern Approach (Working Paper Harvard Business School; in Vorbereitung).

Operations Research Proceedings 1983

ZUR ENTWICKLUNG DER QUALITATIVEN DATENANALYSE

Otto Opitz, Augsburg

Im Rahmen empirischer Studien steht man oft vor dem Problem, die zur Planung und Entscheidungsfindung wesentlichen Daten und Informationen deskriptiv aus großen Datenmengen herauszufiltern. Zur Klassifikation, Repräsentation und Identifikation von Objekten sind die Methoden der Clusteranalyse, Faktorenanalyse, Varianz- und Diskriminanzanalyse wohl vertraut, deren Anwendung jedoch im wesentlichen auf quantitativen bzw. speziellen Kombinationen von quantitativen und qualitativen Daten beruht. Tatsächlich treten jedoch gerade bei wirtschafts- und sozialwissenschaftlichen Erhebungen Daten sehr unterschiedlichen Informationsniveaus auf. Unter der Bezeichnung Analyse des Données werden in der "französischen Schule" (Barbut, Benzécri, Guigou, Jambu, Lerman, Marcotorchino, Michaud, Matalon) qualitative Ansätze seit ca. 10 Jahren behandelt. In der Bundesrepublik Deutschland haben sich u.a. Vogel, Schader, Ambrosi, Hansohm, Lauwerth und Tüshaus mit dieser Problematik befaßt.

Es wird versucht, die einzelnen Entwicklungslinien aufzuzeigen und dabei die Gemeinsamkeiten sowie die Unterschiede herauszuarbeiten. Dargestellt werden zunächst die wesentlichen in praktischen Fällen erprobten qualitativen Datenniveaus (z.B. ordinal, verbandsgeordnet, hierarchisch, nominal). Zur mathematischen Beschreibung werden einerseits Konzepte der Distanzberechnung von Objektpaaren, andererseits Relationen mit gewissen Eigenschaften diskutiert. Die Standardaufgaben der Klassifikation und Repräsentation werden teilweise als Probleme der Aggregation gemischter Merkmalsstrukturen behandelt, wobei dann das Informationsniveau des Ergebnisses vorzugeben ist. Zur Reproduktion vorgegebener oder errechneter Ergebnisse dient schließlich ein Verfahren der qualitativen Regression, mit dessen Hilfe oft Hinweise zur Erklärung und Interpretation von Objektklassen oder -anordnungen gewonnen werden.

Operations Research Proceedings 1983

CLUSTERANALYSE UNTER VERWENDUNG VON PRÄORDNUNGEN AUF OBJEKTPAAREN

Klaus Ambrosi, Augsburg
Werner Lauwerth, Augsburg

Abstract

We consider the clustering of n objects on each of which m variables (properties) are measured. Denote the set of objects by N and the set of variables by M. First, we derive a family $(\lessapprox_p)_{p \in M}$ of preorder relations on $N \times N$, where $\lessapprox_p$ describes the similarity between two pairs of objects. Second, we propose for each of the clustering structures, partition and hierarchy, a procedure for classifying the n objects into subsets of N (clusters), using only the information given by the family $(\lessapprox_p)_{p \in M}$. An example is presented.

Keywords: Qualitative Data Analysis, Preorder Relations, Partition, Hierarchical Clustering

1. Problemstellung

Ausgehend von einer Menge N von Objekten $(|N| = n)$, deren Elemente mittels einer Menge M $(|M| = m)$ von Merkmalen beschrieben sind, ist die Aufgabe der Clusteranalyse oder Klassifikation die Zusammenfassung der Objekte zu Klassen bzw. Gruppen. Die Bildung der Klassen erfolgt dabei mit der Zielsetzung, daß ähnliche Objekte in der gleichen Klasse und unähnliche Objekte in verschiedenen Klassen enthalten sind. Das Ergebnis einer Clusteranalyse ist eine Klassifikation $\mathcal{K}$ mit

(1.1) $\mathcal{K} = \{K_1, \ldots, K_\sigma\}$, $K_t \subset N$, $K_t \neq \emptyset$, $t=1,\ldots,\sigma$.

Erfüllt eine Klassifikation $\mathcal{K}$ die Eigenschaft

(1.2) $K, L \in \mathcal{K} \Rightarrow K \cap L = \emptyset$,

so liegt eine Klassifikation vom Typ Zerlegung bzw. Partition vor. Im Fall

(1.3) $K \in \mathcal{K} \Rightarrow \bigcup_{L \subsetneqq K, L \in \mathcal{K}} L \in \{K, \emptyset\}$

$K, L \in \mathcal{K} \Rightarrow K \cap L \in \{K, L, \emptyset\}$

ist die Klassifikation vom Typ Hierarchie.

Operations Research Proceedings 1983

Wir beschränken uns im folgenden ausschließlich auf die genannten Klassifikationstypen Zerlegung und Hierarchie. Weitere Klassifikationstypen findet man zum Beispiel in /1/, /4/ und /7/.

Voraussetzung für eine Clusteranalyse sind die bezüglich der betrachteten Objekte ermittelten Daten bzw. Merkmalsausprägungen. Bezeichnet A_p die Menge der möglichen Ausprägungen eines Merkmals $p \in M$, so ordnet die Abbildung $a_p : N \to A_p$, $p \in M$ jedem Objekt $i \in N$ die Ausprägung $a_{ip} = a_p(i)$ des Merkmals p zu. Unter a_{ip} kann man sich einen Text, eine Zahl, ein Symbol oder eine Graphik vorstellen. Die Ausprägungen der m Merkmale beim Objekt i fassen wir zum Objektvektor $a(i) = (a_p(i))_{p \in M}$ zusammen und schließlich ergibt die Zusammenfassung der n Objektvektoren die Datenmatrix $A = (a(i))^T)_{i \in N} = (a_{ip})_{i \in N, p \in M}$. Die Ähnlichkeit zweier Objekte $i,j \in N$ wird merkmalsweise über die Ähnlichkeit der Ausprägungen $a_{ip}, a_{jp} \in A_p$ ermittelt. Dazu wird im folgenden angenommen, daß jede Ausprägungsmenge A_p mit einer Struktur S_p versehen ist, mit deren Hilfe Aussagen bezüglich der Ähnlichkeit von Elementen aus A_p möglich sind. Ein Merkmal $p \in M$ heißt quantitativ, falls $A_p \subset \mathbb{R}$ ist und sonst qualitativ. Bei qualitativen Merkmalen unterscheiden wir je nach Struktur S_p zwischen nominalen, ordinalen, verbandsgeordneten und hierarchischen Merkmalen (vgl. z.B. /1/, /2/ und /7/).

Während im Fall quantitativer oder ausschließlich nominaler Merkmale eine Reihe von Klassifikationsverfahren existieren (z.B. in /3/ und /9/), ist die üblicherweise bei gemischten Merkmalstypen gewählte Vorgehensweise der merkmalsweisen Bildung von Distanzindizes $d_p : N \times N \to \mathbb{R}_+$, $d_p(i,j) = d_p(j,i)$, $i,j \in N$, $p \in M$ mit anschließender Aggregation zu einem Gesamtdistanzindex $d : N \times N \to \mathbb{R}_+$, $d(i,j) = d(j,i)$, $i,j \in N$ meist problematisch, da die merkmalsweisen Distanzindizes zum Teil nicht einmal eindeutig bis auf streng monotone Transformationen sind (vgl. /1/,/2/) und eindeutige Aggregationsmechanismen fehlen.

Der hier vorgestellte Ansatz zur Klassifikation von Objekten basiert auf Präordnungen auf der Menge der Objektpaare $F = \{(i,j) : i < j, i,j \in N\}$.

Die mit der Datenmatrix A und den Strukturen S_p, $p \in M$ vorgegebenen Informationen bezüglich der Ähnlichkeiten der Objekte werden zunächst merkmalsweise durch Präordnungen $\lesssim_p$ beschrieben. Nach der Festlegung auf einen bestimmten Klassifikationstyp ist es dann die Aufgabe eines Klassifikationsverfahrens, eine den vorgegebenen Klassifikationstyp repräsentierende Präordnung $\precsim$ so zu bestimmen, daß die merkmalsweise ermittelten Präordnungen $\precsim_p$, $p \in M$ bestmöglich berücksichtigt werden.

2. Darstellung von Objektbeziehungen mittels Präordnungen

Für die m Merkmale sind zunächst Präordnungen $\precsim_p$, $p \in M$ auf F zu ermitteln, die folgendermaßen zu interpretieren sind:

(2.1) $(i,j) \precsim_p (k,l) \Leftrightarrow$ Die Objekte i und j sind bezüglich Merkmal p mindestens so ähnlich wie die Objekte k und l.

Für qualitative Merkmale ist je nach vorgegebener Struktur S_p folgendes Vorgehen zur Bestimmung von $\precsim_p$ sinnvoll.

Nominale Merkmale

Als Struktur S_p auf A_p ist eine Äquivalenzrelation $\sim_p$ gegeben. Wir erhalten eine vollständige Präordnung $\precsim_p$ auf F durch

(2.2) $(i,j) \precsim_p (k,l) \;:\Leftrightarrow\; a_{ip} \sim_p a_{jp} \;\vee\; a_{kp} \nsim_p a_{lp}$.

Ordinale Merkmale

Die Struktur S_p auf A_p ist eine vollständige Ordnungsrelation $\leq_p$. Wir bilden die Mengen $I(a,b)$ mit

$$I(a,b) := \{x \in A_p : a \leq_p x \leq_p b \;\vee\; b \leq_p x \leq_p a\}$$

und erhalten eine i.a. nicht vollständige Präordnung $\precsim_p$ auf F durch

(2.3) $(i,j) \precsim_p (k,l) \;:\Leftrightarrow\; I(a_{ip},a_{jp}) \subset I(a_{kp},a_{lp}) \;\vee\; |I(a_{ip},a_{jp})| = 1$

Verbandsgeordnete Merkmale

Die Struktur S_p auf A_p ist eine Verbandsordnung $\trianglelefteq_p$. Mit den Mengen

$$S(a,b) := \{x \in A_p : \inf\{a,b\} \trianglelefteq_p x \trianglelefteq_p \sup\{a,b\}\}$$

erhalten wir eine i.a. nicht vollständige Präordnung $\precsim_p$ auf F durch

(2.4) $(i,j) \precsim_p (k,l) \;:\Leftrightarrow\; S(a_{ip},a_{jp}) \subset S(a_{kp},a_{lp}) \;\vee\; |S(a_{ip},a_{jp})| = 1$.

Hierarchische Merkmale

Hier ist die Struktur S_p auf A_p eine Hierarchie $\mathcal{H} \subset P(A_p)$ mit $A_p \in \mathcal{H}$ (vgl. (1.3) mit $\mathcal{H}$ anstelle von $\mathcal{K}$). Bezeichnet $H(a,b)$ die bezüglich "$\subset$" minimale Menge in $\mathcal{H}$ mit $\{a,b\} \subset H(a,b)$, so erhalten wir eine i.a. nicht vollständige Präordnung $\lesssim_p$ auf F durch

$$(2.5) \quad (i,j) \lesssim_p (k,l) \quad :\Leftrightarrow \quad H(a_{ip},a_{jp}) \subset H(a_{kp},a_{lp}) \\ \vee \; (\nexists\; B \in \mathcal{H} \text{ mit } B \subsetneqq H(a_{ip},a_{jp}))\ .$$

Für ein quantitatives Merkmal nutzen wir die natürliche Ordnung $\leq$ auf $\mathbb{R}$ aus und erhalten eine vollständige Präordnung $\lesssim_p$ auf F durch

$$(2.6) \quad (i,j) \lesssim_p (k,l) \quad :\Leftrightarrow \quad |a_{ip}-a_{jp}| \leq |a_{kp}-a_{lp}|\ .$$

Die Auswertung der Struktur S_p durch $\lesssim_p$ bedeutet bei quantitativen Merkmalen jedoch einen Informationsverlust.

Entsprechend dem Vorgehen bei den Merkmalen sind auch für die Klassifikationstypen Präordnungen auf F zu bestimmen. Wir unterscheiden hier die Klassifikationstypen Zerlegung (vgl. (1.2)) und eine zu (1.3) restriktivere Form der Hierarchie, die Partitionen-Hierarchie.

Beim Klassifikationstyp Partitionen-Hierarchie ist auf der Objektmenge N eindeutig eine Folge $(\mathcal{Z}_t)_{t=0,\ldots,s}$, $s<n-1$ von gröber werdenden Zerlegungen gegeben. Bezeichnet $h(i,j)$ den kleinsten Index in der Folge $(\mathcal{Z}_t)$, bei dem i und j in einer Klasse enthalten sind bzw. $h(i,j) := n$ sonst, so beschreibt die folgende vollständige Präordnung $\lesssim_H$

$$(2.7) \quad (i,j) \lesssim_H (k,l) \quad :\Leftrightarrow \quad h(i,j) \leq h(k,l)$$

die Ähnlichkeitsbeziehungen der n Objekte.

Ist der gewünschte Klassifikationstyp eine Zerlegung $\mathcal{Z}$ der Objektmenge N, so lassen sich die Objektbeziehungen mittels der Präordnungen $\lesssim_A$ bzw. $\lesssim_Z$ wie folgt beschreiben:

$$(2.8) \quad (i,j) \lesssim_A (k,l) \quad :\Leftrightarrow \quad \exists\; K \in \mathcal{Z} \text{ mit } i,j \in K \;\vee\; \nexists\; L \in \mathcal{Z} \text{ mit } k,l \in L$$

$$(2.9) \quad (i,j) \lesssim_Z (k,l) \quad :\Leftrightarrow \quad \exists\; K \in \mathcal{Z} \text{ mit } i,j \in K \;\wedge\; \nexists\; L \in \mathcal{Z} \text{ mit } k,l \in L$$

In (2.8) wird eine Zerlegung als Äquivalenzrelation aufgefaßt, und $\lesssim_A$ ist eine vollständige Präordnung auf F. Bei (2.9) wird lediglich unterstellt, daß Objekte derselben Klasse ähnlicher sind als Objekte aus verschiedenen Klassen. Die Relation $\precsim_Z$ ist eine nicht vollständige Präordnung auf F .

3. Verschiedenheiten zwischen Präordnungen

Zur Bestimmung einer Klassifikation bzw. der entsprechenden Präordnung $\precsim$, die die gegebenen Ähnlichkeitsbeziehungen, beschrieben durch die Präordnungen $\precsim_p$, bestmöglich berücksichtigt, ist die Verschiedenheit zwischen $\precsim$ und $\precsim_1, \precsim_2, \dots, \precsim_m$ zu quantifizieren. Für zwei Präordnungen $\precsim$ und $\precsim'$ wird ein Verschiedenheitskoeffizient $d(\precsim, \precsim')$ benötigt. Ist für eine binäre Relation R auf F der Graph G_R der Relation durch

$$G_R := \{((i,j),(k,l)) : (i,j)\ R\ (k,l) \ ,\ (i,j),(k,l) \in F\}$$

bestimmt, so sind beispielsweise folgende Verschiedenheitskoeffizienten üblich (vgl. /5/,/6/,/8/ und /10/):

$$(3.1) \quad d_1(\precsim,\precsim') = |G_{\precsim} \cup G_{\precsim'} - G_{\precsim} \cap G_{\precsim'}|$$

$$(3.2) \quad d_2(\precsim,\precsim') = \frac{|G_{\precsim} \cup G_{\precsim'} - G_{\precsim} \cap G_{\precsim'}|}{|G_{\precsim} \cup G_{\precsim'}|}$$

$$(3.3) \quad d_3(\precsim,\precsim') = \frac{|G_{\precsim} \cup G_{\precsim'} - G_{\precsim} \cap G_{\precsim'}|}{|G_{\precsim} \cap G_{\precsim'}|}$$

Sowohl bei den Merkmalen als auch bei den Klassifikationen tritt der Fall auf, daß die entsprechenden Präordnungen nicht vollständig sind, das heißt, es existieren Paare $(i,j),(k,l)$, für die bezüglich der Ähnlichkeit keine Aussage vorliegt. Ist $\precsim$ auf $\{(i,j),(k,l)\}$ vollständig und $\precsim'$ auf $\{(i,j),(k,l)\}$ nicht vollständig, so trägt dies bei den Koeffizienten d_1, d_2 und d_3 stets zu einer Vergrößerung der Verschiedenheit bei. Ein Verschiedenheitskoeffizient, der nur Paare $(i,j),(k,l)$ berücksichtigt, für die sowohl $\precsim$ als auch $\precsim'$ eine Information bezüglich der Ähnlichkeit beinhaltet, ist mit

$$(3.4) \quad d_4(\precsim,\precsim') = |(G_{\precsim} - G^o_{\precsim'}) \cup (G_{\precsim'} - G^o_{\precsim}) - (G_{\precsim} \cap G_{\precsim'})|$$

$$G^o_{\precsim} := \{((i,j),(k,l)),((k,l),(i,j)) : (i,j) \not\precsim (k,l) \text{ und } (k,l) \not\precsim (i,j)\}$$

möglich.

Aufbauend auf einem Verschiedenheitskoeffizienten d ist bei gegebener Datenmatrix die Güte einer Klassifikation durch

$$(3.5) \quad g(\lesssim) = \sum_{p \in M} d(\lesssim, \lesssim_p)$$

quantifizierbar.

Nach Wahl eines Klassifikationstyps besteht die Aufgabe eines Klassifikationsverfahrens dann darin, eine Klassifikation bzw. die entsprechende Präordnung so zu bestimmen, daß (3.5) minimal wird.

4. Klassifikation vom Typ Zerlegung

Hier verwenden wir für den Klassifikationstyp Zerlegung ein Austauschverfahren. Dieses Verfahren geht von einer vorzugebenden Startklassifikation $\mathfrak{Z}_0$ aus und ermittelt eine Folge $(\mathfrak{Z}_t)_{t=0,1,2,...}$ von Klassifikationen mit

$$g(\lesssim(\mathfrak{Z}_0)) > g(\lesssim(\mathfrak{Z}_1)) > \ldots \geq 0 \quad ,$$

wobei $\lesssim(\mathfrak{Z}_t)$ eine zur Klassifikation $\mathfrak{Z}_t$ zugehörige Präordnung auf F bezeichnet (vgl. (2.8),(2.9)). Für $g(\lesssim(\mathfrak{Z}_t)) = g(\lesssim(\mathfrak{Z}_{t+1}))$ bricht das Austauschverfahren ab. Da $\mathfrak{Z}_t$ bezüglich (3.5) nicht notwendig eine global optimale Endklassifikation ist, sollten Austauschverfahren für verschiedene Startklassifikationen durchgeführt werden.

Um $\mathfrak{Z}_{t+1}$ aus $\mathfrak{Z}_t$ zu ermitteln, verfahren wir wie folgt: Für jedes Objekt $i \in N$ wird geprüft, ob sich (3.5) dadurch verringert, daß das Objekt i in eine andere Klasse überwechselt. Existiert nun mindestens ein Objekt, für das eine Verringerung von (3.5) möglich ist, so wird dasjenige Objekt ausgetauscht, das eine bestmögliche Verminderung von (3.5) beim Austausch bewirkt. In diesem Fall ist $\mathfrak{Z}_{t+1} \neq \mathfrak{Z}_t$ mit $g(\lesssim(\mathfrak{Z}_{t+1})) < g(\lesssim(\mathfrak{Z}_t))$ und das Austauschverfahren ermittelt analog $\mathfrak{Z}_{t+2}$ aus $\mathfrak{Z}_{t+1}$. Ist dagegen für kein Objekt eine Verringerung von (3.5) durch Austausch möglich, so wird $\mathfrak{Z}_{t+1} := \mathfrak{Z}_t$ gesetzt und die Abbruchbedingung für das Austauschverfahren ist erfüllt.

5. Klassifikation vom Typ Hierarchie

Für den Klassifikationstyp Partitionen-Hierarchie unterscheiden wir zwei Vorgehensweisen. Die eine besteht in der Ermittlung einer Präordnung $\lesssim_H$ (vgl. (2.7)), die im Sinne eines geeigneten Gütekriteriums optimal an die vorgegebenen Präordnungen der Merkmale angepaßt ist.

Die andere Vorgehensweise entspricht den agglomerativen Verfahren der Clusteranalyse. Diese konstruieren eine Folge $(\mathfrak{Z}_t)_{t=0,\dots,s}$ gröber werdender Zerlegungen nach einem iterativen Vorgehen. Es basiert darauf, ausgehend von einer Zerlegung $\mathfrak{Z}_t$, die nächstgröbere Zerlegung $\mathfrak{Z}_{t+1}$ durch Vereinigung von zwei Klassen aus $\mathfrak{Z}_t$ zu erzeugen. Als Startzerlegung für ein agglomeratives Verfahren kann beispielsweise die feinste Zerlegung $\mathfrak{Z}_0 = \{\{i\} : i \in N\}$ der Objektmenge N verwendet werden.

Um $\mathfrak{Z}_{t+1}$ aus $\mathfrak{Z}_t$ zu ermitteln, verfahren wir wie folgt: Für jede Zerlegung $\mathfrak{Z}$, die sich aus $\mathfrak{Z}_t$ durch Vereinigung von zwei verschiedenen Klassen ergibt, wird $g(\lesssim(\mathfrak{Z}))$ gemäß (3.5) berechnet, wobei $\lesssim(\mathfrak{Z})$ die nach (2.8) bzw. (2.9) bestimmte Präordnung der Zerlegung $\mathfrak{Z}$ ist. Die nicht notwendig eindeutige Zerlegung $\mathfrak{Z}_{t+1}$ erfüllt dann $g(\lesssim(\mathfrak{Z}_{t+1})) = \min_{\mathfrak{Z}}\{g(\lesssim(\mathfrak{Z}))\}$. Für $t+1 = s$ ist das Verfahren beendet, andernfalls wird entsprechend $\mathfrak{Z}_{t+2}$ aus $\mathfrak{Z}_{t+1}$ ermittelt usw.

Das Problem zur Bestimmung eines globalen Minimums von (3.5) für die Klassifikationstypen Zerlegung (Präordnung $\lesssim_A$, vgl. (2.8)) und Partitionen-Hierarchie (Präordnung $\lesssim_H$, vgl. (2.7)) läßt sich im Fall des Verschiedenheitskoeffizienten d_1 (vgl. (3.1)) als binäres lineares Optimierungsproblem formulieren (vgl. /6/ und /10/).

Mit der Schreibweise

$$r_{(i,j)(k,l)} = \begin{cases} 1, & (i,j) \lesssim (k,l) \\ 0, & \text{sonst} \end{cases}$$

für eine Präordnung $\lesssim$ auf F lautet für beide Klassifikationstypen die Zielfunktion wie folgt (vgl. (3.1) und (3.5)):

$$\sum_{p\in M} d_1(\lesssim,\lesssim_p) = \sum_{p\in M} |G_{\lesssim} \cup G_{\lesssim_p} - G_{\lesssim} \cap G_{\lesssim_p}|$$

$$= \sum_{p\in M} \sum_{(i,j),(k,l)} (r^p_{(i,j)(k,l)} + r_{(i,j)(k,l)} - 2r^p_{(i,j)(k,l)} r_{(i,j)(k,l)})$$

$$= \sum_{(i,j),(k,l)} c_{(i,j)(k,l)} r_{(i,j)(k,l)} + c$$

$$\text{mit } c_{(i,j)(k,l)} = m - 2 \sum_{p\in M} r^p_{(i,j)(k,l)}$$

$$c = \sum_{(i,j),(k,l)} \sum_{p\in M} r^p_{(i,j)(k,l)}$$

Beide Relationen $\lesssim_A$ und $\lesssim_H$ sind vollständige Präordnungen, so daß für beide Klassifikationstypen die Nebenbedingungen

$$
\text{(I)}\quad \begin{cases} r_{(i,j)(i,j)} = 1 & \text{(Reflexivität)} \\ r_{(i,j)(k,l)} + r_{(k,l)(p,q)} - r_{(i,j)(p,q)} \leq 1 & \text{(Transitivität)} \\ r_{(i,j)(k,l)} + r_{(k,l)(i,j)} \geq 1 & \text{(Vollständigkeit)} \\ r_{(i,j)(k,l)} \in \{0,1\} & \end{cases}
$$

erforderlich sind.

Neben den Bedingungen aus (I) hat man im Fall der Partitionen-Hierarchie zusätzlich noch

$$
\text{(II)}\quad r_{(i,j)(i,k)} + r_{(i,j)(j,k)} \geq 1 \qquad \text{(Hierarchie)}
$$

und im Fall der Zerlegung gemäß (2.8) neben (I) und (II) zusätzlich noch

$$
\text{(III)}\quad r_{(i,j)(k,l)} + r_{(k,l)(i,j)} + r_{(k,l)(p,q)} + r_{(p,q)(k,l)} \geq 3 \qquad \text{(max. 2 Äquivalenzklassen)}
$$

zu fordern.

6. Beispiel

Unterschiedliche Strukturtypen, Austauschverfahren und das agglomerative hierarchische Verfahren sollen an einem Beispiel demonstriert werden. Die Daten sind auszugsweise einer Fallstudie über Freizeitverhalten entnommen. Betrachtet werden 15 Objekte (Personen) und 5 qualitative Merkmale.

Merkmal 1: Bedeutung der Freizeit

A_1 = {sehr wichtig (sw), ziemlich wichtig (zw), wichtig (w), kaum wichtig (kw), unwichtig (uw)}

A_1 ist mit einer vollständigen Ordnung versehen.

Merkmal 2: Sport/Bewegung

A_2 = {Segeln, Wandern, Waldlauf, Ski, Leichtathletik, Surfen, Bergwandern}

A_2 sei mit einer Hierarchie versehen, z.B.:

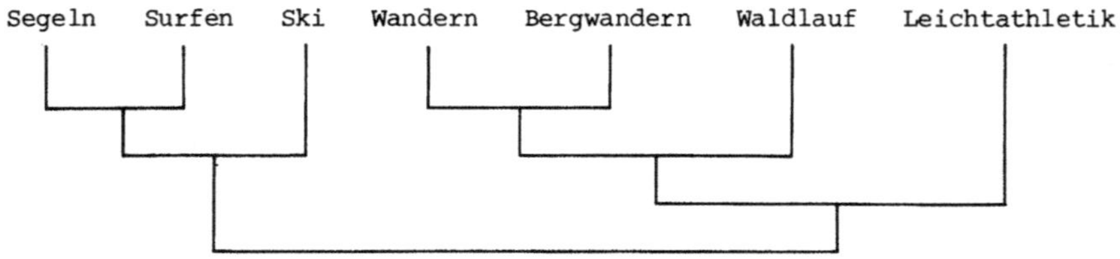

<u>Merkmal 3:</u> Bücherlesen

A_3 = P({Fachbücher (F), Sachbücher (S), Unterhaltungsbücher (U)})
A_3 ist mit "$\subset$" verbandsgeordnet:

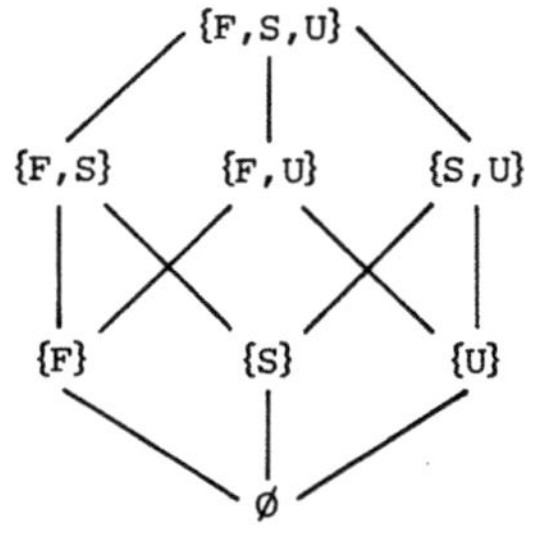

<u>Merkmal 4:</u> häusliche Hobbies

A_4 = {Haus/Garten, Küche, Muse, Familie/Geselligkeit}
Das Merkmal 4 wird nominal ausgewertet.

<u>Merkmal 5:</u> Besuch von Veranstaltungen

A_5 = {Kultur, Sport, Politik}

Für dieses Merkmal wird auf der Menge der Ausprägungspaare direkt folgende Präordnung unterstellt. Das Ausprägungspaar (Kultur, Politik) soll ähnlicher sein als das Ausprägungspaar (Sport, Politik), zwischen allen anderen Ausprägungspaaren (a,b) und (c,d) , $a \neq b$, $c \neq d$, a,b,c,d A_5 sei keine Aussage bezüglich der Ähnlichkeit möglich. Ferner sei (a,a) gleichähnlich (b,b) , $a,b \in A_5$, und (a,a) ähnlicher (b,c) für $b \neq c$, $a,b,c \in A_5$.

Mittels der entsprechenden Ausprägungen ergibt sich eine nicht vollständige Präordnung auf der Menge der Objektpaare.

Datenmatrix:

Objekt	Merkmal 1	Merkmal 2	Merkmal 3	Merkmal 4	Merkmal 5
1	sw	Surfen	{S,U}	Muse	Sport
2	w	Segeln	{U}	Küche	Politik
3	uw	Wandern	{F,S}	Muse	Kultur
4	w	Leichtathl.	{F,U}	Fam./Ges.	Politik
5	zw	Ski	{S,U}	Haus/Garten	Sport
6	kw	Bergwandern	{F,S,U}	Muse	Kultur
7	uw	Wandern	{F,S,U}	Muse	Kultur
8	w	Ski	{S,U}	Küche	Politik
9	zw	Ski	{S,U}	Haus/Garten	Sport
10	sw	Surfen	{U}	Fam./Ges.	Sport
11	kw	Waldlauf	{F,S}	Fam./Ges.	Kultur
12	uw	Wandern	{F,S,U}	Muse	Kultur
13	zw	Surfen	{S}	Haus/Garten	Sport
14	sw	Segeln	{U}	Haus/Garten	Sport
15	w	Waldlauf	{F,U}	Küche	Kultur

Wählt man bei 3 Klassen den Verschiedenheitskoeffizienten d_1 und für die Zerlegung $\lesssim_A$, so ergibt sich folgende Endklassifikation:

Klasse 1: {1,5,9,10,13,14}

Klasse 2: {2,8}

Klasse 3: {3,4,6,7,11,12,15}

Das Austauschverfahren wurde für mehrere Startklassifikationen durchgeführt und lieferte jeweils die hier angegebene Endklassifikation.

Das agglomerative hierarchische Verfahren liefert für d_1 folgende Partitionen-Hierarchie:

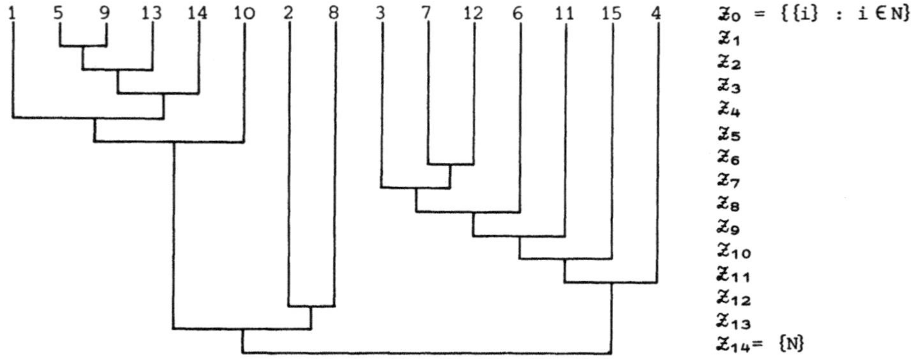

$\mathcal{Z}_{12} = \{\{1,5,9,13,14,10\},\{2,8\},\{3,7,12,6,11,15,4\}\}$ stimmt hier mit der Endklassifikation des Austauschverfahrens überein.

Literatur

/1/ AMBROSI, K.
Aggregation und Identifikation in der numerischen Taxonomie. Quantitative Methoden der Unternehmensplanung, 15, Hain, Meisenheim, 1980.

/2/ AMBROSI, K.
Distanzen und Präordnungen bei qualitativen Merkmalen. Arbeitspapier Nr. 47 zur Mathematischen Wirtschaftsforschung, Augsburg, 1981.

/3/ BOCK, H.H.
Automatische Klassifikation. Vandenhoeck & Ruprecht, Göttingen, 1974.

/4/ JARDINE, N.; SIBSON, R.
Mathematical Taxonomy. Wiley, London, 1971.

/5/ LERMAN, I.C.
Les Bases de la Classification Automatique. Gauthier-Villars, Paris, 1970.

/6/ MARCOTORCHINO, J.-F.; MICHAUD, P.
Optimisation en Analyse Ordinale des Données. Masson, Paris, 1979.

/7/ OPITZ, O.
Numerische Taxonomie. Fischer, Stuttgart, 1980.

/8/ SCHADER, M.

Scharfe und unscharfe Klassifikation qualitativer Daten.
Mathematical Systems in Economics, 65,
Athenäum, Königstein, 1981.

/9/ SPÄTH, H.

Cluster Analysis Algorithms.
Wiley, Chicester, 1980.

/10/ TÜSHAUS, U.

Aggregation binärer Relationen in der qualitativen Datenanalyse.
Athenäum, Königstein, 1983.

AUSTAUSCHSTRATEGIEN ZUR MINIMIERUNG DES VERALLGEMEINERTEN VARIANZ-KRITERIUMS - EINE VERGLEICHENDE UNTERSUCHUNG

Ulrich Tüshaus, Hamburg

1. Einleitung

Ziel der numerischen Klassifikation ist es, eine Menge von Objekten - dies können beispielsweise Lebewesen, Betriebe oder auch Begriffe sein - so in verschiedene Klassen aufzuteilen, daß sich die Objekte innerhalb einer Klasse möglichst ähnlich sind. Objekte aus verschiedenen Klassen sollen dagegen einander möglichst unähnlich sein.

Sei

$I := \{1,2,...,n\}$	die Menge der Objekte,
$K := \{I_1,I_2,...,I_q\}$	eine disjunkte Klassifikation (Partition) von I in q Klassen und
$d : I \times I \longrightarrow \mathbb{R}$	ein Distanzindex auf I,

dann ist *eine* Problemstellung der disjunkten Klassifikation :

$$\text{minimiere } \Phi(K) = \sum_{k=1}^{q} \frac{1}{2|I_k|} \sum_{i,i' \in I_k} d(i,i'),$$

d.h. minimiere das verallgemeinerte Varianzkriterium - dieses baut direkt auf den Distanzen zwischen den Objekten auf - durch eine geeignete Wahl der Klassifikation K.

2. Zielsetzung

Da für dieses Optimierungsproblem, wie für viele andere aus der numerischen Klassifikation, eine global optimale Lösung bei größeren Objektmengen nicht oder nur sehr aufwendig zu bestimmen ist, wurde zur Suche nach einem (möglicherweise nur lokalen) Optimum das folgende Austauschverfahren vorgeschlagen (vgl. hierzu /2/, /3/,S. 112f.) :

- Führe für alle Objekte $i \in I$ aus :

  Berechne die Veränderung des Zielfunktionswertes bei einem Tausch von i in jede der anderen Klassen. Führe den Tausch mit der *maximalen* Verringerung des Varianzkriteriums durch (Strategie 1).

Operations Research Proceedings 1983

Eine andere mögliche Vorgehensweise (vgl. /3/, S.113) ist die folgende :

- Führe für alle Objekte $i \in I$ aus :

  Berechne die Veränderung des Zielfunktionswertes bei einem Tausch von i in eine der anderen Klassen. Führe den *ersten* Tausch mit einer Verringerung des Varianzkriteriums durch (Strategie 2).

Ein effizientes FORTRAN-Programm findet z.B. in /3/, S.115f.

Auf der Untersuchung und dem Programm von SPÄTH (vgl. /4/ bzw. /3/) aufbauend, wurden in einer Simulationsstudie /1/ die beiden Strategien für verschieden große Objektmengen bei

- o vier Typen von Distanz(index)matrizen und
- o unterschiedlichen Stichprobengrößen für die Startklassifikationen

auf Lösungsgüte und Rechenzeit hin verglichen.

3. Ergebnisse der Untersuchung

In einem ersten Teil wurde zunächst untersucht, ob der Typ der Distanzenmatrizen die Leistungsfähigkeit der beiden Strategien beeinflußt. Dazu wurden je zehn Distanzenmatrizen mit Hilfe der folgenden vier inversen Funktionen aus [0,1]-gleichverteilten Pseudozufallszahlen erzeugt :

- Typ 1 (unimodal) $$F^{-1}(X) = \begin{cases} \sqrt{X/2} & 0 \leq X \leq 0{,}5 \\ 1 - \sqrt{(1-X)/2} & 0{,}5 < X \leq 1 \end{cases}$$

- Typ 2 (gleichverteilt) $$F^{-1}(X) = X \qquad 0 \leq X \leq 1$$

- Typ 3 (rechtsschief) $$F^{-1}(X) = \sqrt{X} \qquad 0 \leq X \leq 1$$

- Typ 4 (linksschief) $$F^{-1}(X) = 1 - \sqrt{1-X} \qquad 0 \leq X \leq 1$$

Mit beiden Strategien wurde für

- o Objektmengen mit n = 20, 30, 40, 50, 100, 150,
- o Klassenzahlen mit q = 5, 10 bzw. n/q = 5, 10 und
- o jeweils 10 Distanzenmatrizen der Typen 1 - 4

eine (lokal) optimal Lösung bestimmt.

Der durchschnittliche Quotient (Strategie 2 : Strategie 1) der Zielfunktionswerte und der Rechenzeiten der beiden Verfahren ist in Tab. 3.1 bzw. Tab. 3.2 dargestellt.

Diese und die folgenden Berechnungen wurden auf einer UNIVAC 1100/81 - Rechenanlage durchgeführt.

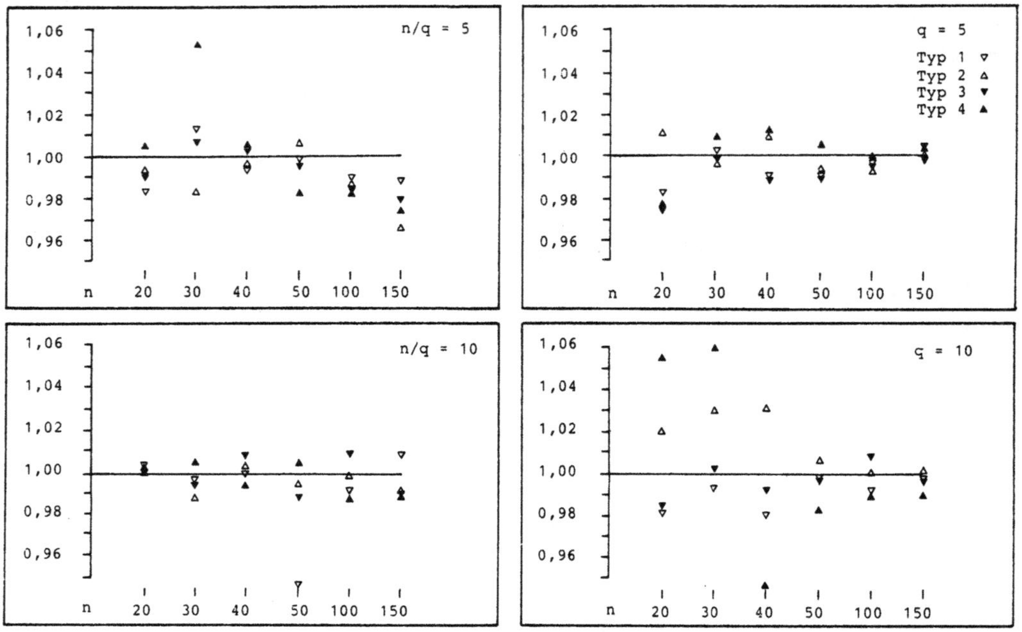

Tab. 3.1 Durchschnittlicher Quotient der Zielfunktionswerte
(Strategie 2 : Strategie 1)

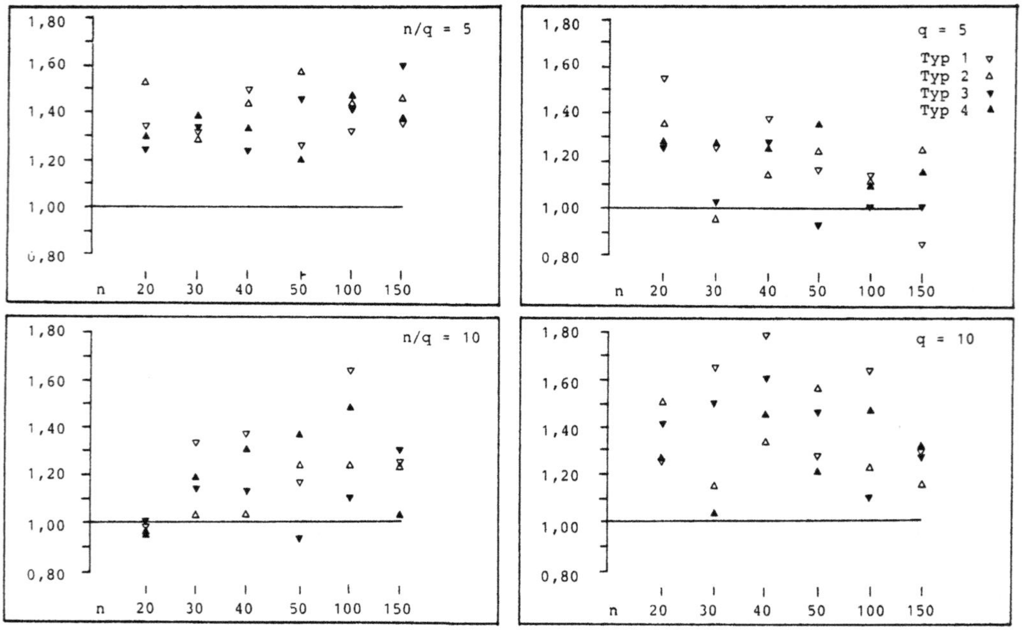

Tab. 3.2 Durchschnittlicher Quotient der Rechenzeiten
(Strategie 2 : Strategie 1)

Dabei ergibt sich für alle Typen von Distanzenmatrizen, daß

- keines der beiden Verfahren bzgl. der Güte der Lösungen überlegen,
- Strategie 1 aber bis auf wenige Ausnahmen deutlich schneller ist.

Diese Aussagen werden durch weitere Untersuchungen bestätigt, in denen für

- o Objektmengen mit n = 20, 30, 40, 50, 100, 150,
- o Klassenzahlen mit n/q = 10 und
- o 20 zufälligen Startklassifikationen

mit beiden Strategien eine (lokal) optimale Lösung bestimmt wurde. Die Ergebnisse faßt Tab. 3.3 zusammen.

		Typ 1		Typ2		Typ 3		Typ 4	
n	q	Wert	Zeit	Wert	Zeit	Wert	Zeit	Wert	Zeit
20	2	1,0000	0,9977	1,0000	0,9875	1,0000	1,0000	1,0000	0,9976
30	3	1,0000	1,0560	1,0000	1,2218	0,9982	1,2415	1,0000	1,1090
40	4	0,9978	1,2530	1,0000	1,2342	1,0016	1,2420	1,0129	1,0668
50	5	1,0024	1,3982	0,9891	1,1467	0,9954	1,3489	0,9987	1,2729
100	10	0,9907	1,2833	1,0101	1,4816	1,0005	1,2012	0,9991	1,2842
150	15	0,9916	1,3559	0,9965	1,2397	0,9940	1,5307	0,9985	1,2012

Tab. 3.3 Quotient der Zielfunktionswerte bzw. Rechenzeiten nach 20 Startklassifikationen (Strategie 2 : Strategie 1).

Im letzten Teil der Studie wurde der Einfluß der Stichprobengröße für die Startklassifikationen auf die Lösungsgüte für je eine Distanzenmatrix bei

- o einer Objektmenge mit n = 50,
- o Klassenzahlen mit n/q = 5, 10
- o nach 5, 10, 15, 20, 25, 30, 35 Startklassifikationen

untersucht. Die Ergebnisse werden in Tab. 3.4 und Tab. 3.5 dargestellt. Hier stellt man für beide Strategien fest, daß

- mit steigender Stichprobengröße die Lösungsgüte zunächst stärker, später nur noch geringfügig verbessert werden kann.

n = 50 q = 5 Startklassifikationen	5	10	15	20	25	30	35	
Strategie 1	8,5511	8,4703	8,4240	8,3820	8,3820	8,3820	8,3820	Typ 1
Strategie 2	8,4853	8,4136	8,4136	8,4031	8,4031	8,4031	8,4031	
Strategie 1	7,4684	7,1949	7,1949	7,1126	7,1126	7,1126	7,1126	Typ 2
Strategie 2	7,2413	7,2413	7,2413	7,1168	7,1168	7,1168	7,1168	
Strategie 1	11,7113	11,6749	11,6423	11,4953	11,4953	11,4953	11,4953	Typ 3
Strategie 2	11,6547	11,4429	11,4429	11,4429	11,4429	11,4429	11,4429	
Strategie 1	4,4366	4,4366	4,4366	4,3765	4,3765	4,3765	4,3765	Typ 4
Strategie 2	4,4948	4,3709	4,3709	4,3709	4,3709	4,3709	4,3709	

Tab. 3.4 Lösungsgüte bei unterschiedlichen Stichprobengrößen (n = 50, q = 5)

n = 50 q = 10 Startklassifikationen	5	10	15	20	25	30	35	
Strategie 1	5,6729	5,5486	5,5486	5,5486	5,5486	5,5477	5,5477	Typ 1
Strategie 2	5,5867	5,5867	5,5020	5,5020	5,5020	5,4993	5,4074	
Strategie 1	3,9738	3,9738	3,9740	3,9440	3,9242	3,9242	3,9242	Typ 2
Strategie 2	4,0405	3,8694	3,8694	3,8453	3,8453	3,8453	3,8453	
Strategie 1	7,8709	7,8709	7,8457	7,7592	7,7592	7,7592	7,7592	Typ 3
Strategie 2	7,9125	7,8392	7,8308	7,8308	7,7638	7,7638	7,7638	
Strategie 1	2,2033	2,2033	2,1983	2,1983	2,1983	2,1983	2,1983	Typ 4
Strategie 2	2,2196	2,1119	2,1119	2,0947	2,0917	2,0917	2,0917	

Tab. 3.5 Lösungsgüte bei unterschiedlichen Stichprobengrößen (n = 50, q = 10)

4. Zusammenfassung

Insgesamt ergibt sich damit aus der vorliegenden Studie, daß

- bzgl. der Lösungsgüte keine der beiden Strategien generell überlegen ist,
- bzgl. der Rechenzeit jedoch Strategie 1 deutlich günstiger ist,
- mit steigender Zahl der Startklassifikationen die Lösungsgüte beider Verfahren weiter verbessert werden kann.

Diese Aussagen gelten für alle vier untersuchten Typen von Distanzenmatrizen.

5. Literatur

/1/ Behrendt M.; Illauer R.
Vergleich zweier Verfahren zum disjunkten Klassifizieren - eine Simulationsstudie
(Diplomarbeit)
Fachbereich Wirtschafts- und Organisationswissenschaften der Hochschule der Bundeswehr Hamburg
206 S. (1983)

/2/ Bock H. H.
Automatische Klassifikation
Göttingen : Vandenhoeck & Rupprecht (1974)

/3/ Späth H.
Cluster-Analyse-Algorithmen zur Objektklassifizierung und Datenreduktion (2. Auflage)
München - Wien : R. Oldenbourg Verlag (1977)

/4/ Späth H.
Numerischer Vergleich von zwei kanonischen Varianten des Austausch - verfahrens beim Varianzkriterium in der Cluster-Analyse
Angew. Inf. 9, 395 - 397 (1977)

EIN REGRESSIONSANSATZ FÜR GEMISCHTE DATENSTRUKTUREN MITTELS OPTIMALEN RESKALIERENS VON DISTANZEN

Jürgen Hansohm, Augsburg

Abstract

In a wide class of approaches to handle qualitative variables in data analysis the qualitative structures are replaced by an appropriate set of scalings (Young [1981]). With these scalings a quantitative analysis is then performed where the scalings are optimal fitted in order to improve the goal of the quantitative model. Examples for such methods are the well known multidimensional scaling method by J.B. Kruskal and the regression approach for nominal or/and ordinal variables described in detail in Young/Leeuw/Takane [1976]. In this paper a method is presented which extends this regression approach to the situation where the variables may have in addition a variety of different complex information levels; i.e. hierarchic, lattice ordered, profile ordered or only pairwise compared. The method uses scalings of distances as a measure of the dissimiliarity between two cases instead of scalings of the cases on the real axis.

Einleitung

Bei den meisten praktischen Problemen in der Datenanalyse treten Variablen auf, die ein qualitatives Informationsniveau besitzen. Eine adäquate Behandlung dieser Variablen bereitet häufig Probleme. Bei den Verfahren zur Interdependence-Analyse, die für qualitative Datenstrukturen geeignet sind, handelt es sich, wie zum Beispiel bei dem Verfahren von Kendall, dem AID-Verfahren etc., häufig um spezielle Verfahren, die nur für einen Typus von qualitativer Datenstruktur (z.B. ordinal, binär) geeignet sind und die Beziehung zu den klassischen quantitativen Verfahren, wie zum Beispiel lineare Regression, vermissen lassen. Ein Ausweg hieraus bietet sich durch die Verfahren, die qualitative Strukturen durch eine Menge von adäquaten quantitativen Ausprägungen beschreiben und letztere mit einem klassischen quantitativen Verfahren behandeln (siehe Übersichtsartikel: Young [1981]). Im folgenden soll ein Verfahren beschrieben werden, das komplexe qualitative Strukturen durch eine Menge von adäquaten Distanzen beschreibt und für diese einen Regressionsansatz angibt.

Operations Research Proceedings 1983

Datenstrukturen und adäquate Skalierungen

Wir nehmen im folgenden an, unser Datensatz bestehe bei den $N := \{1,\ldots,n\}$ Fällen aus den $m+1$ Variablen $v_0, v_1, \ldots, v_m$. Ferner nehmen wir an, daß jede der Variablen eine der folgenden Datenstrukturen besitzt.

(c) cardinal; d.h. $v : N \to \mathbb{R}$

(n) nominal; d.h. es existiert eine Partition $\mathcal{K} := \{K_1,\ldots,K_k\}$ von N und $v : N \to \mathcal{K}$

(co) continuous ordinal; d.h. es existieren k paarweise disjunkte Intervalle $\mathcal{J} := \{I_1,\ldots,I_k\}$ auf der reellen Achse und $v : N \to \mathcal{J}$

(o) ordinal; d.h. v ist eine vollständige Präordnung auf N

(cd) cardinale Distanz; d.h. $v : N \times N \to \mathbb{R}$ mit $v(j,i) = v(i,j)$ $v(i,j) \geq 0$ und $v(i,i) = 0$ für alle $i,j \in N$

(po) Profil-Ordnung; d.h. v ist ein Vektor von k vollständigen Präordnungen $(\lesssim_1,\ldots,\lesssim_k)$ auf N

(vo) Verbandsordnung; d.h. v ist eine partielle Ordnung $\lesssim$ auf N mit der Eigenschaft:

für alle Paare (i,j) $(i,j \in N)$ existieren Fälle $s,r \in N$ mit $s \lesssim i \lesssim r$, $s \lesssim j \lesssim r$ und der Bedingung $s' \lesssim i \lesssim r'$, $s' \lesssim j \lesssim r'$ $\Rightarrow$ $s' \lesssim s$ und $r \lesssim r'$

(h) Hierarchie; d.h. es existiert eine Menge $\mathcal{H}$ von Teilmengen von N mit

$$N \in \mathcal{H}\ ,\ h \in \mathcal{H} \Rightarrow \bigcup_{\substack{h' \in \mathcal{H} \\ h' \subsetneqq h}} h' \in \{\emptyset, h\}$$

$$h_1, h_2 \in \mathcal{H} \Rightarrow h_1 \cap h_2 \in \{\emptyset, h_1, h_2\}$$

und $v : N \to \mathcal{P}(\mathcal{H})$ mit $i \in h \Leftrightarrow h \in v(i)$

(pv) Paarvergleich; d.h. v ist eine vollständige Präordnung $\lesssim$ auf $N \times N$

(vgl. auch: Ambrosi [1980], Opitz [1980])

Für jede dieser Datenstrukturen sei nun im folgenden eine adäquate Menge von quantitativen Ausprägungen (Skalierungen) definiert. Für cardinale, nominale, continuous ordinale und ordinale Datenstrukturen lassen sich diese quantitativen Ausprägungen auf der reellen Achse definieren (vgl. Young/Leeuw/Takane [1976]), die komplexeren Datenstrukturen hingegen lassen sich nur mittels Distanzen bzw. Mengen von Distanzen beschreiben, die die Unähnlichkeiten zwischen je zwei Fällen i und j $(i,j \in N)$ wiedergeben.

$$X^{(c)} := \{x = (x_1,\dots,x_n)^T \in \mathbb{R}^n \mid x_i = \gamma v(i) \text{ für ein } \gamma \in \mathbb{R}\}$$

$$X^{(n)} := \{x = (x_1,\dots,x_n)^T \in \mathbb{R}^n \mid v(i) = v(j) \Rightarrow x_i = x_j\}$$

$$X^{(co)} := \{x = (x_1,\dots,x_n)^T \in \mathbb{R}^n \mid x_i = \gamma z_i \text{ für ein } \gamma \geq 0 \text{ und } z_i \in v(i)\}$$

$$X^{(o)} := \{x = (x_1,\dots,x_n)^T \in \mathbb{R}^n \mid i \lesssim j \Rightarrow x_i \leq x_j\}$$

$$D^{(cd)} := \{(d(i,j))_{n,n} \in \mathbb{R}^n \times \mathbb{R}^n \mid d(i,j) = \gamma v(i,j)\ ,\ \gamma \geq 0\ (i,j \in N)\}$$

$$D^{(pd)} := \{(d(i,j))_{n,n} \in \mathbb{R}^n \times \mathbb{R}^n \mid d(i,j) = \sum_{l=1}^{k} |x_i^l - x_j^l| \text{ mit } x^l = (x_1^l,\dots,x_n^l)^T \in X_l^{(o)}\ ,$$
$$\text{wobei } X_l^{(o)} \text{ eine adäquate Skalierungsmenge für die vollständige Präordnung } \lesssim_l \text{ sei } (l=1,\dots,k)\}$$

$$D^{(vo)} := \{(d(i,j))_{n,n} \in \mathbb{R}^n \times \mathbb{R}^n \mid d(i,j) \geq 0 \text{ und wenn für alle } u,w \in N \text{ gilt:}$$
$$r \lesssim u\ ,\ s \lesssim u \Rightarrow i \lesssim u\ ,\ j \lesssim u \text{ und } w \lesssim r\ ,\ w \lesssim s \Rightarrow w \lesssim i\ ,\ w \lesssim j$$
$$\text{dann gilt auch: } d(i,j) \leq d(r,s)\}$$

$$D^{(h)} := \{(d(i,j))_{n,n} \in \mathbb{R}^n \times \mathbb{R}^n \mid d(i,j) \geq 0 \text{ und } v(r) \cap v(s) \subseteq v(i) \cap v(j) \Rightarrow$$
$$\Rightarrow d(i,j) \leq d(r,s)\}$$

$$D^{(po)} := \{(d(i,j))_{n,n} \in \mathbb{R}^n \times \mathbb{R}^n \mid d(i,j) \geq 0 \text{ und } (i,j) \lesssim (r,s) \Rightarrow d(i,j) \leq d(r,s)\}$$

Um einheitlich alle Skalierungsmengen im $\mathbb{R}^n \times \mathbb{R}^n$ zu haben, seien die Mengen $D^{(*)}$, $\Delta^{(*)}$ für $* = c,n,co,o$ wie folgt definiert:

$$D^{(*)} := \{(d(i,j))_{n,n} \in \mathbb{R}^n \times \mathbb{R}^n \mid d(i,j) = |x_i - x_j|\ ,\ x = (x_1,\dots,x_n)^T \in X^{(*)}\}$$

und

$$\Delta^{(*)} := \{(\delta(i,j))_{n,n} \in \mathbb{R}^n \times \mathbb{R}^n \mid \delta(i,j) = x_i - x_j\ ,\ x = (x_1,\dots,x_n)^T \in X^{(*)}\}$$

Bei der Definition adäquater Distanzmengen zur vorgegebenen Datenstruktur besitzt der Anwender einen gewissen Spielraum, so kann er sich zum Beispiel entscheiden, ob Fälle i und j, die bezüglich der Datenstruktur der jeweiligen Variablen als gleichähnlich zu den Fällen r und s angesehen werden, auch durch die gleiche Distanz zwischen i und j $d(i,j)$ wie zwischen r und s $d(r,s)$ wiedergegeben werden müssen oder nicht; ob also gelten soll $(i,j) \lesssim (r,s) \Rightarrow d(i,j) \leq d(r,s)$ oder nur $(i,j) \not\gtrsim (r,s) \Rightarrow d(i,j) \leq d(r,s)$. Ebenso lassen sich für noch weitere, hier nicht angegebene Datenstrukturen, adäquate Distanzmengen angeben (z.B. für eine Quasihierarchie), der folgende Regressionsansatz läßt sich damit ebenso durchführen, wenn nur gilt, daß alle Distanzmengen abgeschlossene Kegel im $\mathbb{R}^n \times \mathbb{R}^n$ sind.

Beispiel

In unserem Beispiel haben wir für 36 Waltiere (lat. cetacea) als abhängige Variable v_0 die durch die Evolution gebildete Hierarchie gegeben -siehe Datenmatrix weiter unten- (Grzimek/Fontaine/Stauffacher). (Es wird der Einfachheit halber angenommen, daß diese zoologische Hierarchie die Evolution richtig wiedergibt.) Gesucht sind nun Merkmale dieser Waltiere, die, einzeln oder im Verbund, die Entwicklung der Evolution möglichst gut wiedergeben. Die folgenden 9 Variablen $v_1,\ldots,v_9$ seien eine Auswahl von in Frage kommenden Merkmalen dieser Waltiere.

v_1	Nacken	sichtbar (0) nicht sichtbar (1)
v_2	Schnauzenform	zylindrisch (CY) konisch (CO) mit einem geschwungenen Vorkopf (CF) globulos (GL) flach (FL) konvex (CX)
v_3	Kopfgröße	sehr groß (0) mittel (1)
v_4	Rückenflosse	keine (1) dreieckig (2) falciform (3) rückwärts und dreieckig (4)
v_5	Flossen	schmal (SML) lang und kurz (L&S) mittel (MED) lang und schmal (L&N)
v_6	Art der Zähne	Zähne nur unten (TLO) Zähne unten und oben (TLU) ohne Zähne aber lange Barten (BLO) ohne Zähne aber dicke Barten (BTH) ohne Zähne aber große Barten (BLR)
v_7	Spritzloch	links (L1) rechts (R1) Mitte (M1) in der Mitte zwei Spritzlöcher (M2)
v_8	Lebensraum	Fluß (0) gemäßigt oder warme See (1) kalte See (2) Küste (3) variabel (4)
v_9	Kopfknochen	symmetrisch (0) leicht unsymmetrisch (1) unsymmetrisch (2) extrem unsymmetrisch (3)

Dies ergibt mit der zoologischen Hierarchie folgende Datenmatrix:

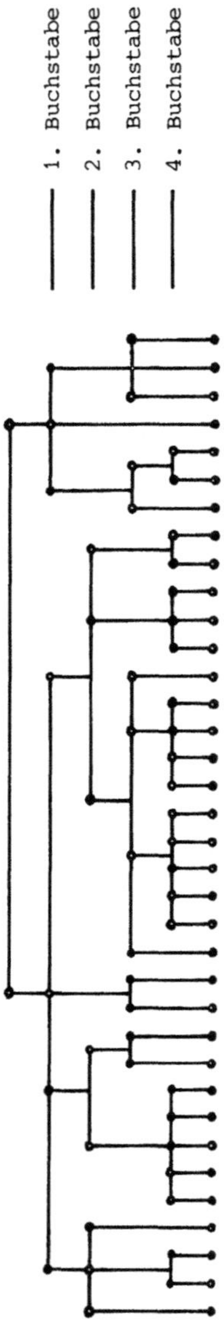

0	1	2	3	4	5	6	7	8	9
BOIB	0	CX	0	1	L&S	BLO	M2	2	0
BOIE	0	CX	0	1	L&S	BLO	M2	2	0
BOIN	0	CO	0	2	SML	BLO	M2	2	2
BOEE	0	CO	0	1	L&N	BTH	M2	4	0
BOOB	0	FL	0	2	SML	BLR	M2	4	0
BOOB	0	FL	0	2	L&N	BLR	M2	4	0
BOOM	0	FL	0	2	L&N	BLR	M2	4	5
TDPP	0	CO	1	1	SML	TLU	R1	4	2
TDPP	0	CO	1	3	SML	TLU	R1	4	1
TDSS	0	CF	1	4	MED	TLU	R1	3	1
TDSS	0	CF	1	4	MED	TLU	R1	3	1
TDSS	0	CO	1	4	MED	TLU	R1	1	1
TDDL	0	CO	1	1	MED	TLU	R1	1	1
TDDO	0	GL	1	4	L&N	TLU	R1	1	1
TDDO	1	GL	1	4	SML	TLU	R1	3	0
TDDO	0	GL	1	4	L&S	TLU	R1	2	1
TDDO	0	GL	1	4	L&N	TLU	R1	4	3
TDDD	0	CF	1	4	MED	TLU	R1	1	1
TDDD	0	GL	1	4	L&N	TLO	R1	4	1
TDDD	0	CF	1	4	MED	TLU	R1	2	3
TDDD	0	CF	1	4	MED	TLU	R1	4	1
TDDD	0	CF	1	4	MED	TLU	R1	4	1
TDDC	0	CO	1	4	MED	TLU	R1	2	1
TNMM	1	GL	1	1	L&S	TLO	R1	2	0
TNMD	1	GL	1	1	L&S	TLU	R1	2	2
TPPP	0	CY	0	1	SML	TLO	L1	1	1
TPPK	0	CY	0	3	SML	TLO	L1	4	5
TPZZ	1	CF	1	4	SML	TLO	M1	2	2
TPZZ	1	CF	1	4	SML	TLO	M1	4	2
TPZZ	1	CO	1	4	SML	TLO	M1	4	1
TPZZ	0	GL	1	4	SML	TLO	M1	2	1
TPZZ	0	CO	1	4	SML	TLO	M1	4	5
TRPP	1	CF	1	3	L&S	TLU	M1	0	1
TRII	1	CF	1	3	L&S	TLU	M1	0	1
TRII	1	CF	1	3	L&S	TLU	L1	0	1
TRSS	1	CF	1	3	L&S	TLU	M1	0	1

Für die Ausprägungen der Merkmale werden folgende Ähnlichkeitsbeziehungen angenommen:

v_1 binär ($\hat{=}$ nominal mit zwei Stufen)

v_3, v_4, v_9 ordinal (mit der durch die Kodierung angegebenen Präordnung)

v_8 nominal (mit der durch die Kodierung angegebenen Klassifikation)

v_2 Paarvergleich

(CF,GL) $\lessapprox$ (CX,FL) $\lessapprox$ (CO,GL) $\approx$ (CO,CF) $\approx$ (CO,CY) $\approx$ (CO,FL) $\approx$ (CY,GL) $\approx$ (CY,CF) $\lessapprox$ (CO,CX) $\lessapprox$ (CY,CX) $\approx$ (CY,FL) $\approx$ (CX,GL) $\approx$ (FL,GL) $\approx$ (FL,CF) $\approx$ (CX,CF)

v_5 Paarvergleich

(MED,SML) $\approx$ (MED,L&S) $\approx$ (MED,L&N) $\lessapprox$ (SML,L&S) $\approx$ (SML,L&N) $\approx$ (L&S,L&N)

v_6 Hierarchie

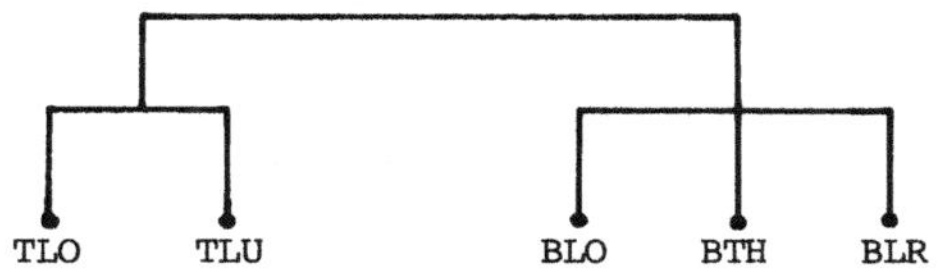

v_7 Paarvergleich

(M1,L1) $\approx$ (M1,R1) $\lessapprox$ (L1,R1) $\approx$ (M1,M2) $\approx$ (L1,M2) $\approx$ (R1,M2)

Für die Variablen sind damit folgende Mengen von Distanzmatrizen definiert:

$D_1, D_8 = \{(d(i,j))_{36,36} \mid d(i,j) = |x_i - x_j|$ und Kodierung von Wal i ist gleich Kodierung von Wal $j \Rightarrow x_i = x_j\}$

$D_3, D_4, D_9 = \{(d(i,j))_{36,36} \mid d(i,j) = |x_i - x_j|$ und Kodierung von Wal i ist kleiner gleich Kodierung von Wal $j \Rightarrow x_i \leq x_j\}$

$D_2, D_5, D_7 = \{(d(i,j))_{36,36} \mid d(i,j) \geq 0$ und die Ausprägungen von Wal i und Wal j sind ähnlicher als die Ausprägungen von Wal r und Wal $s \Rightarrow d(i,j) \leq d(r,s)\}$

$D_6 = \{(d(i,j))_{36,36} \mid d(i,j) \geq 0$ und die Ausprägungen von Wal i und Wal j laufen in der Hierarchie früher zusammen als die Ausprägungen von Wal r und Wal $s \Rightarrow d(i,j) \leq d(r,s)\}$

Man beachte, daß in der Definition von D_2, D_5, D_6, D_7 nicht gefordert wird, daß Walpaare (i,j), die bezüglich der jeweiligen Ausprägung als gleichähnlich zu einem Walpaar (r,s) angesehen werden, auch durch die gleiche Distanz (d.h. $d(i,j) = d(r,s)$) ausgedrückt werden müssen.

Regressionsansatz mittels Distanzen

Seien $D_o, D_1, \ldots, D_m$ die Mengen von Distanzen, die die Datenstrukturen der Variablen $v_o, v_1, \ldots, v_m$ adäquat wiedergeben.

Gesucht wird nun ein Vektor $\alpha = (\alpha_1, \ldots, \alpha_m)^T \in \mathbb{R}^n$, der die folgende normierte Stressfunktion

$$(0) \quad f(\alpha, d_o, d_1, \ldots, d_m) = \frac{1}{2n^2} \sum_{i,j=1}^{n} (d_o(i,j) - \sum_{k=1}^{m} \alpha_k \, d_k(i,j))^2 \rightarrow \min$$

minimiert unter den Restriktionen:

$$(1) \quad d_k = (d_k(i,j))_{n,n} \in D_k \, , \quad \sum_{i,j=1}^{n} (d_k(i,j))^2 = 2n^2 \qquad (k = 0,1,\ldots,m)$$

$$(2) \quad \alpha_k \geq 0 \qquad (k = 1,\ldots,m)$$

Dieses Optimierungsproblem kann numerisch mit dem bekannten Alternierenden-Kleinst-Quadrate-Verfahren (ALS) behandelt werden (vgl. Young [1981]).

Start: Wähle $d_k^o \in D_k$ beliebig mit $\sum_{i,j=1}^{n} (d_k(i,j))^2 = 2n^2 \quad (k=0,\ldots,m)$

Bestimme $\alpha^o = (\alpha_1^o, \ldots, \alpha_m^o)^T \in \mathbb{R}^m$ unter Berücksichtigung von (2) so, daß

$$\sum_{i,j=1}^{n} (d_o^o(i,j) - \sum_{k=1}^{m} \alpha_k \, d_k^o(i,j))^2 \rightarrow \min .$$

Äußere Iteration:

Ausgehend von α^ν und d_k^ν bestimme $\alpha^{\nu+1}$ und $d_k^{\nu+1}$ $(k=0,\ldots,m)$ wie folgt:

Start: Setze $\tilde{d}_k^o = \alpha_k \, d_k^\nu \quad (k=1,\ldots,m)$

Innere Iteration:

Ausgehend von $\tilde{d}_k^\mu$ bestimme $\tilde{d}_k^{\mu+1}$ $(k=1,\ldots,m)$ wie folgt:

Bestimme $\tilde{d}_q^{\mu+1}$ sukzessive für $q=1,\ldots,m$ als Minimalstelle von

$$g_q(d_q) := \sum_{i,j=1}^{n} (d_o^\nu(i,j) - \sum_{k=1}^{q-1} \tilde{d}_k^{\mu+1}(i,j) - \sum_{k=q+1}^{m} \tilde{d}_k^\mu(i,j) - d_q(i,j))^2$$

unter der Bedingung $d_q \in D_q$.

Iteriere bis zur Konvergenz $\tilde{d}_k^{\mu} \underset{\nu\to\infty}{\longrightarrow} \tilde{d}_k^{*}$.

Setze $\alpha_1^{\nu+1} = (\alpha^{\nu+1},\ldots,\alpha_m^{\nu+1})^T$ mit $\alpha_k^{\nu+1} = \sqrt{\dfrac{\sum_{i,j=1}^{n} (\tilde{d}_k^*(i,j))^2}{2n^2}}$

und $d_k = \dfrac{d_k^*}{\alpha_k^{\nu+1}}$ $(k=1,\ldots,m)$.

Bestimme $\tilde{d}_0$ als Minimalstelle von

$$g_0(d_0) := \sum_{i,j=1}^{n} (d_0(i,j) - \sum_{k=1}^{m} \alpha_k^{\nu+1} d_k^{\nu+1}(i,j))^2$$

und setze

$$d_0^{\nu+1} = \frac{\tilde{d}_0}{\sqrt{\dfrac{\sum_{i,j=1}^{n} (\tilde{d}_0(i,j))^2}{2n^2}}} .$$

Für abgeschlossene, konvexe und polyhydrale Kegel $D_0,\ldots,D_m$ läßt sich zeigen (vgl. Hansohm [1983b]), daß sowohl die Folgen der inneren Iteration $(\tilde{d}_k^{\mu})_{\mu\in\mathbb{N}}$ konvergieren, wobei $\sum_{k=1}^{m} \tilde{d}_k^*$ die Eigenschaft hat,

$$\sum_{i,j=1}^{n} (d_0^{\nu}(i,j) - \sum_{k=1}^{m} d_k(i,j))^2$$

unter der Nebenbedingung $d_k \in D_k$ zu minimieren, als auch die Folgen der äußeren Iteration $d_k^{\nu} \underset{\nu\to\infty}{\longrightarrow} d_k^*$, $\alpha^{\nu} \underset{\nu\to\infty}{\longrightarrow} \alpha^*$ konvergieren. α^* und d_k^* $(k=0,\ldots,m)$ haben hingegen i.a. nicht die Eigenschaft, die Stressfunktion f (siehe (0)) global zu minimieren; sie sind aber immer kritische Punkte von f bezüglich der Restriktionsmenge *) und damit meist lokale Minima.

Setzt man nur die Abgeschlossenheit der Kegel $D_0,\ldots,D_m$ voraus, so bleibt obige Aussage für jeden Häufungspunkt der Folgen $(\alpha^{\nu})_{\nu\in\mathbb{N}}$ und $(d_k^{\nu})_{\nu\in\mathbb{N}}$ $(k=0,\ldots,m)$ richtig; hierbei braucht die innere Iteration nur endlich oft, aber mindestens einmal, durchgeführt zu werden (vgl. Hansohm [1983b]).

---

*) x^* ist kritischer Punkt der Funktion h bezüglich der Restriktionsmenge Q, wenn für ein $\gamma > 0$ die orthogonale Projektion von $x^* - \gamma \operatorname{grad} h(x^*)$ auf Q wieder x^* ergibt.

Die Algorithmen zur Minimierung der Funktionen g_q (q=0,...,m) sind, soweit nicht in der Literatur hinreichend bekannt (z.B. Kruskal's monotone Regression, Kruskal [1964a,b]), in Hansohm [1983a] beschrieben.

Bei dem eingangs erwähnten Fallbeispiel erhalten wir nach 4 Durchläufen des Algorithmus die folgende Lösung:

$\alpha_1^* = 0.10$

$\alpha_2^* = 0.10$

$\alpha_3^* = 0.00$

$\alpha_4^* = 0.13$

$\alpha_5^* = 0.16$

$\alpha_6^* = 0.19$

$\alpha_7^* = 0.33$

$\alpha_8^* = 0.12$

$\alpha_9^* = 0.05$

Der minimale Stresswert $f(\alpha^*, d_0^*, d_1^*, \ldots, d_9^*)$ beträgt 0.021, was einer multiplen Korrelation zwischen d_0^* und $d_1^*, \ldots, d_9^*$ von 0.99 entspricht.

Die einzelnen optimal reskalierten Distanzen d_k^* (k=0,...,9) ergeben für die Merkmale $v_0, \ldots, v_9$ folgende Werte:

v_1 Nacken

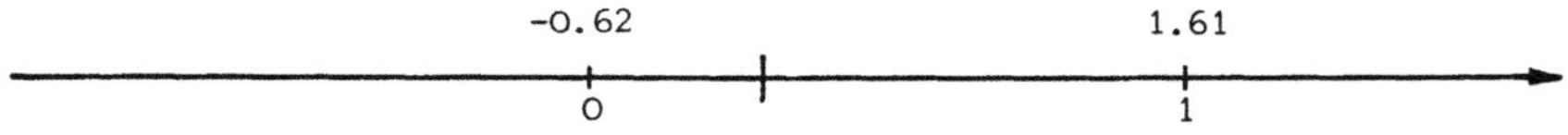

v_2 Schnauzenform

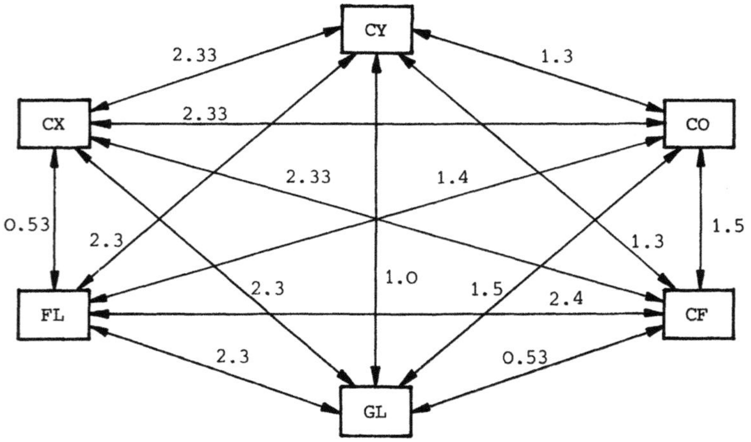

v_3 Kopfgröße

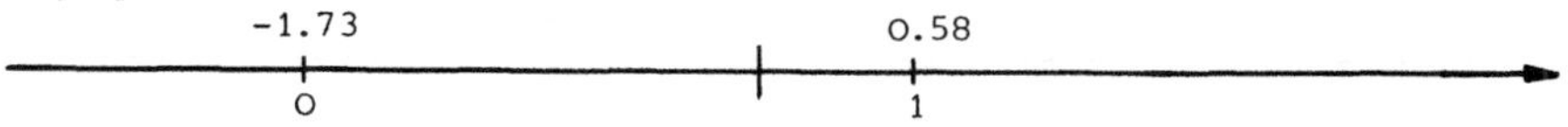

v_4 Rückenflosse

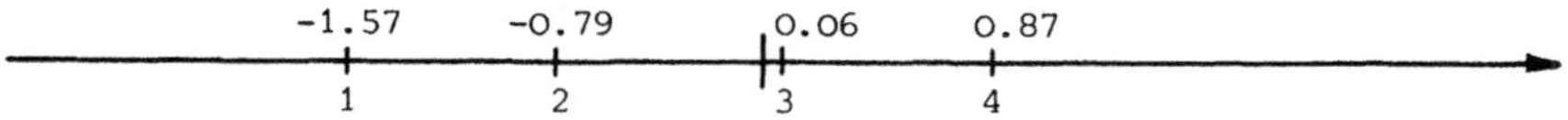

v_5 Flossen

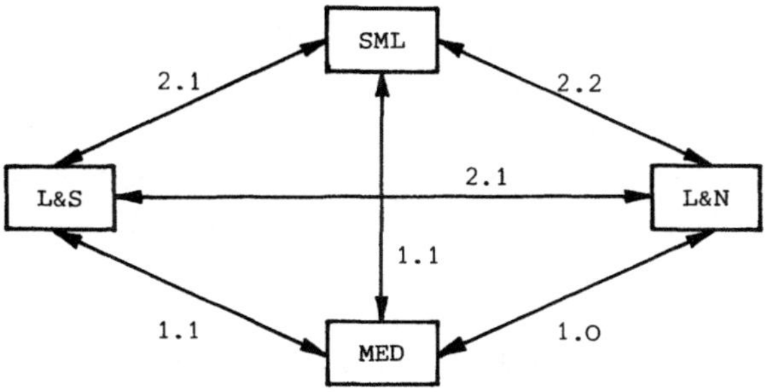

v_6 Art der Zähne

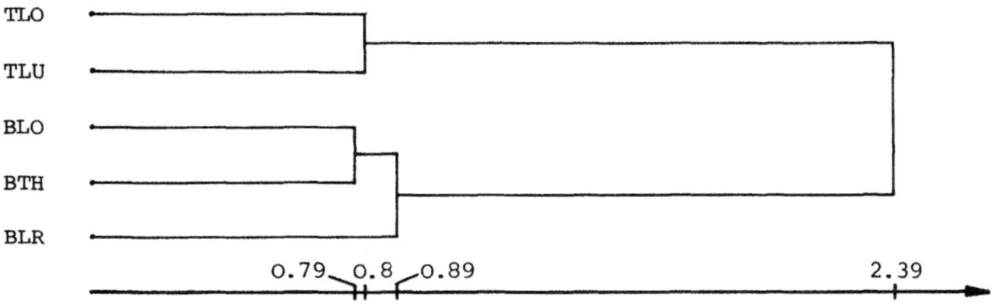

v_7 Spritzloch

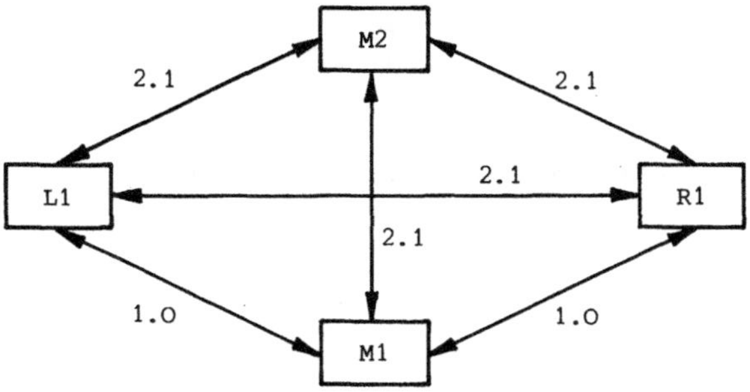

v_8 Lebensraum

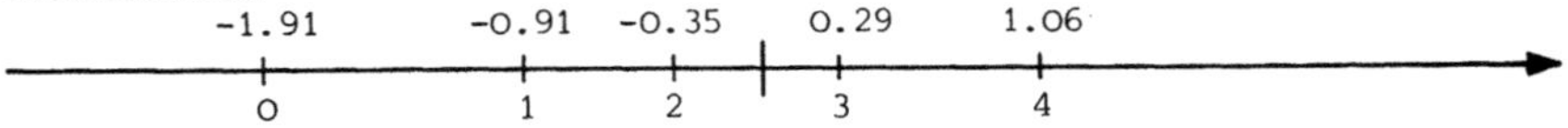

v_9 Kopfknochen

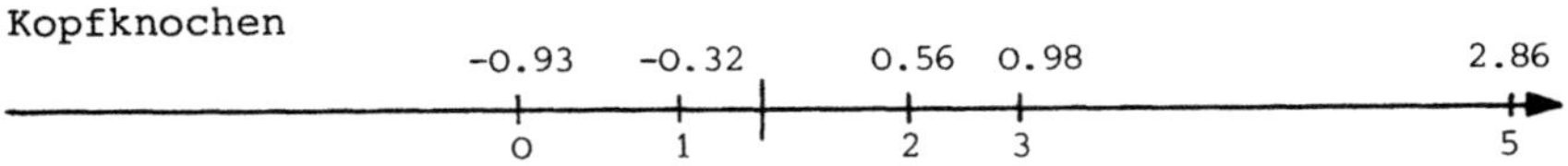

Beziehungen zur klassischen linearen Regression

Besitzen alle Variablen $v_0,\ldots,v_m$ eine cardinale, nominale, continuous ordinale oder ordinale Datenstruktur, so läßt sich das angegebene Verfahren anstelle der Distanzen $d_k(i,j) = |x_i^k - x_j^k|$ besser mit Differenzen $\delta_k(i,j) = x_i^k - x_j^k$, wobei x_i und x_j Skalierungen der Fälle i und j auf der reellen Achse sind, durchführen. An die Stelle der Distanzmengen $D_k^{(*)}$ $(k=0,\ldots,m)$ treten dann die anfangs definierten Differenzmengen $\Delta_k^{(*)}$ $(*=c,n,co,o)$. Läßt man in diesem Fall beim Regressionsansatz die Vorzeichenbeschränkung der Koeffizienten α (2) fallen, so ergibt sich nach einfacher Rechnung als Regressionsansatz:

$$(0')\quad f(\alpha,x^0,x^1,\ldots,x^m) = \frac{1}{n}\sum_{i=1}^{n}(x_i^0 - \sum_{k=1}^{m}\alpha_k\, x_i^k)^2 \rightarrow \min$$

unter der Nebenbedingung

$$(1')\quad x^k \in X_k\ ,\quad \frac{1}{n}\sum_{i=1}^{n}(x_i^k)^2 = 1 \qquad (k=0,\ldots,m)\ ,$$

wenn o.B.d.A. $\sum_{i=1}^{n} x_i^k = 0$ $(k=0,\ldots,m)$ vorausgesetzt wird.

Dies ist nun gerade das Verfahren von Young/Leeuw/Takane [1976]; es ergibt sich damit für das Optimierungsproblem (1') im optimalen Punkt α^*,x_*^k $(k=0,\ldots,m)$ die Beziehung

$$f(\alpha^*,x_*^0,x_*^1,\ldots,x_*^m) = 1 - (r(x_*^0\ ,\ \sum_{k=1}^{m}\alpha_k^*\, x_*^k))^2\ ,$$

wobei $r(y,x)$ der Bravais-Pearson Korrelationskoeffizient zwischen y und x sei.

Die Minimierung der Stressfunktion f ist somit gleichbedeutend mit der Maximierung des multiplen Korrelationskoeffizienten zwischen x^0 und $x^1,\ldots,x^m$; für nur cardinale Merkmale $v_0,\ldots,v_m$ geht das Verfahren somit in die klassische lineare Regression über. *)

Literatur

AMBROSI, K. [1980]

Aggregation und Identifikation in der Numerischen Taxonomie. Quantitative Methoden der Unternehmensplanung, 15, Meisenheim/Glan, 1980.

HANSOHM, J. [1983a]

Principal Components of Variables with Different Information Levels. Arbeitspapiere zur Mathematischen Wirtschaftsforschung Nr. 67, Universität Augsburg, 1983.

HANSOHM, J. [1983b]

On Convergence of the Normalized Alternating Least Squares (ALS) Algorithm. Arbeitspapiere zur Mathematischen Wirtschaftsforschung Nr. 68, Universität Augsburg, 1983.

KRUSKAL, J.B. [1964a]

Multidimensional Scaling by Optimizing Goodness of Fit to a Nonmetric Hypothesis. Psychometrika, 29, pp. 1-27, 1964.

KRUSKAL, J.B. [1964b]

Nonmetric Multidimensional Scaling: A Numerical Method. Psychometrika, 29, pp. 115-129, 1964.

OPITZ, O. [1980]

Numerische Taxonomie, Grundwissen der Ökonomik. Fischer, Stuttgart, 1980.

YOUNG, F.W. [1981]

Quantitative Analysis of Qualitative Data. Psychometrika, 46, pp. 357-388, 1981.

YOUNG, F.W.; DE LEEUW, J.; TAKANE, Y. [1976]

Regression with Qualitative and Quantitative Variables: An Alternating Least Squares Method with Optimal Scaling Features. Psychometrika, 41, pp. 505-529, 1976.

*) Für cardinale oder nominale Variablen konvergiert der ALS-Algorithmus gegen das globale Optimum (vgl. Hansohm [1983b]).

DAS PROGRAMMSYSTEM IDEN

Norbert Turulski, Augsburg

IDEN (Integriertes Datenanalyse-Programmsystem für Empirische Sozialforschung und Numerische Taxonomie) ist ein Programmsystem zur Analyse quantitativer und vor allem qualitativer Daten. Es realisiert alle wichigen Verfahren der Numerischen Taxonomie wie Klassifikation, Repräsentation und Identifikation. Neben den eingebauten Schnittstellen zu den Programmsystemen SPSS, MDS(X) und CLUSTAN sind eine Reihe weiterer Programme eingebunden. Kernstück des Programmsystems ist eine Prozedur, die zu den unterschiedlichsten Merkmalsstrukturen die merkmalsweisen Distanzmatrizen erstellt. Diese merkmalsweisen Distanzmatrizen sind Voraussetzung zur Realisierung der meisten in dem Programmsystem implementierten Verfahren. Ein hoher Grad an Benutzerfreundlichkeit wird dadurch erreicht, daß eine SPSS-ähnliche Steuersprache verwendet wird und alle Programme durch sinnvolle Voreinstellungen der einzelnen Parameter auch für verfahrensungeübte Anwender leicht durchführbar sind. Solchen verfahrensungeübten Benutzern bietet IDEN darüberhinaus die Möglichkeit, sich kurze Verfahrensbeschreibungen der verwendeten Programme (incl. Literaturhinweisen) ausgeben zu lassen.

Das Programmsystem ist ohne große Schwierigkeiten auf andere Betriebssysteme übertragbar, wenn die entsprechenden PL/I- und FORTRAN-Compiler zur Verfügung stehen.

Literatur:

HANSOHM, J.; OTT, H.; TURULSKI, N.:

Integriertes Datenanalyse-Programmsystem für empirische Sozialforschung und Numerische Taxonomie, Arbeitspapiere zur Mathematischen Wirtschaftsforschung, Heft 55, Universität Augsburg, 1982.

Operations Research Proceedings 1983

PLANUNGSHILFE ZUR UMSTELLUNG EINER SPANENDEN EINZEL- UND KLEINSERIEN-FERTIGUNG AUF NC-TECHNIK MIT HILFE VON OR-METHODEN

Christoph Freist, Hannover

Problemstellung: In der metallverarbeitenden Einzel-und Kleinserienproduktion läßt sich eine entscheidene Kostensenkung erst seit jüngster Zeit durch den Einsatz moderner und damit flexibler numerisch gesteuerter Maschinen erreichen.

Das Institut für Fertigungstechnik und spanende Werkzeugmaschinen (IFW) entwickelte hierzu in enger Zusammenarbeit mit der Arbeitsvorbereitung des Werkzeugbaues eines deutschen Automobilbauers das System "WKS-Prokow". Rechnerunterstützt kann so in der Arbeitsplanung anhand der gegebenen Möglichkeiten eines Unternehmens das wirtschaftlichste Herstellverfahren für jedes Werkstück festgelegt werden. Zum anderen erfährt die Geschäftsleitung, wie der Zusammenhang zwischen Herstellkosten und NC-Maschinenkapazität in ihrem Betrieb aussieht.

Vorgehensweise: Die Arbeiten zum Aufbau des Systems erfolgenten stufenweise in vier Schritten. In der ersten Stufe wurden im ersten Quartal 1983 sämtliche in der AV des Werkzeugbaues geplanten Werkstücke analysiert. Für 369 Drehteile wurde das Verfahren Drehen und für 485 prismatische Werkstücke wurden die Verfahren Fräsen und Bohren untersucht. Die Daten wurden auf dem Rechner des Institutes erfaßt, auf Plausibilität überprüft und korrigiert. Es erfolgte eine Ausreißeranalyse und eine Beseitigung des Losgrößeneinflußes. Der zweite Schritt beinhaltete eine Nachkalkulation. Die Kosten der Werkstücke wurden in der Arbeitsvorbereitung mit Hilfe einer Plankalkulation und den Maschinenstundensätzen ermittelt.

Die Gruppenbildung des aufgenommenen Werkstückspektrums nach fertigungstechnisch relevanten Zeichnungskennwerten geschah in der dritten Stufe. Es wurden für Drehteile acht und für primatische Werkstücke zehn Gruppen gefunden. Für jede einzelne Gruppe wurde untersucht, welche Kennwerte für die Gruppe charakteristisch sind. Damit standen wichtigte Informationen über die Struktur des Teilespektrums zur Verfügung.

Diese Arbeit wurde durch die Stiftung Volkswagenwerk gefördert.

Operations Research Proceedings 1983

Nach der Werkstückanalyse wurden für jede Gruppe mit einem neuen Verfahren der schrittweisen, multivariaten Regression Zeitfunktionen ermittelt, die für jedes der aufgenommenen Werkstücke eine Ermittlung der konventionellen und der NC-Bearbeitungszeit sowie eine Berechnung der Programmierzeit und der Rüstzeit erlauben. Die Zeiten für das in der AV geplante Verfahren wurden durch gruppenspezifische Regressionen ermittelt. Für das alternative Verfahren wurden werkstückspezifische Regressionen in einer für jedes Werkstück neu zu berechnenden flexiblen Gruppe ermittelt. Auf diese Weise hatte das Institut Zugriff auf 854 Planvorgaben des Automobilbauers und ebensoviele vom Rechner bestimmte Vergleichskalkulationen, die für die Bestimmung der NC-Eignung, der Berechnung einer Grenzlosgröße für wirtschaftliche NC-Fertigung, zur Ermittlung der geeigneten NC-Maschinenkapazität und zur Realisierung des Softwarepaketes ausgewertet wurden.

Eingesetzte Operations-Research-Methoden: Für die Gruppenbildung wurde das am IFW entwickelte Clusteranalysepaket CLASSIC eingesetzt /1/. Die Qualität gruppenspezifischer Zeitfunktionen hängt von der fertigungstechnisch ähnlichen Beschaffenheit der Objekte ab. Die Merkmale, die die fertigungstechnische Ähnlichkeit der Objekte bestimmen, reichen jedoch für eine Berechnung ihrer Herstellkosten nicht aus. Es war daher notwendig, unterschiedliche und eine andere Anzahl von Merkmalen für die Gruppenbildung und die Regressionsanalyse in den Gruppen festzulegen. Als Verfahren für die Gruppenbildung wurde ein Austauschverfahren zur Minimierung der Varianz in den Gruppen gewählt und keine der bei Späth /2/ genannten Zielfunktionen für die lineare Regression.

Da die Merkmalsmatrix sowohl Grundlage der Cluster-Analysen als auch der Regressionsanalysen war, wurde die für die Clusteranalyse notwendige Transformation der Daten in der Distanzfunktion übernommen. Der technischen Aufgabenstellung entsprechend war es notwendig, eine Distanzfunktion zu wählen, die folgende Eigenschaften erfüllt:

- Die Distanz von zwei Werkstücken (Objekten) muß bei zunehmender Merkmalsdifferenz degressiv ansteigen.

- Die Distanz von zwei Objekten muß bei gleicher Merkmalsdifferenz mit steigendem Merkmalswert abnehmen.

Es wurde daher die im folgenden dargestellte Distanzfunktion entwickelt, die sich auch bei anderen Analysen von Werkstücken der metallverarbeitenden Industrie bestens bewährt hat:

$$\text{Distanz} = \left[\ln\left(1 + \frac{e - 1}{\text{MAX}} * \text{Diff}\right)^{0.4}\right] * \frac{\text{Diff}}{\text{MAX(A,B)}}$$

Mit:

MAX: Maximaler Wert, den das Merkmal für alle Werkstücke annimmt.

Diff: Diff = A - B

A: Ausprägung des Merkmals im Werkstück A

B: Ausprägung des Merkmals im Werkstück B

Entscheidene Bedeutung für die Zeitvorgabe vieler Betriebe hat die Losgröße der Aufträge. So hat das geometrisch gleiche Werkstück bei Losgröße "1" ein wesentlich höhere Bearbeitungszeit und eine geringere Rüstzeit als etwa bei Losgröße "10". Es wurde daher ein Verfahren entwickelt, um den Losgrößeneinfluß aus den Vorgabezeiten auszufiltern. Dies geschieht durch die Berechnung werkstückspezifischer Zeitformeln für das Alternativverfahren. Diese Formeln werden für flexible Gruppen aufgestellt, in der ähnliche Werkstücke mit der Losgröße "1" und mit der Losgröße "≥=3" enthalten sind (Bild 1). Nach der Suche der "m" ähnlichsten Werkstücke "1" und "L" werden alle die Werkstücke in die flexible Gruppe übernommen, welche in der Kugel mit dem Radius " a*MAX(r,R) " enthalten sind. Die Ergebnisse sind von den Parametern "a" und "m" abhängig. Sie wurden im Laufe der Untersuchungen auf a=1.20 bei 32 Merkmalen und auf m=11 gesetzt. In die Regression geht die Losgröße mit ihrem Kehrwert ein. In die Zeitformel wird der Medianwert der Losgröße der L-Aufträge eingesetzt. Der losgrößenabhängige Zeitanteil wird von dem Schätzwert abgezogen, so daß man vergleichbare Schätzwerte für die Losgröße "1" erhält.

Zur Durchführung der Regressionen wurde ein Programm zur schrittweisen, multiplen Regression neu erstellt, welches aus einer großen Zahl möglicher Einflußgrößen (hier etwa 70) die geeigneten Merkmale für eine Regressionsgleichung auswählt und die zugehöhrigen Regressionskoeffizienten (im Mittel 11) berechnet. Das Verfahren auf der Grundlage des Gram-Schmidt'schen Orthogonalisierungsverfahrens /3/ sollte auf Grund der ingenieurmäßigen Randbedingungen Formelm mit positiven Koeffizienten liefern, da keine Merkmale vorhanden waren, bei denen mit steigender Ausprägung der Zeitbedarf sinkt. Weiterhin sollte das Verfahren automatisch aus dem Pool vieler Merkmale solange auswählen, bis die Regressionsformel keine über einen Grenzwert hinausgehende Verbesserung mehr bringt oder die vorher vorgegebene Zahl von Merkmalen

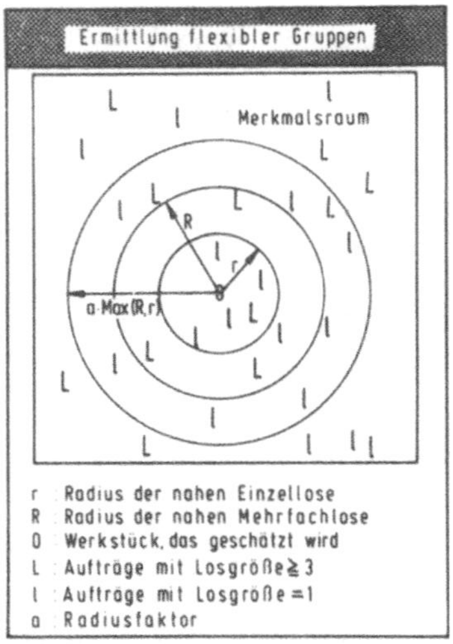

Bild 1: Eliminieren des Losgrößeneinflußes durch flexible Gruppen

überschritten wurde. Diese Merkmalsschranke (meistens 15) stellt sicher, daß im laufenden Betrieb die Zahl der einzugebenden Merkmale nicht zu stark ansteigt und damit das Schätzverfahren selbst wirtschaftlich bleibt.

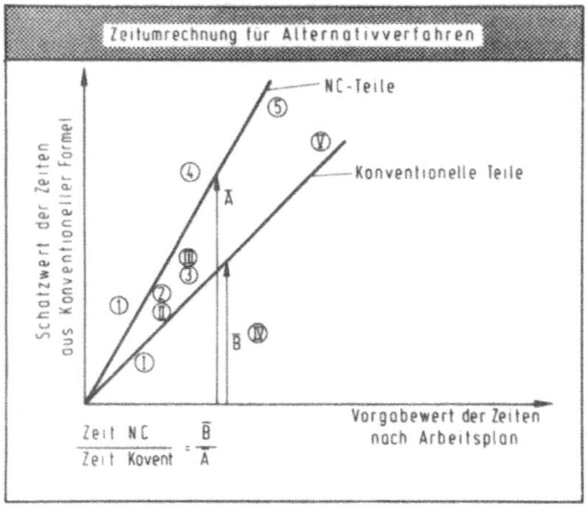

Bild 2: Allgemeine Zeitumrechnung für Alternativverfahren mit der Regressionsanalyse

Die prinzipiellen Grenzen von Zeitformeln mit Hilfe der Regressionsrechnung zeigt Bild 2. Eine Gegenüberstellung von mit den Zeitformeln berechneten Schätzwerten und im Arbeitsplan vorgegebenen Zeiten erlaubt eine Umrechnung von NC-Bearbeitungszeiten in konventionelle Bearbeitunszeiten und umgekehrt. Die Streuung einzelner Werkstücke ist jedoch so groß, daß in einer Reihe von Fällen die Zeiten für NC-Bearbeitung höher sind als die für konventionelle Bearbeitung. Dies kommt in der Praxis jedoch nicht vor. Für die Zeitkalkulation innerhalb des Programmsystems "WKS-Prokow" wurden daher durch eine Analyse der Regressionskoeffizienten in allen 854 Formeln der flexiblen Gruppen Umrechnungsfaktoren für die Merkmale bestimmt, die für eine Zeitvorhersage des entsprechenden Verfahrens relevant sind.

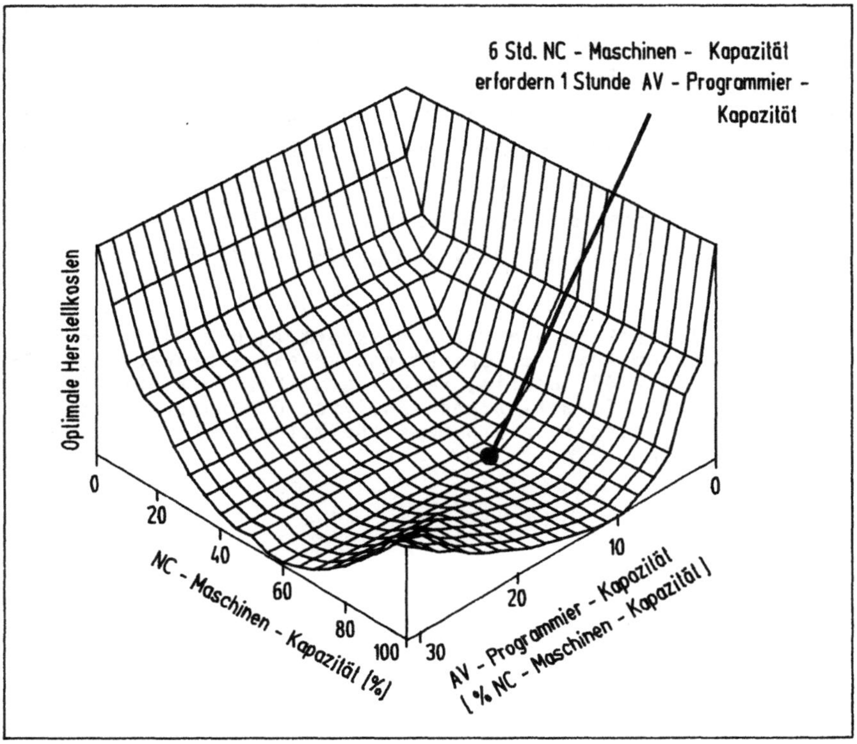

Bild 3: Gesamtherstellkosten der prismatischen Werkstücke in Abhängigkeit von NC-Maschinen- und Programmierkapazität

Ergebnisse: Mit Hilfe der statistischen Vergleichskalkulationen konnte für jeden die geeignete NC-Maschinenkapazität und die dazugehörige Programmierkapazität berechnet werden, in dem der Anteil an NC-Maschinen im Maschinenpark und Programmierkapazität fiktiv von 0 % bis 100 % verändert wurden. Es ergibt sich dann eine Gesamtkostenfläche in Abhängigkeit von der NC-Maschinenkapazität und der Programmierkapazität. Um eine Übertragbarkeit zu erleichtern, sind die Achsen in Prozent angegeben. Dabei wurden beide Kapazitätsachsen mit der Zeit normiert, die für 100 % .ige NC-Fertigung aufzubringen ist. Damit ist 1 % auf der Maschinenkapazitätsachse genausoviel wie ein 1 % auf der AV-Programmierkapazitätsachse. Das Ergebnis der Berechnungen für prismatische Werkstücke zeigt Bild 3. Bei prismatischen Werkstücken liegt das absolute Minimum der Gesamtkosten bei 60 % NC-Maschinenkapazität und 10 % AV-Programmierkapazität.

Bei prismatischen Werkstücken liegt das absolute Minimum der Gesamtkosten bei 60 % NC-Maschinenkapazität und 10 % AV-Programmierkapazität. Werden also auch die einfachen Teile mit großer Losgröße am Terminal programmiert, so wird für das untersuchte Teilespektrum für 6 Stunden installierte NC-Fräsmaschinenkapazität eine Stunde Programmierkapazität benötigt. Man erkennt an der Darstellung, daß bevorzugt die Aufträge mit großer Losgröße NC-geeignet sind. Für 60 % Maschinenkapazität benötige ich 10 % Programmierkapazität, für 100 % Maschinenkapazität benötigt man jedoch mehr als das Dreifache, nämlich 31,5 %.

Literatur:

/1/ C. Freist, R. Granow, Untersuchung von Werkstückspektren mit Hilfe der Cluster-Analyse ,Operations Research Proceedings 1982 S. 501-508, Berlin, Heidelberg, New York:Springer 1983

/2/ H. Späth, Cluster-Formation und -Analyse, Oldenbourg,1983

/3/ J. Stoer, Einführung in die numerische Mathematik I, Springer, Berlin, 1976

EINSATZ VON CLUSTER-ANALYSE UND SIMULATION ZUR AUFBAUPLANUNG FLEXIBEL AUTOMATISIERTER FERTIGUNG

Rolf Granow, Hannover

Zusammenfassung: Flexibel automatisierte Fertigungen mit ihrer hohen Teilevielfalt und Kostenverantwortung erfordern angepaßte Planungsmethoden. Die Cluster-Analyse kann dazu dienen, die Fertigungsanforderungen des Teilespektrums übersichtlich zu strukturieren. Dazu wird eine nichtlineare Datentransformation im Bereich der Datenaufbereitung vorgeschlagen. Für eine wirtschaftliche Beurteilung neuer Fertigungsanlagen mit Mehrmaschinenbedienung ist eine Simulation der Bearbeitungsabläufe geeignet.

Summary: Flexible automation needs adapted planning methods due to the high number of parts to be manufactured and the high costs. Clusteranalysis may be used to classify the workpieces according to their manufacturing facilities. For clustering of workpiecedata a nonlinear transformation of the data is proposed to get problemspecific distances. For evaluating the economy of automated turning-shops with multimachine-operation a simulation-system had been developed.

Problemstellung: Bei einem Werkzeugmaschinenhersteller und einem Zulieferbetrieb waren Investitionsentscheidungen zu fällen, die den Einsatz neuer Fertigungstechnologien betrafen. Der Aufbau flexibel automatisierter Fertigungen führt zu gesteigerten Ansprüchen an die Bestimmung der Werkstückanforderungen, da sich hohe Kostenverantwortung mit gestiegener Werkstückvielfalt verbindet. Aufgabe der Werkstückanalyse ist es dabei, die Bearbeitungs- und Kapazitätsanforderungen des Teilespektrums zu quantifizieren. Dabei führt die technische Entwicklung zu grundsätzlich neuen Bearbeitungsmöglichkeiten, sodaß auch bei der Bestimmung der technischen Anforderungen und der Ermittlung der benötigten Kapazitäten neue Wege zu beschreiten sind.

Werkstückanalyse: Für die Auswahl repräsentativer Teilespektren eignet sich eine kapazitätsorientierte ABC-Analyse /1/ mit dem Bedarf an Maschinenkapazität als Sortierkriterium. Das Ergebnis einer solchen Analyse für eine Automatendreherei zeigt Bild 1. Hier benötigen die 15% der Teile mit den höchsten Kapazitätsanforderungen bereits 70% der gesamten Maschinenkapazität.
Für eine Automatendreherei ist eine derart ausgeprägte ABC-Struktur eigentlich ungewöhnlich. Sie ist ein Indiz für das geänderte Nachfrageverhalten des Marktes, das in Richtung abnehmender Stückzahlen zeigt.
Die starke Zunahme der Losgrößen im unteren Stückzahlbereich sowie die

Operations Research Proceedings 1983

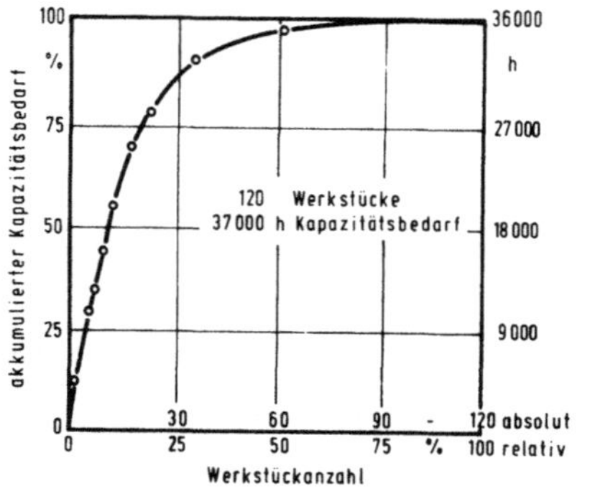

Bild 1:

ABC-Analyse des Teilespektrums nach der erforderlichen Jahreskapazität je Werkstück für konventionelle Bearbeitung

sich bietenden Möglichkeiten der CNC-Technik waren Anlaß, die Einsatzmöglichkeiten flexibel automatisierter Fertigung zu prüfen. Die vorgenommene Strukturanalyse des Werkstückspektrums diente vorrangig einem Verfahrensvergleich zwischen kurvengesteuerten Einspindlern und CNC-gesteuerten Stangendrehautomaten. Da für eine Verlagerung auf CNC-Maschinen zunächst einmal die C-Teile in Frage kommen, mußte sich die Analyse auf das Gesamtspektrum beziehen. Dazu wurde die Cluster-Analyse eingesetzt, um die Informationsmenge zu reduzieren /2/.
Die CNC-Technik führt zu geänderten Rüst- und Stückzeiten /3/. Während sich die Änderungen im Rüstaufwand relativ einfach abschätzen lassen, sind die Stückzeitverschiebungen schwieriger in den Griff zu bekommen. Auf der einen Seite sind CNC-Automaten leistungsfähiger als die bisher eingesetzten Einspindler. Andererseits bearbeiten die kurvengesteuerten Automaten das Werkstück parallel mit mehreren Schlitten.
Um die Stückzeitveränderungen qualitativ zu bewerten, erfolgte eine Cluster-Analyse des Werkstückspektrums mit dem System CLASSIC. Ein wichtiges Problem bei der Cluster-Analyse von Werkstückdaten stellt die Berechnung problemangepaßter Distanzen und in ihrem Vorfeld die Datenaufbereitung dar. Bei Werkstückdaten treten häufig stark linksschiefe Merkmalsverteilungen auf. Dies führt zu einer geringen Differenzierung im Bereich kleiner Merkmalsausprägungen.
Für die Ähnlichkeit von Werkstücken sind aber auch die relativen Distanzen von Bedeutung. Deshalb wird zur Ableitung problemangepaßter Distanzen eine Datenaufbereitung in Form einer nichtlinearen Spannweitennorm vorgeschlagen, wie sie Bild 2 zeigt.
Theoretische Überlegungen zur relativen Ähnlchkeit führen auf die geometrische Transformation. Ein Nachteil dieser Transformation besteht darin, daß sie nur für Verteilungen mit $x_{min} \neq 0$ definiert ist.

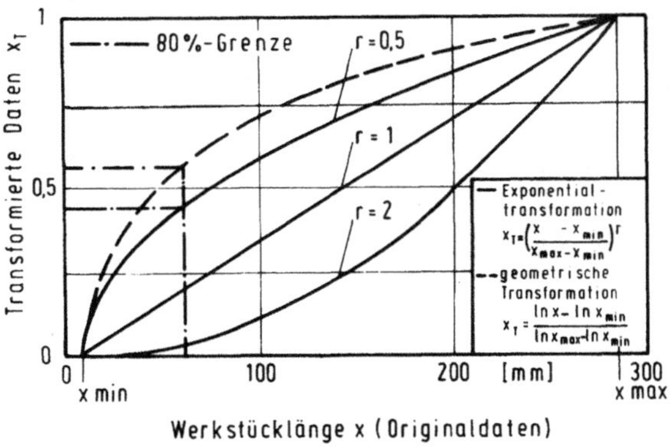

Bild 2: Nichtlineare Spannweitentransformation von Werkstückdaten

Für $x_{min} \rightarrow 0$ ergibt sich eine Überhöhung des unteren Wertebereiches, die dem zugrunde liegenden Problem unangemessen sein kann. Die in Bild 2 ebenfalls dargestellt Exponentialtransformation hat für $r < 1$ ähnliche Eigenschaften, ist aber robuster in der Anwendung.
Für die eingangs erwähnte Investitionsplanung ließ sich so für ein Spektrum von 120 Werkstücken das Klassifikatonsschema in Bild 3 ableiten. Innerhalb der gefundenen Klassen ergeben sich ähnliche Produktivitätsveränderungen, wie die dort eingetragenen Vergleichskalkulationen zeigen.

Wirtschaftlichkeitsrechnung: Der Ablauf der Kapazitätsauslegung flexibel automatisierter Fertigungen gliedert sich in zwei Schritte: Eine Analyse des Teilespektrums muß seine Eignung für neue Fertigungsmethoden quantifizieren. Dazu diente u.a. die Cluster-Analyse. Für die einzelnen Klassen werden gruppenspezifische Grenzlosgrößen auf der Grundlage werkstückbezogener Verfahrensvergleiche bestimmt. Alle Alternativen haben gleiche Fertigungsaufgaben zu erfüllen, um vergleichbare Ergebnisse zu erhalten.
Für die wirtschaftliche Bewertung sind dann die resultierenden Gesamtkosten für die Fertigung das Spektrums zu ermitteln. Grundlage der Wirtschaftlichkeitsbewertung bildet eine Abbildung der Fertigungsabläufe bei Abarbeitung eines Auftragsspektrums. Dazu dient das ereignisorientierte Simulatiunsprogramm SIMAGINE zur Wirtschaftlichkeitsanalyse von Spanenden Fertigungen mit Mehrmaschinenbedienung.
SIMAGINE bestimmt die Belegungszeiten der eingelasteten Aufträge auf den Maschinen sowie Auslastung von Maschinen und Personal. Die Belegungszeiten der Aufträge enthalten sämtliche Pausen und Wartezeiten,

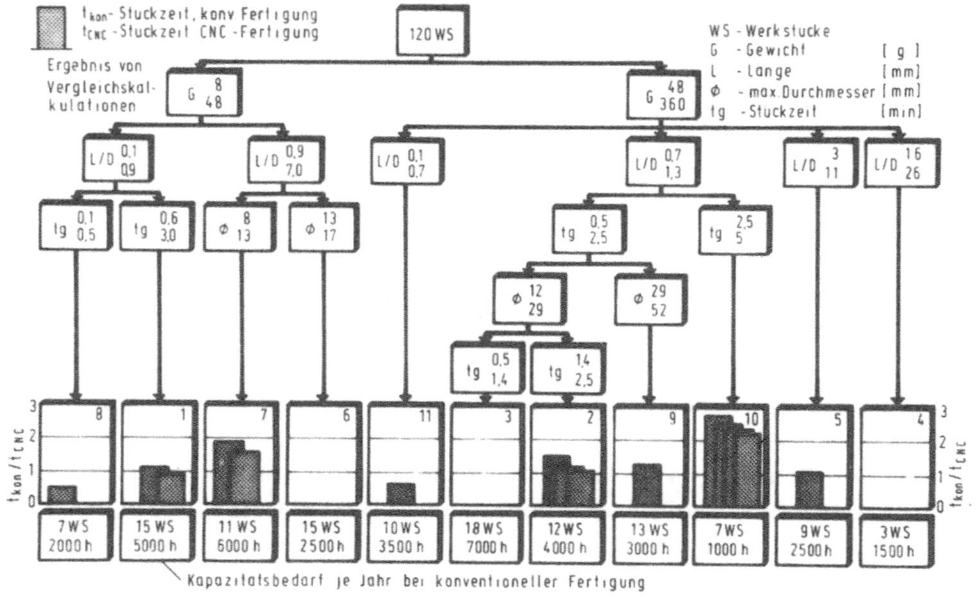

Bild 3: Gliederung der Partition für die Maschinenzuordnung mit 11 Klassen

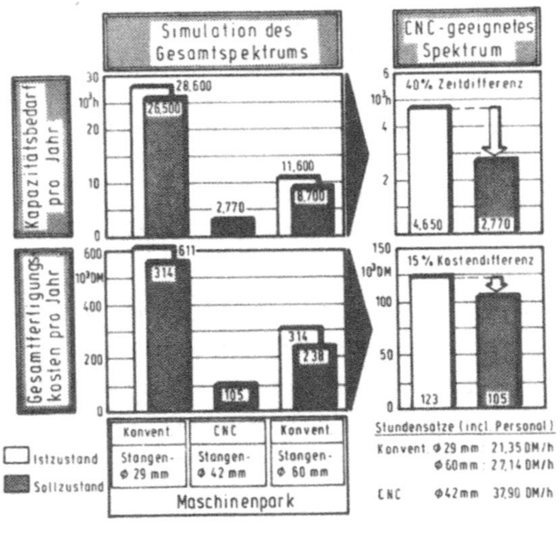

Bild 4: Wirtschaftlichkeitsvergleich alternativer Fertigungen auf der Grundlage von Simulationsergebnissen

die durch Arbeitspausen, Engpässe an nachfolgenden Arbeitsgängen und Warten auf Personal auftreten. Das Ergebnis einer solchen Simulation zeigt Bild 4. Durch Verlagerung der NC-geeigneten WerkstÜcke auf NC-Maschinen ergeben sich fÜr dieses Teilspektrum 40% Zeitdifferenz und 15% Kosteneinsparungen. Es lassen sich in diesem Bereich jeweils zwei konventionelle Maschinen durch eine mit numerischer Steuerung ersetzen.

Zusammenfassung: Die dargestellten Methoden ermöglichen eine Investitions- und Aufbauplanung beim Vorliegen umfangreicher Werkstückspektren, die insbesondere für flexibel automatisierte Fertigungseinrichtungen zu berücksichtigen sind. Dabei steht weniger eine Automatisierung der Planungsvorgänge im Vordergrund, als vielmehr das Bereitstellen einer quantitativen Entscheidungsgrundlage.

Literatur

/1/ Wiewelhove, W. Rationelle Investitionsplanung durch systematische Datenbereitstellung VDI-Z 122 91980) 15/16, S. 647-654

/2/ Freist, Chr. Granow, R. Untersuchung von Werkstückspektren mit Hilfe der Cluster-Analyse Operations Research Proceedings 1982 S. 501-508, Berlin, Heidelberg, New York: Springer 1983

/3/ Bußmann, J. Granow, R. Hammer, H. Wirtschaftlichkeit von CNC-Drehautomaten VDI-Z 123 91981) 23/24, S. 1005-1015

Die Arbeiten wurden von der Stiftung Volkswagenwerk gefördert.

ANALYSE VON ARBEITSVORGANGSFOLGEN MIT HILFE DER CLUSTERANALYSE ZUR AUSLEGUNG DER FERTIGUNG

Ulrich Hesselmann, Hannover

Zusammenfassung: Die Tendenz zu einer steigenden Teilevielfalt und sich verkleinernden Serienanzahlen, somit in Richtung Klein- und Mittelserienfertigung verlangt von den Industrieunternehmen steigende Flexibilität in der Fertigung. Da die Leistungsfähigkeit der Fertigung im wesentlichen durch die Art ihrer Ausstattung geprägt wird, sind neue Ansätze zu einer einfachen Analyse von Fertigungsstrukturen notwendig. In diesem Beitrag wird eine Vorgehensweise zur Untersuchung von Fertigungsstrukturen vorgestellt.

Summary: The international tendency in incraesing spectrums of workpieces on the one hand and on the other the demand for more flexibility in your production. Because the production facilities are linked with the machinery and the flow of workpieces through the production, we have to find new ways of analysing production-structures.

1. Problemstellung

Durch die zunehmende Tendenz zur Fertigung kleiner und mittlerer Serien, z.B. auf Grund anwachsender Variantenvielfalt, gewinnt die Planung der Fertigungsmittel, bestehend aus Anlagen, einzelnen Maschinen, Werkzeugen und Vorrichtungen (die letzten beiden Punkte sollen hier nicht beachtet werden) an Bedeutung.
Im Rahmen eines Industrieprojektes werden zur Auslegung einer Blechteilfertigung bei einem deutschen Haushaltsmaschinenhersteller folgende Problemstellungen bearbeitet:

1.1 Planung der Maschinenausstattung

Das Leistungsvermögen und die Kapazität einer Fertigung wird in erster Linie durch die Art und Anzahl der ihr zur Verfügung stehenden Maschinen und Anlagen bestimmt. Besteht die Aufgabenstellung des Investitionsplaners in der Bestimmung von Werkstückspektren zur Bearbeitung in Fertigungszellen bzw. -systemen, oder in einer Integration mehrerer Bearbeitungen in einer Maschine,so sind Werkstückgruppen zu bilden, die für solche Anlagen in Frage kommen, und die eine ganz bestimmte Abfolge von Bearbeitungen erfahren. Hierbei ist auch die Struktur innerhalb der Arbeitsgangreihenfolgen zu bewerten. Neben der Analyse der Arbeitsgangfolgen müssen in der genauen Anlagenplanung auch Auftragsdaten, Geometriedaten, technologische Daten und Zeitangaben Berück-

Operations Research Proceedings 1983

sichtigung finden.

1.2 Planung der Maschinenanordnung

Eine reine Auswahl von Fertigungseinrichtungen kann allerdings einen reibungslosen und kostengünstigen Fertigungsablauf noch nicht gewährleisten. Wie in Punkt 1.1 stellt sich auch hier das Problem einer großen Datenmenge an Arbeitsplänen. Zur gezielten Analyse von Transportwegen ist auch in diesem Falle eine Analyse einzelner Werkstückgruppen sinnvoll, um mit begrenzten und überschaubaren Datenmengen arbeiten zu können. Hierbei sind die Anzahl der Transportbehälter pro Jahr und die Auftragsanzahl je Jahr für das Werkstückspektrum zu berücksichtigen.

2. Theoretischer Ansatz

Die Behandlung von Reihenfolgeproblemen wird in der Mathematikfachliteratur /1/ als die Minimierung eines Zeitproblems behandelt. In der Graphentheorie werden Vorgänge unter bestimmten Kriterien zur Erzielung eines optimalen Durchlaufes betrachtet. Diese Ansätze können aber nicht zur Bearbeitung der oben angesprochenen Problemstellungen verwandt werden. Mit einer Untersuchung des betrieblichen Werkstückspektrums mit Hilfe der Clusteranalyse zur Klassifizierung der eingesetzten Technologien hat sich G.Kälberer /2/ befaßt. Diese Untersuchung war von besonderem Interesse in Bezug auf die Erstellung und Anwendung von Standardarbeitsplänen. Ein weiterer Lösungsansatz findet sich bei King /3/. Beide ansätze können aber keine Folgen unter dem Gesichtspunkt der Häufigkeit und Reihenfolge von einzelnen Arbeitsgängen untersuchen.

Das am IFW erstellte Programmsystem AGF löst dieses Problem in folgender Weise:

Als vorbereitender Schritt zur Ermittlung der Reihenfolge werden die paarweise zu vergleichenden Folgen auf eine gleiche Länge gebracht. Gestrichen werden Arbeitsvorgänge, die nur in einer Arbeitsgangreihenfolge vorkommen, und zum anderen Arbeitsgänge, die in einer Arbeitsgangreihenfolge mehrfach vorkommen. Im letzteren Fall können verschiedene Kombinationen auftreten, was bei der Ähnlichkeitsberechnung zu berücksichtigen ist. Der Ähnlichkeitsfaktor AF1 dient somit der Ermittlung der Ähnlichkeit der beiden Arbeitsgangfolgen.

Ein zweiter Ähnlichkeitsfaktor AF2 dient zur Berücksichtigung der Reihenfolge von Arbeitsgängen. Die Elemente der Referenzfolge werden mit laufenden Nummern durchnummeriert. Die Zahlenfolge der anderen Folge ergibt sich dadurch, daß den gleichen Arbeitsgängen die gleichen Ordnungszahlen zugeordnet werden. Die Zahlenfolge soll so umgeordnet werden, daß die Elemente einer Ungleichungsrelation genügen. Die benötigte Anzahl der Umordungsschritte, bis alle Arbeitsgänge der Folge dieser Ungleichung genügen, ist ein Maß für die Ähnlichkeit der Arbeitsgangreihenfolgen.

In einem weiteren Schritt ist die Anzahl der Elemente in aufsteigender Reihenfolge mit einzubeziehen. Diese Berechnungen ergeben den Ähnlichkeitsfaktor AF2.
Im einem anschließenden Schritt werden beide Werte gewichtet addiert. Auf diese Weise erstellt AGF eine Distanzdatei, auf deren Basis eine Clusteranalyse durchgeführt werden kann. Anschließende Ausgabeprogramme bereiten die Ergebnisse in geeigneter Weise auf.

3. Anwendung in der betrieblichen Praxis

3.1 Bildung von Fertigungszellen / oder -systemen

In einer Voruntersuchung zu dieser Fragenstellung lassen sich aus Arbeitsplandaten (Kostenstellenangaben) zu einer Grobanalyse Werkstückgruppen zur Bearbeitung in einer Fertigungszelle, oder einem -system bestimmen. Danach muß eine genaue Analyse der Geometriedaten und fertigungswirtschaftlichen Daten erfolgen, um das genaue Merkmalsspektrum der Werkstücke einzugrenzen. In einer anschließenden Feinanalyse wird aufgrund des eingegrenzten und spezifisierten Merkmalsspektrums eine Feinanalyse durchgeführt.

```
*    ANZAHL DER FOLGEN : 235        ANZAHL DER CLUSTER : 10        ART DER AEHNLICHKEITSBERECHNG. :31
*
*
*   A R B E I T S G A E N G E :
```

CL. 1

	D3100	F3210	F3212	B1237	ST1460	AS1503	FS1524	B3333	AN3968	FS1522	ST3420	IS3511	STI423	B1343	F1222	B1356	SI1973	AS1472
*	1	6	7	10	11	12	13	14	15	17	18	19	21	26	30	35	45	46
20	1								2									
73	1	2							3									
74	1	2							3									
1	1																	
17	1	2																
72	1	2																
218	1	2	3						4									
71	1								2				3					
76	1								3		2							
15	1					2												
18	1		2															
13	1			2														
14	1				2													
16	1						2											
19	1							2										
133	1					3						2						
214	1	2							4	5		3					6	
70	1												3	2				
225	1					6			2						3	4		5

Bild: Gruppenbildung von Werkstücken aufgrund von Arbeitsplandaten

3.2 Verbesserung der Maschinenanordnung

Neben der Betrachtung des gesamten Materialflusses, welcher naturgemäß in größeren Fertigungen einen sehr unüberschaubaren Eindruck liefert, ist die Auflösung in Werkstückgruppen mit ähnlichem Materialfluss sehr hilfreich.

Bild 2 stellt den Materialfluß pro Zeiteinheit zwischen den verschiedenen Kostenstelen einer Werkstückgruppe dar. Wert wurde auf eine genaue räumliche Darstellung der Halle, sowie der Anlagen gelegt. Besonders in einem Soll- Istvergleich einer Werkstattfertigung mit einer Fertigung, aufgebaut nach dem Gesichtspunkt der technologischen Reihenfolge der Bearbeitungen, kann eine solche Darstellungsform sinnvoll sein. Darüberhinaus lassen sich in einfachen Ausgaben sämtliche Vorgänger oder Nachfolger einer Kostenstelle ermitteln, um die Einbindung einzelner, wichtiger Kostenstellen in die Gesamtfertigung zu analysieren.

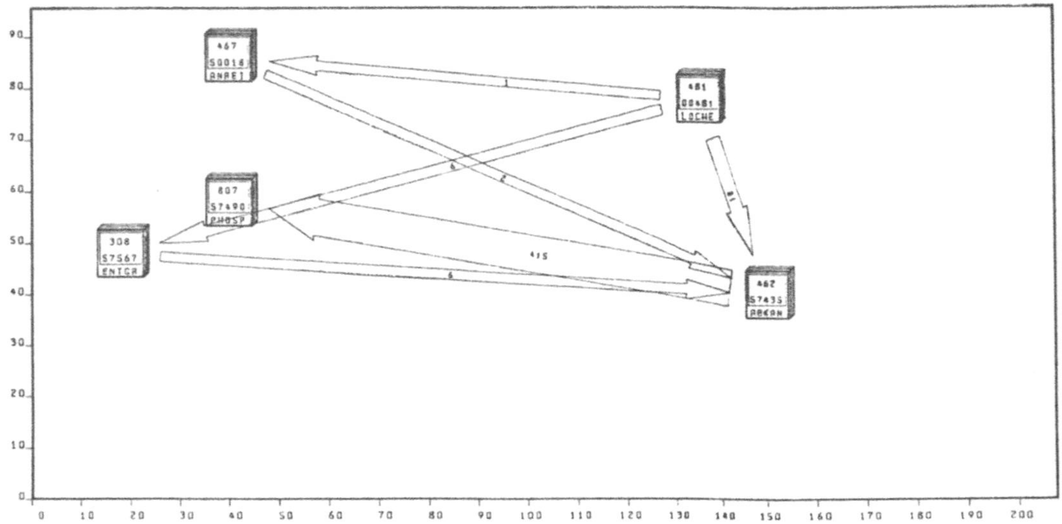

Bild: Darstellung des gesamten Materialflusses einer Werkstückgruppe (Transportbehälter/Jahr)

Literatur:

/1/ Bönchendorf,K. Reihenfolgeprobleme,Verlag A.Hain,Meisenheim GmbH,1982.

/2/ Kälberer,G. Automatische Werkstückklassifizierung mit der Clusteranalyse, Werkstatt und Betrieb 113, (1980)5,S.327ff.

/3/ King,J.R. Machine Component Group Formation in Group Technology, Vth ICPR-Aug.1979,S40-44.

/4/ Freist,Chr. Granow,R. Untersuchung von Werkstückspektren mit Hilfe der Cluster-Analyse,OR-Proceedings 1982, S.501-508,Berlin,Heidelberg,New York: Springer 1983.

ÜBER EINIGE ENTWICKLUNGEN IN DER ÖKONOMETRIE

Josef Gruber, Hagen

Abstract: On some developments in econometrics

The following developments are briefly discussed: regression models with discrete (and limited) dependent variables; unified (one-, two- and three-stage) estimation methods in errors-in-variables-models; irrelevancy of asymptotic properties; small-sample theory; Monte Carlo methodology; econometric models as a part of decision models. For several further developments, only some references are given.

1 Einleitung

Die statistisch abgesicherte und wirtschaftstheoretisch fundierte Modellierung von Prozessen und Entscheidungsproblemen in der Wirtschaft sowie die Anwendung der Modelle zur Entscheidungsvorbereitung erfordern die enge Zusammenarbeit verschiedener Disziplinen, z.B. der Unternehmensforschung, der Ökonometrie, der Wirtschaftstheorie, der Statistik und insbesondere der empirischen Wirtschaftsforschung. Die Ökonometrie versucht ihren Beitrag vor allem zur Lösung statistischer Probleme bei der Modellkonstruktion zu leisten. Die empirische Wirtschaftsforschung spielt bei der Anwendung von Modellen eine Hauptrolle.

Übersichtsvorträge dienen vor allem dem Ziel, die Zusammenarbeit über Fachgrenzen hinweg zu fördern. In diesem Übersichtsvortrag können angesichts der üblichen Nebenbedingungen (Vortragsdauer, Seitenzahl) nur wenige Entwicklungen in der Ökonometrie skizziert werden. Die Auswahl ist subjektiv. In den Vordergrund gestellt werden solche Entwicklungen bei der Modellspezifikation und der Parameterschätzung sowie der Anwendung ökonometrischer Gleichungssysteme, die die Prognoseleistung und die Operationalität ökonometrischer Modelle in der Entscheidungsvorbereitung verbessern können. Gelegentlich wird auch auf Entwicklungen hingewiesen, die im Bereich von Forschung und Lehre notwendig wären, damit die empirische Wirtschafts- und Sozialforschung beschleunigt über ein verbessertes Instrumentarium verfügen würde und es verstärkt anwenden könnte. Anhand von Literaturhinweisen wird versucht, dem Leser den Zugang zu weiterer Information zu erleichtern.

Operations Research Proceedings 1983

2 Regressionsmodelle mit 0-1-abhängigen Variablen (Logit-, Probitmodelle

Regressionsmodelle/ökonometrische Modelle, wie man sie in der Literatur und in Rechnerprogrammen gewöhnlich antrifft, benötigen in jeder Gleichung eine metrisch skalierte (kardinale) abhängige Variable. Wenn die Datenreihe für eine abhängige Variable nicht metrisch skaliert ist (oder sonstigen Begrenzungen unterliegt), muß i.d.R. ein abgewandeltes Modell verwendet werden. Logit- und Probit-Modelle sind zwei für die empirische Wirtschafts- und Sozialforschung wichtige Formen eines abgewandelten Regressionsmodells. Sie haben eine in den Beobachtungen dichotome abhängige Variable.

Eine dichotome (binäre) Variable kann nur zwei Beobachtungswerte annehmen, z.B. $y_t = 1$, wenn am t-ten Element des Untersuchungsobjektes ein bestimmtes Ereignis eingetreten bzw. das Merkmal vorhanden ist, und $y_t = 0$ andernfalls. Einige Beispiele, die sich alle auf eine bestimmte, nicht näher bezeichnete Periode beziehen mögen, machen deutlich, wie weitverbreitet dichotome Variablen sind:

- Ein Haushalt (der t-te einer Querschnittsuntersuchung) hat einen Videorekorder gekauft ($y_t = 1$) oder nicht ($y_t = 0$).
- Ein Arbeitsloser hat einen Arbeitsplatz gefunden ($y_t = 1$) oder nicht ($y_t = 0$).
- Eine Familie hat eine Eigentumswohnung gekauft ($y_t = 1$) oder nicht ($y_t = 0$).
- Ein Geschäftsinhaber hat Konkurs angemeldet ($y_t = 1$) oder nicht ($y_t = 0$).
- Ein Kreditnehmer hat seine Zahlungsverpflichtungen voll erfüllt und sich dadurch "kreditwürdig" erwiesen ($y_t = 1$) oder nicht ($y_t = 0$).
- Ein Bürger hat an Demonstrationen teilgenommen ($y_t = 1$) oder nicht ($y_t = 0$).

Wenn solche Datenreihen zusammen mit anderen Datenreihen (z.B. über sozio-ökonomische Merkmale) derselben Befragten erhoben worden sind, ergeben sich wichtige Möglichkeiten der Regressionsanalyse, der darauf basierenden Prognose und der Entscheidungsvorbereitung. Daß dabei ein Regressionsmodell mit einer metrisch skalierten abhängigen Variablen kaum geeignet ist, erkennt man an dem folgenden, ungewohnt aussehenden Streudiagramm für eine metrisch skalierte erklärende Variable x_{tk}, $t=1,\ldots,T$, (z.B. Pro-Kopf-Einkommen im t-ten Haushalt in einer nicht näher bezeichneten Periode) und einer dichotomen abhängigen Variablen y_t: Der t-te Haushalt hat z.B. einen Videorekorder gekauft ($y_t = 1$) oder nicht

(y_t = O). Alle Beobachtungen liegen auf zwei zur x-Achse parallel verlaufenden Geraden mit y_t = O und mit y_t = 1.

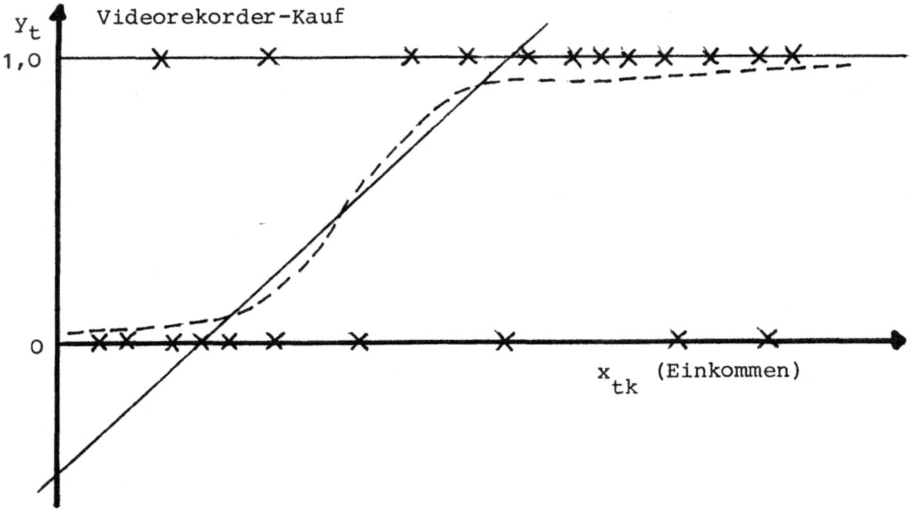

Abb. 1: Streudiagramm bei einer metrisch skalierten erklärenden und einer dichotomen abhängigen Variablen

Die gewöhnliche Kleinstquadrat-Schätzung könnte die eingezeichnete Regressionsgerade ergeben. Vielleicht wäre aber eine nichtlineare Regressionsbeziehung zweckmäßig (z.B. die gestrichelt gezeichnete S-förmige Beziehung). Die Interpretation einer Regressionsbeziehung mit einer dichotomen abhängigen Variablen ermöglicht es uns, von der substanzwissenschaftlichen Seite her Anhaltspunkte über eine zweckmäßige Form der Regressionsbeziehung zu erhalten. Entscheidend ist der Schritt, die Regressionsfunktion als Verteilungsfunktion einer Zufallsvariablen zu interpretieren. Die Regressionsfunktion gibt dann (auf der y-Achse) die Wahrscheinlichkeit an, daß am t-ten Objekt ein bestimmtes Merkmal vorhanden ist bzw. ein bestimmtes Ereignis eintritt, wenn die zugehörige erklärende Variable (auf der x-Achse) einen bestimmten Wert angenommen hat.

Demnach hat, bezogen auf das Beispiel in Abbildung 1, die lineare Regressionsfunktion erhebliche Nachteile. Mit ihr wird für kleine Einkommen eine negative Wahrscheinlichkeit und für größere Einkommen eine Wahrscheinlichkeit größer als 1,O prognostiziert. Aber auch dort, wo die prognostizierte Wahrscheinlichkeit zwischen O und 1,O liegt, wird ein linearer Zusammenhang zwischen dem Einkommen und der Wahrscheinlichkeit, daß der t-te Haushalt einen Videorekorder kauft, unterstellt, und dies dürfte unrealistisch sein: Vermutlich erhöht ein bestimmter Einkommenszuwachs Δx_{tk} bei Haushalten mit unterschiedlichem Einkommen die genannte Wahrscheinlichkeit nicht um den gleichen Betrag.

Deshalb kann es substanzwissenschaftlich sinnvoll sein, eine Regressionsfunktion (Verteilungsfunktion) mit einem S-förmigen Verlauf zu verwenden, etwa wie in Abbildung 1 durch die gestrichelte Linie angedeutet. Damit erhöht ein bestimmter Einkommenszuwachs Δx_{tk} bei Haushalten mit relativ geringem Einkommen die Wahrscheinlichkeit nur geringfügig, daß ein Videorekorder gekauft wird (auch das vergrößerte Einkommen reicht dafür noch nicht). Ähnliches gilt für Haushalte mit relativ hohem Einkommen (wer schon einen Videorekorder hat, kauft kaum einen zweiten).

Zwei Verteilungsfunktionen mit S-förmigem Verlauf sind die der Normalverteilung und der logistischen Verteilung. Ein Regressionsmodell mit einer dichotomen abhängigen Variablen auf der Basis der Normalverteilung heißt "Probitmodell". Ein Regressionsmodell, in dem die S-förmige Verteilungsfunktion der logistischen Funktion verwendet wird, wird "Logitmodell" genannt.
Die Prognose von Wahrscheinlichkeiten mit abgewandelten Regressionsmodellen (z.B. Logit- und Probitmodellen) ist in vielen Bereichen von Interesse. Die eingangs erwähnten Beispiele für dichotome Variablen gehören hierher. Eine Fülle weiterer Beispiele (i.d.R. in Form von "echten" Anwendungen) findet man in dem Übersichtsartikel von Amemija (1981). Siehe auch den Übersichtsartikel von Agrosti (1983) sowie Greene (1983). Eine lehrbuchartige Darstellung von Logit-, Probit- und ähnlichen Modellen, die von der Ökonometrie ausgeht, bieten Judge et al. (1980, S. 583-621). Mit der Analyse diskreten Datenmaterials in Form von Kontingenztafeln befassen sich ausführlich Hartung et al. (1982, S. 407-503). Über eine auf Daten für 47000 Haushalte der Bundesrepublik bezogene Untersuchung der Kaufentscheidungen bei dauerhaften Konsumgütern in Abhängigkeit von sozioökonomischen Variablen mit (u.a.) dem Logit-Modell berichtet Merz (1983).

Angesichts der Bedeutung von Modellen und Methoden zur Analyse diskreten Datenmaterials möchte man wünschen, daß im Lehrprogramm unserer Hochschulen diese nicht mehr ganz neue Entwicklung berücksichtigt wird. (An der FernUniversität Hagen wird voraussichtlich vom Studienjahr 1984/85 an ein entsprechender Kurs angeboten.)

3 Einheitliche Schätzmethoden in Modellen mit Fehlern in den Variablen

Es ist eine unbestreitbare Tatsache, daß praktisch alle statistischen Datenreihen (gleichgültig, ob Zeitreihen oder Querschnittsreihen) mit Fehlern behaftet sind. Mit dem Ausmaß der Fehler in den Daten und mit Methoden zur Modellierung dieser Fehler befaßt sich eine umfangreiche Literatur. Siehe z.B. Strecker (1980).
Klassische Regressionsmodelle/ökonometrische Modelle und Verfahren gehen u.a. von der Fiktion aus, daß die erklärenden Variablen einer Gleichung frei von Fehlern sind. Schätz- und Testverfahren, die unter diesen unrealistischen Annahmen optimale Eigenschaften haben (z.B. Unverzerrtheit der Schätzer bei allen Datenreihenlängen) verlieren mindestens einen Teil ihrer erwünschten Eigenschaften (sind z.B. nicht einmal mehr asymptotisch unverzerrt), wenn die erklärenden Variablen fehlerbehaftet sind. Mangel an erwünschten Eigenschaften der Schätzer für die Modellparameter ist aber im allgemeinen eine Ursache von fehlerbehafteten Prognosen.

Regressionsmodelle/ökonometrische Modelle und zugehörige Schätzverfahren, die Fehler in den erklärenden Variablen berücksichtigen (sog. Fehler-in-den-Variablen-Modelle, Abkürzung: FV-Modelle) sind in den letzten Jahren zu einem Schwerpunkt methodischer Forschung geworden. Für einfache FV-Modelle liegen in der Literatur bereits relativ gut untersuchte Vorschläge für Schätzverfahren vor. Sie verarbeiten i.d.R. mehr Information als die entsprechenden "klassischen" Verfahren (z.B. Information über die Varianzen der Fehler in den Variablen). Die Entwicklung von zugehörigen Testverfahren steckt hingegen noch mehr in den Anfängen. Derzeit mangelt es noch an umfassenden neuen Literaturübersichten. Eine lehrbuchartige Darstellung findet man in Schneeweiß und Mittag (1980). Das Manuskript einer daraus entwickelten Monographie ist fast fertig und dürfte noch 1984 veröffentlicht vorliegen (Schneeweiß und Mittag, ca. 1984). Für 1985 ist die Veröffentlichung einer anderen Monographie vorgesehen: Fuller (1981). Bezüglich Querverbindungen zur Psychometrie, siehe Leeuw et al. (1983).

Nowak (1975) hat eine einheitliche Methode für die konsistente Schätzung in Regressionsmodellen/ökonometrischen Modellen mit Fehlern in den Variablen (FV-Modelle) entwickelt. Er hat gezeigt, wie bei bekannter Kovarianzmatrix der Fehlervariablen aus theoretischen Kenntnissen über das unbeobachtbare wahre FV-Modell konsistente Schätzer für die Parameter des unbeobachtbaren Modells gewonnen werden können. Er wendet die von ihm konzipierte abstrakte einheitliche Methode auf das multivariate statische oder stabil-dynamische FV-Regressionsmodell und auf zwei Versionen des statischen oder stabil-dynamischen interdependenten Modells an. Dabei resultiert eine Klasse von ein-, zwei- und dreistufigen Schätzern.

Diese Klasse von Schätzmethoden für FV-Modelle weist eine auffällige Ähnlichkeit auf mit den einstufigen, zweistufigen und dreistufigen Kleinstquadrat-Methoden für klassische ökonometrische Modelle, in denen Fehler in den Variablen unberücksichtigt bleiben. Da diese Kleinstquadrat-Methoden in der praktischen Wirtschaftsforschung häufig angewandt werden, besteht Aussicht, daß entsprechende Schätzmethoden für FV-Modelle in der Forschungspraxis ähnlich bedeutsam werden, falls diese ähnlich günstige Eigenschaften haben.

Die genannten ein-, zwei- und dreistufigen Schätzer für die strukturellen Koeffizienten sind im FV-Modell unter den von Nowak gemachten üblichen Modellannahmen konsistent und asymptotisch normalverteilt. Damit haben diese Schätzer erwünschte statistische Eigenschaften, zumindest im asymptotischen Bereich. Kleinstichprobeneigenschaften werden derzeit in einem DFG-Projekt in Hagen untersucht. Falls Nowaks Schätzer bei kleinen Stichproben keine endlichen Momente besitzen, dürfte es zweckmäßig sein, diese Schätzer auf die von Fuller (1980) vorgeschlagene Art zu modifizieren, damit sie endliche Momente besitzen.

Die bisher erwähnten Schätzverfahren für FV-Modelle sind anwendbar, wenn die Varianz-Kovarianz-Matrix der Fehler bekannt ist. Diese Voraussetzung kann mit Nachteilen verbunden sein: Die wahren Werte der Varianzen und Kovarianzen der Fehler sind i.d.R. nicht bekannt; sie müssen durch Schätzwerte ersetzt werden. Die Beschaffung von Schätzwerten ist aufwendig. Die Verwendung von Schätzwerten kann auch die Eigenschaften der genannten ein-, zwei- und dreistufigen Schätzer nachteilig beeinflussen.

Deshalb können neuere Verfahrensvorschläge von Nowak (1981) wichtig sein: Sie ermöglichen, auch diese Parameter des FV-Modells aus dem Datenmaterial zu schätzen: aus empirischen Momenten von verzögerten Variablen. Die dazu notwendige zusätzliche Annahme dürfte in vielen Fällen realistisch sein. Im einfachsten Fall muß lediglich angenommen werden, daß der Regressor einem ziemlich flexibel gestaltbaren autoregressiven Prozeß folgt. In einer Nachfragegleichung auf Zeitreihenbasis kann diese Annahme z.B. bedeuten, daß der Preis, der die Nachfrage nach einem Gut erklärt, sich von Periode zu Periode nicht rein zufällig ändert, sondern daß die Preisentwicklung (zusätzlich zu einer rein stochastischen Komponente) durch eine (ökonomisch interpretierbare) Struktur bestimmt wird. Ökonomen dürften mit Annahmen dieser Art keine Probleme haben.

Die von Nowak (1981) für das einfache FV-Modell (statisch, nur ein Regressor) hergeleiteten Schätzer für die Regressionskoeffizienten weisen trotz verringerter Anforderung an a-priori-Information, die i.d.R. schwer beschaffbar ist, erwünschte asymptotische Eigenschaften auf (z.B. Konsistenz, z.T. auch asymptotische Effizienz). Über Kleinstichproben-Eigenschaften ist nichts bekannt; sie werden derzeit in Hagen untersucht.

Es ist wünschenswert, daß für allgemeinere FV-Modelle (multiple FV-Regressionsmodelle, dynamische Modelle, statistische Modelle für Querschnittsdaten) Schätzverfahren entlang der in Nowak (1981) gewählten Linie entwickelt werden. Siehe dazu auch Nowak (1981a) und Nowak (1982). Es ist auch wünschenswert, die Schätztheorie für FV-Modelle mit der Schätztheorie für Modelle zu integrieren, in denen keine Fehler in den Variablen vorkommen (ähnlich der Integration verschiedener "klassischer" Schätzverfahren, die nur noch verschiedene Approximationen des "Full Information Maximum Likelihood"-Schätzers sind, in Hendry (1976)).

4 Abnehmendes Vertrauen in die Übereinstimmung von Kleinstichproben-Eigenschaften und asymptotischen Eigenschaften von Schätzern

Selbst für Schätzer in komplizierten Modellen lassen sich meist auf analytischem Weg Aussagen über asymptotische statistische Eigenschaften herleiten. (Siehe z.B. die im vorigen Abschnitt angegebene Literatur.) Gänzlich anders ist die Situation hingegen bezüglich der Kleinstichproben-Eigenschaften. Analytische Untersuchungen über solche Eigenschaften liegen nur für relativ einfache interdependente Modelle vor (siehe z.B. Mariano (1982)). Dem Anwender, der i.d.R. mit kleinen Stichproben arbeiten muß, bleibt derzeit nur die Hoffnung, daß die asymptotischen Eigenschaften der Schätzer bereits bei ihm vorliegenden kleinen Stichproben zum Tragen kommen.

Mehr und mehr Monte-Carlo-Studien deuten darauf hin, daß diese Hoffnung oft nicht gerechtfertigt ist, auch dann nicht, wenn die korrekte Spezifikation des Schätzmodells unterstellt wird. Wenn Spezifikationsfehler in die statistischen Experimente eingebaut werden (was im allgemeinen realistischer ist als die Annahme einer korrekten Modellspezifikation), wird die Kluft bzw. der Widerspruch zwischen Kleinstichproben-Eigenschaften und asymptotischen Eigenschaften noch leichter wahrnehmbar. So kommt z.B. Krämer (1980, S. 88) in einer Monte-Carlo-Studie zu folgendem Ergebnis:

"Die empirischen Ergebnisse dieser Arbeit können als Bestätigung der eingangs formulierten Hypothese gewertet werden, daß der Gebrauch aufwendiger Schätzverfahren in realitätsnahen Situationen nicht notwendig eine Verbesserung der Resultate mit sich bringt. Ausgehend von Modellen ohne Fehlspezifikation, wo sich die gewöhnliche Kleinst-Quadrate-Methode in Übereinstimmung mit früheren Forschungsergebnissen fast durchweg und gleichmäßig für alle Qualitätskriterien als unterlegen erwies, wurde für mehrere Arten von Fehlspezifikation das Dahinschwinden dieses Abstandes gezeigt. Im Gegenteil war hier in der Mehrzahl der Fälle OLS das überlegene Verfahren. Akzeptiert man für praktische Anwendungen die Allgegenwärtigkeit der hier betrachteten Arten von Abweichung zwischen Modell und ökonomischer Realität, kann man somit die vorliegende Arbeit als Rehabilitation der gewöhnlichen Kleinst-Quadrate-Methode begreifen.

Ein weiteres Ergebnis der vorgeführten Zufallsexperimente ist das Fehlen drastischer Unterschiede zwischen den konkurrierenden Verfahren. Zu den Faktoren, die in praktischen ökonometrischen Anwendungen die Güte der Realitätserfassung bestimmen, gehören offenbar nicht die dabei verwendeten Methoden. Vielmehr haben sich bei identischem Datenmaterial die jeweils zugrundegelegten Modelle als weitaus wichtigere Determinante der Approximationsqualität gezeigt. Die vorliegende Arbeit kann damit auch, um eine weitere wesentliche Aussage in einem Satz zu komprimieren, als Aufforderung verstanden werden, den Fortschritt in der Ökonometrie nicht in der Konstruktion immer komplizierterer Methoden, sondern in der Ausarbeitung realitätsgerechterer Modelle zu suchen. Zur Illustration wurde für den Fall simultaner Gleichungssysteme gezeigt, daß die gewöhnliche Methode der Kleinsten Quadrate den zum Teil beträchtlich aufwendigeren Konkurrenzverfahren durchaus ebenbürtig und in vielen Fällen sogar überlegen ist."

Zu einem vergleichbaren Ergebnis kommen bereits bei korrekter Modellspezifikation Freimann und Gruber (1983, 1983a). In einer Monte-Carlo-Studie werden u.a. die Kleinstichproben-Eigenschaften von OLS und eines dreistufigen Schätzverfahrens (FIDA) untersucht, und zwar in einem interdependenten, dynamischen ökonometrischen Modell mit einem vektorautoregressiven Prozeß erster Ordnung der Störvariablen. In diesem Modell ist OLS inkonsistent. FIDA ist bei Iteration und Konvergenz sowie bei Normalverteilung der Störvariablen identisch mit dem "Full Information Maximum Likelihood"-Schätzer (FIML) und besitzt in diesem Modell geradezu ideale asymptotische Eigenschaften (Konsistenz, Effizienz, Normalverteilung). Doch die Monte-Carlo-Studie bestätigte für die untersuchten Stichprobengrößen T = 20, 40 und 60 nicht generell (d.h. nicht für alle verwendeten Gütekriterien) die Erwartung, daß FIDA OLS überlegen oder zumindest ebenbürtig ist. Die relative Vorzüglichkeit der beiden Schätzverfahren variiert mit der zufällig ausgewählten Struktur, die einem statistischen Experiment zugrunde liegt. Mit dem Mean Square Error (MSE) als Gütekriterium schneidet auch in dieser Monte-Carlo-Studie, die unter idealen Bedingungen (d.h. ohne Spezifikationsfehler) durchgeführt wurde,

OLS wider Erwarten mindestens ähnlich gut ab wie FIDA (wenn nicht sogar besser). Das Ergebnis auch dieser Studie zeigt, wie unzuverlässig asymptotische Eigenschaften als Indikatoren für entsprechende unbekannte Kleinstichproben-Eigenschaften sein können.

5 Entwicklung der Kleinstichproben-Theorie für Schätzer und Tests

Über neuere Veröffentlichungen zur Kleinstichproben-Theorie für Schätzer und Tests in interdependenten Modellen informiert umfassend Mariano (1982). Eine vielleicht besonders wichtige Entwicklung findet man in Phillips (1983). Darin werden drei bisher meist getrennte Forschungsrichtungen integriert: die analytische Richtung, die statistisch-experimentelle Richtung und die rein numerische Richtung.

Die analytische Richtung kann in drei Zweige untergliedert werden (Phillips, 1983, S. 1505): Ein Zweig versucht, die Dichtefunktion oder evtl. die Verteilungsfunktion von Schätzern in ökonometrischen Modellen herzuleiten. Ein zweiter Zweig bemüht sich, die Verteilung der Statistik durch Analyse oder Approximation ihrer Momente zu charakterisieren. Ein dritter Zweig der analytischen Forschungsrichtung befaßt sich mit der direkten Approximation der Verteilung der Statistik. Die statistisch-experimentelle Forschungsrichtung (Monte-Carlo-Studien) und die rein numerische Forschungsrichtung (numerische Integration) haben mit der Entwicklung der Rechnertechnologie stark an Bedeutung gewonnen.

Die Idee, die Phillips' Verfahren zugrunde liegt, ist einfach. Man beobachtet bei der graphischen Darstellung von Dichtefunktionen für ökonometrische Statistiken, daß sie Funktionen mit "guten" Eigenschaften sind ("well behaved"; z.B. begrenzt, stetig, gegen Null an den Grenzen des Wertebereichs der Variablen tendierend), obwohl die analytische Form der (wenigen bekannten) Dichtefunktionen solcher Statistiken recht komplex ist. Diese "gute" Form der Dichtefunktionen legt den Versuch nahe, die stilisierte (auf wesentliche Aspekte beschränkte) Version der Dichtefunktionen durch viel einfachere Funktionen darzustellen. Phillips nennt diese relativ einfachen Funktionen, die die komplizierteren Dichtefunktionen approximieren, Approximanten. Die Approximanten sollen z.B. an den Enden der Verteilung über längere Strecken fast parallel zur Abszisse verlaufen können, dann aber dort scharf nach oben biegen können, wo die Masse der Verteilung liegt.

Phillips schlägt vor, ("erweiterte") rationale Funktionen als Approximanten (ERA) zu verwenden. Bei ihrer Auswahl kann analytische Information

über die Verteilung eingebracht werden. An einem Beispiel erläutert Phillips das Vorgehen bei seinem Verfahrensvorschlag.
Ideal wäre es, wenn man über die statistischen und sonstigen Kleinstichproben-Eigenschaften von Schätzern und Tests in ökonometrischen Modellen unter Modellbedingungen (d.h. bei korrekter Spezifikation des Schätzmodells) und unter praxisnahen Bedingungen (d.h. bei gleichzeitigem Vorliegen von Spezifikationsfehlern verschiedener Art) mindestens ähnlich gut Bescheid wüßte wie über asymptotische Eigenschaften. Es müßte möglich sein, durch verstärkte systematische Forschung auch auf diesem mathematisch schwierigen Gebiet wesentliche Fortschritte zu erzielen.

6 Statistische Experimente auf dem Computer als brauchbarer Ersatz für ein Laboratorium

Die Monte-Carlo-Methode, die die Simulation von statistischen Experimenten sowie das Sammeln und Auswerten von Daten umfaßt, die in diesen Experimenten gewonnen wurden, hat sich in den letzten Jahren zu einem voll akzeptierten Zweig ökonometrischer Forschung entwickelt. Sie bietet gegenwärtig in vielen ökonometrischen Modellen die einzige Möglichkeit, Anhaltspunkte über Eigenschaften von Schätz- und Testverfahren unter praxisrelevanten Bedingungen zu erhalten. Sie gestattet, "mehr Statistik" in die Ökonometrie zu bringen. Diese leidet in großen Bereichen unter dem Nachteil, daß die meisten Datenreihen, die sie verwendet, durch passive Beobachtung zustande gekommen und folglich statistische Verfahren, die auf Experimenten basieren, nur beschränkt anwendbar sind. Die Monte-Carlo-Methode ist ein brauchbarer Ersatz für das in experimentell arbeitenden Wissenschaften unverzichtbare Laboratorium. Wahrscheinlich können noch mehr statistische Prinzipien, insbesondere aus den Bereichen Versuchsanlage und Versuchsauswertung, in ökonometrischen Monte-Carlo-Studien angewandt werden.

Eine wichtige Voraussetzung für die statistische Auswertung der Ergebnisse einer Monte-Carlo-Studie ist die Zufallsauswahl einer genügend großen Anzahl von Strukturen (Parameterkonstellationen) aus dem zulässigen Parameterraum. Dazu kann z.B. der Bereich zulässiger Werte jedes Parameters in 9 gleichgroße Intervalle zerlegt werden. Die 10 Intervallgrenzen bilden die zulässigen Werte des Parameters. Um eine Struktur zu erzeugen, die einem statistischen Experiment zugrunde liegt, wählt man mit Hilfe gleichverteilter Zufallszahlen einen zulässigen Wert für jeden Parameter aus, der im Modell nicht a priori gleich Null gesetzt wurde.

Ein Problem bei dieser Art der Erzeugung von Strukturen ist die Bestimmung des Bereichs zulässiger Werte, insbesondere für Parameter, die keinen substanzwissenschaftlich begründbaren oder aus Stabilitätseigenschaften des ökonometrischen Modells herleitbaren Beschränkungen unterliegen.

Die Monte-Carlo-Methode erlaubt nicht nur, bereits vorhandene Vorstellungen zu quantifizieren und Hypothesen zu überprüfen. Sie kann auch helfen, neue Vorstellungen und Hypothesen zu entwickeln sowie Gegenbeispiele zu erzeugen, die wiederum neue Erklärungen fördern. Sie ist nicht nur im Bereich von Kleinstichproben-Eigenschaften von ökonometrischen Statistiken anwendbar. Siehe dazu vor allem die Monographien von Grenander (1982), die im wesentlichen die experimentelle Mathematik auf dem Computer zum Gegenstand hat, die sich aber auch direkt (und noch mehr indirekt) mit Statistik befaßt, sowie von Smith (1973) und Rubinstein (1981). Siehe auch Hendry und Harrison (1974).

7 Ökonometrische Modelle als Teil von Optimierungsmodellen

Die Verwendung ökonometrischer Gleichungssysteme als Bestandteil von Optimierungsmodellen (in denen u.a. die Zahl beobachteter Fakten möglichst groß und die Zahl "theoretischer" Annahmen möglichst klein ist) ist seit langem ein Ziel ökonometrischer Arbeit. Siehe dazu insbesondere Frisch (1981) und Leontief (1971). In den letzten Jahren sind wir diesem Ziel ein Stück nähergekommen. Einige "große" Wirtschaftsforschungsinstitute in der Bundesrepublik und die Bundesbank arbeiten bereits an bzw. mit der kontrolltheoretischen Version eines ökonometrischen Optimierungsmodells. Es besteht auch großes Interesse an der Übernahme eines Rechnerprogramms (Rosinger-Algorithmus) für die Vektoroptimierungsversion eines ökonometrischen Entscheidungsmodells. (Diese Feststellung läßt die in Gruber (1982) sowie z.T. auch in Heilemann (1981) enthaltene Information als unvollständig erscheinen.)

Die kontrolltheoretische Version eines ökonomtrischen Optimierungsmodells findet man in Anwendungen meist in der linear-quadratischen Form: In einer skalarwertigen quadratischen Zielfunktion werden die i.d.R. heterogenen Ziel- und Instrumentvariablen zu einer einzigen Zielgröße zusammengefaßt. Die linearen Nebenbedingungen in Gleichungsform werden aus der Prognoseform des ökonometrischen Modells gebildet. Diese Modellversion hat einen beachtlichen Vorteil: Sie ermöglicht Simulationsstudien unter strikter Beachtung der ceteris paribus-Bedingung. Nachteilig ist ihre unbefriedigende Anpassung an Bedingungen, die für den Ökonomen i.d.R.

wichtig sind. Positive und negative Abweichungen der Ziel- und Instrumentvariablen von den erwünschten Werten werden z.B. gleich gewichtet. Hauptnachteil ist der große, gegenwärtig kaum zu befriedigende Bedarf an detaillierter Information über die Präferenzen des Entscheidungsträgers bei der Bestimmung der skalarwertigen Zielfunktion. "Theoretische" Annahmen über die Präferenzen des Entscheidungsträgers können fehlende Information über die tatsächlichen Präferenzen nicht ohne Nachteil ersetzen.

Die interaktive Vektoroptimierung vermeidet Probleme, die mit der numerischen Spezifikation einer skalarwertigen Zielfunktion verbunden sind. Interaktive Verfahren verarbeiten bruchstückhafte Information über die lokalen Präferenzen des Entscheidungsträgers, kommen dem Bedürfnis der meisten Entscheidungsträger entgegen, ihre Präferenzen nicht allzu detailliert und nicht vollständig preiszugeben, den Entscheidungsspielraum auszuloten und den Optimierungsvorgang zu verfolgen. Sie haben Aussicht, als Entscheidungshilfen in der Wirtschafts- und Sozialforschung eingesetzt zu werden, insbesondere dort, wo bereits mit ökonometrischen Prognosemodellen gearbeitet wird. Sie haben den Nachteil, daß vom Entscheidungsträger direkt bestimmt wird, welche Lösung (Ziel-Mittel-Kombination) optimal ist ("subjektives" Optimum) und sind daher für Simulationsstudien kaum geeignet.

Mehrere Beiträge über kontrolltheoretische und vektoroptimale ökonometrische Entscheidungsmodelle sind enthalten in Gruber (1983a). Weitere Literatur findet man in Gruber (1983b) und Gruber (1983c).

Probleme, die mit der Modellgröße zusammenhängen, werden in Kmenta und Ramsey (1981) sowie in Haimes (1982) behandelt. Siehe auch Dayal (1981).

Die problemorientierte (im Gegensatz zur methodenorientierten) Modelliegung von Entscheidungsproblemen erfordert die Kombination verschiedener Modelltypen (z.B. Aktivitätsanalysemodelle, Input-Output-Modelle, ökonometrische Modelle). Einen Bericht über ein Beispiel für diesbezüglich m.E. besonders erfolgreiche Forschung von E.O. Heady et al. findet man in Gruber (1983a).

8 Weitere Entwicklungen in der Ökonometrie

Um die vorgegebene maximale Seitenzahl dieses Beitrags einzuhalten, können einige weitere Entwicklungen in der Ökonometrie oder in benachbarten Gebieten, die für die Ökonometrie wichtig sind, nur noch stichwortartig erwähnt und mit wenigen (meist neuesten) Literaturhinweisen versehen werden.

Regressionsanalyse und Modellspezifikation allgemein:
Hocking (1983); White (1982).

Modelle mit variablen Koeffizienten - Kalman- und andere Filter:
Brännäs et al. (1981), Chavas (1982).

Explorative Datenanalyse, robuste Verfahren und weiche Modellierung:
Belsley et al. (1980), Bierens (1981), Daniel und Wood (1980), Hoaglin et al. (1983), Huber (1981), Leeuw et al. (1983), Leontief (1971), Menges et al. (1981), Velleman und Hoaglin (1981), sowie die Papiere zum Themenbereich Datenanalyse in diesem Tagungsband.

Bayessche Ökonometrie:
Zellner (1983).

Ökonometrische Ungleichgewichtsmodelle:
Bowden (1978), Johansen (1982), Quandt (1982).

9 Abschließende Bemerkungen

Einige skizzierte Entwicklungen in der Ökonometrie können uns dem Ziel näherbringen, verbesserte Entscheidungshilfen zu liefern. Der lange Weg von der "reinen" Theorie zu praktischen Anwendungen, bei dem "theoretische" Annahmen vermehrt durch beobachtete Fakten ersetzt werden (vgl. Frisch (1981) und Leontief (1971)), könnte durch eine bessere Organisation der Forschung verkürzt werden. Die großen Wirtschaftsforschungsinstitute und ähnliche Abteilungen in staatlichen und privaten Einrichtungen müßten personell so verstärkt werden, daß mehr große Modellkonstruktions- und Modellanwendungsprojekte langfristig realisiert werden können. (Methodenorientierte, oft im Ein-Mann-Betrieb mit häufig wechselndem Personal erarbeitete Pilot-Studien und "akademische Übungen" reichen nicht aus.) Dringend erforderlich wäre auch ein weltweites Informationssystem, das über Fachgrenzen hinweg auch über die neuesten Veröffentlichungen, über unveröffentlichte Arbeiten und über laufende Forschungsprojekte informiert.

Literaturverzeichnis

AGRESTI A.
A SURVEY OF STRATEGIES FOR MODELING CROSSCLASSIFICATIONS HAVING ORDINAL VARIABLES.
JOURNAL OF THE AMERICAN STATISTICAL ASSOCIATION 78, 184-198, (1983).

BELSLEY D.A.; KUH E.; AND WELSCH R.
REGRESSION DIAGNOSTICS: IDENTIFYING INFLUENTIAL DATA AND SOURCES OF COLLINEARITY. WILEY, NEW YORK a.e., (1980).

BIERENS H.
ROBUST METHODS AND ASYMPTOTIC THEORY IN NONLINEAR ECONOMETRICS.
LECTURE NOTES IN ECONOMICS AND MATHEMATICAL SYSTEMS 192.
SPRINGER VERLAG, BERLIN, HEIDELBERG, NEW YORK (1981).

BOWDEN R.
THE ECONOMETRICS OF DISEQUILIBIUM. (STUDIES IN MATHEMATICAL AND MANAGERIAL ECONOMICS, VOL. 26) NORTH-HOLLAND, AMSTERDAM, NEW YORK, OXFORD (1978).

BRÄNNÄS K.; EKLÖF J.A.; STENLUND H.; AND WESTLUND A.
ECONOMETRICS AND STOCHASTIC CONTROL IN MACRO-ECONOMIC PLANNING.
ALMQUIST AND WIKSELL, STOCKHOLM (1981).

CHAVAS J.P.
RECURSIVE ESTIMATION OF SIMULTANEOUS EQUATION MODELS.
JOURNAL OF ECONOMETRICS 18, 207-217 (1982).

DANIEL C.; AND WOOD F.S.
FITTING EQUATIONS TO DATA. COMPUTER ANALYSIS OF MULTIFACTOR DATA.
SECOND EDITION. WILEY, NEW YORK a.e. (1980).

DAYAL R.
AN INTEGRATED SYSTEM OF WORLD MODELS. NORTH-HOLLAND, AMSTERDAM a.e. (1981).

FREIMANN K.-D. AND GRUBER J.
SMALL SAMPLE PROPERTIES OF THREE ESTIMATORS IN DYNAMIC SIMULTANEOUS EQUATIONS MODELS WITH DISTURBANCES GENERATED BY A VECTORAUTOREGRESSIVE PROCESS - A MONTE CARLO STUDY. UNIVERSITY OF HAGEN, (PAPER PRESENTED AT THE EUROPEAN MEETING OF THE ECONOMETRIC SOCIETY IN PISA, AUGUST 30 - SEPT. 2, (1983a)).

FREIMANN K.-D. AND GRUBER J.
DREI VERFAHREN ZUR PARAMETERSCHÄTZUNG IN DYNAMISCHEN ÖKONOMETRISCHEN MEHRGLEICHUNGSMODELLEN MIT VEKTORAUTOREGRESSIVEM PROZESS DER STÖRVARIABLEN - EINE MONTE CARLO STUDIE.
IN: BÜHLER W., FLEISCHMANN B., SCHUSTER K.P., STREITFERDT L. UND ZANDER H. (HRSG.) OPERATIONS RESEARCH PROCEEDINGS 1982. DGOR, VOTRÄGE DER 11. JAHRESTAGUNG. SPRINGER VERLAG, BERLIN, HEIDELBERG, NEW YORK, S. 542-550 (1983).

FRISCH R.
FROM UTOPIAN THEORY TO PRACTICAL APPLICATIONS: THE CASE OF ECONOMETRICS.
AMERICAN ECONOMIC REVIEW 71, NO. 6, 1-16 (1981).

FULLER W.A.
PROPERTIES OF SOME ESTIMATORS FOR THE ERRORS-IN-VARIABLES MODEL.
THE ANNALS OF STATISTICS 8, 407-422 (1980).

FULLER W.A.
MEASUREMENT ERROR MODELS. (MANUSCRIPT, DEPARTMENT OF STATISTICS, IOWA STATE UNIVERSITY, AMES, IOWA; TO BE PUBLISHED BY JOHN WILEY AND SONS, INC.) (1981).

GREENE W.H.
ESTIMATION OF LIMITED DEPENDENT VARIABLE MODELS BY ORDINARY LEAST SQUARES AND THE METHOD OF MOMENTS. JOURNAL OF ECONOMETRICS 21, 195-212 (1983).

GRENANDER U.
MATHEMATICAL EXPERIMENTS ON THE COMPUTER. ACADEMIC PRESS, NEW YORK a.e. (1982).

GRUBER J.
ERGEBNISSE EINER UMFRAGE ÜBER RECHNERPROGRAMME FÜR ÖKONOMETRISCHE ENTSCHEIDUNGSMODELLE. VIERTELJAHRESHEFTE ZUR WIRTSCHAFTSFORSCHUNG, DEUTSCHES INSTITUT FÜR WIRTSCHAFTSFORSCHUNG, S. 220-223 (1982).

GRUBER J. (ed.)
ECONOMETRIC DECISION MODELS. PROCEEDINGS OF A CONFERENCE AT THE UNIVERSITY OF HAGEN, JUNE 19-20, 1981. LECTURE NOTES IN ECONOMIC AND MATHEMATICAL SYSTEMS, Vol. 208, SPRINGER VERLAG, BERLIN, HEIDELBERG, NEW YORK (1983a).

GRUBER J.
FLEXIBLE INPUTGESTALTUNG IN ROSINGERS INTERAKTIVEM VERFAHREN ZUR ENTSCHEIDUNG BEI MEHREREN ZIELEN (VEKTOROPTIMIERUNG). DISKUSSIONSBEITRAG NR. 68, FACHBEREICH WIRTSCHAFTSWISSENSCHAFT DER FERNUNIVERSITÄT HAGEN. (WIRD VERÖFFENTLICHT IN AGRARWIRTSCHAFT,(1983)) (1983b).

GRUBER J.
OPTIMAL CONTROL AND INTERACTIVE VECTOR OPTIMIZATION IN ECONOMETRIC DECISION MODELS - COMPETING OR COMPLEMENTARY TOOLS OF ECONOMIC ANALYSIS? DISKUSSIONSBEITRAG NR. 71, FACHBEREICH WIRTSCHAFTSWISSENSCHAFT, FERNUNIVERSITÄT HAGEN (WIRD VORAUSSICHTLICH VERÖFFENTLICHT IM TAGUNGSBAND ZUM KYBERNETIK-KONGRESS IN NAMUR, 22.-26.8.1983.) (1983c).

HAIMES Y.Y. (ed.)
LARGE SCALE SYSTEMS. NORTH-HOLLAND, AMSTERDAM a.e. (1982).

HARTUNG J.; ELPELT B. UND KLÖSENER, K.-H.
STATISTIK. R. OLDENBOURG VERLAG, MÜNCHEN, WIEN (1982).

HEILEMANN U.
ZUR AKZEPTANZ ÖKONOMETRISCHER MODELLE IN DER EMPIRISCHEN WIRTSCHAFTSFORSCHUNG - DIE BEISPIELE USA UND BUNDESREPUBLIK. MITTEILUNGEN DES RHEINISCH-WESTFÄLISCHEN INSTITUTS FÜR WIRTSCHAFTSFORSCHUNG 32, 181-198 (1981).

HENDRY D.F.
THE STRUCTURE OF SIMULTANEOUS EQUATIONS ESTIMATORS. JOURNAL OF ECONOMETRICS 4, 51-88 (1976).

HENDRY D.F.; AND HARRISON R.W.
MONTE CARLO METHODOLOGY AND THE SMALL SAMPLE BEHAVIOUR OF ORDINARY AND TWO-STAGE LEAST SQUARES. JOURNAL OF ECONOMETRICS 2, 151-174 (1974).

HOAGLIN D.C.; MOSTELLER F. AND TUKEY J.W. (eds.)
UNDERSTANDING ROBUST AND EXPLORATORY DATA ANALYSIS. WILEY, NEW YORK a.e. (1983).

HOCKING R.R.
DEVELOPMENTS IN LINEAR REGRESSION METHODOLOGY: 1959-1982. TECHNOMETRICS 25, 219-230. (1983).

HUBER P.J.
ROBUST STATISTICS. WILEY, NEW YORK a.e. (1981).

JOHANSEN L.
ECONOMETRIC MODELS AND ECONOMIC PLANNING AND POLICY: SOME TRENDS AND PROBLEMS. MEMORANDUM FROM THE INSTITUTE OF ECONOMICS, OSLO (1982).

JUDGE G.G.; GRIFFITHS W.E.; HILL R.C.; AND LEE T.C.
THE THEORY AND PRACTICE OF ECONOMETRICS. WILEY, NEW YORK a.e. (1980).

KMENTA J. AND RAMSEY J.B. (eds.)
LARGE-SCALE MACRO-ECONOMETRIC MODELS. NORTH-HOLLAND, AMSTERDAM, NEW YORK (1981).

KRÄMER W.
EINE REHABILITATION DER GEWÖHNLICHEN KLEINST-QUADRATE-METHODE ALS SCHÄTZVERFAHREN IN DER ÖKONOMETRIE. (SCHRIFTEN ZUR ANGEWANDTEN ÖKONOMETRIE, HEFT 4), HAAG UND HERCHEN, FRANKFURT/MAIN (1980).

LEEUW J. DE; KELLER W.J. AND WANSBEEK T. (eds.)
INTERFACES BETWEEN ECONOMETRICS AND PSYCHOMETRICS. ANNALS OF APPLIED ECONOMETRICS 1983-2, A SUPPLEMENT TO THE JOURNAL OF ECONOMETRICS 22, (1983).

LEONTIEF W.
THEORETICAL ASSUMPTIONS AND NONOBSERVED FACTS. THE AMERICAN ECONOMIC REVIEW 61, 1-7 (1971).

MARIANO R.S.
ANALYTICAL SMALL-SAMPLE DISTRIBUTION THEORY IN ECONOMETRICS: THE SIMULTANEOUS-EQUATIONS CASE. INTERNATIONAL ECONOMIC REVIEW 23, 503-533 (1982).

MENGES G.; SCHELBERT H. UND ZWEIFEL P. (HRSG.)
STOCHASTISCHE UNSCHÄRFE IN DEN WIRTSCHAFTSWISSENSCHAFTEN.
HAAG UND HERCHEN, FRANKFURT (1981).

MERZ J.
DER EINFLUSS SOZIO-ÖKONOMISCHER GRÖSSEN AUF DIE INDIVIDUELLE PRIVATE NACHFRAGE NACH DAUERHAFTEN KONSUMGÜTERN. ZEITSCHRIFT FÜR WIRTSCHAFTS- UND SOZIALWISSENSCHAFTEN 103, 225-253 (1983).

NOWAK E.
EINE EINHEITLICHE METHODE ZUR KONSISTENTEN SCHÄTZUNG VON PARAMETERN IN ÖKONOMETRISCHEN SYSTEMEN MIT FEHLERN IN DEN VARIABLEN. FORSCHUNGSBERICHTE AUS DEM INSTITUT FÜR STATISTIK UND WISSENSCHAFTSTHEORIE DER UNIVERSITÄT MÜNCHEN. SERIE OE. NR. 2, 24 S. (1975).

NOWAK E.
IDENTIFIKATION UND SCHÄTZUNG ÖKONOMETRISCHER ZEITREIHENMODELLE MIT FEHLERN IN DEN VARIABLEN. ZEITSCHRIFT FÜR WIRTSCHAFTS- UND SOZIALWISSENSCHAFTEN 101, 518-536 (1981).

NOWAK E.
ESTIMATION OF THE STATIC SHOCK-ERROR MODEL FROM TIME SERIES DATA. FORSCHUNGSBERICHTE AUS DEM INSTITUT FÜR STATISTIK UND WISSENSCHAFTSTHEORIE DER UNIVERSITÄT MÜNCHEN, 23 S. (1981a).

NOWAK E.
IDENTIFICATION OF THE DYNAMIC SHOCK-ERROR MODEL WITH AUTOCORRELATED ERRORS. PAPER, INSTITUTE FOR STATISTICS, UNIVERSITY OF MUNICH, 14 pp. (1982).

PHILLIPS P.C.B.
ERA'S: A NEW APPROACH TO SMALL SAMPLE THEORY. ECONOMETRICA 51, 1505-1525 (1983).

QUANDT R.E.
THE STRUCTURE OF DISEQUILIBRIUM MODELS. PAPER, IXth INTERNATIONAL CONFERENCE OF APPLIED ECONOMETRICS, ACADEMY OF SCIENCES, BUDAPEST (1982).

RUBINSTEIN R.Y.
SIMULATION AND THE MONTE-CARLO METHOD. WILEY, NEW YORK a.e. (1981).

SCHNEEWEISS H. UND MITTAG H.J.
ANALYSE VON ÖKONOMETRISCHEN MODELLEN MIT FEHLERN IN DEN VARIABLEN. KURS 0865, ÖKONOMETRIE 7, DER FERNUNIVERSITÄT HAGEN (1980).

SCHNEEWEISS H. UND MITTAG H.J.
DAS REGRESSIONSMODELL MIT FEHLERN IN DEN VARIABLEN. PHYSICA VERLAG, WÜRZBURG u. WIEN (ca. 1984).

SMITH V.K.
MONTE CARLO METHODS. THEIR ROLE FOR ECONOMETRICS. LEXINGTON BOOKS, LEXINGTON, MASS., TORONTO, LONDON (1973).

STRECKER H.
MODEL FOR THE DECOMPOSITION OF ERRORS IN STATISTICAL DATA INTO COMPONENTS, AND THE ASCERTAINMENT OF RESPONDENT ERRORS BY MEANS OF ACCURACY CHECKS. JAHRBÜCHER FÜR NATIONALÖKONOMIE UND STATISTIK 195, 385-420 (1980).

VELLEMAN P.F. AND HOAGLIN, D.C.
APPLICATIONS, BASICS, AND COMPUTING OF EXPLORATORY DATA ANALYSIS. DUXBURY PRESS, BOSTON, MASS. (1981).

WHITE H. (ed.)
MODEL SPECIFICATION. ANNALS OF APPLIED ECONOMETRICS 1982-3. A SUPPLEMENT TO THE JOURNAL OF ECONOMETRICS, VOL. 20 (1982).

ZELLNER A.
THE CURRENT STATE OF BAYESIAN ECONOMETRICS.
(PAPER PRESENTED AT THE EUROPEAN MEETING OF THE ECONOMETRIC SOCIETY IN PISA, 30.8.-2.9.1983; TO BE PUBLISHED IN DWIVEDI, T.D. (ed.) (1983).

FIXPUNKT-(FP-)SCHÄTZUNG ÖKONOMETRISCHER MODELLE MIT RATIONALEN ERWARTUNGEN

Manfred Lösch, Bochum

1. Einleitung

Modelle mit unbeobachtbaren Erwartungen, die im Sinne von MUTH /7/ rational gebildet werden, haben in den letzten Jahren auch in der Anwendung zunehmend an Bedeutung gewonnen. Von den Anwendungsgebieten sind die monetäre Außenwirtschaftstheorie (z.B. /1/,/10/), die Geldnachfrage während Hyperinflation (z.B. /14/,/2/) und monetaristische Modelle der Beschäftigung und Inflation (z.B. /12/,/9/) als die wichtigsten zu nennen.

Die bisher herangezogenen Verfahren zur Schätzung der unbekannten Strukturformkoeffizienten von Modellen mit rationalen Erwartungen (RE-Modelle) sind mit einer Reihe von Nachteilen behaftet. So sind das theoretisch elegante ML-Verfahren /15/ wie auch das MDE-Verfahren /12/ und ein auf dem KALMAN-Filter-Algorithmus basierender Ansatz /2/ in der Praxis mit dem Problem verbunden, selbst bei linearen Modellen in ein komplexes, nichtlineares Gleichungssystem zu münden, dessen Lösung innerhalb zumutbarer Rechenzeiten kaum möglich ist.

Ein anderes, bisher bekanntes Schätzverfahren basiert auf dem Instrumentvariablen-(IV-)Ansatz (/8/,/3/). Die IV-Methode muß sich jedoch dem Einwand stellen, daß die rationalen Erwartungsvariablen durch Instrumentvariablen ersetzt werden, die außerhalb des Modells gewonnen wurden, so daß ein Widerspruch zur Rationalen-Erwartungs-(RE-)Hypothese entsteht. Diese nimmt nämlich an, daß die Erwartungen Vorhersagen des betrachteten Modells sind.

Das Fixpunkt-(FP-)Schätzprinzip wurde 1965 von WOLD /16/ zur Schätzung der unbekannten Strukturformkoeffizienten klassischer Modelle (Modelle ohne rationale Erwartungen) eingeführt und in den folgenden Jahren eingehend untersucht /17/. Es soll gezeigt werden, daß sich das FP-Schätzprinzip auf dynamische RE-Modelle übertragen läßt und dabei die schon im Rahmen klassischer Modelle bekannten Vorzüge (Konsistenz und Anwendbarkeit auch auf Modelle größeren Umfangs) behält.

Operations Research Proceedings 1983

2. Das RE-Modell

Man betrachte das Modell

$$y(t) = \sum_{h=0}^{H} B_h y(t-h) + Ay^+(t|t-1) + \sum_{r=0}^{R} D_r x(t-r) + u(t) \tag{1}$$

mit $\text{diag } B_o = 0_{NxN}$

für alle $t \in \mathbb{Z}$.

Die Matrizen $B_h, h=0,\dots,H$, A und $D_r, r=0,\dots,R$, sind von der jeweiligen Dimension NxN, NxN und NxM. Die Vektoren $y(t-h), h=0,\dots,H$, $y^+(t|t-1)$, $x(t-r), r=0,\dots,R$, und $u(t)$ besitzen jeweils N,N,M und N Elemente. Die endogenen Variablen $y(t-h), h=0,\dots,H$, und die exogenen Variablen $x(t-r)$, $r=0,\dots,R$, sind beobachtbar. Die Störvariable $u(t)$ ist ebenso unbeobachtbar wie die Variable $y^+(t|t-1)$, die die Erwartung für $y(t)$ darstellt, welche auf der Basis der Information zum Zeitpunkt t-1 gebildet wird.

Zentraler Gedanke der rationalen Erwartungsbildung nach MUTH /7/ ist die Annahme, daß die Erwartungen sich als Vorhersagen der zugehörigen ökonomischen Theorie ergeben. Das bedeutet, daß man $y^+(t|t-1)$ erhält als die durch das Modell implizierte Erwartung für $y(t)$, die auf der Information Ω^+_{t-1} basiert, welche zum Zeitpunkt t-1 zur Verfügung steht. Also

$$\begin{aligned} y^+(t|t-1) &:= E(y(t)|\Omega^+_{t-1}) \\ &:= \text{bedingte Erwartung von } y(t) \text{ unter } \Omega^+_{t-1} \end{aligned} \tag{2}$$

mit

$$\Omega^+_t := \{x(t), x(t-1), \dots\} \cup \{y(t), y(t-1), \dots\}. \tag{3}$$

Neben der Informationsmenge Ω^+_t sind noch

$$\Omega^z_t := \{x(t), x(t-1), \dots\} \cup \{y(t-1), y(t-2), \dots\}$$

und (4)

$$\Omega_t := \{x(t), x(t-1), \dots\}$$

zu betrachten.

Definiert man

$$\begin{aligned} z(t) &:= [y(t-1)', \dots, y(t-H)', x(t)', \dots, x(t-R)']', \\ G &:= HN + (R+1)M \qquad \text{und} \\ \Gamma &:= [B_1, \dots, B_H, D_o, \dots, D_R] \qquad , \end{aligned} \tag{5}$$

so läßt sich (1) auch kurz in der Form

$$y(t) = B_o y(t) + Ay^+(t|t-1) + \Gamma z(t) + u(t) \tag{6}$$

schreiben.

Für das RE-Modell (1) sollen folgende Voraussetzungen getroffen werden:

(V1) $I_N - B_o$ und $I_N - B_o - A$ sind nichtsingulär.

(V2) $u(t)$ sind unabhängig und identisch verteilt mit $E(u(t)) = 0_{Nx1}$ und $E(u(t)u(s)') = \delta_{ts}\Sigma_{uu}$ ($\delta_{ts} = 1, t=s$, und $\delta_{ts} = 0$ sonst).

(V3) $E(u(t)|\Omega_t^z) = 0_{Nx1}$ für alle $t \in \mathbb{Z}$ und

$$\underset{T\to\infty}{\text{plim}} \frac{1}{T} \sum_{t=1}^{T} u(t)z(t)' = 0_{NxG} .$$

(V4) Die exogenen Variablen $x(t)$ genügen einem bekannten ARMA(p,q)-Modell $\Phi(L)x(t) = \Theta(L)\varepsilon(t)$, das sowohl der Stationaritäts- wie auch der Invertierbarkeitsbedingung genügt. Dabei bildet $\varepsilon(t)$ einen 'white-noise'-Prozess und $\Phi(L)$ bzw. $\Theta(L)$ ist ein Polynom in dem Lagoperator L vom Grade p bzw. q.
Ferner gilt:

$$\underset{T\to\infty}{\text{plim}} \frac{1}{T} \sum_{t=1}^{T} y(t-h)\varepsilon(t)' = 0_{NxM} \quad \text{für alle } h>0 ,$$

$$\underset{T\to\infty}{\text{plim}} \frac{1}{T} \sum_{t=1}^{T} x(t-r)\varepsilon(t)' = \delta_{r0}\Sigma_{\varepsilon\varepsilon} \quad \text{mit } \Sigma_{\varepsilon\varepsilon} := E(\varepsilon(t)\varepsilon(t)') ,$$

$$\underset{T\to\infty}{\text{plim}} \frac{1}{T} \sum_{t=1}^{T} u(t)\varepsilon(t)' = E(u(t)\varepsilon(t)') = 0_{NxM} ,$$

$$E(\varepsilon(t)|\Omega_{t-1}^{+}) = 0_{Mx1} \quad \text{für alle } t \in \mathbb{Z}.$$

(V5) $z(t)$ bildet einen stationären stochastischen Prozeß mit

$$\underset{T\to\infty}{\text{plim}} \frac{1}{T} \sum_{t=1}^{T} z(t)z(t)' = E(z(t)z(t)') =: \Sigma_{zz} \text{ und}$$

Σ_{zz} ist positiv definit.

(V6) $E(x(t)|\Omega_{t-1}^{+}) = E(x(t)|\Omega_{t-1}) =: \hat{x}(t|t-1)$.

(V7) $\det[(I_N - B_o - A)\lambda^H - \sum_{h=1}^{H} B_h \lambda^{H-h}] = 0$ besitzt nur Lösungen $\lambda \in \mathbb{C}$ mit $|\lambda| < 1$.

Unter diesen Annahmen existieren neben der (asymmetrischen) Strukturform (1) oder (6) für das Modell (1) für alle $t \in \mathbb{Z}$ die gewöhnliche und die beobachtbare reduzierte Form und die finale Form mit stochastisch eingepaßten Anfangswerten im Falle h>0.

Für das Modell (1) möge ferner a priori Information in Form von Nullrestriktionen für die Koeffizientenmatrizen und in Form von Identitäten vorliegen.

3. Das FP-Schätzprinzip

Das Modell (6) enthält in schätztheoretischer Hinsicht zwei Probleme: zum einen die durch die Interdependenz ($B_o \neq 0_{NxN}$) gegebene Korrelation zwischen u(t) und den erklärenden y(t) und zum anderen die Unbeobachtbarkeit der Erwartungsvariablen $y^+(t|t-1)$. Ausgangspunkt des FP-Prinzips bildet wie im Falle des klassischen Modells ($A=0_{NxN}$) die Möglichkeit, y(t) auf der rechten Seite von (6) durch

$$y^z(t|t) := E(y(t)|\Omega_t^z) \qquad (7)$$

zu ersetzen, falls man gleichzeitig die Störvariablen u(t) der Strukturform durch jene der reduzierten Form, nämlich $v(t) := (I_N - B_o)^{-1}u(t)$ substituiert. D.h. es gilt

$$y(t) = B_o y^z(t|t) + Ay^+(t|t-1) + \Gamma z(t) + v(t) \; . \qquad (8)$$

Diese 'umformulierte Strukturform' (8) besitzt die Eigenschaft, daß ihre erklärenden Variablen unkorreliert sind mit den Störvariablen v(t):

$$E(v(t)|y^z(t|t),\; y^+(t|t-1),\; z(t)) = 0_{Nx1} \quad , \qquad (9)$$

so daß (8) der Prediktoreigenschaft

$$E(y(t)|y^z(t|t),\; y^+(t|t-1),\; z(t)) = B_o y^z(t|t) + Ay^+(t|t-1) + \Gamma z(t) \qquad (10)$$

genügt.

Somit könnte (8) als Regressionsmodell betrachtet werden, falls die Variablen $y^z(t|t)$ und $y^+(t|t-1)$ beobachtbar wären. Die zweite Idee des FP-Prinzips besteht dann darin, für die unbeobachtbaren Variablen Identitäten abzuleiten, die es erlauben, die unbeobachtbaren Variablen zu berechnen, falls die unbekannten, zu schätzenden Strukturformmatrizen gegeben wären. Im Falle der Variablen $y^z(t|t)$ und $y^+(t|t-1)$ erhält man diese Identitäten durch

$$y^z(t|t) = B_o y^z(t|t) + Ay^+(t|t-1) + \Gamma z(t)$$

und (11)

$$y^+(t|t-1) = (B_o + A)y^+(t|t-1) + \Gamma z(t) + D_o[\hat{x}(t|t-1) - x(t)] \; .$$

Dabei ist zu beachten, daß $\hat{x}(t|t-1)$ aufgrund des bekannten ARMA(p,q)-Modells als beobachtbar angesehen wird.

Dies führt dann bei gegebenem Stichprobenumfang T zur Definition der FP-Schätzungen $\hat{B}_o$, $\hat{A}$, $\hat{\Gamma}$ für B_o, A, Γ als Lösung des folgenden nichtlinearen Gleichungssystems, wobei sich $\hat{D}_o$ aus $\hat{\Gamma}$ gemäß (5) ergibt:

$$\frac{1}{T}\sum_{t=1}^{T} y(t) \begin{bmatrix} \hat{y}^z(t|t) \\ \hat{y}^+(t|t-1) \\ z(t) \end{bmatrix}' = [\hat{B}_o, \hat{A}, \hat{\Gamma}]\frac{1}{T}\sum_{t=1}^{T} \begin{bmatrix} \hat{y}^z(t|t) \\ \hat{y}^+(t|t-1) \\ z(t) \end{bmatrix} \begin{bmatrix} \hat{y}^z(t|t) \\ \hat{y}^+(t|t-1) \\ z(t) \end{bmatrix}' \qquad (12)$$

mit:

$\hat{y}^z(t|t)=\hat{B}_o y^z(t|t)+\hat{A}y^+(t|t-1)+\hat{\Gamma}z(t)$ und

$\hat{y}^+(t|t-1)=(\hat{B}_o+\hat{A})\hat{y}^+(t|t-1)+\hat{\Gamma}z(t)+\hat{D}_o[\hat{x}(t|t-1)-x(t)]$

für alle $t \in \mathbb{Z}$.

$\hat{B}_o$, $\hat{A}$ und $\hat{\Gamma}$ genügen allen a priori Restriktionen in Form von Nullrestriktionen und Identitäten.

$I_N-\hat{B}_o$ und $I_N-\hat{B}_o-\hat{A}$ sind nichtsingulär.

4. Existenz, Eindeutigkeit und Konsistenz der FP-Schätzungen

Aufgrund von (V1) kann (12) reduziert werden auf ein nichtlineares Gleichungssystem $F(\hat{a},\hat{m})=0_{Px1}$ in den FP-Schätzungen $\hat{a}$ für die P unbekannten Strukturformkoeffizienten a_o und in den Stichprobenmomenten $\hat{m}$ zweiter Ordnung der beobachtbaren Variablen y,z und $\hat{x}$. Bezeichnet m_o die zu $\hat{m}$ gehörigen theoretischen Momente, so kann unter den Annahmen (V1) bis (V7) gezeigt werden, daß $F(a_o,m_o)=0_{Px1}$. Diskutiert man F mit Hilfe des Satzes über implizite Funktionen /4, p.265/, so läßt sich bei Unterstellung der zugehörigen Annahmen, insbesondere der Rangbedingung $\det(\partial F/\partial a(a_o,m_o))\neq 0$, die Existenz und die Eindeutigkeit einer Lösung von (12) zeigen. Dies erlaubt dann die Definition von FP-Schätzfunktionen, für die der Nachweis der Konsistenz geführt werden kann.

5. Numerische Verfahren

Die numerische Behandlung des FP-Schätzansatzes erweist sich als außerordentlich vorteilhaft insbesondere im Vergleich mit der ML-Methode. Denn das System (12) wird gebildet zum einen von dem Normalgleichungssystem, das zur umformulierten Strukturform (8) gehört, und zum anderen von einem linearen Gleichungssystem in $\hat{y}^z(t|t)$ und $\hat{y}^+(t|t-1)$. Daher kann ein Iterationsverfahren definiert werden, indem man sowohl die Kleinst-Quadrat-(LS-)Technik als auch ein Iterationsverfahren zur Lösung linearer Gleichungssysteme heranzieht. Als Basisverfahren kann das im Rahmen klassischer Modelle als FP-Methode /16/ bezeichnete Iterationsverfahren betrachtet werden:

Nach dem Iterationsschritt 's' mögen $y^{z(s)}(t|t)$ und $y^{+(s)}(t|t-1)$ für alle $t=1,\dots,T$ vorliegen.
Im Iterationsschritt 's+1' bestimme man in der 1.Stufe $\hat{B}_o^{(s+1)}$, $\hat{A}^{(s+1)}$ und $\hat{\Gamma}^{(s+1)}$, indem für alle Verhaltensgleichungen von (8) eine Regression von $y(t)$ auf $y^{z(s)}(t|t)$, $y^{+(s)}(t|t-1)$ und $z(t)$ durchgeführt wird.
In der 2.Stufe berechne man dann $y^{z(s+1)}(t|t)$ und $y^{+(s+1)}(t|t-1)$ für $t=1,\dots,T$ wie folgt:

$$y^{z(s+1)}(t|t):=\hat{B}_o^{(s+1)}y^{z(s)}(t|t)+\hat{A}^{(s+1)}y^{+(s)}(t|t-1)+\hat{\Gamma}^{(s+1)}z(t) \quad ,$$

$$y^{+(s+1)}(t|t-1):=(\hat{B}_o^{(s+1)}+\hat{A}^{(s+1)})y^{+(s)}(t|t-1)+\hat{\Gamma}^{(s+1)}z(t)$$
$$+\hat{D}_o^{(s+1)}\left[\hat{x}(t|t-1)-x(t)\right].$$

Diese Methode erlaubt zahlreiche Modifikationen, die fast immer zufriedenstellend arbeiten in Hinsicht auf schnelle Konvergenz und zumutbare Rechenzeiten; sogar dann, wenn die Modelle groß sind. Nur in wenigen Fällen sind bisher Konvergenzprobleme beobachtet worden.

6. Anmerkungen

Das zum Kreis der LS-Methoden zählende FP-Schätzverfahren ist im Gegensatz zur ML-Methode verteilungsfrei und verlangt keine unabhängigen Beobachtungen. Ferner kann das FP-Verfahren als Prognose-orientiert und die ML-Methode als Parameter-orientiert betrachtet werden. Daher sind die für den ML-Ansatz bekannten statistischen Verfahren wie (i) das Testen von Hypothesen und (ii) die Berechnung von Standardfehlern für die geschätzten Parameter nicht auf die FP-Schätzung übertragbar. Im Methodenkreis der LS-Verfahren existieren aber Gegenstücke zu (i) und (ii), nämlich (j) der STONE-GEISSER-Test (/11/,/5/) und (jj) der Jackknife-Test von TUKEY (/13/,/6/). Diese können auch im Rahmen von FP-Schätzungen Anwendung finden.

Zugleich mit den Schätzungen für die unbekannten Strukturformkoeffizienten bestimmt das FP-Verfahren für jede gemeinsam abhängige Variable $\hat{y}^z(t|t)$ und $\hat{y}^+(t|t-1)$. Diese, die die zu der geschätzten Modellstruktur gehörige Ex-Post- und 'one-step-ahead'-Prognose bilden, erlauben die Beurteilung der Anpassungsgüte mit Hilfe der üblichen Prognosekriterien.

Der FP-Schätzansatz erlaubt auch die Behandlung von RE-Modellen mit sogenannten 'zukünftigen' Erwartungen $y^+(t+k|t-1):=E(y(t+k)|\Omega^+_{t-1}),k>0$, falls die Unbestimmtheit der Erwartungen dieser Modelle mit Hilfe einer besonders unter praktischen und Prognose-orientierten Aspekten geeigneten Voraussetzung überwunden wird.

Schließlich sei angemerkt, daß die numerischen FP-Methoden auch auf nichtlineare Modelle erweitert werden können, die noch linear in den unbekannten Koeffizienten sind.

7. Literatur

/1/ ABRAHAMSEN,Y.:
DIE WECHSELKURSENTWICKLUNG DES SCHWEIZER FRANKEN.
DIPLOMARBEIT, HOCHSCHULE ST.GALLEN (1982).

/2/ BURMEISTER,E.; WALL,K.D.:
KALMAN FILTERING ESTIMATION OF UNOBSERVED RATIONAL EXPECTATIONS WITH AN APPLICATION TO THE GERMAN HYPERINFLATION.
JOURNAL OF ECONOMETRICS 20, 255-284 (1982).

/3/ CUMBY,R.E.; HIUZINGA,J.; OBSTFELD,M.:
TWO-STEP TWO-STAGE LEAST SQUARES ESTIMATION IN MODELS WITH RATIONAL EXPECTATIONS.
JOURNAL OF ECONOMETRICS 21, 333-355 (1983).

/4/ DIEUDONNE,J.:
FOUNDATIONS OF MODERN ANALYSIS.
NEW YORK AND LONDON (1960).

/5/ GEISSER,S.:
THE PREDICTIVE SAMPLE REUSE METHOD WITH APPLICATIONS.
JOURNAL OF THE AMERICAN STATISTICAL ASSOCIATION 70, 320-328 (1975).

/6/ MILLER,R.G.:
THE JACKKNIFE - A REVIEW.
BIOMETRIKA 61, 1-15 (1974).

/7/ MUTH,J.F.:
RATIONAL EXPECTATIONS AND THE THEORY OF PRICE MOVEMENTS.
ECONOMETRICA 29, 315-335 (1961).

/8/ NELSON,CH.R.:
RATIONAL EXPECTATIONS AND THE ESTIMATION OF ECONOMETRIC MODELS.
INTERNATIONAL ECONOMIC REVIEW 16, 555-561 (1975).

/9/ NEUMANN,M.J.M.:
DER BEITRAG DER GELDPOLITIK ZUR KONJUNKTURELLEN ENTWICKLUNG IN DER BUNDESREPUBLIK DEUTSCHLAND.
KYKLOS 34, 405-431 (1981).

/10/ SCHIPS,B.:
THE EXCHANGE RATE BETWEEN THE SWISS FRANC AND THE DEUTSCHE MARK AND THE US-DOLLAR - AN ECONOMETRIC MODEL.
PAPER PREPARED FOR THE THIRD INTERNATIONAL SYMPOSIUM ON FORECASTING, PHILADELPHIA, JUNE 1983.
HOCHSCHULE ST.GALLEN (1983).

/11/ STONE,M.:
CROSS-VALIDATORY CHOICE AND ASSESSMENT OF STATISTICAL PREDICTIONS. JOURNAL OF THE ROYAL STATISTICAL SOCIETY 36, SERIE B, 111-133 (1974).

/12/ TAYLOR,J.B.:
ESTIMATION AND CONTROL OF A MACROECONOMETRIC MODEL WITH RATIONAL EXPECTATIONS.
ECONOMETRICA 47, 1267-1286 (1979).

/13/ TUKEY,J.W.:
BIAS AND CONFIDENCE IN NOT-QUITE LARGE SAMPLES (ABSTRACT).
ANNALS OF MATHEMATICAL STATISTICS 29, 614 (1958).

/14/ WALLACE,N.; SARGENT,T.J.:
RATIONAL EXPECTATIONS AND THE DYNAMICS OF HYPERINFLATION.
INTERNATIONAL ECONOMIC REVIEW 14, 328-350 (1973).

/15/ WALLIS,K.F.:
ECONOMETRIC IMPLICATIONS OF THE RATIONAL EXPECTATIONS HYPOTHESIS.
ECONOMETRICA 48, 49-73 (1980).

/16/ WOLD,H.:
A FIX-POINT THEOREM WITH ECONOMETRIC BACKGROUND. I-II.
ARKIV FÖR MATEMATIK 6, 209-240 (1965).

/17/ WOLD,H.:
THE FIX-POINT APPROACH TO INTERDEPENDENT SYSTEMS.
AMSTERDAM (1980).

STRUKTURWANDEL DES KÜNFTIGEN ENERGIEANGEBOTS - ERFAHRUNGEN AUS DER ANWENDUNG VON ENERGIEMODELLEN

Volker Grunwald, Düsseldorf

Vorbemerkungen:

Gravierende Anpassungsschwierigkeiten in den 70er Jahren, ausgehend von der Krise der internationalen Ölmärkte, die das Wirtschaftswachstum in fast allen Volkswirtschaften beeinträchtigte, haben das Gewicht der Frage nach der künftigen Wirtschafts- und Energiemarktentwicklung erheblich verstärkt. Die Folge war eine Inflation von Wirtschaftsprognosen, hervorgerufen durch die verstärkte Entwicklung von Modellen, die durch den Einsatz von Großrechenanlagen solche Prognosen quasi per Knopfdruck ermöglichten. Auch für die Energiemärkte ist versucht worden, durch den Einsatz besonderer Energiemodelle Prognosen zu entwickeln. Wenn heute diese Prognoseflut etwas abgeflaut ist, so kann dies kaum verwundern, da durchschlagende Erfolge auch durch Energiemodelle nicht zu erzielen waren.

So stand zum Beispiel noch vor einigen Jahren die Frage im Vordergrund, ob bei anhaltendem Wirtschaftswachstum auch die vermeintlich mitwachsenden Energiemengen bereitgestellt werden können; heute sieht man eher die Frage, wie sich der Energiebedarf an die geänderten Wachstumsaussichten anpassen muß. Dabei hat die Nutzung immer besserer statistisch-mathematischer Methoden, immer detaillierterer Daten und immer größerer Rechenanlagen die Zuverlässigkeit der Energieprognosen nicht erhöht; insbesondere haben die Modelle durch "weiterrechnen" bisheriger Entwicklungen bruchartige Strukturänderungen nicht erkannt.

Nach diesen Erfahrungen erfolgt die Anwendung eines Modellsystems - über das im folgenden berichtet wird - in einem Unternehmen der Energiewirtschaft vorwiegend unter folgenden Aspekten:

o Flexible und gleichzeitig möglichst breite Nutzungsmöglichkeikeiten, z. B. auch isolierte Anwendbarkeit einzelner Modellteile durch beliebige Eingriffsmöglichkeiten, die z. B. auch eine Verknüpfung einzelner Modellbausteine mit intuitiven Einschätzungen erlaubt.

Operations Research Proceedings 1983

- o Möglichkeit zur Analyse des Ist-Zustandes, was einen möglichst aktuellen Stützbereich der Datenbasis erfordert als wichtige Voraussetzung einer solchen Prognose.

- o Reduzierung des Zeitaufwandes für die Verfahren der Prognosetechnik, die ohne formalisierte Verfahren im Großrechner sehr aufwendig sind, letztlich auch, um dem gesunden Menschenverstand mehr Möglichkeiten zur Einflußnahme auf die Prognosen zu geben.

Das Modellsystem

Die Struktur des Modellsystems ergibt sich aus folgender Abbildung:

Struktur des Modellsystems

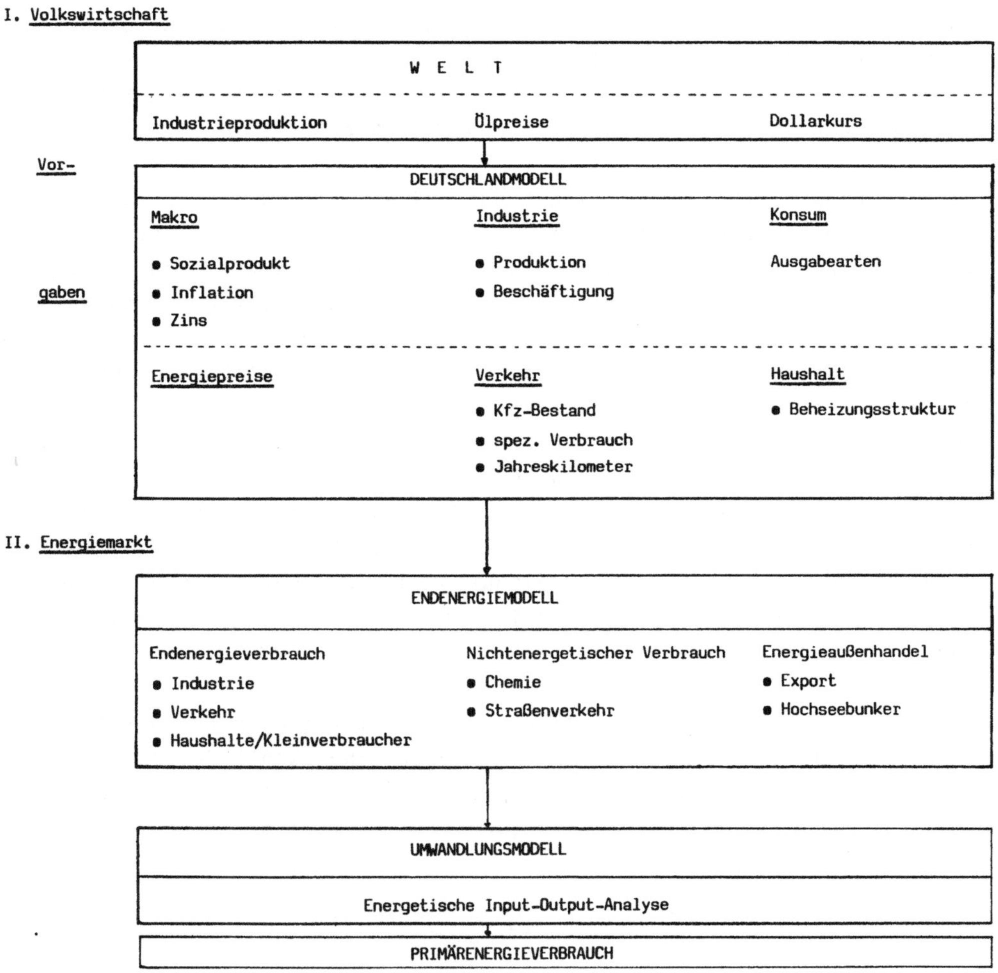

Es ist sachlich in zwei Teilmodelle, und zwar Volkswirtschaft und Energiewirtschaft und methodisch in die ökonometrischen Modellbausteine, Volkswirtschaft und Endnachfrage nach Energie einerseits sowie in ein energetisches Input-Output-Modell andererseits gegliedert. Zu beachten ist, daß beide Abgrenzungen nicht deckungsgleich sind.

Die für den Energiemarkt wichtige Entwicklung der restlichen Ökonomie wird zunächst in einem makroökonomischen Modell abgebildet, daß alle Größen der volkswirtschaftlichen Gesamtrechnung, die wichtigsten Größen von Geld- und Kapitalmarkt sowie die Position der Außenwirtschaft, insbesondere Zahlungsbilanz, abbildet. Das makroökonomische Deutschland-Modell selbst wird durch Vorgabe weltwirtschaftlicher Daten, wie z. B. die Industrieproduktion, Ölpreise und Dollarkurs gesteuert. Die so ermittelte gesamtwirtschaftliche Entwicklung wird dann verknüpft mit zwei weiteren ökonometrischen Modellen: Ein Industriemodell ermittelt die Entwicklung der sektoralen Nettoproduktion und ein Konsummodell erklärt aufgrund der gesamtwirtschaftlichen Einkommens- und Preisentwicklung den Verlauf des privaten Konsums, gegliedert nach knapp 50 Ausgabearten.

Da der Energieverbrauch möglichst realitätsnah bei den einzelnen Verwendungsbereichen untersucht werden soll, sind zuvor die Einflußfaktoren für den Energieverbrauch dieser Verwendungsbereiche zu bestimmen. Dies geschieht bei der Industrie durch Ermittlung der industriellen Nettoproduktion. Für den Verkehrssektor wird zunächst der Kfz-Bestand ermittelt, gegliedert nach Lkw sowie Pkw mit Benzin- und Dieselantrieb. Daneben wird der spezifische Verbrauch dieses Kfz-Bestandes in Abhängigkeit von Energiepreisen sowie einer Fortschrittsvariablen erklärt. Die Erklärung der gefahrenen Jahreskilometer erfolgt in Abhängigkeit vom Einkommen. Im Prinzip ähnlich ist die Vorgehensweise bei der Ermittlung der Kenngrößen für den Haushaltsenergieverbrauch, wie z. B. die Beheizungsstruktur. Energiepreise werden in Abhängigkeit von inländischer Inflation, von Weltölpreisen sowie Wechselkursentwicklung geschätzt.

Den Kern des Energiemodells bilden ein ökonometrisches Endenergienachfragemodell zusammen mit einem energetischen Input-Output-Modell, das über den sogenannten Umwandlungsverbrauch und die bei der Umwandlung entstehenden Verluste den notwendigen Primärenergiebedarf ermittelt.

Datenbasis beider Modelle ist die jährlich für die Bundesrepublik erstellte Energiebilanz. Zur Endenergienachfrage wird dabei neben dem Endenergieverbrauch auch der nicht-energetische Verbrauch sowie der Energieaußenhandel gerechnet. Diese Vereinbarung ist notwendig, um die energetische Endnachfrage im Input-Output-Modell vollständig zu bestimmen. Eine detailliertere Erklärung des Endenergieverbrauchs erfolgt funktional durch die zuvor im Deutschland-Modell erklärten Größen. Insgesamt besteht dieser Modellteil aus 156 ökonometrisch geschätzten Gleichungen, wodurch alle wichtigen Felder der Endenergiebilanz, bestehend aus 28 Sektoren und 40 Energieträgern, funktional erklärt werden. Als Beispiel einer solchen Funktion kann hier die Stromnachfrage der chemischen Industrie gelten, die alle üblichen Anforderungen hinsichtlich der ökonomischen Plausibilität der Parameterwerte, der Vorzeichen sowie der Signifikanz der statistischen Testwerte erfüllt.

$$EEV_{ch}^{EL} = 3543{,}3 + 35{,}0\ NPI_{ch} - 25{,}8\ P_{EL,r}$$

(t-Wert) (4,9) (9,0) (2,8)

$R^2 = 0{,}87$ DWD = 1,51 Schätzperiode: 1970 - 1982

mit EEV_{ch}^{EL} := Endenergieverbrauch der Chemie an Strom
NPI_{ch} := Nettoproduktion Chemie
$P_{EL,r}$:= realer Strompreis

Methodisch analog werden nichtenergetischer Verbrauch sowie die Größen des energetischen Außenhandels bestimmt.

Im nächsten Schritt wird mittels Umwandlungsmodell die Frage beantwortet, wieviel Primärenergie beschafft werden muß, um die nachgefragte Endenergie zu decken. Dabei ist zu beachten, daß die nachgefragte Endenergie aus der beschafften Primärenergie durch einen technischen Umwandlungsprozeß erzeugt wird, wie z. B. Koks aus Kohle oder Strom aus Kernenergie. Bei diesem technischen Prozeß sind Verluste und außerdem der Energieverbrauch für den Umwandlungsprozeß sowie den Transport zu berücksichtigen.

Als Umwandlungsmodell dient das energetische Input-Output-Verfahren nach Recker/Miebach /1/. Dies basiert im wesentlichen darauf, daß aus den jährlich erscheinenden Energiebilanzen hinsichtlich der Umwandlung energetische Verflechtungstabellen nach dem Vorbild der volkswirtschaftlichen Input-Output-Tabelle von Leontief ermittelt werden.

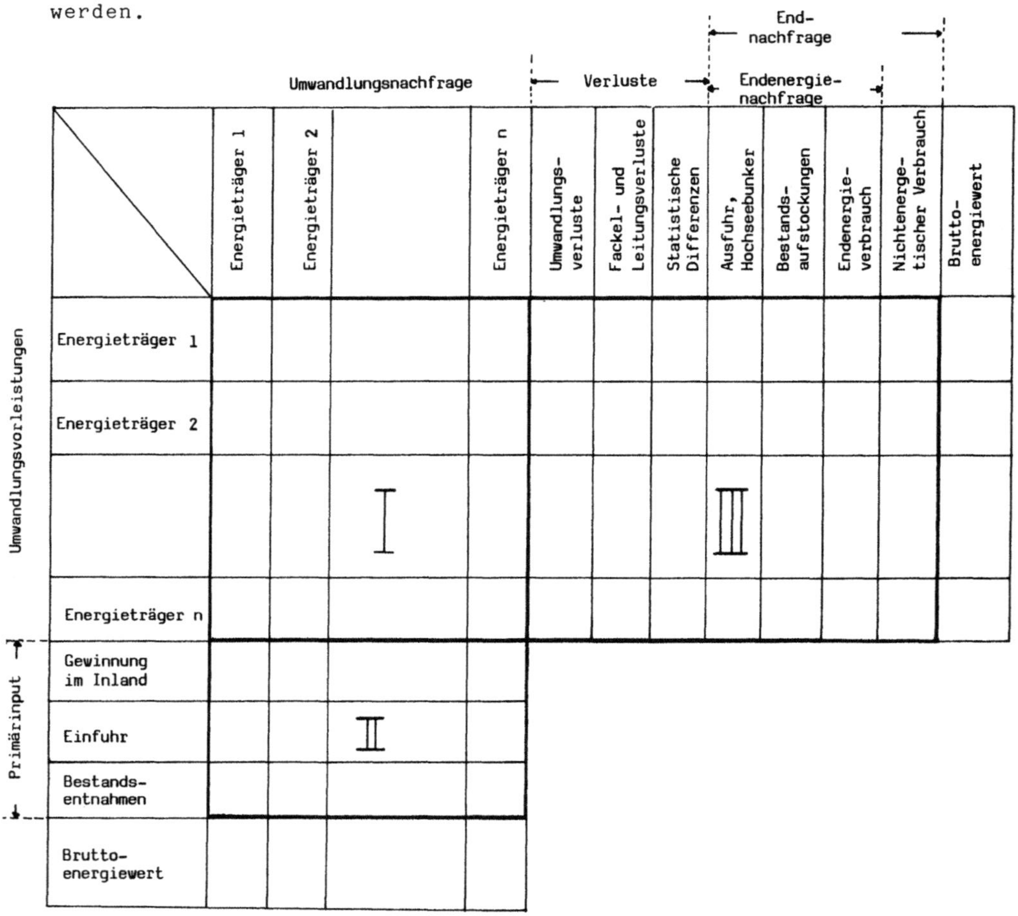

Der wesentliche Unterschied zur volkswirtschaftlichen Input-Output-Analyse ist, daß die Verflechtung zwischen den Energiearten allein durch Energieströme (in Mio t SKE) hergestellt wird. Wie die Abbildung zeigt, wird im 1. Quadranten die Matrix der Energieflüsse der Umwandlung abgebildet; im 2. Quadranten das Energieaufkommen, das direkt aus der Energiebilanz übernommen wird und im 3. Quadranten werden neben der Endenergienachfrage drei Kategorien von Verlusten erfaßt, und zwar

- o Umwandlungsverluste
- o Fackel- und Leitungsverluste
- o statistische Differenzen.

Das energetische Input-Output-Modell wird gebildet auf der Basis zu Leontief formal anloger Input-Output-Koeffizienten.

$$a_{ij} = \frac{x_{ij}}{X_j} \qquad \left.\begin{array}{l} i = 1, \ldots, 42 \\ j = 1, \ldots, 39 \end{array}\right\} \begin{array}{l} \text{bei 39 Energieträgern} \\ \text{und 3 Primärinputs} \end{array}$$

mit x_{ij} := Umwandlungsvorleistungen des Energieträgers i zur Erzeugung des Energieträgers j

X_j := Bruttoenergiewert des Energieträgers j

a_{ij} := Inputkoeffizient

Zusätzlich werden Verlust-Koeffizienten gebildet, die z. B. im Falle der Umwandlungsverluste das Verhältnis von Umwandlungsausstoß zu Umwandlungsvorleistung darstellen, also einen mittleren Wirkungsgrad. Die formale Modellösung ähnelt insgesamt stark dem offenen statistischen Leontief-Modell:

$$X = \left[I - A^*\right]^{-1} y \quad \text{mit } A^* = A + B\,(k)$$

mit y := Vektor der Endenergienachfrage

X := Vektor der Bruttoenergiewerte

I := Einheitsmatrix

$B(k)$:= Matrix der k-Verlustgrößen

Die Vorteile und damit auch die wesentlichen Gründe für die Einbindung dieses Verfahrens in das Modellsystem sind zu sehen in

- der Tatsache, daß die energetische Input-Output-Analyse auf technischen Koeffizienten basiert, die auch Wirkungsgrade bei der Umwandlung einbeziehen. Darüberhinaus garantiert dieses Verfahren Konsistenz bei den Ergebnissen, was gerade bei einem Umwandlungsmodell besonders wichtig erscheint. Insgesamt dürfte das Verfahren zur Abbildung technischer Prozesse daher angemessener sein als ein stochastisches Modell, insbesondere auch deshalb, weil die Zeitreihe der Input-Output-Koeffizienten seit 1950 eine fundierte Analyse und damit auch Variationen der Koeffizienten für Prognosen ermöglicht;

der Möglichkeit, den Stützbereich des Modells auf ganz aktuelle Input-Output-Tabellen zu basieren. Unter dem Aspekt einer sorgfältigen Analyse des Ist-Zustandes als Voraussetzung einer zuverlässigen Prognose erscheint dies besonders wichtig. Die verschiedentlich versuchte Einbeziehung der Energiebilanzen in volkswirtschaftliche Input-Output-Modelle ist von vornherein mit dem Nachteil belastet, daß aktuelle volkswirtschaftliche Input-Output-Tabellen nicht zur Verfügung stehen. Die jüngste Input-Output-Tabelle für die Bundesrepublik existiert für 1978, einem Jahr, bevor der verstärkte Strukturwandel im Energiebereich aber auch in der Volkswirtschaft einsetzte.

Modellanwendungen

Wichtigste Anwendungsmöglichkeit eines solchen Systems ist die Erstellung mittel- und langfristiger Energieprognosen. Eine knappe Darstellung der Ergebnisse zeigt, daß bei Zugrundelegung verhaltener Annahmen bei den Vorgaben für 1980 bis 1990 und zwar

- o 1,7 % p.a. Wirtschaftswachstum
- o 1,4 % p.a. Wachstum der Industrieproduktion
- o 5,6 % p.a. Steigerung der Ölpreise

das Modell zu Ergebnissen führt, die auch aus aktueller Sicht in der Energiewirtschaft akzeptabel erscheinen: Das Endergebnis, die Prognose des Primärenergieverbrauchs, verdeutlicht folgende Tabelle, die den verlangsamten Energieverbrauchszuwachs und den Strukturwandel zwischen den Energieträgern zeigt.

PRIMÄRENERGIEVERBRAUCH

	- in Mio t SKE -			- Anteil in % -			- mittlere jährl. Zuwachsrate - in %/a -	
	1950	1970	1990	1950	1970	1990	1950/70	1970/90
Steinkohle	98,7	96,8	73,0	72,8	28,7	18,5	- 0,1	- 1,4
Braunkohle	20,7	30,6	46,0	15,3	9,1	11,7	2,0	2,1
Mineralöl	6,3	178,9	148,0	4,6	53,1	37,6	18,2	- 0,9
Erdgas	0,1	18,5	73,0	0,1	5,5	18,5	29,8	7,1
Kernenergie	.	2,1	44,0	.	0,6	11,2	.	16,4
Wasserkraft + Sonstige	9,7	9,9	10,0	7,2	3,0	2,5	0,1	0,1
Alle Energieträger	135,5	336,8	394,0	100,0	100,0	100,0	4,7	0,8
Zum Vergleich Wirtschaftswachstum:							6,3	2,3

Eine Modellanwendung besteht darin, die Frage zu untersuchen, um wieviel die Preise eines bestimmten Energieträgers x theoretisch gesenkt werden müssen, um die bestehenden inländischen Produktionskapazitäten dieses Energieträgers durch Minderpreisgeschäfte mit entsprechender Absatzausweitung im heimischen Wärmemarkt auszugleichen.

Das Input-Output-Modell bietet die Möglichkeit einer Strukturanalyse, die über den bisher skizzierten Analyserahmen hinausgeht. Schreibt man die Matrix der inversen Input-Output-Koeffizienten als geometrische Reihe

$$\lim_{t \to \infty} \quad I + A^{*} + A^{*2} + \quad \ldots \quad + A^{*t} = (I - A^{*})^{-1}$$

dann bezeichnet I die endnachfragebedingte Energiebewegung, A^{*} die direkten Umwandlungsvorleistungen, die notwendig sind, um diese Endnachfrageänderung zu befriedigen und $A^{*2} + \ldots + A^{*t}$ die Summe aller indirekten Umwandlungserfordernisse, die durch die Nachfrage nach den direkten Umwandlungsvorleistungen zusätzlich entstehen. Betrachtet man eine Endnachfrageerhöhung beim Strom um 100 Einheiten, dann ergaben sich in der Vergangenheit folgende Umwandlungserfordernisse:

	zusätzlich induzierte Umwandlungs-Vorleistungen			Endnachfrageeffekt	Gesamter Produktionseffekt
	insgesamt	direkt	indirekt		
1970	212,2	67,9	144,2	100	312,2
1975	195,4	66,1	129,3	100	295,4
1980	187,8	65,2	122,6	100	287,8

Insgesamt erfordert die Endnachfrage einer Einheit Strom eine Erzeugung von ca. drei Einheiten. Die abnehmende Tendenz der erforderlichen Vorleistungen zeigt den langfristig gestiegenen Wirkungsgrad bzw. den gesunkenen spezifischen Energieeinsatz bei der Stromerzeugung. Der stärkere Rückgang der indirekten Umwandlungsvorleistungen zeigt, daß Umwandlungsumwege bei der Stromerzeugung, wie z. B. beim Kohlestrom via Koks, Kokereigas zunehmend zurückgedrängt werden.

Literatur

/1/ M. Recker; P. Miebach
Herleitung und Anwendung eines energetischen Input-Output-Verfahrens.
Zeitschrift für Energiewirtschaft 2/1980, S. 85-94

EIN ÖKONOMETRISCHES MODELL DES INTERNATIONALEN ZINSZUSAMMENHANGS

Klaus P. Lücke, Hilden

Anleger und Emittenten an den europäischen Rentenmärkten orientierten ihre Entscheidungen in den vergangenen Jahren in hohem Maße an internationalen Entwicklungen. Da über Ausmaß und Rahmenbedingungen des internationalen Zinszusammenhangs jedoch nur vage Aussagen gemacht werden konnten, wurde der Versuch unternommen, mit Hilfe eines ökonometrischen Modells die Stärke des Zinsverbundes zu quantifizieren. Darüberhinaus sollte untersucht werden, inwieweit geldpolitische Instanzen autonomen Handlungsspielraum für ihre monetäre Politik besitzen.

In der gegenwärtigen Version basiert das aus 12 Verhaltens- und 7 Definitionsgleichungen bestehende Zinsmodell auf Quartalsdaten des Zeitraums 1/1974 bis 1/1983. Sechs Verhaltensgleichungen erklären die Zins-, Währungs- und Preisentwicklung in der Bundesrepublik Deutschland. Die übrigen Verhaltensgleichungen dienen der Erklärung der Kapitalmarktzinsen in westeuropäischen Staaten. Bis auf die Gleichungen für die Notenbanksätze (Angebotsfunktionen) sind die Verhaltensfunktionen als Nachfragemodelle konzipiert. Die Definitionsgleichungen dienen im wesentlichen der Rücktransformation von Veränderungsraten auf Niveaugrößen. Das Modell besitzt einen simultanen und einen rekursiven Block. Insgesamt sind 17 exogene Variablen aus dem realwirtschaftlichen und monetären Bereich der europäischen Länder und den USA vorzugeben. Zur Parameterschätzung wurde vorwiegend die OLS-Methode herangezogen. Teilweise wurden die zugrundeliegenden Daten zeitlich exponentiell fallend gewichtet. Die Optimierung der Gewichtungsfaktoren erfolgte experimentell. Im Rahmen der Modellkonstruktion wurden schrittweise Verfahren zur Hilfe genommen. Einzelne Verhaltensgleichungen enthalten endogen bzw. exogen verzögerte Variablen. Die Lag-Variablen dienen in erster Linie der Quantifizierung markttechnischer Einflüsse. Das Modell ist in einzelnen Variablen nichtlinear. Aufgrund hoher Interkorrelationen zwischen Modellvariablen konnte - trotz vielfacher Transformationen - die statistische Signifikanz von Einflußgrößen nicht immer gewährleistet werden. Autokorrelation der Residuen trat in einzelnen Gleichungen auf. Hier wurden die Parameter mit Hilfe der Aitken-Methode neu geschätzt.

Anwendungserfahrungen mit dem Modell liegen seit Herbst 1981 vor. Hier muß vor allem eine hohe Zuverlässigkeit des Modells im Rahmen von ex-ante Prognosen hervorgehoben werden. Der Zinszyklus wurde durchweg richtig erfaßt. Das Modell neigt jedoch dazu, die Volatilität der Zinsentwicklung zu überschätzen.

Operations Research Proceedings 1983

ANSÄTZE FÜR EIN ÖKONOMETRISCHES MODELL DER KAPITALANLAGEPOLITIK DER PRIVATEN LEBENSVERSICHERUNGSUNTERNEHMEN IN DER BUNDESREPUBLIK DEUTSCHLAND

Gerda Lehnhardt-Ritter, Mannheim

1. Einleitung

Ein großer Teil der Ersparnisse der privaten Haushalte wird bei den Lebensversicherungsunternehmen (LVU) in Form der gemischten Lebensversicherung angelegt, die sich aus den beiden Teilprodukten Risikoschutz und Sparvertrag zusammensetzt. Die Tarife, die vom Bundesaufsichtsamt für das Versicherungswesen (BAV) genehmigt werden müssen, werden mit Hilfe sehr vorsichtiger Rechnungsgrundlagen kalkuliert. Die Überschüsse, die bei den LVU somit auf jeden Fall entstehen, müssen zu mindestens 90 % an die Versicherungsnehmer ausgeschüttet werden.
Aufgrund dieser vom BAV vorgeschriebenen sehr vorsichtigen Kalkulation der Beiträge, erfolgt in der deutschen Lebensversicherungsbranche der Wettbewerb der Unternehmen untereinander nicht über die Beiträge, sondern der Preis der Lebensversicherung bestimmt sich erst nach Berücksichtigung der Gewinnbeteiligung. Die Gewinnbeteiligung der Versicherungsnehmer stellt ein häufig diskutiertes Thema der Versicherungsmathematik dar /1/; denn beim Abschluß eines Lebensversicherungsvertrages läßt sich die Gewinnbeteiligung der Versicherungsnehmer nur sehr schwer schätzen, da sie von Einflußfaktoren abhängt, die sich erst in der Zukunft realisieren werden. Die Lebensversicherungsbranche sucht daher nach Modellen und Methoden, um die projizierten Gewinnbeteiligungen besser zu objektivieren. Im Rahmen der Diskussion um Modelle zur Vorausschätzung der Gewinnbeteiligung wird u.a. auch der Bau von Erklärungs- und Prognosemodellen für komplexere Ausschnitte der Realität gefordert /2/.

Da für die BRD bisher kein ökonometrisches Modell des Teilsektors LVU innerhalb des Finanzsektors existiert, soll die nachfolgende statistisch-ökonometrische Quantifizierung dazu beitragen, dieses Defizit abzubauen. Bisherige ökonometrische Untersuchungen des Lebensversicherungssektors in der BRD halten sich in sehr engen Grenzen /3/; wesentlich mehr Forschung in diesem Bereich wurde in den USA, Kanada und England vorgenommen /4/. Aus der Übersicht 1 sind die Variablen ersichtlich, für die im nachfolgenden ökonometrische Erklärungsansätze vorgestellt werden.

2. Das Datenmaterial, die Methode, die statistischen Prüfmaße, die Prognosen

Die mit Hilfe der Methode der Kleinsten Quadrate geschätzen Erklärungsansätze werden als erster Schritt gesehen, um später zu einem umfassenden ökonometrischen Modell für den Lebensversicherungssektor in der BRD zu gelangen. Da die Gewinnbeteiligung neben den Überschüssen aus dem Sterblichkeitsverlauf und den Kosteneinsparungen insbesondere von den Zinsgewinnen abhängt, wird bei der ökonometrischen Analyse Schwerpunkt

Operations Research Proceedings 1983

Übersicht 1: Zusammenhänge der Kapitalanlageplanung (modelltheoretisch)

Mittelverwendung

- Hypothekendarlehen $\hat{=} X_1$
- Schuldscheinforderungen $\hat{=} X_2$
- Grundstücke $\hat{=} X_3$
- Wertpapiere $\hat{=} X_4$
- Darlehen und Vorauszahlungen auf Versicherungsscheine $\hat{=} X_5$
- liquide Mittel (Kassenbestand, Sichteinlagen) $\hat{=} X_6$
- befristete Guthaben $\hat{=} X_7$
- Residualposten (Schuldbuchforderungen, Beteiligungen) $\hat{=} X_8$

Mittelherkunft

laufende Beiträge aller Versicherten

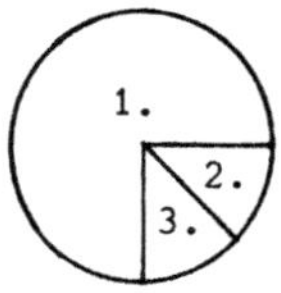

1. Sparanteil
2. Risikoanteil
3. Verwaltungskostenanteil

Die Mittelherkunft wird approximiert durch die Ersparnisse der privaten Haushalte bei der LVU; sie werden als "short-run-constraint"-Variable für die ökonometrischen Erklärungsansätze der einzelnen Kapitalanlagen herangezogen.

auf die verschiedenen Zinssätze als exogene Variablen gelegt.
Das zugrundeliegende Modell besteht aus 8 Gleichungen, die mit Hilfe von Zeitreihendaten für die Jahre 1961(1) - 1978(4) geschätzt wurden. Das Datenmaterial stammt aus den Statistiken des BAV, der Deutschen Bundesbank, des Statistischen Bundesamtes und des Deutschen Instituts für Wirtschaftsforschung. Bei allen Gleichungen wird R^2, $\bar{R}^2$ und die Durbin-Watson-Statistik angegeben. Weist die DW-Statistik bei den geschätzten Regressionsgleichungen auf Autokorrelation in den Residuen hin, so kann die Gleichung mit Hilfe der Cochrane-Orcutt-Technik an den Autokorrelationsfehler angepaßt werden.
Bei den Regressionsgleichungen werden die t-Werte in Klammern unter den geschätzten Regressionskoeffizienten abgetragen. Ferner wird bei einigen ökonometrischen Erklärungsansätzen die Prognosegenauigkeit mit Hilfe zweier Fehlermaße angegeben, der Wurzel des mittleren quadratischen Prognosefehlers (RMSE) und dem THEIL'schen Ungleichheitskoeffizienten (U) /5/. Die Ex-Post-Prognosen wurden für den Zeitraum 1979(1) - 1980(4) ermittelt. Da der empirischen Untersuchung Zeitreihen auf der Basis von Quartalsdaten zugrunde liegen, die saisonalen Schwankungen unterliegen, werden die Gleichungen um drei Saisondummyvariable S_{it} (i = 1,2,3) erweitert.

3. Die Ersparnisse der privaten Haushalte bei den Lebensversicherungsunternehmen

Die endogene Variable "effektive Ersparnisse der privaten Haushalte bei den deutschen LVU" erhält man aus dem Überschuß der Bruttoprämieneinnahmen-Ist über die Zahlungen für Versicherungsfälle und Rückkäufe. Zu diesem Überschuß werden die verrechneten Kapitalerträge (Kapitalanlagebestand insgesamt x Rechnungszinssatz von 3 %) addiert. Bei dieser Abgrenzung werden zwar die verrechneten Vermögenserträge berücksichtigt, die Verwaltungskosten bleiben jedoch unberücksichtigt. Da die LVU mehr Rendite für ihre

Kapitalanlagen erwirtschaften als den bei der Berechnung zugrunde gelegten Rechnungszinssatz von 3 %, kann davon ausgegangen werden, daß die Überschüsse, die sich aus der Differenz zwischen effektiv erwirtschafteten Kapitalerträgen und der rechnerischen Verzinsung von 3 % ergeben, die Verwaltungskosten in etwa kompensieren /6/.

Eine begrenzte Anzahl von "besten" Gleichungen wird vorgestellt (vgl. Tabelle 1). Für die Gleichungen 1.2. und 1.3. wurde ferner die Prognosegenauigkeit (Ex-Post-Prognose) für die Jahre 1979(1) - 1980(4) ermittelt. Die RMSE beträgt 0.3811 und 0.3805; für U erhält man 0.0356 und 0.0019. Die Prognosegenauigkeit ist als sehr zufriedenstellend zu bezeichnen.

Aus Tabelle 1 ist festzuhalten:

1) Die Ersparnisse der privaten Haushalte weisen eine sehr enge Beziehung zur Entwicklung des Einkommens auf.
2) Es besteht eine Substitutionsbeziehung zwischen Lebensversicherungssparen und der Anlage in Sachwerten.
3) Die Anlage in festverzinsliche Wertpapiere stellt für die privaten Haushalte eine alternative Anlageform zum Lebensversicherungssparen dar.
4) In Rezessionszeiten ist es für die privaten Haushalte schwieriger, langfristige Sparverträge einzugehen bzw. sie aufrechtzuerhalten.
5) Ein Ansteigen der Beiträge zur Rentenversicherung der Arbeiter wirkt negativ auf die Ersparnisse der privaten Haushalte bei den LVU, während die Steigung der Beiträge zur Rentenversicherung der Angestellten positiv wirkt.

4. Die Darlehen und Vorauszahlungen auf Versicherungsscheine

Bei den sogenannten Policendarlehen handelt es sich um echte Darlehen, wobei als Sicherheit die Ansprüche des Darlehensnehmers aus dem Versicherungsvertrag, die bis zur Höhe der jeweiligen Deckungsrückstellung bestehen, an die Gesellschaft abgetreten oder verpfändet werden. Die Darlehen müssen vom Versicherungsnehmer zurückbezahlt werden. Bei der Vorauszahlung auf Versicherungsscheine handelt es sich um Vorauszahlungen auf die künftige Versicherungsleistung; die Verpflichtungen des Versicherers gegenüber dem Versicherungsnehmer verringern sich um den Betrag der Vorauszahlungen. Für die empirische Untersuchung wird das Bestandsanpassungsmodell zugrunde gelegt, das auf NERLOVE zurückgeht /7/.

Die "besten" Gleichungen werden in Tabelle 2 vorgestellt. Bei der Ex-Post-Prognose wurde für die drei Gleichungen ein RMSE von 0.055,0.0556 und 0.0507 ermittelt, für U ergaben sich die Werte 0.2580, 0.2221 und 0.2036. Die Ex-Post-Prognosen sind als sehr zufriedenstellend zu bezeichnen.

Aus Tabelle 2 ist festzuhalten:

1) Steigen die Rückkaufwerte, so fragen die privaten Haushalte verstärkt Policendarlehen nach (die Summe der Rückkaufwerte der Policen wird durch die Ersparnisse der privaten Haushalte bei den LVU approximiert).

2) Die Versicherungsnehmer nehmen Policendarlehen insbesondere zu spekulativen Zwecken auf, erwarten sie ein Ansteigen des Zinssatzes für Termineinlagen bzw. des Kapitalmarktzinses, so treten sie verstärkt als Nachfrager auf.
3) Erwarten die privaten Haushalte einen Konjunkturaufschwung (bzw. eine Hochkonjunktur), der (die) sich in einem steigenden Bruttosozialprodukt widerspiegelt, so geht die Nachfrage nach Policendarlehen bei den LVU zurück.
4) In extremen Rezessionszeiten wie z.B. 1974/75, die von hohen Arbeitslosenzahlen begleitet sind, beleihen die Versicherungsnehmer auf keinen Fall ihre einmal getroffenen Vorsorgemaßnahmen.

5. Die Hypotheken-, Grundschuld- und Rentenschuldforderungen, die Namensschuldverschreibungen, Schuldscheinforderungen und Darlehen, die Wertpapiere, die Grundstücke und grundstücksgleichen Rechte, die Festgelder, der Kassenbestand und der Residualposten

Bei den nachfolgenden Kapitalanlagen wird das Bestandsanpassungsmodell zugrunde gelegt, wobei der Bestand der Kapitalanlage bzgl. der Anteile definiert wird. Ferner wird das Bestandsanpassungsmodell durch eine Modifikation erweitert, die erstmals von de LEEUW verwendet wurde /8/. De LEEUW geht davon aus, daß der Anpassungsprozeß durch kurzfristige Restriktionen beschränkt ist. Bei den folgenden Regressionsgleichungen werden die Ersparnisse der privaten Haushalte bei den LVU als "short-run-constraint"-Variable herangezogen.

In den Tabellen 3 - 8 sind die "besten" ökonometrischen Erklärungsansätze für die Anteile der Nettozugänge der Kapitalanlagen zu entnehmen; vor allem die Kapitalanlageart "Wertpapiere und Anteile" war aufgrund der verschiedenartigen, in dieser Position zusammengefaßten, Wertpapiere und aufgrund der Bewertung in den Bilanzen der LVU (Bilanzierung nach dem Niederstwertprinzip) sehr schwer zu modellieren.
Für ausgewählte Gleichungen werden in der folgenden Übersicht der RMSE und U angegeben.

Die Prognosegenauigkeit (Ex-Post-Prognose) für die einzelnen Kapitalanlagen					
Gleichung	RMSE	U	Gleichung	RMSE	U
3.1.	0.1752	0.1297	6.1.	0.2716	0.4904
3.2.	0.0958	0.0726	6.2.	0.3109	0.5253
4.1.	0.6494	0.1806	6.3.	0.2634	0.4848
4.2.	1.0020	0.2810	7.1.	0.1041	0.4127
5.1.	0.5085	0.3783	7.2.	0.0781	0.3816
5.2.	0.5291	0.3889	7.3.	0.1068	0.4453

Während der THEIL'sche Ungleichheitskoeffizient bei den Kapitalanlagearten Hypothekarkredite und Schuldscheindarlehen noch recht zufriedenstellend ist, verschlechtert er sich bei den Kapitalanlagearten Wertpapiere, Grundstücke und Festgelder erheblich.
Für die einzelnen Kapitalanlagearten ist insbesondere festzuhalten:
1) Steigt die Emissionsrendite für Pfandbriefe, dann steigt auch die Nachfrage nach Hypothekarkrediten bei den LVU.

2) Steigt der Zinssatz für langfristige Kredite, so steigt auch das Angebot der LVU an Schuldscheindarlehen.
3) Die bei den Wertpapieren zugrundeliegende Rendite ZZ weist das erwartete negative Vorzeichen auf; die Rendite ZZ erscheint stets mit einer Verzögerung von drei Perioden. Ist der Zinsgipfel überschritten und erwarten die LVU weiterhin sinkende Zinsen, dann legen sie ihre Gelder in Wertpapiere an. Die Erwartungen bzgl. der Rendite der Wertpapiere werden durch die um 3 Perioden gelaggte Variable ausgedrückt. Um Abschreibungen auf die Wertpapiere zu vermeiden, engagieren sich die LVU verstärkt bei sinkenden Zinssätzen auf dem Kapitalmarkt im engeren Sinne.
4) Bei steigendem Preisindex für die Wohnungsmiete steigt auch die Nachfrage der LVU nach Grundstücken und grundstücksgleichen Rechten.
5) Die Festgeldanlagen dienen den LVU hauptsächlich als Puffer. In Perioden, in denen alternative Anlageformen nur begrenzt vorgenommen werden können, steigen sie, und sie gehen zurück, wenn andere Anlagemöglichkeiten bestehen. Aus den Erklärungsansätzen ergibt sich, daß mit steigendem Zinssatz für Termineinlagen auch die Anlage in Festgelder steigt.
6) Für die LVU ist die Kassenhaltung von weitaus geringerer Bedeutung als für die Sachversicherungsunternehmen; sie sind daher nur ein Restposten.
7) Da die im Residualposten zusammengefaßten Kapitalanlagearten zu heterogen sind, wurde kein Versuch unternommen, für den Residualposten einen Erklärungsansatz zu schätzen. Der Residualposten kann jedoch aus den Gleichungen für die übrigen Kapitalanlagen impliziert werden.

6. Schlußbetrachtung

Um Ex-ante-Prognosen zu erhalten, müßten Prognosen für die exogenen Variablen, insbesondere Prognosen der Zinssätze erstellt werden. Hiermit wird das Problem der Vorherbestimmung der vorherbestimmten Variablen für den Prognosezeitraum angesprochen.

LITERATUR

/1/ Vgl. z.B. FEILMEIER, M.
ZUR FINANZIERBARKEIT DER ÜBERSCHUSSBETEILIGUNG IN DER LEBENSVERSICHERUNG: GRUNDSÄTZLICHES UND PRAGMATISCHES,
BLÄTTER DER DEUTSCHEN GESELLSCHAFT FÜR VERSICHERUNGSMATHEMATIK
337 - 357 (1979).

TRÖBLIGER, A.
NACHWEISE DER FINANZIERBARKEIT DER ÜBERSCHUSSBETEILIGUNG IN DER LEBENSVERSICHERUNG,
BLÄTTER DER DEUTSCHEN GESELLSCHAFT FÜR VERSICHERUNGSMATHEMATIK,
365 - 377 (1979).

STORCK, H.
ZUR BEURTEILUNG VON GEWINNBETEILIGUNGEN IN DER LEBENSVERSICHERUNG,
BLÄTTER DER DEUTSCHEN GESELLSCHAFT FÜR VERSICHERUNGSMATHEMATIK,
155 - 165 (1979).

/2/ O.V.
LEBENSVERSICHERUNGSMATHEMATIK - MODELLE ZUR VORAUSSCHÄTZUNG DER GEWINNBETEILIGUNG,
HANDELSBLATT NR. 229 VOM 7.12.1978

/3/ Vgl. z.B. DEUTSCHES INSTITUT FÜR WIRTSCHAFTSFORSCHUNG (HRSG.)
DIE ANLAGEPOLITIK DER LEBENSVERSICHERUNGEN UND PENSIONSKASSEN IN DER BUNDESREPUBLIK,
WOCHENBERICHT NR. 34, 159 - 162 (1966).

NULLAU, B.
DIE WIRKUNGSVERZÖGERUNGEN BEI DER FINANZIERUNG VON INVESTITIONEN IM WOHNUNGSBAU - EINE THEORETISCH - EMPIRISCHE ANALYSE, DEUTSCHES INSTITUT FÜR WIRTSCHAFTSFORSCHUNG, SONDERHEFTE NR. 79, BERLIN (1968).

/4/ Vgl. z.B. CUMMINS, J.D.
AN ECONOMETRIC MODEL OF THE LIFE INSURANCE SECTOR OF THE U.S. ECONOMY,
THE JOURNAL OF RISK AND INSURANCE, 533 - 554 (1973).

CUMMINS, J.D.
AN ECONOMETRIC MODEL OF THE LIFE INSURANCE SECTOR OF THE U.S. ECONOMY,
TORONTO, LONDON (1975).

DODDS, J.C.
THE INVESTMENT BEHAVIOUR OF BRITISH LIFE INSURANCE COMPANIES,
LONDON (1979).

SMITH, L.B. AND G.R. SPARKS
SPECIFICATION AND ESTIMATION OF FINANCIAL STOCK ADJUSTMENT MODELS WITH SPECIAL REFERENCE TO LIFE INSURANCE COMPANY MORTGAGE INVESTMENT,
INTERNATIONAL ECONOMIC REVIEW, 14 - 26 (1971).

PESANDO, J.E.
THE INTEREST SENSITIVITY OF THE FLOW OF FUNDS THROUGH LIFE INSURANCE COMPANIES: AN ECONOMETRIC ANALYSIS,
THE JOURNAL OF FINANCE, 1105 - 1121 (1974).

/5/ PINDYCK, R.S. AND D.L. RUBINFELD
ECONOMETRIC MODELS AND ECONOMIC FORECASTS, NEW YORK (1981).

/6/ EXO, R.
DIE ENTWICKLUNG DER SOZIALEN UND ÖKONOMISCHEN STRUKTUR DER ERSPARNISBILDUNG IN DER BUNDESREPUBLIK DEUTSCHLAND, BERLIN (1967).

/7/ INTRILIGATOR, M.D.
ECONOMETRIC MODELS, TECHNIQUES AND APPLICATIONS, AMSTERDAM, OXFORD (1978).

/8/ LEEUW, F. de
A MODEL OF FINANCIAL BEHAVIOR, THE BROOKINGS QUARTERLY ECONOMETRIC MODEL OF THE UNITED STATES, AMSTERDAM, 465 - 532 (1965).

Schätzzeitraum 1961 (1) - 1978 (4)

Tabelle 1: Ansätze zur Erklärung der effektiven Ersparnisse der privaten Haushalte bei den LVU

exogene Variablen \ endogene Variable	1.1. OLSQ ERSP	1.2. OLSQ ERSP	1.3. OLSQ ERSP	1.4. OLSQ ERSP
C	0.1347 (1.35)	0.1419 (2.26)	0.3182 (6.02)	0.1516 (1.70)
S 1	- 0.4462 (- 7,73)	- 0.4217 (- 7,26)	- 0.3347 (- 6,12)	- 0.3623 (- 5,62)
S 2	- 0.4264 (- 10,84)	- 0.4309 (- 11,58)	- 0.3960 (- 11,85)	- 0.4584 (- 11,61)
S 3	- 0.2444 (- 5,90)	- 0.2980 (- 9,61)	- 0.2680 (- 9,54)	- 0.2977 (- 9,08)
YV	0.0106 (3.97)	0.0082 (5,03)	0.0109 (7.02)	0.0112 (4,48)
$ERSP_{t-1}$	0.7847 (13,58)	0.7243 (11,69)	0.6247 (10,59)	0.6736 (9,74)
BEIRAR	- 0.1145 (- 3,50)			
BEIRAN	0.0611 (1,81)			
$BEIRAR_{t-1}$				- 0.0863 (- 2,09)
$BEIRAN_{t-1}$				0.0676 (1,91)
PI_{t-1}		- 0.0276 (- 3,83)		- 0.0206 (- 2,29)
RW_{t-1}			- 0.0529 (- 6,14)	
ARBEIT	- 0.0002 (- 2,80)	- 0.0001 (- 1,84)	- 0.0001 (- 3,11)	- 0.0002 (- 2,83)
R^2	0.9964	0.9965	0.9973	0.9968
$\bar{R}^2$	0.9959	0.9961	0.9970	0.9963
DW	2.2583	2.0182	2.0942	2.0632

Tabelle 2: Ansätze zur Erklärung des Nettozugangs an Darlehen und Vorauszahlungen auf Versicherungsscheine

exogene Variablen \ endogene Variable	2.1. OLSQ DDV	2.2. OLSQ DDV	2.3. OLSQ DDV
C	- 0.1244 (- 2,33)	0.0013 (0.02)	- 0.0071 (- 0,09)
S 1	0.0313 (2.39)	0.0425 (3.04)	0.0417 (2.98)
S 2	0.0087 (0.68)	- 0.0002 (-0.02)	0.0023 (0.17)
S 3	- 0.0058 (-0.46)	- 0.0038 (-0.30)	0.0005 (0.04)
RW_t	0.0393 (3,30)	0.0434 (3,67)	0.0473 (3,90)
RKL_t	- 0.0237 (- 2,32)	- 0.0214 (- 2,13)	- 0.0242 (- 2,61)
RTE_t	0.0106 (1,92)	0.0138 (2,44)	
RTE_{t-1}			0.0147 (2,52)
$ARBEIT_t$	- 0.0001 (- 2,92)	- 0.0001 (- 2,99)	- 0.0001 (- 3,29)
BSP_{t-1}		- 0.0017 (- 1,95)	- 0.0017 (- 1,98)
$ERSP_t$	0.0494 (3,68)	0.0915 (3,62)	0.1008 (3,89)
DV_{t-1}	- 0.0434 (- 1,80)	- 0.0497 (- 2,09)	- 0.0620 (- 2,45)
R^2	0.6603	0.6606	0.6827
$\bar{R}^2$	0.6110	0.6285	0.6307
DW	1.8270	1.9727	1.8759

Tabelle 3: Ansätze zur Erklärung des Anteils des Nettozugangs an Hypotheken-, Grundschuld- und Rentenschuldforderungen am gesamten Vermögen der LVU

Tabelle 4: Ansätze zur Erklärung des Anteils des Nettozugangs an Namensschuldverschreibungen, Schuldscheinforderungen und Darlehen am gesamten Vermögen der LVU

Schätzzeitraum 1961(1) - 1978(4)

exogene Variablen \ endogene Variable	3.1. CORC X	3.2. OLSQ X
C	1.9966 (1.61)	0.6210 (1.32)
S1	0.0313 (0.60)	- 0.0132 (-0.17)
S2	- 0.0631 (-1.30)	0.0300 (0.45)
S3	- 0.0175 (-0.52)	0.0903 (1.61)
$RWPF_{t-1}$	0.0820 (2.29)	
$RWPF_t - RWPF_{t-4}$		0.0665 (4.30)
RTE_{t-2}	0.0602 (2.61)	
RKL_{t-2}		- 0.0226 (-1.93)
$ERSP_t/W_t$		0.1863 (3.40)
$ERSP_{t-1}/W_t$		- 0.2941 (-4.66)
$(ERSP_t - ERSP_{t-1})/W_t$	0.1575 (5.28)	
HY_{t-1}/W_t	- 0.1159 (-2.41)	0.9368 (11.68)
HY_{t-2}/W_t		- 0.9371 (-10.88)
PW_{t-1}	0.0267 (1.80)	
R^2	0.9154	0.9156
$\bar{R}^2$	0.9047	0.9034
DW	2.2910	2.3712
ρ - Wert	0.9831 (44.30)	

exogene Variablen \ endogene Variable	4.1. OLSQ A	4.2. OLSQ A	4.3. OLSQ A
C	- 1.5920 (-2.51)	- 1.3592 (-2.01)	- 2.0480 (-3.31)
S1	0.6177 (3.04)	0.6472 (3.24)	0.6715 (3.24)
S2	- 0.3171 (-1.72)	- 0.2730 (-1.51)	- 0.2550 (-1.36)
S3	0.0800 (0.56)	0.0783 (0.55)	0.1161 (0.80)
RKL_{t-2}	0.1523 (2.81)	0.1020 (2.90)	0.0681 (2.12)
$RWPf_{t-1}$	- 0.1545 (-2.07)		
ZZ_{t-1}		- 0.0692 (-1.50)	
PW_t		- 0.0417 (-1.81)	
RTE_t			- 0.0192 (-0.80)
$(ERSP_t - ERSP_{t-1})/W_t$	0.2421 (2.09)	0.2468 (2.16)	0.2659 (2.24)
SCH_{t-1}/W_t	0.2897 (2.45)	0.2751 (2.33)	0.3089 (2.51)
SCH_{t-2}/W_t	- 0.2234 (-1.72)	- 0.2169 (-1.68)	- 0.2417 (-1.80)
R^2	0.6850	0.6948	0.6665
$\bar{R}^2$	0.6450	0.6505	0.6242
DW	1.8391	1.9283	1.8575

Hypotheken-, Grundschuld- und Rentenschuldforderungen	- Namensschuldverschreibungen, Schuldscheinforderungen und Darlehen	- substitutiv
	- Grundstücke und grundstücksgleiche Rechte	- komplementär
	- Festgeldanlagen	- komplementär
Namensschuldverschreibungen, Schuldscheinforderungen und Darlehen	- Wertpapiere	- substitutiv
	- Grundstücke und grundstücksgleiche Rechte	- substitutiv
	- Festgeldanlagen	- substitutiv

Tabelle 5: Ansätze zur Erklärung des Anteils des Nettozugangs an Wertpapieren am gesamten Vermögen der LVU

Tabelle 6: Ansätze zur Erklärung des Anteils des Nettozugangs an Grundstücken und grundstücksgleichen Rechten am gesamten Vermögen der LVU

Schätzzeitraum 1961(1) - 1978(4)

endogene Variable / exogene Variablen	5.1. CORC B	5.2. CORC B	5.3. OLSQ B
C	18.7830 (8.31)	19.2653 (8.11)	2.2275 (2.81)
S1	0.1158 (0.77)	0.1188 (0.78)	0.2796 (1.04)
S2	0.3119 (2.26)	0.3341 (2.41)	0.4442 (1.88)
S3	0.2200 (2.16)	0.2818 (2.78)	0.1620 (0.89)
ZZ_{t-3}	- 0.6000 (-3.96)	- 0.6654 (-4.73)	- 0.0994 (-1.85)
RKL_{t-2}	- 0.1917 (-1.91)		
PW_{t-1}		- 0.0431 (-0.98)	
PW_{t-2}			0.0157 (0.56)
RTE_{t-3}		- 0.1314 (-1.83)	
$(ERSP_t-ERSP_{t-1})/W_t$	0.0044 (0.05)	0.0029 (0.04)	0.1715 (1.08)
WP_{t-1}/W_t	- 0.6915 (-7.46)	- 0.7370 (-7.56)	0.4203 (3.43)
WP_{t-2}/W_t			- 0.5099 (-4.32)
R^2	0.6245	0.6246	0.4139
$\bar{R}^2$	0.5834	0.5769	0.3395
DW	2.0232	1.9921	1.7541
ρ - Wert	0.9158 (18.66)	0.9221 (19.51)	

endogene Variable / exogene Variablen	6.1. OLSQ E	6.2. CORC E	6.3. OLSQ E
C	0.1809 (0.53)	0.4631 (1.24)	0.1288 (0.40)
S1	- 0.4008 (-7.09)	- 0.3902 (-7.14)	- 0.4150 (-7.57)
S2	- 0.0290 (-0.58)	- 0.1116 (-3.33)	- 0.0373 (-0.73)
S3	- 0.0181 (-0.59)	- 0.0307 (-1.13)	- 0.0176 (-0.57)
PW_t	0.0193 (2.68)	0.0267 (3.09)	0.0185 (2.57)
RW_{t-1}	0.0373 (2.03)		
RTE_t-RTE_{t-4}	0.0115 (1.84)		
RKL_t		0.0419 (2.73)	0.0279 (2.19)
$ERSP_{t-1}/W_t$	0.0977 (1.99)	0.1045 (2.19)	0.1117 (2.34)
GR_{t-1}/W_t	0.2398 (1.81)	- 0.0685 (-2.44)	0.2553 (1.90)
GR_{t-2}/W_t	- 0.2847 (-2.29)		- 0.2959 (-2.34)
R^2	0.7672	0.7529	0.7607
$\bar{R}^2$	0.7334	0.7259	0.7303
DW	2.1602	2.0628	2.1414
ρ - Wert		0.2950 (2.55)	

Wertpapiere	- Grundstücke und grundstücksgleiche Rechte - Festgeldanlagen	- keine eindeutige substitutive bzw. komplementäre Beziehung - substitutiv
Grundstücke und grundstücksgleiche Rechte	- Festgeldanlagen	- komplementär

Tabelle 7: Ansätze zur Erklärung des Anteils des Nettozugangs an Festgeldern am gesamten Vermögen der LVU

Tabelle 8: Ansätze zur Erklärung des Anteils des Nettozugangs an Sichteinlagen und Kasse am gesamten Vermögen

Schätzzeitraum 1961(1) - 1978(4)

exogene Variablen \ endogene Variable	7.1. OLSQ F	7.2. OLSQ F	7.3. OLSQ F
C	0.0924 (0.50)	0.2868 (1.33)	0.2642 (1.13)
S1	- 0.2699 (-3.92)	- 0.2883 (-4.38)	- 0.2526 (-3.58)
S2	- 0.2111 (-3.62)	- 0.2224 (-3.90)	- 0.2080 (-3.56)
S3	- 0.1375 (-3.10)	- 0.1499 (-3.39)	- 0.1424 (-3.20)
RTE_t	0.0187 (3.19)		
RTE_{t-1}		0.0143 (2.27)	0.0196 (2.20)
RAK_{t-2}		- 0.0455 (-2.41)	
RKL_{t-2}			- 0.0349 (-2.31)
$RWPf_t$			0.0345 (1.80)
$ERSP_t/W_t$	- 0.1342 (-2.29)	- 0.1419 (-2.45)	- 0.1415 (-2.36)
$ERSP_{t-1}/W_t$	0.1757 (2.74)	0.1823 (2.96)	0.1395 (2.03)
$FEST_{t-1}/W_t$	- 0.3360 (-3.43)	- 0.3168 (-2.94)	- 0.2864 (-2.51)
R^2	0.5928	0.6193	0.6173
$\bar{R}^2$	0.5215	0.5412	0.5267
DW	1.9073	1.9881	2.0842
ρ - Wert			

exogene Variablen \ endogene Variable	8.1. CORC KS	8.2. CORC KS	8.3. CORC KS
C	- 0.3529 (-1.23)	- 0.2097 (-0.91)	- 0.1785 (-0.66)
S1	- 0.2674 (-4.20)	- 0.2522 (-4.06)	- 0.2782 (-4.32)
S2	- 0.0184 (-0.31)	- 0.0284 (-0.50)	- 0.0360 (-0.62)
S3	- 0.1349 (-1.96)	- 0.1399 (-2.18)	- 0.1543 (-2.26)
RTE_t	- 0.0082 (-0.87)	- 0.0006 (-0.11)	- 0.0005 (-0.06)
RKL_{t-1}	0.0121 (1.00)		
PW_t		0.0122 (1.40)	
RW_{t-1}			0.0005 (0.04)
$ERSP_t/W_t$	0.1592 (2.34)	0.1427 (2.27)	0.1299 (1.98)
$KASI_{t-1}/W_t$	- 0.2553 (-2.53)	- 0.3616 (-2.90)	- 0.2383 (-2.34)
R^2	0.7616	0.7664	0.7552
$\bar{R}^2$	0.7199	0.7255	0.7124
DW	2.1191	2.0376	2.1112
ρ - Wert	- 0.3414 (-2.44)	- 0.2791 (-1.95)	- 0.3440 (-2.46)

Erläuterungsschema zu den Regressionsgleichungen

C	= Konstante
S1, S2, S3	= Saisondummyvariablen
OLSQ	= Ordinary Least Square
CORC	= Cochrane-Orcutt-Technik
R^2	= Multiples Bestimmtheitsmaß
$\bar{R}^2$	= Um die Zahl der Freiheitsgrade bereinigtes Bestimmtheitsmaß
DW	= Durbin-Watson-Statistik zum Test auf Autokorrelation 1. Ordnung in den Residuen

Die Daten

A	=	Anteil des Nettozugangs an Namensschuldverschreibungen, Schuldscheinforderungen und Darlehen am gesamten Vermögen der Lebensversicherungsunternehmen, in Prozent
ARBEIT	=	Zahl der Arbeitslosen, in 1000
B	=	Anteil des Nettozugangs an Wertpapieren am gesamten Vermögen der Lebensversicherungsunternehmen, in Prozent
BEIRAN	=	Beiträge zur Rentenversicherung der Angestellten, in Mrd. DM
BEIRAR	=	Beiträge zur Rentenversicherung der Arbeiter, in Mrd. DM
BSP	=	reales Bruttosozialprodukt, in Mrd. DM
DV	=	Bestand an Darlehen und Vorauszahlungen auf Versicherungsscheine, in Mrd. DM
DVV	=	Nettozugang an Darlehen und Vorauszahlungen auf Versicherungsscheine, in Mrd. DM
E	=	Anteil des Nettozugangs an Grundstücken und grundstücksgleichen Rechten am gesamten Vermögen der Lebensversicherungsunternehmen, in Prozent
ERSP	=	Ersparnisse der privaten Haushalte bei den Lebensversicherungsunternehmen, in Mrd. DM
F	=	Anteil des Nettozugangs an Festgeldern am gesamten Vermögen der Lebensversicherungsunternehmen, in Prozent
FEST	=	Bestand an Festgeldern (befristete Guthaben), in Mrd. DM
GR	=	Bestand an Grundstücken und grundstücksgleichen Rechten, in Mrd. DM
HY	=	Bestand an Hypotheken-, Grundschuld- und Rentenschuldforderungen, in Mrd. DM
KASI	=	Bestand an Sichteinlagen und an Kasse (einschließlich Guthaben bei der Deutschen Bundesbank und Postscheckguthaben), in Mrd. DM
KS	=	Anteil des Nettozugangs an Sichteinlagen und an Kasse am gesamten Vermögen der Lebensversicherungsunternehmen, in Prozent
P	=	Preisindex für die Lebenshaltung eines 4-Personen-Arbeitnehmerhaushalts mit mittlerem Einkommen (1970 = 100)
PI	=	Veränderungsrate des Preisindex für die Lebenshaltung gegenüber dem Vorjahresquartal $(PI_t = (P_t - P_{t-4})100/P_{t-4}$
PW	=	$(PWM_t - PWM_{t-4})100/PWM_{t-4}$
PWM	=	Preisindex für die Wohnungsmiete (1970 = 100)
RAK	=	Rendite inländischer Wertpapiere, hier Aktien
RKL	=	Zinssatz für langfristige Kredite
RTE	=	Zinssatz für Termineinlagen (Festgelder)
RW	=	Rendite der sich im Umlauf befindlichen festverzinslichen Wertpapiere
RWPf	=	Emissionsrendite für Pfandbriefe
SCH	=	Bestand an Namensschuldverschreibungen, Schuldscheinforderungen und Darlehen, in Mrd. DM
W	=	Vermögen der Lebensversicherungsunternehmen, in Mrd. DM
WP	=	Bestand an Wertpapieren, in Mrd. DM
X	=	Anteil des Nettozugangs an Hypotheken-, Grundschuld- und Rentenschuldforderungen am gesamten Vermögen der Lebensversicherungsunternehmen, in Prozent
YV	=	verfügbares Einkommen der privaten Haushalte, in Mrd. DM
ZZ	=	0.75 RW + 0.25 RAK

PROBLEME DER PROGNOSE MIT ÖKONOMETRISCHEN MODELLEN: DAS BEISPIEL DES RWI-KONJUNKTURMODELLS

Ullrich Heilemann, Essen

Ökonometrische Modelle der hier interessierenden Art sind Systeme von (nicht-linearen) Differenzengleichungen höherer Ordnung, die sowohl zur Prognose (im engen Sinne) als auch zur Abschätzung der Wirkungen alternativer Annahmen, insbesondere von wirtschaftspolitischen Maßnahmen, Verwendung finden. Während die Probleme der Formulierung und der Schätzung derartiger Modelle bereits eine breite Behandlung gefunden haben, blieben die Probleme der Anwendung weitgehend unbeachtet. Der vorliegende Beitrag geht daher diesen Anwendungsproblemen nach. Als Beispiel dient das RWI-Konjunkturmodell, ein Vierteljahresmodell mit 4o stochastischen und ca. 8o definitorischen Gleichungen, das seit 6 Jahren für Prognose- und Simulationszwecke ständigen Einsatz findet. Die dabei auftretenden Schwierigkeiten werden aufgezeigt und ihre Bedeutung quantitativ belegt.

Die Anwendungsprobleme bei der Prognose zerfallen im wesentlichen in drei Gruppen: das Problem der "Vorherbestimmung der vorherbestimmten Variablen" für den Prognosezeitraum (im allgemeinen: der Prognose der exogenen Variablenwerte), das Problem der Strukturkonstanz im Prognosezeitraum und das Problem der Verarbeitung modellexogener Informationen. Die Arbeit illustriert den Einfluß der exogenen Variablenwerte, indem sie gewissermaßen Fehlermultiplikatoren der wichtigsten exogenen Variablen ausweist. - Das Problem der Strukturkonstanz im Prognosebereich wird durch Gegenüberstellung von Prognosen für den gleichen Prognosezeitraum aufgrund des gleichen Modells, das jedoch über zwei unterschiedliche Stützbereiche geschätzt wurde, verdeutlicht. - Die Fragen der Verarbeitung zusätzlicher (modellexogener) Informationen schließlich finden am Beispiel der Formulierung und der Variation von add-Faktoren Behandlung.

Die Anwendungsprobleme bei Simulationsrechnungen werden am Beispiel der "Operation '82" untersucht, dem - gemessen an Intensität und Breite - in der Wirtschaftsgeschichte der Bundesrepublik bislang bedeutendsten fiskalpolitischen Eingriff.

Operations Research Proceedings 1983

IMMUNISIERUNG VON FIXIERTEN ZAHLUNGSSTRÖMEN GEGEN ZINSÄNDERUNGEN MIT HILFE DES DURATION-KONZEPTS

Peter Steiner, Graz

Auf Grund der starken Zinsänderungen der letzten Jahre haben sich Anleihen oft als riskantere Anlagen als so manche Aktien gezeigt. Ziel der Investoren ist jedoch, einen bestimmten Vermögensbetrag zu einem bestimmten Zeitpunkt mit Sicherheit zu erhalten.
Ausgehend von Macauly's Durationmaß wird jener Zeitpunkt bestimmt, für den vollständige Immunisierung gegen eine Zinssatzänderung bezüglich eines intendierten Entnahmewertes besteht bzw. wie eine Portefeuillezusammenstellung zu lauten hat, die diese gewünschte Eigenschaft besitzt. Weiterführend wird gezeigt, wie die optimale Entscheidung zu finden ist, wenn mehrere Zinssprünge auftreten.
In der Folge werden die strengen Rahmenbedingungen einer flat-yield-curve abgebaut und verschiedene Zinssätze für unterschiedliche Fristigkeiten angenommen. Daraus lassen sich revidierte Durationmaße herleiten, die von der Art der Verzinsung (diskret oder stetig) bzw. der Art der Zinskurvenänderung abhängen. Dazu werden verschiedene Verfahren gezeigt, wie die term-structure empirisch ermittelt werden kann (der Vergleich zweier Anleihen nach Brealy-Myers, Frankes Verfahren mit Hilfe der "Schlußrendite" sowie die (neue) Schätzfunktion der Deutschen Bundesbank).
Abschließend soll noch gezeigt werden, wie eine Zinskurvenänderungsfunktion lauten kann, wenn der Zinssatzverlauf einem stochastischen Prozeß gehorcht. Dabei wird insbesondere auf das Modell von Brennan-Schwartz hingewiesen, die ein System mit zwei verschiedenen Zinssätzen ("short rate" und "long rate") verwenden und die anhand kanadischer Daten die Güte ihres Modells zufriedenstellend zeigen konnten.

Operations Research Proceedings 1983

INDIKATORPROGNOSE ZUR BEDARFSSCHÄTZUNG VERBRAUCHSGESTEUERTER ERZEUGNISSE

Jürgen Weckerle, München

Zusammenfassung: Die hier beschriebene Prognosemethode wurde für die "verbrauchsgesteuerte Disposition" einer Vielzahl von geringwertigen Erzeugnissen, insbesondere von Normteilen und Materialien eines Industriebetriebs entwickelt. Das Ziel war es, die Bedarfsvorhersage dadurch qualitativ zu verbessern, daß bereits bekannte Einflußgrößen für den Bedarf auf einfache und für den Benutzer des Systems verständliche Weise bei der Prognose berücksichtigt wurden.

Summary: This method of forecasting is developped for those inexpensive products in a plant that are replenished by an "order-point-technique". The objective was to improve the forecasts by considering the already known indicators of demand.

Betriebswirtschaftliche Problemstellung

Das Dispositionsverfahren in einem Fertigungsbetrieb errechnet ausgehend von den Kundenbedarfen mit Hilfe der Stücklistenauflösung den gesamten Bedarf an Komponenten, Teilen und Materialien und ermittelt die notwendigen Fertigungs- und Beschaffungsmengen. Durch ungeplante Lagerentnahmen, Lagerentnahmen in Verpackungseinheiten, Terminverschiebungen, Ausschuß, Mengenänderungen, Dispositions- oder Grunddatenfehler ist die Bedarfsrechnung für die Erzeugnisse der untersten Fertigungsstufe ungenau oder unvollständig, so daß der effektive Bedarf dieser Erzeugnisse stochastisch erscheint.
Ein Erzeugnis heißt "verbrauchsgesteuert", wenn die Bedarfsplanung und Beschaffung aufgrund von Verbrauchsdaten der Vergangenheit erfolgt.
Besonders betrachtet wurden die Erzeugnisse, für die aus dem Dispositionsverfahren bereits ein Teil des effektiven Verbrauchs bekannt war. In diesen Fällen führen sowohl die bedarfs- als auch die verbrauchsgesteuerten Dispositionsarten in reiner Form zu falschen Ergebnissen. Für jedes dieser betrachteten Erzeugnisse ergibt sich das folgende Szenario:

Operations Research Proceedings 1983

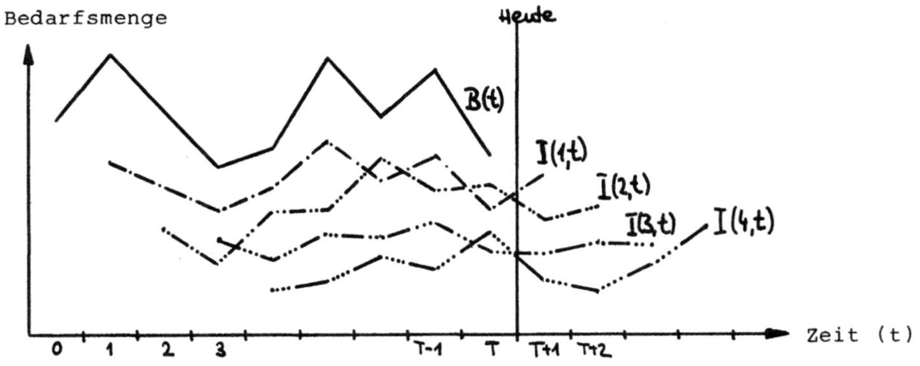

Das Bild zeigt die Zeitreihe des Bedarfs in der Vergangenheit B(t) und die Zeitreihen des zukünftigen Bedarfs I(j,t). Zum Zeitpunkt T sind der Vergangenheitsbedarf B(T) aus der Lagerbestandsfortschreibung und die zukünftigen Bedarfe (Indikatoren) I(1,T+1), I(2,T+2), I(3,T+3), etc. aus dem Dispositionsverfahren bekannt geworden. Durch Sammeln dieser Daten über mehrere Perioden (für maximal 26 Wochenperioden) läßt sich das obige Bild erzeugen. Die Bedarfswerte der Zukunft I(j,T+j) sind jedoch weder vollständig noch endgültig.
Besonders sei darauf hingewiesen, daß die Indikatoren die gleiche Maßeinheit besitzen wie die Basiszeitreihe.

Prognose-Rechnung

Für die Prognoserechnung wird davon ausgegangen, daß die Differenz zwischen den Bedarfswerten aus der Basiszeitreihe und den bekannten Bedarfswerten aus den entsprechenden Indikatorzeitreihen über einen längeren Zeitraum hinweg den eigentlichen, unbekannten Bedarfsanteil recht gut wiederspiegelt. Für die folgenden Prognoseformeln liegt der Gedanke zugrunde, daß dieser unbekannte Bedarfsanteil als konstanter Wert nach einer "Kleinst-Quadrat-Methode" geschätzt werden soll.
Auf eine Gewichtung der Vergangenheitswerte wurde verzichtet.
Die Schätzung einer konstanten Prognose führt unter dieser Voraussetzung zu relativ einfachen Rechenformeln auf der Basis gewöhnlicher Mittelwerte (siehe Schwarze 1982).

Es werden jedoch für jeden Prognosehorizont weitere Indikatorzeitreihen einbezogen, so daß schließlich für jeden Prognosehorizont eine Formel entsteht, die auf den Ergebnissen für die jeweils kürzeren Prognosehorizonte aufbaut.

Verwendete Abkürzungen:

T	Periodenindex der jüngsten Vergangenheitsperiode
J	Anzahl der Indikatorzeitreihen bzw. Prognosehorizont
B(t)	(für t=0(1)T) Basiszeitreihe der Vergangenheitsbedarfe
I(j,t)	(für j=1(1)J und t=j(1)T+j) Indikatorzeitreihe, die um j-Perioden der Basiszeitreihe vorauseilt.
P(T)	(für t=T+1(1)T+J) Prognosewerte Zur Vereinfachung der Formeln wird die Prognose P(t) ebenfalls mit B(t) für t=T+1(1)J bezeichnet.

Der Prognosesatz für die erste Periode T+1 lautet:

$$\text{Minimiere } Q = \sum_{t=1}^{T} \{ B(t) - P(t) \}^2$$

wobei $P(t) = P(T+1) - I(1,T+1) + I(1,t)$

mit $P(T+1) = \text{konstant}$

somit ist

$$Q = \sum_{t=1}^{T} \{B(t) - P(T+1) + I(1,T+1) - I(1,t)\}^2$$

aus $\dfrac{dQ}{dP(T+1)} = 0$ folgt

$$P(T+1) = 1/T * \sum_{t=1}^{T} \{ B(t) - I(1,t)\} + I(1,T+1)$$

$B(T+1) := P(T+1)$

Interpretation: Der erste Summand gibt an, welche Menge durchschnittlich zu den Bedarfen I(1,t), die einer Periode vorher bekannt war, hinzukommt. Zusammen mit dem aktuellsten Wert I(1,T+1) errechnet sich der Prognosewert P(T+1).

Der Prognoseansatz für die weiteren Perioden T+j mit j=2(1)J lautet:

$$\text{Minimiere } Q = \sum_{t=1}^{T} \sum_{i=1}^{j} B(t+i-1) - \sum_{i=1}^{j} P(t+i-1))^2$$

wobei $P(t+i-1) = P(T+i) - I(i,T+i) + I(i,t+i-1)$

mit $P(T+i) = \text{konstant}$

Somit ist

$$Q = \sum_{t=j}^{T} \left\{ \sum_{i=1}^{j} B(t+i-1) - \sum_{i=1}^{j} \left[P(T+i) - I(i,T+i) + I(i,T+i-1) \right] \right\}^2$$

aus $\dfrac{dQ}{dP(T+j)} = 0$ folgt

$$P(T+j) = 1/T * \sum_{t=1}^{T} \left\{ \sum_{i=1}^{j} \left[B(t+i-1) - I(i,t+i-1) \right] \right\}$$

$$- \sum_{i=1}^{j-1} \left[B(T+i) - I(i,T+i) \right] + I(j,T+j)$$

$B(T+j) := P(T+j)$

Interpretation: Im ersten Summanden wird die durchschnittliche Differenzmenge (für jeweils einen Zeitraum von j-Perioden aggregiert) zwischen den Verbrauchswerten $\sum_{i=1}^{j} B(i)$ und den zukünftigen Bedarfswerten $\sum_{i=1}^{j} I(i,T+i-1)$ ermittelt. Dadurch werden starke Schwankungen in den Zeitreihen gedämpft. Die Differenzmenge entspricht der Summe des Bedarfs, der zu den bereits bekannten Bedarfswerten I(i,T+i) für i=1 bis j noch hinzukommen wird. Da die Prognosewerte P(T+i) für i=1 bis j-1 bereits errechnet wurden, ergibt sich der gesuchte Wert P(T+j) nach obiger Formel.

Prognosekontrolle und Analyse

Die Kontrolle der Prognose erfolgt durch die Berechnung des Prognosefehlers.
Liegt der Prognosefehler außerhalb eines vorgegebenen Intervall, so wird analysiert, aus welchen der folgenden Gründe diese Abweichung resuliert.

- Bedarfswerte steigen, ohne daß die Indikatoren ebenfalls steigen
- Indikatoren sinken, ohne daß die Bedarfswerte ebenfalls sinken

Aus beiden Fällen lassen sich Hinweise ableiten, die den Anwender des Prognoseverfahrens in die Lager versetzen, entsprechende und gezielte Maßnahmen zu ergreifen.
Zur Steuerung der Prognose wird nach mehrmaligem, aufeinanderfolgendem Überschreiten der Toleranzgrenzen das Stützintervall (1,T), auf dem die Prognose basiert, verkürzt. Damit wird erreicht, daß die "älteren" Zeitreihendaten vergessen werden.

Erfahrungen

Vor der Realisierung dieser Methode wurde eine Regressionsmethode (siehe Weckerle 1979) angewendet, die jedoch nicht die geforderte Stabilität zeigte, da folgende Effekte nicht beherrscht wurden:

- Verschiebungen der Bedarfswerte in den Indikatorzeitreihen durch Termin- und Mengenänderungen, die jedoch das Gesamtniveau des Bedarfs nicht betreffen.
- Sprünge des effektiven Bedarfs, die durch unregelmäßige Entnahme aus dem Lager entstehen.

Das Verfahren ist seit März 83 produktiv eingesetzt.

LITERATUR

Schwarze J.
Ansätze und Möglichkeiten univariabler Prognoseverfahren
Nase gospodarstvo, Maribor, 28 (1982) 6, P. 482 - 500

Weckerle J.
Bedarfsprognose durch Hochrechnung des Auftragsbestandes
Operations Research Proceedings 9, Würzburg 1979, P. 308-312

EIN VERGLEICH VON PROGNOSEMETHODEN

R. Lewandowski, Essen

Zusammenfassung

Eine kürzlich unter der Leitung von S. MAKRIDAKIS durchgeführte Untersuchung hat gezeigt, daß die Prognosegüte des FORSYS-(LEWANDOWSKI)-Ansatzes für nahezu alle Arten von Zeitreihen denen konkurrierender Ansätze (z.B. BOX-JENKINS, PARZEN) deutlich überlegen ist. Da der FORSYS-Ansatz gegenüber den Methoden von BOX-JENKINS und PARZEN nur einen mittleren Komplexitätsgrad aufweist, ergeben sich zusätzliche Vorteile im Hinblick auf die Handhabbarkeit der Systeme und die Interpretation der Ergebnisse. Zusätzliche Komplexität führt von einem bestimmten Niveau an nicht mehr zu einem Zuwachs der Prognosegüte, sondern zieht sogar einen Rückgang nach sich.

1. Einleitung

Der Fortschritt der modernen Computertechnik, der in den letzten beiden Jahrzehnten eingetreten ist, hat die Grundlage für Entwicklung und zunehmende Verbreitung von neuen Prognoseverfahren im wirtschaftlichen und sozialen Bereich geschaffen. Besonderes Interesse kommt ihrer Anwendung auf Absatzzeitreihen im Unternehmensbereich zu. Vor allem solche Unternehmen bedienen sich in zunehmendem Maße computergestützter Verfahren zur Analyse und Prognose von Absatzzeitreihen, die die Entwicklung der Verkaufszahlen für eine größere Anzahl von Massengütern laufend kontrollieren müssen.

In absoluten Zahlen gemessen, ist inzwischen ein deutlicher Zuwachs in der Verbreitung von Prognosesystemen festzustellen. Bezieht man jedoch die Zahl der installierten Prognosesysteme auf die Gesamtzahl europäischer Mittel- und Großunternehmen, so zeigt sich, daß bisher nur etwa 5 % von ihnen regelmäßig moderne wissenschaftliche Methoden bei der Absatzanalyse und -prognose verwenden, während die große Mehrzahl weiterhin mit traditionellen Mitteln arbeitet. Dies macht deutlich, daß auf diesem Gebiet noch ein erheblicher Innovations-

Operations Research Proceedings 1983

bedarf besteht, zumal die in den letzten Jahren eingetretene Verschlechterung der gesamtwirtschaftlichen Rahmenbedingungen die Unternehmensführungen geradezu dazu zwingt, Verfahren zur Begrenzung wirtschaftlicher Risiken zu finden.

Wenn trotz unabweisbaren Bedarfs aber viele Unternehmen oft zögern, sich für ein computergestütztes Prognosesystem zu entscheiden, dann liegt einer der Gründe in der für potentielle Nachfrager fehlenden Markttransparenz. Praktiker aus dem Marketing-Management verfügen in den seltensten Fällen über das erforderliche Expertenwissen, um aus dem breiter gewordenen Angebot zuverlässig die Prognosemethode auszuwählen, die sich für die Zwecke des Unternehmens am ehesten eignet und die besten Prognoseergebnisse liefert.

Praktiker, die vor diesem Problem stehen, konnten bisher auch nicht auf ausreichend repräsentative Vergleichsuntersuchungen zurückgreifen. Mit dem unter Leitung von S. MAKRIDAKIS durchgeführten Vergleich von Prognosemethoden im Hinblick auf die Güte ihrer Ergebnisse liegt nun eine Untersuchung vor, die dem Praktiker bei der Auswahl des am besten geeigneten Prognosesystems Entscheidungshilfe bietet. Sie bezieht nicht nur alle relevanten kurzfristigen Prognosemethoden ein, sondern berücksichtigt auch die wichtigsten Güte-Kriterien.

2. Aufbau und Ergebnisse des Methodenvergleichs

Die vergleichende Untersuchung von MAKRIDAKIS bezieht ein breites Spektrum von Prognoseverfahren ein. Dieses reicht von einfachsten Schätzverfahren und deren Kombinationen (Combining A und B) über das System LEWANDOWSKI/FORSYS bis hin zu hochkomplexen Prognosemethoden (BOX-JENKINS/ARIMA, BAYES'sche Ansätze, PARZEN). Damit sind in der Untersuchung praktisch alle Ansätze vertreten, die derzeit für den Praktiker von Relevanz sind.

Die Leistungsfähigkeit der Prognosesysteme wird in der Untersuchung an 5 Kriterien der Prognosegüte gemessen. Dies sind im einzelnen: der Mean Average Percentage Error (MAPE), der Mean Square Error

(MSE), die Average Ranking (AR), die Medians of absolute percentage errors (Md), sowie der Percentage Better (PB).

Der Test der Prognoseverfahren erfolgte auf der Basis von insgesamt 1001 verschiedenen Zeitreihen. Dabei wurden die unterschiedlichsten Zeitreihen ausgewählt: dem Vergleich lagen sowohl Mikro- als auch Makrodaten zugrunde, wobei jeweils Zeitreihen mit verschiedenen Periodizitäten einbezogen wurden, d.h. Jahres-, Quartals-, und Monatszeitreihen. Es wurden dabei Prognosehorizonte von maximal 18 Perioden für Monatsprognosen, 8 Perioden für Quartalsprognosen und 6 Perioden für Jahresprognosen gewählt. Die nachfolgenden Aussagen basieren auf Ergebnissen für 111 zufällig ausgewählte unter der Gesamtheit der Zeitreihen, da nicht alle Verfahren auf die ursprünglich 1001 Zeitreihen angewandt werden konnten.

Bei der Untersuchung zeigte sich, daß nach dem AR-Kriterium das Prognosesystem FORSYS für nahezu jede Art von Zeitreihen besser ist als alle anderen Prognosesysteme, insbesondere als BOX-JENKINS oder PARZEN. Dies gilt sowohl für Mikro- wie für Makrodaten. Wie Tab. 1 zeigt, kommt eine Gesamtbewertung nach allen der Untersuchung zugrunde gelegten Kriterien zu dem Ergebnis: FORSYS erweist sich als das System, das die genauesten Prognoseresultate liefert. Die FORSYS-Methode schneidet mit 43 Punkten als beste ab, gefolgt von der PARZEN-Methode und dem BAYES'schen Ansatz.

TAB. 1:

	Totel frequency of best accuracy				
Methods	MAPE	MSE	AR	MD	Σ
Deseas. singl. expon.	5	0	3	3	11
Deseas. Holt expon.	3	1	7	4	15
Holt-Winters	2	0	3	6	11
Automatic AEP	0	0	2	2	4
Bayesian	6	7	0	2	16
Box-Jenkins ARIMA	0	0	0	2	2
Lewandowski FORSYS	6	17	10	10	43
Parzen	14	3	5	3	25
Combining A	2	0	7	3	12
Combining B	0	4	0	1	5
Others	6	12	7	5	30

Die Ergebnisse des Vergleichs sind für den Praktiker von großem Interesse. Es zeigt sich, daß sich die verfügbaren Prognoseverfahren im Hinblick auf Qualität und Leistungsfähigkeit deutlich voneinander unterscheiden. Da sich für den Praktiker zuweilen weitreichende Entscheidungen mit den einzelnen Prognosen verbinden, ist er auf ein zuverlässig arbeitendes Prognosesystem angewiesen. Der Vergleich bietet eine Entscheidungsbasis für die Wahl eines Prognosesystems nach dem Kriterium der Prognosegüte.

3. Akzeptanz-Kriterien

Die vergleichende Untersuchung von MAKRIDAKIS behandelt lediglich die Prognosegüte, läßt jedoch andere für den Praktiker relevante Aspekte außer Acht. Dazu zählt neben der Kostenfrage vor allem die Frage der Handhabbarkeit der Systeme und die Möglichkeit für den Anwender, die Ergebnisse adäquat interpretieren und präsentieren zu können. Es erscheint daher von Interesse, ein Kriterium für die Akzeptanz von Prognosesystemen zu entwickeln. Dabei geht es um

- den Komplexitätsgrad der Methode selbst und
- den Komplexitätsgrad der Ergebnisse.

Da man bei den mit der Anwendung von Prognosesystemen betrauten Mitarbeitern in den Marketing-Abteilungen keine umfassenden Kenntnisse auf dem Gebiet der mathematischen und statistischen Theorie voraussetzen kann, kommt es sehr darauf an, den Komplexitätsgrad der Methode so zu begrenzen, daß sie auch von "gebildeten Laien" mit wirtschaftswissenschaftlicher Ausbildung gehandhabt werden können. Erfaßt werden kann der Komplexitätsgrad im Zeitaufwand für die Ausbildung, die für die Anwender erforderlich ist.

Voraussetzung für eine sinnvolle Verwendung der Ergebnisse ist weiterhin, daß die Prognoseergebnisse von den Anwendern auch adäquat interpretiert und den verschiedenen Abteilungen innerhalb eines Unternehmens gegenüber präsentiert werden können. Dies wiederum ist abhängig vom Komplexitätsgrad der Ergebnisse, der sich durch die Elemente bestimmt, die darin eingehen.

Für jede Methode wurden beide Komplexitätsgrade an einer Skala von 0 - 10 gemessen, die der höchsten Komplexität den Wert 10 zuordnet. Die Wertezuordnungen gründen sich dabei auf Erfahrungen des Autors in der Praxis.

Es wurde dann ein synthetischer Koeffizient des Komplexitätsgrads gebildet, der als Mittelwert aus den beiden Einzelkennziffern bestimmt ist. Die Ergebnisse der Untersuchung werden in Tab. 2 dargestellt. Die Werte des Komplexitätskoeffizienten sind offensichtlich sehr niedrig für naive Methoden, während die Methoden BOX-JENKINS, PARZEN und BAYES den höchsten Komplexitätsgrad aufweisen. Die Methode LEWANDOWSKI/FORSYS weist demgegenüber nur einen mittleren Komplexitätsgrad auf.

TAB. 2

METHOD	EXPLANA-TIONS COEFFICIENT	INTER-PRETATION COEFFICIENT	COMPLEXITY COEFFICIENT	MAPE VALUE
1 NAIVE 1	0,2	0,2	0,2	26,8
2 MOV. AVERAG	0,5	1,0	0,75	21,4
3 SINGL EXP	1,0	1,0	1,00	21,6
4 ARR EXP	2,0	2,0	2,00	20,4
5 HOLT EXP	2,0	2,0	2,0	25,5
6 BROWN EXP	1,0	2,0	1,5	29,5
7 QUAD EXP	3,0	3,0	3,0	43,1
8 REGRESSION	2,0	2,0	2,0	20,2
9 NAIVE 2	0,5	1,0	0,75	20,4
10 D MOV AVRG	1,0	1,0	1,0	22,2
11 D SING EXP	1,5	1,0	1,25	18,0
12 D ARR EXP	2,5	2,0	2,25	17,3
13 D HOLT EXP	2,5	3,0	2,75	21,7
14 D BROWN EXP	1,5	3,0	2,25	26,3
15 D QUAD EXP	3,5	4,0	3,75	39,0
16 D REGRESS	2,5	2,0	2,25	16,7
17 WINTERS	4,0	5,0	4,50	21,7
18 AUTOM AEP	5,0	6,0	5,50	20,9
19 BAYESIAN	10,0	10,0	10,0	22,7
20 COMBINING A	5,0	7,0	6,0	19,8
21 COMBINING B	7,0	8,0	7,5	16,6
22 BOX-JENKINS	10,0	10,0	10,0	20,2
23 LEWANDOWSKI	5,0	6,0	5,5	13,7
24 PARZEN	10,0	10,0	10,0	18,4

1) Measured by the amount of time needed to explain the essentials of the methods to a non specialized potential user (e.g. product manager).

2) Measured by the amount of time needed to analyze the results of the methods by a non specialized potential user.

3) Average of the two preceeding indicators

4) Basis results the competition's MAPE - value for the MICRO time series

4. Komplexität und Qualität

Für die Auswahl eines Prognosesystems ist von Interesse, welche Beziehung zwischen der Komplexität von Methoden und der Prognosegüte besteht. Zu diesem Zweck soll im folgenden der für die einzelnen Methoden als Akzeptanzkriterium ermittelte Komplexitätsgrad der jeweils ermittelten Prognosequalität gegenübergestellt werden.

Wie die Abb. 1 ausweist, ist im Bereich niedriger Komplexitätgrade die Zunahme an Komplexität positiv mit der Verbesserung der Prognosegüte korreliert. Eine Verbesserung der Prognosequalität tritt aber nur bis zu einem durchschnittlichen Komplexitätsgrad von 5 ein; oberhalb davon verbessert sich die Prognosegüte mit zunehmender Komplexität nicht nur nicht weiter, sondern ist sogar rückläufig: Trotz des hohen Komplexitätsgrads der BOX-JENKINS- und der PARZEN-Methode erbringen diese schlechtere Ergebnisse als etwa COMBINING B, der Mittelwert einiger einfacher Verfahren.

Daraus ergibt sich die zweifellos interessante Folgerung, daß von einem bestimmten Niveau ab wachsende Komplexität nicht mehr zu einer Verbesserung der Prognosegüte führt. Somit ist es selbst dann, wenn unabhängig von Kostenrestriktionen nach einer Verbesserung der Prognosegüte gestrebt wird, nicht angebracht, die mathematisch komplexeste Methode auszuwählen. Hinzu kommt, daß etwa die hochkomplexen Methoden vom ARIMA-Typ einen hohen Ausbildungsstand der Anwender erfordern sowie eine beträchtliche Rechenzeit und besondere Kenntnis bei der Interpretation der Ergebnisse. Dies kann unter den Restriktionen, die bei der Anwendung von Prognoseverfahren in der Unternehmenspraxis bestehen, zu erheblichen Problemen führen und die Operationalität des Systems beeinträchtigen.

5. Schlußfolgerungen

Der von MAKRIDAKIS durchgeführte Vergleich der Prognoseverfahren hat gezeigt, daß die Prognosequalität autoadaptiver Methoden exponentieller Glättung vom FORSYS-Typ allen anderen Methoden deutlich überlegen ist.

Neben Fragen der Prognosequalität, deren Gegenstand die Untersuchung von MAKRIDAKIS ist, ist bei der Wahl eines Prognosesystems auch die Akzeptanz von Bedeutung, d.h. die Frage nach der Handhabbarkeit des Prognosesystems für die Anwender und dem Schwierigkeitsgrad bei der Interpretation der Ergebnisse. Bei der Prüfung dieser Frage erweisen sich die BOX-JENKINS-Methoden sowie die PARZEN-Methode als hochgradig komplex, während der FORSYS-Ansatz nur einen mittleren Komplexitätsgrad aufweist, d.h. das System ist in höherem Maße operational.

Ein Vergleich zwischen Prognosegüte und Komplexität zeigt darüber hinaus, daß von einem bestimmten Niveau an ein Mehr an Komplexität nicht mehr mit einem Zuwachs an Prognosegüte verbunden ist bzw. sogar entgegengesetzte Effekte zeigt. Effizienz und Operationalität sprechen daher gegen die Wahl überkomplexer Systeme, auch wenn sie einen höheren Grad mathematischer Eleganz aufweisen. Die Konstruktion derartig komplexer Verfahren ohne Fortschritt auf dem Gebiet der Prognosegüte stellt das Ansehen der statistischen Theorie in Frage.

Literaturverzeichnis

LEWANDOWSKI, R.: Sales Forecasting by FORSYS, Journal of Forecasting (1982), Vol 1 (2) pp. 205 - 214

LEWANDOWSKI, R.: Prognose- und Informationssysteme und ihre Anwendungen, 2 Bände De Gruyter-Verlag, Berlin 1974 und 1980

MAKRIDAKIS, S. et al.: The Accuracy of Extrapolation (Time Series) methods: Results of a Forecast Competition Journal of Forecasting (1982), Vol 1 (2) pp. 111 - 154

MAKRIDAKIS, S., WHEELWRIGHT, St.C.: The Handbook of Forecasting, A Manager's Guide, New York, J. Wiley & Sons, 1982

ABB. 1:

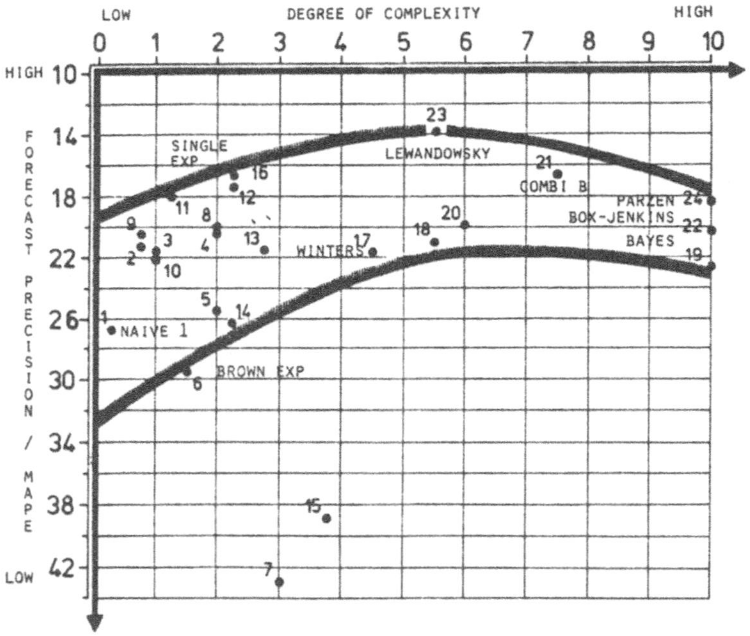

FIGURE 3: CLASSIFICATION OF ALL METHODS ACCORDING TO MAPE AND DEGREE OF COMPLEXITY

EIN NEUES VERFAHREN ZUR BERECHNUNG DER LEBENSDAUERVERTEILUNG AUS BETRIEBLICHEN BEOBACHTUNGEN

Joachim Rauhut, Essen

Lebensdauerverteilungen von Maschinenelementen lassen sich mit Hilfe von Labor- und Versuchsbeobachtungen sowie durch Auswertung betrieblicher Lebensdauerbeobachtungen bestimmen.
Typisch für die Mehrzahl der betrieblichen Beobachtungen ist, daß als Stichprobenrealisation neben den "vollständigen" Lebensdauern (Zeiten zwischen zwei Erneuerungen) durch den beschränkten Beobachtungshorizont zusätzlich drei verschiedene Typen unvollständiger Abschnitte aus Lebensdauern auftreten.

Im üblichen Schätzverfahren für betriebliche Beobachtungen begnügt man sich mit den "vollständigen Lebensdauern" und sieht diese als eine Zufallsstichprobe an. Tatsächlich beobachtet man jedoch durch die Beschränkung des Beobachtungshorizontes vorzugsweise kleine Lebensdauern, so daß keine Zufallsstichprobe vorliegt und sich deshalb unzuverlässige und ungenaue Schätzergebnisse ergeben.

Ausgehend von einem mathematischen Modell für die betriebliche Beobachtung kann mit Hilfe des Maximum-Likelihood-Verfahrens ein Schätzansatz aufgestellt werden, in dem alle vier Zeittypen der betrieblichen Beobachtung enthalten sind. Diese neue Methode liefert nicht nur zutreffendere Schätzergebnisse, sondern ermöglicht durch die Einbeziehung aller Lebensdauerinformationen auch genauere Parameterschätzungen, so daß bei ihrer Verwendung mit geringerem Beobachtungsaufwand auszukommen ist.

Die genannten Schätzansätze sind mit Hilfe von Simulationsrechnungen eingehend für die zweiparametrige Weibullverteilung untersucht worden.

Literatur: Rauhut, J.: Berechnung der Lebensdauerverteilung, insbesondere der Weibullverteilung, aus betrieblichen Beobachtungen, Schriften für Operations Research und Datenverarbeitung im Bergbau, Bd.9, Verlag Glückauf, Essen 1982.

Operations Research Proceedings 1983

EIN SOFTWAREMÄSSIGER PRÜFSTAND FÜR WARENEINGANGSSYSTEME

Hans-J. Lenz, Berlin

In der Industrie wird gegenwärtig eine große Anzahl verschiedener Prüfplansysteme für die Wareneingangsprüfung benutzt.

Um diese Systeme auf ihre Leistungsfähigkeit hin zu untersuchen, wurde ein Simulationspaket entwickelt. Dies besteht neben einem Steuerungsmodul aus Moduln zur Generation von Qualitätsgeschichten, zur Auswahl von Prüfplansystemen und zur statistischen Analyse und Reportgenerierung.

Es ist ein Erfahrungssatz, daß man für die attributive Prüfung mit zwei Zufallszahlengeneratoren (entsprechend den Dichtefunktionen Betaverteilung und Normal-Generated-Prior) auskommt. Mittels einfacher Parametrisierung lassen sich realistische Qualitätsgeschichten wie Shifts, Lerneffekte, Saisonalitäten und Ausreißereffekte studieren.

Neben den weitverbreiteten Prüfsystemen Mil.-Std.-105D, Skip-Lot usw. stehen auch allgemeine adaptive Prüfplansysteme zur Verfügung, die je nach Basisplänen und Switching Rules sich an die tatsächlichen betrieblichen Gegebenheiten anpassen lassen.

Die statistische Analyse stellt die gängigen Systemkenngrößen wie OC, AFI, AOQ, COST usw. mit Mittelwert und Standardabweichung zur Verfügung.

Der Prüfstand kann interaktiv oder im Stapel betrieben werden, und man kann fallweise eine kurze oder eine lange Test-Dokumentation abfragen.

Das System ist in FORTRAN-77 geschrieben, wohl strukturiert und modular aufgebaut.

Um das Laufzeitverhalten auf dem Mini-Computer günstig zu halten, auf dem der Prüfstand implementiert ist, wurde der Steuerteil als Makro in ICL programmiert. Zusammen mit dem Zufallszahlengenerator für gleichverteilte Zufallszahlen ergibt sich daraus eine etwas eingeschränkte Portabilität der Software.

Operations Research Proceedings 1983

MATRIX-GEOMETRIC SOLUTIONS TO STOCHASTIC MODELS

Marcel F. Neuts, Newark, USA

This is a survey of material on matrix-geometric solutions to stochastic models. The main result is that the class of irreducible, positive recurrent Markov chains which have a block-partitioned structure of the form

$$\begin{vmatrix} B_0 & A_0 & 0 & 0 & 0 & 0 & \cdots \\ B_1 & A_1 & A_0 & 0 & 0 & 0 & \cdots \\ B_2 & A_2 & A_1 & A_0 & 0 & 0 & \cdots \\ & & \cdots\cdots & & & & \end{vmatrix}$$

have an invariant probability vector that is matrix-geometric, that is of the form

$$x_0,\ x_0R,\ x_0R^2,\ x_0R^3,\ \ldots$$

where the matrix R is the minimal nonnegative solution to a nonlinear matrix equation. The matrix R has an interesting probabilistic interpretation and many other quantities related to the Markov chain may be expressed in terms of the matrix R and the vector x_0. The matrix R may be evaluated by numerical procedures. This result has direct applications in a rich variety of stochastic models, particularly in the theory of queues and dams.

The utility of the general results for the analysis and numerical solution of such models will be illustrated by the consideration of a message queue in which some messages leave behind a secondary job, stored in a finite buffer of capacity N. Whenever the buffer becomes full, the server must process a number K of the secondary jobs. By use of the matrix-geometric form of the steady-state probabilities in an interactive algorithm, it is possible to determine values of K and N which meet certain desirable design criteria.

Operations Research Proceedings 1983

EINLASSKONTROLLE BEI KOMMUNIKATIONSSYSTEMEN UNTER STOCHASTISCHEN RANDBEDINGUNGEN

Werner E. Helm, Darmstadt
Karl-Heinz Waldmann, Berlin

Das Interesse an Warteschlangensystemen (kurz W-Systeme) mit Einlaßkontrolle stammt hauptsächlich aus dem Gebiet der Computer- und Kommunikationssysteme. Den "Kunden" entsprechen dabei je nach Situation

a) Personen, die Zugang in ein Time-Sharing System oder in eine kommerzielle Datenbank verlangen («Logon»),
b) Daten-Pakete, die zur Übertragung anstehen,
c) Jobs innerhalb eines Rechners, die gewisse knappe Resourcen vom Betriebssystem anfordern (wie etwa Ein/Ausgabe Kanäle, Platten o.ä.).

Zwei wichtige Kriterien beim Entwurf eines solchen Systems sind einmal die Garantie einer effizienten Arbeitsweise, zum anderen das Verhindern von Blockierungen und insbesondere von "deadlocks". Dabei wird einer systemorientierten Betrachtungsweise (u. Optimierung) der Vorzug gegeben vor einer kundenorientierten.

Wenn ein unbeschränkter Zugang zu einem solchen System besteht, ist es i.a. nicht möglich, einen deadlock mit Sicherheit zu verhindern. Als die wohl wirksamste Methode zu diesem Zweck hat sich dagegen eine Einlaßkontrolle erwiesen. Verschiedene Varianten hiervon (window flow control, hop flow control, isarithmic control scheme, u.a.) sind vorgeschlagen und z.T. bereits implementiert worden. Einen guten Überblick hierzu aus der Sicht des Informatikers gibt /1/.

Der Auswahl des Basismodells für die vorliegende Arbeit lagen folgende Überlegungen zugrunde. Ein realistischer Ansatz sollte

a) berücksichtigen, daß jedes W-System Teil eines komplexen Netzwerkes ist,
b) als Input den Output von anderen Systemen erlauben,
c) einen variablen Multiserver (-processor) haben,
d) verschiedenen technischen Randbedingungen (≡Umwelt, ≡äußeren Einflüssen) angepaßt werden können,
e) instationäre zeitliche Fluktuationen erfassen können.

Operations Research Proceedings 1983

Dies führte zur Auswahl SM(i)/M(i)/c(i), also eines W-Systems mit einem semi-Markov'schen (SM) Input und einem exponentiellen Multiserver mit c Stationen (siehe z.B. /5/ für das unkontrollierte System); alle diese Größen können von einem durch Zustände $i\varepsilon I$ ($\equiv$Information) beschriebenen Umweltprozeß abhängen. Ein solcher Prozeß ermöglicht insbesondere die Modellierung der obigen Anforderungen d) und e).

Das System wird zu den Zeitpunkten $T_o \leq T_1 \leq T_2 \leq \ldots$ inspiziert, wobei eine Kontrollinstanz (z.B. CPU) entscheidet, wieviele Kunden in das System eingelassen werden sollen. Diese Entscheidung (Aktion a) zum Zeitpunkt T_n basiert auf

$S_n = s\varepsilon S$: Anzahl der Kunden im System
$E_n = e\varepsilon E$: Anzahl der Kunden, die auf Einlaß warten
$M_n = m\varepsilon M$: Zustand der technischen Umgebung des Systems
$R_n = r\varepsilon [O,R]$: Gewinn pro zugelassenem Kunden
$c_m(s+a)$: erwartete einstufige Kosten für die Periode $[T_n, T_{n+1})$

unter folgenden Nebenbedingungen: $O \leq a_n = a \leq e$.
Die relevante Information über die Umwelt wird zweckmäßigerweise zusammengefaßt zu $i \equiv (e,m,r,y) \varepsilon I$ (y bezeichnet die Länge der letzten Periode). Die stochastische Entwicklung des Systems von T_n nach T_{n+1}, usw., wird durch semi-Markov Kerne auf dem allgemeinen Zustandsraum $S \times I$ bestimmt (für Details siehe /2/). Der Abbau des Bestandes an zugelassenen Kunden erfolgt gemäß bedingten Todesprozessen mit Todesraten $\mu_i(s)$, $s\varepsilon S$, $i\varepsilon I$.

Das Ziel der dynamischen Kontrolle ist es, die totalen erwarteten diskontierten Netto-Erlöse des Systems bei unendlichem Planungshorizont zu maximieren.

Die allgemeine Theorie der dynamischen Optimierung (vgl etwa /3/,/6/) gibt Bedingungen an für die Existenz einer optimalen stationären Politik, $a_n = f(s_n, i_n)$, sowie für die Gültigkeit der Wertiteration. Da sich die zugehörige Entscheidungsregel f praktisch nie in direkt auswertbarer analytischer Form ermitteln läßt, sind Strukturaussagen über f (wie z.B. Monotonie in s) von großer Bedeutung. Trotz der Komplexität der untersuchten Systeme ist es gelungen, die Struktur einer optimalen Entscheidungsregel bis auf eine Funktion t(i) explizit zu bestimmen. Diese Funktion kann durch sukzessive Approximation berechnet werden.

Theorem: Unter den nachstehenden Bedingungen (A1)-(A3) ist eine sog. t-control-limit-rule optimal.

$$f_t(s,i) = \begin{cases} \min\{e, t(i)-s\} & s<t(i) \\ 0 & s \geq t(i) \end{cases}$$

wobei $t: I \to S$, $t(i) \leq z(i) := \max\{s\varepsilon S \mid c_m(s+1) - c_m(s) \leq r\} + 1$.

Bedingung (A1) ist von technischer Art und sichert die Konvergenz der sukzessiven Approximation.

(A2). $c_m(s)$ ist monoton wachsend und konvex in s

$$\liminf_{s\to\infty} (c_m(s+1)-c_m(s))>R$$

(A3). $\mu_i(s)$ ist monoton wachsend, konkav (in s), beschränkt und $\mu_i(0)=0$.

Die Struktur einer t-control-limit-rule und auch die Bedeutung der Bedingungen macht man sich anhand einiger Skizzen schnell klar. Die obere Schranke z(i) hat den Vorteil, daß zur Berechnung einer optimalen t-control-limit-rule die Optimalitätsgleichung nur für die Zustände $s\leq z(i)$ ausgewertet werden muß. Einen Beweis dieses Satzes findet man in /2/.

Der Satz löst das anfangs gestellte Problem der optimalen Einlaßkontrolle in alle SM(i)/M(i)/c(i)-Systeme. Er enthält als Spezialfälle u.a. die Ergebnisse von /7/ und /4/. Zusammen mit naheliegenden Erweiterungen lassen sich damit folgende weitere Systemeigenschaften modellieren: batch-Ankünfte, batch-Bedienung, ungeduldige Kunden, unbekannte Ankunftsraten, Kontrolle bei endlichem Horizont (evtl. inflationäre Tendenzen).

Literatur:

/1/. Gerla,M.; Kleinrock,L. Flow control: a comparative survey. IEEE Trans.Com. 28, 553-574 (1980).

/2/. Helm,W.E.;Waldmann,K.-H. Optimal control of arrivals to multi-server queues in a random environment. Adv.Appl.Prob. to appear.

/3/. Hinderer,K. Foundations of non-stationary dynamic programming with discrete time parameter. Berlin 1970, Lect. Notes in Operations Research and Mathematical Systems 33.

/4/. Langen,H.J. Applying the method of phases in the optimization of queuing systems. Adv. Appl. Prob. 14, 122-142 (1982).

/5/. Neuts,M.F. Matrix-geometric solutions to stochstic models. Baltimore and London 1981, Johns Hopkins University Press.

/6/. Schäl,M. Conditions for optimality in dynamic programming and for the limit of n-stage optimal policies to be optimal. Z. Wahrscheinlichkeitstheorie verw. Gebiete 32, 179-196 (1975).

/7/. Stidham,S. Socially and individually optimal control of arrivals to a GI/M/1 queue. Management Sci. 24, 1598-1610 (1978).

ALGORITHMISCHE BEHANDLUNG EINER KLASSE SEMI-REGENERATIVER BEDIENUNGS-MODELLE

Helmut Schellhaas, Darmstadt

Zusammenfassung. Für eine Klasse semi-regenerativer Bedienungsmodelle entwickeln wir einen stabilen Algorithmus zur Berechnung der stationären Zustandswahrscheinlichkeiten.

Summary. For a class of semi-regenerative queueing models we give a stable algorithm to compute the steady state probabilities.

1. Das Modell

In einer Bedienungsstation mit einem Bedienungskanal und beschränktem oder unbeschränktem Warteraum werden Kunden einzeln bedient. Die Bedienungszeiten sind unabhängige Zufallsvariable mit der Verteilungsfunktion B_i, falls i Kunden bei Bedienungsbeginn im Warteraum sind. Während der Bedienung eines Kunden kommen unabhängig vom Bedienungsprozeß Kunden im Warteraum an gemäß einem reinen Geburtenprozeß mit den Geburtsraten λ_i, falls i Kunden im Warteraum sind. Am Ende der Bedienung eines Kunden wird vom Bedienungskanal eine Pause stochastischer Länge eingelegt. Danach folgt wieder die Bedienung eines Kunden, danach eine Pause usw. Pausen der Länge Null (mit Wahrscheinlichkeit 1) sind erlaubt (fiktive Pausen). Während einer Pause können Kunden im Warteraum ankommen. Zur weiteren Beschreibung des Modells führen wir folgende Größen ein: T_n, n=0,1,... seien die aufeinanderfolgenden Bedienungsenden bzw. Pausenenden, X_n, n=0,1,... seien die Anzahl der Kunden im Warteraum unmittelbar nach Bedienungs- bzw. Pausenende und es sei $L_n = 1$ ($L_n=0$), falls der Bedienungskanal arbeitet (pausiert) unmittelbar nach Bedienungs- bzw. Pausenende. Es sei Z(t) die Zahl der Kunden im Warteraum zur Zeit t und L(t) = 1 (L(t)=0), falls der Bedienungskanal arbeitet (pausiert) zur Zeit t.

Voraussetzung 1: $\{(L_n,X_n,T_n),\ n\in\mathbb{N}_0\}$ ist ein Markovscher Erneuerungsprozeß.

Operations Research Proceedings 1983

Voraussetzung 2: $\{(L(t),Z(t)),\ t\in\mathbb{R}_+\}$ ist ein semi-regenerativer Prozeß (bzgl. $\{(L_n,X_n,T_n),\ n\in\mathbb{N}_0\}$).

Zur Beschreibung des semi-regenerativen Prozesses werden neben dem Semi-Markov-Kern des eingebetteten Markovschen Erneuerungsprozesses bzw. der Übergangsmatrix (s.u.) der eingebetteten Markov-Kette $\{(L_n,X_n),\ n\in\mathbb{N}_0\}$ benötigt die Größen

$$\psi_{l,i}(k,j,t) := P(L(t)=k,\ Z(t)=j,\ T_1>t \mid L_0=l,\ X_0=i,\ T_0=0)$$

für $l,k\in\{0,1\}$, $i,j\in\{0,1,\ldots\}$. Nach Modellkonstruktion ist $\psi_{l,i}(k,j,.)\equiv 0$ für $l\neq k$. Für $l=k=1$ ist für $t\geq 0$

$$\psi_{1,i}(1,j,t) = \begin{cases} z_{ij}(t)[1-B_i(t)], & j\geq i \\ 0 & j<i \end{cases} .$$

Dabei sind $z_{ij}(t)$ die Übergangswahrscheinlichkeiten des reinen Geburtenprozesses mit den Geburtsraten λ_r. Um das Modell flexibel zu halten, wird $\psi_{0,i}(1,j,.)$ nicht spezifiziert. Wir stellen lediglich

Voraussetzung 3: $\psi_{0,i}(1,j,.) = 0$ für $j<i$.

Schließlich wird das Übergangsverhalten zwischen Bedienungen und Pausen geregelt durch die Übergangsmatrix $\mathbb{P}$ der Markov-Kette $\{(L_n,X_n),\ n\in\mathbb{N}_0\}$ mit dem Zustandsraum $\{0,1\}\times\{0,1,\ldots\}$ in

Voraussetzung 4: $\mathbb{P}$ hat die Struktur

Zustände

Zustände	(0,0)	(0,1)	(0,2)	...	(1,0)	(1,1)	(1,2)	(1,3)	...
(0,0)	c_0	c_1	c_2	...	d_0	d_1	d_2	d_3	...
(0,1)					h_1	g_1			
(0,2)		0				h_2	g_2		0
⋮					0		╲	╲	
(1,0)	q_{00}	q_{01}	q_{02}	...					
(1,1)		q_{11}	q_{12}	...			0		
(1,2)			q_{22}	...					
⋮	0								

Um das Modell flexibel zu halten, werden c_i, d_i, h_i, g_i nicht spezifiert. Sie können teilweise Null sein, doch gelte $\inf_i h_i>0$.

Nach Modellbeschreibung gilt

$$q_{ij} = \int_0^\infty z_{ij}(t)B_i(dt).$$

Bemerkung: In Verallgemeinerung der Modellbeschreibung sind im Zustand (0,0) auch direkte Übergänge in eine erneute Pause zulässig ($c_i \neq 0$).

2. Der Algorithmus

Unter geeigneten (technischen) Voraussetzungen, die für die Anwendungen unproblematisch sind, existieren die stationären Zustandswahrscheinlichkeiten

$$P^*(k,j) := \lim_{t\to\infty} P(L(t)=k,\ Z(t)=j \mid L_0=1,\ X_0=i)$$

l, $k\varepsilon\{0,1\}$, $i,j\varepsilon\{0,1,\ldots\}$ unabhängig vom Anfangszustand.
Als Hauptergebnis ergibt sich zur Berechnung der $P^*(k,j)$ der numerisch stabile

Algorithmus:

1) Wähle $p_0>0$ beliebig.

2) Für j=0,1,2,... berechne

$$p(1,j) = \{[f_j + \sum_{i=0}^{j-1} a_{i+1,j}g_{i+1}e_i/h_{i+1} + \sum_{i=0}^{j} a_{ij}e_i]\cdot p_0$$

$$+ \sum_{i=0}^{j-1} [a_{i+1,j}g_{i+1}/h_{i+1} + a_{ij}]\lambda_i p(1,i)\}/\delta_j$$

3) Für j=0,1,2,... berechne

$$p(0,j) = [b_{0j} + \sum_{i=0}^{j-1} b_{i+1,j}e_i/h_{i+1}]p_0 + \sum_{i=0}^{j-1} [b_{i+1,j}/h_{i+1}]\cdot\lambda_i p(1,i)$$

4) Berechne $S = \sum_j p(1,j) + \sum_j p(0,j)$

6) Für j=0,1,... berechne

$$P^*(1,j) = p(1,j)/S$$

$$P^*(0,j) = p(0,j)/S$$

Dabei ist

$$a_{ij} = \int_0^\infty z_{ij}(t)[1-B_i(t)]dt$$

$$b_{ij} = \int_0^\infty \psi_{0,i}(0,j,t)dt$$

$$\delta_j = \int_0^\infty e^{-\lambda_j t} B_j(dt)$$

$$f_j = \sum_{i=0}^{j} a_{ij} d_i$$

$$e_j = 1 - \sum_{i=0}^{j} (c_i + d_i) \; .$$

3. Verteilungen vom Phasentyp

Sind die Verteilungsfunktionen B_i der Bedienungszeiten Verteilungen vom Phasentyp [5], so lassen sich die Koeffizienten a_{ij} durch Matrix-Vektoroperationen bestimmen, ohne die z_{ij} explizit zu kennen und ohne Integrationen [6].

4. Beispiele

Als Beispiele, bei denen sich der Algorithmus wirksam einsetzen läßt, nennen wir folgende bekannte Bedienungsmodelle:

a) M/G/1-Modell mit beschränktem oder unbeschränktem Warteraum.
b) M/G/1-Modell mit k-Politik [2].
c) M/G/1-Modell mit T-Politik [4].
d) Repairman Problem mit einer Reparaturstation.
e) M/G/1-Modell mit wiederholten Versuchen [1].

In all diesen Standardmodellen sind zusätzlich als Verallgemeinerungen zustandsabhängiger Input und zustandsabhängige Bedienungszeiten möglich, s. auch [6],[7] zu a) und [3] zu e).

5. Begründung des Algorithmus

Eine detaillierte Darstellung wird an anderer Stelle veröffentlicht.

Literatur

[1] CHOO, Q.H.; CONOLLY, B.
New Results in the Theory of Repeated Order Queueing Systems.
J.Appl.Prob. 16, 631-640(1979).

[2] HEYMAN, D.P.
Optimal Operating Policies for M/G/1 Queueing Systems.
OR 16, 362-382(1968).

[3] DE KOK, A.G.
Computational Methods for Single Server Systems with repeated attempts.
Preprint Interfaculteit der Actuariele Wetenschapen en Econometrie.
Vrije Universiteit Amsterdam (1982).

[4] LEVY, Y.; YECHIALI, U.
Utilization of Idle Time in an M/G/1 Queueing System.
Man. Sci. 22, 202-211(1975).

[5] NEUTS, M.F.
Matrix-Geometric Solutions in Stochastic Models - An Algorithmic Approach.
The Johns Hopkins University Press, Baltimore (1981).

[6] SCHELLHAAS, H.
Computation of the State Probabilities in Single Server Queues with Markovian Input and General Service Times.
Preprint Nr. 730, Fachbereich Mathematik, TH Darmstadt (1983).

[7] TIJMS, H.C.; VAN HOORN, M.H.
Algorithms for the State Probabilities and Waiting Times in Single Server Queueing Systems with Random and Quasirandom Input and Phase Type Service Times.
OR Spektrum 2, 145-152(1981), Erratum OR Spektrum 3, 244(1983).

ON THE USE OF ITERATIVE APPROXIMATIONS IN QUEUEING NETWORKS; WITH SIMPLE APPLICATIONS

Jaap Wessels, Eindhoven

Abstract. Networks of queues which have a productform solution can be analyzed easily by the convolution method or with mean value analysis. Regrettably, however, many practical queueing network models do not possess a productform solution. In this paper the following approach is advocated for models with slight deviations from the productform conditions: approximate the model interatively by a sequence of models which satisfy conditions for simple analysis.
Quite often aggregation and mean value analysis provide the natural approach for designing an iteration step.
Applications which are mentioned are: two-phase servers where the first phase is a preparatory one; a type of priorities; blocking; many-chains networks; FCFS-servers with different workloads for different types of customers.

Zusammenfassung. Warteschlangennetze mit Lösungen in Produktform können einfach mit der Faltungsmethode oder der Mittelwertanalyse untersucht werden. Leider haben viele praktische Warteschlangennetze keine Lösung in Produktform. In dieser Arbeit wird für Modelle mit geringen Abweichungen von den Produktformbedingungen das folgende Vorgehen vorgeschlagen: Das Modell wird iterativ approximiert durch eine Folge von Modellen, die Bedingungen für eine einfache Analyse erfüllen.
Oft geben Aggregation und Mittelwertanalyse die natürliche Vorgehensweise zum Entwurf eines Iterationsschrittes.
Folgende Anwendungen werden erwähnt: Zweiphasen-Bedienungseinheiten, bei denen die erste Phase eine Vorbereitungsphase ist; eine Art von Priorität; Blockierung; Netze mit sehr vielen Ketten; FCFS-Bedienungseinheiten mit unterschiedlichen Bedienungszeiten für unterschiedliche Kundentypen.

1. Introduction

Networks of queues play an important role in several planning areas, for instance in the areas of computer performance evaluation, communication network evaluation, production planning in industrial environments, planning of harbour facilities. For all these purposes it is necessary to have efficient algorithms available for the numerical analysis of the queueing models. The efficiency is important since the usual performance evaluation study requires the successive analysis of many variants of some model.

For relatively large models efficient algorithms are available as long as the models have productform solutions. The best-known algorithms for these purposes are based on the so-called convolution method (cf. Reiser/Kobayashi /6/) or on mean value analysis (cf. Reiser/Lavenberg /7/, Reiser /5/).

Operations Research Proceedings 1983

However, if the models are very large or do not satisfy the condition to have productform solutions, then exact solution is usually not realistic.

If a model does not have a productform solution, usually the simplest approach is to disregard the features which destroy the productform solution. For instance, general service-time distributions at FCFS-servers are replaced by negative exponential ones. A more sophisticated approach seems to be obtained if one realizes some form of feedback of the results to the model. For the example mentioned above this has been done in Kühn /4/ by decomposing an open network in single queues which are analyzed independently for given coefficients of variation for arrival and service process. The results of such an analysis for single queues produce new coefficients of variation and the analysis can start anew. A similar approach is possible for closed networks.

In this paper we will confine attention to iterative approximation methods which replace the original model in each iteration step by some model with a simple solution. The feedback is realized by letting a new model be determined with the results of the former one (for an overview of other approximative approaches, see Chandy/Sauer /1/).

In Section 2 the approach is introduced and in Section 3 some applications are indicated.

2. An iterative approximations approach

Suppose we have some network of queues which is considered to be too complicated for direct numerical analysis. The approach is then to simplify the model in such a way that it wellcomes a simple analysis. Such a simplification will usually pertain of some sort of aggregation or decomposition. After the analysis of the simplified model the results are used to improve some of the parameters of that model, which is analyzed again, etc. In particular, it will be shown that mean value analysis can provide a good framework for such a simplification.

Let us consider - for simplicity - a closed network with N single server FCFS-stations in which K customers of one type only walk around with routing probabilities P_{nm} for going to station m from station n. Let these customers have negative exponentially distributed workloads in station n with expected value w_n.

Then we have for mean residence time $S_n(K)$ at queue n that it can be expressed in the mean number of custumers $L_n(K-1)$ at that station if there were only K - 1 customers in the system:

(1) $S_n(K) = L_n(K-1)w_n + w_n$

since that is, according to the arrival theorem for closed networks, the workload to be handled before departure.
According to Little's formula for queue n we have

(2) $L_n(K) = \Lambda_n(K)\ S_n(K)$

where $\Lambda_n(K)$ is the expected number of arrivals at queue n per time unit, more popularly speaking: $\Lambda_n(K)$ is the throughput at station n.
Finally, one can apply Little's formula for residence times between two arrivals at station n:

(3) $$\Lambda_n(K) = \Theta_n\ K \left[\sum_{m=1}^{N} \Theta_m\ S_m(K)\right]^{-1}$$

with Θ_n, n = 1,...,N the unique solution of

(4) $$\Theta_n = \sum_{m=1}^{N} \Theta_m\ P_{mn} \quad , \quad \sum_{n=1}^{N} \Theta_n = 1 .$$

These formulae make it possible to find a solution by induction with respect to K. For more details see Reiser/Lavenberg /7/ and Reiser /5/.

If we now change the conditions a little bit and introduce an extraordinary behaviour in some of the stations, then (2), (3) and (4) remain valid, since Little's formula remains valid. However, formula (1) gets in trouble. Nevertheless, something of the form of formula (1) will be needed and will also remain. Therefore, it seems sensible to consider a mean value scheme with w_n and/or $L_n(K-1)$ in formula (1) slightly adapted according to the behaviour of the station.

In the next section this idea will be worked out for an example.

3. Some applications

The first application will be worked out in some detail, other applications will be indicated.

3.1. *Two-phase servers*

Suppose that one (or more) of the servers has a workload per customer which consists of two phases, each is negative exponentially distributed, $w_n = w'_n + w''_n$, but such that the first phase is a kind of preparatory phase. In an idle period the server can already start with this preparatory phase for the first customer of the following busy period (for more details, see van Doremalen/Wessels /3/). So the effect will be that some of the customers only experience a workload w''_n, whereas the others have the full workload w_n.

The first guess in adapting formula (1) seems to be to maintain $L_n(K-1)$ as expected number of customers present upon arrival (although it might be affected) and to replace w_n by some adapted value

$$(5)\quad \tilde{w}_n = (1-a_n)w'_n + w''_n$$

where a_n denotes the probability that an arriving customer finds his preparatory phase already completed. Hereby we discard the typical difference between workloads for first customers in busy periods and other customers. The only remaining problem is that a_n is unknown and that it requires the solution of the model - namely the distribution of the idle period and the fraction of time there are customers - to compute a_n. However, one may make a guess - for instance $a_n = 0$ or $a_n = 1$ - and improve upon it after solution of the mean value scheme with this guess. Suppose we have a guess for a_n and we have solved the mean value scheme (1), (2), (3), (4) with w_n replaced by $\tilde{w}_n$ and an estimated value for a_n. How do we get an improvement on the guess for a_n?
The true a_n can be written as

$$a_n = b_n c_n$$

with b_n the probability that an arriving customer is the first one in a busy period and c_n the probability that a prepatory phase is completed before the end of an idle period. Then better estimates for b_n and c_n can be made as follows (cf. van Doremalen/Wessels /3/)

$$b'_n = 1 - \Lambda_n(K-1)\tilde{w}_n$$

$$c'_n = \frac{v'_n}{w'^{-1}_n + v'}$$

with

$$v'_n = \frac{\Lambda_n(K)b'_n}{1 - \Lambda_n(K)\tilde{w}_n} .$$

The results for this iteration scheme are fairly good, particularly for the throughputs. The mean queue lengths and the fractions of time there are customers at the stations are slighty less precisely approximated. For the cyclical network with three stations, results are shown in Table 1.

		exact results				approximations			
w_2	w_3	ρ_1	Λ	L_1	C	ρ_1	Λ	L_1	C
2	2	.594	.357	1.07	11.38	.548	.351	1.07	11.38
8	2	.155	.124	.18	32.19	.155	.124	.18	32.19
.25	.25	.999	.500	3.74	8.00	.999	.500	3.72	8.00

Table 1: results for the cyclical system with one two-phase server: $w_1' = w_1'' = 1$, $K = 4$; $N = 3$; ρ is the fraction of time there are customers, C is the cycle time.

There are several ways to refine these results. One way would be to use Kühn's decomposition /4/ to take account of the non-exponentiality of the two-phase servers. That could also lead to an extension of the procedure for the case that the phases themselves have non-exponential distributions.

3.2. *Blocking*

Another possibility for extraordinary behaviour is blocking. Suppose that some station in the model of Section 2 can only have b_n customers. Joining queue n is forbidden as long as b_n customers are present. A customer who may not enter station n stays in its original server and blocks it for further use until the unblocking moment.

The effect of blocking is a decrease in availability of the blocked servers. This can be accounted for by increasing the workloads at the blocked servers with some factor. This factor may be determined iteratively, using estimates for the blocking probability from the preceding analysis.

In this case there is also reason for some adaptation of L_m, L_n.

The results we have obtained so far with this approach give a substantial improvement upon neglection of blocking effects, however, even the throughputs can still deviate from the exact method. The approach seems to work quite well if the effect of blocking is not too heavy. A detailed report on this case is in preparation.

3.3. *An example of priorities*

Again consider the network of Section 2. However, now some of the stations have also to be available for external customers who not really enter the network, but disappear after their only job has been done. The internal customers have priority but without the possibility of preemption. This case can be handled as if there are only internal customers, however, the stations with external customers suffer a loss of capacity for the internal customers because of the lacking preemption. Again, iterative adaptation of the workload will do the job. In this case the results for the throughputs are very good.

3.4. *A mixture of customer classes*

Now the network of Section 2 is extended to contain more customer classes. This can be handled by mean value analysis with a simple adaptation. At least, the latter assertion is true if the different classes of customers have the same negative exponential service time distribution for FCFS-station n. Suppose now, that this condition does not hold. Then a way-out seems to be the use of a negative exponential service time distribution with a mean which is a proper mixture of the original means. The proper mixture can be determined iteratively again. Regrettably, the results are not too good. It seems to be better to use explicitly estimates for the probabilities that the server works on a particular type of job. A report on such an approach is in preparation.

Also in this case Kühn's decomposition /4/ might be helpful, since it seems to be essential that a server does not experience the service time as negative exponential any more.

3.5. *Many-chain networks*

Here we consider again an extension of the network of Section 2, namely by supposing that there are many routing chains each with its own routing matrix. Such problems can be handled by mean value analysis, however, now it does not suffice to iterate the number of customers from 0 to K. Now iteration should be done with respect to the vector of the numbers of customers per chain from (0,...0) to $(K_1,...,K_R)$. If R is very large, this iteration scheme becomes very cumbersome. Therefore, approximations are wellcome. It appears that decomposition with respect to the chains and treating them as separate one-chain systems does work very well, at least if one introduces an appropriate estimate for the influence of the other chains in the equivalent of formula (1). And there we encounter the iterative approximation again. For details, see van Doremalen /2/.

References

/1/ K.M. CHANDY, C.H. SAUER
APPROXIMATE METHODS FOR ANALYZING QUEUEING NETWORK MODELS OF COMPUTING SYSTEMS
COMPUTING SURVEYS 10, 281-317 (1978).

/2/ J. VAN DOREMALEN
MEAN VALUE ANALYSIS IN MULTICHAIN QUEUEING NETWORKS: AN ITERATIVE APPROXIMATION
THIS VOLUME.

/3/ J. VAN DOREMALEN, J. WESSELS
AN ITERATIVE APPROXIMATION FOR CLOSED QUEUEING NETWORKS WITH TWO-PHASE SERVERS
MEMORANDUM COSOR 83-12, DEPARTMENT OF MATHEMATICS AND COMPUTING SCIENCE, UNIVERSITY OF TECHNOLOGY, EINDHOVEN (AUGUST 1983).

/4/ P.J. KÜHN
APPROXIMATE ANALYSIS OF GENERAL QUEUEING NETWORKS BY DECOMPOSITION
IEEE TRANS. COMM. COM-27, 113-126 (1979).

/5/ M. REISER
MEAN VALUE ANALYSIS AND CONVOLUTION METHOD FOR QUEUEING-DEPENDENT SERVERS IN CLOSED QUEUEING NETWORKS
PERFORMANCE EVALUATION 1, 7-18 (1981).

/6/ M. REISER, H. KOBAYASHI
QUEUEING NETWORKS WITH MULTIPLE CLOSED CHAINS: THEORY AND COMPUTATIONAL ALGORITHMS
IBM J RES. DEV 19, 283-294 (1975).

/7/ M. REISER, S.S. LAVENBERG
MEAN VALUE ANALYSIS OF CLOSED MULTICHAIN QUEUEING NETWORKS
COMM. ACM 27, 313-322 (1980).

MEAN VALUE ANALYSIS IN MULTICHAIN QUEUEING NETWORKS: AN ITERATIVE APPROXIMATION

Jan van Doremalen, Eindhoven

Abstract. This paper deals with an approximate analysis of multichain queueing networks with FIFO single server queues. Recently, mean value algorithms have been developed to evaluate mean response times, through puts, mean queue lengths, etcetera in such networks. The complexity and the storage requirements prohibit an exact evaluation of the mean values in large systems and approximate methods have to be used. Several methods have been proposed, e.g. by Schweitzer /7/, Reiser /4/ and Chandy and Neuse /2/. We will describe a method based on a decomposition of the network and mean value arguments.

Zusammenfassung. Wir beschreiben eine approximative Analyse von Warteschlangennetzen mit FIFO Bedienungsregeln. In letzter Zeit wurden auf der Mittelwertanalyse basierende Algorithmen entwickelt, um für solche Netze Verweilzeiten, Durchsätze, mittlere Schlangenlängen usw. zu bestimmen. Die Komplexität und der Speicherbedarf verhindern die exakte Berechnung der Mittelwerte bei großen Systemen, so daß Näherungsverfahren verwendet werden müssen. Verschiedene Methoden wurden vorgeschlagen, etwa von Schweitzer [7], Reiser [4], Chandy und Neuse [2]. Wir beschreiben eine Methode, die auf einer Dekomposition des Netzwerkes und Mittelwertbetrachtungen beruht.

1. Introduction

This paper deals with an iterative approximation for mean residence times, mean queue lengths and throughputs in mixed open and closed multichain queueing networks. We will consider a network with N single server FIFO queues, a set $\mathcal{O}$ of L open chains and a set $\mathcal{C}$ of R closed chains. At queue n, n = 1,2,...,N, the customers have independent exponential service times with mean w_n. An open chain ℓ, $\ell \in \mathcal{O}$, has a Markov routing given by an irreducible substochastic matrix P^ℓ and Poisson instream processes with rate $\lambda_{n\ell}$ at queue n, n = 1,2,...,N. A closed chain r, $r \in \mathcal{C}$, has a Markov routing given by an irreducible stochastic matrix P^r and a fixed number of customers K_r. For reasons of presentation only chains with one customer class will be considered.

Mean residence times, mean queue lengths and throughputs in such queueing networks can be evaluated using a mean value oriented algorithm. Reiser describes the method of mean value analysis for closed queueing networks in /4/ and /5/. Lavenberg and Reiser treat the multichain case for closed networks in /6/. The analysis of mixed multichain networks is presented for instance in Zahorjan and Wong /8/ and Krzesinsky, Teunissen and Kritzinger /3/. The mean value analysis is based on Little's formula

Operations Research Proceedings 1983

and two arrival theorems which hold for queueing networks with a product form solution. The first theorem states that a customer of a closed chain sees the system at a jumpmoment as if in equilibrium with one customer of their own chain removed. The second theorem states that a customer of an open chain sees the system at an arrival, jump or departure moment as if in equilibrium.

The computational complexity and the storage requirements of the algorithm grow exponentially with the number of closed chains and an approximate solution, therefore, has to be recommended. In the literature several methods have been proposed, e.g. by Schweitzer /7/, Reiser /4/ and Chancy and Neuse /2/.

We will present an iterative method based on a decomposition idea and mean value arguments. After a short outline of the mean value algorithm for mixed multichain networks in Section 2, we will describe the nature and the behaviour of our method in Section 3. Two examples are given. In Section 4 we will give some tentative conclusions and will glance at points of further research.

2. The mean value algorithm for mixed multichain networks

For lucidity of presentation we will give a short outline of the mean value algorithm for mixed multichain queueing networks with FIFO single server queues.

Let us introduce some notations. For $n = 1,2,\ldots,N$ and $\ell \in \mathcal{C} \cup \mathcal{O}$ we define

$S_{n\ell}$: mean residence time of a chain ℓ customer at queue n
$\Lambda_{n\ell}$: throughput of chain ℓ customers at queue n
$Q_{n\ell}$: mean number of chain ℓ customers at queue n.

Furthermore the population vector K is defined as $K = (K_1,K_2,\ldots K_R)$. The mean values depend on K and will be denoted as $S_{n\ell}(K)$, $\Lambda_{n\ell}(K)$ and $Q_{n\ell}(K)$, if this dependence is important.

For an open chain $\ell \in \mathcal{O}$ the throughputs $\Lambda_{n\ell}$ at the successive queues are the unique solution of a linear system,

$$(1)\quad \Lambda_{n\ell} = \lambda_{n\ell} + \sum_{m=1}^{N} \Lambda_{m\ell}\, P^{\ell}_{mn} \,, \qquad n = 1,2,\ldots,N \,.$$

For a closed chain $r \in \mathcal{C}$ the auxiliary quantities ϑ_{nr} at the successive queues are defined as the unique solution of the linear system

$$(2)\quad \vartheta_{nr} = \sum_{m=1}^{N} \vartheta_{mr}\, P^{r}_{mn} \,, \qquad n = 1,2,\ldots,N \,, \quad \sum_{m=1}^{N} \vartheta_{mr} = 1 \,.$$

Observe that ϑ_{nr} can be interpreted as the fraction of the total number of visits a customer of chain r brings to queue n.

From the arrival theorem for closed chains follows a relation for the mean response time $S_{nr}(K)$ of a closed chain r customer at queue n,

$$(3) \quad S_{nr}(K) = \left(\sum_{s\in C} Q_{ns}(K-e_r) + \sum_{\ell\in O} Q_{n\ell}(K-e_r) + 1 \right) w_n ,$$

where $K-e_r$ denotes the population vector with one customer of chain r removed. The relation, in fact, says that the response time equals the total amount of work a chain r customer sees in front of him upon arrival at queue n plus his own work. Applying the arrival theorem for open chains, we likewise find for the mean response time of an open chain ℓ customer at queue n,

$$(4) \quad S_{n\ell}(K) = \left(\sum_{r\in C} Q_{nr}(K) + \sum_{s\in O} Q_{ns}(K) + 1 \right) w_n .$$

Note that $S_{n\ell}(K)$ is independent of ℓ for $\ell \in O$. Little's formula gives another relation between mean number of customers and mean response time for open chain ℓ customers at queue n, namely

$$(5) \quad Q_{n\ell}(K) = \Lambda_{n\ell} \, S_{n\ell}(K) .$$

Inserting (5) in (4) and using the independence of $S_{n\ell}(K)$ with respect to ℓ we find for open chain ℓ customers at queue n,

$$(6) \quad S_{n\ell}(K) = \left(\sum_{r\in C} Q_{nr}(K) + 1 \right) \tilde{w}_n$$

where $\tilde{w}_n$ is defined as,

$$(7) \quad \tilde{w}_n = w_n \Big/ \left(1 - \sum_{\ell\in O} \Lambda_{n\ell} \, w_n \right) .$$

Inserting (5) and (6) in (3) we find for a closed chain r customer at queue n,

$$(8) \quad S_{nr}(K) = \left(\sum_{s\in C} Q_{ns}(K-e_r) + 1 \right) \tilde{w}_n .$$

Note that the factor $1 - \sum_{\ell\in O} \Lambda_{n\ell} w_n$ in $\tilde{w}_n$ can be seen as a fluid dynamic adjustment of the workrate of server n to deal with the influence of open chain work. Equation (8) corresponds with equation (15) in Akyildiz and Bolch /1/.

Applying Little over the network we find a relation for the throughput of closed chain r customers at queue n,

$$(9)\quad \Lambda_{nr}(K) = \vartheta_{nr}\, K_r \,/ \sum_{m=1}^{N} \vartheta_{mr}\, S_{mr}(K) \; .$$

Again applying Little but now on a specific queue we find for the mean number of customers of chain r at queue n,

$$(10)\quad Q_{nr}(K) = \Lambda_{nr}(K)\, S_{nr}(K) \; .$$

For the closed chains we can evaluate the mean values from the recursive scheme defined by equations (8), (9) and (10). The equations correspond with equations (3.1), (3.3) and (3.4) in Reiser and Lavenberg /6/ **for closed** networks.
Afterwards equations (6) and (5) give the mean values for the open chains.

3. An approximation method for closed multichain networks

In a queueing network with many closed chains the evaluation of the mean value scheme becomes problematic. The great complexity and the large storage requirements of the algorithm are caused by the fact that every mutual influence of the chains has to be incorporated. However, it will be clear that many of these influences will be relatively small. Our approximation method is based on this observation. We propose a decomposition of the network such that each chain will be analysed separately. To bind the chains the mutual influence will be approximated using a mean value argument. Only closed multichain networks will be considered. As we have seen in Section 2, this is not a restriction.

Consider a single chain $r \in \mathcal{C}$ with K_r customers. To evaluate mean values for this particular chain we introduce a recursive single chain mean value scheme. For $k = 1,2,\dots,K_r$ we have

$$(11)\quad S_{nr}(k) = (Q_{nr}(k-1) + A_{nr}(k-1) + 1)w_n, \qquad n = 1,2,\dots,N \; ,$$

$$(12)\quad \Lambda_{nr}(k) = \vartheta_{nr}\, K_r \,/ \sum_{m=1}^{N} \vartheta_{mr}\, S_{mr}(k) \; , \qquad n = 1,2,\dots,N \; ,$$

$$(13)\quad Q_{nr}(k) = \Lambda_{nr}(k)\, S_{nr}(k) \; , \qquad n = 1,2,\dots,N \; .$$

where we start with $Q_{nr}(0) = 0$. The term $A_{nr}(k-1)$ reflects the mean number of customers of other chains a customer of chain r sees in front of him upon his arrival at queue n if k customers of his own chain are in the system. Using equations (8) through (10) one can verify that the scheme (11) through (13) is exact, if we set

$$(14)\quad A_{nr}(k) = \sum_{s \neq r} Q_{ns}(K - (K_r - k)e_r) \; , \qquad k = 0,1,\dots,K_r - 1 \; .$$

However, to compute the scheme this way, one would have to use the exact mean value scheme and that we just wanted to avoid. We propose an approximation for the $A_{nr}(k)$'s based on the idea that customers of chain r see upon a jumpmoment their own chain as if in equilibrium with one customer removed and the other chains as if in global equilibrium. This idea leads to the formulation of a set of implicit equations, for $r \in C$ and $k = 1,2,\ldots,K_r$ given by,

$$(15)\quad S^*_{nr}(k) = (Q^*_{nr}(k-1) + \sum_{\ell \neq r} Q^*_{n\ell}(K_\ell) + 1)w_n, \qquad n = 1,2,\ldots,N,$$

$$(16)\quad \Lambda^*_{nr}(k) = \vartheta_{nr} K_r \,/ \sum_{m=1}^{N} \vartheta^*_{mr} S_{mr}(k), \qquad n = 1,2,\ldots,N,$$

$$(17)\quad Q^*_{nr}(k) = \Lambda^*_{nr}(k)\, S^*_{nr}(k), \qquad n = 1,2,\ldots,N,$$

where $S^*_{nr}(K_r)$, $\Lambda^*_{nr}(K_r)$ and $Q^*_{nr}(K_r)$ give the approximation for $S_{nr}(K)$, $\Lambda_{nr}(K_r)$ and $Q_{nr}(K_r)$. To evaluate the approximations for the mean values, one has to solve for these implicit equations. A natural way to do so, is to use an iterative method. Starting with initial values for the $Q_{nr}(K_r)$'s the schemes (15) through (17) are repeatedly evaluated until convergence is established.

Up till now we have not been able to show the convergence of the method and the uniqueness of the solution. However, we have tested our method in a series of examples and it turned out that the method converged relatively fast in all cases. To establish convergence we have compared two successive approximations of the throughputs. To obtain a six decimal precision the number of iteration steps varied from 4 up to 20. For large problems the computation time is only a fraction of the time to evaluate the exact mean value scheme.

The approximations, in general, are quite good, especially for larger models with many chains and many customers. But in extreme cases the approximations can be very bad.

As an example of the bad behaviour of the method, consider the following model of a computer system with two terminal groups.

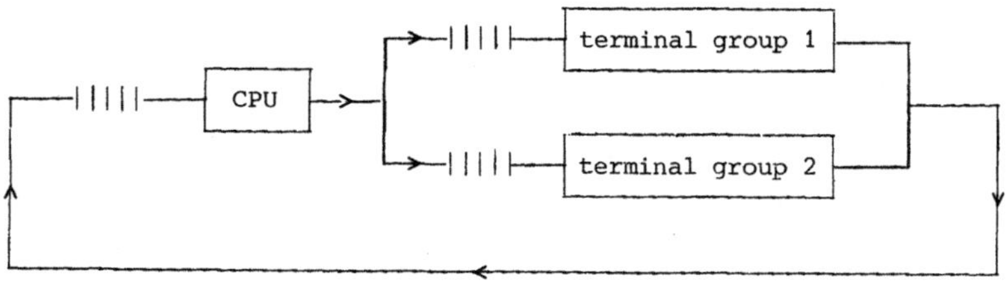

Figure 1. A computer system model.

Terminal group 1 consists of K_1 active terminals each with exponential think time with mean 100 seconds. The K_2 active terminals of group 2 have exponential think times with mean 10 seconds. The jobsizes at the CPU (central processor unit) are exponential with mean 10 seconds. If the service discipline at the CPU is FIFO and all thinktimes and jobsizes are independent then the network has a product form solution and the mean value algorithm can be invoked to evaluate the mean values. In Table 1 we have compared the utilization of the CPU and the response times of the individual terminals of the two groups for the exact and the approximative method. The approximations are very bad because of the fact that the approximation assumption is far from being accurate.

POPULATION		UTILIZATION CPU		RESP. TIME 1		RESP. TIME 2	
K1	K2	EXACT	APPROX	EXACT	APPROX	EXACT	APPROX
10	1	.948	.899	41.44	43.06	31.46	40.10
10	2	.637	.604	56.42	58.01	46.88	54.99
10	3	.583	.558	70.86	72.22	62.55	69.09

Table 1. Results for the computer system model.

Another example, a model of a communication network with window flow control, shows the behaviour of the method for a more complicated network. Consider the network of Figure 2.

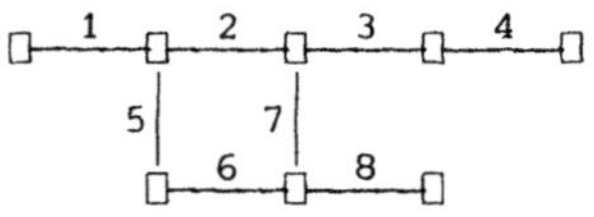

Figure 2. A communication network.

CHAIN	ROUTING
1	1->2->3->4
2	2->7->8
3	6->7->3->4
4	5->6->8
5	8->6->5->1
6	3->2->5

Table 2. Routing table

The arcs, numbered 1 through 8, are the communication channels and the nodes the software interfaces. The channels are modelled as single server FIFO queues, which handle requests in independent exponential times with mean 1 second. The service times at the interfaces are neglegible. A chain is defined by a fixed sequence of channels through which a member of the chain (a message) has to find its way. The routes of the chains are given in Table 2.

The scheduling of the network is as follows. For each chain only a fixed maximum number of customers is allowed in the network. We assume that the input of messages is such that at every moment a message leaves the network a new message of the same chain enters the network. Then the network can be analysed as a closed multichain network.

In Tables 3 and 4 we have pictured the utilizations of the channels and the mean response times of the chains for three control mechanisms. Case i, i = 1,2,3, corresponds with a scheduling where for each chain i customers are allowed in the system.

CHANNEL	UTILIZATION 1		UTILIZATION 2		UTILIZATION 3	
	EXACT	APPROX	EXACT	APPROX	EXACT	APPROX
1	.346	.336	.463	.450	.521	.507
2	.637	.604	.851	.773	.890	.847
3	.583	.558	.766	.732	.850	.815
4	.363	.351	.497	.478	.563	.544
5	.604	.578	.760	.728	.826	.794
6	.567	.548	.743	.717	.827	.800
7	.420	.399	.554	.525	.616	.585
8	.621	.594	.793	.757	.867	.831

Table 3. Utilization of the channels.

CHAIN	RESP. TIME 1		RESP. TIME 2		RESP. TIME 3	
	EXACT	APPROX	EXACT	APPROX	EXACT	APPROX
1	5.56	5.73	8.20	8.47	10.91	11.24
2	4.22	4.49	6.63	7.07	9.15	9.73
3	5.46	5.67	7.92	8.26	10.40	10.84
4	4.58	4.78	7.37	7.67	10.25	10.62
5	6.04	6.18	9.11	9.35	12.19	12.50
6	4.55	4.83	7.42	7.89	10.46	11.06

Table 4. Response times of the chains.

4. Some final remarks

We have described a new method to approximate mean values in multichain queueing networks. The method can be extended in a natural way to networks with FIFO, LIFO, processor-sharing and pure delay or infinite server queues.

The second example shows that the approximations deviate in a certain direction. There is a tendency to overestimate the response times as a consequence of the assumption that arriving customer sees the other chains in global equilibrium. We are working on a refinement of the method to deal with the apparent problems. In a forthcoming paper we will analyse the method in more detail and will provide a comparison with other methods.

References

/1/ AKYILDIZ AND BOLCH
ERWEITERUNG DER MITTELWERTANALYSE ZUR
BERECHNUNG DER ZUSTANDSWAHRSCHEINLICHKEITEN
FUR GESCHLOSSENE UND GEMISCHTE NETZE.
IN: MESSUNG, MODELLIERUNG UND BEWERTUNG VON
RECHENSYSTEMEN
EDS. P. KUEHN UND K. SCHULZ. SPRINGER VERLAG
BERLIN (1983).

/2/ K.M. CHANDY AND D. NEUSE
LINEARISER: A HEURISTIC ALGORITHM FOR QUEUEING
NETWORK MODELS OF COMPUTING SYSTEMS
CACM 25(1982): 126-134.

/3/ A. KRZESINSKY, P. TEUNISSEN AND P. KRITINGER
MEAN VALUE ANALYSIS FOR LOAD DEPENDENT SERVERS
IN MIXED MULTICLASS QUEUEING NETWORKS
ITR 82-01+00(1982), UNIVERSITY OF STELLENBOSCH,
SOUTH AFRICA.

/4/ M. REISER
MEAN VALUE ANALYSIS: A NEW LOOK AT AN OLD PROBLEM
4TH INT. SYMP. ON MODELLING AND PERFORMANCE
EVALUATION OF COMPUTER SYSTEMS
VIENNA (1979).

/5/ M. REISER
MEAN VALUE ANALYSIS AND CONVOLUTION METHOD FOR
QUEUE DEPENDENT SERVERS IN CLOSED QUEUEING NETWORKS
PERFORMANCE EVALUATION 1(1981): 7-18.

/6/ M. REISER AND S.S. LAVENBERG
MEAN VALUE ANALYSIS OF CLOSED MULTICHAIN QUEUEING
NETWORKS
JACM 27(1980): 313-322.

/7/ P. SCHWEITZER
APPROXIMATE ANALYSIS OF MULTICLASS NETWORKS OF QUEUES
PRESENTED AT THE INT. CONF. STOCHASTIC CONTROL AND
OPTIMIZATION.
AMSTERDAM (1979).

/8/ ZAHORJAN AND E. WONG
THE SOLUTION OF SEPARABLE QUEUEING NETWORKS USING
MEAN VALUE ANALYSIS
ACM SIGMETRICS PERF. EV. REV. 3(1981): 80-85.

VERALLGEMEINERTE BLOCKREPARATUR-STRATEGIEN BEI VERSCHIEDENEN LEBENSDAUERVERTEILUNGEN

Karl Bosch, Stuttgart-Hohenheim

Zusammenfassung. Behandelt wird folgender Erneuerungsprozeß: Bei einem Ausfall im Intervall $I_k = [T_{k-1}, T_k)$; $T_O = 0$, $T_{k-1} < T_k$, $k = 1,2,\ldots$ wird sofort und ohne Zeitverlust ein Element eingesetzt, dessen Lebensdauer die Verteilungsfunktion F_k besitzt. Für die Erneuerungsfunktion dieses Prozesses werden Rekursionsgleichungen angegeben. Das Modell wird übertragen auf Blockwartungen, bei denen zu den Zeitpunkten $i \cdot T$, $T=T_N$, $i=1,2,\ldots$ prophylaktische Erneuerungen mit neuen Elementen durchgeführt werden und bei Ausfällen in I_k Elemente eingesetzt werden, die bereits (k-1) mal ohne Ausfall im Einsatz waren.

Summary. The following renewal process is considered: When a device fails in $I_k = [T_{k-1},T_k)$, $T_O = 0$, $T_{k-1} < T_k$, $k = 1,2,\ldots$ it is immediately replaced by a new one, which has lifetime distribution F_k. A recursion formula for the mean number of renewals up to time t is given.
For this model the following block replacement strategy is investigated: At times iT, $T=T_N$, $i=1,2,\ldots$ a preventive replacement takes place and the process repeats. If a device fails in I_K it is replaced by another one, which has been used k-1 times before without failure, $k=1,2,\ldots,N$.

1. Das allgemeine Modell

Falls ein sich in Betrieb befindendes Element im Intervall $I_k = [T_{k-1},T_k)$, $T_O = 0$, $T_{k-1} < T_k$, $k = 1,2,\ldots$ ausfällt, wird es ohne Zeitverlust zu den Kosten c_k durch ein Element ersetzt, dessen Lebensdauer die Verteilungsfunktion F_k besitzt mit $F_k(0+) < 1$. F_1 sei die Verteilungsfunktion der Lebensdauer des zum Startzeitpunkt $T_O = 0$ eingesetzten Elements. Beginnt man in jedem Intervall I_k die Zeitzählung neu, so kann der gesamte Erneuerungsprozeß durch Hintereinanderschaltung von Teilprozessen in den Intervallen $\hat{I}_k = [0, T_k-T_{k-1})$, $k = 1,2,\ldots$ dargestellt werden.

H_k sei die Erneuerungsfunktion in $\hat{I}_k$. Die Startverteilung U_k in $\hat{I}_k$ ist die Verteilungsfunktion der Vorwärtsrekurrenzzeit des vorhergehenden Teilerneuerungsprozesses an der Stelle $T_{k-1} - T_{k-2}$ für

Operations Research Proceedings 1983

$k \geq 2$. Damit gilt für $t \in \hat{I}_k$

$$U_1(t) = F_1(t);$$

$$U_k(t) = U_{k-1}(T_{k-1}-T_{k-2}+t) - \int_0^{T_{k-1}-T_{k-2}} [1-F_{k-1}(T_{k-1}-T_{k-2}+t-u)]dH_{k-1}(u)$$

(1) $\quad k = 2,3,...$

$$H_k(t) = U_k(t) + \int_0^t H_k(t-u)dF_k(u) ,$$

$k = 1,2,....$

Für $t \in I_k$ gilt für den Erwartungswert der bis zum Zeitpunkt t anfallenden Erneuerungskosten

(2) $$K(t) = \sum_{i=1}^{k-1} c_i H_i(T_i-T_{i-1}) + c_k H_k(t-T_{k-1}) .$$

Beispiel 1 (Exponentialverteilungen)

Es sei $F_k(t) = 1-e^{-\lambda_k t}$.

Hier gilt $U_1(t) = U_2(t) = 1-e^{-\lambda_1 t}$.

Für $k \geq 3$ ist U_k eine Mischung von $F_1, F_2, ..., F_{k-1}$.
Aus

$$H_k(t) = U_k(t) + \int_0^t H_k(t-u)\lambda_k e^{-\lambda_k u}\, du$$

folgt durch Differentiation nach elementarer Rechnung

(3) $H_k'(t) = U_k'(t) + \lambda_k U_k(t)$, $k = 1,2,...$

Beispiel 2 (Blockwartungen mit zwei-exponentialverteilten Typen).

Zur Verfügung stehen zwei Arten von Elementen. Die Lebensdauer der Elemente des Typs I seien exponentialverteilt mit dem Parameter λ_1, die Exponentialverteilung des Typs II besitze den Parameter λ_2. Dabei gelte $\lambda_1 < \lambda_2$.
Zu den Zeitpunkten $i \cdot T$, $i=1,2,...$ finden Wartungserneuerungen mit Elementen des Typs I zu den jeweiligen Kosten c_p statt. Bei einem Ausfall in $[kT-x,kT)$, $0 \leq x \leq T$, $k = 1,2,...$ finden Reparaturerneuerungen mit Elementen des Typs I zu den jeweiligen Kosten c_1 statt, die sonst notwendigen Reparaturen werden mit Elementen des Typs II zu den Kosten c_2 durchgeführt. Reparatur- und Wartungszeiten werden vernachlässigt.
Hier gilt

$$H_1(t) = \lambda_1 t; \quad U_2(t) = 1-e^{-\lambda_1 t} .$$

Aus (3) folgt

$$H_2'(t) = \lambda_1 e^{-\lambda_1 t} + \lambda_2(1-e^{-\lambda_1 t})$$

mit der Lösung

$$H_2(t) = \lambda_2 t + (\frac{\lambda_2}{\lambda_1} - 1)(1-e^{-\lambda_1 t}) .$$

Für die mittleren Kosten pro Zeiteinheit bei unendlichem Horizont gilt

$$\lim_{t\to\infty} \frac{K(t)}{t} = \frac{c_p + c_1 H_1(T-x) + c_2 H_2(x)}{T}$$

$$= \frac{c_p + c_1\lambda_1(T-x) + c_2\lambda_2 x + c_2(\frac{\lambda_2}{\lambda_1} - 1)(1-e^{-\lambda_1 x})}{T} = g(x) .$$

Bei fest vorgegebenem T besitzt g(x) in (O,T) ein durch

$$(4) \quad e^{-\lambda_1 x} = \frac{c_2\lambda_2 - c_1\lambda_1}{c_2(\lambda_2 - \lambda_1)}$$

bestimmtes Minimum, falls die rechte Seite von (4) echt zwischen e^{-T} und 1 liegt. Sonst wird das Kostenminimum in einem der beiden Randpunkte angenommen. In diesem Fall werden sämtliche Reparaturen mit Elementen desselben Typs durchgeführt.

2. Blockwartungen bei Reparaturen mit gebrauchten Elementen

Zur Verfügung sollen nur Elemente des gleichen Typs stehen, deren Lebensdauer die Verteilungsfunktion F besitzen. Zu den Zeitpunkten $i\cdot T_N = i\cdot T$, i = 1,2,.. (N fest) werden Wartungserneuerungen mit neuen Elementen zu den Kosten c_p durchgeführt, wobei nichtausgefallene Elemente wiederverwendet werden. Bei einem Ausfall in $I_k = [T_{k-1}, T_k)$ werden nur Elemente eingesetzt, die bereits (k-1) mal ohne Ausfall in Betrieb waren. Die Kosten dafür betragen d_{k-1}. Im ersten Teilintervall werden also neue Elemente mit den Kosten d_0 verwendet.
Die Verteilungsfunktion der Restlebensdauer eines Elementes, das bereits n mal ohne Ausfall im Einsatz war, bezeichnen wir mit G_n, n = 0,1,2,...,N-1. Dabei gilt $G_0 = F$.
Für die Verteilungsfunktion G_n gilt der folgende

<u>Satz:</u> Für die Verteilungsfunktion G_n der Restlebensdauer n mal gebrauchter und wiederverwendungsfähiger Elemente gilt

$$G_n(t) = \frac{\int_0^{T_n-T_{n-1}} [G_{n-1}(T-T_n+t+u)-G_{n-1}(T-T_n+u)]dH_n(T_n-T_{n-1}-u)+[F(T+t)-F(T)]\delta_{n1}}{\int_0^{T_n-T_{n-1}} [1-G_{n-1}(T-T_{n-1}-u)]dH_n(u)+[1-F(T)]\delta_{n1}}$$

$n = 1,2,\ldots, N-1$.

Dabei ist δ_{n1} das Kronecker Symbol, $G_0 = F$ die Verteilungsfunktion der Lebensdauer neuer Elemente und H_n die Erneuerungsfunktion im Intervall I_n aus Abschnitt 1, wo Reparaturerneuerungen mit (n-1) mal gebrauchten nichtausgefallenen Elementen durchgeführt werden.

Beweis: Ein Element, das bereits n mal ohne Ausfall im Einsatz war, muß im Intervall $I_n = [T_{n-1}, T_n)$ eingesetzt worden sein und den Zeitpunkt $T_N = T$ überlebt haben.
$A_n(T-T_n+x)$ sei das Ereignis, daß im Intervall $[T_{n-1}, T_n-x]$, $0 < x \leq T_n-T_{n-1}$, ein (n-1) mal gebrauchtes betriebsfähiges Element eingesetzt wird, welches bis zum Zeitpunkt T nicht ausfällt.
Die Restlebensdauer des zum Zeitpunkt T_{n-1} sich in Betrieb befindenden Elementes werde durch die Zufallsvariable X_1, die der nachfolgenden Elemente mit X_2, X_3, ... bezeichnet. Dann gilt mit

$S_m = \sum_{i=1}^{m} X_i$ und den Erneuerungsfunktionen H_n aus Abschnitt 1

$$P(A_n(T-T_n+x)) = \sum_{m=1}^{\infty} P(S_m \leq T_n-T_{n-1}-x,\ S_{m+1} > T-T_{n-1}) + [1-F(T)]\delta_{n1}$$

$$= \sum_{m=1}^{\infty} \int_0^{T_n-T_{n-1}-x} P(X_{m+1} > T-T_{n-1}-u \mid S_m=u)\,dP(S_m=u) + [1-F(T)]\delta_{n1}$$

$$= \int_0^{T_n-T_{n-1}-x} [1-G_{n-1}(T-T_{n-1}-u)]dH_n(u) + [1-F(T)]\delta_{n1}\ .$$

Wir betrachten nun ein n mal gebrauchtes nicht ausgefallenes Element. Dieses Element ist im Intervall I_n eingesetzt worden und bis zum Zeitpunkt T in Betrieb gewesen. Die Zufallsvariable Z_n beschreibe die Betriebszeit dieses Elementes während des n-ten Einsatzes. Da es frühestens zum Zeitpunkt T_{n-1} eingesetzt und zum Wartungszeitpunkt T stillgelegt wurde, gilt

(5) $P(Z_n \leq T-T_{n-1}) = 1$.

Ferner erhält man für $0 < x < T_n-T_{n-1}$

$$P(Z_n > T-T_n+x) = P(A_n(T-T_n+x)\,|\,A_n(T-T_n)) = \frac{P(A_n(T-T_n+x))}{P(A_n(T-T_n))}$$

$$= \frac{\int_0^{T_n-T_{n-1}-x} [1-G_{n-1}(T-T_{n-1}-u)]dH_n(u) + [1-F(T)]\delta_{n1}}{\int_0^{T_n-T_{n-1}} [1-G_{n-1}(T-T_{n-1}-u)]dH_n(u) + [1-F(T)]\delta_{n1}} .$$

Hieraus folgt

$$P(Z_n \leq T-T_n+x) = 1-P(Z_n > T-T_n+x)$$

$$= \frac{\int_{T_n-T_{n-1}-x}^{T_n-T_{n-1}} [1-G_{n-1}(T-T_{n-1}-u)]dH_n(u)}{\int_0^{T_n-T_{n-1}} [1-G_{n-1}(T-T_{n-1}-u)]dH_n(u) + [1-F(T)]\delta_{n1}} .$$

Die Substitution $v = T_n-T_{n-1}-u$ liefert

$$(6)\quad P(Z_n \leq T-T_n+x) = \frac{\int_0^{x} [1-G_{n-1}(T-T_n+v)]dH_n(T_n-T_{n-1}-v)}{\int_0^{T_n-T_{n-1}} [1-G_{n-1}(T-T_{n-1}-u)]dH_n(u) + [1-F(T)]\delta_{n1}} .$$

Damit gilt für $0 < x < T_n-T_{n-1}$

$$(7)\quad dP(Z_n \leq T-T_n+x) = \frac{[1-G_{n-1}(T-T_n+x)]dH_n(T_n-T_{n-1}-x)}{\int_0^{T_n-T_{n-1}} [1-G_{n-1}(T-T_{n-1}-u)]dH_n(u) + [1-F(T)]\delta_{n1}} .$$

Aus (5), (6) und (7) folgt

$$(8)\quad P(Z_n \leq T-T_{n-1}) = \int_0^{T_n-T_{n-1}} dP(Z_n \leq T-T_n+x) +$$

$$+ \frac{[1-F(T)]\delta_{n1}}{\int_0^{T_n-T_{n-1}} [1-G_{n-1}(T-T_{n-1}-u)]dH_n(u) + [1-F(T)]\delta_{n1}} .$$

Die Zufallsvariable Y_n beschreibe die Restlebensdauer eines n mal gebrauchten wiederververwendungsfähigen Elementes. Dann gilt

$$(9)\quad P(Y_n \leq t \mid Z_n = T-T_n+x) = \frac{G_{n-1}(T-T_n+x+t)-G_{n-1}(T-T_n+x)}{1-G_{n-1}(T-T_n+x)}$$

für $0 \leq x \leq T_n-T_{n-1}$.

Mit (7) - (9) folgt die Behauptung unmittelbar aus

$$G_n(t) = P(Y_n \leq t) = \int_0^{T_n-T_{n-1}} P(Y_n \leq t \mid Z_n = T-T_n+x)\,dP(Z_n \leq T-T_n+x) \quad .$$

Murthy und Nguyen behandeln in [1] das Problem für N=2, d.h. sie verwenden nichtausgefallene Elemente nur einmal wieder.
In [2] betrachten diese Autoren folgende Nebenbedingung: Die mittlere Anzahl der in einem Zyklus benötigten gebrauchten Elemente ist höchstens gleich dem α fachen der Wahrscheinlichkeit dafür, daß in einem Zyklus ein einmal benutztes wiederverwendungsfähiges Element entsteht für $0 < \alpha < 1$. Dadurch wird gewährleistet, daß ab einem bestimmten Zeitpunkt i.A. genügend viele einmal gebrauchte einsatzbereite Elemente zur Verfügung stehen. Unter dieser Nebenbedingung werden die mittleren Kosten pro Zeiteinheit minimiert.

Tango betrachtet in [3] eine Strategie, bei der nur solche Elemente nur einmal wiederverwendet werden, die einen ganzen Zyklus überlebt haben. Diese Strategie ist jedoch nicht sinnvoll, da nichtausgefallene Elemente mit einer kürzeren Betriebszeit nicht wiederverwendet werden.

Literatur

[1] MURTHY, D.N.P.; NGUYEN, D.G.
A note on extended block replacement policy with used items
J. Appl. Prob. 19, 885-889 (1982).

[2] MURTHY, D.N.P.; NGUYEN, D.G.
Replacement policies with used items constraint
J. Opl. Soc. 34, No. 7, 633-638 (1983).

[3] TANGO, T.
Extended block replacement policy with used items
J. Appl. Prob. 15, 560-572 (1978).

ZEITREDUNDANZBEDARF BEI SPORADISCHEN STÖRUNGEN

Winfrid G. Schneeweiß, Hagen

Der durch Störungen bedingte Mehraufwand an Zeit zur Erledigung einer gegebenen Aufgabe wird mit Zeitredundanz bezeichnet /1/,/2/. Die geringste Zeitredundanz ist dann erforderlich, wenn die gegebene Aufgabe nach Störungen einfach an der Unterbrechungsstelle fortgesetzt werden kann; die größte ist dann erforderlich, wenn nach jeder Störung ein Neustart erfolgen muß. In der Praxis gibt es zahlreiche Mischformen. Man denke nur an das Retten des Prozessorzustands bei der Verdrängung niederpriorer Rechenprozesse durch höherpriore. In dieser Arbeit wird - gegenüber /3/ gekürzt - über die Verteilungsfunktionen und die Erwartungswerte der zur Erledigung der gegebenen Aufgabe nötigen Zeit T_o bzw. der Anzahl N der nötigen Wiederanläufe (Neustarts) berichtet.

1 MATHEMATISCHES MODELL UND NOTATION

Die gegebene Aufgabe möge, falls sie nicht durch Störungen unterbrochen wird, in der Zeit t_o zu erledigen sein. Die Abschnitte der Bearbeitung dieser Aufgabe und die Abschnitte von störungsbedingten Bearbeitungspausen mögen einen alternierenden Erneuerungsprozeß bilden /4/; vgl. Bild 1. Bei T_o sei die Aufgabe (Dank der zugestandenen Zeitredundanz) beendet. F_o sei die Verteilungsfunktion von T_o.

Die Situationen nach Bild 1a bzw. b mögen mit den Wahrscheinlichkeiten p_U bzw. $p_D = \bar{p}_U := 1-p_U$ vorliegen.

Im Falle von Bild 1a mögen T_{U1} bzw. $T_{U2},T_{U3},...$ bzw. $T_{D1},T_{D2},...$ die Verteilungsfunktionen F_{U1} bzw. F_U bzw. F_D haben. Im Falle von Bild 1b mögen T_{D1} bzw. $T_{D2},T_{D3},...$ bzw. $T_{U1},T_{U2},...$ die Verteilungsfunktionen F_{D1} bzw. F_D bzw. F_U haben. Alle genannten Zufallsgrößen sollen paarweise stochastisch unabhängig voneinander sein. Außerdem mögen zu allen genannten Verteilungsfunktionen auch die Dichten existieren.

Operations Research Proceedings 1983

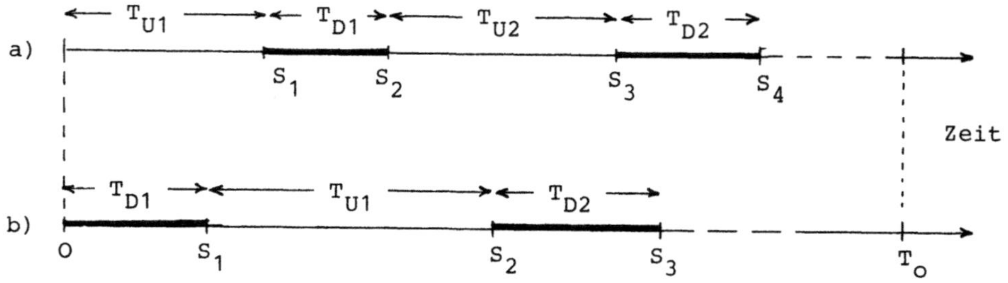

Bild 1 Alternierender Erneuerungsprozeß mit dem Zeitnullpunkt (gewünschter Aufgabenbeginn) in einem Intervall a) der Betriebsbereitschaft (up-time), b) der Nichtbetriebsbereitschaft zufolge Störung bzw. Verdrängung (down-time).

Weiter seien

$$1(t-t') := \begin{cases} 0 & \text{für} \quad t < t' \\ 1 & \text{für} \quad t \geq t' \end{cases} \tag{1-1}$$

die Einheitssprungfunktion, und für geeignete Funktionen g seien

$$\bar{g} := 1-g \ ,$$

$$\tilde{g}(t) := g(t)\bar{1}(t-t_o) = \begin{cases} g(t) & \text{für} \quad t < t_o \\ 0 & \text{für} \quad t \geq t_o \ , \end{cases} \tag{1-2}$$

$$^{L}g(s) := \int_0^\infty g(t)\exp(-st)dt. \tag{1-3}$$

Letztere ist die Laplacetransformierte von g. Die Faltung wird durch * symbolisiert:

$$g_1 * g_2(t) := \int_0^t g_1(\tau)g_2(t-\tau)d\tau, \quad g^{*k} := g * g^{*(k-1)}, g^{*1} := g. \tag{1-4}$$

Ist speziell F_T die Verteilungsfunktion einer nicht negativen Zufallsgröße T, so kann man deren Erwartungswert bekanntlich auch berechnen als den Grenzwert

$$E(T) = \lim_{s \to 0} \left[\frac{1}{s} - {}^{L}F_T(s)\right]. \tag{1-5}$$

2 NEUSTART NACH JEDER STÖRUNG

Hier ist das Modell von Bild 1 so zu spezialisieren, daß das erste uptime-Intervall, dessen Länge t_o überschreitet, T_o enthält und zwar in Abstand t_o nach dem letzten Neustart.

2.1 BESTIMMUNG VON F_o

Aus der stetigen Form der Regel von der totalen Wahrscheinlichkeit erhält man zu Bild 1a unmittelbar den rekursiven Ansatz (die lineare Integralgl.)

$$F_{oa}(t) = \bar{F}_{U1}(t_o)1(t-t_o)+\int_o^{t_o} f_{U1}(\tau)F_{obo}(t-\tau)d\tau \qquad (2-1)$$

mit

$$F_{obo}(t) = \int_o^t f_D(\tau)F_{oao}(t-\tau)d\tau. \qquad (2-2)$$

Dabei ist F_{obo} bzw. F_{oao}(mit dem letzten O für "ordinary") F_{ob} bzw. F_{oa} im Sonderfall, daß der Nullpunkt ein Erneuerungspunkt ist.
Analog ist

$$F_{ob}(t) = \int_o^t f_{D1}(\tau)F_{oao}(t-\tau)d\tau \qquad (2-3)$$

mit

$$F_{oao}(t) = \bar{F}_U(t_o)1(t-t_o)+\int_o^{t_o} f_U(\tau)F_{obo}(t-\tau)d\tau. \qquad (2-4)$$

Laplacetransformiert lauten (2-1) bis (2-4)

$$^LF_{oa}(s) = \frac{1}{s}\bar{F}_{U1}(t_o)\exp(-st_o)+{}^L\tilde{f}_{U1}(s)\,{}^LF_{obo}(s), \qquad (2-5)$$

$$^LF_{obo}(s) = {}^Lf_D(s)\;{}^LF_{oao}(s), \qquad (2-6)$$

$$^LF_{ob}(s) = {}^Lf_{D1}(s)\;{}^LF_{oao}(s), \qquad (2-7)$$

$$^LF_{oao}(s) = \frac{1}{s}\bar{F}_U(t_o)\exp(-st_o)+ {}^L\tilde{f}_U(s)\;{}^LF_{obo}(s). \qquad (2-8)$$

Zur Bestimmung von

$$^LF_o(s) = p_U\;{}^LF_{oa}(s) + \bar{p}_U\;{}^LF_{ob}(s) \qquad (2-9)$$

wird aus (2-6) in (2-8) eingesetzt, so daß man $^LF_{oao}(s)$ erhält und damit nach (2-6) ${}^{L}F_{obo}(s)$. Mit ${}^{L}F_{oao}(s)$ und ${}^{L}F_{obo}(s)$ erhält man nach (2-5) und (2-7) mühelos ${}^{L}F_{oa}(s)$ und ${}^{L}F_{ob}(s)$; vgl. /3/.

2.2 BESTIMMUNG VON $E(T_o)$

Nach (1-5) erhält man aus ${}^{L}F_{oa}(s)$ bzw. ${}^{L}F_{ob}(s)$ nach einigen elementaren Umformungsschritten zu Bild 1a bzw. b

$$E(T_{oa}) = t_o + \int_o^{t_o} t\, f_{U1}(t)dt + \frac{F_{U1}(t_o)}{\bar{F}_U(t_o)}\,[E(T_D) + \int_o^{t_o} t\, f_U(t)dt] \tag{2-10}$$

bzw.

$$E(T_{ob}) = t_o + E(T_{D1}) + \frac{F_U(t_o)}{\bar{F}_U(t_o)}\,[E(T_D) + \int_o^{t_o} t\, \frac{f_U(t)}{F_U(t_o)}\, dt]. \tag{2-11}$$

Daraus folgt analog zu (2-9)

$$E(T_o) = p_U\, E(T_{oa}) + \bar{p}_U\, E(T_{ob}). \tag{2-12}$$

2.3 BESTIMMUNG VON F_N

In Analogie zu (2-9) ist die Verteilungsfunktion der Zahl der Neustarts

$$F_N(k) = p_U F_{Na}(k) + \bar{p}_U F_{Nb}(k) \ . \tag{2-13}$$

Mit

$$P_{ia} := P\{N=i \mid \text{Aufgabe kann bei } t=o \text{ beginnen}\}$$
$$= \begin{cases} \bar{F}_{U1}(t_o), & i=o \\ F_{U1}(t_o)\,[F_U(t_o)]^{i-1}\,\bar{F}_U(t_o), & i\geq 1 \end{cases} \tag{2-14}$$

wird

$$F_{Na}(k) = \sum_{i=1}^{k} P_{ia} = 1 - F_{U1}(t_o)\,[F_U(t_o)]^k. \tag{2-15}$$

Analog wird

$$F_{Nb}(k) = 1 - [F_U(t_o)]^{k+1}. \qquad (2\text{-}16)$$

Charakteristischerweise hängt $F_N(k)$ nicht von der Störungsdauer ab.

2.4 BESTIMMUNG VON E(N)

Analog zu (2-12) ist die mittlere Zahl der Neustarts

$$E(N) = p_U E(N_a) + \bar{p}_U E(N_b) \qquad (2\text{-}17)$$

mit

$$E(N_a) = \sum_{i=1}^{\infty} i\, P_{ia} = F_{U1}(t_o)/\bar{F}_U(t_o) \qquad (2\text{-}18)$$

und

$$E(N_b) = \sum_{i=1}^{\infty} i\, P_{ib} = F_U(t_o)/\bar{F}_U(t_o); \qquad (2\text{-}19)$$

vgl. /3/.

3 FORTSETZUNG NACH JEDER STÖRUNG

Hier sind wieder die Fälle a und b von Bild 1 zu betrachten; nur ist jetzt die Summe aller Betriebsdauern (up-times) gleich t_o. Genauer sind

$$T_{oa} = t_o + \sum_{k=1}^{N_a} T_{Dk}\,, \qquad (3\text{-}1)$$

und

$$T_{ob} = t_o + \sum_{k=1}^{N_b+1} T_{D1}\,. \qquad (3\text{-}2)$$

Entsprechend sind

$$f_{oa}(t) = \begin{cases} 0, & t < t_o \\ \bar{F}_{U1}(t_o)\,\delta(t-t_o) + \sum_{k=1}^{\infty} f_D^{*k}(t-t_o)P_k\,, & t \geq t_o \end{cases} \qquad (3\text{-}3)$$

bzw.

$$F_{oa}(t) = \bar{F}_{U1}(t_o)\,1(t-t_o) + \sum_{k=1}^{\infty} F_D * f_D^{*(k-1)}(t-t_o)P_k \qquad (3\text{-}4)$$

und

$$F_{ob}(t) = f_{D1} * F_{oao}(t). \quad (3\text{-}5)$$

Dabei ist P_k die Wahrscheinlichkeit dafür, daß der Erneuerungsprozeß der lückenlos aneinander gereihten Betriebszeiten im Intervall $(0,t_o]$ genau k Erneuerungspunkte enthält (den Nullpunkt nicht mitgerechnet). Für geordnete Punktprozesse - wie insbesondere die Erneuerungsprozesse - ist bekanntlich /5/

$$P_k = F_{S_k}(t_o) - F_{S_{k+1}}(t_o), \quad (3\text{-}6)$$

wobei für Erneuerungsprozesse mit der Punktabstandsverteilungsdichte f

$$F_{S_k}(t) = F_{S_1} * f^{*(k-1)}(t). \quad (3\text{-}7)$$

Spezieller ist hier für den Erneuerungsprozeß der Betriebszeiten

$$F_{S_k}(t) = F_{U1} * f_U^{*(k-1)}(t). \quad (3\text{-}8)$$

F_{oao} folgt aus F_{ao} bei Ersatz von F_{U1} durch F_U und P_k durch P_{ko}, wobei auch in (3-8) F_{U1} durch F_U zu ersetzen ist.

Schließlich ist

$$F_o(t) = p_U F_{oa}(t) + \bar{p}_U F_{ob}(t). \quad (3\text{-}9)$$

$E(T_o)$ ist hier gemäß

$$E(T_o) = \int_0^\infty \bar{F}_o(t)dt \quad (3\text{-}10)$$

zu berechnen.

E(N) ist (einfach) die Erneuerungsfunktion des Erneuerungsprozesses der Betriebszeiten bei t_o. Also gilt - zum Einsetzen in (2-17) -

$$E(N_a) = \sum_{k=1}^{\infty} F_{S_k}(t_o) = \sum_{k=1}^{\infty} F_{U1} * f_U^{*(k-1)}(t_o). \quad (3\text{-}11)$$

und

$$E(N_b) = \sum_{k=1}^{\infty} F_U * f_U^{*(k-1)}(t_o). \quad (3\text{-}12)$$

4 SCHLUSSBEMERKUNG

Aus Platzmangel mußten hier die in der Kurzfassung angekündigten Beweisalternativen und das Beispiel des Poissonprozesses wegfallen; man findet alles in /3/. Die Spezialisierung von Abschnitt 2 auf den Fall punktförmiger Störungen (vernachlässigbare Störungsdauern) ist durch

$$F_D(t) = 1(t)$$

möglich; Einzelergebnisse in /3/.

LITERATURVERZEICHNIS

/1/ KOSLOW B.; USCHAKOW I.
HANDBUCH ZUR BERECHNUNG DER ZUVERLÄSSIGKEIT FÜR INGENIEURE
MÜNCHEN, HANSER 1979.

/2/ KOLOMENSKII L.
EXECUTION OF A TASK IN THE PRESENCE OF TIME REDUNDANCY
AUTOMATIC & REMOTE CONTROL (1971) 1869-1872.

/3/ SCHNEEWEISS, W.
TIME REDUNDANCY
INFORMATIKBER. 36 (8/83), FERNUNIVERSITÄT HAGEN.

/4/ COX D.
ERNEUERUNGSTHEORIE
MÜNCHEN, OLDENBOURG 1965.

/5/ COX D.; ISHAM V.
POINT PROCESSES
LONDON, CHAPMAN & Hall 1980.

EIN MATHEMATISCHER BEITRAG ZUR DIMENSIONIERUNG VON ERSATZTEIL-LAGERN BEI BERÜCKSICHTIGUNG DER REPARATURMÖGLICHKEITEN

Ute Höfle-Isphording, München

0.Einleitung

Es geht in diesem Vortrag um ein Problem der Ersatzteilhaltung: Eine bestimmte Menge gleichartiger Einheiten ist in Betrieb (z.B. Baugruppen in elektrotechnischen Anlagen). Für sie soll ein Lager von Ersatzeinheiten eingerichtet werden mit folgender Organisation: Wenn eine der Einheiten in Betrieb ausfällt, wird sie - falls möglich - durch eine Ersatzeinheit ersetzt. Die ausgefallene Einheit wird repariert und anschließend in das Lager der Ersatzeinheiten gelegt.
Hierbei kommt es darauf an, wieviele Reparaturstellen zur Verfügung stehen, um ausgefallene Einheiten zu reparieren. Es sind also geeignete Paare (r,k) zu finden, wobei r = Anzahl der Reparaturstellen und k = Anzahl der Ersatzeinheiten ist. Die Menge sämtlicher Paare (r,k) natürlicher Zahlen r und k zerfällt in zwei Teile. Die eine Teilmenge definiert den Fall, daß das Lager und der Pool von Reparaturstellen ausreichen, die Komplementärmenge den Fall, daß sie nicht ausreichen.
Es ist also weiter festzusetzen, wann ein Paar (r,k) "ausreichend" heißen soll. Dazu eignet sich der "Engpaß", d.i. der Zustand, in dem eine Ersatzeinheit benötigt wird, aber keine vorhanden ist, d.h. in dem mehr als k Einheiten ausgefallen sind. Zahlenmäßig kann man diesen Engpaß beschreiben durch seine Wahrscheinlichkeit, seine mittlere Dauer oder den mittleren Abstand zwischen zwei Engpässen.
Ich werde mich zuerst auf den mittleren Abstand zwischen zwei Engpässen beziehen, d.i. die mittlere störungsfreie Zeit. Ein Paar (r,k) nenne ich also "ausreichend", wenn der mittlere Abstand zwischen zwei Engpässen größer oder gleich einem vorgegebenen Grenzwert ist.
Anschließend werde ich weitere Kriterien behandeln und Zusammenhänge zwischen ihnen untersuchen.

Operations Research Proceedings 1983

1. Ausreichende Paare (r,k)

Zu bestimmen sind Paare (r,k),

r:= Anzahl von Reparaturstellen,

k:= Anzahl von Ersatzeinheiten ($r,k \in \mathbb{N}$),

wenn folgende Größen n, λ, ϱ vorgegeben sind:

n:= Anzahl von Einheiten in Betrieb,

λ:= Ausfallrate einer Einheit,

ϱ:= Reparaturrate einer Einheit (λ, ϱ als konstant vorausgesetzt),

und ein Kriterium definiert wurde für

"(r,k) ist ausreichend".

Dann gilt für die Menge $\mathfrak{M} := \{(r,k) \mid (r,k) \text{ ausreichend}\}$

$\mathfrak{M} \neq \emptyset$ und $\mathfrak{M}$ ist unendlich;

denn mit jedem $(r,k) \in \mathfrak{M}$ ist auch $(r',k') \in \mathfrak{M}$, wenn $r' \geqq r$ und $k' \geqq k$. Es ist zweckmäßig, sich für die in $\mathfrak{M}$ minimalen Elemente zu interessieren. $(r,k) \in \mathfrak{M}$ ist minimal in $\mathfrak{M}$, wenn $(r,k-1) \notin \mathfrak{M}$ und $(r-1,k) \notin \mathfrak{M}$. Häufig wird $\mathfrak{M}$ mehr als 1 minimales Element enthalten (ihre Anzahl ist aber endlich). Über die Wahl zwischen mehreren minimalen Elementen, die z.B. nach Kostenüberlegungen erfolgt, wird hier nichts ausgesagt.

Es bezeichne

$\mathfrak{M}_r := \{k \mid (r,k) \in \mathfrak{M}\}$,

k_r:= kleinstes Element in $\mathfrak{M}_r$, ($r = 1,2,3\ldots$),

r_{min}:= kleinstes r mit $\mathfrak{M}_r \neq \emptyset$,

k_{min}:= kleinstes k, für das $\exists$ r mit $(r,k) \in \mathfrak{M}$.

Für die in $\mathfrak{M}$ minimalen Elemente (r,k) ist dann $k = k_r$.

Für die Anzahl gleichzeitig ausgefallener Einheiten liegt folgender Geburts- und Todesprozeß vor:

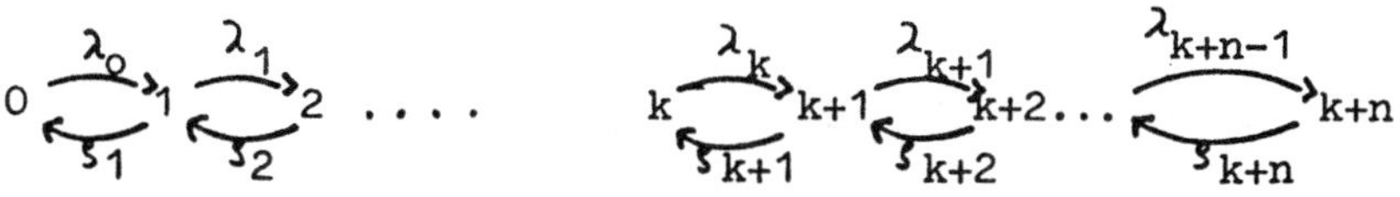

$$\varrho_i = \begin{cases} i\varrho & \text{für } i \leqq r \\ r\varrho & \text{für } i \geqq r \end{cases} \qquad \lambda_i = \begin{cases} n\lambda & \text{für } i \leqq k \\ (n+k-i)\lambda & \text{für } i \geqq k \end{cases}$$

Nach diesem Ansatz können also nur die Einheiten in Betrieb ausfallen (maximal n), nicht aber die passiven Ersatzeinheiten.

Die Zustände 0,1,2,...,k kennzeichnen den störungsfreien Betrieb, die Zustände k+1,k+2,...,k+n den Engpaß.
Die folgende Skizze stellt eine Realisierung zu dem Geburts- und Todesprozeß dar.

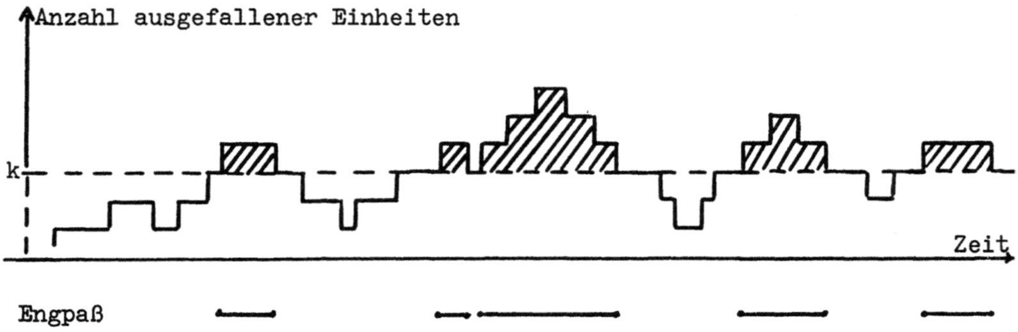

Es bezeichne

$U_r(k)$:= mittlere störungsfreie Zeit (= mittlerer Abstand zwischen Engpässen),

$D_r(k)$:= mittlere Dauer eines Engpasses,

$P_r(k)$:= p(Engpaß) im stationären Zustand.

(Die Buchstaben U und D sollen an up time und down time erinnern.)

2. Das Kriterium U

Ein Paar (r,k) wird jetzt "ausreichend" genannt, wenn die mittlere störungsfreie Zeit nicht kleiner als ein vorgegebener Grenzwert ist.

Kriterium U: $U_r(k) \geq U_g$ (U_g vorgegeben).

Die Menge $\mathfrak{M}$ ist hierfür also $\mathfrak{M} = \{(r,k) \mid U_r(k) \geq U_g\}$.

Zu dem Kriterium U kann man folgende Ergebnisse beweisen:

. (r,k) minimal in $\mathfrak{M} \Longrightarrow r_{min} \leq r \leq k_{min} \leq k$.

. r_{min} ist das kleinste $r \in \mathbb{N}$, für das $r\varrho \geq n\lambda - \frac{1}{U_g}$.

. k_{min} ist das kleinste $k \in \mathbb{N}$, für das $P_{Erl}(k \mid \frac{n\lambda}{\varrho}) \leq \frac{1}{n\lambda U_g}$.

Darin bedeutet $P_{Erl}(k \mid \mu) := \frac{\mu^k/k!}{\sum_{i=0}^{k} \mu^i/i!}$ (Parameter $\mu > 0$, $k=0,1,2,\ldots$), eine von der sogenannten Erlang-Formel her bekannte Wahrscheinlichkeit.

Das erste der drei Ergebnisse bedeutet: Zu viele Reparaturstellen lohnen nicht im Hinblick auf das Kriterium U; r braucht nicht größer zu sein als k.

In dem Bereich, in dem die minimalen Elemente (r,k) aus $\mathfrak{M}$ liegen, läßt sich nun zu jedem r der zugehörige Ersatzteilbedarf explizit angeben. Das besagt der folgende Satz:

Satz: Für $r \in [r_{min}, k_{min}]$ ist

$$\mathfrak{M}_r = \left\{ k \mid k \geq r + \frac{\ln[(1 + (\gamma - 1)n\lambda U_g)/(1 + (\gamma - 1)/P_r)]}{\ln\gamma} \right\},$$

wobei $\gamma := \frac{r\varrho}{n\lambda}$ und $P_r := P_{Erl}(r \mid \frac{n\lambda}{\varrho})$ bedeuten.

Der zu einem solchen r gehörende Bedarf k_r von Ersatzeinheiten ist also die kleinste ganze Zahl, die größer oder gleich dem Ausdruck

$$\tilde{k}(r) := r + \frac{\ln[(1 + (\gamma - 1)n\lambda U_g)/(1 + (\gamma - 1)/P_r)]}{\ln\gamma}$$

ist.

Um alle minimalen Elemente (r,k_r) aus $\mathfrak{M}$ zu ermitteln, kann man auch ganz mechanisch den Ausdruck $\tilde{k}(r)$ verwenden. Über die Aussage des obigen Satzes hinaus gilt nämlich:

. Ist für ein r die Größe $\tilde{k}(r)$ nicht definiert, so ist $\mathfrak{M}_r = \emptyset$, also r zu klein.
. Ist $\tilde{k}(r) \geq r$, so ist k_r die kleinste ganze Zahl $\geq \tilde{k}(r)$ (s.Satz).
. Ist r minimal bezüglich $\tilde{k}(r) < r$, so ist $r = k_r = k_{min}$.
. Ist $\tilde{k}(r) < r$ und auch schon $\tilde{k}(r-1) < r-1$, so gibt es keine minimalen Elemente $(r', k_{r'})$ mit $r' \geq r$ in $\mathfrak{M}$.

3. Die Kriterien D, U∧D und P

Das "Kriterium D" bezieht sich auf die Dauer des Engpasses. D_g sei eine vorgegebene Grenze für die mittlere Dauer $D_r(k)$.

<u>Kriterium D</u>: $D_r(k) \leq D_g$
<u>Kriterium U∧D</u>: $U_r(k) \geq U_g$ und $D_r(k) \leq D_g$,
<u>Kriterium P</u>: $P_r(k) \leq P_g$ (U_g, D_g, P_g vorgegeben).

Durch die Beziehung $P_r(k) = D_r(k)/(D_r(k) + U_r(k))$ besteht ein Zusammenhang zwischen den Kriterien U∧D und P (s.u.).
In dem vorigen Abschnitt zum Kriterium U ergab sich "Zu viele Reparaturstellen lohnen nicht". Bezieht man sich dagegen auf das Kriterium D, so ergibt sich "Zu viele Ersatzeinheiten lohnen nicht", genauer: Ist r die Anzahl von Reparaturstellen, so braucht k nicht größer zu sein als r-1; es ist nämlich $D_r(k) = D_r(r-1)$ für $k \geq r-1$ (s.u.).

Man kann folgende <u>Ergebnisse für das Kriterium D</u> beweisen:

- Die minimalen Elemente (r,k) aus $\mathfrak{M}$ haben die Lage $k_{min} \leq k < r_{min} \leq r$.
- r_{min} ist minimal bezüglich der Eigenschaft $P_{Erl}(n \mid \frac{r\varsigma}{\lambda}) \geq \frac{1}{n\lambda D_g + 1}$,
- k_{min} ist das kleinste k mit der Eigenschaft

$$\frac{P_{Bin}(n \mid \frac{\varsigma}{\lambda+\varsigma};\ n+k)}{F_{Bin}(n \mid \frac{\varsigma}{\lambda+\varsigma};\ n+k)} \geq \frac{1}{n\lambda D_g + 1}.$$

Darin sind P_{Bin} und F_{Bin} Einzelwahrscheinlichkeit und Verteilungsfunktion einer Binomialverteilung:

$$P_{Bin}(i \mid p;m) := \binom{m}{i} p^i (1-p)^{m-i} \quad \text{und} \quad F_{Bin}(n \mid p;m) := \sum_{i=0}^{n} P_{Bin}(i \mid p;m).$$

Zu gegebenem r und k erhält man die mittlere Dauer $D_r(k)$ eines Engpasses nach der Formel

$$D_r(k) = \begin{cases} \dfrac{1}{n\lambda} \displaystyle\sum_{i=1}^{n} \dfrac{n!}{(n-i)!} \left(\dfrac{\lambda}{r\varsigma}\right)^i & \text{für } r \leq k, \\[2ex] \dfrac{1}{n\lambda}\left[\dfrac{k!}{r^k} \dfrac{r^r}{r!} \dfrac{F_{Poi}(n+k-r-1 \mid \frac{r\varsigma}{\lambda})}{P_{Poi}(n \mid \frac{r\varsigma}{\lambda})} + \dfrac{F_{Bin}(r \mid \frac{\lambda}{\lambda+\varsigma};k+n) - F_{Bin}(k)}{P_{Bin}(k)} \right] & \text{für } r \geq k. \end{cases}$$

Dabei bedeuten P_{Poi} und F_{Poi} Einzelwahrscheinlichkeit und Verteilungsfunktion einer Poissonverteilung:

$P_{Poi}(i \mid \mu) := \frac{\mu^i}{i!} e^{-\mu}$ und $F_{Poi}(m \mid \mu) := \sum_{i=o}^{m} P_{Poi}(i \mid \mu)$.

Nun seien beide Grenzwerte U_g und D_g gegeben, und es sei
$\mathfrak{M}_U := \{(r,k) \mid U_r(k) \geq U_g\}$, $\mathfrak{M}_D := \{(r,k) \mid D_r(k) \leq D_g\}$ und $\mathfrak{M}_{U \wedge D} :=$
$\{(r,k) \mid U_r(k) \geq U_g \wedge D_r(k) \leq D_g\}$.
Wenn man in ein Koordinatensystem mit r-Achse als Abszisse und k-Achse als Ordinate die Diagonale einzeichnet, erkennt man: Die minimalen Elemente einer Menge $\mathfrak{M}_U$ liegen oberhalb der Diagonale, die minimalen Elemente einer Menge $\mathfrak{M}_D$ unterhalb der Diagonale. Bild 1 bestätigt dies.

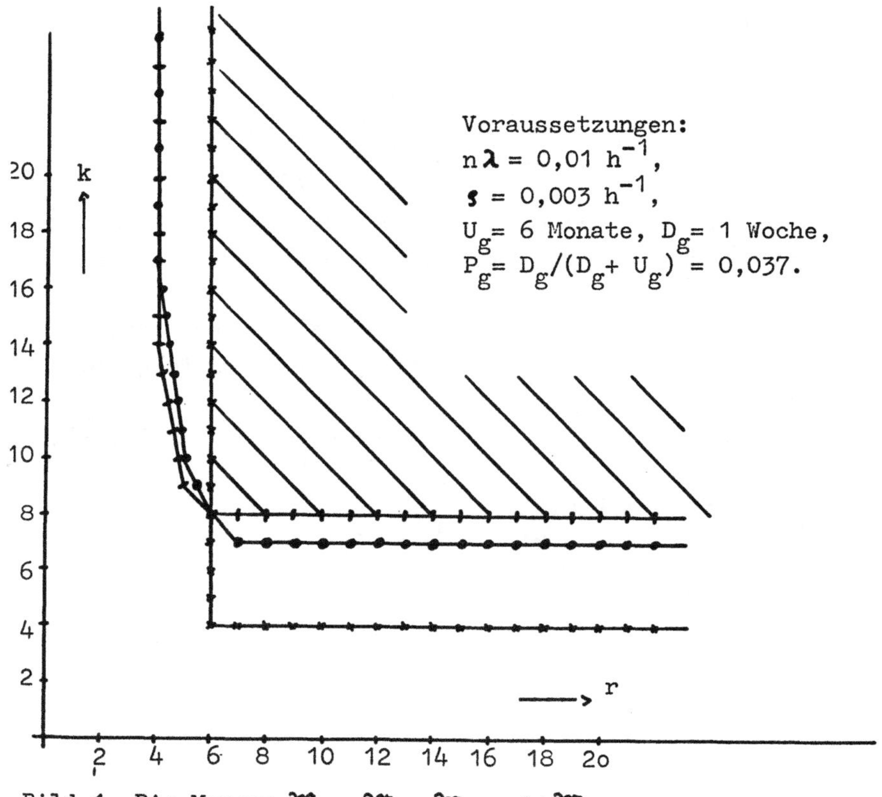

Bild 1. Die Mengen $\mathfrak{M}_U$, $\mathfrak{M}_D$, $\mathfrak{M}_P$ und $\mathfrak{M}_{U \wedge D}$

Rand von $\mathfrak{M}_U$, Rand von $\mathfrak{M}_D$,
Rand von $\mathfrak{M}_P$,
Menge $\mathfrak{M}_{U \wedge D}$.

Zu dem Kriterium U∧D: Hierfür ist $\mathfrak{M}_{U\wedge D} = \mathfrak{M}_U \cap \mathfrak{M}_D$. Infolgedessen ergeben sich für U∧D die Größen k_r, r_{min} und k_{min} aus den entsprechenden der Kriterien U und D. Um diese Beziehungen anzugeben, versehe ich die bisher benutzten Bezeichnungen mit entsprechenden Zusätzen, also $\mathfrak{M}_r(U)$, $\mathfrak{M}_r(D)$, $\mathfrak{M}_r(U\wedge D)$, $k_r(U),\dots,r_{min}(U)\dots$ Dann gilt:

- $\mathfrak{M}_r(U\wedge D) = \mathfrak{M}_r(U) \cap \mathfrak{M}_r(D)$,
- $k_r(U\wedge D) = \mathrm{Max}(k_r(U), k_r(D))$,
- $r_{min}(U\wedge D) = \mathrm{Max}\ (r_{min}(U), r_{min}(D))$,
- $k_{min}(U\wedge D) = \mathrm{Max}\ (k_{min}(U), k_{min}(D))$.

Es sei jetzt $P_g := D_g/(D_g + U_g)$. Ist $U_r(k) \geq U_g$ und $D_r(k) \leq D_g$, so folgt auch $P_r(k) \leq P_g$. Also ist $\mathfrak{M}_{U\wedge D} \subset \mathfrak{M}_P$.
Für das Kriterium P mit $P_g = D_g/(D_g + U_g)$ gelten die folgenden Beziehungen:

- $\mathfrak{M}_U \cap \mathfrak{M}_D \subset \mathfrak{M}_P \subset \mathfrak{M}_U \cup \mathfrak{M}_D$,
- $\mathfrak{M}_r(U) \cap \mathfrak{M}_r(D) \subset \mathfrak{M}_r(P) \subset \mathfrak{M}_r(U) \cup \mathfrak{M}_r(D)$,
- $\mathrm{Min}(k_r(U), k_r(D)) \leq k_r(P) \leq \mathrm{Max}(k_r(U), k_r(D))$,
- $\mathrm{Min}(r_{min}(U), r_{min}(D)) \leq r_{min}(P) \leq \mathrm{Max}(r_{min}(U), r_{min}(D))$,
- $\mathrm{Min}(k_{min}(U), k_{min}(D)) \leq k_{min}(P) \leq \mathrm{Max}(k_{min}(U), k_{min}(D))$.

Der Rand der Menge $\mathfrak{M}_P$ verläuft also überall zwischen den Rändern zugehöriger Mengen $\mathfrak{M}_U$ und $\mathfrak{M}_D$ (was man auf Bild 1 bestätigt findet).

Auf die Bestimmung des Ersatzteilbedarfs k_r zum Kriterium P geht der Aufsatz /3/ ein. Die Grenzwerte $r_{min}(P)$ und $k_{min}(P)$ sind folgendermaßen festgelegt:

- r_{min} ist das kleinste $r \in \mathbb{N}$ mit $\left(1 - \frac{r\varsigma}{n\lambda}\right)\cdot\left(\frac{1}{P_{Erl}(n \mid \frac{r\varsigma}{\lambda})} - 1\right) \leq \frac{P_g}{1 - P_g}$,
- k_{min} ist das kleinste $k \in \mathbb{N}$ mit

$$P_{Erl}\left(k \,\middle|\, \frac{n\lambda}{\varsigma}\right) \left[\frac{F_{Bin}(n \mid \frac{\varsigma}{\lambda+\varsigma};\ n+k)}{P_{Bin}(n \mid \frac{\varsigma}{\lambda+\varsigma};\ n+k)} - 1 \right] \leq \frac{P_g}{1 - P_g}.$$

4. Schluß

Zur geeigneten Dimensionierung von Ersatzteilvorräten wird häufig das (hier so genannte) Kriterium P mit der "Risiko-Wahrscheinlichkeit" P_g zugrunde gelegt. Dieser Vortrag bezog sich zunächst auf 2 andere Kriterien: Kriterium U betrifft die mittlere störungsfreie Zeit, Kriterium D die mittlere Dauer eines Engpasses. Es zeigte sich folgendes:

- Zu dem Kriterium U gibt es eine Formel, die den Ersatzteilbedarf bei vorgegebener Anzahl r von Reparaturstellen explizit angibt.
- Die minimalen "ausreichenden Paare" (r,k) zum Kriterium U haben die Eigenschaft $r \leq k$, diejenigen zum Kriterium D die Eigenschaft $r > k$.
- Sind sowohl U als auch D zu erfüllen, so ist die Menge ausreichender Paare (r,k) der Durchschnitt aus den Mengen $\mathfrak{M}_U$ und $\mathfrak{M}_D$. Das legt für $U \wedge D$ die Größen r_{min}, k_{min} und k_r fest.
- Für ein Kriterium P mit $P_g = D_g/(D_g + U_g)$ liegt der Rand der Menge $\mathfrak{M}_P$ zwischen den Rändern von $\mathfrak{M}_U$ und $\mathfrak{M}_D$. Natürlich liegt $\mathfrak{M}_{U \wedge D}$ ganz innerhalb von $\mathfrak{M}_P$.

5. Literatur

/1/ BELL,E.M.;KWIATKOWSKI,C.;ROSS,C.E.J.
Zuverlässigkeitsvorhersage und Ersatzteilbevorratung.
Elektr.Nachr.-wesen 54, 139-147 (1979).

/2/ HÖFLE-ISPHORDING U.
Geburt-und Todesprozesse als Modelle zur Ersatzteilbevorratung.
Operations Research Proc. 1981, Vortr.Jahrestag.DGOR, Göttingen 1981, 526-532 (1982).

/3/ HÖFLE-ISPHORDING U.
A mathematical contribution to the stocking of spare parts depots.
Siemens Forsch.-u.Entw.-Ber. Bd.12, Nr.4, 218-224 (1983).

MARKOVIAN DECISION MODELS WITH BOUNDED FINITE-STAGE REWARDS

Manfred Schäl, Bonn

The underlying model is the usual Markovian decision model of stochastic dynamic programming. At times $t = 0,1,2,\ldots$ a system is inspected and observed to be in a state i_t from a finite set S, the state space. Then an action a_t has to be chosen from a compact metric space A, the action space. The choice of the action a_t may depend on the history $h_t = (i_o,\ldots,i_t) \in H_t = S\times\ldots\times S$ (t+1 factors) through a decision function $\delta_t: H_t \to A$. A sequence $\delta=(\delta_t)$ of such decision functions is a policy. In the present paper we will concentrate on the set $\mathbb{F}$ of stationary policies. They can be identified with decision functions $f: S \to A$ where $\delta \hat{=} f$ iff $\delta_t(\ldots,i_t)=f(i_t)$ for all t. As a consequence of the decision a_t, the system moves from state $i_t=i$ to a new state $i_{t+1}=j$ according to the transition probability $p_{ij}(a_t)$. As a further consequence, an immediate (real-valued) reward $r_t=r(i_t,a_t,i_{t+1})$ is earned. It is assumed that $p_{ij}(a)$ and $r(i,a,j)$ depend continuously on a.

Under each $f\in\mathbb{F}$, the sequence of states forms a Markov chain. We write $\mathbb{P}_f = (p_{ij}(f(i)))$ for the transition matrix and $r_f(i)=\Sigma_j\, p_{ij}(f(i))\, r(i,f(i),j)$ for the (conditionally) expected one-step reward. Further we write R_f and T_f for the sets of recurrent and transient states, resp., and n_f for the number of recurrent classes. The transition matrix $\mathbb{P}_f^*$ stands for the matrix of C_1-limits $I+\mathbb{P}_f+\ldots+\mathbb{P}_f^n/n+1$ and $H_f = (I - \mathbb{P}_f + \mathbb{P}_f^*)^{-1} - \mathbb{P}_f^*$ is the fundamental matrix. We agree to identify real-valued functions on S with the corresponding column vectors.

Let $v_\delta^\beta = \Sigma_{t=o}^\infty \beta^t E_\delta[r_t|i_o=\cdot]$ for $o<\beta<1$ denote the expected total discounted reward. From the theory of average reward it is known (cp/9/) that v_f^β admits a Laurent series representation

$$v_f^\beta = g_f(1-\beta)^{-1} + v_f + O(1-\beta)$$

$$\text{where } g_f = \mathbb{P}_f^* r_f \text{ and } v_f = H_f r_f$$

and that the coefficient g_f and v_f can be maximized in a lexicographic manner. In this paper, we will consider the case where $g_f=o$, then v_f can be considered as a generalized total reward criterion and the lexicographic optimization procedures of the theory of average reward yield optimization results for v_f.

Let $v_\delta^n = \Sigma_{t=o}^n E_\delta[r_t|i_o=\cdot]$ for $n=0,1,2,\ldots$ denote the expected total reward in the first n+1 periods.

Assumption B: $\sup_n |v_\delta^n(i)| < \infty$ for all i and δ.

We do not assume that the partial sums are convergent but only assume

Operations Research Proceedings 1983

that they are bounded. We will give a meaning to the series $\Sigma_{t=o}^{\infty}$ in the sense of Abel or Cesaro. For a general policy δ we extend the definition of v_f according to

$$v_\delta = \overline{\lim}_{\beta\uparrow 1} v_\delta^\beta \text{ or } \overline{\lim}_n \frac{1}{n} \Sigma_{t=o}^n v_\delta^t .$$

Lemma 1 (cp./1/).

$$v_f = H_f r_f = \lim_{\beta\uparrow 1} v_f^\beta = \lim_n \frac{1}{n} \Sigma_{t=o}^n v_f^t .$$

Let us consider two examples where the assumption B is fulfilled.

Example: The convergent case, including the positive case.

If $\Sigma_{t=o}^{\infty}|r_t|$ is integrable for each δ, then the assumption B is satisfied and v_δ is the usual total expected return.

Example: The average reward case.

Let there be given a function u on S and define $r(i,a,j) = u(j) - u(i)$. Then $v_f = \mathbb{P}_f^* u - u$ and $v_\delta = \overline{\lim}_{\beta\uparrow 1} (1-\beta) \Sigma_{t=o}^{\infty} \beta^t E_\delta[u(i_t)|i_o=\cdot] - u$ are average rewards (leaving aside the term -u which does not depend on the policy) if u is considered as one-step reward. The special reward function r was used in /2/ to interrelate the model of /5/ and the total reward model of dynamic programming.

Lemma 2. The following conditions are equivalent:

(i) $f \to n_f$ is continuous,

(ii) $f \to \mathbb{P}_f^*$ is continuous,

(iii) $\sup_{f\in\mathbb{F}} \|H_f\| < \infty$.

The equivalence of the first two conditions was shown in /10/, the third condition were used in /3/.

Assumption C: One of the three conditions of Lemma 2 is satisfied. This assumption is fulfilled if A is finite or more generally if $a \to \mathrm{sgn}(p_{ij}(a))$ is continuous on A for all i.j. Another well-known example is a discounted model with discount factor $\alpha<1$. Then α may be incorporated in the transition law such that in each state one goes with probability $1-\alpha$ to an extra state which is absorbing and yields no further reward. Then the extra state forms the only ergodic class and hence $n_f = 1$ for all f.

Lemma 3 (a) $v_f^\beta = (I-\beta(\mathbb{P}_f - \mathbb{P}_f^*))^{-1} r_f$, where $v_f^1 = v_f$;

(b) $(\beta,f) \to v_f^\beta$ is continuous on $[0,1] \times \mathbb{F}$.

Now the following results can be obtained by applying results and methods of the theory of average reward (cp./1/,/4/,/11/,/12/). They can be extended to countable state space models by use of recent results (cp./6/,/7/,/8/,/13/).

We write $v = \sup_\delta v_\delta$ and call a policy δ optimal iff $v_\delta = v$.

Theorem 4 a) There exists a stationary optimal policy.

b) The (first) <u>optimality equation</u> holds:

$$v(i) = \max_a \Sigma_j p_{ij}(a) [r(i,a,j) + v(j)].$$

We will write $a^* \in A^*(i)$ and call a^* <u>conserving</u> for i iff the maximum in the optimality equation is attained at a^* for i.
This theorem seems to be new for total reward models even for the classical positive case.
Following similar definitions for different models in the literature, let us call a function u on S <u>excessive</u> iff the following two conditions are satisfied.

(i) $u(i) \geq \Sigma_j p_{ij}(a) [r(i,a,j) + u(j)]$ for all a and i

(u is superharmonice with respect to r),

(ii) $\mathbb{P}_f^* u \geq o$ for all f (u is asymptotically nonnegative).

<u>Theorem 5</u> v is the smallest excessive function.

This theorem is related to Lemma 4 in /3/.
<u>Corollary 6</u> A policy δ is optimal iff v_δ is excessive.

<u>Lemma 7</u> Let be f an arbitrary stationary policy. Then f(i) is conserving for all $i \in R_f$.
The next theorem follows the characterization of optimal policies in the model of /5/.
<u>Theorem 8</u> A stationary policy f is optimal iff

(i) $f(i) \in A^*(i)$ for all $i(\in T_f)$, i.e. f is <u>conserving</u>,
and
(ii) $\mathbb{P}_f^* v = 0$,i.e. f is <u>equalizing</u>.

<u>Remark</u> concerning condition (ii) of Theorem 8. In the case where $v \leq 0$, (ii) is always satisfied (by Theorem 5).

In the case where $v \geq 0$, (ii) is satisfied iff $v(i)=0$ for all $i \in R_f$.
Optimal stopping problems or more generally leavable gambling house models can be transformed to the case $v \geq 0$.

In view of Theorems 4a, 5 and 8 we obtain a new minimization problem. First we have to replace A by A^*. Let us write $\mathbb{F}^* = \{f \in \mathbb{F} ; f(i) \in A^*(i) \text{ for all } i\}$. Then f^* is optimal iff $f^* \in \mathbb{F}^*$ and $\mathbb{P}_{f^*}^* v = \min_{f \in \mathbb{F}^*} \mathbb{P}_f^* v$. The latter minimization problem is a usual average cost minimization problem where one has to look on v as a one-step cost. The solution is known. Set $w_f = H_f v$, $w = \min\{w_f$, f is optimal$\}$.
<u>Theorem 9</u> The <u>second optimality equation</u> holds:

$$w(i) = \min_{a \in A^*(i)} \{v(i) + \Sigma_j p_{ij}(a) w(j)\}$$

We will write $a \in A^{**}(i)$ iff $a \in A^{*}(i)$ and the minimum in the second optimality equation is attained at a for i .

<u>Theorem 10</u> A stationary policy f is optimal iff

(i) $f(i) \in A^{*}(i)$ for all $i \in T_f$.

and (ii) $f(i) \in A^{**}(i)$ for all $i \in R_f$.

The characterization of optimal policies by two optimality equations seems to be new for total reward models even for the well-known positive case.

REFERENCES.

/1/ BLACKWELL D.
DISCRETE DYNAMIC PROGRAMMING.
ANN. MATH. STATIST. 33, 719-726 (1962).

/2/ BODEWIG H.-H.
ÜBER DYNAMISCHE OPTIMIERUNG MIT ENDLICH ADDITIVEN MAßEN
UNIV. BONN, INST.ANGEW.MATH. (1979).

/3/ CHITASHVILI, R.YA.
A CONTROLLED FINITE MARKOV CHAIN WITH AN ARBITRARY SET OF DECISIONS.
SIAM THEORY PROB.APPL.20, 839-847 (1975).

/4/ DENARDO E.V.; FOX B.L.
MULTI CHAIN MARKOV RENEWAL PROGRAMS.
SIAM J.APPL.MATH.16, 468-487 (1968).

/5/ DUBINS L.E.; SAVAGE L.J.
HOW TO GAMBLE IF YOU MUST
MCGRAW-HILL, NEW YORK (1965).

/6/ HORDIJK A.; DEKKER R.
DENUMERABLE MARKOV CHAINS: SENSITIVE OPTIMALITY CRITERIA
OPERATIONS RESEARCH PROC.,DGOR (1982).

/7/ MANN E.
OPTIMALITY EQUATIONS AND BIAS-OPTIMALITY IN BOUNDED MARKOV DECISION PROCESSES.
UNIV.BONN, INST.ANGEW.MATH., SFB 72
PREPRINT NO. 574 (1983).

/8/ MANN E.
OPTIMALITÄTSGLEICHUNGEN UND OPTIMALE POLITIKEN FÜR SENSITIVE KRITERIEN.
OPERATIONS RESEARCH PROC., DGOR (1983).

/9/ MILLER B.L.;VEINOTT A.F., JR.
DISCRETE DYNAMIC PROGRAMMING WITH A SMALL INTEREST RATE
ANN.MATH.STATIST.40, 366-370 (1969).

/10/ SCHWEITZER P.J.
PERTURBATION THEORY AND FINITE MARKOV CHAINS
J. APPL.PROB. 5, 401-413 (1968).

/11/ SCHWEITZER P.J.; FEDERGRUEN A.
THE FUNCTIONAL EQUATIONS OF UNDISCOUNTED MARKOV RENEWAL PROGRAMMING
MATH.OPER.RESEARCH 3, 308-328 (1978).

/12/ WIJNGAARD J.
SENSITIVEOPTIMALITY IN STATIONARY MARKOV DECISION PROBLEMS ON A GENERAL STATE SPACE
MATH.CENTRE TRACTS 93, 85-93, AMSTERDAM (1977).

/13/ ZIJM W.H.M.
THE OPTIMALITY EQUATIONS IN MULTICHAIN DENUMERABLE STATE MARKOV DECISION PROCESSES WITH THE AVERAGE COST CRITERION: THE BOUNDED COST CASE
A & E REPORT 2182, UNIV.OF AMSTERDAM (1982).

NEGATIVE DYNAMIC PROGRAMMING

Rolf van Dawen, Bonn

1. Introduction

This paper deals with negative dynamic programming problems, i.e. discrete time total reward problems with non-positive reward functions, with countable state space. The main question, treated here, is the existence of ε-optimal stationary policies. This was motivated by results in /2/, which show that ε-optimal stationary policies exist in general dynamic programming problems if this is true for the imbedded negative model.

Negative dynamic programming was first studied by Strauch, who showed that optimal stationary policies exist and that the value iteration holds if the set of admissible actions in each state is finite. Later Demko and Hill proved that in negative dynamic programming models, in which the reward function is negative and independend of the actions, ε-optimal stationary policies always exist. These results are extended in Theorem 2 and Theorem 5. Theorem 3 shows that ε-optimal stationary policies exist if this is already true for a certain subset of states, whereas in Theorem 4 a condition is used, which, in a much stronger form, is known from the transient dynamic programming.

In a last section an improved version of a result by Whittle on the value iteration is given.

2. The model

I stands for the state space and is denumerable.

$A(i)$, $i\in I$, is the set of admissible actions if the system is in the state i. We write $A=\{(i,a) \mid i\in I,\ a\in A(i)\}$.

$p: A\times I\to[0,1]$ yields the transition probabilities where $\Sigma_{j\in I}\, p_{ij}(a)=1$ for all $(i,a)\in A$.

$r: A\to[-\infty,0]$ is the reward function.

We write $H_t=I\times I\times..$ (t+1 factors), $t\in\mathbb{N}_0\cup\{\infty\}$, and define a policy δ as a sequence of functions $(\delta_t,\ t\in\mathbb{N}_0)$ such that $\delta_t(i_0,..,i_t)\in A(i_t)$, $(i_0,..,i_t)\in H_t$. A policy δ is a Markov policy if δ_t, $t\in\mathbb{N}_0$, depends only on the last coordinate.

Operations Research Proceedings 1983

Let Δ (Δ_M) denote the set of all (Markov) policies and F the set of all decision functions f on I such that $f(i) \in A(i)$, $i \in I$. Each $f \in F$ defines a stationary policy $f^\infty = (f,f,..)$.

For each policy $\delta \in \Delta$ and each initial state $i \in I$ a probability measure $P_{i,\delta}$ on H_∞ and a stochastic process $\{X_t, t \in \mathbb{N}_o\}$ is defined in the usual way, where X_t denotes the state of the system at time t.

The expected total reward function $R(\delta)$ for a policy δ and the value function v are now defined by

$$R(\delta,i) = E_{i,\delta}[\sum_{t=o}^{\infty} r(X_t, \delta_t(X_o,..,X_t))] \quad \text{and} \quad v(i) = \sup_{\delta \in \Delta} R(\delta,i) \quad \text{for } i \in I.$$

Furthermore we introduce the operator U defined on the set of all non-positive functions w on I by

$$Uw(i) = \sup_{a \in A(i)} \{r(i,a) + \Sigma_{j \in I}\, p_{ij}(a) w(j)\} \quad \text{for } i \in I.$$

In the literature it is proven that the value function v is the largest non-positive solution of the optimality equation, i.e. v is the largest non-positive fixedpoint of the operator U. This result is generalized in the following theorem.

<u>Theorem 1</u>: v is the unique solution of the optimality equation in $W = \{w: I \to [-\infty, o] \mid \text{there is a } \lambda \in [o,+\infty) \text{ such that } w \geq \lambda v\}$.

3. Existence of ε-optimal stationary policies

We write $I_\varepsilon = \{i \in I \mid v(i) \geq -\varepsilon\}$ for $\varepsilon \geq o$ and call an action $a \in A(i)$ conserving in i if $v(i) = r(i,a) + \Sigma_{j \in I}\, p_{ij}(a) v(j)$.

Since a conserving action exists in i if A(i) is finite, the first theorem of this section implies that ε-optimal stationary policies exist if Strauch's condition is satisfied for a subset of states.

<u>Theorem 2</u>: If there exists an $\varepsilon > o$ such that for each $i \in I_\varepsilon$ a conserving action exists, then $\sup_{f \in F} R(f^\infty) = v$.

The next theorem gives a general, but more theoretical result, since in most cases it will be difficult to verify the assumption from the given data of the model. But it shows that indeed the states, where the value function is close to zero, are important for the question whether or not good stationary policies do exist.

Theorem 3: If there exists an $\varepsilon>o$ such that $\sup_{f\in F} R(f^\infty)=v$ on I_ε, then $\sup_{f\in F} R(f^\infty)=v$.

Clearly for finite state space Theorem 2 and Theorem 3 remain true with $\varepsilon=o$. Before we can state our next result, we have to introduce some more notations.

For a given policy $\delta\in\Delta_M$ the policies ${}_n\delta$, $n\in\mathbb{N}_o$, are given by the sequences $(\delta_{t+n},\ t\in\mathbb{N}_o)$, $n\in\mathbb{N}_o$. For $\varepsilon>o$ we then call a Markov policy δ strong ε-optimal if $R({}_n\delta)\geq v-\varepsilon$ for all $n\in\mathbb{N}_o$ and denote the set of all strong ε-optimal Markov policies by Δ_ε.

It can be proven that in negative dynamic programming $\Delta_\varepsilon\neq\emptyset$ for $\varepsilon>o$. Furthermore we set $E_{j,\delta}[N_i]=E_{j,\delta}[\,|\{t\in\mathbb{N}_o \mid X_t=i\}|\,]$ for $\delta\in\Delta$ and $i,j\in I$. Hence $E_{j,\delta}[N_i]$ is the expected number of visits in i under the policy δ if the initial state is j.

Theorem 4: If there exists an $\varepsilon>o$ such that for each $i\in I_\varepsilon$ either A(i) contains a conserving action or $\sup_{\delta\in\Delta_\varepsilon} E_{i,\delta}[N_i]$ is finite, then $\sup_{f\in F} R(f^\infty)=v$.

Since in transient dynamic programming for some $M\in\mathbb{R}_+$ $E_{i,\delta}[N_i]\leq M$ for all $\delta\in\Delta$ and $i\in I$, it follows from Theorem 4 together with the second theorem in /2/ that in transient dynamic programming always good stationary policies exist.

As usual, we write $U^1o=Uo$, $U^no=U(U^{n-1}o)$ for $n\geq2$ and $u_\infty=\lim_{n\to\infty} U^no$.

From the inequalities $o\geq\sup_{a\in A(i)} r(i,a)\geq u_\infty(i)$, $i\in I$, it follows that the assumptions made by Demko and Hill imply $u_\infty<o$ and therefore their result is contained in the following, more general theorem.

Theorem 5: If there exists for each state in $\{i\in I \mid u_\infty(i)=o\}$ a conserving action, then $\sup_{f\in F} R(f^\infty)=v$.

The proof of this theorem follows from Theorem 4, since for $\varepsilon>o$ $v(i)\geq-\varepsilon$ and $u_\infty(i)<o$ imply $\sup_{\delta\in\Delta_\varepsilon} E_{i,\delta}[N_i]<+\infty$. We remark that the last implication does not hold if the set Δ_ε is replaced by the set of all policies.

Further Theorem 5 shows that if the value iteration holds, i.e. $u_\infty=v$, the assertion of Theorem 2 remains true with $\varepsilon=o$ even for not necessarily finite state space.

4. Whittle's bridging condition

For simplicity we assume from now on $v>-\infty$.
In /6/ Whittle proved the following theorem:

"If there exist $\lambda\in[o,+\infty)$ and $m\in\mathbb{N}_o$ such that $v\geq\lambda U^m o$, then $u_\infty=v$."

A short proof of this theorem has been given by Hartley. The essential part of Hartley's proof is where he uses the convexity of the operator U, which also we used in the proof of Theorem 1 and in the proof of the following Theorem 6, which strengthens Whittle's result.

Theorem 6: If there exist $\lambda\in[o,+\infty)$ and $m\in\mathbb{N}_o$ such that $v\geq\lambda U^m o$, then

a) $U^n o=u_\infty=v$ for all $n\geq m$ if $\lambda\leq 1$,

b) $o\leq U^n o-v\leq(\sqrt[m]{1-\frac{1}{\lambda}})^n(\frac{\lambda}{\lambda-1})(-v)$ for all $n\in\mathbb{N}$ if $\lambda>1$.

The proofs of the theorems stated in this paper and further results on the value iteration can be found in paragraph 8 of /1/.

5. Literature

/1/ DAWEN, VAN R., Stationäre Politiken in stochastischen Entscheidungsmodellen, Dissertation, Rheinische Friedrich-Wilhelms-Universität Bonn (1983).

/2/ DAWEN, VAN R.; SCHÄL, M., Über ε-optimale Politiken für stationäre stochastische Entscheidungsprozesse, Operations Research Proc. 1982, Springer-Verlag, Berlin, 45o-452 (1983).

/3/ DEMKO, S; HILL, T., Decision processes with total-cost criteria, Ann. Prob. 9, 293-3o1 (1981).

/4/ HARTLEY, R., A simple proof of Whittle's bridging condition in dynamic programming, J. Appl. Prob. 17, 1114-1116 (198o).

/5/ STRAUCH, R., Negative dynamic programming, Ann. Math. Statist. 37, 871-889 (1966).

/6/ WHITTLE, P., A simple condition for regularity in negative dynamic programming, J. Appl. Prob. 16, 3o5-318 (1979).

OPTIMALITÄTSGLEICHUNGEN UND OPTIMALE POLITIKEN FÜR SENSITIVE KRITRERIEN

Elke Mann, Bonn

1. Das Modell

Das zugrundeliegende Entscheidungsmodell ist eine Markoffsche Entscheidungskette (MEK) mit diskretem Zeitparameter, die bestimmt ist durch ein Tupel (I,A,p,r), wobei I den abzählbaren Zustandsraum und A die Menge der Aktionen bezeichnet; $p: I \times A \times I \to [0,1]$ mit $\sum_{j \in I} p(i,a,j) = 1$ für alle $i \in I$, $a \in A$ ist das Bewegungsgesetz und $r: I \times A \to \mathbb{R}$ die Gewinnfunktion.

Die Aktionenmenge A sei ein kompakter metrischer Raum und für r und p gelte : $a \to r(i,a)$, $a \to p(i,a,j)$ sind stetig für alle $i,j \in I$.

Mit der Kompaktheitsannahme die Aktionenmenge A betreffend ist die Menge der Entscheidungsregeln $F := \{f: I \to A\}$ versehen mit der Produkttopologie ein kompakter metrischer Raum.

Jede Entscheidungsregel $f \in F$ definiert eine Markoffkette $\{X_n\}_{n \in \mathbb{N}_0}$ mit Zustandsraum I und Übergangswahrscheinlichkeiten $p_f(i,j) := p(i,f(i),j)$ für $i,j \in I$. Der erwartete Gewinn $E_{i,f} r_f(X_n)$ unter f zum Zeitpunkt n bei Start in i wird unter unseren Bedingungen stets existieren und endlich sein, $r_f(i) := r(i,f(i))$ für $i \in I$.

2. Die Optimalitätskriterien

Sei $u_f^{0,m} := \sum_{k=0}^{m} E_{\cdot,f} r_f(X_k)$ und definiere rekursiv für $n \geq 1$

$$u_f^{n,m} := \sum_{k=0}^{m} u_f^{n-1,k} \qquad \text{für } f \in F,\ m \in \mathbb{N}_0 .$$

Wir bezeichnen eine Entscheidungsregel $f^* \in F$ als n-durchschnittsoptimal für n=0,1,.., falls

$$\liminf_{m \to \infty} \frac{1}{m+1} \left(u_{f^*}^{n,m} - u_f^{n,m} \right) \geq 0 \qquad \text{für alle } f \in F.$$

Diese Familie von Optimalitätsbegriffen wurde erstmals von Veinott in /6/ für beliebige Politiken betrachtet.

Es geht in dieser Arbeit nun darum, Bedingungen anzugeben, unter denen für alle $n \in \mathbb{N}_0$ n-durchschnittsoptimale Entscheidungsregeln existieren, das System der zugehörigen Optimalitätsgleichungen eine Lösung besitzt

Operations Research Proceedings 1983

und n-durchschnittsoptimale Entscheidungsregeln sich über diese Optimalitätsgleichungen charakterisieren lassen.
Eine grundlegende Rolle spielt dabei im Folgenden das im nächsten Abschnitt diskutierte Ljapunoff Funktionen Kriterium (L).
Der Begriff der 0-Durchschnittsoptimalität fällt dann mit dem der Durchschnittsoptimalität im üblichen Sinne zusammen, da unter (L) für jeden Zustand $i \in I$ und jede Entscheidungsregel $f \in F$ $\lim \frac{1}{m+1} u_f^{o,m}(i) := g_f(i)$ – g_f beschreibt den durchschnittlich erwarteten Gewinn (d.e.G.) unter f – existiert und endlich ist. Weiter gilt unter (L), daß jede n-durchschnittsoptimale Entscheidungsregel k-durchschnittsoptimal ist für alle $0 \leq k \leq n$, d.h. die Sensitivität der Kriterien wächst mit n.
Im nächsten Abschnitt wird für jedes $n \in \mathbb{N}$ noch der Begriff der n-Bias-Optimalität eingeführt. Die Kriterien werden sich unter unseren Bedingungen bei festem n als äquivalent erweisen.

3. Das Ljapunoff Funktionen Kriterium

Sei H(I) die Menge der reellwertigen Funktionen auf I und B(I) die Teilmenge der beschränkten reellwertigen Funktionen. Wir schreiben für zwei Elemente $h_1, h_2 \in H(I)$ $h_1 \geq h_2$, falls $h_1(i) \geq h_2(i)$ für alle $i \in I$.
Wir wollen nun das Ljapunoff Funktionen Kriterium formulieren (vgl. für K einelementig /2/).

(L) : Es existieren eine endliche Menge $K \subset I$ und eine Folge $y = \{y_n\}_{n \in \mathbb{N}_o}$ von nicht negativen, reellwertigen Funktionen auf I, so daß

$$y_o \geq \sup_{f \in F} |r_f| \quad , \quad y_o \geq 1$$

und für $n \in \mathbb{N}_o$

$$y_n + \sum_{j \in K} p_f(\cdot,j) y_{n+1}(j) \leq y_{n+1} \qquad \text{für alle } f \in F.$$

Es gelte für den Rest der Arbeit stets (L) mit dem Paar (K,y).
B_y sei die Menge der reellwertigen Funktionen auf I, für die es ein $n \in \mathbb{N}_o$ gibt, so daß $\sup_{i \in I} \frac{|h(i)|}{y_n(i)} < \infty$ ist.
B_y ist abgeschlossen gegenüber Addition und Multiplikation mit einem Skalar; weiter ist $B(I) \subset B_y$ und $r_f \in B_y$ für alle $f \in F$.

Für $h \in B_y$ ist $\sup_{f \in F} E_{\cdot,f} \sum_{k=o}^{\tau_K - 1} |h(X_k)| \in B_y$, wobei τ_K die Eintrittszeit in K beschreibt. Speziell sind die erwarteten Eintrittszeiten in K unter $f \in F$ für alle $f \in F$ endlich und damit für alle $f \in F$ die induzierten Markoffketten nicht-dissipativ.
Der durchschnittlich erwartete Gewinn $g_{f,h}$ einer Funktion $h \in B_y$ unter f – h interpretiert als Gewinnfunktion – ist wohldefiniert und es gilt:

$$g_{f,h} = \sum_{j\in I} \pi_f(\cdot,j)h(j) \qquad \text{mit} \quad \pi_f(i,j) := \lim_{m\to\infty} \frac{1}{m} \sum_{k=1}^{m} p_f^k(i,j)$$

Das nächste Lemma ermöglicht es uns unter (L), wie in Entscheidungsmodellen mit endlichem Zustandsraum, von den Bias-Funktionen der MEK zu sprechen.

Lemma: Für jede Entscheidungsregel $f\in F$ und jede Funktion $h\in B_y$ gibt es in B_y genau eine Lösung $v_{f,h}$ der Funktionalgleichung

$$v + g_{f,h} = h + \sum_{j\in I} p_f(\cdot,j)v(j) \quad \text{in } v\in B_y \quad \text{mit} \quad \sum_{j\in I} \pi_f(\cdot,j)v(j) = 0 .$$

Damit kann für jedes $f\in F$ der Bias-Operator $B_f: B_y \to B_y$ als der Operator definiert werden, der jeder Funktion $h\in B_y$ die Funktion $v_{f,h}$ zuordnet und die Funktionen $v_f^n := (-1)^{n-1} B_f^n r_f$, $f\in F$, $n\in\mathbb{N}$, heißen die (n)-Bias-Funktionen der MEK, wobei gilt $v_f^n = B_f(-v_f^{n-1})$.

Zum Begriff der Bias-Optimalität:

Sei $F_o := \{f\in F \mid g_f = \sup_{f'\in F} g_{f'}\}$ die Menge der durchschnittsoptimalen Entscheidungsregeln und definiere rekursiv für $n\geq 1$

$$F_n := \begin{cases} \{f\in F_{n-1} \mid v_f^n = \sup_{f'\in F_{n-1}} v_{f'}^n\} & \text{, falls } F_{n-1} \neq \emptyset \\ \emptyset & \text{sonst} \end{cases}$$

Eine Entscheidungsregel $f\in F$ heißt n-bias-optimal, falls $f\in F_n$ und ∞-bias-optimal, falls $f\in\cap F_n$.

Wir kommen über die Bias-Funktionen der MEK zu einer Lösung der Optimalitätsgleichungen, indem wir die stetige Abhängigkeit der d.e.G. sowie der Bias-Funktionen von f zeigen und die weitere Vorgehensweise an der von P.Schweitzer /3/ orientieren.

4. Stetigkeit der d.e.G.'e und der Bias-Funktionen in f

Wir benötigen zwei weitere Bedingungen; dabei bezeichne n_f die Anzahl der positiven Klassen der durch f induzierten Markoffkette.

(L') : (L) gilt mit dem Paar (K,y) und $f \to \sum_{j\in I} p_f(i,j)y_n(j)$ ist stetig für alle $n\in\mathbb{N}_o$, $i\in I$.

(R) : $f \to n_f$ ist stetig

Sei $C_y(F\times I)$ (kurz C_y) die Menge der Caratheodory Funktionen $h: F\times I \to \mathbb{R}$, für die $\sup_{f\in F} |h_f| \in B_y$ mit $h_f := h(f,\cdot)$.

Satz 1: Unter (L') und (R) gilt: $h\in C_y \Longrightarrow Gh\in C_y$ mit $Gh(f,\cdot) := g_{f,h_f}$.

Mit Satz 1 und der Darstellung relativer Wertefunktionen wie in /8/, Abschnitt 3.1 gegeben, kommt man zu folgender Aussage die Bias-Operatoren betreffend:

Satz 2: Unter (L') und (R) gilt: $h\in C_y \Longrightarrow Bh\in C_y$ mit $Bh(f,\cdot) := B_f h_f$.

Korollar: Unter (L') und (R) gilt:

(1) $f \to g_f(i)$ ist stetig für alle $i \in I$

(2) $f \to v_f^n(i)$ ist stetig für alle $i \in I$, $n \in \mathbb{N}$
und $\sup_{f \in F} |v_f^n| \in B_y$ für alle $n \in \mathbb{N}$.

Die punktweise Stetigkeit der d.e.G.'e und der Bias-Funktionen in $f \in F$ impliziert zusammen mit der Kompaktheit von F die Existenz sogenannter '∞-bias -maximaler Entscheidungsregeln' bzgl. der Halbordnung $\geq$ auf H(I) und für jede ∞-bias-maximale Entscheidungsregel f ist $(g_f, v_f^1, v_f^2, \ldots)$ eine Lösung der Optimalitätsgleichungen.

5. Optimalitätsgleichungen und n-durchschnittsoptimale Entscheidungsregeln

Wir kommen nun zur Formulierung der Hauptergebnisse.

Satz 3: Unter (L') und (R) gilt:
Es existiert eine Lösung $(g, v_1, v_2, \ldots)$ mit $g \in B(I), v_n \in B_y, n \in \mathbb{N}$, der Optimalitätsgleichungen [OG n, $n \geq 1$], d.h.

OG 1 $$g(i) = \max_{a \in A} \sum_{j \in I} p(i,a,j) g(j) \quad , i \in I$$

OG 2 $$v_1(i) = \max_{a \in A_1(i)} \left[r(i,a) - g(i) + \sum_{j \in I} p(i,a,j) v_1(j) \right] \quad , i \in I$$

und für $n \geq 2$

OG n+1 $$v_n(i) = \max_{a \in A_n(i)} \left[-v_{n-1}(i) + \sum_{j \in I} p(i,a,j) v_n(j) \right] \quad , i \in I,$$

wobei $A_n(i) := \{a \in A_{n-1} \mid a \text{ ist maximierende Aktion der OG n in } i\}$ und
$A_o(i) := A$, $i \in I$.

Die Lösung ist eindeutig in $\overset{\infty}{\underset{1}{X}} B_y$; es gilt: $g = \sup_{f \in F} g_f$ und $v_n = \sup_{f \in F_{n-1}} v_f^n$ für alle $n \in \mathbb{N}$.

Satz 4: Unter (L') und (R) gilt:

(1) Es existiert eine Entscheidungsregel $f \in F$, die n-durchschnittsoptimal ist für alle $n \in \mathbb{N}_o$.

(2) Die folgenden Aussagen für eine Entscheidungsregel $f \in F$ sind äquivalent :

(a) f ist n-durchschnittsoptimal

(b) f ist n-bias-optimal

(c) $f(i) \in A_{n+1}(i)$ für alle transienten Zustände $i \in I$ und
$f(i) \in A_{n+2}(i)$ für alle rekurrenten Zustände $i \in I$.

Zur Literatur: Der Problemkreis ' OG'en bei sensitiven Kriterien' im endlichen Modell ist i.W. abgedeckt durch Artikel von Veinott und Sladky (vgl./4/,/5/,/6/,/7/),Ergebnisse bei abzählbarem Zustandsraum geben Hordijk&Dekker in /1/,Hordijk&Sladky in /2/ und Schweitzer in /3/.

Literatur

/1/ HORDIJK A.;DEKKER R.
Denumerable Markov decision chains: sensitive optimality criteria, Operations Research,proc.1982,Vortr.Jahrestag.DGOR,Frankfurt 1982, 453-460

/2/ HORDIJK A.;SLADKY K.
Sensitive optimality criteria in countable state dynamic programming, Mathematics of Operations Research 2,No.1,1-14,(1977)

/3/ SCHWEITZER P.J.
Solving MDP functional equations by lexicographic optimization, working paper 8104,The Graduate School of Management,University of Rochester,(1981)

/4/ SLADKY K.
On the set of optimal controls for Markov chains with rewards, Kybernetika 10,No.4,350-367,(1974)

/5/ VEINOTT A.F.
On finding optimal policies in discrete dynamic programming with no discounting,Ann.Math.Stat.37,1284-1294,(1966)

/6/ Discrete dynamic programming with sensitive optimality criteria, Ann.Math.Stat.39,preliminary report,1372,(1968)

/7/ Discrete dynamic programming with sensitive discount optimality criteria,Ann.Math.Stat.40,1635-1660,(1969)

/8/ WIJNGAARD J.
Markovian decision problems,Ph.D.Thesis,University of Eindhoven

BLACKWELL OPTIMALITY IN DENUMERABLE MARKOV DECISION CHAINS

Rommert Dekker, Leiden
Arie Hordijk, Leiden

We consider Markov decision chains with a denumerable state space E, compact metric action sets and the usual continuity properties of the transition probabilities and (possibly unbounded) immediate rewards.

Basic optimality criteria are α-discounted optimality and average optimality. Blackwell optimality is a more sensitive form of average optimality. A policy is Blackwell-optimal when its discounted rewards are larger than the discounted rewards of any other policy for all discount factors close enough to one.

Our research was aimed at weakening the existing conditions for the existence of stationary average optimal policies. The conditions we found however, also assure the existence of a Blackwell-optimal policy and the existence of bounded solutions to any order optimality equations. Our conditions concern the boundedness of the rewards in a bounding function μ: $E \to \mathbb{R}$. This bounding function induces a norm

$$\|x\|_\mu \equiv \sup_{i \in E} \frac{|x(i)|}{\mu(i)} \quad \text{, for any function } x: E \to \mathbb{R} .$$

We also assume continuity with respect to this bounding function of the transition matrix, Abelian sums of it and the deviation matrix. All these matrices must have a bounded operator norm.

These conditions imply the existence of a Laurent series expansion for the discounted rewards and with an operator-theoretic treatment we prove the existence of a policy which maximizes all terms in the Laurent series lexicografically. This corresponds to Blackwell optimality. We also present two conditions implying our assumptions: geometric convergence in μ-norm and μ-uniform recurrence, the last being a generalization of a strengthend form of the simultaneous Doeblin condition.

/1/ DEKKER, R.; HORDIJK, A.
Average, sensitive and Blackwell-optimal policies in denumerable Markov decision chains with unbounded rewards.
Rep., Inst. of Appl. Math. and Comp. Sci., University of Leiden (1983).

Operations Research Proceedings 1983

APPROXIMATIONS FOR MARKOV DECISION PROBLEMS WITH CONSTRAINTS

Gerhard Hübner, Hamburg

Almost all inventory problems in mathematical papers are treated by using shortage costs whereas practioners have difficulties to determine the cost factor for undelivered demand and prefer constraints on the expected shortage quantity. Similar problems of optimization under constraints instead of using weighted sums of different objective functions arise in almost all fields of application.
For this reason we treat in a more general framework Markov decision problems with such constraints which may not be transformed into restrictions for the feasibility of decisions in the different states. Especially we assume apart from the usual objective function a second one of the same structure whose values must not exceed a prescribed value.
For this problem algorithms are constructed which yield almost optimal policies, i.e. policies for which the pertinent second objective function obeys the given constraint and the first objective function reaches the optimal value up to a preassigned feasible error. Such algorithms are combinations of policy-value-iterations and Lagrange parameter search on one hand and linear programming methods on the other. As the optimal policies are in general randomized ones, looking for good deterministic policies needs additional consideration.
The methods are tested numerically for Markov decision problems of diverse sizes with randomly generated transition probabilities and rewards.
In this paper we restrict to infinite-horizon discounted Markov decision problems, but the main ideas may be carried over to average reward or finite-horizon problems, as well.

Operations Research Proceedings 1983

ZUR BERECHNUNG MONOTONER MINIMISATOREN

Michael Kolonko, Karlsruhe
Harald Benzing, Karlsruhe

In der (sequentiellen) Entscheidungstheorie stösst man häufig auf das folgende Optimierungsproblem: Zu jedem $x \in X$ (Stichprobe oder Zustand) bestimme man $\delta(x) \in A$ (Entscheidung), so dass eine gegebene Zielfunktion $w(x,a)$ für $a = \delta(x)$ minimiert wird. Die Entscheidungsfunktion δ heisst dann Minimisator von w. X und A seien endliche Mengen. Die praktische Berechnung des Minimisators δ vereinfacht sich erheblich, wenn man aus Eigenschaften von w ablesen kann, dass δ monoton ist. δ lässt sich dann charakterisieren durch die Punkte $y_a \in X$, $a \in A$, an den δ vom Wert a-1 auf den Wert a springt (mehrere benachbarte Werte y_a können identisch sein).

Es wird ein Algorithmus angegeben, der die Punkte y_a, $a \in A$, berechnet. Die Zielfunktion w muss dazu die folgende Eigenschaft besitzen: ist die Funktion $x \to w(x,a) - w(x,a')$ für $a' < a$ für einen Wert x' nicht negativ, so ist sie auch für alle $x'' < x'$ nicht negativ. Dies ist z.B. dann der Fall, wenn die angegebene Differenz in x fallend ist ('decreasing differences').

Es sei

$$g(a',a) := \max\{x \in X \mid w(x,a) - w(x,a') \geq 0\},$$

dann gilt

$$y_a = \min\{y_{a+1}, \max_{a'<a} g(a',a)\}.$$

Auf diese Weise kann, beginnend mit dem grössten Wert, die Reihe der y_a, $a \in A$, sukzessiv berechnet werden. Dabei müssen die Randwerte noch gesondert berücksichtigt werden.

Nimmt man die Häufigkeit, mit der $w(x,a)$ berechnet werden muss, als Maßstab, so ist dieser Algorithmus günstig, falls $x \to \delta(x)$ 'nicht zu schnell' wächst. Günstig auch im Vergleich zu dem naheliegenden Vorgehen, bei der Bestimmung von $\delta(x)$ lediglich $w(x,a)$ für die Werte $a \geq \delta(x-1)$ zu berechnen.

Es werden einige numerische Beispiele vorgeführt.

Literatur: Monotone Optimal Decision Rules and Their Computation
H. Benzing und M. Kolonko,
zur Veröffentlichung eingereicht

Operations Research Proceedings 1983

DISKRETISIERUNG DES ZEITPARAMETERS BEI GESTEUERTEN SPRUNGPROZESSEN

Hans - Joachim Plum, Bonn

I. Einleitung

Gegenstand dieses Artikels sind kontrollierte Markoffsche Sprungprozesse in stetiger Zeit. Insbesondere wird der Aspekt der Diskretisierung des Zeitparameters dargestellt : Zu einem zeitkontinuierlichen Modell $\mathcal{C}$ wird für jedes $k \in \mathbb{N}$ ein Modell $\mathcal{D}^k$ konstruiert, bei dem Einflußnahme durch eine Politik nur an Zeitpunkten nk^{-1} möglich ist und welches in zu präzisierendem Sinne "nahe an $\mathcal{C}$ liegt". Die Möglichkeit, Ergebnisse aus der zeitdiskreten dynamischen Optimierung zu verwenden, um durch diese Approximation Resultate für $\mathcal{C}$ zu erhalten, ist Ziel dieser Prozedur. Als Hauptergebnis (Satz 4) erhalten wir ein Resultat, welches die explizite numerische Berechnung guter Politiken auf ein geeignetes zeitdiskretes Modell überträgt und ferner Existenzaussagen nach sich zieht.

Die Diskretisierungsidee ist von v.d. Duyn Schouten /2/,/3/ ausführlich expliziert worden. Weitere für den Autor wesentliche Anregungen stammen aus Yushkevich /4/,/5/,/6/.

II. Das Modell

A) Definition und Erläuterung

Die Daten eines CTMDP (Continuous Time Markov Decision Process) sind (X,A,q,c,R), und zwar ist

- X ein Borelraum mit σ-Algebra $\mathcal{B}$, der Zustandsraum
- A ein Borelraum, der Raum der Kontrollen
- $q : X \times A \times \mathcal{B} \to [0,\infty[$ die Übergangsintensität
  q ist in den ersten beiden Komponenten meßbar (bei fester dritter), sowie ein endliches Maß auf X bei festen ersten beiden Komponenten. Ferner ist immer $q(x,a,\{x\}) = 0$. q soll die Stochastik so festlegen, daß die W., in einem Intervall der Länge Δt einen Sprung in die Menge F vorzufinden, bei gegebenem Zustand x und Kontrolle a gerade $q(x,a,F)\Delta t + o(\Delta t)$ beträgt.
- $c : X \times A \to \mathbb{R}$ die meßbare Gewinnrate
- $R : X \to \mathbb{R}$ die meßbare Endauszahlung .

Operations Research Proceedings 1983

B) Annahmen und Bezeichnungen

- Ein Zeithorizont $T\leq\infty$ sei immer fest vorgegeben. c,R sowie die auch mit q bezeichnete Sprungrate $q(x,a) := q(x,a,X)$ seien beschränkt.
- **Ein Elementarereignis** bei einem Sprungprozess ist festgelegt durch eine Folge von Paaren $(t_i,x_i)_1^\infty$, wobei t_i die Zeiten sind, an denen ein Sprung stattfindet, und x_i die Ergebnisse dieser Sprünge, also die resultierenden Zustände. Zwischen den Sprüngen soll der Verlauf konstant sein, die Sprungzeiten sollen sich nicht häufen, und wenn nach einer Sprungzeit $t_{i-1}<\infty$ nichts mehr passiert, wird für $l\geq i$ $(t_l,x_l) := (\infty,\gamma)$ $(\gamma\notin X)$ gesetzt. Als Ereignisraum nehmen wir also
- $J := \{\omega=(t_i,x_i)_1^\infty \mid o=t_1,(t_i,x_i) \in [o,T[\times X \cup \{(\infty,\gamma)\},t_{i+1}>t_i \text{ für } t_i<\infty\}$
- $H := \{(t_i,x_i)_1^n \mid n \in \mathbb{N},\ o=t_1<\ldots<t_n<T,\ x_i\in X\}$

  ist der Raum der Geschichten : haben bis zur Zeit u die Sprünge $(t_i,x_i)_1^n$ stattgefunden, so wird dieses Tupel als Vergangenheit zur Zeit u interpretiert.
- Es ist nun klar, wie die Zufallsgrößen

  $x_u : J \to X$ als "Zustand zur Zeit u" sowie

  $h_u : J \to H$ als "Geschichte zur Zeit u" zu definieren sind.

Def : Eine Politik ist eine meßbare Abbildung

$$\pi : H \times [o,T[\to A.$$

π heißt markoffsch (bzw. stationär), wenn $\pi(h_u\omega,u)$ immer nur von $x_u\omega$ und u (bzw. nur von $x_u\omega$) abhängt.

Interpretation : Liegt zur Zeit u die Geschichte h und der Zustand x vor, so ist $\pi(h,u)$ die gewählte Kontrolle, also $q(x,\pi(h,u),.)$ die gewählte Sprungintensität. π kontrolliert also den infinitesimalen Generator des Prozesses.

Gegeben eine Politik π und eine Startverteilung μ, läßt sich in aus der Theorie der markoffschen Sprungprozesse bekannter Weise (vgl. Litertur /2/-/6/) ein W-Maß P_μ^π auf J konstruieren, so daß tatsächlich q in der gerade beschriebenen Weise der infinitesimale Generator des Prozesses $(x_u)_{u\in\mathbb{R}_+}$ wird.

Def : Gegeben eine Politik π und ein Diskontfaktor $\alpha\geq o$ ($\alpha>o$ für $T=\infty$), heißt

$$F^\pi(\omega) := \int_o^T e^{-\alpha s} c(x_s\omega,\pi(h_s\omega,s))ds + R(x_T\omega)$$

Gewinnfunktional für π.

Fortsetzung der Definition :

Mit $P_x^\pi := P_{\gamma_x}^\pi$ (γ_x ist das Punktmaß auf x) ist

$w^\pi(x) := \int F^\pi \, dP_x^\pi$ die Gewinnfunktion für π.

$v(x) := \sup_\pi w^\pi(x)$ erklärt die Wertefunktion des Modells.

π heißt ε-optimal (μ), wenn für μ- fast alle $x \in X$ $w^\pi(x) \geq v(x) - \varepsilon$ gilt.

Satz 1 (vgl. /5/)
Zu jeder Startverteilung μ und jedem $\varepsilon > o$ gibt es eine ε-optimale markoffsche Politik, die im Fall $T=\infty$ sogar stationär gewählt werden kann. Ist $q(.,.,F)$ stetig für jedes F und c oberhalbstetig, gilt obige Aussage sogar für $\varepsilon = o$.

III. Diskretisierung

Wir ordnen nun einem Modell C für alle $k > \sup(q)$ ein diskretes Modell $\mathcal{D}^k$ zu, bei dem Entscheidungen nur an den Zeitpunkten mk^{-1} getroffen werden können. Zu spezifizieren sind die Einschrittübergänge und die Gewinnfunktion. Nun, wir wissen, daß die W., ausgehend von einem Zustand x und einer Kontrolle a, in einem Intervall der Länge k^{-1} einen Sprung mit Resultat in F zu finden, "im wesentlichen" $k^{-1}q(x,a,F)$ ist. Die in einem solchen Intervall erzielten Gewinne sind "im wesentlichen" $k^{-1}c(x,a)$. Somit erklären wir zu $C = (X,A,q,c,R)$

$\mathcal{D}^k := (X,A,p^k,c^k,R)$ zum k-ten approximierenden Modell, wobei

$p^k(x,a,F) := k^{-1}q(x,a,F) + 1_F(x)(1-k^{-1}q(x,a))$ die Einschrittübergänge,

$c^k(x,a) := k^{-1}c(x,a)$ die Gewinnfunktion definiert.

Ist T der Horizont, nehmen wir $L^k := [kT]$ als Anzahl der Kontrollzeitpunkte für $\mathcal{D}^k$. Es ist nun Routine, einen "diskretisierten" Ereignisraum J^k und Politiken für $\mathcal{D}^k$ zu definieren, und ferner in der üblichen, durch die Einschrittübergänge festgelegten Weise zu einer Startverteilung μ und einer Politik π ein W-Maß P_μ^π auf J^k zu konstruieren.

Def : Gegeben eine Politik π für $\mathcal{D}^k$, $\beta_k := e^{-\alpha/k}$ als Diskontfaktor, heißt

$$F^{k,\pi}(\omega) := \sum_{m=1}^{L^k} \beta_k^m \, c^k(x_{m/k}\omega, \pi(h_{m/k}\omega, m/k)) + R(x_{(L^k+1)/k}\omega)$$

Gewinnfunktional für π (auf J^k).

Die Definition von $w^{k,\pi}$ als Gewinnfunktion für π, v^k als Wertefunktion für $\mathcal{D}^k$ sowie der Optimalitätsbegriffe überträgt sich aus dem kontinuierlichen Fall.

IV. "Diskrete" und "kontinuierliche" Optimalitätsgleichungen

Wir wollen nun durch Vergleich der Optimalitätsgleichungen für $\mathcal{C}$ mit denen für die $\mathcal{D}^k$ wichtige Konvergenzaussagen erhalten. Dazu ist zunächst in Analogie zur Wertefunktion v die Funktion v_t zu definieren, welche den optimalen Gewinn bei Start in $t\in[o,T[$ darstellt. Setze

$$L_t v_t(x) := \sup_{a\in A} [e^{-\alpha t}c(x,a) + \int q(x,a,dz)v_t(z) - q(x,a)v_t(x)]$$

Aus der Bedeutung von q wird klar, daß (heuristisch)

$$\sup_{a\in A} [(1-dtq(x,a))(v_{t+dt}(x) + e^{-\alpha t}c(x,a)dt) + dt \int q(x,a,dz)v_t(z)]$$

$$\simeq v_{t+dt}(x) + L_t v_t(x)dt$$

der optimale Gewinn bei Start in x zur Zeit t ist, womit die <u>Bellmanngleichung</u>

$$(\ C\ )\quad v_t(x) = v_u(x) + \int_t^u L_s v_s(x)ds \quad (o\leq t\leq u\leq T)\ ;\ v_T(x) = R(x)$$

zumindest veranschaulicht wäre (exakter Beweis : s. /5/).

Analog bezeichne v_n^k den optimalen Gewinn für $\mathcal{D}^k$ bei Summierung erst ab der n+1 - ten Stufe. Mit

$$T_n^k f(x) := \sup_{a\in A} [\beta_k^n c^k(x,a) + \int p^k(x,a,dz)f(z)]$$

gelten dann die rückwärtsrekursiven Optimalitätsgleichungen der dynamischen Optimierung (vgl. /1/ pp. 122 ff.)

$$(\ D^k\ )\quad v_n^k = T_{n+1}^k v_{n+1}^k \stackrel{!}{=} v_{n+1}^k + k^{-1}L_{(n+1)/k}v_{n+1}^k \quad (o\leq n\leq L^k-1)$$

$$v_{L^k}^k = R$$

Es stellt sich heraus, daß (D^k) eine konvergente Diskretisierung von (C) darstellt, so daß man erhält

<u>Satz 2</u>

Es gibt eine aus den Daten von $\mathcal{C}$ berechenbare Konstante H, so daß

$$\underline{\|v - v^k\|_\infty \leq k^{-1}H} \qquad //$$

Nun sei zu einer Markoffpolitik φ für $\mathcal{D}^k$ durch stückweise konstantes Fortsetzen bezüglich der Zeit eine Markoffpolitik $\bar{\varphi}$ für $\mathcal{C}$ konstruiert: $\bar{\varphi}(x,t) := \varphi(x,[tk]/k)$. Mit analogen Argumenten erhält man dann

<u>Satz 3</u> $\quad \underline{\|w^{k,\varphi} - w^{\bar{\varphi}}\|_\infty \leq k^{-1}H} \qquad //$

Mit den Sätzen 2,3 läßt sich unmittelbar herleiten

Satz 4

Sei $\varepsilon>o$, $\varepsilon_1>o$, $\varepsilon_1+\varepsilon_2=\varepsilon$, $k>\frac{2H}{\varepsilon_1}$. Ist dann φ eine ε_2 - optimale Markoffpolitik für $\mathcal{D}^k$, so ist $\overline{\varphi}$ ε - optimal für $\mathcal{C}$.

Konsequenz : In für diskrete Optimierung **numerisch zugänglichen** Problemen, etwa im Falle endlichen Zustands- und Aktionenraumes, sind gute Politiken prinzipiell numerisch berechenbar. Die wesentliche Konstante H ist selbstverständlich problemabhängig.

Ferner lassen sich Existenzaussagen aus der zeitdiskreten Theorie übertragen. Etwa wird Satz 1 durch die Approximationsprozedur auf neue Weise bewiesen. Wesentliche neue Existenzaussagen ergeben sich aber erst in Erweiterungen des Modells, vgl. folgende

Bemerkung : Das Modell kann ohne Probleme auch inhomogen formuliert werden, d.h. c und q sind zusätzlich zeitabhängig. Auch lassen sich die Beschränktheitsvoraussetzungen abschwächen.

V.d. Duyn Schouten /2/ und neuerlich auch Yushkevich /6/ schlagen vor, in das Modell die Möglichkeit sogenannter Interventionen (Impulskontrollen) einzubauen, welche eine unmittelbare Veränderung des Systems hervorrufen. Unter geeigneten Annahmen und Mehraufwand lassen sich die hier erzielten Ergebnisse auf alle angeführten Fälle verallgemeinern. Im kombinierten Kontroll - Interventionsfall lassen sich über die Approximationsidee tatsächlich neue Existenzaussagen machen. Leider ist eine Darstellung für diesen Rahmen zu umfänglich.

LITERATUR

/1/ DYNKIN, E.B.,YUSHKEVICH, A.A
Controlled Markov Processes, Springer New York (79)

/2/ VAN DER DUYN SCHOUTEN, F.A.
Markov decision processes with continuous time parameter
Dissertation der Universität Leiden (Niederlande) (79)

/3/ HORDIJK, A., VAN DER DUYN SCHOUTEN, F.A.
Markov decision drift processes; Discretisation and weak convergence, erscheint (8o/81)

YUSHKEVICH, A.A :

/4/ Controlled Markov Models with countable state space and continuous time, Th. Prob. Appl. (22) pp. 215-235 (77)

/5/ Controlled Jump Markov Models
Th. Prob. Appl. (25) pp. 244-266 (8o)

/6/ Continuous Time Markov Decision Processes with Interventions
Stochastics (9) pp. 235-274 (83)

DER ZWEIARMIGE BANDIT MIT ABHÄNGIGEN ARMEN UND DIE STAY-ON-A-WINNER EIGENSCHAFT

Harald Benzing, Karlsruhe
Michael Kolonko, Karlsruhe

1. DAS PROBLEM

Wir betrachten das folgende Problem der optimalen Versuchsplanung: Es seien zwei BERNOULLI-Experimente, genannt Experiment 1 bzw. Experiment 2 mit unbekannten Erfolgswahrscheinlichkeiten T_1 bzw. T_2 gegeben. In einer Serie von N Versuchen soll für jeden Versuch ein Experiment so ausgewählt werden, daß die erwartete Anzahl von Erfolgen maximal wird.

Die Entscheidung für eines der Experimente soll dabei abhängig von der bisherigen Anzahl von Erfolgen m_1 und m_2 und Mißerfolgen n_1 und n_2 mit Experiment 1 und Experiment 2 getroffen werden.

2. DAS MODELL

Wir betrachten T_1, T_2 als Zufallsvariable mit gemeinsamer Verteilung μ, die nicht auf den Rand von $[0,1]^2$ konzentriert sei (Bayes-Ansatz). Liegt die Information $s=(m_1,n_1,m_2,n_2)\in S:=\mathbb{N}_0^4$ vor, so bezeichne μ_s die zu der a priori-Verteilung μ gehörige a posteriori-Verteilung und

$$p_a(s) = E_{\mu_s} T_a = \int t_a \, d\mu_s$$

die a posteriori Erfolgswahrscheinlichkeit für Experiment $a \in A:=\{1,2\}$.

Das gegebene Problem läßt sich nun mit Hilfe der stochastischen dynamischen Optimierung formulieren und lösen (s. /1/).

Insbesondere kann man $V^N(s)$, die maximale erwartete Anzahl von Erfolgen in N Versuchen bei Anfangsinformation $s \in S$ rekursiv berechnen durch die sog. Wertiteration

$$V^k(s) = \max\{V_1^k(s),\ V_2^k(s)\} \tag{2.1}$$

$$\text{mit } V_1^k(s) = p_1(s)\{1 + V^{k-1}(s+e_1)\} + \{1 - p_1(s)\}V^{k-1}(s+e_2)$$

$$V_2^k(s) = p_2(s)\{1 + V^{k-1}(s+e_3)\} + \{1 - p_2(s)\}V^{k-1}(s+e_4)$$

$$1 \leq k \leq N,\ s \in S$$

und $V^0 \equiv 0$.
(e_i bezeichnet den i-ten Einheitsvektor in $\mathbb{R}^4$).

Operations Research Proceedings 1983

3. EIGENSCHAFTEN OPTIMALER POLITIKEN

Bezeichnet $f_k(s)$ das zu wählende Experiment wenn k Versuche verbleiben und die Information $s \in S$ vorliegt, $1 \leq k \leq N$, so wird der "Entscheidungsprozess" durch eine Folge $\pi = (f_N, \ldots, f_1)$ von Funktionen $f_k: S \to A$ beschrieben.

Ist dann $f_k^*(s)$ die größte Maximumstelle von $a \to V_a^k(s)$ für alle $s \in S$, so ist $\pi^* := (f_N^*, \ldots, f_1^*)$ optimal; d. h. bei Verwendung von π^* wird die maximale erwartete Anzahl von Erfolgen erreicht.

Das folgende Ergebnis gibt eine einfache Bedingung dafür an, daß die so konstruierte optimale Folge π^* intuitiv einleuchtende Eigenschaften besitzt, die zudem die numerischen Berechnungen vereinfachen.

Theorem

Es sei (C) $\mathrm{Kov}_{\mu_s}(T_1, T_2) \leq 0$ für alle $s \in S$. Dann gilt

(a) π^* hat die stay-on-a-winner Eigenschaft; d. h.

$$f_{k+1}^*(s) = 1 \Longrightarrow f_k^*(s + e_1) = 1$$

$$f_{k+1}^*(s) = 2 \Longrightarrow f_k^*(s + e_3) = 2 \quad , \quad 1 \leq k < N, \ s \in S.$$

(b) f_k^* , $1 \leq k \leq N$, ist monoton; d. h.

$$f_k^*(s) \leq f_k^*(s') \quad \text{für alle} \quad s = (m_1, n_1, m_2, n_2),$$

$$s' = (m_1', n_1', m_2', n_2') \in S \text{ mit } m_1 \geq m_1', \ n_1 \leq n_1', \ m_2 \leq m_2', \ n_2 \geq n_2'.$$

Die Bedingung (C) gilt insbesondere, falls

- T_1, T_2 bzgl. μ stochastisch unabhängig sind
- μ konzentriert ist auf eine Teilmenge des Graphen einer monoton fallenden Funktion g, der an den Unstetigkeitsstellen von g durch senkrechte Stücke "vervollständigt" wurde.

Einen Beweis für diese Resultate findet man in /3/.

4. EIN SPEZIALFALL

Hat das Experiment 2 eine bekannte Erfolgswahrscheinlichkeit $\pi \in (0,1)$, dann hängen V^k und f_k nur von m_1, n_1 ab, $1 \leq k \leq N$. Sei also im folgenden $s = (m_1, n_1)$. Dann liefert das Theorem folgendes Resultat, das bereits in /1/ bzw. /2/ enthalten ist:

π^* hat die stay-on-a-winner Eigenschaft:

$$f_{k+1}^*(s) = 1 \Longrightarrow f_k^*(s + e_1) = 1 \tag{4.1}$$

$$f_{k+1}^*(s) = 2 \Longrightarrow f_k^*(s) = 2 \qquad 1 \leq k < N, \ s \in S \tag{4.2}$$

und f_k^*, $1 \leq k \leq N$, ist monoton:

$$f_k^*(s) \leq f_k^*(s') \quad \text{für alle} \quad s = (m_1,n_1), \tag{4.3}$$

$$s' = (m_1',n_1') \quad \text{mit} \quad m_1 \geq m_1',\ n_1 \leq n_1'.$$

Schließlich hat die Wertiteration die einfache Gestalt

$$V^k(s) = \max\{V_1^k(s),\ k\pi\ \} \tag{4.4}$$

mit V_1^k wie in (2.1).

Wir zeigen nun, daß die optimalen Entscheidungen besonders einfach berechnet werden können, wenn man die Eigenschaften (4.1)-(4.4) berücksichtigt.

Sei $s_0 = (0,0)$ die Ausgangsinformation.

Ferner sei $S_k := \{s = (m_1,n_1) \mid m_1 + n_1 = N - k\}$, $\quad 1 \leq k \leq N$.
Um $V^N(s_0)$ zu berechnen, benötigt man nach (4.4) $V^{N-1}(s)$ für $s \in S_{N-1}$.
Allgemein: Um $V^k(s)$ für $s \in S_k$ zu berechnen benötigt man $V^{k-1}(s')$ für $s' \in S_{k-1}$.

Ferner existiert für $1 \leq k \leq N$ wegen (4.3) ein s_k^*, so daß

$$f_k^*(s) = \begin{cases} 1, & s \in \{s_k^*, s_k^* + e_1 - e_2, \ldots, (N-k,0)\} \\ 2, & \text{sonst.} \end{cases} \quad , s \in S_k. \tag{4.5}$$

Ausgehend von der Information $s_0 = (0,0)$ lautet nun die optimale Versuchsauswahl:
Verwende (4.5) bis zum ersten Mal Experiment 2 optimal ist. Danach wird wegen (4.2) für alle folgenden Versuche Experiment 2 gewählt.

Literatur

/1/ Hengartner, W.; Kalin, D.; Theodorescu, R.
On the Bernoulli Two-Armed Bandit Problem.
Math. Operationsforsch. Statist., Ser. Optimization 12, 307-316 (1981).

/2/ Kalin, D.; Theodorescu, R.
A note on Structural Properties of the Bernoulli Two-Armed Bandit Problem.
Math. Operationsforsch. Statist., Ser. Optimization 13, 469-472 (1982).

/3/ Kolonko, M; Benzing, H.
On Monotone Optimal Decision Rules and the Stay-on-a-Winner Rule for the Two-Armed Bandit.
Erscheint in Metrika.

AGGREGATION METHODS IN MANPOWER PLANNING WITH INCOMPLETELY KNOWN FUTURE DEMAND, AN EXAMPLE

Hans van der Bij, Eindhoven

Abstract. One important manpower planning problem is the choice of the categories for the medium term manpower planning in the organization. For determining which parameters play an important role at an appropriate choice of the planning methods, quantitative methods can be useful.
We consider this manpower planning problem in a personnel system with a simple structure. It consists of two function groups on the same salary level. Results, derived by simulation experiments, can give an idea how instability and predictability of the future personnel requirement, the correlation in the personnel requirement and the turnover and mobility of the personnel influence the appropriate choice of the categories in this personnel system.

Zusammenfassung. Ein wichtiges Personalplanungsproblem ist die Auswahl der Kategorien bei der mittelfristigen Personalplanung in der Organisation. Um festzustellen, welche Parameter wichtig sind, können quantitative Modelle nützlich sein. Wir untersuchen dieses Problem in einem System mit einer einfachen Struktur. Wir betrachten zwei Personalgruppen in derselben Besoldungsgruppe. Unsere durch Simulation gewonnenen Ergebnisse veranschaulichen, wie Instabilität, Zuverlässigkeit der zukünftigen Zielbesetzung, Pensionierung und Mobilität des Personals die geeignete Wahl der Kategorien in diesem System beeinflussen.

1. Introduction.

An important manpower planning problem is the choice of the categories for the medium term manpower planning in the organization. The following limitations make it difficult for an organization to make an appropriate choice.

a if the categories are chosen too small, the accuracy of the various predictions will be low and the forecasting load will be high, moreover, the required information is not always available;

b if the categories are chosen too large, the relation with short term detailed planning activities will be difficult;

c the categories have to be chosen in accordance to the level of aggregation in other parts of the corporate planning.

Quantitative methods can be useful in determining which parameters of the personnel system under consideration play an important role at this choice of the categories. By modelling the personnel system for different choices of the categories, these choices can be compared. A performance criterion will be necessary then. It is important to determine the structure of the personnel system. For instance, one has to specify which parameters one wants to take into account in the investigation.

In this paper we consider a system with a very simple personnel structure. It consists of two functiongroups on the same salary level (for instance: purchasing management functions and sales management functions). The future manpower

Operations Research Proceedings 1983

requirement can be specified for each functiongroup and this requirement is partly predictable. Each year there is some turnover in each functiongroup. Some people are capable to execute jobs in both functiongroups, so there is a certain mobility between the function groups. In each functiongroup recruitment is possible. Firing (negative recruitment) is not possible. This personnel system is depicted in figure 1.

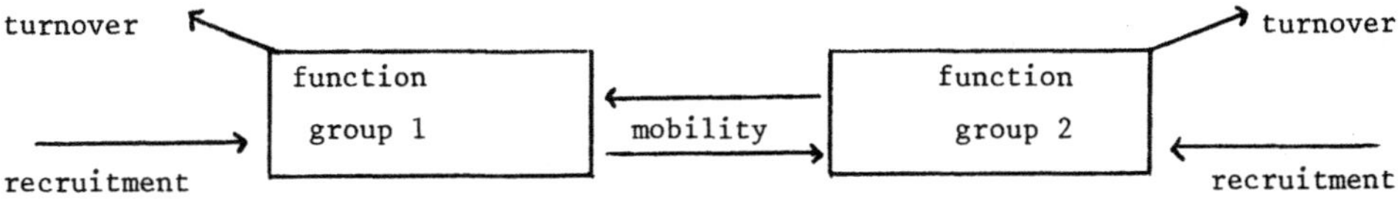

Figure 1. The personnel system which will be considered in this paper.

In this system it is possible to distinguish two categories (the two function groups) or one aggregate category in the construction of the medium term personnel plan. The planning methods, considered in this paper, are of the rolling plan type. That means that each year a medium term personnel plan is made, based on the information which is available at that moment. Only first period decisions following from this plan are executed. The following planning methods will be investigated:

1. medium term detailed planning: each period a detailed medium term plan is made based on detailed information about the personnel availability and requirement in both function groups;
2. medium term aggregate planning: each period a medium term personnel plan is made based on aggregate information about the total personnel availability and requirement in the whole personnel system; a short term assignment plan is made to translate the aggregate plan into a detailed personnel plan;
3. short term detailed planning: each period only a plan is made for the next period based on detailed information about the personnel availability and requirement in both function groups.

A linear programming approach has been chosen to construct the plans. As a performance criterion one may choose the average linear distance between personnel availability and personnel requirement. Results are not derived by solving analytical equations but by simulation experiments. These results roughly show how instability and predictability of the future manpower requirement, the correlation in the manpower requirement in different functiongroups and turnover and mobility of the personnel influence the performance of the planning methods. Because of the construction of the planning methods 1 and 2 these results give an idea how the system-parameters influence the appropriate choice of the categories for the medium term manpower planning in this personnel system. The reason that a short term detailed planning method also has been taken into account is that in all planning methods a detailed short term personnel plan has to be made, so one may expect that in general average costs of this short term planning method will be an upperbound for the average costs of the other planning methods.

This investigation is based on a theoretical investigation of Wijngaard (/3/) and a more practical investigation of Smits (/2/). The present investigation is described in more detail in /1/.

2. Models describing the development of manpower availability and manpower requirement:

In our personnel system it is assumed that the turnover in each function group is a fixed fraction of the number of people in that function group. Also the maximum mobility fraction in each function group is assumed to be a fixed fraction of the number of people in that function group. Moreover, these fractions are assumed to be the same for both function groups.

The following model is assumed to describe the development of the manpower availability:

$$X_t(1) := (1-\alpha)X_{t-1}(1) + R_t(1) - M_t(1) + M_t(2) \,, \qquad \text{(C1)}$$
$$X_t(2) := (1-\alpha)X_{t-1}(2) + R_t(2) + M_t(1) - M_t(2) \,, \qquad \text{(C2)}$$
$$M_t(i) \le \text{mmob}\; X_{t-1}(i) \; (i = 1,2) \,, \qquad \text{(C3)}$$
$$M_t(i),\, R_t(i) \ge 0 \quad (i = 1,2) \,, \qquad \text{(C4)}$$
$$X_0(1) = X_0(2) = 50.$$

The following notation has been used:

$X_t(i)$:= number of people in function group i at time t,

$R_t(i)$:= recruitment in function group i in period (t-1,t],

$M_t(i)$:= number of people going from function group i to the other function group in period (t-1,t],

mmob := maximum mobility fraction ,

α:= turnover fraction

So $M_t(i)$ and $R_t(i)$ are the decision variables.

The manpower requirement process is assumed to be autonomous. In this paper we only consider manpower requirement processes which fluctuate around an average which is independent of time. These fluctuations are partly predictable. Fluctuations are generated in the following way:

$$G_t(i) := 50 + \frac{1}{2}\left\{k_t^c + k_t^u(i)\right\} + \frac{1}{2}\left\{u_t^c + u_t^u(i)\right\} \,,$$

where $k^u_{\cdot}(.)$, $k^c_{\cdot}$, $u^u_{\cdot}(.)$, $u^c_{\cdot}$ are mutually independent identically distributed normal variables with mean 0 and variance resp. $\sigma_k^2(u)$, $\sigma_k^2(c)$, $\sigma_u^2(u)$ and $\sigma_u^2(c)$.

That means that:

$G_t(i)$:= required number of people in function group i at time t ,

$u_t^u(i)$ and $k_t^u(i)$ only contribute to (un)known fluctuations in function group i in period (t-1,t].

u_t^c and k_t^c contribute to (un)known fluctuations in both function groups in period (t-1,t]. In period [t-1,t) one knows: $u_t^u(i)$, $u_{t-1}^u(i), \ldots, u_0^u(i)\,(i=1,2), u_t^c, u_{t-1}^c, \ldots, u_0^c$ and $k_\ell^u(i)$ (i=1,2) and k_ℓ^c for all $\ell \in \mathbb{N} \cup \{0\}$.

This means that also a certain correlation between the requirement in different function groups has been modelled (k_t^c and u_t^c).
An estimate of $G_{t+\ell}(i)$ in period [t-1,t) (notation: $\hat{G}_{t,\ell}(i)$) is given by:

$$\hat{G}_{t,0}(i) = G_t(i) \ ; \quad i = 1,2$$
$$\hat{G}_{t,\ell}(i) = 50 + \frac{1}{2}\left\{k^u_{t+\ell}(i) \ + k^c_{t+\ell}\right\}; \ i = 1,2 \ ; \ \ell > 0 \ .$$

The quality of each planning method i is measured by the average value of

$$C(i,t) := |X_t(1) - G_t(1)| + |X_t(2) - G_t(2)| \ .$$

3. Description of the planning methods:

3.1. The medium term detailed planning method (with planning horizon T):

The construction of the personnel plan for the periods $t_0,\dots,t_0 + T-1$ is based on the following minimization problem for $X_t(i)$, $R_t(i)$, $M_t(i)$ ($i=1,2$; $t=t_0,\dots,t_0+T-1$):

$$\min \sum_{\ell=0}^{T-1} \left\{|X_{t_0+\ell}(1) - \hat{G}_{t_0,\ell}(1)| + |X_{t_0+\ell}(2) - \hat{G}_{t_0,\ell}(2)|\right\}$$

such that for $t = t_0,\dots,t_0 + T-1$:

- conditions $C_1,\dots,C_4$ hold; $X_{t_0-1}(1)$, $X_{t_0-1}(2)$ given;
- $X_t(1), X_t(2) \geq 0$.

The first period decisions of this plan are executed which give the optimal solutions $X^*_{t_0}(1)$ and $X^*_{t_0}(2)$.

3.2. The medium term aggregation method (with planning horizon T):

A: Aggregation part:

The following notation will be used:

$X_t := X_t(1) + X_t(2)$,
$\hat{G}_{t,\ell} := \hat{G}_{t,\ell}(1) + \hat{G}_{t,\ell}(2)$,
$G_t := G_t(1) + G_t(2)$,
$R_t :=$ the total recruitment in the whole personnel system in period (t-1,t].

The aggregate plan for the periods $t_0,\dots,t_0+T-1$ is based on the following minimization problem for X_t , $R_t (t=t_0,\dots,t_0+T-1)$:

$$\min \sum_{\ell=0}^{T-1} |X_{t_0+\ell} - \hat{G}_{t_0,\ell}|$$

such that for $t = t_0,\dots,t_0 + T-1$:

$$X_t := (1-\alpha)X_{t-1} + R_t \ ,$$

$$X_t, R_t \geq 0 \ .$$

Solution of this problem gives at each time t_0 the first period optimal recruitment, denoted by $R^*_{t_0}$. This total recruitment has to be distributed over the two function groups. This is done in the first period assignment plan. Only short term detailed information about both function groups is used in the assignment plan. The construction of this plan is described below in the disaggregation part.

B. Disaggregation part:

To distribute the total recruitment $R^*_{t_0}$ over the two function groups, the following minimization problem is solved for $X_{t_0}(i)$, $R_{t_0}(i)$, $M_{t_0}(i)$ $(i = 1,2)$:

$$\min|(X_{t_0}(1) - \hat{G}_{t_0,0}(1)) - (X_{t_0}(2) - \hat{G}_{t_0,0}(2))|$$

such that for $t = t_0$:

- coditions $C_1,\ldots,C_4$ hold; $X_{t_0-1}(1)$, $X_{t_0-1}(2)$ given;
- $X_{t_0}(1), X_{t_0}(2) \geq 0$; $R_{t_0}(1) + R_{t_0}(2) = R^*_{t_0}$.

Solution of this problem gives $X^*_{t_0}(1)$ and $X^*_{t_0}(2)$.

3.3. The short term detailed planning method:

This planning method is the same as the planning method described in section 3.1, but now $T = 1$.

4. Some results and conclusions:

In this section simulation experiments with the planning methods are described. Some results are given and some (cautious) conclusions are drawn. In these simulation experiments $\sigma^2_u(u)$, $\sigma^2_u(c)$, $\sigma^2_k(u)$ and $\sigma^2_k(c)$, the variances of resp. $u^u_t(i)$ $(i = 1,2)$, u^c_t, $k^u_t(i)$ $(i = 1,2)$, k^c_t, have been varied as well as the turnover fraction α and the maximum mobility fraction mmob. We fixed the planning horizon at 5; it is shown in /2/ that 5 is an acceptable planning horizon if the turnover is about 10%. All simulations have been executed over 90 periods of time. A sample from a normal distribution with $\mu = 0$ and $\sigma^2 = 1$ has been used to generate realizations of the different variables in the demand process. We fixed the coefficient of variation of the demand process at 1/10, which means that $\sigma^2_u(u)+\sigma^2_u(c)+\sigma^2_k(u)+\sigma^2_k(c)=100$. By varying the parameters $\sigma^2_u(u)$, $\sigma^2_u(c)$, $\sigma^2_k(u)$ and $\sigma^2_k(c)$ many kinds of situations can be simulated. Only the cases $\sigma^2_u(u) = \sigma^2_u(c) = 0$ (deterministic case) and $\sigma^2_k(u) = \sigma^2_k(c) = 0$ (stochastic case) are described in this paper. At the end of each simulation experiment

$$C(i) := \frac{1}{90}\sum_{t=1}^{90} C(i,t)$$

has been computed for each planning method i. On the basis of these average costs the planning methods have been compared. In the tables the detailed planning method with planning horizon T will be denoted by detail (T) and the aggregation method with planning horizon T by aggr(T).

4.1. The turnover fraction α:

If the turnover fraction α increases, average costs of all planning methods will

decrease. However, average costs of the short term planning method are most sensitive for an increase of α. That means that if the turnover is small, it is important to do medium term manpower planning. There isn't much difference between the two medium term planning methods. In general medium term detailed planning performs best.
If uncertainty in the future demand increases, all costs increase, except average costs of the short term planning method, since all first period information is always known in our simulation experiments. This means that the difference in performance between the medium term planning methods and the short term planning method is getting smaller. Some of these results are shown in table 1.

average costs			system parameters			
detail(5)	aggr(5)	detail(1)	$\sigma_u^2(c),\sigma_u^2(u)$	$\sigma_k^2(c),\sigma_k^2(u)$	α	mmob
6.21	6.46	12.54	0,0	50,50	0.01	0.05
3.53	3.67	4.53	0,0	50,50	0.05	0.05
1.75	1.86	2.03	0,0	50,50	0.10	0.05
7.14	7.22	12.54	50,50	0,0	0.01	0.05
4.14	4.29	4.53	50,50	0,0	0.05	0.05
2.00	2.06	2.03	50,50	0,0	0.10	0.05

Table 1. The performance of the three planning methods, when the turnover fraction α increases.

4.2. The maximum mobility fraction mmob:

The performance of the medium term aggregation method is most sensitive for variations in the maximum mobility fraction. That means that it is difficult to translate an aggregate medium term personnel plan into a detailed short term assignment plan if the potential mobility between the function groups is low. The same remarks about an increasing uncertainty in the future demand as in section 4.1, can be made in this case. Some of these results are shown in table 2 for the deterministic case.

average costs			system parameters			
detail(5)	aggr(5)	detail(1)	$\sigma_u^2(c),\sigma_u^2(u)$	$\sigma_k^2(c),\sigma_k^2(u)$	α	mmob
4.04	5.27	5.43	0,0	50,50	0.05	0.00
3.53	3.67	4.53	0,0	50,50	0.05	0.05
3.37	3.31	4.31	0,0	50,50	0.05	0.10

Table 2. The performance of the planning methods if the maximum mobility fraction mmob increases (deterministic case).

4.3. Correlation in the manpower requirement in different function groups:

If the fluctuations in the manpower requirement in different function groups are completely correlated, the performance of the two medium term planning methods is equally good. If the correlation decreases, in general costs are decreasing. The degree to which costs of the aggregation method decrease, depends on the potential mobility and the degree to which costs of the short term planning method decrease, depends on the turnover. The same remarks as in section 4.1 can be made about an increasing uncertainty in the future demand. Some of these results are shown in table 3 for the stochastic case.

average costs			system parameters			
detail(5)	aggr(5)	detail	$\sigma_u^2(c),\sigma_u^2(u)$	$\sigma_k^2(c),\sigma_k^2(u)$	α	mmob
7.74	7.74	12.73	100,0	0,0	0.01	0.01
7.46	7.63	13.43	50,50	0,0	0.01	0.01
5.97	6.31	10.13	0,100	0,0	0.01	0.01

Table 3. Performance of the planning methods if the correlation between fluctuations in the future demand in different function groups decreases (stochastic case).

4.4. Conclusions:

On the basis of these results one can conclude that in the personnel system, considered in this paper, the appropriate choice of the categories for the medium term manpower planning is mainly influenced by the potential mobility between the function groups and the correlation between fluctuations in the future demand in different function groups. In these simulation experiments, uncertainty in the future demand doesn't play an important role at this choice.

5. References:

/1/ BIJ H. VAN DER
AGGREGATION IN MANPOWER PLANNING WITH INCLOMPLETELY KNOWN FUTURE DEMAND, AN EXAMPLE
(MANPOWER PLANNING REPORTS 26)
DEPT. OF INDUSTRIAL ENG./DEPT. OF MATH. AND COMPUT.SC.
EINDHOVEN UNIVERSITY OF TECHNOLOGY (1982).

/2/ SMITS A.J.M.
ROLLING PLANS AND AGGREGATION IN MANPOWER PLANNING
(MASTERS THESIS).
DEPT.OF INDUSTRIAL ENG./ DEPT. OF MATH. AND COMPUT.SC.
EINDHOVEN UNIVERSITY OF TECHNOLOGY (1980).

/3/ WIJNGAARD J.
AGGREGATION IN MANPOWER PLANNING
(MANPOWER PLANNING REPORTS 22)
DEPT. OF INDUSTRIAL ENG./ DEPT. OF MATH. AND COMPUT.SC.
EINDHOVEN UNIVERSITY OF TECHNOLOGY (1980).

ANALYTISCHE MARKOFF-ERNEUERUNGSMODELLE ZUM PROBLEM DER SCHADSTOFF-FREISETZUNG IN WIEDERAUFBEREITUNGSANLAGEN (WAA)

P. Zinterhof, Salzburg

Die Ergebnisse wurden zusammen mit H. Wenzelburger (KFK) erreicht. Hier sollen vor allem die theoretischen Ergebnisse und der mathematische Hintergrund dargestellt werden. Es sei daher besonders auf den Vortrag von H. Wenzelburger hingewiesen, wo die konkreten Systemanalysen, die Modellimplementierung und die ingenieurmäßigen Resultate besprochen werden.

Bei der Systemanalyse der WAA (System genannt) in Hinblick auf Schadstoff-Freisetzungen zeigte sich: Das System ist diskreter Zustände fähig, die zufällig angenommen werden und deren zeitabhängige Übergangswahrscheinlichkeiten als bekannt vorausgesetzt werden können. In den Zuständen entstehen Kosten (Freisetzungen), die von den Zuständen selbst, ihrer Dauer (und da i.A. nicht linearer) und anderen zufälligen Größen abhängen. Gesucht ist die Verteilungsfunktion $\Lambda\,(z,t)$ der kumulativen Kosten $C(t)$,

$$\Lambda\,(z,t) = P\left\{\, C(t) \le z \,\right\}$$

die im Zeitintervall $[0,t]$ freigesetzt werden. Die Theorie der Markoff-Erneuerungsprozesse (MEP) bildet eine geeignete Basis für die Formulierung problemadäquater analytischer Modelle. Es wurden explizite analytische Formeln zur Berechnung der zeitabhängigen Verteilung monotoner Kostenfunktionale auf MEP angegeben. Da die MEP auf gewissen Unabhängigkeitsvoraussetzungen und Stationaritätsvoraussetzungen beruhen, die in konkreten Anwendungen nicht erfüllt sein müssen, wurden die Modelle in dieser Hinsicht bei voller Wahrung der Brauchbarkeit der Resultate verallgemeinert. Es werden auch einige Methoden zur Numerik der vorgestellten analytischen Modelle beschrieben, und es wird über das Möglichkeitsfeld weiterer über die Problematik der WAA weit hinausgehender Anwendungen der Methoden berichtet.

Operations Research Proceedings 1983

ZUR STOCHASTISCHEN MODELLIERUNG DES ERSTEN STÖRFALLS IN DER ABGAS-REINIGUNGSSTRECKE EINER WIEDERAUFARBEITUNGSANLAGE (WAA)

Heinz Wenzelburger, Karlsruhe

1. Einführung

Ausgangspunkt für diesen Beitrag war die Frage, wie in der Abgasreinigungsstrecke einer WAA unerwünscht freigesetzte Mengen an radioaktivem Jod vorhergesagt werden können.

Bereits eine oberflächliche Systemanalyse der Karlsruher Versuchsanlage PASSAT ergab, daß dies nur über ein stochastisches Modell möglich ist. Denn die in der PASSAT freigesetzten Schadstoffmengen hängen nicht nur von deterministischen, sondern ganz wesentlich auch von stochastischen Vorgängen ab. Dabei wirkt sich auf die Modellierung erschwerend aus, daß in der PASSAT die Freisetzung von Jod eine nichtlineare Funktion der Zeit ist.

Für die Praxis ist nicht nur wichtig, wie sich die Anlage kurzfristig, sondern auch wie sie sich mittel- und langfristig verhält. Dabei interessiert beim Kurzzeitverhalten im wesentlichen die Verteilung $P\{C_1 \leq z|A_k\}$ der im sog. ersten Störfall freigesetzten Schadstoffmenge C_1, wenn dieser vom Typ A_k ist; beim Langzeitverhalten dagegen die Verteilung $P\{C(t) \leq z\}$ der im beliebig vorgegebenen Zeitintervall $(0,t)$ freigesetzten kumulativen Schadstoffmenge $C(t)$.

Wir behandeln hier lediglich das Kurzzeitverhalten der PASSAT, d.h. eine für den ersten Störfall typische Verteilung $P\{C_1 \leq z|A_k\}$, die wir simulativ bestimmen. Fragen, die mit dem theoretisch sehr viel schwierigeren Langzeitverhalten der PASSAT zusammenhängen, werden in /3/ auf der Basis von Markoff-Erneuerungsprozessen diskutiert.

2. Freisetzungsfunktion C_1 des Störfalls EH_2 vor EH_1

Das Abgas, das in einer WAA im Auflöser für die Brennstäbe entsteht, enthält sowohl gasförmige radioaktive Spaltprodukte als auch radioaktive Tröpfchen- und Feststoffaerosole. Wegen ihrer Radiotoxizität müssen diese Stoffe aus dem Abgas soweit als möglich entfernt werden.

Für die Jodreinigung genügt es, das in Abb. 1 gezeigte vereinfachte Fließschema der PASSAT zugrunde zu legen /2/.

In diesem wir der Abgasstrom über zwei Erhitzer EH_1 und EH_2 auf ein

Operations Research Proceedings 1983

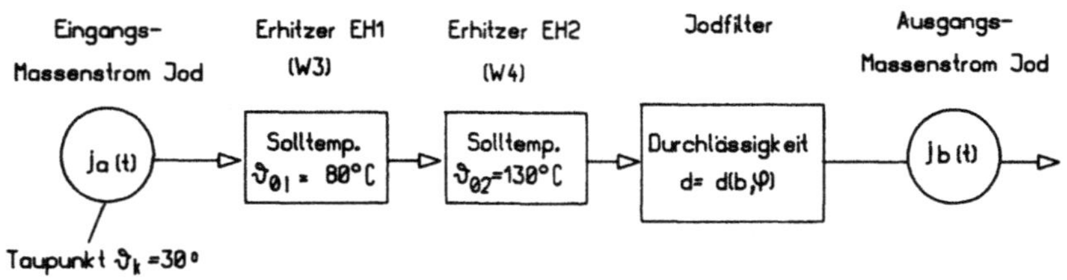

Abb. 1

Jodfilter geleitet, das um so mehr Jod absorbiert, je geringer die relative Feuchte des Abgases ist. Die relative Feuchte nimmt zu, wenn mindestens einer der beiden Erhitzer ausfällt und dadurch die Temperatur des Abgases im Jodfilter unter ihren Sollwert sinkt. Der Erhitzer EH_1 ist redundant. Er gehört zur Aerosol- und nicht zur Jodrückhaltung und wurde in unser System einbezogen, weil er den Erhitzer EH_2 bis zu einem gewissen Grad zu ersetzen vermag.

Unter den im Fließschema der Abb. 1 denkbaren Störfällen kann im Störfall "EH_2 zeitlich vor EH_1 ausgefallen" (= Ereignis A_{21}) am meisten Jod freigesetzt werden. Dies tritt immer dann ein, wenn innerhalb der Reparaturdauer des Erhitzers EH_2 (Solltemperatur 130°C) von rund 8 Stunden auch noch der Erhitzer EH_1 (Solltemperatur 80°C) ausfällt. In dieser Situation kann die Temperatur des Abgases unter dessen Taupunkt absinken und alle Feuchtigkeit im Jodfilter kondensieren.

Der Erhitzer EH_2 ist so in seiner Wärmekapazität ausgelegt, daß die Temperatur des Abgases im Jodfilter kaum unter ihren Sollwert sinkt, wenn der Erhitzer EH_1 allein ausfällt. Darum wird im Störfall EH_1 vor EH_2 (= Ereignis A_{12}) im Mittel wesentlich weniger Jod als im Störfall A_{21} freigesetzt.

Wir quantifizieren nun die bisher vorwiegend qualitativen Betrachtungen, ohne auf alle Details einzugehen. Bei den wichtigsten Größen geben wir in Klammern ungefähre Zahlenwerte an.
Sei $j_a(t)$ $\left[kg/Std \right]$ der im Abgas enthaltene Massenstrom an radioaktivem Jod, wenn dieser zum Zeitpunkt t auf das Jodfilter trifft und sei ferner d(t) die Durchlässigkeit ($0 \leq d \leq 1$) des Jodfilters zum Zeitpunkt t. Dann wird im Jodfilter der Eingangsmassenstrom $j_a(t)$ ($1{,}6 \cdot 10^{-2}$ kg/Std) an radioaktivem Jod auf den Ausgangsmassenstrom

$$j_b(t) = d(t) \cdot j_a(t) \qquad \left[kg/Std \right] \tag{1}$$

reduziert. (Im Normalbetrieb ist je nach Betriebsstrategie $10^{-7} < \bar{d} < 10^{-3}$!!).
Nach Ausweis der Experimente hängt die Durchlässigkeit $d = d(b(t), \Phi(t))$ des Jodfilters von dessen Beladung b(t) mit Jod und der relativen

Feuchte $\Phi(t)$ des Abgases am Ort des Jodfilters ab. Sie ist um so größer, je größer die Beladung des Filters bzw. je größer die relative Feuchte des Abgases ist. In Abb. 2 ist ein Fit für die experimentell gemessene Durchlässigkeits"fläche" dargestellt, wobei anstelle der Beladung b(t) die Bettiefe

$$h(t) = h_{max}(1-b(t)/\beta) \quad \left[\mathrm{cm}\right], \qquad 0 \leq h \leq h_{max} \qquad (2)$$

(h_{max} = 60 cm, apparative Konstante) aufgetragen ist.

LOG D(H,PHI) = HD*(PHI-1)*(A+B*(PHI-1))

HD = 2.5   0 <= H < 2.5
HD = H   FUER 2.5 <= H < 10.
HD = 10.   10. <= H < 60.

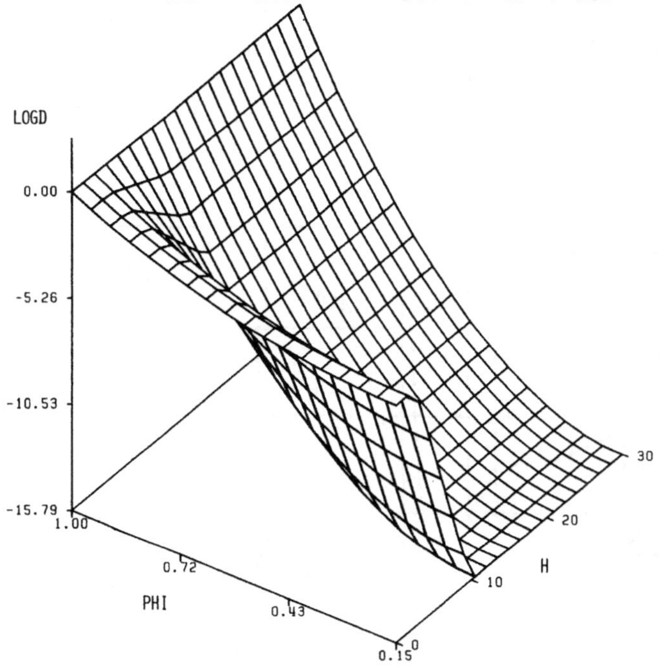

A = 3.751, B = 2.185
DURCHLAESSIGKEITSFLAECHE

Abb. 2

Die im Filter von dessen Inbetriebnahme an absorbierte Menge an Jod (= Beladung) ist eine lineare Funktion in der Zeit t

$$b(t) = b_o + b_1 t \qquad \left[\mathrm{kg}\right], \qquad 0 < t \leq \tau_f. \qquad (3)$$

Das Filter wird ausgewechselt, wenn dessen maximal zulässige Beladung $\beta = b_o + b_1\tau_f$ (b_o = 0; $b_1 = 1{,}6\cdot10^{-2}$ kg/Std ; τ_f = 752 Std , Standzeit des Filters) erreicht ist.

Die relative Feuchte $\Phi(t)$ ist eine Funktion der (Celsius)-Temperatur $\Theta(t)$ des Abgases ($\Theta_k = 30°C$, $\Theta_{max} = 130°C$)

$$\Phi(\Theta) = \begin{cases} 1 & \text{für } \Theta \leq \Theta_k \\ p(\Theta_k)/p(\Theta) & \text{für } \Theta_k \leq \Theta \leq \Theta_{max} \end{cases}, \quad (4)$$

wobei Θ_k die Temperatur der vollständigen Kondensation des im Abgas enthaltenen Wasserdampfes und $p(\Theta)$ der Sättigungsdruck des Wasserdampfes bei der Temperatur Θ ist. In dem für die Anlage relevanten Temperaturbereich $\Theta_k \leq \Theta \leq \Theta_{max}$ approximieren wir den Sättigungsdruck des Wasserdampfes mit der Formel von Clausius/Clapeyron, was

$$\ln p(\Theta) = -5{,}07 \cdot 10^3 / T + 13{,}62, \qquad T := 273{,}15 + \Theta \quad (5)$$

ergibt.

Im bestimmungsgemäßen Betrieb ist die Temperatur des Abgases konstant, d.h. $\Theta(t) = \Theta_{max}$. Im Störfall A_{21} ist dagegen $\Theta(t)$ eine Funktion, die stückweise aus drei Exponentialfunktionen $\Theta_i(t)$ mit verschiedenen Zeitkonstanten zusammengesetzt ist. Dies wird in Abb. 3 illustriert.

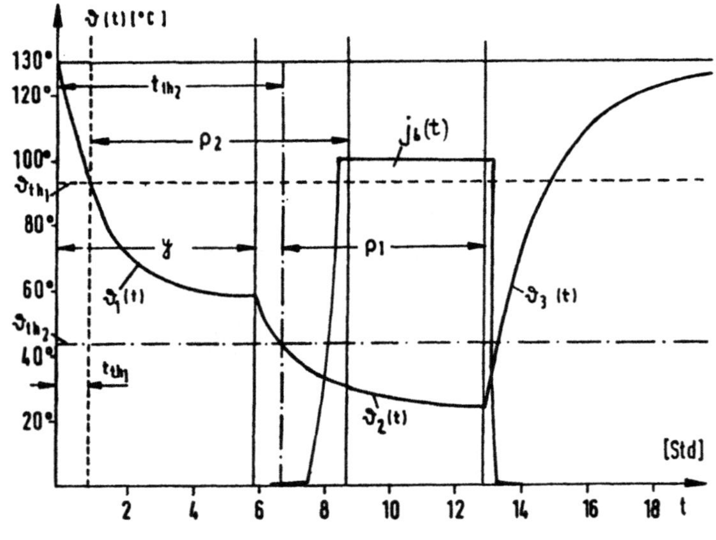

Abb. 3

Man beachte, daß in diesem Beispiel EH_2 bei t=0 und EH_1 bei t=y ausfällt und die Anlage bei $t = t_{th2}+\rho_1$ wieder angefahren wird, nachdem beide Erhitzer repariert sind. Außerdem ist zu ersehen, wie in diesem Störfall der Ausgangsmassenstrom $j_b(t)$ von einem minimalen $(= 2{,}1 \cdot 10^{-9}$ kg/Std) auf einen maximalen Wert $(= j_a(t) = 1{,}6 \cdot 10^{-2}$ kg/Std) ansteigt und wieder abfällt.

Die im ersten Störfall vom Typ A_{21} freigesetzte Schadstoffmenge c_1 (Freisetzungsfunktion) erhalten wir, wenn wir den Ausgangsmassenstrom $j_b(t)$ vom Störfallbeginn zur Zeit $t=x$ bis zum Störfallende $t=x+\Delta x$ integrieren

$$c_1 = \int_x^{x+\Delta x} j_b(t) \cdot dt = \int_0^{\Delta x} d(b(x+t), \theta(t)) \cdot j_a(x+t) \cdot dt \quad . \tag{6}$$

Das Störfallende $t=x+\Delta x$ definieren wir als den Zeitpunkt, in dem der Ausgangsmassenstrom $j_b(t)$ nahezu den Wert erreicht hat, den er im Normalbetrieb besitzt.

Es ist nicht schwer zu sehen, daß $c_1 = c_1(x,y)$ bzw. $c_1 = c_1(h,y)$, wobei $h(x) = h_{max} \left[1-(x \bmod \tau_f)/\tau_f\right]$ die Bettiefe des Jodfilters zum Zeitpunkt x des Ausfalls des Erhitzers EH_2 ist. In Abb. 4 ist ein Ausschnitt aus der Funktion $c_1(h,y)$ dargestellt. Dazu wurde in (6) numerisch integriert.

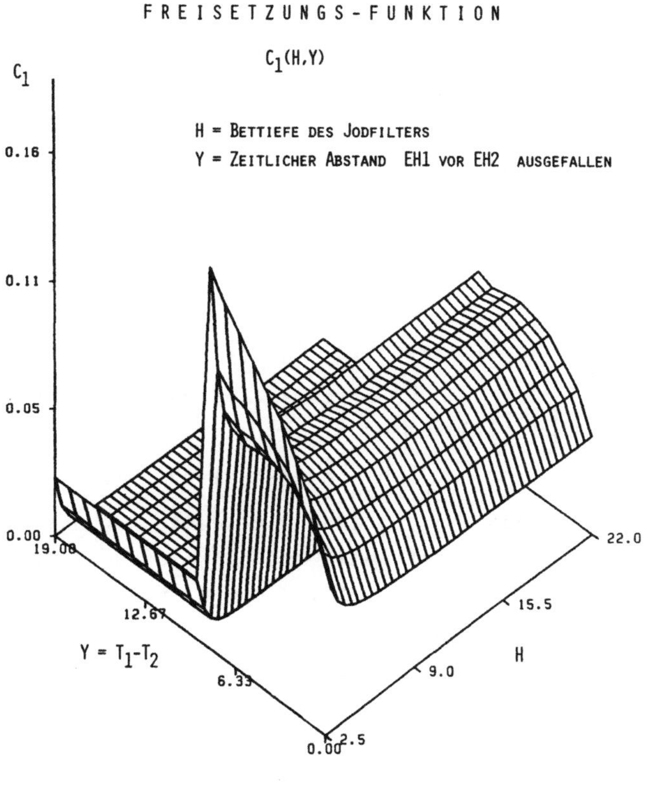

Abb. 4

Die Parameter x (bzw. h) und y sind die einzigen zufälligen Variablen in der Freisetzungsfunktion. Sie hängen lediglich von den Lebensdauern T_i der Erhitzer EH_i (i=1,2) ab. Die Bettiefe h bleibt in c_1 deterministisch, wenn wir jeweils zu Störfallbeginn das Filter wechseln.

Um deutlich zu kennzeichnen, daß c_1 mit x (bzw. h) und y auch zufällig wird, schreiben wir anstelle von $c_1=c_1(x,y)$ den Ausdruck $C_1=C_1(X,Y)$ gemäß der oft gebrauchten Konvention, für alle deterministischen Variablen kleine und alle zufälligen Variablen große Buchstaben zu benutzen.

2. Die Verteilung $P\{C_1 \leq z | A_{21}\}$ im ersten Störfall

Alle unsere probabilistischen Folgerungen basieren, anders als bei der Freisetzungsfunktion auf einer einzigen Beziehung, der gemeinsamen Lebensdauerdichte der beiden Erhitzer

$$P\{t_1 < T_1 \leq t_1+dt_1,\ t_2 < T_2 \leq t_2+dt_2\} = f_{T_1T_2}(t_1,t_2)\ dt_1 \cdot dt_2$$

$$= \lambda_1 \cdot \exp(-\lambda_1 t_1) \cdot dt_1 \cdot \lambda_2 \cdot \exp(-\lambda_2 t_2) \cdot dt_2 \ . \qquad (7)$$

Da in der Freisetzungsfunktion $C_1(X,Y)$ die zufälligen Variablen X und Y vorkommen, wobei nun allgemeiner X den Eintritt des Störfalls A_{12} oder A_{21} markiere, transformieren wir zunächst $(T_1,T_2) \rightarrow (X,Y)$ mit $X = \min(T_1,T_2)$, $Y = T_1-T_2$. Das ergibt nach einiger Rechnung die Dichte

$$f_{XY}(x,y) \cdot dx \cdot dy = P\{x < X \leq x+dx,\ y < Y \leq y+dy\}$$

$$= P\{x < X \leq x+dx\} \cdot P\{y < Y \leq y+dy\} \qquad (8)$$

mit

$$P\{x < X \leq x+dx\} = (\lambda_1+\lambda_2) \cdot \exp-(\lambda_1+\lambda_2)x \cdot dx, \qquad 0 < x < \infty \qquad (9)$$

$$P\{y < Y \leq y+dy\} = \left[1/\lambda_1+1/\lambda_2\right]^{-1} \cdot \begin{cases} \exp(+\lambda_2 y) \cdot dy & -\infty < y < 0 \\ & , \\ \exp(-\lambda_1 y) \cdot dy & 0 < y < \infty \end{cases} \qquad (10)$$

Nach einem Satz von Ferguson /1/, p 1204 ist, damit X und Y wie in (8) stochastisch unabhängig sind, notwendig und hinreichend, daß T_1 und T_2 Exponentialdichten haben. Ansonsten sind X und Y stochastisch abhängig.

Um die Transformation $(X,Y) \rightarrow C_1(X,Y)$ analytisch durchzuführen, ist einiger Rechenaufwand notwendig. Wir können jedoch die k-ten Momente von C_1 angeben, ohne die Dichte $f_{C_1}(z).dz$ explizit benutzen zu müssen. Es ist

$$E(C_1{}^k) = \int_0^\infty z^k \cdot f_{C_1}(z) \cdot dz = \int_{x=0}^{\infty} \int_{y=-\infty}^{+\infty} c_1{}^k(x,y) \cdot f_{XY}(x,y) \cdot dx \cdot dy \ . \qquad (11)$$

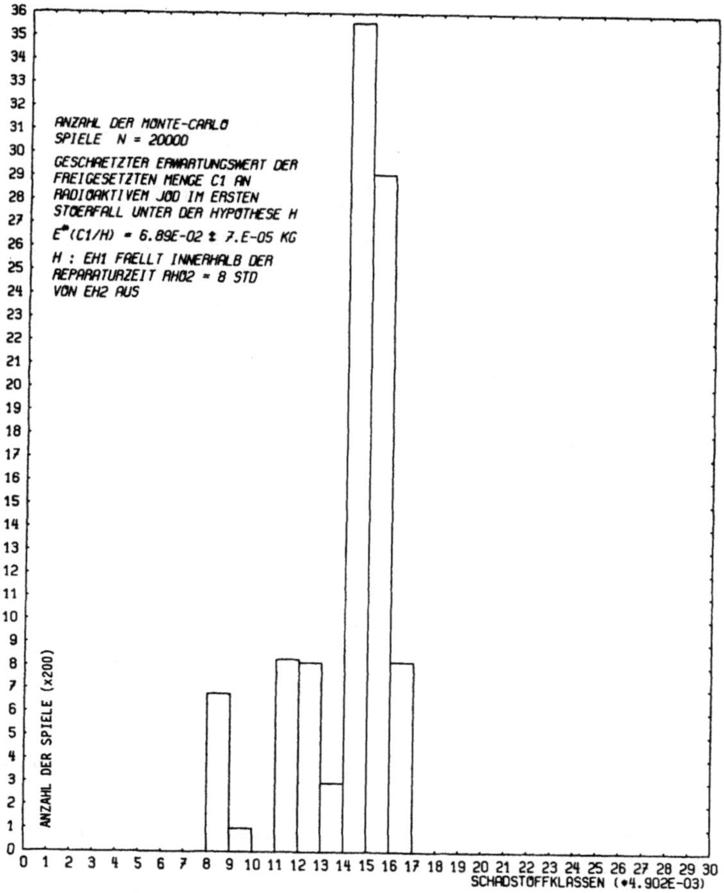

Abb. 5

In der Dichte (8) sind noch sowohl der Störfall A_{12} als auch der Störfall A_{21} enthalten! Sie lassen sich wie folgt "separieren":

$$E(C_1^k) = P\{A_{12}\} \cdot E(C_1^k | A_{12}) + P\{A_{21}\} \cdot E(C_1^k | A_{21}) \; . \tag{12}$$

Dabei ist

$$P\{A_{12}\} = \lambda_1/(\lambda_1+\lambda_2), \quad P\{A_{12}\} + P\{A_{21}\} = 1 \tag{13}$$

und

$$E(C_1^k | A_{12}) = \int_{x=0}^{\infty} \int_{y=-\infty}^{0} c_1^k(x,y) \cdot f_{XY}(x,y | A_{12}) \cdot dx \cdot dy \tag{14}$$

mit

$$0 < x < \infty, \qquad -\infty < y < 0$$

$$f_{XY}(x,y|A_{12}) \cdot dx \cdot dy = (\lambda_1+\lambda_2) \cdot \exp-(\lambda_1+\lambda_2)x \cdot \lambda_2 \cdot \exp(+\lambda_2 y) \cdot dx \cdot dy \tag{15}$$

und analog dazu $E(C_1^k | A_{21})$.

Verwenden wir in $f_{XY}(x,y|A_{21})$ anstelle der Lebensdauer T_2 des Erhitzers EH_2 die Bettiefe H des Jodfilters zum Zeitpunkt $X=T_2$ des Ausfalls von

EH_2, so läßt sich wegen $H = h_{max}\left[1-(X \bmod \tau_f)/\tau_f\right]$ zeigen, daß

$$f_{HY}(h,y|A_{21})\cdot dh\cdot dy = \frac{\frac{\tau_f}{h_{max}}(\lambda_1+\lambda_2)\cdot\exp\frac{\tau_f}{h_{max}}(\lambda_1+\lambda_2)\cdot h}{\exp\tau_f(\lambda_1+\lambda_2)-1}\,dh\cdot\lambda_1 e^{-\lambda_1 y}\cdot dy\ ,$$

$$0 \le h \le h_{max},\qquad 0 \le y < \infty\ . \tag{16}$$

Wir können über $f_{XY}(x,y|A_{21})$ oder besser noch über $f_{HY}(h,y|A_{21})$ die Verteilung $P\{C_1 \le z|A_{21}\}$ bzw. deren Mittelwert und Streuung simulieren. Dazu sind wegen (16) Zufallszahlen (p,q) aus einer Gleichverteilung (0,1) gemäß

$$h_p = \frac{h_{max}}{\tau_f(\lambda_1+\lambda_2)}\cdot\ln\left[1-p(1-e+^{\tau_f(\lambda_1+\lambda_2)})\right] \tag{17}$$

$$y_q = -\frac{1}{\lambda_1}\cdot\ln\left[1-q\cdot(1-e^{-\lambda_1\cdot\rho_2})\right]$$

zu transformieren. Jedes Paar (h_p,y_q) führt zu einer Realisation $c_1(h_p,y_q)$ von $C_1(H,Y)$. Für $\tau_f \approx 10^3$ Std und $\lambda_i \approx 10^{-6}$ Std^{-1}, i=1,2 ist H mit guter Näherung gleichverteilt.

Abb. 5 zeigt eine Simulation der bedingten Verteilung $P\{C_1 \le z|A\}$ mit $A = \{0 < Y \le \rho_2\}$, d.h. der innerhalb der Reparaturzeit ρ_2 von EH_2 freigesetzten Schadstoffmenge C_1. Die Verteilung $P\{C_1 \le z|A\}$ ist signifikant nicht unimodal.
In bestimmungsgemäßen Betrieb ist die mittlere Freisetzungsrate von radioaktivem Jod $\xi = 2,1\cdot10^{-9}$ $(3,4\cdot10^{-6})$ kg/Std, wenn das Filter bei h = 10 (2,5) cm ausgewechselt wird. Im Störfall A, der nach (10) nur mit einer Wahrscheinlichkeit von $P\{0 < Y \le \rho_2\} = (\lambda_2/(\lambda_1+\lambda_2))\cdot(1-\exp(-\lambda_1\cdot\rho_2)) \approx 8,4\cdot10^{-6}$ eintritt, schätzen wir aus der obigen Simulation eine mittlere Freisetzungsrate von $\eta = 8,6\cdot10^{-3}$ kg/Std.

Literatur

/1/ Ferguson, T.S.
A Characterization of the Exponential Distribution.
Ann. Math. Statist. 35, 1199-1207 (1964).

/2/ Wenzelburger, H.; Nagel, K.
Ein neues zeitabhängiges stochastisches Modell zur Risikoanalyse der Abgasstrecke PASSAT. KfK, Karlsruhe, Jahresbericht 1982 des PNS, KfK-3350, 4500(1-29), (1983).

/3/ Zinterhof, P.
Analytische Markoff-Erneuerungsmodelle zum Problem der Schadstofffreisetzung in Wiederaufarbeitungsanlagen (WAA).
Vortr. Jahrestag. DGOR, Mannheim 1983, dieser Band.

NEUERE ENTWICKLUNGEN IN DER VEKTOROPTIMIERUNG

Johannes Jahn, Raleigh

Zusammenfassung. In dieser Arbeit werden neuere theoretische Resultate der Vektoroptimierung vorgestellt. In einem funktionalanalytischen Rahmen werden die folgenden Themen behandelt: Skalarisierung, verallgemeinerte Multiplikatorenregel und Dualität.

Summary. In this paper new theoretical results of vector optimization are presented. From a functional analytical point of view the following topics are investigated: scalarization, generalized multiplier rule and duality.

1. Einführung in die Problemstellung

In den letzten Jahren sind auf dem Gebiet der Vektoroptimierung spürbare Fortschritte zu erkennen. Zum einen findet man in der Literatur viele Berichte über stets neue Anwendungsmöglichkeiten in den Wirtschafts- und Ingenieurwissenschaften, und zum anderen sind auch eine Vielzahl neuer grundlegender theoretischer Ergebnisse bekannt geworden. ACHILLES/ELSTER/NEHSE /1/, STADLER /15/ und NEHSE /13/ verdeutlichen mit ihren umfangreichen Bibliographien die Entwicklung auf diesem Forschungsgebiet. Eine interessante Übersicht über die historische Entwicklung findet sich bei STADLER /14/. Derselbe Autor stellt in /16/ einige konkrete Vektoroptimierungsprobleme im Ingenieurwesen vor. Eine Beschreibung des derzeitigen Standes in der Vektoroptimierung wurde kürzlich von GAL /5/ angegeben. Im folgenden knüpfen wir an diese Übersicht an und gehen auf Fragestellungen der Skalarisierung, der verallgemeinerten Multiplikatorenregel und der Dualität aus der Sicht der Funktionalanalysis ein.

Im Rahmen dieser Arbeit seien X und Y reelle Vektorräume. In Y sei ein konvexer Kegel K_Y gegeben, durch den eine Halbordnung in Y induziert wird. U sei eine nichtleere Teilmenge von X. Ferner sei eine Abbildung $f : U \to Y$ gegeben. Dann untersuchen wir das Vektoroptimierungsproblem

$$\underset{x \in U}{\text{"min"}}\ f(x), \qquad (1)$$

Operations Research Proceedings 1983

das in dieser Allgemeinheit bereits in der grundlegenden Arbeit von HURWICZ /7/ behandelt wurde. Es gibt verschiedene Möglichkeiten, "Minima" von f auf U zu definieren.

Definition 1:

a) Ein Element $\bar{x}\in U$ heißt *Minimalstelle von f auf U*, falls
$$(\{f(\bar{x})\}-K_Y)\cap f(U) = \{f(\bar{x})\}. \quad (2)$$

b) Das algebraische Innere des Ordnungskegels, K_Y^o, sei nichtleer. Ein Element $\bar{x}\in U$ heißt *schwache Minimalstelle von f auf U*, falls
$$(\{f(\bar{x})\}-K_Y^o)\cap f(U) = \emptyset. \quad (3)$$

Die Gleichung (2) bedeutet, daß es kein $x\in U$ gibt mit $f(x)\le f(\bar{x})$ und $f(x)\neq f(\bar{x})$ ($\le$ bezeichnet die durch K_Y induzierte Halbordnung). Demhingegen besagt die Gleichung (3), daß es kein $x\in U$ gibt, für das $f(x)$ "strikt kleiner als" $f(\bar{x})$ ist. Ist $Y=\mathbb{R}$ und $K_Y=\mathbb{R}_+$, so fallen die beiden Minimalitätsbegriffe mit dem üblichen Minimalitätsbegriff der skalaren Optimierung zusammen. Ist $K_Y \neq Y$ und $K_Y^o \neq \emptyset$, so ist jede Minimalstelle von f auf U auch eine schwache Minimalstelle von f auf U (die Umkehrung dieser Implikation gilt im allgemeinen nicht). Aus mathematischer Sicht läßt sich der schwache Minimalitätsbegriff oft eleganter behandeln, während der Minimalitätsbegriff für die Anwendungen in den Wirtschafts- und Ingenieurwissenschaften als geeigneter erscheint.

2. Skalarisierung

Im allgemeinen versteht man unter Skalarisierung die Ersetzung eines Vektoroptimierungsproblems durch ein geeignetes skalares Optimierungsproblem, d.h., ein Optimierungsproblem mit reellwertiger Zielabbildung. Für das Folgende bezeichne
$$K_{Y'} := \{t\in Y' \mid t(y)\ge 0 \quad \forall y\in K_Y\}$$
den Ordnungskegel des algebraischen Dualraumes Y' von Y. Die Menge
$$K_{Y'}^{*} := \{t\in Y' \mid t(y)>0 \quad \forall y\in K_Y\setminus\{0_Y\}\}$$
wird das Quasi-Innere des Ordnungskegels $K_{Y'}$ genannt. Der folgende Satz besagt, daß sich (schwache) Minimalstellen von f auf U mit Hilfe geeigneter linearer Funktionale berechnen lassen (vgl. z.B. /7/, /2/ oder /17/ für Teil a)).

Satz 1:

a) Gibt es ein $t\in K_{Y'}^{*}$ und ein $\bar{x}\in U$ mit
$$t\circ f(\bar{x}) \le t\circ f(x) \quad \text{für alle } x\in U,$$

so ist $\bar{x}$ eine Minimalstelle von f auf U.

b) Es sei $K_Y^o \neq \emptyset$. Gibt es ein $t \in K_{Y'} \setminus \{0_{Y'}\}$ und ein $\bar{x} \in U$ mit

$$t \circ f(\bar{x}) \leq t \circ f(x) \quad \text{für alle } x \in U,$$

so ist $\bar{x}$ eine schwache Minimalstelle von f auf U.

Definition 2:

Ein Element $\bar{x} \in U$ heißt *eigentliche Minimalstelle von f auf U*, falls es ein $t \in K_{Y'}^{*}$ gibt mit der Eigenschaft

$$t \circ f(\bar{x}) \leq t \circ f(x) \quad \text{für alle } x \in U.$$

Bei der Definition eigentlicher Minimalstellen von f auf U folgen wir einem Ergebnis von GEOFFRION /6/. Damit lautet die Aussage des Satzes 1, (a) auch folgendermaßen: Jede eigentliche Minimalstelle von f auf U ist auch eine Minimalstelle von f auf U.

Es ist wichtig zu bemerken, daß sich im allgemeinen nicht alle (schwachen) Minimalstellen von f auf U in der in Satz 1 angegebenen Weise berechnen lassen. Dazu benötigt man eine Konvexitätsvoraussetzung (vgl. z.B. /2/ oder /17/ für Teil a)).

Satz 2:

Die Menge $f(U)+K_Y$ sei konvex, und es sei $K_Y^o \neq \emptyset$.

a) Es sei $K_Y \neq Y$. Zu jeder Minimalstelle $\bar{x}$ von f auf U gibt es ein $t \in K_{Y'} \setminus \{0_{Y'}\}$ mit

$$t \circ f(\bar{x}) \leq t \circ f(x) \quad \text{für alle } x \in U.$$

b) Zu jeder schwachen Minimalstelle $\bar{x}$ von f auf U gibt es ein $t \in K_{Y'} \setminus \{0_{Y'}\}$ mit

$$t \circ f(\bar{x}) \leq t \circ f(x) \quad \text{für alle } x \in U.$$

Losgelöst von der Konvexitätsforderung des Satzes 2 gilt die folgende allgemeine Charakterisierung (vgl. /11/).

Satz 3:

Es sei $K_Y^o \neq \emptyset$, und es gebe ein $\hat{y} \in Y$ mit

$$f(U) \subset \{\hat{y}\} + K_Y^o. \tag{4}$$

a) Der Ordnungskegel K_Y sei spitz und algebraisch abgeschlossen. Ein $\bar{x} \in U$ ist genau dann eine Minimalstelle von f auf U, falls es eine Norm $\|\cdot\|_Y$ in Y gibt, die monoton wachsend auf K_Y in $f(\bar{x})-\hat{y}$ ist (d.h.: $y \in (\{f(\bar{x})-\hat{y}\}-K_Y) \cap K_Y \Longrightarrow \|y\|_Y \leq \|f(\bar{x})-\hat{y}\|_Y$), mit der Eigenschaft

$$\|f(\bar{x})-\hat{y}\|_Y < \|f(x)-\hat{y}\|_Y \quad \text{für alle } x \in U \text{ mit } f(x) \neq f(\bar{x}).$$

b) Ein $\bar{x}\in U$ ist genau dann eine schwache Minimalstelle von f auf U, falls es eine Halbnorm $\|\cdot\|_Y$ in Y gibt, die strikt monoton wachsend auf K_Y^O in $f(\bar{x})-\hat{y}$ ist (d.h.: $y\in(\{f(\bar{x})-\hat{y}\}-K_Y^O)\cap K_Y^O \Longrightarrow \|y\|_Y < \|f(\bar{x})-\hat{y}\|_Y$), mit der Eigenschaft $\|f(\bar{x})-\hat{y}\|_Y \le \|f(x)-\hat{y}\|_Y$ für alle $x\in U$.

Die Inklusion (4) besagt, daß die Bildmenge f(U) eine strikte untere Schranke $\hat{y}$ besitzen muß. Für spezielle Probleme des Operations Research läßt sich die Aussage des Satzes 3, (a) wesentlich verschärfen.

Satz 4:
Es sei speziell $Y = \mathbb{R}^n$ und $K_Y = \mathbb{R}^n_+$. Ferner gebe es ein $\hat{y}\in\mathbb{R}^n$ mit

$\hat{y}_i < f_i(x)$ für alle $i\in\{1,\dots,n\}$ und alle $x\in U$.

Ein $\bar{x}\in U$ ist genau dann eine Minimalstelle von f auf U, falls es positive Zahlen $t_1,\dots,t_n$ gibt mit

$$\max_{1\le i\le n} \{t_i(f_i(\bar{x})-\hat{y}_i)\} < \max_{1\le i\le n} \{t_i(f_i(x)-\hat{y}_i)\} \quad (5)$$

für alle $x\in U$ mit $f(x) \neq f(\bar{x})$.

Beweis:
Wir nehmen an, $\bar{x}\in U$ sei eine Minimalstelle von f auf U. Mit

$$t_i := \frac{1}{f_i(\bar{x})-\hat{y}_i} > 0 \quad \text{für alle } i\in\{1,\dots,n\}$$

definieren wir die gewichtete Maximum-Norm $\|\cdot\|$ im $\mathbb{R}^n$ durch

$$\|y\| := \max_{1\le i\le n} \{t_i\,|y_i|\} \quad \text{für alle } y\in\mathbb{R}^n.$$

Wegen

$$f(\bar{x})\in\{y\in\mathbb{R}^n \mid \|y-\hat{y}\|\le 1\} \subset \{f(\bar{x})\}-\mathbb{R}^n_+$$

ergibt sich

$$\{y\in\mathbb{R}^n \mid \|y-\hat{y}\|\le 1\}\cap f(U) = \{f(\bar{x})\}.$$

Daraus folgt unmittelbar die Ungleichung (5). Zum Beweis des Umkehrschlusses verweisen wir auf DINKELBACH /3/. □

3. Verallgemeinerte Multiplikatorenregel

Zur Herleitung von Optimalitätsbedingungen im Zusammenhang mit der verallgemeinerten Multiplikatorenregel schränken wir die Problemstellung (1) weiter ein. X und Z_2 seien reelle Banachräume, und Y und Z_1 seien reelle normierte Vektorräume. $f : X\to Y$, $g : X\to Z_1$ und $h : X\to Z_2$ seien gegebene Abbildungen. Ferner gebe es einen konvexen Kegel K_Y bzw. K_{Z_1} in Y bzw. Z_1. Dann untersuchen wir die Problemstellung

"min" f(x)

unter den Nebenbedingungen

$$g(x) \in -K_{Z_1}$$
$$h(x) = 0_{Z_2} \qquad (6)$$
$$x \in X.$$

Die Restriktionsmenge

$$U := \{x \in X \mid g(x) \in -K_{Z_1},\ h(x) = 0_{Z_2}\}$$

wird nun explizit durch Ungleichungs- und Gleichungsrestriktionen beschrieben. Mit dem folgenden Satz geben wir eine notwendige Optimalitätsbedingung unter Differenzierbarkeitsvoraussetzungen an.

Satz 5:

Es seien $K_Y^{\circ} \neq \emptyset$ und $K_{Z_1}^{\circ} \neq \emptyset$.

a) $\bar{x} \in U$ sei eine schwache Minimalstelle von f auf U. Die Abbildungen f und g seien in $\bar{x}$ Fréchet-differenzierbar, und die Abbildung h sei in $\bar{x}$ stetig Fréchet-differenzierbar. Dann existieren lineare Funktionale $t \in K_{Y'}$, $u \in K_{Z_1'}$ und $v \in Z_2'$ mit $(t,u,v) \neq (0_{Y'}, 0_{Z_1'}, 0_{Z_2'})$,

$$t \circ f'(\bar{x}) + u \circ g'(\bar{x}) + v \circ h'(\bar{x}) = 0_{X'} \qquad (7)$$

und

$$u \circ g(\bar{x}) = 0 \qquad (8)$$

($f'(\bar{x})$, $g'(\bar{x})$ und $h'(\bar{x})$ bezeichnen jeweils die Fréchet-Ableitung von f, g und h in $\bar{x}$).

Gibt es zusätzlich zu den angegebenen Voraussetzungen ein $x \in X$ mit $g(\bar{x})+g'(\bar{x})(x) \in -K_{Z_1}^{\circ}$ und $h'(\bar{x})(x) = 0_{Z_2}$, und ist die Abbildung $h'(\bar{x})$ surjektiv, so ist $t \neq 0_{Y'}$.

b) Ist $K_Y \neq Y$, so gilt die Aussage unter a) auch für eine beliebige Minimalstelle $\bar{x}$ von f auf U.

Dieser Satz findet sich in weitaus allgemeinerer Form in dem Buch /12/ von KIRSCH/WARTH/WERNER, die auch eine Vielzahl von Anwendungsmöglichkeiten diskutieren. Interessant sind natürlich Bedingungen, unter denen die verallgemeinerte Lagrange'sche Multiplikatorenregel (7), (8) eine hinreichende Optimalitätsbedingung ist.

Satz 6:

a) Es sei $K_Y^{\circ} \neq \emptyset$, und ein $\bar{x} \in U$ sei gegeben. Die Abbildung f sei in $\bar{x}$ Fréchet- differenzierbar und pseudokonvex (d.h., für beliebige $x \in U$ gilt: $f'(\bar{x})(x-\bar{x}) \notin -K_Y^{\circ} \Longrightarrow f(x)-f(\bar{x}) \notin -K_Y^{\circ}$), die Abbildung g sei in $\bar{x}$ Fréchet-differenzierbar und quasikonvex (d.h., die Menge $K(g(\bar{x})) := \{z_1 \in Z_1 \mid z(z_1)>0$ für ein $z \in K_{Z_1'}$ mit $z \circ g(\bar{x}) = 0\}$ ist nichtleer und für beliebige $x \in X$ gilt:

$g(x)-g(\bar{x})\notin K(g(\bar{x})) \Longrightarrow g'(\bar{x})(x-\bar{x})\notin K(g(\bar{x}))$), und die Abbildung h sei affin-linear. Ferner gebe es lineare Funktionale $t\in K_{Y'}\setminus\{0_{Y'}\}$, $u\in K_{Z_1'}$ und $v\in Z_2'$ mit

$$t\circ f'(\bar{x}) + u\circ g'(\bar{x}) + v\circ h'(\bar{x}) = 0_{X'}$$

und

$$u\circ g(\bar{x}) = 0.$$

Dann ist $\bar{x}$ eine schwache Minimalstelle von f auf U.

b) Ist zusätzlich zu den Annahmen unter a) die Abbildung f in $\bar{x}$ strikt pseudokonvex (d.h., für beliebige $x\in U$ gilt: $f'(\bar{x})(x-\bar{x})\notin -\overset{o}{K_Y} \Longrightarrow f(x)-f(\bar{x})\notin -(K_Y\setminus\{0_Y\})$), so ist $\bar{x}$ sogar eine Minimalstelle von f auf U.

4. Dualität

Zunächst modifizieren wir wiederum die Problemstellung (1). X sei ein reeller Vektorraum, und Y und Z seien topologische reelle Vektorräume. In Y bzw. Z seien die konvexen Kegel K_Y bzw. K_Z gegeben. $\hat{U}$ sei eine nichtleere konvexe Teilmenge des Vektorraumes X, und $f : \hat{U}\to Y$ und $g : \hat{U}\to Z$ seien konvexe Abbildungen. Wir definieren nun die Restriktionsmenge

$$U := \{x\in\hat{U} \mid g(x)\in -K_Z\}, \qquad (9)$$

die als nichtleer angenommen wird. Grundsätzlich setzen wir $K^{*}_{Y^*} \neq \emptyset$ voraus. Das *primale Problem* lautet dann folgendermaßen:

Gesucht sind eigentliche Minimalstellen von f auf U (nach (9)). (10)

Dem Vektorminimierungsproblem (10) ordnen wir nun das folgende *duale Problem* zu:

Gesucht sind Maximalstellen der identischen Abbildung auf

$$W := \{y\in Y \mid \exists\ t\in K^{*}_{Y^*} \text{ und } u\in K_{Z^*} \text{ mit } t\circ f(x) + u\circ g(x) \geq t(y) \quad \forall x\in\hat{U}\} \qquad (11)$$

(vgl. dazu /9/).

Die beiden folgenden Sätze beinhalten die wichtigsten Dualitätsaussagen (zu den auftretenden Begriffen der Normalität bzw. Stabilität wird auf /4/ verwiesen).

Satz 7:

$\bar{x}\in U$ sei eine eigentliche Minimallösung des primalen Problems (10) mit definitionsgemäß gegebenem $t\in K^{*}_{Y^*}$, und das skalare Optimierungsproblem

$$\inf_{x \in U} t \circ f(x) \qquad (12)$$

sei stabil. Dann ist $f(\bar{x})$ auch eine Maximallösung des dualen Problems (11).

Satz 8:

Y sei ein lokalkonvexer topologischer reeller Vektorraum, und die Menge $f(U)+K_Y$ sei topologisch abgeschlossen. Die Restriktionsmenge W des dualen Problems (11) sei nichtleer, und das skalare Optimierungsproblem (12) sei normal für alle $t \in K^*_{Y^*}$. Dann ist jede Maximallösung des dualen Problems (11) auch eine eigentliche Minimallösung des primalen Problems (10).

Interessante Ergebnisse erhält man, falls man eine Spezialisierung auf lineare Probleme vornimmt. Dazu nehmen wir an, X, Y und Z seien separierte lokalkonvexe topologische reelle Vektorräume mit den konvexen Kegeln K_X, K_Y bzw. K_Z. Der Ordnungskegel K_Y sei nichttrivial ($K_Y \neq \{0_Y\}$). Ferner seien stetige lineare Abbildungen $C : X \to Y$ und $A : X \to Z$ gegeben, und $b \in Z \setminus \{0_Z\}$ sei ein fixierter Vektor.

Das *primale Problem* formalisieren wir als

$$\text{"e-min" } C(x)$$

unter den Nebenbedingungen

$$A(x) - b \in K_Z$$
$$x \in K_X .$$

Das dazu *duale Problem* ergibt sich dann als

$$\text{"max" } T(b)$$

unter den Nebenbedingungen

$$\begin{aligned} (C-TA)^*(t) &\in K_{X^*} \\ T^*(t) &\in K_{Z^*} \\ t &\in K^*_{Y^*} \\ T &\in L(Z,Y). \end{aligned} \qquad (13)$$

Die Problemstellung (13) verallgemeinert das duale Problem von ISERMANN /8/. In /10/ werden diese allgemeinen Dualitätsaussagen zum Beweis eines Alternantensatzes der linearen Tschebyscheff-Vektorapproximation genutzt.

5. Literaturverzeichnis

/1/ ACHILLES A.; ELSTER K.-H.; NEHSE R.
BIBLIOGRAPHIE ZUR VEKTOROPTIMIERUNG (THEORIE UND ANWENDUNGEN).
MATH. OPERAT. UND STAT. 10, 277-321 (1979).

/2/ DINKELBACH W.
SENSITIVITAETSANALYSEN UND PARAMETRISCHE PROGRAMMIERUNG.
SPRINGER, BERLIN HEIDELBERG NEW YORK (1969).

/3/ DINKELBACH W.
UEBER EINEN LOESUNGSANSATZ ZUM VEKTORMAXIMUMPROBLEM.
IN: BECKMANN M. (HRSG.)
UNTERNEHMENSFORSCHUNG HEUTE.
SPRINGER, LECTURE NOTES IN OPERATIONS RESEARCH AND MATHEMATICAL SYSTEMS 50, 1-13 (1971).

/4/ EKELAND I.; TEMAN R.
CONVEX ANALYSIS AND VARIATIONAL PROBLEMS.
NORTH-HOLLAND, AMSTERDAM (1976).

/5/ GAL T.
ON EFFICIENT SETS IN VECTOR MAXIMUM PROBLEMS - A BRIEF SURVEY.
IN: HANSEN P. (ED.)
ESSAYS AND SURVEYS ON MULTIPLE CRITERIA DECISION MAKING.
SPRINGER, LECTURE NOTES IN ECONOMICS AND MATHEMATICAL SYSTEMS 209, 94-114 (1983).

/6/ GEOFFRION A.M.
PROPER EFFICIENCY AND THE THEORY OF VECTOR MAXIMIZATION.
J. OF MATH. ANALYSIS AND APPL. 22, 618-630 (1968).

/7/ HURWICZ L.
PROGRAMMING IN LINEAR SPACES.
IN: ARROW K.J.; HURWICZ L.; UZAWA H. (ED.)
STUDIES IN LINEAR AND NON-LINEAR PROGRAMMING.
STANFORD UNIVERSITY PRESS, STANFORD, 38-102 (1958).

/8/ ISERMANN H.
ON SOME RELATIONS BETWEEN A DUAL PAIR OF MULTIPLE OBJECTIVE LINEAR PROGRAMS.
ZEITSCHRIFT FUER OPERATIONS RESEARCH 22, 33-41 (1978).

/9/ JAHN J.
DUALITY IN VECTOR OPTIMIZATION.
MATHEMATICAL PROGRAMMING 25, 343-353 (1983).

/10/ JAHN J.
ZUR VEKTORIELLEN LINEAREN TSCHEBYSCHEFF-APPROXIMATION.
MATH. OPERAT. UND STAT. 14 (1983).

/11/ JAHN J.
SCALARIZATION IN VECTOR OPTIMIZATION.
MATHEMATICAL PROGRAMMING (ERSCHEINT DEMNAECHST).

/12/ KIRSCH A.; WARTH W.; WERNER J.
NOTWENDIGE OPTIMALITAETSBEDINGUNGEN UND IHRE ANWENDUNG.
SPRINGER, LECTURE NOTES IN ECONOMICS AND MATHEMATICAL SYSTEMS 152 (1978).

/13/ NEHSE R.
BIBLIOGRAPHIE ZUR VEKTOROPTIMIERUNG - THEORIE UND ANWENDUNGEN (1. FORTSETZUNG).
MATH. OPERAT. UND STAT. 13, 593-625 (1982).

/14/ STADLER W.
A SURVEY OF MULTICRITERIA OPTIMIZATION OR THE VECTOR MAXIMUM PROBLEM, PART I: 1776-1960.
J. OF OPT. THEORY AND APPL. 29, 1-52 (1979).

/15/ STADLER W.
A COMPREHENSIVE BIBLIOGRAPHY ON MULTICRITERIA DECISION MAKING AND RELATED AREAS.
NSF REPORT, DEPT. OF MECHANICAL ENGINEERING, UNIVERSITY OF CALIFORNIA, BERKELEY (1981).

/16/ STADLER W.
APPLICATIONS OF MULTICRITERIA OPTIMIZATION IN ENGINEERING AND IN THE SCIENCES (A SURVEY).
ERSCHEINT DEMNAECHST.

/17/ VOGEL W.
VEKTOROPTIMIERUNG IN PRODUKTRAEUMEN.
VERLAG ANTON HAIN, MATHEMATICAL SYSTEMS IN ECONOMICS 35 (1977).

CHARACTERIZATION OF SOME STOCHASTIC ORDERINGS IN MULTINORMAL AND ELLIPTIC DISTRIBUTIONS

Karl C. Mosler, Hamburg

Summary. The paper presents complete characterizations of several useful stochastic orderings within multinormal and, more general, elliptic distributions. The orderings include multivariate first and second degree and weak first degree stochastic dominance. In addition, orderings with respect to quadratic, quasi-concave, and pairwise risk averse utilities are characterized.

AMS 1980 subject classification. Primary: 90A 10. Secondary: 62 H 99.

Key words. Stochastic dominance, multivariate probability inequalities, quasi-concave functions.

0. Introduction. Applications of stochastic orderings (also called stochastic dominance relations) have become numerous in economics /13/, stochastic systems /12/, and statistics /7/. Recently, orderings of probability distributions in $\mathbb{R}^n$ have been applied to multiattribute decisions under risk /9/, dependency of random variables /8/, /11/, and general multivariate probability inequalities /5/. Within a parametric class of distributions, a stochastic ordering between two members of the class may be characterized by certain conditions on their parameters. A classical example is Markowitz' mean-variance rule which when being restricted to the class of univariate normal distributions is necessary and sufficient for second degree stochastic dominance. Similar characterizations have been found for first and second degree stochastic dominance within almost every common univariate parametric class; cf., e.g., section 11 in /9/.

This paper presents complete characterizations of several useful stochastic orderings in multinormal and, more general, in elliptic distributions. The orderings include multivariate first and second degree stochastic dominance as well as weak first degree stochastic dominance. In addition, orderings with respect to utilities which are quadratic, quasi-concave, or pairwise risk averse will be characterized.

Operations Research Proceedings 1983

1. General properties of some stochastic orderings. Let $(\Omega,\mathfrak{A},P)$ be a given probability space and let B be the set of Borel-measurable functions $\mathbb{R}^n \to \bar{\mathbb{R}}$. Let $X = (X_1,X_2,\dots X_n)'$ and $Y = (Y_1,Y_2,\dots Y_n)'$ denote random vectors in $\mathbb{R}^n$, and V a subset of B. Y is said to dominate X with respect to V, in symbols $X \le_V Y$, if $Eu(X) \le Eu(Y)$ for all $u \in V$ both of the expectations exist for. In fact, $\le_V$ induces a preorder on the set of probability distributions in $\mathbb{R}^n$. The use of random variables (instead of their distributions) merely serves as an easy notation.

A function $u \in B$ is called quasi-concave if $u(\alpha x + (1-\alpha)y) \ge \min\{u(x), u(y)\}$ for every $\alpha \in [0,1]$, $x,y \in \mathbb{R}^n$. A function $u \in B$ is called increasing if it is nondecreasing with respect to the usual partial order $\le$ on $\mathbb{R}^n$. We are interested in the following choices of V:

$V_1 = \{u \in B \mid u \text{ increasing}\}$

$V_2 = \{u \in B \mid u(x_1,\dots x_n) = \prod_{i=1}^{n} u_i(x_i),\ u_i \ge 0 \text{ increasing for every } i\}$

$V_{3/c} = \{u \in B \mid u \text{ quasi-concave},\ u(c - x) = u(c + x) \text{ for all } x\},\ c \in \mathbb{R}^n$

$V_4 = \{u \in B \mid u(x) = -(x-a)'A(x-a) \text{ for every } x, \text{ some positive semi-definite } n{\times}n \text{ matrix } A \text{ and some } a \in \mathbb{R}^n\}$

$V_5 = \{u \in B \mid u \text{ concave}\}$

$V_6 = V_1 \cap V_5$

We notate $X \le_i Y$ instead of $X \le_{V_i} Y$ for $i = 1,2,\dots 6$. $\le_1$ and $\le_6$ are well known in decision theory as first and second degree stochastic dominance, respectively. $\le_2$ is equivalent to weak first degree stochastic dominance. $\le_5$, $\le_{3/c}$, and $\le_4$ also have applications in statistics. From the inclusions $V_4 \subset V_5$, $V_6 \subset V_5$, $V_6 \subset V_1$, and $V_2 \subset V_1$ the following result 1.1 is obvious.

1.1 Proposition:

$$X \le_5 Y \Rightarrow X \le_4 Y, \quad X \le_5 Y \Rightarrow X \le_6 Y, \quad X \le_1 Y \Rightarrow X \le_6 Y, \quad X \le_1 Y \Rightarrow X \le_2 Y$$

1.2 Proposition: If EX and EY exist then

(i) $X \le_k Y$ implies $EX \le EY$ for $k = 1,2,6$

(ii) $X \le_5 Y$ implies $EX = EY$

(iii) $X \le_5 Y$ if and only if $X \le_6 Y$ and $EX = EY$.

Proposition 1.2(i) is easily seen from the fact that for k = 1,2,6 the projections $\pi_j : x \longmapsto x_j$ are in V_k, j = 1,2,...n. In addition, for every j $\pi_j \in V_5$ and $-\pi_j \in V_5$ which yields 1.2(ii). For 1.2(iii) see, e.g., theorem 10.6 in /9/.

Dominance with respect to the classes V_1, V_2, and $V_{3/c}$ is closely related with probability inequalities on sets being taken from the following families.

$M_1 = \{A \in \mathbb{B} \mid A \text{ increasing}\}$
$M_2 = \{A \in \mathbb{B} \mid A = \{x \in \mathbb{R}^n \mid x \geq a\}, \quad a \in \mathbb{R}^n\}$
$M_{3/c} = \{A \in \mathbb{B} \mid A \text{ convex}, A - c = -A + c\}$.

Here, $\mathbb{B}$ denotes the Borel sets in $\mathbb{R}^n$; a subset A of $\mathbb{R}^n$ is called increasing if its indicator function 1_A is increasing. The following proposition 1.3 is well known for k = 1.

1.3 Proposition: For k = 1,2,3/c holds:

$X \leq_k Y$ if and only if $P(X \in A) \leq P(Y \in A)$ for every $A \in M_k$.

Proof: The necessity part is easily shown, since for every $A \in M_k$ the indicator function 1_A is in V_k, k = 1,2,3/c. To see the reverse for k = 1 and 3/c, note that for any $u \in V_k$ and $\alpha \in \mathbb{R}$ the set $\{x \mid u(x) > \alpha\}$ is in M_k, k = 1,3/c. The proposition then follows from theorem 3.13 in /9/. For k = 2 see /9/ theorem 9.3.

1.4 Proposition: Assume EX = EY and $X \leq_{3/c} Y$ for some $c \in \mathbb{R}^n$. Then $X \leq_4 Y$ holds.

Proof: Let $c \in \mathbb{R}^n$ and $u \in V_4$ be given, and assume $X \leq_{3/c} Y$, EX = EY. There holds $u(x) = -(x - a)'A(x - a)$ for some $a \in \mathbb{R}^n$ and some positive semi-definite matrix A, hence

$$\begin{aligned} Eu(X) &= -E(X - a)'A(X - a) \\ &= -E(X - c)'A(X - c) + 2(a' - c')AEX + c'Ac - a'Aa \\ &\leq -E(Y - c)'A(Y - c) + 2(a' - c')AEY + c'Ac - a'Aa \\ &= Eu(Y). \end{aligned}$$

1.5. Proposition: Let X and Y be identically distributed, $a \in \mathbb{R}^n$, $a \geq 0$, $\beta \in \mathbb{R}$, $0 < \beta \leq 1$. Then

$$X \leq_k Y + a \qquad \text{for } k = 1,2,6 .$$

Proof: Let F_o and F_a be the distribution functions of X and Y + a, respectively. Then $F_a(x) = F_o(x-a)$, and for any $u \in V_1$

$$\begin{aligned} Eu(X) &= \int u(x) d\, F_o(x) = \int u(x-a)\, dF_a(x) \\ &\leq \int u(x) d\, F_a(x) = Eu(Y+a). \end{aligned}$$

Therefore the proposition holds for k = 1, and, by 1.1, for k = 2 and k = 6.

1.6 Proposition: Assume that X and Y have finite covariance matrices and let EX = EY. Then $X \leq_4 Y$ if and only if CovX - CovY is a positive semi-definite matrix.
The proposition is a slight extension of Lemma 3.3.1 in /1/. In the sequel, let $\overset{d}{=}$ between random variables denote equality of their distributions.

1.7 Corollary: Assume $X \leq_4 Y$ and $X_i \overset{d}{=} Y_i$ for all i. Then CovX = CovY.

Proof: Denote (s_{ij}) = CovX, (t_{ij}) = CovY. Let $X_i \overset{d}{=} Y_i$, hence $s_{ii} = t_{ii}$ for all i. We assume that $s_{k\ell} \neq t_{k\ell}$ for some k,ℓ, and define vectors a and b by $a_i = \delta_{ik} + \delta_{i\ell}$, $b_i = \delta_{ik} - \delta_{i\ell}$, $i = 1,2,\ldots n$, where δ_{ij} is the usual Kronecker symbol. Then $a'(S - T)\, a = 2(s_{k\ell} - t_{k\ell}) = -b'(S - T)b$ holds. As S - T is positive semi-definite (by 1.6), $s_{k\ell} - t_{k\ell}$ must be zero. We conclude CovX = CovY.

2. Characterization in elliptic distributions. A random vector X in $\mathbb{R}^n$ has an elliptic distribution (also called elliptically contoured or elliptically symmetric) if there is a vector $a \in \mathbb{R}^n$, a positive semi-definite nxn Matrix $S = (s_{ij})$ and a real function $\psi : \mathbb{R}_+ \to \mathbb{R}$ such that

$$\varphi(t) = \psi(t'St) \tag{2.1}$$

is the characteristic function of X - a. In this definition, neither the existence of a density nor the regularity of S is assumed. Let $E(a,S,\psi)$ denote the elliptic distribution with parameters a,S, and ψ. We write $X \sim E(a,S,\psi)$. With the special choice $\psi(\alpha) = \exp(-\alpha/2)$, X has a multinormal distribution with mean a and covariance matrix S, $X \sim N(a,S)$.

Moreover, every multivariate symmetric stable distribution is an elliptic distribution. For the theory of elliptic distributions, see /2/.

Note that any elliptic distribution $E(a,S,\psi)$ can be approximated in the weak sense by nondegenerated distributions $E(a,\tilde{S},\psi)$ with positive definite matrices $\tilde{S}$. Therefore, in order to prove inequalities on expected values (as we do here), it is sufficient to restrict on nondegenerate elliptic distributions. Assume $X \sim E(a,S,\psi)$ with S positive definite. Then we have the stochastic representation

$$X \overset{d}{=} a + \Gamma A Z \tag{2.2}$$

where Γ is some nonnegative real random variable, Z is a random vector being uniformly distributed on the unit n-sphere and stochastically independent of Γ, and A is the unique nxn matrix with $AA' = S$. In addition, the distribution of Γ depends on ψ only.

For $X \sim E(a,S,\psi)$ holds

$$EX = a \text{ and } \operatorname{Cov}X = \beta S \tag{2.3}$$

as far as the moments exist. Here, β is a positive real number which depends on ψ only. Obviously, for any $c \in \mathbb{R}^n$, $X + c \sim E(a + c, S,\psi)$. Our first characterization 2.1 follows immediately by 1.2(i) and 1.5:

2.1 Proposition: Assume $X \sim E(a,S,\psi)$, $Y \sim E(b,T,\psi)$, and $S = T$. Then for $k = 1,2,6$ holds: $X \leq_k Y$ if and only if $a \leq b$.

For the rest of this section let X and Y be elliptically distributed, $X \sim E(a,S,\psi)$, $Y \sim E(b,T,\psi)$, with common parameter ψ. It can be shown that under equal translation parameters $X \leq_2 Y$ is equivalent to ordering all "covariances" $s_{ij} \leq t_{ij}$ for $i \neq j$. Moreover, this is equivalent to stochastic ordering with respect to a much larger class of functions, namely the class V_2' of all quasi-monotone functions in B.A function $u : \mathbb{R}^2 \to \mathbb{R}$ is quasi-monotone if

$$u(\alpha,\beta) + u(\gamma,\delta) \geq u(\alpha,\delta) + u(\gamma,\beta) \quad \text{whenever } \alpha \leq \gamma,\ \beta \leq \delta. \tag{2.4}$$

A function $u : \mathbb{R}^n \to \mathbb{R}$, $n \geq 2$, is quasi-monotone if u is quasi-monotone with respect to each pair of variables. It is easily seen that $V_2 \subset V_2'$. Further,

$$\frac{\partial^2 u(x)}{\partial x_i \, \partial x_j} \geq 0 \quad \text{for } i \neq j \tag{2.5}$$

holds for every $u \in V_2'$ which is twice differentiable.

2.2 Theorem (Cambanis/Simons): Let X and Y be elliptic with $a \leq b$ and $s_{ii} = t_{ii}$ for all i. Then

(i) $X \leq_2 Y$ if

$$s_{ij} \leq t_{ij} \quad \text{for all } i \neq j, \tag{2.6}$$

(ii) under the conditon a = b

$$X \leq_2 Y \iff X \leq_{V_2'} Y \iff (2.6).$$

Part (ii) of 2.2 is due to Cambanis and Simons; cf. theorem 3.3 in /3/. Part (i) is a consequence of part (ii) and of 2.1.

Corollary 1.7 in conjunction with (2.3) tells: When $X \sim E(a,S,\psi)$ and $Y \sim E(b,T,\psi)$, $X \leq_4 Y$, and the second moments are finite then coincidence of the marginals implies coincidence of the whole distributions. An analogous result follows from 2.2:

2.3 Corollary: Assume X and Y being elliptic with $X \leq_1 Y$. Then $X \overset{d}{=} Y$ if and only if $X_i \overset{d}{=} Y_i$ for all i.

Proof: Let $X \leq_1 Y$ and $X_i \overset{d}{=} Y_i$ for all i. Then $X \leq_2 Y$ and a = b, and, by 2.2 (ii), $s_{ij} \leq t_{ij}$ for all i and j. Further, for every $c \in \mathbb{R}^n$ the complement of $\{x \in \mathbb{R}^n \mid x \leq c\}$ is in M_1. Hence, by means of 1.3 we get

$$1 - P(X \leq c) \leq 1 - P(Y \leq c)$$
$$P(-X \geq -c) \geq P(-Y \geq -c)$$

for every $c \in \mathbb{R}^n$, and conclude $-Y \leq_2 -X$. Since $\text{Cov}(-Y) = T$ and $\text{Cov}(-X) = S$, again from 2.2 (ii) follows $t_{ij} \leq s_{ij}$ for all i and j. Therefore, S = T, which proves the corollary.

3. Characterization in multinormal distributions. Let X and Y be multinormal random vectors, $X \sim N(a,S)$, $Y \sim N(b,T)$. All results of the preceding section hold in this special case. With normal distributions, in addition, we can characterize the stochastic orderings $\leq_{3/c}$, $\leq_5$, and $\leq_6$ which are based on concave and quasi-concave functions.

3.1 Theorem: Assume $X \sim N(a,S)$, $Y \sim N(b,T)$. Then $X \leq_5 Y$ if and only if $a = b$ and $S - T$ is positive semi-definite.

Proof: As $X \leq_5 Y$ implies $X \leq_4 Y$, the necessity follows from 1.2 (ii) and 1.6. (Obviously, this is true for general elliptic X and Y, too.) To show the reverse, we introduce a random vector $Z \sim N(0, S - T)$ being independent of Y; then $Y + Z \sim N(a,S)$, $Y + Z \stackrel{d}{=} X$. Let $u \in V_5$. For any $y \in \mathbb{R}^n$, as the function $z \mapsto u(y + z)$ is also in V_5, Jensen's inequality yields $u(y) = u(y + EZ) \geq Eu(y + Z)$. There follows $Eu(X) = Eu(Y + Z) = \int Eu(y + Z)\, dF_Y(y) \leq \int u(y)\, dF_Y(y) = Eu(Y)$. A direct consequence of 3.1, 2.1, and 1.2 (i) is the following corollary:

3.2 Corollary: Assume that $S - T$ is positive semi-definite. Then $X \leq_6 Y$ if and only if $a \leq b$.

3.3 Lemma: Assume $X \sim N(a,S)$, $Y \sim N(b,T)$, $S - T$ positive semi-definite, $A \in M_{3/b}$. Then $P(X \in A) \leq P(Y \in A)$.

Proof: With a multinormal vector $Z \sim N(a - b, S - T)$ there holds $X \stackrel{d}{=} Y + Z$, Z independent of Y. As the set $A - b$ is symmetric about the origin and $Y - b$ has a symmetric unimodal density, from Anderson's theorem (cf. /5/) follows that for every $y \in \mathbb{R}^n$

$$\begin{aligned} P(Y \in A - y) &= P(Y - b \in A - b - y) \\ &\leq P(Y - b \in A - b) = P(Y \in A). \end{aligned}$$

Therefore, when P_Z denotes the distribution of Z

$$\begin{aligned} P(X \in A) &= \int P(Y \in A - y) dP_Z(y) \\ &\leq \int P(Y \in A) dP_Z(y) = P(Y \in A). \end{aligned}$$

Theorem 3.4 collects and restates the above results 3.3, 1.4, 1.6, 3.1, and 1.2(iii) for multinormal variables:

3.4 Theorem: Assume $X \sim N(a,S)$, $Y \sim N(b,T)$. If $a = b$, the following assertions are equivalent

(a) $S - T$ positive semi-definite

(b) $X \leq_{3/a} Y$

(c) $X \leq_4 Y$

(d) $X \leq_5 Y$

(e) $X \leq_6 Y$.

4. Applications and extensions. In decision theory under risk, the above characterizations can be directly applied to choice between multinormal (or elliptic) prospects. $\leq_5$ and $\leq_6$ correspond to risk aversive behaviour.

V_2' includes all multivariate risk seeking (MRS) utilities in the sense of Richard /10/ while V_2 is the subclass of V_2' which corresponds to utility independent choice behaviour. Multivariate risk aversive (MRA) behaviour may be characterized through an obvious change of signs. E.g., let u be MRA and, in addition, risk aversive in every component and assume $X \sim E(a,S,\psi)$, $Y \sim E(b,T,\psi)$, $a \leq b$; then from a slight extension of 2.2 (cf /6/) follows:

$$Eu(X) \leq Eu(Y) \quad \text{if} \quad t_{ij} \leq s_{ij} \text{ for all } i,j. \tag{4.1}$$

Orderings dual to $\leq_{3/c}$, $\leq_5$, and $\leq_6$ are defined by substituting (quasi-) convex functions for (quasi-)concave ones. The characterizations given above carry over immediately. They have applications in statistics.

References:

/1/ H. Bandemer u.a.(1977), Theorie und Anwendung der optimalen Versuchsplanung, Berlin (Akademie-Verlag).

/2 S. Cambanis/S. Huang/G. Simons(1981), On the theory of elliptically contoured distributions, J. Multivariate Anal. 11, 368-385.

/3/ S. Cambanis/G. Simons(1982), Probability and expectation inequalities, Z. Wahrscheinlichkeitstheorie verw. Gebiete 59, 1 - 25.

/4/ P.J. Dhrymes(1978), Introductory Econometrics, Berlin-Heidelberg-New York (Springer-Verlag).

/5/ M.L. Eaton(1982), A review of selected topics in multivariate probability inequalities, Ann.Statist. 10, 11 - 43.

/6/ K. Joag-Dev/M.D. Perlman/L.D. Pitt(1983), Association of normal random variables and Slepian's inequality, Ann.Probab. 11, 451 - 455.

/7/ A.W. Marshall/I.Olkin(1979), Inequalities: Theory of Majorization and its Applications, New York (Ac. Press).

/8/ K.C. Mosler(1981), Assoziierte und positiv abhängige Zufallsvariable, Methods Opns. Res. 44, 115 - 126

/9/ K.C. Mosler(1982), Entscheidungsregeln bei Risiko: Multivariate stochastische Dominanz, Berlin-Heidelberg-New York (Springer-Verlag).

/10/ S.F. Richard(1975), Multivariate risk aversion, utility independence, and separable utility functions, Management Science 22, 12 - 21.

/11/ M. Shaked(1982), A general theory of some positive dependence notions, J. Multivariate Anal. 12, 199 - 218.

/12/ D. Stoyan(1977), Qualitative Eigenschaften und Abschätzungen stochastischer Modelle, München (R. Oldenbourg)

/13/ G.A. Whitmore/M.C. Findlay(1978) eds., Stochastic Dominance: An Approach to Decision Making Under Risk, Lexington, Mass. (D.C. Heath).

DER EINSATZ VON QUAD-BÄUMEN ZUR IDENTIFIZIERUNG EFFIZIENTER VEKTOREN

Walter Habenicht, Stuttgart

Die Identifizierung effizienter Ergebnisse bildet einen wesentlichen Aspekt bei der Lösung von Vektoroptimierungsproblemen. Bei diskreten Problemen sind dem Einsatz von parametrischen Optimierungsproblemen zur Bestimmung aller effizienten Ergebnisse häufig sehr enge Grenzen gesetzt, so daß eine enumerative Bestimmung der vollständigen Lösung durch den paarweisen Vergleich aller Ergebnisvektoren erfolgen muß.

Hierbei können Quad-Bäume, die von Finkel und Bentley zur Unterstützung mehrdimensionaler Suchprozesse eingeführt wurden, mit Erfolg zur Reduzierung der notwendigen Vektorvergleiche eingesetzt werden. Diese Datenstruktur ermöglichst es, Informationen über die relative Lage zweier Ergebnisvektoren zueinander, die schon verglichen wurden, für den weiteren Enumerationsprozeß nutzbar zu machen und so zu einer partiellen Enumeration der Ergebnisvektoren zu gelangen.

Werden die effizienten Ergebnisse in einem Quad-Baum gespeichert, so läßt sich die Baumstruktur darüberhinaus ausnutzen zur Unterstützung bestimmter Auswahlverfahren, die auf dem Goal-Programming-Konzept basieren und den Entscheidungsträger bei der Auswahl effizienter Ergebnisse unterstützen. Eine methodische Unterstützung des Auswahlprozesses ist immer dann anzustreben, wenn die Zahl effizienter Ergebnisse so groß ist, daß der Entscheidungsträger mit einer direkten Wahl aus der Menge effizienter Ergebnisse überfordert ist. In diesem Fall kann die Bildung eines Quad-Baums effizienter Ergebnisse als "preprocessing" aufgefaßt werden, das geeignet ist, geringe Antwortzeiten im interaktiven Auswahlprozeß sicherzustellen.

Es werden Implementierungsaspekte angesprochen und über Rechenerfahrungen berichtet. Der vorgestellte Ansatz kann bei diskreten Vektoroptimierungsproblemen mit explizit (Projektauswahl, Standort etc.) oder implizit (z.B. graphentheoretische Probleme) gegebener Alternativenmengen eingesetzt werden.

Operations Research Proceedings 1983

DIE ERMITTLUNG EFFIZIENTER LÖSUNGEN ZUR STOCHASTISCHEN LINEAREN OPTIMIERUNGSAUFGABE

Hartmut Wolf, Hagen

Werden in der stochastischen linearen Optimierungsaufgabe (SLO) die Nebenbedingungen durch nichtentartete Zufallsvariablen beschrieben, so stellt sich bei der Auswahl einer Lösung i.a. der folgende Konflikt: die Lösungen, die bei zu maximierender Zielfunktion einen möglichst hohen Zielbeitrag versprechen, sind bzgl. vieler Realisationen der Zufallsvariablen unzulässig und umgekehrt liefern die Lösungen, die die Nebenbedingungen bzgl. möglichst vieler Realisationen der Zufallsvariablen einhalten, nur einen kleinen Zielbeitrag. Um diesen Konflikt bereits bei der Modellformulierung zu berücksichtigen, wird die Entscheidungsproblematik bei der SLO durch ein mehrfaches Zielsetzungsmodell bei Unsicherheit (SMZM) wiedergegeben, dessen Zielkatalog sich aus der gegebenen Zielsetzung der SLO und aus der Forderung, eine zulässige Lösung zu ermitteln, zusammensetzt. Als Lösung zum SMZM und damit zur SLO werden nur solche Alternativen zugelassen, die die Eigenschaft der Effizienz erfüllen, wobei die Effizienz mit Hilfe des Dominanzkriteriums definiert wird. Die Auswahl einer Lösung erfolgt in zwei Schritten: im 1. Schritt wird das SMZM in ein deterministisches mehrfaches Zielsetzungsmodell (DMZM) transformiert, im 2. Schritt wird eine Lösung mit Hilfe eines Lösungsansatzes aus der Theorie der Vektormaximierung ermittelt. Durch spezielle Festlegung des Lösungsprozesses [i) Spezifizierung der die Zulässigkeitsforderung beschreibenden Zielsetzung, ii) Wahl des Operators, der das SMZM in der DMZM transformiert, iii) Wahl eines Lösungsansatzes zum DMZM] kann gezeigt werden, daß die bekannten Ersatzmodelle zum SLO, das Kompensationsmodell und das Modell mit Wahrscheinlichkeitsrestriktionen, effiziente Lösungen ermitteln. Darüber hinaus bieten sich weitere Möglichkeiten der Festlegung des Lösungsprozesses, die zu effizienten Lösungen führen und die in der jeweiligen Entscheidungssituation eine adäquate Beschreibung des Entscheidungsverhaltens des Entscheidungsträgers ermöglichen.

Operations Research Proceedings 1983

KOMPENSATION BEI DER AGGREGATION MEHRERER ZIELE

Harald Dyckhoff, Hagen

Abstract. Kompensation bei der Aggregation mehrerer Zielfunktionen läßt sich durch Mittelwertbildung als (übergeordneter) Präferenzfunktion erfassen. Neben einer allgemeinen wird eine spezielle Klasse von Mittelwertbildungen diskutiert, die je nach der Wahl eines Parameters unterschiedliche Grade der Kompensation zuläßt und als natürliche Spezial- bzw. Grenzfälle häufig verwendete Präferenzoperatoren enthält.

1. Einleitung

Entscheidungssituationen beinhalten im Regelfall das Problem, mehrere miteinander konkurrierende Zielsetzungen, die sich nicht auf natürliche Weise zusammenfassen lassen, "unter einen Hut zu bringen", d.h. Kompromisse zwischen unterschiedlich hohen, nicht unmittelbar vergleichbaren Zielerreichungsgraden für die verschiedenen Ziele zu finden. Formale Beschreibungen derartiger multikriterieller Entscheidungsprobleme führen letztlich meist auf folgendes Grundmodell:

$$\text{"max" bzw. "min"} \quad \{ z \mid z \in Z \} \quad \text{mit} \quad Z \subset \mathbb{R}_+^K \tag{1}$$

Die Zielmenge Z ist eine Teilmenge des nichtnegativen Orthanten von $\mathbb{R}^K$, die man als Bild der ursprünglichen Alternativenmenge X erhält, wenn für K Extremierungs- und Approximierungsziele Zielfunktionen $y_k(x)$ existieren, die die Ausprägungen der Alternativen x mindestens auf einer Ordinalskala messen und die aufgrund vorhandener Höhenpräferenzrelationen des Entscheidungsträgers in geeignete zu maximierende bzw. zu minimierende Zielvariablen z_k transformiert worden sind /2/,/7/. Hier ist unterstellt, daß diese Transformationen auch Skalierungen beinhalten, insbesondere daß die Zielvariablen für die zulässigen oder zumindest für die aufgrund von Satisfizierungs- und Fixierungszielen auch relevanten Alternativen nur nichtnegative Werte annehmen. Dies hat zur Konsequenz, daß nicht wie üblich nur o.B.d.A. zu maximierende, sondern auch zu minimierende Zielvariablen betrachtet werden müssen.Der Einfachheit halber berücksichtigen wir hier jedoch keine Mischfälle. Häufig vorkommende Trans-

Operations Research Proceedings 1983

formationen, charakterisiert durch einen Referenzzielwert $\bar{y}_k$ und eine Skalierungskonstante s_k, sind (vgl.z.B. /13/):

$$z_k = s_k \cdot f(\bar{y}_k - y_k) \quad \text{mit} \quad f(x)=|x|,\ f(x)=(x)_+ \quad \text{oder} \quad f(x)=(x)_- , \qquad (2)$$

wobei $(x)_+=\max(x,0)$ und $(x)_-=\max(-x,0)$. Bei Approximierungszielen entspricht die so definierte Zielvariable z_k einem ein- oder beidseitig zu minimierenden "Zielabweichungsgrad", bei Extremierungszielen einem zu maximierenden "Zielerreichungsgrad". Wegen der in der Praxis beschränkten Zielmenge Z braucht man jedoch nicht strikt zwischen diesen beiden Zielarten zu differenzieren. So werden z.B. in der Ziel- und Kompromißprogrammierung Extremierungsziele in Approximierungsziele für gewisse ideale Referenzzielwerte transformiert.

Die Vorschrift "max" bzw. "min" in (1) soll hier so interpretiert werden, daß ein einzelnes Element z^* oder eventuell auch eine nichtleere, nicht zu "große" Teilmenge Z^* aus der Menge aller effizienten (Pareto-optimalen) Vektoren von Z als "Kompromißlösung" zu bestimmen ist. Sieht man deshalb von den Lösungsverfahren ab, die alle oder nahezu alle effizienten Punkte bestimmen und es dem Entscheidungsträger überlassen, hieraus a posteriori eine Lösung zu wählen, so ist den anderen Verfahren der multikriteriellen Entscheidungsfindung gemein - unabhängig davon, ob sie gar nicht, a priori oder interaktiv Information über die wahren Präferenzen des Entscheidungsträgers erfordern - , daß sie grundsätzlich (zumindest implizit) die Existenz einer die konkurrierenden Ziele rational integrierenden, wenngleich zumindest anfangs unbekannten Präferenzvorstellung voraussetzen, die weitergehend ist als die durch "$\geq$" auf Z induzierte natürliche Halbordnung. Die Verfahren unterstellen desweiteren, daß die zugrundeliegenden Präferenzen durch eine jeweils mehr oder minder konkret eingegrenzte Klasse von (Ersatz-)Präferenzfunktionen $p: \mathbb{R}_+^K \to \mathbb{R}$ grundsätzlich approximiert werden kann, so daß (1) durch eine Klasse von skalaren Optimierungsaufgaben

$$\max \ \text{bzw.} \ \min \ \{ \, p(z) \mid z \in Z \, \} \qquad (3)$$

als Ersatzproblemen konkretisiert wird. Neben ziemlich allgemein gehaltenen Annahmen über p(z) (z.B. Stetigkeit, Konvexität) existieren meist auch solche, die den erlaubten Typ von Präferenzfunktionen stärker einschränken auf solche mit endlich vielen Parametern. So führen die üblichen Formen der Zielamalgation in der Nutzwertanalyse auf additive und auf multiplikative Verknüpfungen mit Gewichten als Parametern. Lineare Funktionen werden ebenfalls bei vielen der interaktiven Verfahren zur Lösung multikriterieller mathematischer Programmierungsprobleme vorausgesetzt. In der Zielprogrammierung (wie auch in der "Theory of the Displaced Ideal" von Zeleny /13/) sind die durch die L^p-Norm für $p \geq 1$

induzierten Abstandsfunktionen beliebt. (Auf den Zusammenhang von Zielprogrammierung und Präferenzfunktionen hat Stadje /10/ hingewiesen.) Die genannten, wie auch weitere bekannte Funktionen werden sich im folgenden als Spezialfälle einer parametrischen Klasse kompensatorischer Präferenzfunktionen herausstellen.

Nicht unerwähnt bleiben soll der enge Zusammenhang zwischen multikriteriellen Entscheidungen und anderen wie denen bei mehreren Entscheidungsträgern und denen bei Unsicherheit (vgl. /3/,/11/). Als besonders hilfreich zur Offenlegung dieses Zusammenhangs kann sich die Theorie der unscharfen Mengen erweisen, da sie die Aggregation von Zielen, individuellen Präferenzen bzw. unsicheren Ergebnissen zurückführt auf das grundlegendere Problem der Verknüpfung unscharfer Mengen. Auch wenn dies zunächst "nur" eine elegantere Darstellung und prinzipiell nichts Neues bietet (vgl. /11/ und die dort genannte Literatur), so kann ein solcher Ansatz fruchtbar sein, sowohl für empirische Untersuchungen als auch für neue theoretische Entwicklungen. Aus Platzgründen muß hier aber auf einen solchen Ansatz verzichtet werden. (Verwiesen sei deshalb auf /4/ in Verbindung mit allgemeiner Literatur zu unscharfen multikriteriellen Entscheidungen wie z.B. /8/,/13/,/14/.)

2. Mittelwerte als kompensatorische Verknüpfungen

Um die Argumentation zu erleichtern, beschränken wir uns zunächst nur auf den Maximierungsfall in (1) und (3). Damit die Höhenpräferenzen des Entscheidungsträgers hinsichtlich der K einzelnen Ziele sinnvoll in eine Gesamtpräferenz aggregiert werden können, ist es erforderlich, daß die Werte der Zielvariablen mittels vorangegangener Normierungen im Hinblick auf den betrachteten Typ von Aggregation untereinander vergleichbar gemacht wurden (soweit überhaupt möglich). Beispielsweise impliziert dies für den Minimum- oder Maximumoperator als Präferenzfunktion

$$p(z) = \min \{ z_1,\dots,z_K \} =: \min(z), \quad p(z) = \max \{ z_1,\dots,z_K \} =: \max(z),$$

daß gleiche Werte z_k und z_l zweier Ziele k und l auch dieselbe Bedeutung für die Gesamtpräferenz besitzen. Die Gesamtpräferenz selbst ist hier nur auf einer Ordinalskala definiert, so daß p(z) beliebigen streng monoton wachsenden Transformationen ausgesetzt werden kann. Wir normieren sie deshalb wie folgt. Aus der Interpretation von (1) ergibt sich die strenge Monotonie von p(z), da andernfalls (strenge) Effizienz von Kompromißlösungen nicht gewährleistet ist. (Minimum und Maximum garantieren nur schwache Effizienz.) Demnach ist die Funktion $g(x):=p(x,\dots,x)$ auch streng monoton wachsend auf $\mathbb{R}_+$. Die durch g^{-1} normierten Präferenzfunktionen $m(z) := g^{-1}(p(z))$ besitzen dann die Eigenschaften

E1 (Normierung): $m(z) = x$, falls $z = (x,\dots,x)'$.

E2* (Strenge Monotonie): $m(z^1) > m(z^2)$, falls $z^1 \geq z^2$ (d.h. $z^1 \geqq z^2, z^1 \neq z^2$).

E1 und E2* beinhalten :

$$\min(z) \leq m(z) \leq \max(z) \ . \tag{4}$$

Demnach läßt sich generell festhalten, daß Kompromißfindung bei mehreren Zielen mittels Zielaggregation einer (geeigneten) Mittelwertbildung der Zielvariablen entspricht. Ein allgemeiner Typ von Präferenzfunktionen als Mittelwertbildung ist definiert durch

$$m(z) = m_{\varphi,q}(z) := \varphi^{-1}\left(\sum_{k=1}^{K} q_k \varphi(z_k)\right) , \tag{5}$$

wobei $\varphi(x)$ eine stetige und streng monotone Funktion auf einem abgeschlossenen Intervall $[a,b] \subset \mathbb{R}_+$ mit $z_k \in [a,b]$ für alle z_k, sowie $q=(q_1,\dots,q_K)'$ mit $q_k > 0$, $\Sigma_{k=1}^K q_k = 1$ ein Vektor von Zielgewichten ist. Außer im Fall identischer Zielerreichungsgrade $z_1 = \dots = z_K = x$ gelten die Ungleichungen in (4) für diesen Typ von Mittelwertbildung sogar streng (vgl. /5/,S.65).

In /5/,S.157ff., wird gezeigt, daß die durch (5) definierte Klasse von Mittelwertfunktionen die allgemeinste Klasse ist, welche E1, einer Verschärfung E2 von E2* und einer dritten Eigenschaft E3 genügt. Da die exakte Formulierung in /5/ endliche Verteilungsfunktionen und Stieltjes-Integrale benutzt, begnügen wir uns wegen der notwendigen Kürze des Beitrags mit einer groben inhaltlichen Charakterisierung von E2 und E3. E2 besagt, daß $m_{\varphi,q}(z)$ nicht nur in z streng monoton wachsend ist, sondern auch in den Gewichten q in Kombination mit z. E3 fordert eine gewisse Quasilinearität von m(z), die im wesentlichen beinhaltet, daß der Mittelwert von $z=(z_1,\dots,z_K)'$ sukzessiv ermittelt werden kann, indem unter Beibehaltung der relativen Gewichte zunächst die entsprechenden Mittelwerte von Teilmengen der K Ziele ermittelt werden; der Mittelwert aller Zielvariablenwerte hängt dann nur noch von den Mittelwerten der einzelnen Teilmengen von Zielen und geeigneten Gewichtungen dieser Teilmengen ab.

Für die im folgenden aufgeführten Eigenschaften von m_φ, die bis auf E6 auf den Ausführungen und Beweisen in /5/,S.65ff. beruhen, kann die Forderung der Stetigkeit von φ auf [a,b] dahingehend abgeschwächt werden, daß unendliche Werte auf den Intervallgrenzen zugelassen sind. Es gilt:

E4: Zwei Mittelwertfunktionen m_ψ und m_χ sind genau dann identisch, d.h. $m_{\psi,q}(z) = m_{\chi,q}(z)$ für alle z und q, wenn Konstante $\alpha \neq 0$, $\beta \in \mathbb{R}$ existieren, so daß $\psi = \alpha\chi + \beta$.

Der Spezialfall $\alpha=-1$, $\beta=0$ impliziert, daß man sich o.B.d.A. auf streng monoton wachsende Funktionen φ beschränken kann. Außerdem können geeignete Normierungen sinnvoll sein.

E5: Sei χ wachsend. Notwendig und hinreichend für die "Vergleichbarkeit":

$$m_{\psi,q}(z) \leq m_{\chi,q}(z) \quad \text{für alle } z \text{ und } q \tag{6}$$

von m_χ mit m_ψ ist die Konvexität der Funktion $\varphi=\chi\psi^{-1}$ (d.h. $\varphi(x) = \chi(\psi^{-1}(x))$), d.h. daß "χ konvex in bezug auf ψ" ist. Für $\varphi'' > 0$ gilt in (6) strenge Ungleichheit mit Ausnahme von $z_1=\ldots=z_K$.

Ungleichung (6) ist von zentraler Bedeutung für das Kompensationsverhalten, das durch die beiden Präferenzfunktionen m_χ und m_ψ ausgedrückt wird. Die relativ höhere Präferenz von m_χ im Vergleich mit m_ψ bedeutet, daß bei m_χ im Vergleich der verschiedenen Ziele solche mit höheren Zielerreichungsgraden an Bedeutung gewinnen, während solche mit niedrigeren verlieren. Bei m_χ können somit niedrigere Zielerreichungsgrade einiger Ziele besser durch höhere anderer Ziele kompensiert werden als bei m_ψ. Je "konvexer" χ in bezug auf ψ ist, um so größer ist der Grad der Kompensation zwischen (zu maximierenden) Zielerreichungsgraden verschiedener Ziele bei m_χ im Vergleich mit m_ψ. Als Extremfälle keiner bzw. voller Kompensation lassen sich gemäß (4) der Minimum- und der Maximumoperator ansehen, bei denen nurmehr das jeweilige Ziel mit dem kleinsten bzw. größten Zielerreichungsgrad die Gesamtpräferenz determinieren.

In der Ökonomie gebräuchliche Maßzahlen für Kompensations- bzw. Substitutionsverhalten sind die Grenzrate der Kompensation (Substitution) und insbesondere ihre Krümmung und Elastizität, die Aussagen über das Austauschverhältnis zwischen zwei Zielen bei Konstanz der Gesamtpräferenz und der anderen Zielvariablen machen, indem sie den Verlauf der Gesamtpräferenzisoquanten beschreiben. Für die Kompensationsrate s_{kl} von m_φ gilt:

E6: $$s_{kl} \equiv - \left.\frac{dz_k}{dz_l}\right|_{z_n, m_\varphi=\text{const.}} = \frac{q_l \cdot \varphi'(z_l)}{q_k \cdot \varphi'(z_k)} > 0 \tag{7}$$

$$\left.\frac{ds_{kl}}{dz_l}\right|_{z_n, m_\varphi=\text{const.}} = s_{kl} \cdot \left(\frac{\varphi''(z_l)}{\varphi'(z_l)} + s_{kl} \frac{\varphi''(z_k)}{\varphi'(z_k)} \right) \tag{8}$$

Die Krümmung der Isoquanten, insbesondere ihre Konvexität oder Konkavität, hängt also von der Krümmung der Funktion φ ab. Für $\varphi'>0$ ist sie konvex (konkav), falls φ konvex (konkav) ist, für $\varphi'<0$ umgekehrt. Je stärker konvex die Isoquanten gekrümmt sind, umso größer ist die mögliche Kompensation zwischen den Zielerreichungsgraden.

Unsere bisherigen wie auch die noch folgenden Überlegungen gelten vollkommen analog auch für den Fall, daß wir anstelle von zu maximierenden Zielerreichungsgraden zu minimierende Zielabweichungsgrade, d.h. die Minimierung in (1) und (3) betrachten. Das Kompensationsverhalten kehrt sich allerdings in der Interpretation um, weil ceteris paribus niedrigere Mittelwerte eine größere Bedeutung in Ziele mit kleineren Abweichungen als in solche mit größeren Abweichungen z_k legen. Der Extremfall des Minimumoperators entspricht hier voller, der des Maximumoperators keiner Kompensation.

3. Eine parametrische Klasse kompensatorischer Verknüpfungen

Fordert man für auf $(0,\infty)$ stetiges φ von den durch (5) definierten Mittelwert- bzw. Präferenzfunktionen zusätzlich noch

E7 (Lineare Homogenität): $m_{\varphi,q}(\lambda z) = \lambda \cdot m_{\varphi,q}(z)$ für alle $z,q,\lambda>0$,

so besitzen die Funktionen φ notwendigerweise die Gestalt (s./5/,S.68)

$$\varphi(x) = x^c \quad \text{mit} \quad c\neq 0 \quad \text{oder} \quad \varphi(x) = \log(x) \tag{9}$$

oder gemäß E4 einer linearen Transformation hiervon. Die zugehörigen Mittelwert- bzw. Präferenzfunktionen

$$m_{c,q}(z) := \left(\sum_{k=1}^{K} q_k (z_k)^c\right)^{1/c} \quad \text{bzw.} \quad m_{0,q}(z) := \prod_{k=1}^{K} (z_k)^{q_k} \tag{10}$$

bezeichnen wir als CEC-Funktionen mit dem Kompensationsparameter $c\in\mathbb{R}$, wobei das Kürzel "CEC" für "constant elasticity of compensation" steht. Für die Kompensationsrate und die (entsprechend der direkten Hicks'schen Substitutionselastizität definierte) Kompensationselastizität σ_{kl} gilt nämlich

$$s_{kl} = \frac{q_l}{q_k} \cdot \left(\frac{z_l}{z_k}\right)^{c-1} \quad , \quad \sigma_{kl} = \frac{1}{1-c} \quad . \tag{11}$$

Die Kompensationsrate s_{kl} hängt demnach nur vom Verhältnis z_k/z_l der beiden betrachteten Zielvariablen ab (und ist für $c=1$ konstant). Die Kompensationselastizität gibt tendenziell an, um wieviel Prozent sich das Verhältnis z_k/z_l ändert, wenn die Kompensationsrate sich ceteris paribus um ein Prozent erhöht. Für $c<1$ sind die "c-ten Mittel" in der Ökonomie als CES-Funktionen bekannt ($c=0$: Cobb-Douglas-Funktionen, $c=-\infty$: Walras-Leontief-Funktion); für $c\geq 1$ entspricht m_c einer gewichteten L^c-Norm, wie sie in der Zielprogrammierung verwendet wird. Die Klasse der CEC-Funktionen setzt sich also aus zwei wohlbekannten Teilklassen zusammen, die allerdings in der Literatur so gut wie nie im Zusammenhang behandelt werden. Die Ursache hierfür mag darin liegen, daß die CEC-Funktionen einerseits für $c\leq 1$ quasikonkav (für $-\infty<c<1$ streng) und andererseits für $c\geq 1$ quasikonvex (für $1<c<\infty$ streng) sind, so daß ihre Isoquanten (streng) konvex bzw. konkav zum Ursprung verlaufen. Um konvexe Optimierungsprobleme zu erhalten, muß man sich deshalb bei Maximierung auf $c\leq 1$ und bei Minimierung auf $c\geq 1$ beschränken. Diese Begründung ist aber weniger von entscheidungstheoretischer als von rechentechnischer Natur. Dabei wird möglicherweise nicht berücksichtigt, daß $(m_c)^c$ ein Posynom ist, so daß sich das skalare Optimierungsproblem (3) häufig in ein Geometrisches Programm umformen läßt. Auch wenn (3) nicht konvex ist, läßt sich dann die optimale Lösung verhältnismäßig einfach ermitteln, da das duale Problem konvex mit einem linearen Restriktionensystem ist (vgl.z.B. /9/).

Isermann /6/ hat anscheinend als erster auf die Bedeutung der c-ten Mittel m_c für Entscheidungsprobleme bei mehrfacher Zielsetzung hingewiesen, ohne daß dies jedoch anschließend zu einer entsprechenden Beachtung geführt hat. Dabei sind die Spezial- bzw. Grenzfälle für

$c \to \pm\infty$: Maximum- bzw. Minimumoperator,

$c \to 0$: geometrisches Mittel,

$c = \pm 1$: arithmetisches bzw. harmonisches Mittel,

$c = 2$: "Euklidisches Mittel",

die am häufigsten verwendeten Operatoren nicht nur bei Entscheidungen bei mehrfacher Zielsetzung, sondern auch bei mehreren Entscheidungsträgern und bei Unsicherheit (vgl. /11/,S.8ff.; als Stichworte seien genannt: Maximin-,Maximax-, Laplace-, Bayes- und Hurwicz-Regel, additiver und multiplikativer Nutzen, Nash-Lösung, Proportionale Lösung, Rawls's "Gerechtigkeit als Fairness"-Ansatz, Utilitarismus, Erwartungswert-/Varianz-Kriterien). Wichtige Eigenschaften im Zusammenhang mit (1) und (3) sind: die optimale Lösung z^c von (3) für $p(z)=m_c(z)$

- existiert (und ist zulässig), falls Z nichtleer und kompakt ist,
- ist effizient für $c \in \mathbb{R}$, d.h. eine Kompromißlösung, und schwach effizient für $c \in \{-\infty,+\infty\}$,
- ist eindeutig bestimmt, falls Z konvex und $c<1$ (bei Maximierung) ist.

Weitere Eigenschaften (Unabhängigkeit von irrelevanten Alternativen, Symmetrie, etc.) von z^c lassen sich in Analogie zur Zielprogrammierung ableiten (vgl. z.B. /12/). Aufgrund von E7 ist die Kompromißlösung insbesondere invariant gegenüber Multiplikationen aller Zielvariablen mit einer positiven Zahl, so daß die Zielvariablenwerte nur in bezug auf eine (absolute) Verhältnisskala eindeutig definiert zu sein brauchen.

Die Eigenschaften (4) und mehr noch E5 sind allerdings bisher kaum in der Literatur behandelt worden. E5 kann für m_c wie folgt präzisiert werden:

E5*: Mit Ausnahme von (i) $z_1=\ldots=z_K$ oder (ii) $c\leq 0$ und $z_k=0$ für ein k gilt stets: $\partial m_c/\partial c > 0$.

E5* kann aus E5 abgeleitet werden (/5/,S.77f.) oder direkt bewiesen werden (/4/;/5/,S.26ff.; /1/ für c<1; /1/ und /5/ sind dem Autor erst nach der Abfassung von /4/ bekannt geworden). E5* enthält als Spezialfall die "Geometrische Ungleichung", die besagt, daß das arithmetische Mittel nie kleiner ist als das geometrische. Der Parameter c kann aufgrund von E5* und auch (11) als Kompensationsparameter bezeichnet werden, entsprechend der Argumentation im Anschluß an E5. Der Kompensationsgrad nimmt zu, wenn bei zu maximierenden Zielerreichungsgraden c wächst und bei zu minimierenden Zielabweichungsgraden c fällt, wobei auch hier Maximum- und Minimumoperator die beiden Extremfälle darstellen. Die CEC-Funktionen erfassen damit Kompensationsverhalten, das in der Zielprogrammierung basierend auf durch Normen induzierten Metriken nie beschrieben werden kann, da diese Abstandsfunktionen wegen der Dreiecksungleichung und der positiven Homogenität stets konvex sind und damit konkave Isoquanten besitzen. Ihr Kompensationsverhalten ist also immer durch das linearer Funktionen auf der einen und der Maximum-Funktion auf der anderen Seite begrenzt. Fälle, in denen sich zwei Ziele gut substituieren können (z.B. oft bei Preis vs. Qualität einer Ware), können dann weder mit der Zielprogrammierung noch mit der Maximierung einer quasikonkaven Präferenzfunktion adäquat modelliert werden.

Literatur

/1/ Beckmann M.; A property of CES production functions; Methods of Operations Research 42, 61-64 (1981).

/2/ Dinkelbach W.; Entscheidungsmodelle; Berlin NewYork (1982).

/3/ Dinkelbach W., Isermann.H.; On decision making under multiple criteria and under incomplete information; in: Cochrane J.L., Zeleny M., Multiple Criteria Decision Making, 302-312 (1973).

/4/ Dyckhoff H.; Kompensation bei der menschlichen Entscheidungsfällung; Diskussionsbeitrag 62, FB Wirtschaftswiss., Fernuniversität (1983).

/5/ Hardy G.H., Littlewood J.E., Pólya G.; Inequalities; Cambridge(1973).

/6/ Isermann H.; Lineare Vektormaximierung; Diss. Regensburg (1974).

/7/ Isermann H.; Strukturierung von Entscheidungsprozessen bei mehrfacher Zielsetzung; Operations Research Spektrum 1, 3-26 (1979).

/8/ Kickert W.J.M.; Fuzzy Theories on Decision-Making; Leiden (1978).

/9/ Luptàcik M.; Geometric programming, methods and applications; Operations Research Spektrum 2, 129-143 (1981).

/10/Stadje W.; On the relationship of goal programming and utility functions; Zeitschrift für Operations Research 23, 61-69 (1979).

/11/Weber R.; Entscheidungsprobleme bei Unsicherheit und mehrfacher Zielsetzung; Königstein/Ts. (1982).

/12/Yu P.L., Leitmann G.; Compromise solutions, domination structures, and Salukvadze's solution; Journal of Optimization Theory and Applications 13, 362-378 (1974).

/13/Zeleny M.; Multiple Criteria Decision Making; NewYork et al. (1982).

/14/Zimmermann H.-J.; Unscharfe Entscheidungen und Multi-Criteria-Analyse; Proceedings in Operations Research 6, 99-109 (1977).

Nachträgliche Anmerkung: Im Hinblick auf die angedeutete Verwandtschaft mit Entscheidungen bei Risiko, wo die Gewichte q_k die Wahrscheinlichkeiten von K alternativ möglichen Umweltzuständen mit den Ergebnissen z_k sind, lassen sich $\varphi(m(z))$ und $\varphi(x)$ als Analoga zum Erwartungs- bzw. Bernoulli-Nutzen ansehen und E2 und E3 als Gegenstücke zum Dominanz- bzw. Unabhängigkeitsaxiom auffassen. Das insbesondere durch φ''/φ' charakterisierte Kompensationsverhalten entspricht dem Risikoverhalten.

DELEGATION VON ENTSCHEIDUNGEN AN GRUPPEN - PROBLEME UND LÖSUNGSANSÄTZE

Helmut Laux, Wien

Entscheidungsgremien sind zwar Gegenstand zahlreicher wissenschaftlicher Untersuchungen. Trotzdem hat bisher die folgende Fragestellung kaum Beachtung gefunden:
Wie kann ein optimales Entscheidungsgremium bestimmt werden und wie hängt das Optimum von seinen Bestimmungsgrößen ab?
Diese Problemstellung war Gegenstand eines DFG-Projekts am Frankfurter Lehrstuhl für Organisationstheorie (vgl. hierzu LAUX /1/, /2/). Der Überblicksvortrag berichtet über die methodische Konzeption und über Forschungsergebnisse. Es wird davon ausgegangen, eine Instanz erwäge, zur Lösung eines Entscheidungsproblems ein Entscheidungsgremium einzusetzen. Für die Instanz stellen sich in diesem Zusammenhang folgende ("Metaentscheidungs")-Probleme:

1. Soll sie das Entscheidungsproblem selbst lösen (also die Handlungsalternative selbst auswählen)?
2. Soll sie die Entscheidungskompetenz an ein Gremium delegieren und, wenn ja, welche Mitglieder sollen in das Gremium aufgenommen werden?
3. Welche Abstimmungsregel soll dem Gremium vorgegeben werden?

Es wird gezeigt, wie das entscheidungstheoretische Instrumentarium zur Lösung dieser Probleme eingesetzt werden kann und wie die Ergebnisse empirischer Untersuchungen in die Modellanalyse einbezogen werden können.

Literatur

/1/ LAUX, H.
Der Einsatz von Entscheidungsgremien:
Grundprobleme der Organisationslehre in entscheidungstheoretischer Sicht,
Berlin 1979;

/2/ LAUX, H.
Grundfragen der Organisation:
Delegation, Anreiz und Kontrolle,
Berlin 1979

Operations Research Proceedings 1983

DIE STEUERUNG VON ENTSCHEIDUNGSGREMIEN ÜBER VERHALTENSNORMEN - EINE ENTSCHEIDUNGSTHEORETISCHE ANALYSE -

Hans-Paul Kaus, Frankfurt

Gruppenentscheidungsprozesse werden durch die unterschiedlichsten Aktivitäten der einzelnen Gruppenmitglieder geprägt. Diese Aktivitäten bestehen z.B. darin, daß Informationen ausgetauscht werden und daß darüber diskutiert wird, welche Schlüsse aus den Informationen zu ziehen sind. Mit einer Verhaltensnorm (d.h. einem Bündel von Regelungen und Vorgaben) setzt die übergeordnete Instanz, die ein Entscheidungsproblem an das Gremium delegiert hat, den Gruppenentscheidungsprozeß in Gang und versucht ihn optimal zu steuern. Aktionsvariablen der Instanz bei der Gestaltung der Verhaltensnorm sind z.B. das delegierte Entscheidungsproblem, die Zielvorgabe und die Abstimmungsregel.

Die betrachteten Aktivitäten in der Gruppe werden als Ergebnis (rationaler) Entscheidungen der Gruppenmitglieder interpretiert. Von diesen Entscheidungen und den ihnen zugrundeliegenden Kalkülen wird auch ausgegangen, wenn in einem entscheidungstheoretischen Rahmen (unsichere Erwartungen) die Wirkung möglicher Verhaltensnormen auf diese Individualkalküle und somit auf das Ergebnis des Gruppenentscheidungsprozesses untersucht wird.

Aufbauend auf einer allgemeinen Analyse der individuellen Kalküle der Mitglieder werden beispielhaft die Wirkungsweise einer Aktionsvariablen der Verhaltensnorm auf die Individualkalküle sowie die Eigenschaften der Variablen untersucht.

Die Untersuchung zielt weniger darauf ab, für Entscheidungen in der Realität einen komplexen Modellrahmen zu entwickeln, als vielmehr die entscheidungstheoretischen Strukturen der meist implizit während des Gruppenentscheidungsprozesses getroffenen Entscheidungen aufzudecken. Die Kenntnis dieser Strukturen kann es einer delegierenden Instanz erleichtern, die Wirkung erwogener Verhaltensnormen abzuschätzen.

Operations Research Proceedings 1983

GRUPPENENTSCHEIDUNGEN UND MULTIKRITERIELLE ENTSCHEIDUNGSVERFAHREN

Rudolf Vetschera, Wien

1. Problemstellung

Komplexe betriebliche Entscheidungen wie etwa Investitionsentscheidungen betreffen mehrere betriebliche Teilbereiche und erfordern die Berücksichtigung einer Vielzahl von Aspekten der zur Auswahl stehenden Handlungsalternativen. Derartige Entscheidungen werden daher häufig von Gremien getroffen, die aus Vertretern verschiedener Bereiche zusammengesetzt sind. In dieser Arbeit soll das Problem der Kompromißfindung in einem solchen Entscheidungsgremium behandelt werden. Dazu wird eine Entscheidungssituation vorausgesetzt, die durch die folgenden Eigenschaften charakterisiert werden kann:

1) Dem Gremium steht eine Menge diskreter Handlungsalternativen (etwa einzelne Investitionsprojekte) zur Auswahl, die durch mehrere Attribute beschrieben werden.

2) Die Mitglieder des Gremiums bewerten die Alternativen nach unterschiedlichen Zielsystemen, die sich in der Menge der betrachteten Attribute und deren Gewichtung voneinander unterscheiden. Daher können die Urteile der Gruppenmitglieder einander widersprechen, obwohl die individuellen Ziele im Interesse des Gesamtunternehmens liegen. So werden z.B. bei der Auswahl von Investitionsprojekten Vertreter des Produktionsbereichs Alternativen mit hoher Kapazität bevorzugen, Vertreter der Finanzplanung hingegen Alternativen, die eine geringe Liquiditätsbelastung verursachen.

3) Die einzelnen Mitglieder des Gremiums könnten die Alternativen prinzipiell kardinal bewerten (etwa anhand technischer oder finanzieller Kennzahlen). Diese Bewertungen sind jedoch den anderen Mitgliedern nicht bekannt, da diese in der Regel nicht über die Determinanten der einzelnen Zielsysteme und deren Ausprägungen informiert sind. (Vertreter der Produktionsplanung werden kaum Informationen über günstige Finanzierungsmöglichkeiten und die damit verbundenen Konditionen besitzen, Vertreter der Finanzplanung nicht darüber informiert sein, wann welche Kapazitäten zur Verfügung stehen müssen.) Die Bewertungen können

Operations Research Proceedings 1983

daher als individuelle Nutzengrößen aufgefaßt werden, die interpersonell nicht vergleichbar und nicht transferierbar sind. Das in Abschnitt 3 entwickelte Modell setzt lediglich eine konsistente Präferenzordnung der Gruppenmitglieder über der Menge aller möglichen Attributkombinationen voraus.

Aufgabe des Gremiums ist es, eine Handlungsalternative auszuwählen. In der Regel wird keine Alternative alle Ziele in maximaler Weise erfüllen, die Mitglieder des Gremiums sind daher gezwungen, Kompromisse zu schließen und wechselseitige Konzessionen zu machen. Werden die einzelnen Ziele als etwa gleich wichtig angesehen, so sollen diese Konzessionen in ausgewogener Weise alle Gruppenmitglieder betreffen.

Die erzielte Kompromißlösung soll ferner effizient sein. Sind die individuellen Zielsysteme nicht allen Gruppenmitgliedern bekannt, so ist diese Forderung keineswegs trivial, wie auch empirische Studien auf der Basis von Verhandlungsexperimenten zeigen /9/.

Das Kompromißproblem ist Gegenstand zahlreicher spiel- und aushandlungstheoretischer Modelle /5/,/8/. In diesen Modellen werden allerdings vorwiegend Verhandlungsprozesse zwischen (meist 2) antagonistischen Gegenspielern betrachtet, die über Werte stetiger Entscheidungsvariabler verhandeln. Spieltheoretische Modelle setzen ferner Informationen der Beteiligten über die Zielsysteme aller Gruppenmitglieder voraus. Die Anwendung dieser Modelle auf die vorliegende Problemstellung erscheint daher nicht praktikabel.

Die Entscheidungssituation des Gremiums kann aber auch so interpretiert werden, daß dem Gremium die Lösung eines multikriteriellen Entscheidungsproblems übertragen ist, bei dem die von den einzelnen Gremiumsmitgliedern vertretenen Ziele in gleicher Weise zu berücksichtigen sind. Damit stellt sich die Frage nach der Anwendbarkeit bekannter multikriterieller Entscheidungsverfahren für dieses Problem.

2. Die Übertragbarkeit multikriterieller Verfahren auf den Bereich der Gruppenentscheidungen

In der Literatur wurden multikriterielle Entscheidungsverfahren vor allem für einzelne Entscheider formuliert. Bei Kompromißentscheidungen in Gruppen ergeben sich demgegenüber zwei Informationsprobleme:

- Ein einzelner Entscheider besitzt Informationen über sämtliche Zielgrößenwerte, bei Kompromißproblemen sind diese Informationen jedoch auf die einzelnen Gruppenmitglieder verteilt.
- Ein einzelner Entscheider kann (zumindest implizit) Informationen darüber geben, in welchem Ausmaß einzelne Ziele bei der Entscheidung zu berücksichtigen sind. In einer Gruppe ist das Ausmaß der Berücksichtigung individueller Ziele jedoch erst Ergebnis des Verhandlungsprozesses. Derartige Informationen können daher bei Gruppenentscheidungen nicht vorausgesetzt werden.

In zahlreichen multikriteriellen Entscheidungsverfahren wird versucht, das Zielsystem des Entscheiders zunächst zu ermitteln und dann zur Entscheidung heranzuziehen. In Verfahren zur Auswahl unter diskreten Alternativen ("Multi Attribute Decision Making", /7/) wird dazu meist die Nutzenfunktion des Entscheiders explizit spezifiziert. In anderen Verfahren ("Multi Objective Decision Making") wird das Zielsystem implizit ermittelt, indem der Entscheider lokale Substitutionsraten zwischen einzelnen Zielgrößen angibt /6/ oder Wahlhandlungen zwischen bestimmten ausgezeichneten Alternativen ausführt /12/. Damit sind diese Verfahren nicht auf das Kompromißproblem übertragbar.

Multikriterielle Entscheidungsverfahren, die auf dem Konzept von Ideal- bzw. Referenzpunkten beruhen, weisen demgegenüber einen geringeren Informationsbedarf auf. Diese Verfahren gehen auf den "Goal Programming" Ansatz von CHARNES und COOPER /2/ zurück. Eine darauf aufbauende interaktive Methode wurde von DYER /4/ entwickelt. Das "Reference Point"-Verfahren von WIERZBICKI /10/ stellt eine Verallgemeinerung dieses Ansatzes dar, die im folgenden dargestellt werden soll.

Der Entscheider nennt zunächst (in einem Spezifikationsschritt) Anspruchsniveaus für sämtliche Ziele in Form eines Referenzpunktes. Diese hypothetische Alternative ist in der Regel nicht realisierbar oder aber, wenn sie innerhalb der zulässigen Alternativenmenge liegt, nicht effizient. Es wird daher durch Minimierung einer geeigneten Distanzfunktion eine Projektion dieses Referenzpunktes auf die Menge der effizienten realisierbaren Alternativen vorgenommen (Projektionsschritt). Die dabei ermittelte Lösung wird dem Entscheider mitgeteilt, der die Lösung akzeptieren oder den Referenzpunkt modifizieren kann. Dieses Verfahren konvergiert /10/ gegen eine effiziente Lösung, wenn der neue Referenzpunkt in keiner Zielgröße eine Verbesserung gegenüber dem vorhergehenden enthält.

Dieses Verfahren ist prinzipiell auf das Kompromißproblem übertragbar, da die Anspruchsniveaus der einzelnen Zielgrößen unabhängig voneinander verändert werden können /11/. Im Rahmen einer Gruppe kann daher jedes Gruppenmitglied sein gewünschtes Nutzenniveau festsetzen, ohne außerhalb des Verfahrens Verhandlungen mit anderen Gruppenmitgliedern führen zu müssen.

Für den Projektionsschritt dieses Verfahrens wurde jedoch vorausgesetzt, daß die Menge der effizienten Alternativen a priori bekannt ist, was nicht der eingangs beschriebenen Entscheidungssituation entspricht. Im folgenden Abschnitt wird daher ein neues Verfahren entwickelt, das dieses Informationsproblem vermeidet.

3. Ein Kompromißverfahren auf der Basis der modifizierten Referenzpunktmethode

Eine Gruppe von N Mitgliedern hat aus einer Menge von Handlungsalternativen $A = \{a_1,...,a_M\}$ eine Alternative auszuwählen. Die Alternativen werden durch K numerische Attribute F_j $(j=1,...,K)$ charakterisiert, wobei $F_j(a_i)$ die Ausprägung des Attributs F_j bei der Alternative a_i ist. Die (schwache) Präferenzrelation π_i des Gruppenmitgliedes i ist über der Menge aller Attributkombinationen $(F_1,...,F_K)$ definiert, transitiv und vollständig.

Grundgedanke des Verfahrens ist es, im Spezifikationsschritt aus den Zielvorstellungen aller Gruppenmitglieder eine (hypothetische) Referenzalternative abzuleiten, die im folgenden Projektionsschritt durch die Gruppenmitglieder selbst mit den zur Auswahl stehenden Alternativen verglichen wird. Damit kann, falls die Referenzalternative von einer realisierbaren Alternative dominiert wird, eine effiziente realisierbare Alternative aufgefunden werden. Existiert hingegen keine dominierende Alternative, so ist die Projektion der Referenzalternative auf die Alternativenmenge ohne Kenntnis der individuellen Nutzenfunktionen nicht möglich. In diesem Fall werden von den Mitgliedern in einem folgenden Spezifikationsschritt Konzessionen gefordert, um zu einer Referenzalternative mit geringeren Anspruchsniveaus zu gelangen.

Das Verfahren läßt sich durch den folgenden Algorithmus charakterisieren:

1. (Initialisierung): für jedes Gruppenmitglied i wird $A_i := A$ gebildet; $t:=1$

Die Mengen A_i enthalten diejenigen Alternativen, die Gruppenmitglied i noch vorschlagen darf. Zunächst stehen jedem Mitglied alle Alternativen offen, später können die Mitglieder durch Reduktion ihrer A_i zu Konzessionen gezwungen werden.

2. (Ermittlung individueller Ideallösungen): jedes Gruppenmitglied nennt die aus seiner Sicht beste Alternative $a^*_{i,t} \in A_i$. (d.h. $a^*_{i,t} \pi_i a_j$ für alle $a_j \in A_i$)

3. (Bildung einer Referenzalternative): es wird eine hypothetische Alternative r_t konstruiert, die in allen Attributen dem Durchschnitt der vorgeschlagenen Alternativen entspricht:

$$F_j(r_t) = \frac{1}{N} \sum_{i=1}^{N} F_j(a^*_{i,t}) \qquad (j=1,...,K)$$

Schritte 2. und 3. sind so konzipiert, daß die kognitive Belastung der Gruppenmitglieder möglichst gering bleibt. Daher dürfen in Schritt 2 nur reale Alternativen vorgeschlagen werden. Die Bildung einer "durchschnittlichen" Referenzalternative in 3. anstatt etwa einer "maximalen" Alternative $F_j(s)=\max F_j(a^*_{i,t})$ soll einerseits die Beurteilung dieser Referenzalternative durch die Gruppenmitglieder erleichtern und bewirkt andererseits auch, daß im folgenden Projektionsschritt eher eine Lösung gefunden werden kann.

4. (Projektionsschritt): es wird die Menge P_t derjenigen realisierbaren Alternativen gebildet, die die Referenzalternative dominieren:

$$P_t := \bigcap_{i=1}^{N} \{a_k \mid a_k \, \pi_i \, r_t\}$$

5. (Abbruchkriterium): enthält die Menge P_t genau ein Element, so ist dieses Element die Kompromißlösung und das Verfahren wird beendet.

6. (Konzessionen): ist P_t leer, wird $A_i := A_i - \{a^*_{i,t}\}$ und $t:=t+1$ gesetzt und das Verfahren in 2. fortgesetzt.

In diesem Fall waren die Anspruchsniveaus der Gruppenmitglieder zu hoch, so daß keine Lösung gefunden wurde. Im nächsten Schritt müssen die Gruppenmitglieder daher andere Alternativen als bisher vorschlagen.

7. (mehrfache Lösungen): enthält P_t mehr als ein Element, so wird das Verfahren auf P_t erneut angewandt: $A:=P_t$; Fortsetzung in 1.

Bei zwei Gruppenmitgliedern kann der Ablauf des Verfahrens graphisch in einem Koordinatensystem dargestellt werden (Abb. 1), dessen Achsen die Nutzenbewertungen u_i der Alternativen durch die Gruppenmitglieder darstellen. Unter der (nur für die einfachere graphische Darstellung getroffenen) Annahme linear-additiver Nutzenfunktionen liegen die hypothetischen Referenzalternativen im Halbierungspunkt der Verbindungsgeraden der vorgeschlagenen Alternativen.

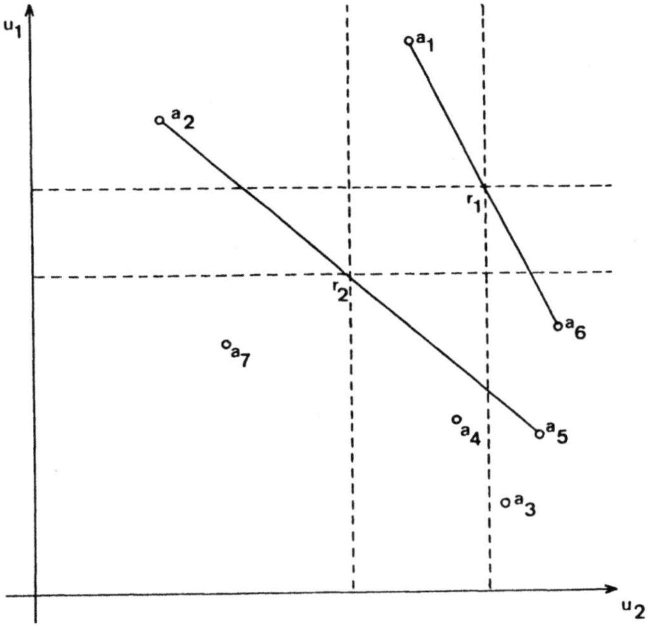

Vorschläge von 1:

$a^*_{1,1} = a_1$

$a^*_{1,2} = a_2$

Vorschläge von 2:

$a^*_{2,1} = a_6$

$a^*_{2,2} = a_5$

Kompromiß: a_1

Abbildung 1

4. Eigenschaften des Verfahrens

Bei der Entwicklung des hier vorgestellten Verfahrens wurde von Konzepten der multikriteriellen Entscheidungstheorie ausgegangen. Das daraus abgeleitete Verfahren weist jedoch Parallelen zu aushandlungstheoretischen Modellen, insbesonders dem Modell von CONTINI und ZIONTS /3/ auf. Ebenso wie bei diesem Modell wird eine effiziente Lösung erreicht, ohne jedoch eine kompakte Alternativenmenge vorauszusetzen. Das Modell von CONTINI und ZIONTS garantiert jedem Gruppenmitglied zumindest das Nutzenniveau der Nichteinigungs-Alternative; im hier vorgestellten

Ansatz wird kein Mindestniveau festgelegt, da keine Annahmen darüber getroffen werden, welche Alternative bei Scheitern der Verhandlungen realisiert wird.

Die im Laufe des Verhandlungsprozesse von den Gruppenmitgliedern gemachten Konzessionen sind insofern ausgewogen, als die Anzahl der Konzessionsschritte für alle Mitglieder gleich ist. Unterschiedliche Verhandlungspositionen der Gruppenmitglieder, die sich aus der Verteilung der Alternativen im Nutzenraum ergeben, beeinflussen das Ergebnis, da das Verfahren (im Gegensatz etwa zur spieltheoretischen Nash-Lösung) nicht unabhängig von nicht gewählten Alternativen ist.

Das Verfahren beruht auf allgemeinen Voraussetzungen und stellt daher nur geringe kognitive Anforderungen an die Gruppenmitglieder. Dementsprechend können auf analytischem Weg nur wenige Aussagen über die Kompromißlösung abgeleitet werden. Das Verfahren bildet jedoch einen flexiblen Bezugsrahmen, innerhalb dessen etwa durch Simulationsexperimente allgemeinere Aussagen über Kompromißprobleme gewonnen werden können.

Literatur

/1/ Abonyi, G.:
Filtering: An Approach to Generating the Information Base for Collective Choice
Management Science 29, 409-418 (1983).

/2/ Charnes, A.; Cooper, W.:
Management Models and Industrial Applications of Linear Programming
J. Wiley & Sons, New York, London (1967)

/3/ Contini, B.; Zionts, S.:
Restricted Bargaining for Organizations with Multiple Objectives
Econometrica 36, 397-414 (1968)

/4/ Dyer, J.:
Interactive Goal Programming
Management Science 19, 62-70 (1972)

/5/ Fandel, G.:
Optimale Entscheidungen in Organisationen
Springer, Berlin, Heidelberg, New York (1979)

/6/ Geoffrion, A.; Dyer, J.; Feinberg, A.:
An Interactive Approach for Multi-Criterion Optimization, with an Application to the Operation of an Academic Department
Management Science 19, 357-368 (1972)

/7/ Hwang, C.; Yoon,K.:
Multiple Attribute Decision Making: A State-of-the-Art Survey
Springer, Berlin, Heidelberg, New York (1981)

/8/ Krelle, W.:
A New Theory of Bargaining Applied to the Problem of Wage Determination and Strikes
Inst. f. Gesellschafts- und Wirtschaftswissenschaften der Universität Bonn, Wirtschaftstheoretische Abteilung
Nr. 70, Bonn (1975)

/9/ Raiffa, H.:
The Art and Science of Negotiations
Harvard University Press, Cambridge, Mass. (1982)

/10/ Wierzbicki, A.:
The Use of Reference Objectives in Multiobjective Optimization -- Theoretical Implications and Practical Experience
IIASA Working Paper WP-79-66, Laxenburg (1979)

/11/ Wierzbicki, A.:
The Use of Reference Objective Levels in Group Assessment of Solutions of Multiobjective Optimization
IIASA Working Paper WP-79-124, Laxenburg (1979)

/12/ Zionts, S.; Wallenius, J.:
An Interactive Programming Method for Solving the Multiple Criteria Problem
Management Science 22, 652-663 (1976)

PROBABILISTIC BARGAINING SOLUTIONS

Hans Peters, Nijmegen
Stef Tijs, Nijmegen

Abstract. Probabilistic bargaining solutions are considered, i.e. bargaining solutions which in a bargaining game do not single out one feasible point or a subset of feasible points, but assign probabilities to sets of feasible points. Although, in essence, the normative, axiomatic approach to the bargaining problem as initiated by Nash /8/ is followed, an attempt is made to bring in a descriptive element by considering probabilistic solutions, since these may predict disagreement or non-Pareto optimal agreements with positive probability. An - in the authors' opinion weakest possible - analogon of Nash's axiom of independence of irrelevant alternatives (IIA) is proposed and some classes of solutions satisfying this axiom together with a basic other axiom, are described. It is also shown that former results are covered by this new approach, and indicated what, in the authors' view, is the essence in looking for stronger versions of the IIA axiom.

Zusammenfassung. Wir betrachten probabilistische Verhandlungslösungen, d.h. Lösungen eines Verhandlungsspiels, die nicht einen zulässigen Punkt oder eine Menge von zulässigen Punkten auswählen, sondern Teilmengen von zulässigen Punkten Wahrscheinlichkeiten zuordnen. Obwohl wir im wesentlichen dem normativen axiomatischen Ansatz von Nash /8/ folgen, wird der Versuch unternommen, mit der Einführung probabilistischer Lösungen ein deskriptives Element einzubringen, da mit diesen ein Scheitern von Verhandlungen oder nicht Pareto-optimale Verhandlungsergebnisse mit positiver Wahrscheinlichkeit vorausgesagt werden können. Ein - nach Meinung der Autoren schwächstmögliches - Analogon zu Nashs Axiom der Unabhängigkeit von irrelevanten Alternativen wird vorgeschlagen und einige Klassen von Lösungen werden beschrieben, die dieses Axiom zusammen mit einem grundlegenden weiteren Axiom erfüllen. Außerdem wird gezeigt, daß frühere Ergebnisse durch diesen neuen Ansatz abgedeckt werden, und angedeutet, was, aus der Sicht der Autoren, wesentlich ist für die Suche nach schärferen Versionen des Unabhängigkeits-Axioms von Nash.

Operations Research Proceedings 1983

1. INTRODUCTION. DEFINITIONS AND KNOWN RESULTS

A (2-person) bargaining game is a subset S of $\mathbb{R}^2$ such that
(B1) S is a compact and convex subset of $\mathbb{R}^2_+ := \{x \in \mathbb{R}^2;\ x \geq 0\}$,
(B2) S is comprehensive, i.e. if $x \in S$ and $y \in \mathbb{R}^2_+$, $y \leq x$, then $y \in S$,
(B3) $x > 0$ for some $x \in S$.
The game-theoretic interpretation of a bargaining game S is as follows. Two players (bargainers) are bargaining over the set of feasible outcomes S. If they cooperate and agree on an element $s \in S$, then each player i (i = 1,2) receives utility payoff s_i. If they fail to reach an agreement, then each player receives utility payoff 0. The origin 0 (= (0,0)) is therefore called the disagreement outcome.
The compactness of S is required just for mathematical convenience. Convexity stems from randomizing between riskless alternatives, and the requirement $S \subset \mathbb{R}^2_+$ reflects the fact that agreements which give one or both of the players less than the disagreement utility 0, are regarded as irrational. Comprehensiveness reflects the fact that both players may freely dispose of utility. (B3) can be seen as requiring that there is an incentive to bargain.
Putting the disagreement outcome equal to the origin is just a convenient normalization. By B, we denote the family of all bargaining games.

In his 1950 paper, Nash proposes to tackle the bargaining problem (i.e., which agreement will the players reach?) in a normative way (which agreement should the players reach?). He introduces the concept of a bargaining solution and singles out a unique one by axioms. One of these axioms, symmetry, is dropped in Harsanyi, Selten /3/. De Koster, Peters, Tijs, Wakker /6/ allow a solution to assign zero utility to one of the players, and obtain two more (dictatorial) solutions. In describing these results, we follow the last mentioned authors.
Let $S \in B$. The Pareto optimal subset of S is the set

$$P(S) := \{x \in S;\ \text{if } y \in S \text{ and } y \geq x, \text{ then } y = x\}.$$

By $\bar{p}(S)$ ($\underline{p}(S)$) we denote the point in P(S) with maximal second (first) coordinate. Further, $\bar{w}(S) := (0, \bar{p}_2(S))$, $\underline{w}(S) := (\underline{p}_1(S), 0)$, $\bar{W}(S) := \text{conv}\{\bar{p}(S), \bar{w}(S)\}$, $\underline{W}(S) := \text{conv}\{\underline{p}(S), \underline{w}(S)\}$. Finally, the weak Pareto optimal subset of S is the set $W(S) := \bar{W}(S) \cup P(S) \cup \underline{W}(S)$.
A scale transformation is a vector a in $\mathbb{R}^2$ such that $a > 0$. Let $\mathbb{R}^2_{++} := \{a \in \mathbb{R}^2;\ a > 0\}$ denote the family of all scale transformations. For $a = (a_1, a_2) \in \mathbb{R}^2_{++}$, we denote, for $x \in \mathbb{R}^2$, $a * x := (a_1x_1, a_2x_2)$, and for $T \subset \mathbb{R}^2$, $a * T := \{a * x;\ x \in T\}$. Note that $a * S \in B$ for all $a \in \mathbb{R}^2_{++}$, $S \in B$.

A <u>bargaining solution</u> (b.s.) is a map $\phi : B \to \mathbb{R}^2$ such that $\phi(S) \in S$ for all $S \in B$. The following axioms for a b.s. ϕ will be important.

<u>Pareto Optimality</u> (PO): $\phi(S) \in P(S)$ for all $S \in B$.

<u>Weak Pareto Optimality</u> (WPO): $\phi(S) \in W(S)$ for all $S \in B$.

<u>Scale Transformation Invariance</u> (STI): $\phi(a*S) = a*\phi(S)$ for all $a \in \mathbb{R}^2_{++}$, $S \in B$.

<u>Independence of Irrelevant Alternatives</u> (IIA): For all $S,T \in B$ with $S \subset T$ and $\phi(T) \in S$, we have $\phi(T) = \phi(S)$.

For $t \in (0,1)$, the bargaining solution $F^t : B \to \mathbb{R}^2$ is defined as follows: for every $S \in B$, the function $x \mapsto x_1^t x_2^{1-t}$ is maximal on S in $F^t(S)$. The <u>dictator solutions</u> D^1 and D^2 are defined by $D^1(S) := \underline{p}(S)$ and $D^2(S) := \bar{p}(S)$ for every $S \in B$. It is not hard to verify that all these solutions satisfy PO, STI and IIA, moreover, the following theorem is proved in /6/:

<u>THEOREM 1.1</u>. A bargaining solution $\phi : B \to \mathbb{R}^2$ satisfies PO, STI and IIA iff $\phi \in \{D^1, D^2, F^t;\ t \in (0,1)\}$.

Substituting in Theorem 1.1. for PO the <u>Symmetry</u> (SY) axiom (i.e., $\phi_1(S) = \phi_2(S)$ for all $S \in B$ which are symmetric w.r.t. the line $x_1 = x_2$) gives Roth's result (/12, theorem 2/) which says that there are exactly two solutions satisfying SY, STI and IIA, namely Nash's solution $F^{\frac{1}{2}}$, and the <u>disagreement solution</u> which assigns 0 to every $S \in B$. The solutions F^t were introduced in Harsanyi, Selten /3/. If, in Theorem 1.1., we allow WPO instead of PO, then we obtain two more (unfriendly dictator) solutions, namely the solution $\bar{w}$ which assigns $\bar{w}(S)$ to every $S \in B$, and the solution $\underline{w}$ which assigns $\underline{w}(S)$ to every $S \in B$ (cf. theorem 2.2. in Peters, Tijs, De Koster /11/).

Another approach to the bargaining problem is the multisolution approach. A <u>multisolution</u> (m.s.) $\Phi : B \to \mathbb{R}^2$ is a correspondence (i.e., a set-valued map) which assigns to each $S \in B$ a subset $\Phi(S) \subset S$. The mentioned axioms can be reformulated for multisolutions; only the reformulation of the IIA-axiom needs special attention.

<u>IIA for multisolutions</u>: For all $S,T \in B$ with $S \subset T$ and $\Phi(T) \cap S \neq \emptyset$, we have $\Phi(S) = \Phi(T) \cap S$; (cf. Kaneko /5/).

(For another definition of IIA, see Aumann /1/). Note that a bargaining solution ϕ can be identified with an m.s. $\tilde{\phi}$ by $\tilde{\phi}(S) := \{\phi(S)\}$ for all $S \in B$. We write ϕ instead of $\tilde{\phi}$. Let $\bar{W}$ ($\underline{W}$) denote the multisolution which assigns $\bar{W}(S)$ ($\underline{W}(S)$) to every $S \in B$. We then have

<u>THEOREM 1.2</u>. An m.s. $\phi : B \to \mathbb{R}^2$ satisfies WPO, STI and IIA iff $\phi \in \{D^1, D^2, \underline{w}, \bar{w}, \underline{W}, \bar{W}, F^t;\ t \in (0,1)\}$.

<u>PROOF</u>. See theorems 3.1 and 3.2 in /11/. □

So far we have given a survey of the main known results w.r.t.

(multi)solutions satisfying STI and IIA. In this paper, we confine our attention to the IIA* axiom. (Probabilistic versions of axioms will be denoted by an asterix.) However, probabilistic solutions satisfying other characterizing axioms may be investigated; we refer to a remark in the final section. We will also consider only solutions satisfying STI*. In experiments (e.g., Roth, Malouf /13/) and in everyday practice, often axioms which are regarded as basic in a normative theory of bargaining, are violated. In this paper, we try to appraise the possibility of negotiations ending up in disagreement, or in non-Pareto optimal agreements. More broadly speaking, we will attempt here to set up a theory, which is still axiomatic and normative, but may also have some descriptive value. Dropping the WPO axiom in theorem 1.2 is not sufficient; we obtain some more solutions, but these are either too indecisive (e.g. the m.s. which assigns the whole set S to every $S \in B$), or highly improbable (e.g. the m.s. which assigns $\text{conv}\{0,\underline{w}(S)\}$ to every $S \in B$), or too restrictive (e.g. the disagreement solution, which <u>always</u> assigns disagreement). Therefore, we propose to look at probabilistic solutions. Such a solution may, e.g., predict disagreement with probability strictly between 0 and 1.

In section 2, we define the new model and characterize a family of probabilistic solutions satisfying IIA*, by laying restrictions on the possible probability measures. In section 3, we characterize another family of solutions by using a stronger version of the IIA* axiom. Section 4 concludes with some final comments, among which some other arguments for considering probabilistic solutions.

To conclude this section, we remark that in social choice theory too probabilistic solutions play an interesting rôle (cf. Gibbard /2/, for example). And in bargaining, Myerson's choice mechanism (Myerson /7/) bears resemblance to our probabilistic solution concept.

2. PROBABILISTIC SOLUTIONS. THE IIA-AXIOM

For $S \in B$, let $\sigma(S)$ denote the σ-algebra of Borel sets in S. A <u>probability measure on</u> S is a map $\mu_S : \sigma(S) \to [0,1]$ such that $\mu_S(S) = 1$ and $\mu_S(\bigcup_i E_i) = \sum_i \mu_S(E_i)$ if $E_1, E_2, \ldots$ is a sequence of pairwise disjoint elements in $\sigma(S)$. The <u>support of</u> μ_S, denoted $\text{supp}(\mu_S)$, is defined by

$$\text{supp}(\mu_S) := \{x \in S;\ \mu_S(E) \neq 0 \text{ for all open } E \text{ in } \sigma(S) \text{ with } x \in E\}.$$

A <u>(probabilistic bargaining) solution</u> is a map μ assigning to each

$S \in B$ an element $\mu(S)$ in $M(S)$, where $M(S)$ denotes the family of all probability measures on S. In the sequel, we write μ_S instead of $\mu(S)$. For $S \in B$ and $E \in \sigma(S)$, $\mu_S(E)$ is interpreted as the probability predicted by μ that the final outcome of the bargaining game S will be in E.

Most axioms for deterministic solutions translate in an obvious way for probabilistic solutions:

(W)PO* : $\mu_S(P(S))$ $(\mu_S(W(S))) = 1$ for all $S \in B$.

STI*: $\mu_{a*S}(a*E) = \mu_S(E)$ for all $a \in \mathbb{R}^2_{++}$, $S \in B$, $E \in \sigma(S)$.

In our view, the weakest possible translation of the IIA axiom is:

IIA*: For all $S,T \in B$ with $S \subset T$, $\mu_S(E) \geq \mu_T(E)$ for all $E \in \sigma(S)$.

In order not to violate the spirit of IIA, this formulation seems the least to ask. Note, that all the solutions (b.s. and m.s.) in section 1 can be identified with probabilistic solutions (take the values of these solutions as supports for probability measures inducing a homogeneous or degenerate distribution on their supports). Then all these solutions satisfy IIA*.

In general, this axiom IIA* is too weak, since it admits too many solutions. In the next section, we indicate how to look for stronger versions, and we will study one of these. In this section, we put a restriction on the allowed probability measures. First a convention: for $S \in B$ and $x \in S$, we write $\mu_S(x)$ instead of $\mu_S(\{x\})$. Then we have:

LEMMA 2.1. Let $S \in B$, and let μ be a solution satisfying STI* and IIA*. Then we have $\mu_S(x) = 0$ if $x \notin P(S) \cup \{0,\underline{w}(S),\bar{w}(S)\}$, for every $x \in S$.

PROOF. Let $x \in S$. Suppose there exists a set $S_x \subset S$ such that $y \geq x$ for all $y \in S_x$, S_x is countably infinite, and for every $y \in S_x$ there exists an $a \in \mathbb{R}^2_{++}$ such that $a*y = x$. By STI* and IIA*, if $y \in S_x$ and $a*y = x$ for some $a \in \mathbb{R}^2_{++}$, we have $\mu_S(y) = \mu_{a*S}(x) \geq \mu_S(x)$ since $a \leq (1,1)$. If $\mu_S(x) > 0$, then summing for all $y \in S_x$ would yield $\infty = \mu_S(S_x) \leq \mu_S(S) = 1$, a contradiction.

So $\mu_S(x) = 0$. The proof is finished by observing that such a set S_x exists for every $x \notin P(S) \cup \{0,\underline{w}(S),\bar{w}(S)\}$. □

Let $F(S) \subset M(S)$ be the family of all probability measures on $S \in B$ with finite support. A solution μ is called finite if $\mu_S \in F(S)$ for every $S \in B$. We restrict our attention, in the remainder of this section, to finite solutions satisfying STI* and IIA*. For brevity's sake only, we call such a solution an FIS solution. We will give a characterization of all FIS solutions.

Let the (probabilistic) solutions $d,\bar{w},\underline{w},D^1,D^2,F^t$ $(0 < t < 1)$ be defined as follows. For every $S \in B$ and $E \in \sigma(S)$, $d_S(E) := 1_E(0)$, $\bar{w}_S(E) := 1_E(\bar{w}(S))$, $\underline{w}_S(E) := 1_E(\underline{w}(S))$, $D^1_S(E) := 1_E(D^1(S))$, $D^2_S(E) := 1_E(D^2(S))$,

$F_S^t(E) := 1_E(F^t(S))$ for all $t \in (0,1)$, where $1_E(x) := 1$ if $x \in E$, $1_E(x) := 0$ if $x \notin E$, for all $x \in S$. So e.g., the solution d assigns probability 1 to the disagreement outcome 0, for every $S \in B$. It is straightforward to verify that all these solutions are FIS solutions. Moreover, it follows from lemma 2.1 that, if μ is an FIS solution and $S \in B$, then $\mu_S(x) \neq 0$ for a finite, positive number of elements x in $\{0,\bar{w}(S),\underline{w}(S),D^1(S),D^2(S),F^t(S);\ t \in (0,1)\}$, and $\mu_S(x) = 0$ for all other $x \in S$. Let T be a finite subset of $(0,1)$, and let $q_1,q_2,q_3,q_4,$ q_5,q_t $(t \in T)$ be numbers in $[0,1]$ with $\Sigma_{i=1}^5 q_i + \Sigma_{t\in T} q_t = 1$. Then the solution μ, defined by

$$(*)\quad \mu_S(E) := q_1 d_S(E) + q_2\bar{w}_S(E) + q_3\underline{w}_S(E) + q_4 D_S^1(E) + q_5 D_S^2(E) + \Sigma_{t\in T} q_t F_S^t(E)$$

for all $S \in B$, $E \in \sigma(S)$, is an FIS solution. The reverse is also true, that is, every FIS solution is of this form. This is the content of the following theorem, the proof of which will only be briefly outlined, for space's sake. A complete proof can be found in Peters /9/.

THEOREM 2.2. Let μ be an FIS solution. Then there exist a finite subset T of $(0,1)$ and numbers $q_1,q_2,\ldots,q_5,q_t$ $(t \in T)$ in $[0,1]$ summing up to 1, such that, for all $S \in B$ and $E \in \sigma(S)$, μ satisfies (*).

OUTLINE OF THE PROOF: Let $\Delta,\square \in B$ be defined by $\Delta := \mathrm{conv}\{(0,0),(1,0),(0,1)\}$ and $\square := \mathrm{conv}(\Delta \cup \{(1,1)\})$. From STI* and IIA*, we have $\mu_\Delta(0) \geq \mu_\square(0)$ as well as $\mu_\square(0) = \mu_{(\frac{1}{2},\frac{1}{2})*\square}(0) \geq \mu_\Delta(0)$, so $\mu_\Delta(0) = \mu_\square(0)$. Let $q_1 := \mu_\Delta(0)$. From IIA*, $\mu_\Delta((0,1)) \geq \mu_\square((0,1))$ and $\mu_\Delta((1,0)) \geq \mu_\square((1,0))$. Let $q_2 := \mu_\square((0,1))$, $q_3 := \mu_\square((1,0))$, $q_4 := \mu_\Delta((1,0))-q_3$, $q_5 := \mu_\Delta((0,1))-q_2$. Let $T \subset (0,1)$ be defined by $T := \{t \in (0,1);\ \mu_\Delta((t,1-t)) \neq 0\}$, and let, for every $t \in T$, $q_t := \mu_\Delta((t,1-t))$. Then $q_1,q_2,\ldots,q_5,q_t$ $(t \in T)$ sum up to 1, and moreover, (*) is satisfied for $\square$ and Δ. First, let $S \in B$ be such that the set $A(S) := \{0,\bar{w}(S),\underline{w}(S),D^1(S),D^2(S),F^t(S);\ t \in T\}$ contains exactly $|T|+5$ elements. Then one proves, using STI* and IIA*, that $\mu_S(0) \geq q_1,\ldots,\mu_S(D^2(S)) \geq q_5$, $\mu_S(F^t(S)) \geq q_t$ for all $t \in T$, which implies equality in all these inequalities since the numbers $q_1,q_2,\ldots,q_5,q_t$ $(t \in T)$ sum up to 1 and $\mu_S(S) = 1$. So also for such S, μ satisfies (*). The proof of the general case involves some subtleties, like approaching the Pareto optimal subset in a differentiable way and using a geometric characterization of the bargaining solutions F^t as in Proposition 4.1. in Peters and Tijs /10/. □

All the bargaining solutions (single-valued multisolutions) appearing in section 1, return as special cases of the FIS solutions described above. Requiring the additional axiom of Symmetry (the definition of this axiom for probabilistic solutions is obvious) singles out a one-parameter family of solutions μ^p $(p \in [0,1])$ where, for every $S \in B$ and $E \in \sigma(S)$, $\mu_S^p(E) := pd_S(E)+(1-p)F_S^{\frac{1}{2}}(E)$. As special cases, μ^0 and μ^1 predict the symmetric Nash solution and disagreement with certainty, respectively.

In the next section, we will discuss a stronger version of the IIA^*-axiom.

3. A STRONGER VERSION OF THE IIA^* AXIOM

Let $S,T \in B$ with $S \subset T$, and let μ be a probabilistic solution. The IIA^* axiom requires that $\mu_S(E) \geq \mu_T(E)$ for all $E \in \sigma(S)$. If $\mu_T(S) = 1$, then, by IIA^*, μ_S is completely determined by μ_T. If not, i.e. if $\mu_T(T\setminus S) > 0$, then this remaining probability mass has to be distributed on S. One can think of infinitely many ways to do this. One way is the following:

Conditional IIA^* ($CIIA^*$): For all $S,T \in B$ with $S \subset T$, and for all $E \in \sigma(S)$, $\mu_S(E)\mu_T(S) = \mu_T(E)$.

Another way to state $CIIA^*$ is: for all $S,T \in B$ with $S \subset T$ and for all $E \in \sigma(S)$, if $\mu_T(S) \neq 0$, then $\mu_S(E) = \mu_T(E)\mu_T(S)^{-1}$. By Bayes' formula, this last expression implies $\mu_S(E) = \mu_T(E|S)$, hence the term "conditional".

The axiom $CIIA^*$ is much stronger than IIA^*. We are able to describe all solutions satisfying $CIIA^*$ and STI^*. For convenience, let us call such a solution a CS solution.

DEFINITION 3.1. For all $t \in (0,\infty)$, the solutions $\underline{d}^t, \bar{d}^t, \underline{w}^t, \bar{w}^t$ are defined as follows. For all $S \in B$ and $E \in \sigma(S)$,

$$\underline{d}_S^t(E) := \underline{w}_1(S)^{-t}\int_{[0,\underline{w}_1(S)]} 1_{\{x\in E;x_2=0\}}(x)\,dx_1^t,$$

$$\bar{d}_S^t(E) := \bar{w}_2(S)^{-t}\int_{[0,\bar{w}_2(S)]} 1_{\{x\in E;x_1=0\}}(x)\,dx_2^t,$$

$$\underline{w}_S^t(E) := \begin{cases} \underline{p}_2(S)^{-t}\int_{[0,\underline{p}_2(S)]} 1_{\{x\in E;x_1=\underline{p}_1(S)\}}(x)\,dx_2^t & \text{if } \underline{p}_2(S) > 0 \\ \underline{w}_S(E) & \text{if } \underline{p}_2(S) = 0, \end{cases}$$

$$\bar{w}_S^t(E) := \begin{cases} \bar{p}_1(S)^{-t}\int_{[0,\bar{p}_1(S)]} 1_{\{x\in E;x_2=\bar{p}_2(S)\}}(x)\,dx_1^t & \text{if } \bar{p}_1(S) > 0 \\ \bar{w}_S(E) & \text{if } \bar{p}_1(S) = 0. \end{cases}$$

For all $t,s \in (0,\infty)$, the solutions $h^{t,s}$ are defined as follows. For all $S \in \mathbf{B}$ and $E \in \sigma(S)$

$$h_S^{t,s}(E) := \left(\iint_S 1_S((x_1,x_2))\,dx_1^t dx_2^s\right)^{-1}\iint_S 1_E((x_1,x_2))\,dx_1^t dx_2^s.$$

So for $S \in B$, $\underline{d}_S^t$ and $\bar{d}_S^t$ are nonatomic probability measures with supports $conv\{0,\underline{w}(S)\}$ and $conv\{0,\bar{w}(S)\}$ respectively, and $\underline{w}_S^t$ and $\bar{w}_S^t$ nonatomic probability measures with supports $\underline{W}(S)$ and $\bar{W}(S)$ (if $\underline{W}(S) \neq \{\underline{w}(S)\}$, $\bar{W}(S) \neq \{\bar{w}(S)\}$), respectively, and $h_S^{t,s}$ is a nonatomic

probability measure with support S.
The following theorem describes all CS solutions. The proof is too lenghty to give here, and can be found in Peters /9/.

THEOREM 3.2. The solution μ is a CS solution iff
$\mu \in \{d,\underline{w},\bar{w},D^1,D^2,F^t;\ t \in (0,1)\} \cup \{\underline{d}^t,\bar{d}^t,\underline{w}^t,\bar{w}^t,h^{t,s};\ t,s \in (0,\infty)\}$.

Of course, all these solutions are also IIA* solutions. A drawback of the CIIA* axiom is, that it only admits "degenerate" FIS solutions, e.g., disagreement can only occur with probability always 0, or always 1. Note, moreover, that $\{d,\underline{w},\bar{w},D^1,D^2,F^t;\ t \in (0,1)\}$ is the family of all finite CS solutions, so also for finite solutions, CIIA* is strictly stronger than IIA*. Note also, that all the solutions appearing in section 1 can be identified with CS solutions (cf. our remark after the definition of IIA* in section 2).

Despite the drawback mentioned in the previous paragraph, we have described here all CS solutions, not only because of the mathematical elegance of the result, but also because of the striking similarities occurring in the definitions of the bargaining solutions F^t and of the probabilistic solutions defined in Definition 3.1. These similarities call for further investigation. We think of a probabilistic approach to the bargaining process in addition to the axiomatic one described above.

4. FINAL COMMENTS

First of all, other characterizing axioms may be considered, e.g. the Individual Monotonicity axiom (cf. Kalai, Smorodinsky /4/, Roth /12/). One probabilistic version of this axiom could be:

Individual Monotonicity (IM*): A solution μ satisfies IM* iff it satisfies IM_1^* and IM_2^*.

IM_1^*: For all $S,T \in B$ with $S \subset T$, if $\bar{w}_2(T) = \bar{w}_2(S)$, then (i) for every $E \in \sigma(T)$ there is an $E' \in \sigma(S)$ such that $x_1' \leq \sup\{x_1;\ x \in E\}$ for all $x' \in E'$ and such that $\mu_S(E') \geq \mu_T(E)$, (ii) for every $E \in \sigma(S)$ there is an $E' \in \sigma(T)$ such that $x_1' \geq \inf\{x_1;\ x \in E\}$ for all $x' \in E'$ and such that $\mu_T(E') \geq \mu_S(E)$.

IM_2^*: Analogous to IM_1^*.

Solutions which satisfy IM* are e.g., the disagreement solution d, the solution K which always predicts the Kalai-Smorodinsky solution point (i.e. for $S \in B$, the intersection of P(S) and the straight line through 0 and $(\underline{w}_1(S),\bar{w}_2(S))$) with certainty, but also the solution which predicts disagreement and the Kalai-Smorodinsky solution point each with probability ½. However, there will be many more.

Further, other (stronger) versions of the IIA* axiom for probabilistic solutions may be considered, cf. the first paragraph of section 3. The results of section 3 deserve further consideration, cf. the last paragraph of section 3.

Finally, two other arguments for considering probabilistic solutions are, first, a notion of incomplete information: the Pareto boundary of a bargaining game S may be "vague", not exactly known to the players, and secondly: there is a possibility of the players making mistakes, which may account for non-Pareto optimal agreements having positive probability.

References

/1/ AUMANN, R.J.
An axiomatization of the non-transferable utility value
Mimeo (1983).

/2/ GIBBARD, A.
Straightforwardness of game forms with lotteries as outcomes
Econometrica 46, 595-614 (1978).

/3/ HARSANYI, J.C.; SELTEN, R.
A generalized Nash solution for two-person bargaining games with incomplete information
Management Sci. 18, 80-106 (1972).

/4/ KALAI, E.; SMORODINSKY, M.
Other solutions to Nash's bargaining problem
Econometrica 43, 513-518 (1975).

/5/ KANEKO, M.
An extension of the Nash bargaining problem and the Nash social welfare function
Theory and Decision 12, 135-148 (1980).

/6/ KOSTER, R. DE; PETERS, H.; TIJS, S.; WAKKER, P.
Risk sensitivity, independence of irrelevant alternatives and continuity of bargaining solutions
Mathematical Social Sciences (1983).

/7/ MYERSON, R.B.
Incentive compatibility and the bargaining problem
Econometrica 47, 61-73 (1979).

/8/ NASH, J.F.
The Bargaining problem
Econometrica 18, 155-182 (1950).

/9/ PETERS, H.
An axiomatic approach to bargaining (Ph.D. Dissertation)
Dept. of Mathematics, Nijmegen, The Netherlands (1984, to appear).

/10/ PETERS, H.; TIJS, S.
Risk sensitivity of bargaining solutions
Methods of Operations Research 44, 409-420 (1981).

/11/ PETERS, H.; TIJS. S.; KOSTER, R. DE
Solutions and multisolutions for bargaining games
Methods of Operations Research 46, 465-476 (1983).

/12/ ROTH, A.E.
Axiomatic models of bargaining
Springer Verlag, Berlin,Heidelberg, New York (1979).

/13/ ROTH, A.E.; MALOUF, M.W.K.
Game theoretic models and the role of information in bargaining
Psychological Review 86, 574-594 (1979).

GAME-THEORETIC SOLUTIONS FOR SOME ECONOMIC SITUATIONS

Theo Driessen, Nijmegen
Stef Tijs, Nijmegen

Many economic situations, where cooperation between persons, firms, institutions etc. is possible, can be modeled as a cooperative game in characteristic function form. For these games, various solution concepts have been introduced which prescribe the distribution of the total gain.

A situation, in which several landless peasants and one (or two) landowner(s) are involved, is considered. For this economic model, the landowners are assumed to be identical, while the peasants have nothing to contribute but their labour and are also assumed to be identical. The landowners hire peasants to cultivate their land. If s peasants are hired by one landowner, then their total gain is denoted by f(s). The function $f : \{0,1,...,n\} \to \mathbb{R}$ is called the production function, where n is the number of peasants.

The cooperative game v, which corresponds to this particular economic model, is expressed in terms of the production function f. For the two cases in which the function f is convex or concave, the following solution concepts of the game v are determined: the core, the nucleolus, the Shapley value and the τ-value. First of all, the situation with only one landowner is considered. The core and the Shapley value of the corresponding game v have been studied already by Shapley, Shubik /2/, while its nucleolus was central in Chetty, Dasgupta, Raghavan /1/. Now its τ-value is emphasized and compared with the other solution concepts. Secondly, the situation with two landowners is studied. In case f is convex, both the nucleolus and the τ-value of the game v coincide with the symmetrical part of the core, while its Shapley value is not even in the core. If f is concave, then the core of v itself is already symmetrical. But the structure of the core and the other solution concepts depend on the fact whether the number of peasants is even or odd.
Throughout the paper, interpretations of the results are given.

/1/ Chetty, V.K., Dasgupta, D. and Raghavan, T.E.S.: Power and distribution of profits. Discussion paper no. 139, Indian Statistical Institute, Delhi Centre (1976).

/2/ Shapley, L.S. and Shubik, M.: Ownership and the production function. Q.J. Econ. 81, 88-111 (1967).

Operations Research Proceedings 1983

ENTSCHEIDUNGEN BEI MEHRFACHER ZIELSETZUNG UND SPIELTHEORIE: DAS MODELL DER AUSGLEICHSLÖSUNG

Roland Bürkle, Freiburg i.Br.

Sowohl die in der Spieltheorie analysierten Probleme als auch Entscheidungen bei mehrfacher - konfliktärer - Zielsetzung sind durch divergierende Interessen gekennzeichnet, so daß es durchaus naheliegt, in der Spieltheorie zur Ermittlung optimaler Verhaltensweisen im Sinne einer bestmöglichen Erreichung der widerstreitenden Interessen entwickelte Ansätze auf Entscheidungen bei mehrfacher Zielsetzung zu übertragen. Die Fruchtbarkeit dieser Idee wird dadurch belegt, daß eine solche Adaption für das dazu besonders geeignet erscheinende Bargaining-Modell von Nash vorgenommen wird, welche zum Modell der Ausgleichslösung führt. Damit wird ein weiterer Beitrag zur Methodologie mathematischer Modelle geleistet.

Hierzu wird zunächst das Nash-Modell kurz in allgemeiner Form referiert. Danach werden dessen konstitutive Elemente so interpretiert, daß eine Anwendung dieses Ansatzes auf Entscheidungen bei mehrfacher Zielsetzung möglich wird, wodurch das Modell der Ausgleichslösung definiert wird. Besondere Aufmerksamkeit wird dabei den Axiomen, in welchen die geforderten Eigenschaften der Nash-Lösung expliziert werden, geschenkt, da sie den tiefgreifenden konzeptionellen Unterschied zwischen bislang zur Entscheidungsfindung bei Mehrfachzielsetzung diskutierten Ansätzen und dem Modell der Ausgleichslösung ausmachen. Dieser besteht darin, daß im Modell der Ausgleichslösung zunächst die erwünschten Eigenschaften der Lösung des Entscheidungsproblems fixiert werden, aus denen dann die entsprechende Lösungsvorschrift deduziert wird.

Dabei wird neben einer Erweiterung des Anwendungsbereiches der Ausgleichslösung gegenüber dem der Nash-Lösung das interaktiv gestaltete prozessuale Vorgehen zur Durchführung des Modells der Ausgleichslösung dargelegt. Abschließend wird dieses Modell anderen Verfahren analoger Intention, wie etwa linearen Nutzenmodellen oder der Zielprogrammierung, vergleichend gegenübergestellt, woraus sich die Vorzüge des Modells der Ausgleichslösung zweifelsfrei ergeben.

Operations Research Proceedings 1983

ENTSCHEIDUNGSMODELLE MIT FUZZY-NUTZEN

Heinrich Rommelfanger, Frankfurt

1. Einführung

Eine wesentliche Ursache für die geringe praktische Bedeutung statistischer Entscheidungsmodelle sind die ihnen zugrunde liegenden realitätsfremden Prämissen, insbesondere die hohen Anforderungen an den Informationsstand des Entscheidungsträgers. Dessen zumeist nur vages Wissen über

- die Menge aller in Betracht kommenden Alternativen $A=\{a_i\}$, $i=1,2,..,m$,
- die Menge der möglichen Umweltzustände $S=\{s_j\}$, $j=1,2,..,n$,
- die Konsequenzen, die sich aus der Entscheidung für eine Handlungsalternative a_i ergeben, wenn sich der Umweltzustand s_j einstellt, und die zumeist als Nutzen $u(a_i,s_j)$ ausgedrückt werden,

reicht im allgemeinen nicht aus, ein Entscheidungsmodell der klassischen Form $\langle A,S,u \rangle$ aufzustellen.

Da die Theorie der unscharfen Mengen (Fuzzy-sets) gerade entwickelt wurde, um diese Art von Ungenauigkeit mathematisch ausdrücken zu können, ist es ein naheliegender Schritt, Entscheidungsmodelle

- mit unscharfen Zuständen $\underset{\sim}{Z}_k=\{(s_j,f_{\underset{\sim}{Z}_k}(s_j)) \mid s_j \in S\}$, $k=1,2,..,k^*$,
- mit unscharfen Alternativen $\underset{\sim}{D}_r=\{(a_i,f_{\underset{\sim}{D}_r}(a_i)) \mid a_i \in A\}$, $r=1,2,..,r^*$, und/oder
- mit unscharfen Nutzenbewertungen zu formulieren.

2. Entscheidungsmodelle mit Fuzzy-Zuständen

TANAKA u.a. /5/ untersuchen ein Entscheidungsmodell der Form $\langle D,Z,u(\underset{\sim}{D}_r,\underset{\sim}{Z}_k) \rangle$ mit $D=\{\underset{\sim}{D}_r\}$ und $Z=\{\underset{\sim}{Z}_k\}$. Da in diesem Fuzzy-Modell die Konsequenzen wie im klassischen Modell durch eine scharfe Nutzenfunktion bewertet werden, läßt sich bei bekannter a-priori-Verteilung der unscharfen Zustände $\{\underset{\sim}{Z}_k\}$ bzw. der scharfen Zustände $\{s_j\}$ die optimale unscharfe Alternative $\underset{\sim}{D}^*$ mit Hilfe der BAYES-Regel ermitteln:

$$U(\underset{\sim}{D}^*) = \max_r U(\underset{\sim}{D}_r) \quad \text{mit } U(\underset{\sim}{D}_r) := \sum_k u(\underset{\sim}{D}_r,\underset{\sim}{Z}_k)\cdot W(\underset{\sim}{Z}_k) \quad , \tag{1}$$

dabei berechnet sich bei gegebener a-priori-Verteiung $p(s_j)$ die *Wahrscheinlichkeit des Fuzzy Ereignisses* $\underset{\sim}{Z}_k$ nach ZADEH /6,S.442/ als

$$W(\underset{\sim}{Z}_k) := \sum_j f_{\underset{\sim}{Z}_k}(s_j)\cdot p(s_j) \quad . \tag{2}$$

Geht man dagegen wie JAIN /3/ von dem klassischen Entscheidungsmodell

Operations Research Proceedings 1983

<A,S,u> aus und nimmt an, daß dem Entscheidungsträger bekannt ist, daß ein unscharfer Zustand $\underset{\sim}{Z}=\{(s_j, f_{\underset{\sim}{Z}}(s_j)) | s_j \in S\}$ vorliegt, dann lassen sich die Alternativen $a_i \in A$ nicht mehr scharf bewerten, sondern nur charakterisieren durch die unscharfen Nutzenmengen

$$\underset{\sim}{U}_i = \{(u, f_i(u)) | u \in U\}, \qquad U := \{u_{ij} = u(a_i, s_j)\}$$

$$\text{mit } f_i(u) = \begin{cases} 0 & \text{für } \nexists\, j | u = u_{ij} \\ f_{\underset{\sim}{Z}}(s_j) & \text{für } \dot{\exists}\, j | u = u_{ij} \\ f_{\underset{\sim}{Z}}(s_{p_u}) \oplus \cdots \oplus f_{\underset{\sim}{Z}}(s_{q_u}) & \text{für } u = u_{ij} \;\; \forall j = p_u, \ldots, q_u \end{cases} \tag{3}$$

dabei symbolisiert $\oplus$ die algebraische Summe $f_1 \oplus f_2 = f_1 + f_2 - f_1 \cdot f_2$. Dieser Modellansatz von JAIN führt somit zu dem Problem, unscharfe Mengen über der gleichen Grundmenge in eine Rangordnung zu bringen.

3. Entscheidungsmodell mit Fuzzy-Nutzen

Die vorstehend angesprochenen Entscheidungsmodelle enthalten alle die unrealistische Annahme, daß der Entscheidungsträger in der Lage ist, das Zusammentreffen einer (scharfen bzw. unscharfen) Handlungsalternativen mit einem (scharfen bzw. unscharfen) Umweltzustand eindeutig scharf zu bewerten. Ein Entscheidungsträger ist aber i.a. höchstens in der Lage, jeder Alternativen einen Bereich auf seiner Nutzenskala zuzuordnen. Durch geschickte Auswahl der im Modell berücksichtigten Zustände der Umwelt kann allenfalls erreicht werden, daß diese Nutzenintervalle möglichst klein werden, sie werden aber bei realen Anwendungsfällen nie auf einen Punkt zusammenschrumpfen. Es ist daher sinnvoller, das Zusammentreffen einer Alternativen a_i mit einem Umweltzustand s_j unscharf zu bewerten durch eine unscharfe Menge (Fuzzy-set)

$$\underset{\sim}{U}(a_i, s_j) := \{(u, f_{ij}(u)) | u \in U\}, \tag{4}$$

wobei U die Menge aller möglichen Nutzenwerte ist, die sich bei Auswahl irgendeiner der Alternativen a_i ergeben können. Dabei lassen sich reale Entscheidungssituationen hinreichend genau beschreiben, wenn wir U als eine Menge endlich vieler Nutzenwerte definieren.

Auch im Falle unscharfer Alternativen und/oder unscharfer Umweltzustände ist eine solche unscharfe Nutzenbewertung die realistischere Vorgehensweise. Aus Zeitgründen soll hier nur der Modellansatz (4) weiter analysiert werden, für die anderen Fälle lassen sich analoge Lösungsverfahren entwickeln.

[1] Ein Beispiel für ein Fuzzy-Entscheidungsmodell der Form <A,S,$\underset{\sim}{U}(a_i, s_j)$> findet man in /3, S.701/. JAIN beschränkt dabei die Anzahl der unscharfen Nutzenmengen $\underset{\sim}{U}$ auf die folgenden fünf unscharfen Mengen über U={1,2,..,9}, die, wie dies in ihren Namen zum Ausdruck kommt, einer Rangordnung genügen:

$\underset{\sim}{VL}$ (very low) : $f_{\underset{\sim}{VL}}(1) = 1$, $f_{\underset{\sim}{VL}}(2) = 0,4$

$\underset{\sim}{L}$ (low) : $f_{\underset{\sim}{L}}(1) = 0,4$, $f_{\underset{\sim}{L}}(2) = 1$, $f_{\underset{\sim}{L}}(3) = 0,5$

$\underset{\sim}{M}$ (medium) : $f_{\underset{\sim}{M}}(3)=0,4$, $f_{\underset{\sim}{M}}(4)=0,7$, $f_{\underset{\sim}{M}}(5)=1$, $f_{\underset{\sim}{M}}(6)=0,7$, $f_{\underset{\sim}{M}}(7)=0,4$

$\underset{\sim}{H}$ (high) : $f_{\underset{\sim}{H}}(7) = 0,5$, $f_{\underset{\sim}{H}}(8) = 1$, $f_{\underset{\sim}{H}}(9) = 0,5$

$\underset{\sim}{VH}$ (very high) : $f_{\underset{\sim}{VH}}(8) = 0,5$, $f_{\underset{\sim}{VH}}(9) = 1$

Das Entscheidungsproblem werde dann durch die Entscheidungsmatrix

	s_1	s_2	s_3	s_4	s_5	s_6	s_7	s_8	s_9	s_{10}
a_1	VH	H	L	L	M	VL	H	VH	VH	M
a_2	L	VL	H	VH	VL	H	H	M	M	VM
a_3	H	M	L	M	M	H	VH	M	L	L

gegeben. ◆

Auch in praktischen Anwendungsfällen ist es oft möglich, die Anzahl unscharfer Bewertungen auf eine begrenzte Anzahl von Zugehörigkeitsfunktionstypen zu beschränken. Es dürfte aber nur in wenigen realen Fällen möglich sein, die unscharfen Nutzenmengen so zu wählen, daß sie einer Rangordnung genügen.

A. Liegt die Information vor, daß ein unscharfer Zustand $\underset{\sim}{Z} = \{(s_j, f_{\underset{\sim}{Z}}(s_j)) \mid s_j \in S\}$ mit Sicherheit eintritt, so entsteht das Problem, die Handlungsalternativen unter Beachtung dieser Information zu bewerten. Zur Berechnung der Zugehörigkeitswerte dieser unscharfen Bewertungen $U_i(\underset{\sim}{Z}) = \{(u, f_{i\underset{\sim}{Z}}(u)) \mid u \in U\}$ schlägt JAIN / 3, S.702/ ein zweistufiges Verfahren vor, bei dem im 1.Schritt die Zugehörigkeitsfunktionen $f_{\underset{\sim}{Z}}$ benutzt werden, um jede Alternative a_i durch eine unscharfe Menge über der Menge $\{\underset{\sim}{VL}, \underset{\sim}{L}, \underset{\sim}{M}, \underset{\sim}{H}, \underset{\sim}{VH}\}$ zu bewerten und im 2.Schritt mit Hilfe des Minimumoperators die Zugehörigkeitswerte $f_{i\underset{\sim}{Z}}(u)$ berechnet werden.

An dieser Berechnungsmethode ist u.a. folgendes zu kritisieren:

i. Im Lichte der empirischen Untersuchungen über den "und"-Operator, vgl. z.B. /7/, ist der von JAIN benutzte Minimum-Operator kaum akzeptabel. Es ist zu vermuten, daß der Geometrische Mittel-Operator realitätsnähere Werte liefern würde.

ii. In realen Entscheidungssituationen ist es oft einfacher, anstelle von unscharfen Nutzenbewertungen $\underset{\sim}{U}(a_i, s_j)$ direkt unscharfe Nutzenbewertungen $\underset{\sim}{U}(a_i, \underset{\sim}{Z}_k)$ anzugeben. Es sind dann nicht nur weniger Zugehörigkeitsfunktionen anzugeben, die stützenden Mengen dieser Nutzenbewertungen dürften i.a. auch kleiner sein.

iii.Die Annahme, daß "vollkommene Information" über einen unscharfen

Zustand $\underset{\sim}{Z}_k$ vorliegt, ist nicht sehr realistisch. Da dieses Verfahren aber schon jetzt sehr umfangreich und unhandlich ist, empfiehlt es sich nicht, obiges Verfahren von JAIN weiterzuentwickeln für die Fälle, daß unvollständige Informationen über die unscharfen bzw. scharfen Zustände der Umwelt vorliegen.

B. Ist der Entscheidungsträger in der Lage, eine a-priori-Verteilung p über der Menge der scharfen Zustände S anzugeben, so läßt sich eine Lösung des Fuzzy-Entscheidungsprozesses $< A, S, \underset{\sim}{U}(a_i, s_j), p >$ ermitteln, indem man die Handlungsalternativen durch die unscharfen Nutzenmengen

$$\underset{\sim}{U}^B(a_i) := \{(u, f_i^B(u)) \mid u \in U\} \tag{5}$$

mit den Zugehörigkeitsfunktionen

$$f_i^B(u) := \sum_{j=1}^{n} f_{ij}(u) \cdot p(s_j) \qquad \forall\, u \in U \tag{6}$$

bewertet. Im Gegensatz zum klassischen Entscheidungsmodell und auch zu den Fuzzy-Modellen von NIKAIDO, OKUDA, ASAI /5/ und SOMMER /4/ führt hier das mit den a-priori-Wahrscheinlichkeiten gewichtete arithmetische Mittel nicht zu Nutzenerwartungswerten, sondern zu Erwartungswerten der Zugehörigkeitswerte. Die ins Auge springende Frage, ob dies ein sinnvolles Vorgehen ist, d.h. ob ein rational denkender Mensch bei diesem Informationsstand seine Nutzenbewertung so treffen würde, bedarf noch umfangreicher theoretischer und vor allem empirischer Überprüfungen. Beachtet man z.B., daß für alle $i \in I$ und alle $u_v \in U = \{u_1, u_2, .., u_{v*}\}$ durch die Menge der Zugehörigkeitswerte $\{f_{iv}(s_j) := f_{ij}(u_v)\}_{j=1,..,n}$ eine unscharfe Menge $\underset{\sim}{S}_{iv} = \{(s_j, f_{iv}(s_j)) \mid s_j \in S\}$ über dem Zustandsraum S induziert wird, so entspricht der Zugehörigkeitswert $f_i^B(u_v)$ der Wahrscheinlichkeit dieses Fuzzy-Ereignisses $\underset{\sim}{S}_{iv}$.

Für diesen Lösungsansatz spricht, daß

i. er im Falle vollständiger Information zu den vorgegeben unscharfen Nutzenbewertungen $\underset{\sim}{U}$ führt, und

ii. im Falle eindeutiger Nutzenbewertung, d.h. $f_{ij}(u) = 1$ für genau ein $u \in U$ und sonst gleich 0, jede unscharfe Nutzenmenge $\underset{\sim}{U}_i^B$ der von $p(s_j)$ erzeugten Wahrscheinlichkeitsverteilung über U im entsprechenden klassischen Entscheidungsmodell entspricht.

[2] Ist für das Entscheidungsmodell $< A, S, \underset{\sim}{U}(a_i, s_j) >$ in Beispiel [1] die a-priori-Verteilung

	s_1	s_2	s_3	s_4	s_5	s_6	s_7	s_8	s_9	s_{10}
$p(s_j)$	0	0	0,13	0,25	0,31	0,22	0,09	0	0	0

gegeben, so kann man mittels der Gleichung (6) die Zugehörigkeitsfunktionen $f_i^B(u)$ berechnen:

u	1	2	3	4	5	6	7	8	9
$f_1^B(u)$	0,37	0,47	0,28	0,22	0,31	0,22	0,17	0,09	0,05
$f_2^B(u)$	0,31	0,12	0	0	0	0	0,22	0,57	0,47
$f_3^B(u)$	0,05	0,13	0,29	0,39	0,56	0,39	0,33	0,27	0,20

Da eine Zugehörigkeitsfunktion f(u) nur eine Aussage macht über die Realisierungschancen für einen u-Wert im Vergleich zu einem anderen, wird durch eine Normierung die in den Zugehörigkeitswerten zum Ausdruck gebrachte subjektive Bewertung nicht geändert.
Die mittels der Transformationsformel

$$f_i(u) = \frac{f_u^B(u)}{\underset{u \in U}{\mathrm{Max}}\ f_i^B(u)} \quad \forall\ u \in U\ ,$$

normierten Zugehörigkeitsfunktionen sind in der nachfolgenden Abbildung dargestellt, wobei zur besseren Übersicht die Punktepaare $(u, f_i(u))$ der unscharfen Nutzenmengen $\underset{\sim}{U}_i$ durch einen Polygonenzug verbunden sind.

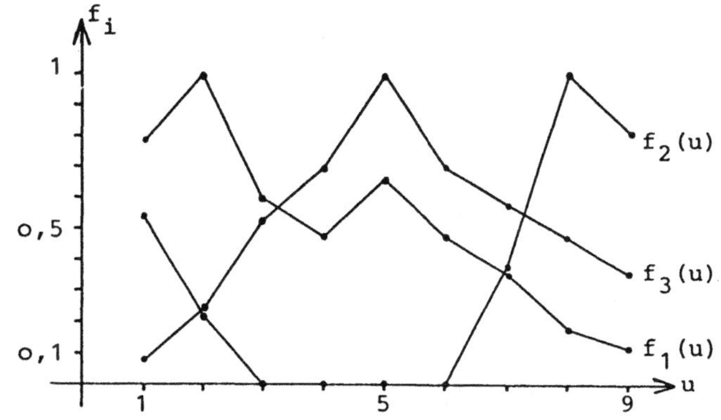

Akzeptiert man den durch die Gleichungen (5) und (6) charakterisierten Lösungsweg, dann läßt sich dieses Entscheidungsmodell mit Fuzzy-Nutzen analog dem klassischen Vorgehen um eine scharfe Informationsmenge X={x} und analog dem Vorgehen von NIKAIDO u.a./5,S.26f/ um eine Menge $M := \{\underset{\sim}{M}_q\}$ unscharfer Informationsmengen $\underset{\sim}{M}_q = \{(x, f_{\underset{\sim}{M}_q}(x)) \mid x \in X\}$ erweitern und bei bekannten bedingten Wahrscheinlichkeiten $p(x|s)$ mittels des BAYESschen Satzes lösen, vgl. dazu auch /4/ .

4.Vergleich unscharfer Mengen über U

Liegt eine scharfe Nutzenbewertung von Alternativen $a_1, .., a_m$ vor, z.B. in Gestalt reeller Nutzenwerte $u_1, .., u_m \in \mathbb{R}$, so ist die Menge der optimalen Alternativen bestimmt als die scharfe Menge

$$C = \{i \in I = \{1, .., m\} \mid \ u_i \geqslant u_l \quad \forall\ l \in I\}.$$

Liegt aber eine unscharfe Nutzenbewertung der Alternativen in der Form $U(a_i) = \{(u, f_i(u)) \mid u \in U \subset \mathbb{R}\}$ vor mit normierten Zugehörigkeitsfunktionen f_i, $i \in I$, so muß die Menge C ersetzt werden durch eine unscharfe Menge

$$\underset{\sim}{C} = \{(i, f_{\underset{\sim}{C}}(i)) \mid i \in I\}.$$

Man wird dann eine der Alternativen mit dem höchsten Zugehörigkeitswert $f_{\underset{\sim}{C}}$ realisieren, evtl. aber - bei Berücksichtigung weitere Gesichtspunkte - auch einer anderen Alternative den Vorzug geben, deren Zugehörigkeitswert $f_{\underset{\sim}{C}}$ nur geringfügig schlechter ist als $\underset{i \in I}{\text{Max}}\, f_{\underset{\sim}{C}}(i)$.

Die Berechnung der Zugehörigkeitswerte $f_{\underset{\sim}{C}}(i)$ muß dabei auf den gegebenen unscharfen Bewertungen $f_i(u)$ basieren. Dabei ist darauf zu achten, daß die Zugehörigkeitswerte $f_i(u)$ nicht wie Wahrscheinlichkeiten oder Dichten interpretiert werden. Die Bildung von "Erwartungswerten" $\sum_{u \in U} f_i(u) \cdot u$ ist daher - als dem Charakter unscharfer Mengen widersprechend - abzulehnen.

In der Literatur werden die folgenden drei Verfahren zur Berechnung der Zugehörigkeitswerte $f_{\underset{\sim}{C}}(i)$ vorgeschlagen, die hier aus Zeitgründen nur für eine endliche Nutzenmenge U dargestellt werden.

Verfahren von JAIN

Damit die höheren Nutzenwerte stärker berücksichtigt werden, empfiehlt JAIN /3, S.700/, die Zugehörigkeitswerte in Abhängigkeit von u nach oben zu beschränken und zwar um so stärker, je kleiner die Nutzenwerte u sind. Um dies zu erreichen, beschränkt JAIN die Untersuchung zunächst auf die relevanten Nutzenwerte $Y = \bigcup_i S(\underset{\sim}{U}_i)$, wobei $S(\underset{\sim}{U}_i)$ die stützende Menge von $\underset{\sim}{U}_i$ kennzeichnet.

An Stelle der Bewertung $\underset{\sim}{U}_i$ ordnet JAIN dann jeder Alternativen a_i die unscharfe Bewertung $\hat{\underset{\sim}{U}}_i = \{(u, \hat{f}_i(u)) \mid u \in S(\underset{\sim}{U}_i)\}$ zu

$$\text{mit} \quad \hat{f}_i(u) := \text{Min}\left\{f_i(u), \left(\frac{u}{U_{Max}}\right)^{\rho}\right\} \forall\, u \in S(\underset{\sim}{U}_i), \tag{7}$$

wobei $U_{Max} := \text{Max}\, Y$ und ρ eine natürliche Zahl ist, die in Abhängigkeit des Anwendungsfalls festgelegt werden kann.

Die gesuchten Zugehörigkeitswerte sind dann gleich

$$f_{\underset{\sim}{C}}(i) = \underset{u \in S(\underset{\sim}{U}_i)}{\text{Max}}\; \hat{f}_i(u) \tag{8}$$

[3] Für die normierten Zugehörigkeitsfunktionen in Beispiel [2] errechnet man mit $\rho=1$ nach dem Verfahren von JAIN die Zugehörigkeitswerte

$$f_{\underset{\sim}{C}}(1) = 0{,}56\;, \quad f_{\underset{\sim}{C}}(2) = 0{,}89\;, \quad f_{\underset{\sim}{C}}(3) = 0{,}67\;.$$ ◆

Die im Verfahren von JAIN vorgeschlagene Änderung der Nutzenbewertung zu Gunsten höherer Nutzenwerte unterstellt dem Entscheidungsträger eine starke Risikoneigung, die um so ausgeprägter ist, je größer der Exponent ρ gewählt wird.

Die wesentliche Schwäche dieses Verfahrens ist aber darin zu sehen, daß die Bewertung jeder Alternativen i lediglich auf einem Wert basiert, unabhängig vom übrigen Verlauf der Zugehörigkeitsfunktionen. Deshalb können kleine Änderungen der zur Bewertung herangezogenen Zugehörigkeitswerte $f_i(u)$ ausreichen, um die Rangordnung der Alternativen entscheidend zu ändern. Dagegen bleiben selbst gravierende Veränderungen der Zugehörigkeitswerte $f_i(u)$ von kleineren Nutzenwerten i.a. ohne Einfluß auf die $f_{\underset{\sim}{C}}$-Werte.

Verfahren von BAAS und KWAKERNAAK

BAAS und KWAKERNAAK /1, S.48f/ schlagen den folgenden Rechengang zur Bestimmung der $f_{\underset{\sim}{C}}$-Werte vor:

$$f_{\underset{\sim}{C}}(i) = \underset{\bar{\mathbf{u}} \in \bar{U}_i}{\mathrm{Max}} \, [\mathrm{Min}(f_1(\bar{u}_1), \ldots, f_m(\bar{u}_m)] \tag{9}$$

mit

$$\bar{U}_i = \{\bar{\mathbf{u}} = (\bar{u}_1, \ldots, \bar{u}_m) \in U^m \mid \bar{u}_i \geq \bar{u}_l \quad \forall\, l \in I\}.$$

Da die so festgelegten $f_{\underset{\sim}{C}}$-Werte jeweils nur auf einem Nutzenvektor $\bar{\mathbf{u}}$ basieren, mangelt es diesem Rangordnungsverfahren an Trennschärfe, vgl. /1, S.53/, /2, S.229/.

[4] Für die normierten Zugehörigkeitsfunktionen in Beispiel [2] liefert das Verfahren von BAAS und KWAKERNAAK die Alternativenbewertungen

$f_{\underset{\sim}{C}}(1) = 0{,}54$, $\quad f_{\underset{\sim}{C}}(2) = 1$, $\quad f_{\underset{\sim}{C}}(3) = 0{,}54$

in $\bar{\mathbf{u}} = (5,1,4)$ $\quad$ in $\bar{\mathbf{u}} = (2,8,5)$ $\quad$ in $\bar{\mathbf{u}} = (2,1,5)$. ◆

Verfahren von BALDWIN und GUILD

Um die Schwächen des Verfahrens von BAAS und KWAKERNAAK zu beseitigen, schlagen BALDWIN und GUILD /2/ vor, neben den Zugehörigkeitswerten $f_i(u)$ auch zu berücksichtigen, um wieviel $\bar{u}_i$ größer als $\bar{u}_j$ ist. Um dies zu erreichen, führen sie eine zweidimensionale Relation

$$P_{il} = \{((\bar{u}_i, \bar{u}_j), f_{P_{il}}(\bar{u}_i, \bar{u}_l)) \mid (\bar{u}_i, \bar{u}_l) \in U^2\} \text{ ein.}$$

Werden lineare Nutzen unterstellt, so ist für $\bar{u}_i \geq \bar{u}_l$

$$f_{P_{il}}(\bar{u}_i, \bar{u}_l) := \frac{\bar{u}_i - \bar{u}_l}{\underset{\bar{u} \in U}{\mathrm{Max}}\, \bar{u} - \underset{\bar{u} \in U}{\mathrm{Min}}\, \bar{u}}, \quad i,l \in I, \quad i \neq l \qquad \text{zu setzen.}$$

Die Zugehörigkeitswerte $f_{\underset{\sim}{C}}$ sind dann nach der Formel

$$f_{\underset{\sim}{C}}(i) = \underset{\substack{l \in I \\ l \neq i}}{\mathrm{Min}} \left[\underset{(\bar{u}_i, \bar{u}_l) \in U^2}{\mathrm{Max}} \mathrm{Min}(f_i(\bar{u}_i), f_l(\bar{u}_l), f_{P_{il}}(\bar{u}_i, \bar{u}_l)) \right] \tag{10}$$

zu bilden.

[5] Für das Beispiel [2] führt dieses Verfahren zu den Alternativenbewertungen

$f_{\underset{\sim}{C}}(1) = 0{,}375$, $\quad f_{\underset{\sim}{C}}(2) = 0{,}625$, $\quad f_{\underset{\sim}{C}}(3) = 0{,}54$. ◆

Auch wenn im Verfahren von BALDWIN und GUILD i.a. viel mehr Paare

$(\bar{u}_1, f_1(\bar{u}_1))$ berücksichtigt werden als in dem von BAAS und KWAKERNAAK vorgeschlagenen Rechenweg, der Zugehörigkeitswert $f_{\underset{\sim}{C}}(i)$ basiert letztlich nur auf einem Paar $(\bar{u}_i, \bar{u}_1)$. Kleine Veränderungen der entsprechenden Zugehörigkeitsfunktionen können ausreichen, die Rangfolge der Alternativen zu ändern, während andererseits gravierende Änderungen in den übrigen Zugehörigkeitswerten ohne Einfluß bleiben. Problematisch ist außerdem die Verwendung des Minimumoperators, der gleich zweimal in der Formel (10) auftritt.

Neues Verfahren

Da alle bisher vorgeschlagenen Rangordnungsverfahren letztlich nicht befriedigen können, soll hier ein neues Verfahren vorgestellt werden. Dabei haben wir uns zum Ziel gesetzt, die Größen $f_{\underset{\sim}{C}}(i)$ auf der Grundlage möglichst vieler $f_i(u)$-Werte zu berechnen, andererseits aber die Semantik unscharfer Mengen zu respektieren. Die Risikoneigung des Entscheidungsträgers soll zunächst unberücksichtigt bleiben. Ist die unscharfe Menge $\underset{\sim}{C}$ ermittelt, so wird empfohlen, die Alternativen mit den höchsten $f_{\underset{\sim}{C}}$-Werten nochmals zu vergleichen und dabei die Risikoneigung zu berücksichtigen.

Zur Ermittlung der unscharfen Rangordnung $\underset{\sim}{C}$ ist nun wie folgt vorzugehen:

Man wählt zwei Niveau-Ebenen aus. Dabei stellt der untere Niveau-Wert β eine Grenze dar, ab der die Zugehörigkeitswerte "interessant" werden, d.h. Nutzenwerte mit einem Zugehörigkeitswert kleiner als β können nach Ansicht des Entscheidungsträgers vernachlässigt werden. Die Größe β könnte z.B. vom Entscheidungsträger festgesetzt werden mit $\beta = 0{,}50$. Der obere Niveauwert α gibt die Grenze nach unten für die Nutzenwerte an, die sehr hohe Realisierungschancen haben; α könnte z.B. gleich 0,90 gesetzt werden. Diese Bedeutung der Niveaus α und β muß der Entscheidungsträger kennen, wenn er Zugehörigkeitsfunktionen angibt.

Für jede der Zugehörigkeitswerte $f_i(u)$ berechnet man nun die

α-Niveaumenge $U_i^\alpha = \{u_{i1}^\alpha, \dots, u_{in_{i\alpha}}^\alpha\} := \{u \in U \mid f_i(u) \geq \alpha\}$

und die

β-Niveaumenge $U_i^\beta = \{u_{i1}^\beta, \dots, u_{in_{i\beta}}^\beta\} := \{u \in U \mid f_i(u) \geq \beta\}$

und bildet die arithmetischen Mittel

$$V_i^\alpha = \frac{1}{n_{i\alpha}} \sum_{k=1}^{n_{i\alpha}} u_{ik}^\alpha \quad \text{und} \quad V_i^\beta = \frac{1}{n_{i\beta}} \sum_{l=1}^{n_{i\beta}} u_{il}^\beta \quad . \tag{11}$$

Die Zugehörigkeitswerte $f_{\underset{\sim}{C}_i}$ sind dann gleich

$$f_{\underset{\sim}{C}}(i) = \frac{V_i^{\alpha}+V_i^{\beta}}{\underset{i\in I}{\mathrm{Max}}(V_i^{\alpha}+V_i^{\beta})} \tag{12}$$

[6] Für das Beispiel [2] führt dieses neue Verfahren mit $\alpha=0{,}90$ und $\beta=0{,}50$ zu den Alternativenbewertungen

$$f_{\underset{\sim}{C}}(1) = 0{,}393\ , \quad f_{\underset{\sim}{C}}(2) = 1\ , \quad f_{\underset{\sim}{C}}(3) = 0{,}714\ .$$

Paarweise Vergleiche von 76 verschieden, zum Teil recht bizarren Zugehörigkeitsfunktionen haben in mehreren Testserien aufgezeigt, daß dieses neue Verfahren die menschliche Einschätzung von Zugehörigkeitsfunktionen gut wiedergibt.

5.Ausgewählte Literatur

/1/ BAAS S.M.; KWAKERNAAK H.: RATING AND RANKING OF MULTIPLE-ASPECT ALTERNATIVES USING FUZZY SETS. AUTOMATICA 13, 47-58 (1977)

/2/ BALDWIN J.F.; GUILD N.C.F.: COMPARISON OF FUZZY SETS ON THE SAME DECISION SPACE. FUZZY SETS AND SYSTEMS 2, 213-231 (1979)

/3/ JAIN R.: DECISIONMAKING IN THE PRESENCE OF VARIABLES. IEEE TRANSACTIONS ON SYSTEMS, MAN, AND CYBERNETICS, 698-703 (1976)

/4/ SOMMER G.: BAYES-ENTSCHEIDUNGEN BEI UNSCHARFER PROBLEMBESCHREIBUNG. FRANKFURT,BERN,CIRENCESTER/U.K. (1980)

/5/ TANAKA H.; OKUDA T.; ASAI K.: A FORMULATION OF FUZZY DECISION PROBLEMS AND ITS APPLICATION TO AN INVESTMENT PROBLEM. KYBERNETES 5, 25-30 (1976)

/6/ ZADEH L.A.: PROBABILITY MEASURES OF FUZZY EVENTS. JOURN.MATH.ANAL. AND APPL. 23, 421-427 (1968)

/7/ ZIMMERMANN H.J.; ZYSNO P.: LATENT CONNECTIVES IN HUMAN DECISION MAKING. FUZZY SETS AND SYSTEMS 4, 37-51 (1980)

Zusätzlich wird hingewiesen auf die hier nicht berücksichtigten Ansätze in

WATSON S.R.; WEISS J.J.; DONNELL M.L.: FUZZY DECISION ANALYSIS. IEEE TRANSACTIONS ON SYSTEMS, MAN, AND CYBERNETICS, 1-9 (1979)

SIMULATION DES PETERSBURGER SPIELS

Werner Junginger, Hamburg

Zusammenfassung. Das Petersburger Spiel ist ein Glücksspiel, bei dem von der Theorie her ein beliebig hoher Einsatz berechtigt ist. Daß dazu niemand bereit ist, war schon Gegenstand zahlreicher Untersuchungen. In dieser Arbeit wird das Spiel auf einer Rechenanlage simuliert und damit das Gewinnverhalten bei längerem Spielen untersucht. Man kommt dabei zu verschiedenen Ergebnissen, die verständlich machen, daß ein beliebig hoher Einsatz tatsächlich nicht ratsam ist.

1. Das Petersburger Spiel

Beim Petersburger Spiel wird solange eine Münze geworfen, bis zum ersten Mal "Zahl" erscheint. Geschieht dies beim k-ten Wurf ($k = 1,2,\ldots$), so zahlt die Bank dem Spieler 2^k DM. Welchen Einsatz pro Partie ist die Teilnahme an diesem Spiel wert?

Der Erwartungswert der Auszahlung ist $\mu = \infty$. Nach der klassischen Theorie der Glücksspiele müßte deshalb jeder noch so hohe Einsatz gerechtfertigt sein. Daß aber niemand dazu bereit ist, war seit der Formulierung des Spiels durch N. BERNOULLI /1/, /6/ Gegenstand zahlreicher Untersuchungen. Verschiedene Erklärungen für dieses "Petersburger Paradoxon" wurden vorgeschlagen, wie die Existenz einer Nutzenfunktion oder unter Hinweis auf die beschränkte Zahlungsfähigkeit der Bank oder sonstige. Einen guten Überblick hierzu findet man u. a. bei MENGER /5/, SINN /8/ (S. 194 ff) und bei SAMUELSON /7/.

In dieser Arbeit wird untersucht, was geschieht, wenn man das Petersburger Spiel tatsächlich einmal spielt, und zwar mehrere Partien. Mit welcher Auszahlung kann man dann rechnen? Was geschieht, wenn man sehr lange spielt? Ist ein beliebig hoher Einsatz gerechtfertigt? Durch Simulation auf einer Rechenanlage gelingt es, diese Fragen zu beantworten.

2. Monte-Carlo-Simulation

Unter Monte-Carlo-Simulation versteht man Simulationsverfahren, die einen Zufallsmechanismus verwenden. Solche Simulationen lassen sich bequem mit Rechenanlagen durchführen, da diese mühelos (Pseudo-) Zufallszahlen generieren können (vgl. /4/).

Operations Research Proceedings 1983

Das Petersburger Spiel besteht im wesentlichen aus dem (zufälligen) Werfen einer Münze. Deshalb bietet sich hier Monte-Carlo-Simulation an. Dabei entspricht einem Wurf das Erzeugen einer gleichverteilten ganzzahligen Zufallszahl. Sie wird als "Wappen" bzw. "Zahl" interpretiert, falls die letzten beiden Ziffern < 50 sind bzw. ≥ 50 . Damit "fällt Zahl" mit der Wahrscheinlichkeit 0.5. Aufbauend auf diesem "Münzenwurf" kann dann durch ein geeignetes Programm eine oder mehrere Partien des Spiels simuliert werden.

3. Simulation des Spielverlaufs

Spielt man nur eine Partie, so "weiß" man auch ohne Simulation über den Ausgang der Partie "alles": mit der Wahrscheinlichkeit 2^{-k} ergibt sich eine Auszahlung der Höhe 2^k. Spielt man dagegen mehrere Partien nacheinander, so kann das Spiel z. B. wie in Abb. 1 verlaufen. Hier wurden 40 Partien simuliert. Die obere Kurve zeigt die akkumulierte Auszahlung $\sum x_j$ (x_j ist die Auszahlung bei der Partie j). Die mittlere Kurve gibt die Entwicklung des Gewinns wieder, wenn bei jeder Partie als Einsatz e = 5 DM gezahlt wird, und die untere Kurve gehört zu e = 10 DM.

Abb. 1 ist charakteristisch für beliebige Spielrunden: $\sum x_j$ wächst monoton, manchmal stärker, häufig aber schwächer. Entsprechend diesen Schwankungen steigt oder fällt der Gewinn und wird insgesamt in Abhängigkeit von e positiv oder negativ.

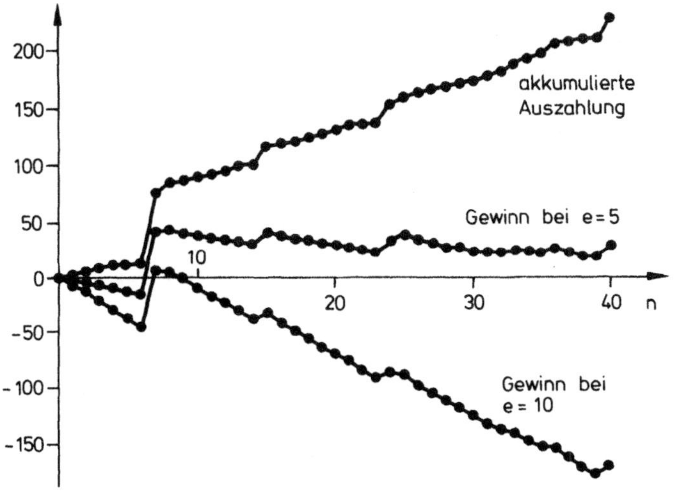

Abb. 1: Spielverlauf bis n = 40

Abb. 2 ist die Fortsetzung von Abb. 1 bis n = 400 Partien (was man etwa im Laufe eines Abends im Spielkasino spielen kann). Sie enthält nur die Punkte zu j = 20, 40 ...; zwischendurch ist der Verlauf jeweils analog zu Abb. 1. Abb. 2 ist repräsentativ für eine beliebige Spielrunde von

$n = 400$ (oder mehr bzw. weniger) Partien.

Welcher Einsatz e nach n Partien insgesamt einen Gewinn bzw. Verlust ergibt, hängt von der Gesamtauszahlung s_n und diese wiederum von der speziellen Folge der einzelnen Auszahlungen x_j ab. In Abb. 2 gilt

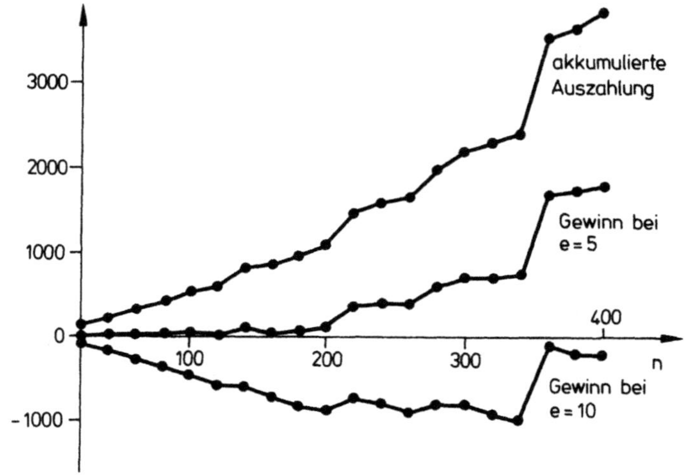

Abb. 2: Spielverlauf bis n = 400

$$s_{400} = \sum_{j=1}^{400} x_j = 3818.$$

Damit ist die durchschnittliche Auszahlung pro Partie

$$\bar{s}_{400} = \frac{1}{400} s_{400} = 9.545$$

die Grenze, unterhalb der ein Einsatz Gewinn und oberhalb Verlust bringt. Allgemein ist dies bei n Partien

$$\bar{s}_n = \frac{1}{n} s_n = \frac{1}{n} \sum_{j=1}^{n} x_j \qquad (3.1)$$

Welche durchschnittliche Auszahlung $\bar{s}_n$ kann man nun erwarten? Hierzu wurden 33 Runden zu je 400 Partien simuliert. Tabelle 1 zeigt die Häufigkeitsverteilung der zugehörigen $\bar{s}_n$-Werte. Zwar ist hier immer $\bar{s}_n \geq 7$, doch kann man

$\bar{s}_n$	≤7	7-8	8-9	9-10	10-11	11-12	12-13	13-15	15-17	17-19	≥19
Anzahl	0	4	4	3	3	2	2	5	2	2	6

Tabelle 1: Häufigkeitsverteilung von 33 $\bar{s}_n$-Werten

schwerlich ein "mittleres" $\bar{s}_n$ angeben, da z. B. der (empirische) Mittelwert 26.75 ist (das größte $\bar{s}_n$ ist 334.7). Man kann jedoch Wahrscheinlichkeiten für Gewinn oder Verlust bei einem bestimmten Einsatz e angeben.

4. Wahrscheinlichkeitstheoretische Formulierung

Eine Partie des Spiels läßt sich durch eine Zufallsvariable X beschreiben, die die Größe der Auszahlung angibt. Sie genügt der Wahrscheinlichkeitsfunktion

$$f(x) = P(X=x) = \begin{cases} \frac{1}{x} & \text{für } x = 2,4,8,\ldots \\ 0 & \text{sonst} \end{cases} \qquad (4.1).$$

Zu einer Runde von n(= 400) Partien gehören dann n unabhängige Zufallsvariablen X_j (j=1,...,n), die identisch nach (4.1) verteilt sind:

$$f_j(x) = P(X_j=x) = f(x) \qquad (4.2).$$

Dann beschreibt $S_n = X_1 + \ldots + X_n$ die Gesamtauszahlung zu einer Runde und $\bar{S}_n = \frac{1}{n}S_n$ die durchschnittliche Auszahlung pro Partie. Ist $g_n(s)$ die Wahrscheinlichkeitsfunktion von S_n und $\bar{g}_n(s)$ die von $\bar{S}_n$, so gilt

$$g_n(s) = P(S_n=s) = \sum_{x_1+\ldots+x_n=s} f_1(x_1)\ldots f_n(x_n) \qquad (4.3)$$

sowie

$$\bar{g}_n(s) = P(\bar{S}_n=s) = g_n(ns) \qquad (4.4).$$

Die Verteilungsfunktion von $\bar{S}_n$ ergibt sich schließlich zu

$$\bar{G}_n(s) = P(\bar{S}_n<s) = \sum_{\bar{s}<s} \bar{g}_n(\bar{s}) \qquad (4.5).$$

Mittels $\bar{G}_n(s)$ kann man die Wahrscheinlichkeit für Verlust oder Gewinn zu einem Einsatz e angeben; es gilt

$$P(\bar{S}_n<e) = \bar{G}_n(e) \quad \ldots \text{ Wahrscheinlichkeit für Verlust} \qquad (4.6)$$

$$P(\bar{S}_n\geq e) = 1-\bar{G}_n(e) \quad \ldots \text{ Wahrscheinlichkeit für Gewinn} \qquad (4.7)$$

Die Ermittlung von $\bar{G}_n(s)$ nach (4.5) ist zwar unter Beachtung von (4.4), (4.3) und (4.2) grundsätzlich möglich, bereitet aber für größere Werte von n einen solch extrem hohen Rechenaufwand, daß man zweckmäßigerweise andere Möglichkeiten in Betracht zieht. Hier bietet sich wieder die Monte-Carlo-Simulation an.

5. Simulation der Verteilungsfunktion

Zur Ermittlung von $\bar{G}_n(s)$ simuliert man m Runden zu je n Partien des Petersburger Spiels. Die hierzu gehörenden durchschnittlichen Auszahlungen bilden dann eine Stichprobe vom Umfang m für $\bar{S}_n$, die eine Zufallsstichprobe darstellt. Die empirische Verteilungsfunktion dieser Stichprobe ist dann eine gute Näherung für $\bar{G}_n(s)$, falls m genügend groß ist.

Für die Genauigkeit dieser Näherung kann man zu einem vorgegebenen Konfidenzniveau γ einen maximalen Schätzfehler angeben (vgl. /2/). Da die empirische Verteilungsfunktion $\hat{\bar{G}}_n(s)$ aus Punktschätzungen $\hat{p}$ für $p = P(\bar{S}_n<s)$ besteht, gilt (in guter Näherung)

$$|p-\hat{p}| \leq c_\gamma \sqrt{\frac{\hat{p}(1-\hat{p})}{m}} \qquad (5.1),$$

wo c_γ da $(1+\gamma)/2$-Quantil der standardisierten Normalverteilung ist.

Abb. 3 zeigt die empirische Verteilungsfunktion für $\bar{S}_{400}$. Sie wurde aus einer Stichprobe vom Umfang m = 50 000 gewonnen und weist für γ = 95 % einen maximalen Schätzfehler von 0.005 auf. Damit kann man nun die Frage beantworten, mit welcher Wahrscheinlichkeit ein bestimmter Einsatz e Gewinn bringt bei einer Spielrunde von n(= 400) Partien. Aus $\hat{\bar{G}}_{400}(10) \approx 0.38$ folgt z. B. mit (4.7), daß ein Einsatz von 10 DM bei einer abendlichen Spielrunde im Kasino noch eine gute Gewinnchance von 62 % hat. Analog ergibt sich zu 15 DM bereits ein Verlustrisiko von 73 % . Wählt man e gerade gleich dem Median (≈ 11.2 in Abb. 3), so werden Gewinnwahrscheinlichkeit und Verlustwahrscheinlichkeit gleich. Liegt e darunter, so kann man eher mit Gewinn als mit Verlust rechnen, und darüber umgekehrt.

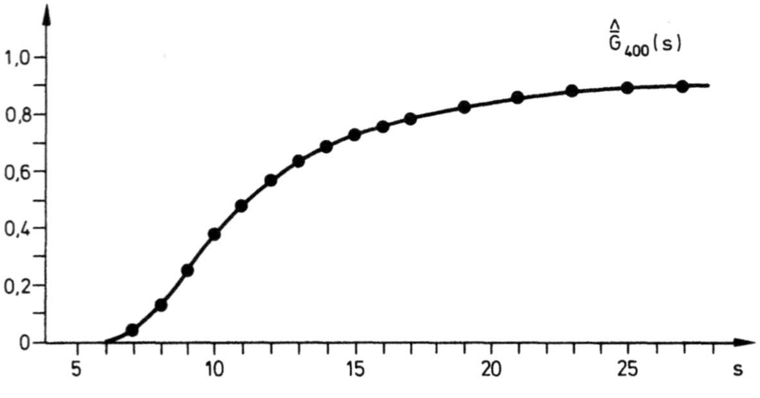

Abb. 3: Verteilungsfunktion für $\bar{S}_{400}$

6. Verhalten bei sehr langer Spieldauer

Spielt man öfters eine Runde von n Partien, so ist $\overline{G}_n(s)$ eine Näherung für die Häufigkeit des Ereignisses $\{\overline{S}_n<s\}$. Für n = 400 folgt somit (vgl. Abb. 3), daß z. B. bei e = 12 oder gar 15 öfters Verlust als Gewinn eintritt. Man kann deshalb annehmen, daß sich dann langfristig insgesamt Verlust ergibt. Dies trifft aber nicht zu. Man sieht dies, wenn man viele, z. B. (m =) 100 Runden à (n =) 400 Partien spielt und die $\overline{s}_{400}$-Werte über die 100 Runden mittelt. Wegen

$$\frac{1}{m}\sum_{i=1}^{m}\overline{s}_n^{(i)} = \frac{1}{m}\sum_{i=1}^{m}\left(\frac{1}{n}\sum_{j=1}^{n}x_j^{(i)}\right) = \frac{1}{m}\cdot\frac{1}{n}\sum_{i=1}^{m}\sum_{j=1}^{n}x_j^{(i)} = \overline{s}_{m\cdot n}$$

ist dies gleichwertig damit, eine Runde von (mn =) 40 000 Partien zu spielen. Die hierzu gehörige Auszahlung beschreibt dann $\overline{S}_{40\,000}$. Ihre Verteilungsfunktion $\overline{G}_{40\,000}(s)$ wurde wieder durch Simulation ermittelt. Aus ihr erhält man die Gewinnwahrscheinlichkeiten in Tabelle 2 (Genauigkeit etwa 2 % bei γ = 95 %). Man sieht, daß es nach 100 Runden von 400 Partien bei e = 12 fast unwahrscheinlich ist, insgesamt Verlust zu haben, selbst bei e = 15 macht man insgesamt noch mit hoher Wahrscheinlichkeit Gewinn.

e	12	13	15	17	18	20
$P(\overline{S}_{40\,000} \geq e)$	99.9	99	82	58	49	35

Tabelle 2: Wahrscheinlichkeit (in %) für Gewinn beim Einsatz e in einer Spielrunde von 40 000 Partien

Dies ist wiederum einsichtig. Denn obwohl bei einer Runde von 400 Partien zu e = 12 (oder 15) die Wahrscheinlichkeit eines Verlusts größer ist als die eines Gewinns, können doch die Gewinne bei mehreren Runden so hohe Werte annehmen, daß insgesamt die durchschnittliche Auszahlung über 12 (bzw. 15) liegt. Hier zeigt sich, was $\mu = \infty$ für dieses Spiel bedeutet: Spielt man nur genügend lange, so wird der Wert von $\overline{s}_n$ immer größer.

Damit wäre es aber gerechtfertigt, bei längerem Spielen ein beliebig hohes e zu fordern. Die Frage ist nur, wie lange man spielen muß, um mit $\overline{s}_n$ ein bestimmtes e zu überschreiten. Hierzu wurden sehr viele Partien des Spiels simuliert. Abb. 4 zeigt einige Resultate: Für 4 verschiedene Runden ist hier die Entwicklung von $\overline{s}_n$ angegeben für n = 1...20 Mio.

Man erkennt, daß die Werte von $\bar{s}_n$ keineswegs beliebig hoch sind; zwar höher als 18.5, z. T. aber bleiben sie unter 30 und nur einmal sind sie maximal 53. Die Tendenz ist insgesamt (langsam) steigend.

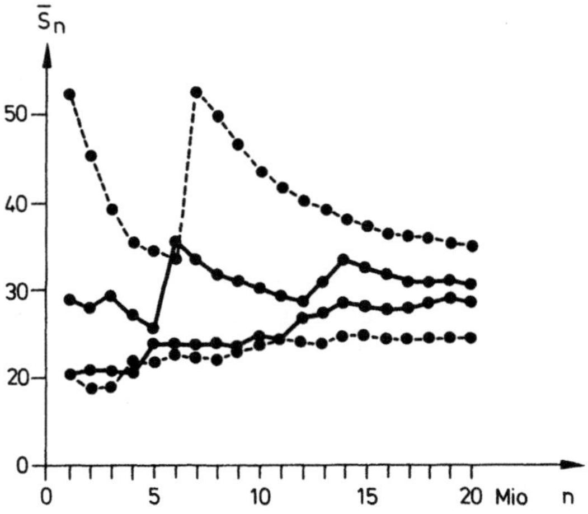

Abb. 4: Spielverlauf für $n \geq 10^6$

Auch hier entspricht ein $\bar{s}_n$ einer Realisierung von $\bar{S}_n$. Dann kann man aber wieder Wahrscheinlichkeiten angeben für die Werte von $\bar{S}_n$. Mittels Simulation wurde $\bar{G}_n(s)$ ermittelt für $n = 2^{17}, 2^{18}, 2^{19}$ und 2^{20}.
Abb. 5 zeigt diese (empirischen) Verteilungsfunktionen.

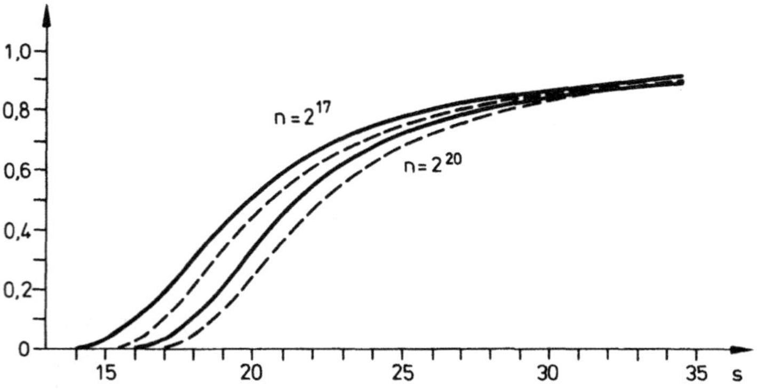

Abb. 5: Verteilungsfunktionen von $\bar{S}_n$ für $n = 2^{17}, 2^{18}, 2^{19}, 2^{20}$

7. Verteilungsfunktion für beliebige $\bar{S}_n$

Vergleicht man in Abb. 5 die Werte der Mediane für verschiedene n, so sieht man daß

$$\text{Median}\,(\bar{S}_{2n}) \approx \text{Median}\,(\bar{S}_n) + 1 \tag{7.1}$$

gilt. Betrachtet man anstelle des Medians ein beliebiges s, so sieht man, daß analog gilt

$$\bar{G}_{2n}(s) \approx \bar{G}_n(s-1) \qquad (7.2).$$

Eine Untersuchung mit weiteren Werten von n zeigt, daß - innerhalb des untersuchten Bereichs - für genügend große m und n (z. B. ≥ 100)

$$\bar{G}_m(s) \approx \bar{G}_n(s-\mathrm{ld}\frac{m}{n}) \qquad (7.3)$$

gilt, wo ld der Logarithmus zur Basis 2 ist. Dieses empirische Resultat läßt vermuten, daß (7.3) allgemein gilt. Dann kennt man aber näherungsweise die Gestalt eines jeden $\bar{G}_m(s)$: man erhält es durch Parallelverschiebung eines bekannten $\bar{G}_n(s)$ um $\mathrm{ld}\frac{m}{n}$ nach rechts. Insbesondere kennt man damit auch $\bar{G}_n(s)$ für beliebig hohes n.

Aus Abb. 5 erhält man z. B. für $n = 2^{20}$ den Medianwert ≈ 22.5. Mit (7.3) folgt hieraus für beliebiges n

$$e_n = \text{Median}\ (\bar{S}_n) \approx \mathrm{ld}\ n + 2.5 \qquad (7.4)$$

Für n = 20 Mio folgt hieraus $e_n \approx 26.75$. Damit wird die Größenordnung verständlich, in der sich die Werte von $\bar{S}_n$ in Abb. 4 bewegen. Aus Abb. 5 ersieht man ferner, daß für $n = 2^{17}$ $\bar{S}_n$ mit $p \approx 0.9$ im Intervall $(e_n-5.5, e_n+15)$ liegt. Mit (7.3) gilt dies näherungsweise für jedes $\bar{S}_n$ $(n \geq 100)$. Dann folgt aus (7.4), daß ein $\bar{S}_n$ mit $p \approx 0.9$ Werte zwischen ld n - 3 und ld n + 18 annimmt. Damit hat man eine Vorstellung, welche Werte man für irgendein $\bar{S}_n$ meistens erwarten kann.

Jetzt kann man auch die Frage beantworten, wie lange man spielen muß, um mit $\bar{S}_n$ einen Einsatz e zu überschreiten. Aus (7.4) folgt z. B., daß $P(\bar{S}_n \geq e) = 0.5$ für $e \approx \mathrm{ld}\ n + 2.5$, also $n \approx 2^{e-2.5}$ gilt. Für e = 30 bedeutet dies $n \approx 190$ Mio. Für so viele Spiele reicht aber ein Menschenleben nicht aus. Man wird deshalb beim Petersburger Spiel einen Einsatz von 30 DM pro Partie sicher nicht mehr befürworten können, und einen beliebig hohen Einsatz noch viel weniger.

Literatur

/1/ BERNOULLI D.
SPECIMEN THEORIAE NOVAE DE MENSURA SORTIS.
COMMENTARII ACADEMIAE SCIENTIARUM IMPERIALIS PETROPOLITANAE.
TOMUS 5, PETERSBURG, 175-192 (1738).

Englische Übersetzung (von L. SOMMER):
EXPOSITION OF A NEW THEORY ON THE MEASUREMENT OF RISK.
ECONOMETRICA 22, 23-36 (1954).

/2/ DÜRR W.; MAYER H.
WAHRSCHEINLICHKEITSRECHNUNG UND SCHLIESSENDE STATISTIK.
MÜNCHEN-WIEN: CARL HANSER VERLAG. (1981).

/3/ FELLER W.
AN INTRODUCTION TO PROBABILITY THEORY AND ITS APPLICATION. VOL. I.
NEW YORK-LONDON-SYDNEY: JOHN WILEY & SONS. III, (1968).

/4/ HENGARTNER W.; THEODORESCU R.
EINFÜHRUNG IN DIE MONTE-CARLO-METHODE.
MÜNCHEN-WIEN: CARL HANSER VERLAG. (1978).

/5/ MENGER K.
DAS UNSICHERHEITSMOMENT IN DER WERTLEHRE: BETRACHTUNGEN IM ANSCHLUSS AN DAS SOGENANNTE PETERSBURGER SPIEL.
Z. NATIONALÖKONOMIE 5, 459-485 (1934).

/6/ MONTMART P.R.
ESSAI D'ANALYSE SUR LES JEUX DE HAZARD.
PARIS: (1708), II (1713).

/7/ SAMUELSON P.A.
ST. PETERSBURG PARADOXES: DEFANGED, DISSECTED, AND HISTORICALLY DESCRIBED.
JOURN. ECON. LIT. 15, 24-55 (1977).

/8/ SINN H.-W.
ÖKONOMISCHE ENTSCHEIDUNGEN BEI UNGEWISSHEIT.
TÜBINGEN: C.J.B. MOHR. (1980).

ROBUSTE INVESTITIONSENTSCHEIDUNGEN: EIN AM INFORMATIONSSTAND DES ENTSCHEIDUNGSTRÄGERS ORIENTIERTES ENTSCHEIDUNGSVERFAHREN

Hans Wolfgang Brachinger, Tübingen
Renate Schubert, Darmstadt

Die dynamische Investitionsrechnung bietet zur Behandlung des Entscheidungsproblems der Auswahl von Investitionsprojekten bei unsicheren Erwartungen im wesentlichen zwei Arten von Entscheidungsmodellen an. Bei Risiko-Investitions-Modellen wird davon ausgegangen, daß der Entscheidungsträger vollständige Kenntnis hat über die Wahrscheinlichkeiten, mit denen bei jedem Investitionsprojekt die verschiedenen möglichen Ergebnisse eintreten können. In Sicherheits-Investitions-Modellen geht man zunächst von einer festen Annahme über die für eine konkrete Entscheidungssituation relevante Parameterkonstellation aus. Zur Erfassung und Abschätzung des Risikos wird die auf dieser Grundlage getroffene Investitionsentscheidung dann anhand einer Sensitivitätsanalyse auf ihre Stabilitätseigenschaften geprüft.
Zielsetzung dieser Arbeit ist es, zu zeigen, daß "Robustheit" ein geeignetes Entscheidungskriterium zur Ergänzung von Sicherheits-Investitions-Modellen durch eine abschließende Entscheidungsregel sein kann. Dann wird eine "robuste" Entscheidungsregel angegeben und zur Bewertung eines Projektes aus der Praxis der Entwicklungsplanung herangezogen. An diesem Beispiel wird deutlich, daß durch ein "robustes" Entscheidungskriterium die Risikoeinstellung des Entscheidungsträgers geeignet berücksichtigt werden kann und daß robuste Investitionsentscheidungen eine Möglichkeit bieten, vorhandene Informationen besser auszunutzen als Sicherheits-Investitions-Modelle. Dabei wird nicht wie bei Risiko-Investitions-Modellen Information vorausgesetzt, die in der Regel nicht verfügbar ist. Darüberhinaus wird die letztlich gefällte Entscheidung objektiv nachvollziehbar.

Operations Research Proceedings 1983

DIFFERENTIAL GAME MODELS IN MANAGEMENT SCIENCE: A SURVEY

Steffen Jørgensen, Copenhagen

1. INTRODUCTION

The number of MS/OR applications of differential games theory has increased quite remarkably during the last ten or fifteen years. This article reviews a selection of papers from the following functional areas: Investment, consumption, and employment; Production, inventories, and maintenance; Marketing (including advertising, pricing, and R&D); Bargaining; Natural resources and pollution control. We start with a brief sketch of what differential games are about and point out some conceptual problems. Then we proceed to present selected models within the areas mentioned above. The paper concludes with some remarks on solution methods and related problems.

In order to streamline the exposition, we restrain ourselves to consider two-person nonzero-sum games in continuous time. With a view to applications, this is not a 'hard' constraint since this is in fact where the vast majority of applications are found.

Other survey papers are /1/ (general), /2/ (economic and other applications), /3/ (advertising models), /4/ (mainly zero-sum games), and /5/ (MS/OR applications). [The numbers refer to the list of References].

2. A STANDARD DIFFERENTIAL GAMES MODEL

Consider a dynamic system evolving on a time interval [0,T] in accordance with the state equation

$$\dot{x} = f(x,u,t) \tag{2.1}$$

where $x = x(t)$ denotes the state of the system. The dot represents differentiation with respect to time t. The state vector x is n-dimensional ($n \geq 1$) and $x(0)$ is fixed, equal to, say, x_o. Consider also a set of N players ($N \geq 1$). For N=1 we have an optimal control problem; for N=2 we have the class of games which will be considered here. Each player has at his disposal a m_i-vector of control variables,

Operations Research Proceedings 1983

$u_i \in U^i \subseteq R^{m_i}$, where U^i represents the set of admissible controls. Thus, when each player selects the time path for his control variable u_i (other possibilities exist, as we shall see later) then, by (2.1) and the initial condition, the time path of the state is determined. The terminal time T can be fixed or free (that is, unspecified). In the latter case, certain terminal conditions are imposed, for instance, in the form of a target set $F(x(T)) = 0$. Each player has a payoff functional (criterion, performance index) which he seeks to maximize by his choice of u_i. A commonly used form is the so-called Bolza criterion

$$J^i = \int_0^T L^i(x,u_1,u_2,t)\,dt + S^i(x(T),T) \qquad i=1,2 \qquad (2.2)$$

If, in (2.2), we put $S^i=0$ we obtain a pure integral payoff (Lagrange criterion): if $L^i=0$ then we have a terminal value payoff (Mayer criterion). However, as can easily be shown, the three forms are in fact equivalent.

The choice of the control variable u_i is not unambiguous: first one has to decide, in which 'mood' the game is played, that is, whether the players are cooperating or not. Second, it must be established how much information each player has at hand (and chooses to use).

In a cooperative game, the most widely used solution concept is the Pareto optimum. A joint decision is said to be Pareto optimal if and only if one of the following two situations occur: making any other joint decision either results in no change in any J^i or at least one J^i decreases. (Of course, a joint decision would be better if both J^i's were maximized. However, such solutions (utopia) almost never exist). If, on the other hand, the players do not cooperate, then each has to consider the problem of what to assume about the other player's decision. Note that the control of player j enters into the payoff of player i, J^i, as well as in the state equations which are common to both players. Most applications use the Nash solution. In some cases the Stackelberg solution is employed. Playing a Nash game, each player cannot obtain a better payoff for himself by deviating from his Nash solution as long as his competitor sticks to his Nash control. If there are differences in 'power' between the players (for instance, a large firm versus a small), or they have different amounts of information, then the Stackelberg solution can be implemented. Here, one player is the leader, the other one is the follower. The leader announces his strategy and the follower reacts rationally on this. Actually, the follower solves an optimal control problem with the control of the leader as a parameter. Knowing this, the leader can take this into account when he decides on his optimal strategy. (Note that in a Stackelberg game the follower only needs to know his own criterion).

The next problem to which we turn, is the problem of information structure, /6/. This concerns 'how much' the players are able to observe about the evolution of the game and how they base their decisions on such knowledge. If the control variable u_i is chosen as $u_i = u_i(t)$, we have open-loop controls; in this case the players commit themselves to fixed time-functions from the outset of the game, thus ignoring the evolution of the state variables. Another (perhaps more sensible) choice is the feedback (or closed-loop) solution: $u^i = u_i(x,t)$ where the choice of the control u_i also depends on the current state $\dot{x}$. A number of arguments on the relative merits of the two kinds of strategies have appeared, see, e.g., /2/ and /7/. For reasons of realism, feedback strategies should be played in most applications. However, due to serious difficulties arising from the necessary optimality conditions, open-loop strategies are assumed in most cases.

Let us briefly state the necessary and sufficient conditions for a Nash equilibrium since this solution is the one most commonly used in the applications under review. (Optimality conditions for Pareto and Stackelberg solutions can bee found in /6/, /7/). The necessary conditions for a Nash equilibrium can be derived by variational arguments (leading to Pontryagin-type conditions) or by dynamic programming arguments (leading to Hamilton-Jacobi-Bellman-type conditions). Here, we present the conditions in the Pontryagin-style. Define the Hamiltonian H^i of player i by

$$H^i = H^i(x,u,\lambda^i,t) = L^i(x,u,t) + \sum_{j=1}^{n} \lambda_j^i(t)\, f_j(x,u,t) \tag{2.3}$$

where λ_j^i are the adjoint (or costate) variables. An optimal pair (u_1^*,u_2^*) satisfies

$$\left.\begin{aligned} H^1(x,u_1^*,u_2^*,\lambda^1,t) &\geq H^1(x,u_1,u_2^*,\lambda^1,t) \\ H^2(x,u_1^*,u_2^*,\lambda^2,t) &\geq H^2(x,u_1^*,u_2,\lambda^2,t) \end{aligned}\right\} \quad \forall\, u_i \in U^i \tag{2.4}$$

where $\lambda^i = (\lambda_1^i,\ldots,\lambda_n^i)$. (For u_i interior in U^i, the first order condition related to (2.4) is $\partial H^i/\partial u_i = 0$). The adjoint variables satisfy the differential equations

$$\dot{\lambda}^i = -\frac{\partial H^i}{\partial x} - \sum_{k=1}^{2} \frac{\partial H^i}{\partial u_k} \frac{\partial u_k^*}{\partial x} \qquad k \neq i \tag{2.5}$$

with the boundary conditions $\lambda^i(T) = \partial S^i(x(T),T)/\partial x$.

To ascertain that the candidates produced by (2.4) are indeed optimal, a sufficiency theorem is invoked. Essentially, the sufficiency conditions require concavity in (x,u_i) of H^i or, weaker, the concavity in x of the maximized Hamiltonians (for all (λ^i,t)).

3. INVESTMENT, CONSUMPTION, AND EMPLOYMENT

In most cases, the models dealing with optimal investment also involve another control variable, for instance, price or advertising, /8/ - /10/. A demand function is introduced such that quantity demanded depends on prices and possibly also on the levels of advertising expenditure. An exogeneous growth factor in demand is incorporated in /8/ where the objective of each firm is to maximize the present value of net profits over the planning period [0,T], i.e. a Lagrange criterion. The state variables are the levels of production capacity, y_i, implying the state equations

$$\dot{y}_i = I_i - a_i y_i \tag{3.1}$$

where I_i is the investment rate of firm i and a_i the depreciation parameter. Under optimal play, capacity should equal demand and the investment policies are bang-bang (i.e. zero or maximum investment) with the possibility of a singular investment rate. (The latter occurs whenever $\partial H^i/\partial I_i$ vanishes on a nonzero interval). In the case of an exogeneously induced decrease in demand, three cases ('weak' depression, 'strong' depression, and a mixed case) are dealt with. During 'weak' depression, investments are always positive whereas in the 'strong' case both firms stop investment during the recession. Prices are decreased to keep capacity fully utilized. Outside the period of zero investment, production and prices increase. In the mixed case, the firm which is most exposed to the recession actually induces an extension of the recession to the whole market.

Optimal consumption and investment policies are studied in /11/, /12/. In /11/ workers and capitalists compete for shares of total output of the economy. For the workers the problem is whether they should consume all their income or forego some present consumption by handing over part of their income to capitalists. The latter are faced with the problem whether they should spend now or accumulate in order to be able to spend more later. For an open-loop Nash solution the results are to be expected. However, it turns out that the time where both groups switch to maximum consumption is the wrong instant from the point of view of social optimality (i.e. for $\max\{J^1+J^2\}$). Thus, the 'capitalist' solution yields a sum of worker and capitalist consumption which is less than that under the social optimum. /12/ treats the problem as a Stackelberg game with workers as the leader and capitalists as the follower.

In /13/ a competitive situation with a labor-managed (LM) firm and a profit-maximizing (PM) firm is studied. The objective of a LM firm is to maximize net income per worker. The controls are the rates of change of labor forces. It turns out that the LM firm should lay off workers, but at a decreasing rate. Under some additional hypotheses it is shown that the PM firm's optimal labor force is (concavely) increasing and, in the most reasonable cases, the PM firm will employ more labor than the LM firm. The moral of this, admittedly rather simple, model appears to be: if you are a worker then do not join a LM firm since eventually you will be fired!

4. PRODUCTION, INVENTORIES, AND MAINTENANCE

Most of the models appearing under this heading are mixed in the sense that the players have different control instruments at their disposal. In /14/ one firm (a manufacturer) controls its production rate whereas the other firm (a retailer) controls its purchasing rate. In /15/, /16/ one player controls the production rate of a firm while the other player (the maintenance department) decides on the expenditures to be used for maintenance of the machines. A 'pure' production model is studied in /17/.

/14/ considers a vertical distribution system. The manufacturer (M) supplies a retailer (R) who in turn sells to the final consumers (C). M controls his price towards R and his production rate, whereas R controls his buying rate and his price towards C. The retailer faces a price-dependent demand from C. Taking inventory levels as the state variables and assuming production/ordering costs as well as holding/shortage costs to be convex, optimal open-loop production, purchasing, and pricing policies are determined.

In /15/, /16/ the quality of the machinery of a firm is the state variable and production intensity and maintenance expenditures, respectively, are the control instruments of two departments in the firm. It turns out that the production department determines its Nash optimal production program independently of what is decided by the maintenance department: in the case of sufficiently small salvage values, S^i, it is shown that maintenance expenditures decrease monotonically whereas production increases. Assuming, perhaps more realistic, that the two departments will make their decisions in a cooperative way, /16/ studies the Pareto optimal solution of the game. It turns out, however, that the basic features are carried over to the Pareto solution, from the non-cooperative Nash solution as well as from the one-player case (i.e. the optimal control problem), see /18/).

5. MARKETING: ADVERTISING, PRICING, AND R&D

Judging from the numbers of papers, this seems to have been an expecially attractive area for differential games applications. As to the advertising models, most of these fall into the class of sales response models, which consider the rate of change of sales (or market share) of a product as dependent on the rate of advertising expenditures as well as the current rate of sales. Letting

x_i = market share or sales rate of firm i

u_i = advertising expenditure rate of firm i

we have, in general, the state equations

$$\dot{x}_i = f_i(x_i, x_j, u_i, u_j) \qquad i,j=1,2; i \neq j. \qquad (5.1)$$

The objective of firm i is to maximize the present value of total revenue (price × sales) minus production costs and advertising expenditures. To this, a salvage value term may be added. Let q_i denote the unit margin (i.e. price minus constant marginal costs) of firm i. Then a typical payoff is given by

$$J^i = \int_0^T \exp(-r_i t)[q_i x_i - u_i]dt + \exp(-r_i T) S^i x_i(T) \qquad (5.2)$$

where r_i = constant ≥ 0 is the discount rate.

Due to space limitations it is not possible to go into detail with the advertising applications; the reader is referred to /3/. Here we confine ourselves to mentioning a few basic features of the models. We shall also report on the most important conclusions obtained.

Many models incorporate the phenomenon of decreasing returns to advertising, modelled by a saturation effect [a term like $M - x_1 - x_2$, M denoting total market potential] or a nonlinear u_i-term on the right-hand side of the state equations. Also a nonlinear advertising cost function can be incorporated in the integrand of (5.2). If $u_i=0$ and $u_j>0$ in (5.1) then x_i may decrease due to 'pure' decay (a term like $-a_i x_i$) and/or competitive pressure (a u_j-term).

In most cases, a non-cooperative Nash solution is obtained, either by analytical methods or by numerical algorithms. An exception is /19/ where also Pareto and Maxmin solutions are found.

When firm i is oriented towards the maximization of a profit integral criterion then an optimal policy is one of heavy advertising expenditures in the initial part of the planning period. Thereafter, expenditures should be decreased gradually towards zero at the terminal time, or completely cut off on a final interval. When firm i is oriented towards maximization of sales (or market share) at time T, another type of strategy emerges: increasing or even maximum advertising expenditures over the planning period. These policies seem reasonable from an economic point of view. When maximization of accumulated discounted profits is the objective, then it is sensible to put money into advertising in order to create sales and thereby revenue. However, as time passes, it becomes less profitable to invest in advertising since profits earned after time T are of no concern. When, on the other hand, maximization of terminal sales or market share is the goal, then the opposite strategy becomes reasonable. Here, increasing or even maximum effort should be used to increase sales/market share as fast as possible in order to achieve the objective. As profits here are of no concern, large amounts of advertising are justified. It is noteworthy that these policies emerge primarily due to the type of performance index: apparently they are quite robust against the selection of other features of the model, for instance the dynamics.

The literature on <u>pricing</u> problems is not as rich as that of advertising. This may perhaps be explained by reference to the optimal control literature where the same situation prevails. Thus, when building differential game pricing models, there have not been so many 'famous predecessors' as in advertising. Also, some pricing problems may be more difficult to handle from a technical point of view.

In some applications, the pricing policies are not unexpected: the well-known condition, marginal revenue equal to marginal cost is, by and large, carried over to the dynamic, competitive situation (see, for instance, /20/). Some pricing models incorporate other features than the basic ones (prices, demand functions, and cost functions). In /21/, brand loyalities of the two products enter as state variables, being subject to decay when no advertising is carried out. /10/ treats an investment and pricing game. A monopoly (M) (e.g. the OPEC cartel) possesses a finite amount of a resource and wishes to select an optimal pricing strategy. Competitors (C) (producers of substitute energy) invests in production capacity and try to determine an optimal investment path. M faces a downward sloping, price-dependent demand function. In an open-loop Nash equilibrium, C increases his capacity (and thereby sales) whereas M decreases price. However, the net effect is decreasing demand towards M. The resource level is, of course, decreasing, but at a decreasing rate. Also non-cooperative Stackelberg solutions as well as cooperative Pareto optima are analyzed.

In R&D applications of differential games theory the following problem has been studied (/22/, /23/): two firms are rivals in developing, say, an electronical component. There is an advantage of being the inventor, for instance, in the form of getting a patent. Each firm's profits depend not only on its own research efforts but also on those of the rival since the probability of successful completion depends on the rate of research effort, $u_i(t)$. Let $F_i(t)$ denote the probability distribution function of τ_i, a random variable representing firm i's completion time of the project. The state equations are

$$\dot{F}_i = u_i(1 - F_i) \qquad F_i(0)=0 \tag{5.3}$$

where $\dot{F}_i/(1-F_i)$ is known as the hazard rate. The firm which succeeds in completing the project first, earns a fixed reward: after that the profit rate is constant. In one case it turns out that it is optimal to increase research efforts gradually. Thus, the longer the project has been unsuccessfully undertaken, the higher should the research efforts be, since the firm wants to get to lump sum reward before the game terminates.

6. BARGAINING

Bargaining theory plays an important role in economics and political science. Related to MS/OR is the problem of negotiations between labor and management: the employees (or a union) carry out negotiations with the management of a firm (or an employers' organization) on wages, working hours, and several other issues. Some applications only consider bargaining during a strike while others also incorporate strike as an explicit control variable of labor. To exemplify, let

x = wage rate offered by management

y = wage rate demanded by labor

where obviously $x(0) < y(0)$. Let

u = control variable of management

v = control variable of labor

and denote by T the first instant at which $x(T)=y(T)$. Thus, negotiations end at time T where offer equals demand. Both players wish to end negotiations as early as possible, i.e. a small value of T is desired. (Note that T is not a priori fixed). A recent application is /24/ which obtains Nash and Stackelberg solutions for a game with dynamics

$$\begin{aligned} \dot{x} &= u \qquad \text{where } u = u(x,y,t) \\ \dot{y} &= v \qquad\qquad\quad v = v(x,y,t) \end{aligned} \tag{6.1}$$

i.e. feedback strategies are assumed. The control variables u and v, respectively, are known as the concession rates. Labor seeks to maximize management's final offer while management wishes to minimize it. It is shown that there are multiple Nash equilibria but for each equilibrium pair the payoff to each player is the same. However, the duration (T) of the game may differ. Also the case of infinite concession rates (impulsive control) is dealt with.

In the case of labor-management bargaining games it is interesting to note that, in a majority of papers, feedback strategies are obtained, in contrast to other areas of applications (e.g. advertising) where mostly open-loop solutions are sought.

7. NATURAL RESOURCES AND POLLUTION CONTROL

The applications under this heading fall into three categories: exploitation of renewable resources (e.g. fishery), extraction of non-renewable resources (e.g. oil production), and pollution control.

In the first group, important contributions have been made by Clark, see, for instance, /25/. Denoting by x the biomass of fish at time t and by u_i the rate of fishing effort of player i, the state equation is

$$\dot{x} = g(x) - \sigma_1 u_1 x - \sigma_2 u_2 x \quad (7.1)$$

where growth function g is concave such that g(0)=g(X)=0, X denoting the maximal sustainable biomass. The objective of a player is to maximize the present value of profits derived from his fishery. The feedback Nash solution works as follows: by reducing the stock of fish to an appropriate level, the more efficient producer eliminates his competitor. Producer i being more efficient than producer j means that $x_i^\infty < x_j^\infty$ where, e.g., $x_i^\infty = c_i/p_i \sigma_i$, c_i representing the unit cost of fishing effort. In the case of more than two players, the Nash solution thus induces a progressive elimination of inefficient producers as the stock is being reduced.

In /26/ (see also /27/) a cartel coexists with a non-cartel sector. The current world oil market is an example of such a market structure. The cartel is a Stackelberg leader in that it knows, and takes into account, the competitive sector's reactions on its own policy. A main objective of the analysis is to determine how the (relative) size of the cartel affects the market. Considering a sequence of models, differing in their representations of demand, supply, and the resource, a series of solutions is obtained, each stating the time paths of the resource prices and output rates of each sector plus the shutdown time of the sectors. Among the results are that the cartel utilizes its market power by cutting back its output rates as long as the competitive fringe exists. The latter always closes its operations before the cartel and this is done the sooner the larger the cartel. Another application of Stackelberg games is /28/ which considers an oil embargo between the OPEC and the industrialized countries.

The production-maintenance game treated in /15/, /16/ may also be interpreted as a pollution game, see /29/. The state variable is now the quality of the environment, acting as a production factor (for instance, clean water in a lake). The players are: a producing (and polluting) firm versus a public agency for environment cleaning. The former derives profits from production but the poorer the quality of environment, the lower the profits. The latter improves quality of environment by spending money on pollution control. For an infinite horizon game with open-loop Nash controls it turns out that production and pollution control rate, respectively, should be maintained at their turnpike values. In /30/ the Stackelberg solution with the producer as the leader is considered. Here the optimal expenditure on pollution control are higher than that for the Nash solution whereas the steady state production level shows the opposite relation. The net effect is - surprisingly enough - a higher quality of environment.

8. CONCLUDING REMARKS

We have reported on some applications of differential games theory to MS/OR. Due to the space limitations, a number of papers had to be omitted and others have only been touched upon very briefly. Nevertheless, it is hoped that the survey has provided an overview of the areas in which is going on, and of the types of problems that have been studied.

We note that most of the models have a structure simple enough to allow for some kind of a closed-form solution. Of course - as in other areas of research - an important future task is the building and solution of more complex models to obtain a more satisfactory representation of reality. This, however, calls for extensive empirical work as well as improvements of the analytical and numerical tools. On the latter we shall say a few words: consider the strategies u_i produced by the Hamiltonian maximization conditions (2.4). In general, u_i will be determined as $u_i = u_i(x,\lambda^i,t)$. Now substitute u_i into (2.1) and (2.5). This yields a two-point boundary value problem in (x,λ^i). In the case of feedback strategies, $u_i(x,t)$, we get a system of partial differential equations because of the cross-effect terms on the right-hand side of (2.5). In most cases, a frontal attack on this system is likely to fail as long as a general theory of partial differential equations is not developed. In many applications open-loop controls are considered, for, in this case, the cross-effect terms will vanish and the system becomes an ordinary differential equations system. However, it may happen, due to a special (or very simple) structure of the model, that a feedback Nash equilibrium can be determined. This is the case in the linear-quadratic model, in the so-called trilinear games (see /2/), in a number of bargaining models and in games with some other special structure (see /31/, /32/).

REFERENCES

/1/ Ho, Y.C.
Differential games, dynamic optimization and generalized control theory
J. Optim. Theory Appl. 6, 179-209 (1970).

/2/ Clemhout, S.; Wan, H.Y.
Interactive economic dynamics and differential games.
J. Optim. Theory Appl. 27, 7-30 (1979).

/2/ Jørgensen, S.
A survey of some differential games in advertising.
J. Econom. Dyn. Control 4, 341-369 (1982).

/4/ Ho, Y.C.; Olsder, G.J.
Differential games: Concepts and applications.
Shubik, M. (Ed), The Mathematics of Conflict, North-Holland, Amsterdam (1983).

/5/ Feichtinger, G.; Jørgensen, S.
Differential game models in management science.
European J. Operational Res. 14 (1983).

/6/ Basar, T.; Olsder, G.J.
Dynamic Noncooperative Game Theory.
Academic Press, New York (1982).

/7/ Starr, A.W.; Ho, Y.C.
Nonzero-sum differential games.
J. Optim. Theory Appl. 3, 184-206 (1969).

/8/ Thépot, J.
Investment strategies in a duopoly along a business cycle.
WP 80-44, European Institute for Advanced Studies in Management, Brussels (1980).

/9/ Lévine, J.; Thépot, J.
Open-loop and closed-loop equilibria in a dynamic duopoly.
Feichtinger, G. (Ed), Optimal Control Theory and Economic Analysis, North-Holland, Amsterdam, 143-156 (1982).

/10/ Dockner, E.; Jørgensen, S.
Cooperative and non-cooperative differential games solutions of an investment and pricing problem.
Research Report No. 61, Institute for Econometrics and OR, Technical University, Vienna (1983).

/11/ Lancaster, K.
The dynamic inefficiency of capitalism.
J. Political Economy 81, 1092-1109 (1973).

/12/ Wishart, D.M.G.; Olsder, G.J.
Discontinuous Stackelberg solutions
Internat. J. Systems Sci. 10, 1359-1368 (1979).

/13/ Jørgensen, S.
Labor-managed versus profit-maximizing firms: A differential games solution to a problem of determining optimal labor forces.
Feichtinger G. (Ed), Optimal Control Theory and Economic Analysis, North-Holland, Amsterdam, 353-372 (1982).

/14/ Jørgensen, S.
Optimal production, purchasing, and pricing: A differential games approach.
Paper presented at EURO VI, Vienna (1983).

/15/ Feichtinger, G.
The Nash solution of a maintenance-production differential game.
European J. Operational Res. 10, 165-172 (1982).

/16/ Jørgensen, S.
The Pareto optimal solution of a maintenance-production differential game.
Working Paper, Institute for Econometrics and OR, Technical University, Vienna (1982).

/17/ Simaan, M.; Takayama, T.
Game theory applied to dynamic duopoly problems with production constraints.
Automatica 14, 161-166 (1978).

/18/ Hartl, R.
Optimal maintenance and production rates for a machine: A nonlinear economic control problem.
J. Econ. Dyn. Contr. (forthcoming).

/19/ Leitmann, G.; Schmitendorf, W.E.
Profit maximization through advertising: A nonzero-sum differential game approach.
IEEE Trans. Automat. Control 23, 645-650 (1978).

/20/ Bürk, R.
A note on dynamic duopoly and the Amoroso-Robinson relation.
Z. Nationalökonomie 36, 389-395 (1976).

/21/ Clemhout, S.; Leitmann, G.; Wan, H.Y.
A differential game in oligopoly.
J. Cybernetics 3, 24-39 (1973).

/22/ Reinganum, J.F.
Dynamic games of innovation.
J. Econ. Theory 25, 21-41 (1981).

/23/ Feichtinger, G.
Optimal policies for two firms in a noncooperative research project.
Feichtinger, G. (Ed), Optimal Control Theory and Economic analysis, North-Holland, Amsterdam, 373-397 (1982).

/24/ Chen, S.F.-H.; Leitmann, G.
Labour-managed bargaining modelled as a dynamic game,
Optim. Control. Appl. Methods 1, 11-25 (1980).

/25/ Clark, C.W.
Restricted access to common-property fishery resources: A game theoretic analysis.
Liu, P.-T. (Ed), Dynamic Optimization and Mathematical Economics, Plenum Press, New York, 117-132 (1980).

/26/ Marshalla, R.A.
An Analysis of Cartelized Market Structures for Nonrenewable Resources.
Garland Publ., New York (1979).

/27/ Salant, S.W.
Exhaustible resources and industrial structure: A Nash-Cournot approach to the world oil market.
J. Political Economy 84, 1079-1093 (1976).

/28/ Hauptmann, H.
Stackelberg strategies and an embargo game.
Feichtinger, G. (Ed), Optimal Control Theory and Economic Analysis, North-Holland, Amsterdam, 337-352 (1982).

/29/ Feichtinger, G.; Weidinger, N.
Nash- und Stackelberg Lösungen eines Differentialspieles zur Umweltverschmutzung.
Research Report No. 55, Institute for Econometrics and OR, Technical University, Vienna (1982).

/30/ Weidinger, N.
Stackelberg-Gleichgewichte in Zwei-Personen-Nicht-Nullsummen Differentialspielen.
Unpublished MS Thesis, Technical University, Vienna (1982).

/31/ Reinganum, J.F.
A class of differential games for which the closed-loop and open-loop equilibria coincide.
J. Optim. Theory App. 36, 253-262 (1982).

/32/ Jørgensen, S.
An exponential differential game which admits a simple Nash solution.
J. Optim. Theory Appl. (forthcoming).

OPTIMALE PREISBILDUNG UNTER DYNAMISCHER NACHFRAGE: DIE NASH-LÖSUNG EINES DIFFERENTIALSPIELS

Engelbert Dockner, Wien

Zusammenfassung. Ausgehend von dem Kontrollmodell für dauerhafte Güter von DOLAN und JEULAND /1/ wird ein Zweipersonen- Nichtnullsummen Differentialspiel formuliert und untersucht. Dabei zeigt sich durch die Anwendung der notwendigen Optimalitätsbedingungen, daß das Spiel qualitativ lösbar ist, was bedeutet, daß ein nichtlineares Differentialgleichungssystem in den Kontrollen (den Preisen) mit gegebenen Endwerten hergeleitet werden kann. Durch Phasendiagrammanalyse sieht man , daß die optimalen Preispfade der beiden Spieler ganz von ihrer Einheitskostenstruktur abhängen. Der Spieler mit den niedrigeren Kosten setzt den niedrigeren Preis fest und ist sogar in der Lage den Preis im betrachteten Planungsintervall zu senken. Der Spieler mit der ungünstigeren Kostenstruktur ist gezwungen, den höheren Preis (und somit geringere Verkäufe) zu wählen und sogar gegen Ende des Planungshorizontes seinen Preis zu erhöhen.

Einleitung

Ein Kernproblem im Bereich des Marketing, dem in der Literatur schon viel Aufmerksamkeit geschenkt wurde ist die optimale Preisgestaltung von Produkten über ihren Lebenszyklus hin. Dieser Problemkreis hat auch für die mathematischen Wirtschaftswissenschaften durch die dynamischen Optimierungsverfahren viel an Bedeutung und Interesse zugenommen. Dies spiegelt sich nicht zuletzt in der Anzahl der, gerade in den letzten Jahren erschienenen, Publikationen auf diesem Gebiet wieder (vgl. dazu /1/,/2/,/3/,/4/,/5/,/6/,/7/,/8/,/9/,/10/). Dabei gehen die meisten dieser Arbeiten von der Voraussetzung aus, daß laufende Preise und Verkäufe nicht nur den laufenden Profit, sondern auch die Preise und Verkäufe in der Zukunft beeinflussen. Zudem werden folgende weitere wesentliche Faktoren immer wieder studiert: der Diffusionseffekt auf der Seite der Käufer (vgl. dazu / 9 /), der Sättigungseffekt bei dauerhaften Gütern und der Effekt von Lernkostenkurven als Einheitskostenkurven der Produktion (vgl. dazu / 10/).

DOLAN und JEULAND /1/ analysieren unter den beschriebenen Annahmen folgendes, bereits von ROBINSON und LAKHANI /6/ formuliertes Modell der Kontrolltheorie, das den Ausgang dieser Arbeit bildet. Betrachtet wird in dem Modell ein Monopolist, der ein dauerhaftes Gut produziert. Bezeichnen $x(t)$ die akkumulierten Verkäufe zum Zeitpunkt t und $p(t)$ den Preis zum Zeitpunkt t so spezifizieren DOLAN und JEULAND unter der Annahme des Ausschlusses von Wiederholungskäufen des Produktes die Verkaufsrate $\dot{x}(t)$

Operations Research Proceedings 1983

mit

$$\dot{x}(t)=e^{-kp(t)}(a+bx(t))(1-x(t))=S(p(t),x(t)) \quad (1)$$

wobei der Anfangswert $x(0)=x_o$ gegeben ist. Wesentlich bei dieser Darstellung ist der exponentielle Preiseinfluß auf die Verkaufsrate und die nach BASS/9 / modellierte Diffusionsnachfrage wobei, wie bekannt ist, a den konstanten Innovations- und b den konstanten Imitationskoeffizienten darstellen. Ziel des Monopolisten ist es, den diskontierten Profit im Zeitintervall $[0,T]$ unter beschriebener Entwicklung der Verkäufe zu maximieren. *)

$$\max_p \; J=\int_0^T e^{-rt}(p-c(S))Sdt \quad (2)$$

unter der Nebenbedingung (1) bei gegebenem Anfangswert x_0.

c(S) sind die von S abhängigen Einheitskosten, die in dem Modell nicht weiter spezifiziert werden. In der Sprache der Kontrolltheorie ist (2) unter der Nebenbedingung (1) ein nichtlineares Kontrollmodell mit x als Zustandsvariable und p als Kontrollvariable.

DOLAN und JEULAND können für (2) unter der Annahme, daß die Diskontrate identisch verschwindet r=0, folgende Ergebnisse herleiten. Bei sehr kleiner Imitationsrate b (keine "Mund zu Mund-Werbung") ist der Preis eine fallende Funktion. Bei großem b und langem Planungshorizont T steigt der Preis zuerst und fällt gegen Ende wieder, und bei großem b und kleinem T steigt der Preis monoton. Diese Ergebnisse leitet auch KALISH /5/ in einem ganz allgemeinen Modell her, wo die Systemdynamik (1) ersetzt wird durch die Funktion

$$\dot{x}=f(p,x), \quad x_0 \text{ gegeben} \quad (3)$$

Die Verallgemeinerung des Kontrollmodells zu einem Differentialspiel

Da das obige Modell lediglich eine Monopolsituation erfaßt, ist es sinnvoll, dieses Modell um die kompetitive Komponente zu erweitern, d.h. als Differentialspiel zu formulieren. Betrachtet werden nun 2 Firmen, die das gleiche dauerhafte Gut produzieren. Weiters wird angenommen, daß die "Mund zu Mund-Werbung" des Produktes sehr gering ist, was bedeutet, daß die Imitationsrate b identisch Null gesetzt wird. Somit ergibt

---

*) In der Folge wird das Zeitargument bei den Funktionen unterdrückt.

ein zusätzlicher Kauf eine Reduktion des restlichen, konstanten Marktpotentials; es wird nur ein Sättigungseffekt analysiert. Weiters wird angenommen, daß die Nachfrage jetzt natürlich auch vom Preis des Konkurrenten abhängt, und daß die Einheitskosten für beide Firmen konstant sind. Somit erhält man folgendes Zweipersonen-Nichnullsummen Differentialspiel mit fixer Spieldauer T.

$$\max_{p_i, p_j} J_i = \int_0^T e^{-r_i t}(p_i - c_i) S_i dt, \qquad i=1,2;\ i \neq j \tag{4}$$

unter der Nebenbedingung

$$\dot{x}_i = e^{p_j - p_i}(1 - x_1 - x_2) = S_i\ , \quad x_i(0) = x_{i0},\ \text{gegeben},\ i=1,2;\ i \neq j \tag{5}$$

Wie man leicht sieht, gelten für die Sytemdynamiken die Ungleichungen

$$\partial S_i / \partial p_i < 0 \qquad \text{und} \qquad \partial S_i / \partial p_j > 0 \tag{6}$$

Dies bedeutet, daß bei einer Erhöhung vom Preis p_i die Verkaufsrate S_i vom Spieler i kleiner, die vom Spieler j ($i \neq j$) größer wird und umgekehrt, was auch ökonomisch sinnvoll ist.

Bemerkung: Es gilt natürlich $\dot{x}_i \geq 0$. Weiters hat die in (5) aufgestellte Systemdynamik gewisse Ähnlichkeiten mit der Systemdynamik im VIDALE-WOLFE Werbemodell /11/.

Führt man in (5) die Transformation

$$x_1 + x_2 = z \tag{7}$$

ein, so reduziert sich das Differentialspiel auf ein Spiel mit nur einem Zustand z und zwei Kontrollen p_1, p_2.

Die Nash-Lösung des Differentialspiels

Im folgenden Abschnitt wird für das oben definierte Differentialspiel die Nash-Lösung berechnet. Ein Paar von Kontrollen $(p_1^*(t), p_2^*(t))$ heißt Nash-optimal, wenn

$$J_1(p_1^*, p_2^*) \geq J_1(p_1, p_2^*) \quad \text{und} \quad J_2(p_1^*, p_2^*) \geq J_2(p_1^*, p_2) \tag{8}$$

gilt. (8) besagt, wenn ein Spieler von seiner Nash-Lösung abweicht, solange der Gegner seine zuständige Nash-Lösung spielt, erreicht er keine Verbesserung. Zur Ermittlung der Kandidaten für optimale Lösungen werden die notwendigen Bedingungen analog zu /12/ angewandt

Die Hamiltonfunktion des i-ten Spielers (i=1,2) in laufender Bewertung ist gegeben durch

$$H_i=(p_i-c_i)e^{p_j-p_i}(1-z)+\mu_i(e^{p_j-p_i}+e^{p_i-p_j})(1-z), \quad i=1,2;\ i\neq j \tag{9}$$

μ_i sind die adjungierten Variablen (Kozustandsvariablen), die den Wert einer infinitesimalen zusätzlichen Einheit der Zustandsvariablen z aus der Sicht des Spielers i angeben. Sie genügen den Gleichungen

$$\dot{\mu}_i=r_i\mu_i-\partial H_i/\partial z=\mu_i(r_i+e^{p_j-p_i}+e^{p_i-p_j})+(p_i-c_i)e^{p_j-p_i}, \quad i=1,2;\ i\neq j \tag{10}$$

mit den Transversalitätsbedingungen

$$\mu_i(T)=0. \tag{11}$$

Unter der Annahme einer inneren Lösung liefert die Maximumbedingung $\partial H_i/\partial p_i=0$

$$p_i=1+c_i+\mu_i(-1+e^{2(p_i-p_j)}), \quad i=1,2;\ i\neq j \tag{12}$$

(12) stellt die klassische statische Preisregel für den Monopolisten dar, modifiziert durch den Term um die adjungierte Variable μ_i. Die Bedingung zweiter Ordnung für ein Maximum ist gegeben mit

$$\partial^2 H_i/\partial p_i^2 \leq 0 \Leftrightarrow -1+2\mu_i e^{p_i-p_j} \leq 0, \quad i=1,2;\ i\neq j \tag{13}$$

Wie man durch (10,11,12) erkennt, ist das behandelte Differentialspiel qualitativ lösbar,(vgl. dazu /13/) was bedeutet, daß aus den notwendigen Optimalitätsbedingungen ein Differentialgleichungssystem in den Kontrollen mit gegebenen Endwerten hergeleitet werden kann.

Durch Differenzieren von (12) nach der Zeit t und durch anschließendes Einsetzen in die Gleichung (10) bekommt man das erwähnte Differentialgleichungssystem in (p_1,p_2).

$$\dot{p}_i k(p_i,p_j)-\dot{p}_j l(p_i,p_j)=m(p_i,p_j), \quad i=1,2;\ i\neq j \tag{14}$$

wobei die Funktionen k, l und m die folgende Gestalt besitzen.

$$k(p_i,p_j)= -1+(2(p_i-1-c_i)e^{2(p_i-p_j)})/(e^{2(p_i-p_j)}-1) \qquad (15.a)$$

$$l(p_i,p_j)=(2(p_i-1-c_i)e^{2(p_i-p_j)})/(e^{2(p_i-p_j)}-1)\ , \qquad i=1,2;\ i\neq j \qquad (15.b)$$

$$m(p_i,p_j)=(1-e^{2(p_i-p_j)})(((p_i-1-c_i)/(e^{2(p_i-p_j)}-1))(r_i+2e^{p_i-p_j})+e^{p_j-p_i}) \qquad (15.c)$$

Die Endwerte erhält man durch das Einsetzen von (11) in (12).

$$p_i(T)=1+c_i\ , \qquad i=1,2;\ i\neq j \qquad (16)$$

(14) ist ein System von zwei nichtlinearen Differentialgleichungen mit gegebenen Endwerten $(p_1(T),p_2(T))$.

Da die hinreichenden Bedingungen für das Spiel erfüllt sind (vgl. dazu /14/), sind die Kandidaten, die dem Gleichungssystem (14) genügen auch wirklich optimale Politiken.

Optimale Preispolitiken

In diesem Abschnitt werden nun die optimalen Preise durch eine Diskussion des autonomen Differentialgleichungssystems (14) mittels Phasendiagramm charakterisiert. Zuvor werden aber noch Resultate über die adjungierten Variablen abgeleitet.

Korollar 1: Die adjungierten Variablen sind negativ. D.h. eine zusätzliche Einheit der Zustandsvariablen z (Summe der Verkäufe) wird von beiden Spielern negativ bewertet.
Beweis: Das Resultat folgt über indirekte Beweisführung mit dem Argument der Stetigkeit und mit $\mu_i(T)=0$.

Bemerkung: Durch das Resultat von Korollar 1 ist automatisch auch die Bedingung (13) erfüllt.

Korollar 2: Am Ende des Planungshorizontes T sind die optimalen Preise gleich dem Preis aus der klassischen statischen Preisregel: "Grenzkosten=Grenzerlös". Weiters gilt:

$$\dot{p}_i(T) \gtreqless 0 \iff c_i \gtreqless c_j\ , \quad i=1,2;\ i\neq j \qquad (17)$$

Beweis: (16) ist exakt das Ergebnis der ersten Behauptung. Einsetzen von (16) in (14) liefert den Rest.

Theorem 1: Unter der Annahme $r_1=r_2=0$ hat das System (14) genau einen inneren stationären Punkt, der ein instabiler Knoten ist. Die optimalen Preise sind charakterisiert durch (siehe Abbildung 1.):

$$\dot{p}_i(t) \gtrless 0 \Leftrightarrow c_i \gtrless c_j \Leftrightarrow p_i \gtrless p_j \quad \forall\, t\in[0,T],\ i=1,2;\ i\neq j \qquad (18)$$

Beweis: Siehe dazu DOCKNER / 8/.
Das in (18) erhaltene Resultat besagt, daß der Spieler i mit der günstigeren Kostenstrukt alle "Trümpfe" in der Hand hat. Er kann den niedrigeren Preis (der jedoch größer als $1+c_i$ ist) festsetzen, und ist noch in der Lage, den Preis zu reduzieren, was einen positiven Einfluß gemäß (6) auf die Nachfragefunktion hat. Der Gegenspieler j mit der schlechteren Kostenstruktur ist dagegen gezwungen, den höheren Preis zu setzen (wodurch er auf der Nachfrageseite benachteiligt ist), der jedoch stets unter dem Wert $1+c_j$ liegt. Durch eine Preiserhöhung gegen Ende des Planungsintervalls versucht er zumindest kurzfristig den Erlös zu steigern.

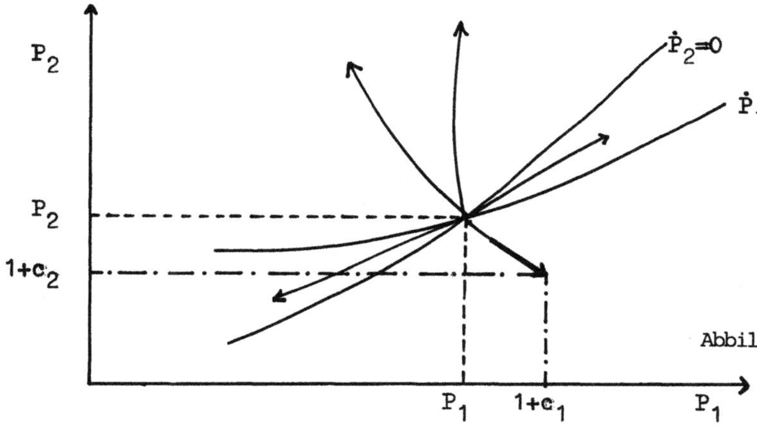

Abbildung 1.

Schlußbetrachtung:
Die vorliegende Arbeit stellt den Versuch dar, ein Modell der Kontrolltheorie auf ein Differentialspiel zu erweitern. Durch diese Art der Modellerweiterung wird in die Modelle der Kontrolltheorie die wesentliche Komponente der kompetitiven Marktsituation eingebracht. Da das obige Spiel zustandsseparabel ist /13/, ist es auch lösbar in dem Sinn, daß die optimalenPreispfade durch ein nichtlineares Differentialgleichungssystem in den Kontrollen gegeben sind.
Die erhaltenen Ergebnisse sind teilweise Ergebnisse, die man aus der statischen Theorie kennt, bringen jedoch durch die spezielle Gestalt der Nachfragefunktion eine gewisse Unsymmetrie mit.

Würdigung: Für wertvolle Hinweise und Bemerkungen danke ich Prof. Gustav Feichtinger und Prof. Steffen Jørgensen.

Literatur:

/1/ DOLAN,R.; JEULAND,P.
Experience curves and dynamic demand models: implications for optimal pricing strategies.
Journal of Marketing 45, 52-62 (1981).

/2/ DOCKNER,E.
Optimale Preispolitiken für dauerhafte Güter: Ein Modell der Kontrolltheorie.
Quartalshefte der GZ II/83, 18Jg., 43-47 (1983).

/3/ FEICHTINGER,G.
Optimal pricing in a diffusion model with nonlinear pricedependent market potential.
Forschungsbericht 43 des Instituts für Ökonometrie und OR TU Wien (1982).

/4/ JØRGENSEN,S.
Optimal control of a diffusion model of new product acceptance with price dependent total market potential.
Erscheint (1983) im OCAM.

/5/ KALISH,S.
Monopolist pricing with dynamic demand and production cost.
Working paper, University of Rochester (1982).

/6/ ROBINSON,B.; LAKHANI,C.
Dynamic price models for new product planning.
Management Science 10,1113-22 (1975).

/7/ SPREMANN,K.
Hybrid product life cycles and the Nerlove-Arrow-Theorem.
Arbeitspapier, Universität Ulm Abt. Wirtschaftswissenschaften (1982).

/8/ DOCKNER,E.
Optimal pricing in a dynamic duopoly game model.
Forschungsbericht 48 des Institutes für Ökonometrie und OR TU Wien (1982).

/9/ BASS,F.
A new product growth model for consumer durables.
Management Science 15, 215-27 (1969).

/10/ ROSEN,S.
Learning by experience as joint production.
Quarterly Journal of Economics 86, 366-82 (1972).

/11/ VIDALE, M.L.; WOLFE, H.B.
An operations research study of sales response to adverting.
Operations Research 5, 3, 370-81 (1957).

/12/ STARR,A.W.; HO,Y.C.
Nonzero-sum differential games.
Journal of Optimization Theory and Applications 3, 184-206 (1969).

/13/ DOCKNER,E.; FEICHTINGER,G.; JØRGENSEN,S.
Tractable classes of nonzero-sum open loop Nash differential games: theory and examples.
Erscheint im Journal of Optimization Theory and Applications (1984).

/14/ LEITMANN,G.; STALFORD,S.
Sufficiency for optimal strategies in Nash equilibrium games.
In: Techniques of Optimization (A.V. Balakrishnan, ed.), Academic Press NY (1972)

EINE ÜBERSICHT ÜBER DAS MAXIMUMPRINZIP FÜR OPTIMALE KONTROLLPROBLEME MIT ZUSTANDSNEBENBEDINGUNGEN

Richard Hartl, Wien

Obwohl schon im Standardwerk der Kontrolltheorie, PONTRJAGIN et al /30/, Steuerprobleme mit Zustandsnebenbedingungen behandelt wurden, sind diese Probleme noch immer als schwierig zu klassifizieren. So tragen z.B. die verschiedenen Formen der notwendigen (und hinreichenden) Optimalitätsbedingungen dazu bei, Verwirrung zu stiften. In der Literatur finden sich einige Übersichtsaufsätze, die die wichtigsten bekannten Resultate wiedergeben bzw. teilweise auch die Optimalitätsbedingungen in einigen Formen vergleichen. Siehe etwa McINTYRE und PAIEWONSKY /27/, JACOBSON, LELE und SPEYER /14/, LITT /20/, MAURER /25/, /26/, Kapitel 17 von KAMIEN und SCHWARTZ /16/, KREINDLER /17/, LOON /23/, SETHI, DREWS und SEGERS /39/ und VICKSON /41/.

In dieser Arbeit wird versucht, einen Überblick über mehrere bekannte Formen der Optimalitätsbedingungen zu geben und die Querverbindungen zwischen den einzelnen Aussagen aufzuzeigen. Weiters wird ein einfaches Beispiel gelöst, um die Anwendung der Theorie zu illustrieren.

DAS ZUSTANDSBESCHRÄNKTE KONTROLLPROBLEM

Wir betrachten das folgende Problem der optimalen Steuerung:

$$V = \int_0^T F(x(t),u(t),t)\,dt + S(x(T)) \rightarrow \max \tag{1}$$

$$\dot{x}(t) = f(x(t),u(t),t); \quad x(0) = x_0 \tag{2}$$

unter den Kontroll- und Zustandsnebenbedingungen

$$g(u(t),t) \geq 0 \tag{3}$$

$$h(x(t),t) \geq 0. \tag{4}$$

Dabei ist $x \in R^n$ der Zustand und $u \in R^m$ die Kontrolle des Systems. Alle auftretenden Funktionen werden als stetig differenzierbar angenommen. Wo keine Verwirrung gestiftet werden kann, werden ab jetzt die Argumente der Funktionen weggelassen.

Der Steuerbereich U_t ist definiert als $U_t = \{u \in R^m | g(u,t) \geq 0\}$. Wenn g mehrdimensional ist, nehmen wir im folgenden an, daß die üblichen Regu-

Operations Research Proceedings 1983

laritätsbedingungen der Kuhn-Tucker-Theorie erfüllt sind, d.h. für gegebenes u,t nehmen wir an, daß die Gradienten $\partial g_i(u,t)/\partial u$ für alle aktiven Indizes (d.h. für die $g_i(u,t) = 0$ gilt) linear unabhängig sind.

Eine wichtige Rolle bei der Behandlung der Beschränkung (4) ist die Ordnung dieser Zustandsbeschränkung. Sie heißt von p-ter Ordnung wenn h(x,t) p-mal stetig differenzierbar ist, die ersten p-1 totalen Ableitungen nach der Zeit keine Kontrolle enthalten und in der p-ten Ableitung erstmals eine Kontrolle explizit auftritt:

$$h^{o} = h$$
$$h^{i+1} = h_x^i f + h_t^i, \quad i = 0,1, \ldots, p-1 \tag{5}$$

$$h_u^i = 0, \; i = 0,1, \ldots, p-1; \; h_u^p \neq 0. \tag{6}$$

Der einfachste Fall ist der einer Beschränkung erster Ordnung, d.h. wo der Ausdruck $h_x f + h_t$ die Kontrolle u explizit enthält.

Schließlich benötigen wir noch folgende Definitionen: Ein Zeitpunkt $\tau \varepsilon [0,T]$ heißt

Berühr(zeit)punkt, wenn $h(x(\tau),\tau) = 0$, $h(x(\tau-\varepsilon),\tau-\varepsilon)>0$,
(contact time) $h(x(\tau+\varepsilon),\tau+\varepsilon)>0$ für kleines $\varepsilon>0$.

Eintritts(zeit)punkt, wenn $h(x(\tau-\varepsilon),\tau-\varepsilon)>0$ für kleines $\varepsilon>0$
(entry time) und $h(x(\tau+\varepsilon),\tau+\varepsilon) = 0$ für kleines $\varepsilon \geq 0$.

Austritts(zeit)punkt, wenn $h(x(\tau-\varepsilon),\tau-\varepsilon) = 0$ für kleines $\varepsilon \geq 0$
(exit time) und $h(x(\tau+\varepsilon),\tau+\varepsilon)>0$ für kleines $\varepsilon>0$.

Alle drei werden unter dem gemeinsamen Begriff Verbindungsstelle bzw. Verbindungs(zeit)punkt zusammengefaßt (junction time).

In den nächsten Abschnitten wollen wir einen Überblick über mögliche Formen der notwendigen (und hinreichenden) Optimalitätsbedingungen für das oben beschriebene Problem geben.

DIE OPTIMALITÄTSBEDINGUNGEN DER METHODE O (G-Form)

Wir bilden die Hamiltonfunktion*)

$$H^{o} = F + \lambda^{o} f \tag{7}$$

und die Lagrangefunktion

$$L^{o} = H^{o} + \mu^{o} h + \nu g \tag{8}$$

*) Die hochgestellte Null soll auf Methode 0 hinweisen.

d.h. die Funktion h aus (4) wird mit einem Multiplikator versehen und direkt zur Hamiltonfunktion adjungiert ("direct adjoining approach").

Satz 1: (notwendige Optimalitätsbedingungen) Ist (u(t),x(t)) ein optimales Paar für das Problem (1-4), so existieren eine stückweise stetig differenzierbare adjungierte Funktion $\lambda^o(t)$ sowie Multiplikatorfunktionen $\mu^o(t)$ und $\nu(t)$ sodaß gilt:

$$\dot{\lambda}^o = -L_x^o \tag{9}$$

$$\lambda^o(T) = S_x(x(T)) \tag{10}$$

$$u(t) = \text{argmax } \{H^o(x(t),u,t,\lambda^o(t)) \mid u \varepsilon U_t\} \tag{11a}$$

$$L_u^o = 0 \tag{11b}$$

$$\nu \geqq 0, \ \nu g = 0 \tag{12a}$$

$$\mu^o \geqq 0, \ \mu^o h = 0 \tag{12b}$$

An Verbindungsstellen τ wo die Trajektorie auf die Beschränkung (4) stößt bzw. diese verläßt, kann der Kozustand $\lambda^o(t)$ Sprünge besitzen:

$$\lambda^o(\tau^-) = \lambda^o(\tau^+) + \eta^o h_x(x(\tau),\tau), \ \eta^o \geqq 0. \tag{13}$$

Weiters ist die Hamiltonfunktion H^o stetig in der Zeit soferne h(x,t) = h(x) nicht explizit von der Zeit t abhängt. Ansonsten gilt mit η^o aus (13):

$$H^o(\ldots \tau^- \ldots) = H^o(\ldots \tau^+ \ldots) - \eta^o h_t(x(\tau),\tau). \tag{14}$$

Diese Optimalitätsbedingungen findet man z.B. bei CHANG /7/, McINTYRE und PAIEWONSKY /27/, SPEYER /40/, LASTMANN /18/, JACOBSON, LELE und SPEYER /14/, NORRIS /29/ sowie MAURER /26/.

Man beachte, daß Satz 1 das sogenannte normale Problem beschreibt. Eigentlich müßte man die Zielfunktion F in der Hamiltonfunktion und S_x in (10) mit einem nichtnegativen konstanten Multiplikator, $\bar{\lambda}$, versehen. Da aber nicht alle Multiplikatoren gleichzeitig verschwinden können, folgt aus (10), daß $\bar{\lambda}>0$ und daher o.B.d.A. $\bar{\lambda} = 1$. Dies gilt zumindest wenn die Matrix $\partial h^p/\partial u$ für alle $t\varepsilon[0,T]$ vollen Zeilenrang hat wobei h^p die durch (5) gegebene p-te totale Ableitung von h ist und p die Ordnung der Beschränkung (4). Siehe etwa Theorem 3 in /14/.

Eine weiteres Resultat, das allerdings in der Ökonomie kaum praktische Bedeutung hat,ist die Gleichheit von totaler und partieller Ableitung der Hamiltonfunktion: $\partial L^o/dt = L_t^o$. Vergleiche dazu /26/.

WEITERE RESULTATE ZUR METHODE O

Unter gewissen zusätzlichen Annahmen können weitere Aussagen über die Stetigkeit der Kontroll- und Kozustandstrajektorien getroffen werden:

Korollar 1: Ist die Hamiltonfunktion regulär, (d.h. die Maximierung durch u ist eindeutig; hinreichend dafür ist $H^{o}_{uu}<0$) so ist die Kontrolltrajektorie u(t) stetig an den Verbindungsstellen.

Zum Beweis siehe etwa /40/ oder /27/, Seite 408. Da dieser aber recht einfach und instruktiv ist, wollen wir ihn hier vorführen. Wendet man der Reihe nach (13), (11), (14) und (5) an, so erhält man

$$\begin{aligned} H^{o}(\ldots, \tau^{-}, \ldots) &= H^{o}(x(\tau),u(\tau^{-}),\tau,\lambda^{o}(\tau^{+}))+\eta^{o}h_{x}(x(\tau),\tau)f(x(\tau),u(\tau^{-}),\tau) \\ &\leqq H^{o}(\ldots, \tau^{+}, \ldots)+\eta^{o}h_{x}(x(\tau),\tau)f(x(\tau),u(\tau^{-}),\tau) \\ &= H^{o}(\ldots, \tau^{-}, \ldots)+\eta^{o}h^{1}(x(\tau),u(\tau^{-}),\tau) \\ &\leqq H^{o}(\ldots, \tau^{-}, \ldots) \end{aligned}$$

wobei auch $h^{1}(\ldots, \tau^{-}, \ldots)\leqq 0$ verwendet wurde. Daher gelten in obiger Doppelungleichung überall die Gleichheitszeichen und sowohl $u(\tau^{-})$ als auch $u(\tau^{+})$ maximieren $H^{o}(x(\tau),u,\tau,\lambda^{o}(\tau^{+}))$. Ist H^{o} regulär so folgt daraus $u(\tau^{-}) = u(\tau^{+})$.

Im Falle einer Beschränkung p-ter Ordnung sind sogar die ersten p-2 Ableitungen von u(t) nach der Zeit stetig an Verbindungspunkten. Ist weiters $p\geqq 3$ und ungerade, so kann $u^{(p-1)}$ nur an einem Berührungspunkt unstetig sein; siehe etwa /14/, Seiten 272 und 274 und HAMILTON /11/. Für die adjungierte Variable gilt weiters:

Korollar 2: Bei Zustandsnebenbedingungen erster Ordnung verschwindet der Sprunghöhenparameter: $\eta^{o} = 0$, wenn (a) die Hamiltonfunktion regulär ist oder wenn (b) die Hamiltonfunktion linear in u ist und der Ein- oder Austritt der Trajektorie in die bzw. aus der Beschränkung in nicht-tangentialer Weise erfolgt. Die Kozustandstrajektorie λ^{o} ist dann also stetig.

Vergleiche zu (a) etwa Seite 410 in /27/, Seite 274 in /14/; sowie MAURER /25/, Seite 353 bzw. VICKSON /41/ für Teil (b). Teil (b) folgt übrigens auch sofort aus $\eta^{o}h^{1}(\ldots \tau^{-} \ldots) = \eta^{o}h^{1}(\ldots \tau^{+} \ldots) = 0$ was im Beweis von Korollar 1 gezeigt wurde.

Die Optimalitätsbedingungen von Satz 1 sind nicht nur notwendig, sondern auch hinreichend wenn die maximierte Hamiltonfunktion max $\{H^o(x,u,t,\lambda^o)\,|\,u\varepsilon U\}$ für gegebenes t,λ^o in x konkav ist. Der Beweis dieser Aussagen ist wie üblich wesentlich einfacher als der der notwendigen Bedingungen und findet sich z.B. in SETHI /37/ und SEIERSTAD und SYDSAETER /36/. Im wesentlichen beruhen alle diese Beweise auf der Arbeit von MANGASARIAN /24/, siehe auch /15/.

Auf Intervallen I, wo die Zustandsrestriktion (4) aktiv ist und wo u(t) im Inneren des Kontrollbereiches U liegt, kann der Multiplikator μ^o wie folgt berechnet werden. Man transformiere das Problem auf autonome Mayer-Gestalt (d.h. F = 0 in (1) und $f_t = g_t = h_t$) und definiere die Funktionen

$$\phi_o = f_u$$
$$\phi_{i+1} = \dot{\phi}_i - f_x\phi_i;\ i = 0,\ \ldots,\ p-1 \tag{15}$$

wobei wir annehmen, daß f und h p-mal stetig differenzierbar sind. Da $H_u = 0$ auf dem gesamten Intervall I gilt, verschwinden auch alle totalen Zeitableitungen von H_u bis zur p-ten Ordnung. Mittels vollständiger Induktion zeigt man leicht, daß für h^i aus (5) gilt:

$$h_u^i = (-1)^{i-1}h_x\phi_{i-1};\ i = 1,\ \ldots,\ p.$$

Ebenso zeigt man, daß

$$0 = \frac{d^i}{dt^i}H_u^o = \lambda^o\phi_i - \mu^o h_x\phi_{i-1};\ i = 1,\ \ldots,\ p$$

da u im Inneren von U angenommen wurde. Man beachte daß $h_x\phi_{i-1} = 0$ für $i<p$. Daher erhalten wir

$$\mu^o = (-1)^{p-1}\lambda^o\phi_p[h_u^p]^{-1} \tag{16}$$

soferne u und h gleiche Dimension besitzen und h_u^p nicht singulär ist. Weiters ist der Multiplikator μ^o stetig, was man auch sofort aus (16) erkennt. Siehe etwa HAMILTON /11/, MAURER /26/ und VICKSON /41/.

DIE OPTIMALITÄTSBEDINGUNGEN DER METHODE 1 (P^1-Form)

Eine andere Methode, Zustandsnebenbedingungen zu behandeln, besteht darin, die Funktion h aus (4) so lange nach der Zeit abzuleiten bis sie die Kontrolle explizit enthält. In diesem Abschnitt wollen wir uns zunächst mit Beschränkungen erster Ordnung befassen, wo $h^1 = h_xf+h_t$ die Kontrolle explizit enthält. Die Grundidee der Methode 1 besteht nun darin, daß man (4) durch die Bedingung

$$h^1(x,u,t)\geq 0 \quad \text{wenn} \quad h(x,t) = 0 \tag{17}$$

ersetzt und diese Beschränkung zur Hamiltonfunktion adjungiert. Wir definieren also

$$H^1 = F+\lambda^1 f \tag{18}$$

$$L^1 = H^1+\mu^1 h^1+\nu g \tag{19}$$

und formulieren die notwendigen Bedingungen wie folgt:

Satz 2: (notwendige Optimalitätsbedingungen) Ist $(u(t),x(t))$ optimal für (1-4), dann existieren eine stückweise stetig differenzierbare adjungierte Variable $\lambda^1(t)$ sowie Multiplikatorfunktionen $\mu^1(t)$ und $\nu(t)$ sodaß gilt:

$$\dot{\lambda}^1 = -L_x^1 \tag{20}$$

$$\lambda^1(T) = S_x(x(T)) \tag{21}$$

$$u(t) = \operatorname{argmax} \{H^1(x(t),u,t,\lambda^1(t)) \,|\, u\varepsilon\Omega^1(x(t),t)\} \text{ wobei}$$

$$\Omega^1(x,t) = \begin{cases} U \text{ wenn } t\varepsilon \text{ Intervall wo } h(x,t)>0 \\ \{u\varepsilon U|h^1(x,u,t) = 0\} \text{ auf Intervallen mit } h(x,t) = 0 \end{cases} \tag{22}$$

$$L_u^1 = 0 \tag{23}$$

$$\mu^1 \geqq 0, \quad \mu^1 h = 0 \tag{24}$$

$$\dot{\mu}^1 \leqq 0 \quad \text{wenn} \quad h = 0 \tag{25}$$

$$\nu \geqq 0, \quad \nu g = 0. \tag{26}$$

An den Verbindungsstellen τ kann $\lambda^1(t)$ unstetig sein:

$$\lambda^1(\tau^-) = \lambda^1(\tau^+)+\eta^1 h_x(x(\tau),\tau), \quad \eta^1 \geqq 0. \tag{27}$$

Ebenso kann die Hamiltonfunktion H^1 unstetig sein wenn h explizit von der Zeit t abhängt:

$$H^1(\ldots\ \tau^-\ \ldots) = H^1(\ldots\ \tau^+\ \ldots)-\eta^1 h_t(x(\tau),\tau) \tag{28}$$

mit η^1 aus (27).

Historisch ist die Methode 1 wesentlich älter als die zuvor behandelte Methode 0. Sie wurde von der Pontrjagin-Schule entwickelt und ist z.B. in PONTRJAGIN et al /30/ zusammengefaßt. BERKOVITZ /4/ leitete die gleichen Resultate (bis auf (25)) mittels Variationsrechnung ab. Weitere wichtige Literaturzitate sind BRYSON, DENHAM und DREYFUS /5/, GUINN /10/, McINTYRE und PAIEWONSKY /27/, MAURER /26/ und GEERING /9/. In den älteren dieser Arbeiten ist übrigens die Vorzeichenaussage $\eta^1 \geqq 0$

bei (27) noch nicht enthalten.

Wichtig ist, zu bemerken, daß die auftretenden Multiplikatorfunktionen in Satz 2 auf Randlösungsintervallen nicht eindeutig gegeben sind. Wenn man etwa $\lambda^1(t)$ und $\mu^1(t)$ aus Satz 2 auf Randlösungsstücken (wo $h = 0$) gemäß

$$\lambda^1(t) \rightarrow \lambda^1(t) + \alpha h_x, \quad \mu^1(t) \rightarrow \mu^1(t) - \alpha, \quad \alpha \varepsilon R$$

transformiert, so gelten die Aussagen (20), (22), (23) und (25) weiterhin. Allerdings kann α nur aus einem bestimmten Bereich gewählt werden, ohne die Sprungbedingungen (27) an den Verbindungsstellen oder die Bedingung $\mu^1 \geq 0$ aus (24) zu verletzen. Dabei ist es üblich (und sinnvoll), den Sprung entweder am Eintritts- oder am Austrittspunkt zu konzentrieren und $\lambda^1(t)$ am jeweils anderen Verbindungspunkt stetig zu wählen. Obige Transformation findet man z.B. bei /30/ oder im Anhang B von /5/. Die Trajektorie $\lambda^1(t)$ wird z.B. in /30/, /20/, /19/, /9/ am Eintrittspunkt als stetig angenommen und in /5/, /10/, /14/, /22/, /26/, /17/ und /41/ am Austrittspunkt.

Außerdem besteht noch folgende Beziehung zwischen den Multiplikatoren:

$$\mu^1(\tau) = \eta^1 \tag{29}$$

wobei für μ^1 der entsprechende einseitige Grenzwert von der Seite des Randlösungsstückes zu nehmen ist. Siehe etwa /19/, Seite 147 oder /20/. Dies gilt allerdings nur unter den Voraussetzungen von Korollar 2, d.h. wenn der Kozustand λ^0 in der Methode 0 stetig ist. Sonst gilt $\eta^1 = \mu^1(\tau) + \eta^0$. Vergleiche dazu /26/, /41/ oder Gleichung (51) weiter unten.

Wie bei der Methode 0 kann auch hier gezeigt werden, daß die Bedingungen (20-27) von Satz 2 hinreichend für die Optimalität eines Paares $(u(t), x(t))$ sind, wenn die maximierte Hamiltonfunktion $\max \{H^1(x,u,t,\lambda^1) \mid u \varepsilon \Omega^1(x)\}$ für gegebenes t, λ in x konkav ist. Dabei ist $\Omega^1(x)$ in (22) definiert. Im Falle einer stetigen Kozustandstrajektorie $\lambda^1(t)$ wurde dies von ARROW /1/ vermutet und z.B. in ARROW und KURZ /2/ bzw. LONG und VOUSDEN /22/ bewiesen. Der Beweis des allgemeinen Resultates ist (soweit der Autor informiert ist) bis jetzt noch nicht direkt geführt worden. Er folgt aber aus der Äquivalenz von Methode 0 und Methode 1 (siehe unten).

Ähnlich wie bei Methode 0 gilt übrigens auch hier $dL^1/dt = L^1_t$, d.h. die Hamiltonfunktion ist im autonomen Fall konstant.

DIE METHODE p (P^p-Form) **FÜR BESCHRÄNKUNGEN HÖHERER ORDNUNG**

Wir wollen uns nun Beschränkungen höherer Ordnung, $p \geq 2$, zuwenden, wo gemäß (5) und (6) gilt: $h_u^i = 0$, $i = 0,1, \ldots, p-1$; $h_u^p \neq 0$. Analog zu (17) von Methode 1 wird hier formal (4) durch

$$h^p(x,u,t) \geq 0 \quad \text{wenn} \quad h(x,t) = 0 \tag{30}$$

ersetzt. Definiert man

$$H^p = F + \lambda^p f \tag{31}$$

$$L^p = H^p + \mu^p h^p + \nu g, \tag{32}$$

so gelten die Aussagen von Satz 2 weiterhin, wenn H^1, L^1, λ^1, μ^1 und η^1 durch H^p, L^p, λ^p, μ^p und η^p ersetzt werden und wenn (22), (25), (27) und (28) wie folgt modifiziert werden:

$$\Omega^p(x,t) = \{u \in U_t \mid h^p(x,u,t) = 0\} \quad \text{wo} \quad h(x,t) = 0 \tag{33}$$

$$\mu^p \geq 0,\ \dot{\mu}^p \leq 0,\ \ddot{\mu} \geq 0,\ \ldots\ (-1)^p d^p \mu^p / dt^p \geq 0 \tag{34}$$

$$\lambda^p(\tau^-) = \lambda^p(\tau^+) + \sum_{i=1}^{p} \eta^i h_x^{i-1}(x(\tau),\tau);\ \eta^i \geq 0 \tag{35}$$

$$H^p(\ldots, \tau^-, \ldots) = H^p(\ldots, \tau^+, \ldots) - \sum_{i=1}^{p} \eta^i h_t^{i-1}(x(\tau),\tau). \tag{36}$$

Siehe dazu etwa /5/, /14/, /20/, /26/, /6/ Abschnitt 3.4, /9/, /17/ und /41/.

Die Aussagen bezüglich der Nichteindeutigkeit der Sprunghöhe bzw. die Möglichkeit der Normierung durch Stetigkeit des Kozustandes am Eintritts- oder Austrittspunkt gelten wie im Falle einer Beschränkung erster Ordnung. Wenn $\lambda^1(t)$ am Austrittspunkt τ_2 eines Randlösungsintervalls $[\tau_1, \tau_2]$ als stetig gewählt wird, so gelten weiters folgende Aussagen:

$$\eta^k - (-1)^{p-k} \frac{d^{p-k}\mu^p(\tau_1{}^+)}{dt^{p-k}} \begin{cases} \geq 0, & k = 1 \\ = 0, & k = 2, \ldots, p \end{cases} \tag{37}$$

$$\dot{\mu}^p = \ddot{\mu}^p = \ldots = d^{p-2}\mu^p/dt^{p-2} = 0 \quad \text{für} \quad t = \tau_2^-. \tag{38}$$

Aussage (37) ist eine Verallgemeinerung von (29) auf den Fall $p>1$ und findet sich z.B. bei /17/. Zu (38) vergleiche man /26/ oder /17/.

Schließlich wollen wir noch bemerken, daß es auch möglich ist, im Falle einer Beschränkung p-ter Ordnung die ite-Ableitung h^1 in der Lagrangefunktion (32) zu verwenden. Die entsprechenden Optimalitätsbedingungen findet man in Theorem 5.1 in /26/.

DIE OPTIMALITÄTSBEDINGUNGEN VON HESTENES UND RUSSAK:

Im Falle von Beschränkungen erster Ordnung d.h. $h_u^1 \neq 0$ gibt es noch eine Variante der Methode 1 wo die Stetigkeit der adjungierten Variablen λ^1 durch das Fehlen der komplementären Schlupfbedingung (24) erkauft wird. Diese Methode findet sich in Kapitel 8 von HESTENES /13/, in den Arbeiten von RUSSAK /31/, /32/, /33/ und /34/ sowie für einen Spezialfall bei BENSOUSSAN et al /3/.

Wir verlangen, daß die sogenannte "Constraint-qualification" erfüllt ist, d.h. daß die Matrix $[h_u^1, \text{diag}\,(h)]$ den vollen Zeilenrang besitzt. Dann gilt

Satz 3: Es sei $(u(t),x(t))$ ein optimales Paar; dann existieren eine stetige und stückweise stetig differenzierbare Kozustandstrajektorie $\lambda^*(t)$ und zwei stückweise stetige Multiplikatorfunktionen $\mu^*(t)\geqq 0$ und $\nu(t)$, sodaß gilt

$$H^* = F+\lambda^* f \tag{39}$$

$$L^* = H^*+\mu^* h^1+\nu g \tag{40}$$

$$\dot{\lambda}^* = -L_x^* \tag{41}$$

$$L_u^* = 0 \tag{42}$$

$$\begin{aligned} u(t) &= \text{Argmax}\,\{H^*(x(t),u,t,\lambda^*(t))\,|\,u\varepsilon\Omega^*(x(t),t)\} \\ &\quad \text{mit } \Omega^*(x,t) = \{u\varepsilon U_t | h^1(x,u,t)\geqq 0 \quad \text{wenn} \quad h(x,t) = 0\} \end{aligned} \tag{43}$$

$$\lambda^*(T) = S_x(x(T)) \tag{44}$$

$$\nu\geqq 0, \quad \nu g = 0 \tag{45}$$

$$\mu^* \text{ ist monoton fallend; } \dot{\mu}^* = 0 \text{ wenn } h>0 \tag{46}$$

$$\begin{aligned} &\mu^* \text{ ist stetig für alle t wo } u(t) \text{ stetig ist und für alle t} \\ &\quad \text{wo } h^1(x(t),t) \text{ unstetig ist} \end{aligned} \tag{47}$$

Die Lagrangefunktion L^* ist stetig und genügt $dL^*/dt = \partial L^*/\partial t$. (48)

Man beachte, daß die komplementäre Schlupfbedingung $\mu^* h = 0$ im Sinne von (13) oder (24) nicht erfüllt sein muß.

Zum Beweis siehe /13/ oder /31/, bzw. auch /32/, /33/ und /34/. Der Zusammenhang mit den Aussagen von Satz 1 der Methode 0 wird im nächsten Abschnitt behandelt.

BEZIEHUNGEN ZWISCHEN DEN EINZELNEN OPTIMALITÄTSBEDINGUNGEN

Um die Äquivalenz von Satz 1 und 2 zu demonstrieren, nehmen wir zunächst an, daß die Beschränkung (4) von erster Ordnung ist. Ausgehend von Satz 1 definieren wir für jedes Randlösungsintervall $[\tau_1,\tau_2]$

$$\mu^1(t) = \int_t^{\tau_2}\mu^o(s)ds+\eta_2^o;\ \eta_2^o \text{ aus (13) für } \tau = \tau_2 \tag{49}$$

und $\mu^1(t) = 0$ wenn $h(x(t),t)>0$. Daraus folgt sofort $\mu^1\geqq 0$, $\dot{\mu}^1 = -\mu^o\leqq 0$ also (24) und (25). Weiters setzen wir

$$\lambda^1(t) = \begin{cases} \lambda^o(t) & \text{wenn } h(x(t),t)>0 \\ \lambda^o(t)-\mu^1(t)h_x(x(t),t) & \text{wenn } h = 0 \end{cases} \tag{50}$$

Für h>0 folgen die Aussagen von Satz 2 daher aus Satz 1. Auf Randlösungsintervallen (τ_1,τ_2) gilt (nach Anwendung von (50) und (9):

$$\dot{\lambda}^1 = \dot{\lambda}^o-\dot{\mu}^1h_x-\mu^1h_{xx}f = -F_x-\lambda^of_x-\mu^oh_x+\mu^oh_x-\mu^1h_{xx}f$$

$$= -F_x-\lambda^1f_x-\mu^1h_xf_x-\mu^1h_{xx}f = -F_x-\lambda^1f_x-\mu^1h_x^1 = -L_x^1.$$

Es bleibt also nur noch die Sprungbedingung (27) abzuleiten. Aus (50) und (13) folgt

$$\lambda^1(\tau_1^-) = \lambda^1(\tau_1^+)+[\eta_1^o+\mu^1(\tau_1^+)]h_x(x(\tau_1),\tau_1) \tag{51}$$

für den Eintrittspunkt,

$$\lambda^1(\tau_2^-) = \lambda^1(\tau_2^+) \tag{52}$$

für den Austrittspunkt (da $\eta_2^o-\mu^1(\tau_2^-) = 0$), sowie

$$\lambda^1(\tau^-) = \lambda^1(\tau^+)+\eta^oh_x(x(\tau),\tau) \tag{53}$$

für einen Berührpunkt. Man erhält also die Aussagen von Satz 2 in der Formulierung, wo λ^1 stetig an Austrittspunkten ist. Unter den Voraussetzungen von Korrolar 2, wo λ^o stetig ist (d.h. $\eta^o = 0$) folgt aus (51) und (53) sofort die Gültigkeit von (29) für Eintritts- und Berührpunkte.

Um die Optimalitätsbedingungen von Satz 3 mit denen von Satz 1 in Verbindung zu setzen, definieren wir:

N(t) = Summe aller Sprungparameter η^o im Intervall $[t,T]$ für Sprungstellen τ von λ^o

$$\mu^*(t) = \int_t^T\mu^o(s)ds+N(t) \tag{54}$$

$$\lambda^*(t) = \lambda^o(t)-\mu^*(t)h_x(x(t),t). \tag{55}$$

Laut Konstruktion ist dann $\lambda^*(t)$ stetig und wie zuvor für Methode 1 ist es leicht zu zeigen, daß $\dot{\lambda}^* = -L_x^*$ ist. Wegen $L^* = H^o+\mu^*h_t = L^o+\mu^*h_t$ folgen (42,43) aus (11). Aussage (46) ist laut Konstruktion (54) erfüllt. Weiters ist $\mu^*(t)$ genau dann stetig, wenn $\lambda^o(t)$ stetig ist. Ist h^1 unstetig so ist der Ein- bzw. Austritt in die bzw. aus der Beschränkung nicht-tangential und aus Korollar 2 folgt, daß λ^o und daher auch μ^* stetig ist. Der zweite Teil der Aussage (47), daß μ^* stetig ist an den Stetigkeitsstellen von u(t) ist im Lichte von Korollar 1 zu sehen.

Ist die Beschränkung von höherer Ordnung $p \geq 2$, so verwendet man statt (49) und (50) die Transformation

$$\mu^1(t) = \int_t^{\tau_2} \mu^o(s)ds + \eta_2^o$$
$$\mu^{i+1}(t) = \int_t^{\tau_2} \mu^i(s)ds; \; i = 1, \ldots, p-1 \tag{56}$$

auf Randlösungsintervallen $[\tau_1, \tau_2]$, woraus (34) folgt. Mit der Definition

$$\lambda^i = \lambda^{i-1} - \mu^i h_x^{i-1}, \; i = 1, \ldots, p \tag{57}$$

für h = 0 und $\lambda^i = \lambda^o$ für $h>0$ läßt sich wie im Falle p = 1 auf Randlösungsstücken $\dot{\lambda}^p = -L_x^p$ ableiten wobei nun vollständige Induktion über p zu verwenden ist. Im Falle von $h>0$ ist diese Gleichung klarerweise ebenso erfüllt. Es bleibt nun noch die Sprungbedingung (35) zu zeigen. Aus

$$\lambda^1(\tau_1^-) = \lambda^1(\tau_1^+) + [\eta^o + \mu^1(\tau_1^+)]h_x(x(\tau_1), \tau_1)$$

$$\lambda^i(\tau_1^-) = \lambda^i(\tau_1^+) + \lambda^{i-1}(\tau_1^-) - \lambda^{i-1}(\tau_1^+) + \mu^i(\tau_1^+)h_x^{i-1}(x(\tau_1), \tau_1)$$

für i = 2, ..., p folgt (35) für den Eintrittspunkt τ_1 mit

$$\eta^1 = \eta^o + \mu^1(\tau_1^+)$$
$$\eta^i = \mu^i(\tau_1^+), \; i = 2, \ldots, p \tag{58}$$

Wegen $d^{p-k}\mu^p/dt^{p-k} = (-1)^{p-k}\mu^k$ folgt daraus sofort (37). Ebenso impliziert $(-1)^j d^j \mu^i/dt^j = \mu^{i-j}$ daß (38) erfüllt ist. Am Austrittspunkt τ_2 ist λ^o laut Konstruktion stetig.

Als Nebenprodukt haben wir mit λ^i, μ^i, $i<p$ die Multiplikatorfunktionen der oben erwähnten Methode gefunden, bei Beschränkungen p-ter Ordnung die i-te Ableitung h^i in der Lagrangefunktion zu verwenden. Siehe /26/ oder /41/.

Zur Frage der Interpretation der einzelnen adjungierten Variablen $\lambda(t)$ kann mittels der geometrischen Methode /35/, /19/, /21/ gezeigt werden, daß

$$\lambda^{o}(t) = \partial V(x(t),t)/\partial x \tag{59}$$

soferne diese Ableitung existiert und

$$\lambda^{1}(t) = \partial V(x(t),t)/\partial x+\mu^{1}(t)h_{x}(x(t),t) \tag{60}$$

wenn $V(\bar{x},\bar{t})$ den optimalen Wert der Zielfunktion (1) von (1-4) bezeichnet wobei das Zeitintervall auf $[\bar{t},T]$ beschränkt wird und der Anfangszustand $x(\bar{t}) = \bar{x}$ ist. In diesem Sinne hat also die Methode 0 die schönste Interpretation während $\lambda^*(t)$ in der Methode von HESTENES und RUSSAK am weitestens von einer anschaulichen Deutung entfernt ist.

DIE OPTIMALITÄTSBEDINGUNGEN IN INTEGRALFORM (I-Form)

Betrachtet man statt (2) die Systemdynamik

$$x(t) = \gamma(t)+\int_{0}^{t}f(x(s),u(s),s,t)ds \tag{61}$$

und läßt (1), (3) und (4) unverändert, so hat VINOKUROV /42/ (siehe auch /28/) notwendige Optimalitätsbedingungen abgeleitet mit einer Integralgleichung für die Kozustandsvariable $\Lambda^{1}(t)$. Hat f in (61) die Gestalt $f = f(x,u,t)$ und ist $\gamma(t) = x_{o}$ so reduziert sich (61) auf (2). Es ist leicht zu sehen, daß dann gilt

$$\lambda^{1}(t) = \int_{t}^{T}\Lambda^{1}(s)ds, \quad \Lambda^{1}(t) = -\dot{\lambda}^{1}(t). \tag{62}$$

Zur Hamiltonfunktion bei /42/ wird h^{1} statt h adjungiert (Multiplikator = μ^{1}), in diesem Sinne (und wegen (62)) können diese Optimalitätsbedingungen als <u>I^{1}-Form</u> bezeichnet werden.

Es gibt auch Multiplikatoren in <u>I^{o}-Form</u>. Diese erhält man z.B. für lineare Kontrollprobleme wenn man einen Simplex-artigen Algorithmus anwendet. Einen Überblick darüber findet man bei SETHI, DREWS und SEGERS /39/. Dabei gilt für die entsprechende adjungierte Variable $\Lambda^{o}(t)$:

$$\lambda^{o}(t) = \int_{t}^{T}\Lambda^{o}(s)ds; \quad \Lambda^{o}(t) = -\dot{\lambda}^{o}(t). \tag{63}$$

Es ist daher anzunehmen, daß für Beschränkungen höherer Ordnung auch I^{p}-Formen existieren. Diese sind allerdings in der Literatur bis jetzt noch nicht bekannt.

EIN EINFACHES ILLUSTRATIONSBEISPIEL

Wir betrachten folgendes einfache lineare Kontrollproblem /39/:

$$V = -\int_{0}^{s}u(t)dt \rightarrow \max; \quad \dot{x} = -x+u; \quad x_{o} = 1$$

$$0 \leq u \leq 1; \quad h = x-0.7+0.2t \geq 0.$$

Die optimale Lösung ist in Abb. 1 skizziert.

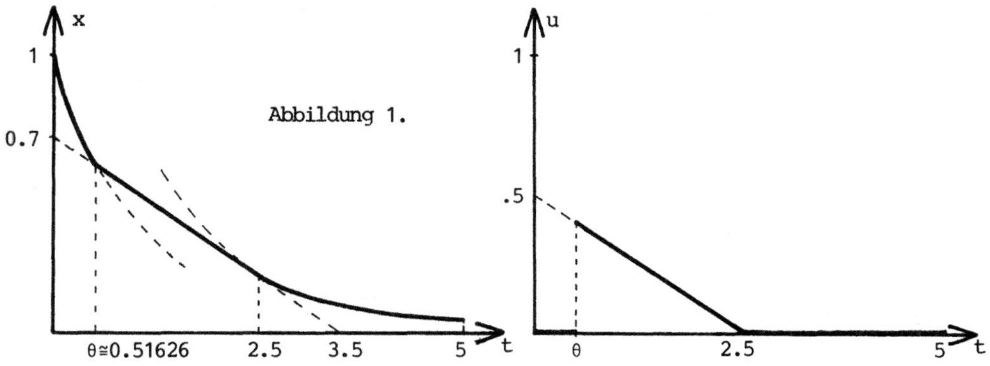

Abbildung 1.

Für die einzelnen Multiplikatorfunktionen gilt:

$t \in [0,\theta]$:

	I_o	$G = P^o$	P^1	P^*
$x = e^{-t}$	$\Lambda^o = -e^{t-\theta}$	$\lambda^o = e^{t-\theta}$	$\lambda^1 = e^{t-\theta}$	$\lambda^* = \lambda^1 + \mu^*$
$u = 0$	$\mu^o = 0$		$\mu^1 = 0$	$\mu^* = 3.5-\theta$
$h = e^{-t} - .7 + .2t$	$\nu_1 = 1 - e^{t-\theta}$; $\nu_2 = 0$			

$t \in (\theta, 2.5]$:

$x = .7 - .2t$	$\Lambda^o = \delta(2.5-t)$	$\lambda^o = 1$	$\lambda^1 = t-2.5$	$\lambda^* = t-2.5$
$u = .5 - .2t$	$M^o = 1 + \delta(2.5-t)$	$\mu^o = 0$	$\mu^1 = 3.5-t$	$\mu^* = 3.5-t$
$h = 0$	$\nu_1 = \nu_2 = 0$			

$t \in (2.5, 5]$:

$x = .2e^{2.5-t}$	$\Lambda^o = 0$	$\lambda^o = 0$	$\lambda^1 = 0$	$\lambda^* = 0$
$u = 0$	$\mu^o = 0$		$\mu^1 = 0$	$\mu^* = 0$
$h = .2e^{2.5-t} - .7 + .2t$	$\nu_1 = 1$; $\nu_2 = 0$			

Man beachte, daß λ^o für $t = 2.5$ nicht stetig ist, da der Austritt der Trajektorie hier tangential erfolgt (vgl. Korollar 2). Der Multiplikator λ^1 springt bei $t = \theta$ gemäß (27) mit $\eta^1 = 3.5-\theta$, d.h. (29) ist erfüllt. Da die "constraint qualification" an der Stelle 2.5 verletzt ist ($h_u^1 = u = 0$), springt μ^*, obwohl u stetig ist; vgl. (47). An diesem Beispiel können übrigens (59) und (60) explizit verifiziert werden.

LITERATUR

/1/ ARROW, K.J.: Applications of control theory to economic growth. Mathematics of the decision sciences (G.B. Dantzig; A.F. Veinott, eds.). Am. Math. Soc. (1968).

/2/ ARROW, K.J.; KURZ, M.: Public investment, the rate of return, and optimal fiscal policy. John Hopkins (1970).

/3/ BENSOUSSAN, A.; HURST, E.G.; NÄSLUND, B.: Management applications of modern control theory. North Holland (1974).

/4/ BERKOVITZ, L.D.: On control problems with bounded state variables. J. Math. Anal. Appl. 5, 488-498 (1962).

/5/ BRYSON, A.E.; DENHAM, W.F.; DREYFUS, S.E.: Optimal programming problems with inequality constraints I.: necessary conditions for extremal solutions. AIAA J. 1, 2544-2550 (1963).

/6/ BRYSON, A.E.; HO, Y.C.: Applied optimal control. Wiley (1975).

/7/ CHANG, S.S.L.: Optimal control in bounded phase space. Automatica 1, 55-67 (1962).

/8/ DREYFUS, S.E.: Dynamic programming and the calculus of variations. Academic Press (1966).

/9/ GEERING, H.P.: Survey of optimal control theory for problems with constrained state variables: geometric approach. Vortr. Bilateral Seminar on Control Systems, Shanghai (1981).

/10/ GUINN, T.: The problem of bounded space coordinates as a problem of Hestenes. SIAM J. Contr. 3, 181-190 (1965).

/11/ HAMILTON, W.E.Jr.: Nonexistence of boundary ares in control problems with bounded state variables. IEEE Trans. Aut. Contr. AC-17, 338-343 (1972).

/12/ HARTL, R.; MEHLMANN, A.: The Transylvanian problem of renewable resources. RAIRO Rech. Oper. 16, 379-390 (1982).

/13/ HESTENES, M.R.: Calculus of variations and optimal control theory. Wiley (1966).

/14/ JACOBSON, D.H.; LELE, M.M.; SPEYER, J.L.: New necessary conditions of optimality for control problems with state-variable inequality constraints. J. Math. Anal. Appl. 35, 255-284 (1971).

/15/ KAMIEN, M.I.; SCHWARTZ, N.L.: Sufficient conditions in optimal control theory. J. Econ. Theory 3, 207-214 (1971).

/16/ KAMIEN, M.I.; SCHWARTZ, N.L.: Dynamic optimization: the calculus of variations and optimal control in economics and management. North Holland (1981).

/17/ KREINDLER, E.: Additional necessary conditions for optimal control with state-variable inequality constraints. J. Optimization Theory Appl. 38, 241-250 (1982).

/18/ LASTMANN, G.J.: Two formulations for optimization problems with state-variable inequality constraints. AIAA J. 7, 1378-1380 (1969).

/19/ LEITMANN, G.: Einführung in die Theory optimaler Steuerungen und der Differentialspiele: eine geometrische Darstellung. Oldenbourg (1974).

/20/ LITT, F.X.: Commande optimale avec contraintes d'état. RAIRO J-3, 3-17 (1973).

/21/ LITT, F.X.; LEITMANN, G.: Some remarks on state-constrained optimal control problems. Int. J. Control 17, 81-96 (1973).

/22/ LONG, N.van; VOUSDEN, N.: Optimal control theorems. Applications of control theory to economic analysis (J.D. Pitchford; S.J. Turnovsky Eds.). North Holland (1977).

/23/ LOON, P. van: A dynamic theory of the firm: production, finance and investment. (Dissertation), Katholieke Hogeschool Tilburg, 234 S. (1982).

/24/ MANGASARIAN, O.L.: Sufficient conditions for the optimal control of nonlinear systems. J. SIAM Contr. 4, 139-152 (1966).

/25/ MAURER, H.: On optimal control problems with bounded state variables and control appearing linearly. SIAM J. Control Optimization 15, 345-362 (1977).

/26/ MAURER, H.: On the minimum principle for optimal control problems with state constraints. Rep. Schriftenreihe des Rechenzentrums der Univ. Münster, Münster, Nr. 41, 28 S. (1979).

/27/ McINTYRE, J.; PAIEWONSKY, B.: On optimal control with bounded state variables. Advances in Control Systems (C.T. Leondes, Ed.), Vol. 5, Academic Press (1967).

/28/ NEUSTADT, L.W.; WARGA, J.: Comments on the paper "optimal control ..." by V.R. Vinokurov. SIAM J. Control 8, 572 (1970).

/29/ NORRIS, D.O.: Nonlinear programming applied to state constrained optimization problems. J. Math. Anal. Appl. 43, 261-272 (1973).

/30/ PONTRJAGIN, L.S.; BOLTJANSKIJ, V.G.; GAMKRELIDZE, R.V.; MISCHENKO, E.F.: Mathematische Theorie optimaler Prozesse. Oldenbourg (1964). engl. Version: The mathematical theory of optimal processes. Wiley-Interscience (1962).

/31/ RUSSAK, I.B.: On problems with bounded state variables. J. Optimization Theory Appl. 5, 114-157 (1970).

/32/ RUSSAK, I.B.: On general problems with bounded state variables. J. Optimization Theory Appl. 6, 424-452 (1970).

/33/ RUSSAK, I.B.: Second order necessary conditions for problems with state inequality constraints. SIAM J. Control Optimization 13, 372-388 (1975).

/34/ RUSSAK, I.B.: Relations among the multipliers for problems with bounded state constraints. SIAM J. Contr. Opt. 14, 1151-1155 (1976).

/35/ SAUNDERS, K.V.; LEITMANN, G.: Probléme avec contraintes sur les variables d'état. Identification, optimisation et stabilité des systèmes automatiques. Proc. Congrès d'automatique théorique, 16-28, Dunod (1965)

/36/ SEIERSTAD, A.; SYDSAETER, K.: Sufficient conditions in optimal control theory. Int. Econ. Rev. 18, 367-391 (1977).

/37/ SETHI, S.P.: Sufficient conditions for a class of systems with continuous lags. J. Optimization Theory Appl. 13, 545-552 (1974).

/38/ SETHI, S.P.; THOMPSON, G.L.: Optimal control theory: applications to management science. Martinus Nijhoff (1981).

/39/ SETHI, S.P.; DREWS, W.P.; SEGERS, R.G.: A unified framework for linear control problems with state-variable inequality constraints. J. Optimization Theory Appl. 36, 93-109 (1982).

/40/ SPEYER, J.L.: Optimization and control of nonlinear systems with inflight constraints. PhD Dissertation. Harvard Univ., Boston (1968).

/41/ VICKSON, R.: The general state constrained optimal control problem. Vortr. Canadian OR Soc., Winnipeg (1983).

/42/ VINOKUROV, V.R.: Optimal control of processes described by integral equations I. SIAM J. Control 7, 324-336 (1969).

Mein Dank gilt S. Sethi für wertvolle Anregungen und Literaturhinweise.

NICHTLINEARE KONTROLLMODELLE MIT REINEN ZUSTANDSNEBENBEDINGUNGEN: EINE ILLUSTRATION AUS DER LAGERHALTUNGSTHEORIE

Gustav Feichtinger, Wien

In der Literatur werden verschiedene Lösungsmöglichkeiten für optimale Kontrollprobleme mit reinen Zustandsnebenbedingungen mittels des Maximumprinzips angeboten; siehe etwa KAMIEN und SCHWARTZ (1981, Sect. 17). Im folgenden wird eine auf JACOBSON, LELE und SPEYER (1971) zurückgehende Methode illustriert.

Wir betrachten eine monopolistische Firma, welche mit der Rate $q(t)$ ein Gut produziert und dafür zu jedem Zeitpunkt $t\varepsilon[0,\infty)$ den Verkaufspreis $p(t)$ setzt. Der Absatz werde durch eine nur von p abhängige Nachfragefunktion $\eta(p)$ bestimmt, für welche wir annehmen, daß die Beziehungen $\eta'<0$, $\eta''<2\eta'^2/\eta$ gelten. Wenn der produzierte Output q die Nachfrage übertrifft, so wird die Differenz auf Lager gelegt. Im gegenteiligen Fall wird die Überschußnachfrage vom Lager genommen. Ist das Lager leer, so wird Überschußnachfrage vorgemerkt und mit Fehlmengenkosten belegt. Die zeitliche Veränderung des Lagerbestandes $x(t)$ wird also durch folgende Differentialgleichung beschrieben:

$$\dot{x} = q-\eta(p); \tag{1}$$

$x(0) = x_o$ sei ein gegebenes Ausgangslager. Mit $h(x)$ bezeichnen wir die Lagerhaltungskosten (für $x>0$) bzw. die Fehlmengenkosten (für $x<0$). Der Einfachheit halber setzen wir $h(0) = 0$, $h'(x) \gtreqless 0$ für $x \gtreqless 0$, $h''(x)>0$ voraus. Ferner nehmen wir streng konvexe Produktionskosten $c(q)$ an mit $c'(0) = 0$, $c'(q)>0$ für $q>0$, $c''(q)>0$.

Ziel der Firma ist es, die beiden Kontrollvariablen p und q so zu wählen, daß der Gegenwartswert des mit der konstanten Zinsrate $r>0$ diskontierten Ertrages abzüglich der Kosten maximiert wird:

$$\max_{p,q} \int_0^\infty e^{-rt}[p\eta(p)-c(q)-h(x)]dt, \tag{2}$$

wobei die Zustandsvariable $x(t)$ der Systemdynamik (1) unterworfen ist und für die Kontrollvariablen $p(t)\geq 0$, $q(t)\geq 0$ gelten muß. Die Firma hat somit ein stetiges, nichtlineares Kontrollproblem mit unendlichem Zeithorizont zu lösen.

Welche Auswirkungen auf die optimale Produktions- und Preispolitik hat die zusätzliche Forderung, keine Fehlmengen im Lager zuzulassen? D.h., das Kontrollmodell (1), (2) wird um die Nichtnegativitätsbedingung

$$x(t)\geq 0 \tag{3}$$

erweitert, und wir fragen uns um den Einfluß dieser Zustandsbeschränkung auf die optimale Steuerung.

Operations Research Proceedings 1983

Dazu lösen wir zunächst das Kontrollproblem (1), (2) ohne die Beschränkung (3). (vgl. Feichtinger und Hartl, 1982). Die Hamilton-Funktion des Problems ist definiert als

$$H = p\eta(p) - c(q) - h(x) + \lambda[q - \eta(p)]. \tag{4}$$

$\lambda(t)$ ist die adjungierte Variable, welche den internen Wert einer zusätzlichen Einheit des Lagerstocks bei optimalem Verhalten der Firma angibt. Da sowohl H als auch λ in Momentanwert (current-value)-Schreibweise angegeben sind, d.h. ohne den Faktor exp(-rt), liegt ein autonomes Problem vor, welches einer Phasendiagramm-Analyse zugeführt wird. Die Maximierung von (4) bezüglich p und q liefert $H_p \leq 0$ (= 0 für p>0), $H_q \leq 0$ (= 0 für q>0), d.h.

$$p = 0, \quad \text{falls} \quad \lambda \leq \eta(0)/\eta'(0) \qquad \lambda = p + \eta/\eta', \quad \text{falls} \quad \lambda > \eta(0)/\eta'(0) \tag{5}$$

$$q = 0, \quad \text{falls} \quad \lambda \leq 0 \qquad \lambda = c'(q), \quad \text{falls} \quad \lambda > 0. \tag{6}$$

Die adjungierte Gleichung lautet

$$\dot{\lambda} = r\lambda + h'(x). \tag{7}$$

Das Maximumprinzip liefert somit folgende notwendige Optimalitätsbedingungen: (1), (5), (6) und (7).

Aufgrund der Modellannahmen sind die Legendre-Clebsch-Bedingungen erfüllt, d.h. H wird durch (5) und (6) bezüglich p und q global maximiert. Da ferner die maximierte Hamilton-Funktion H^0 konkav in x ist, sind die Optimalitätsbedingungen nicht nur notwendig, sondern auch hinreichend (vgl. dazu KAMIEN und SCHWARTZ, 1981), falls zusätzlich die Grenztransversalitätsbedingung

$$\lim_{t\to\infty} \exp(-rt)\lambda(t)[x(t) - x^*(t)] \geq 0 \tag{8}$$

gilt. In (8) beziehen sich λ und x^* auf die optimale Lösung, während x einen beliebigen zulässigen Zustandspfad bedeutet.

Das durch $\dot{x} = \dot{\lambda} = 0$ definierte Gleichgewicht charakterisiert das langfristige Verhaltung der optimalen Lösung. Aus den Optimalitätsbedingungen (1), (5), (6) und (7) ergibt sich unter milden Zusatzannahmen [z.B. $\eta(\infty) = 0$, $h'(-\infty) = -\infty$, Existenz eines Wertes $\tilde{p}$, welche den Umsatz $p\eta(p)$ maximiert] die eindeutige Existenz einer Gleichgewichtslösung ($\hat{x}<0$, $\hat{p}>0$, $\hat{q}>0$, $\hat{\lambda}>0$).

Unter Anwendung der Standard-Technik bei Phasenporträt-Analysen erhält man aus (1), (7), (5) und (6) das Diagramm der (x,λ)-Phasenebene (siehe Figur 1).

$(\hat{x},\hat{\lambda})$ erweist sich als ein Sattelpunkt mit monoton fallendem stabilen Pfad. Für x_0 'groß genug' ist das zwischen den Abszissen x_0 und $\hat{x}$ befindliche Segment des Pfades zum Sattelpunkt optimal, da (8) erfüllt ist; siehe P1 in Figur 1. Gemäß (5), (6) besteht die optimale Lösung aus den drei Regimen: p = q = 0; p>0, q = 0; p>0, q>0. Dies ist in Figur 1 illustriert und kann ökonomisch sinnvoll interpretiert werden.

Um die reine Zustandsnebenbedingung (3) mit ins Kalkül zu ziehen, hat man nach JACOBSON, LELE und SPEYER (1971) die Lagrange-Funktion

$$L = H+\nu x \tag{9}$$

mit H aus (4) zu bilden. Dabei ist $\nu(t)$ eine der Zustandsbeschränkungen (3) entsprechende Multiplikatorfunktion. Neben (1), (5) und (6) beinhalten die notwendigen Optimalitätsbedingungen

$$\dot{\lambda} = r\lambda+h'(x)-\nu \text{ ... adjungierte Gleichung} \tag{10}$$

$$\nu\geq 0,\ x\geq 0,\ \nu x = 0 \text{ ... komplementäre Schlupfbedingungen.} \tag{12}$$

Typisch für die Einbeziehung reiner Zustandsnebenbedingungen sind Unstetigkeiten in den adjungierten Variablen in Zeitpunkten des Auftreffens auf die Zustandsbeschränkung bzw. bei deren Inaktivwerden. Wenn es sich jedoch - wie im vorliegenden Fall - um eine Zustandsbeschränkung 1. Ordnung handelt, welche zwar keine Kontrollvariable enthält, für deren erste (totale) Zeitableitung dies jedoch der Fall ist, so treten in $\lambda(t)$ keine Sprünge auf (man beachte, daß $H_{qq} < 0$ und $H_{pp} < 0$ für $H_p=0$ gilt).

Aus dem Phasenporträt in Figur 1 erkennt man, daß Pfad P1 nicht länger optimal ist, da er die Zustandsbeschränkung (3) verletzt. Die von $x_o>0$ zum Punkt $(0,\hat{\lambda})$ führende, dort aber endende Trajektorie P2 erfüllt alle notwendigen Optimalitätsbedingungen. Solange (3) nicht aktiv ist, gilt $\nu(t) = 0$. Sobald P2 $x = 0$ erreicht, springt $\nu(t)$ auf den Wert $\nu = r\hat{\lambda}$, sodaß fortan $\lambda(t)$ konstant gleich $\hat{\lambda}$ gehalten werden kann. Dementsprechend wachsen $p(t)$ und $q(t)$ zu den Werten $\hat{p}$ bzw. $\hat{q}$ an, welche ebenfalls in endlicher Zeit erreicht werden.

Man erkennt ferner, daß P2 der einzige von x_o ausgehende Pfad ist, welcher alle notwendigen Bedingungen erfüllt. Unterhalb von P2 liegende Trajektorien werden nämlich unzulässig, da für sie am Rande $\dot{x}<0$ gilt. Pfade oberhalb von P2 sind klarerweise suboptimal.

Aus Figur 1 ist plausibel, daß das Verbot von Fehlbeständen im Lager eine Erhöhung des Schattenpreises λ bewirkt, welches mit einer Erhöhung der Produktionsrate q und einer Preiszunahme verbunden ist. Letztere bewirkt eine geringere Nachfrage, welche leichter gedeckt werden kann.

Das behandelte Modell kann durch Einbeziehung einer konvexen Produktionsfunktion der Firma, $q = f(y)$, erweitert werden mit dem einzigen Produktionsfaktor Arbeit. Der Beschäftigtenstand der Firma $y(t)$ wird durch die Differentialgleichung

$$\dot{y} = u-\sigma y \tag{11}$$

gesteuert. Dabei ist $u(t)$ die Einstellungsrate (für $u<0$) bzw. die Entlassungsrate (für $u<0$) und σ die Rate der natürlichen und freiwilligen Abgänge.

An Kosten fallen für die Firma neben den konvexen Produktionskosten $c(f(y))$ und den Lohnkosten wy (w ist die Lohnrate) die Anpassungskosten $k(u)$ an, wobei $k(0) = 0$,

$k(u)>0$ für $u \neq 0$ und $k''(u)>0$ gelten soll (Einstellungskosten für $u>0$ bzw. Entlassungskosten für $u<0$).

Ziel der Unternehmensleitung ist es, den Gegenwartswert des diskontierten Nettoertragsstroms zu maximieren:

$$\max_{p,u} \int_0^\infty e^{-rt}[p\eta(p)-c(f(y))-wy-k(u)-h(x)]dt. \tag{12}$$

Die Firma hat also ein nichtlineares Kontrollproblem mit zwei Zustandsvariablen, nämlich x und y, sowie zwei Kontrollvariablen, p und u, zu lösen. Als Systemdynamik fungieren dabei die Differentialgleichungen (1) mit $q = f(y)$ sowie (11); die Anfangsbedingungen seien

$$x(0) = x_o \geq 0, \; y(0) = y_o \geq 0. \tag{13}$$

Während u keinen Beschränkungen unterliegen möge, muß $p \geq 0$ gelten. Für die Zustandsvariablen sollen die beiden Nichtnegativitätsbedingungen (3) und

$$y(t) \geq 0 \tag{14}$$

erfüllt sein.

Mit der Lagrange-Funktion

$$L = p\eta(p)-c(f(y))-wy-k(u)-h(x)+\lambda[f(y)-\eta(p)]+\mu(u-\sigma y)+\nu x+\omega y$$

beinhalten die notwendigen Optimalitätsbedingungen neben den Bewegungsgleichungen (1), (11), den Anfangsbedingungen (13) die Maximumbedingungen (5), sowie $\mu = k'(u)$, die adjungierten Gleichungen (10) und

$$\dot{\mu} = (r+\sigma)\mu+c'(f(y))f'(y)+w-\lambda f'(y)-\omega \tag{15}$$

sowie (12) und

$$\omega \geq 0, \; y \geq 0, \; \omega y = 0. \tag{16}$$

Ebenso wie $\lambda(t)$ ist auch die zu $y(t)$ gehörige Kozustandsvariable $\mu(t)$ stetig, d.h. im Zeitpunkt des Erreichens bzw. Verlassens der Beschränkungen (3), (14) weisen λ und μ keine Sprünge auf. ω ist der mit (14) assoziierte Multiplikator.

Zur Ermittlung der optimalen Steuerung suchen wir einen Pfad, welcher den notwendigen Optimalitätsbedingungen genügt. Erfüllt er darüberhinaus auch noch hinreichende Bedingungen, so ist die so gefundene Trajektorie optimal. Gemäß dem 'sufficiency theorem' von SEIERSTAD und SYDSAETER (1977) [vgl. auch KAMIEN und SCHWARTZ (1981, p. 220)] genügt es dabei im vorliegenden Fall, sich auf die Konkavität der Hamilton-Funktion H in (x,y,p,u) zu berufen.

Zunächst kann gezeigt werden, daß das optimale Kontrollproblem (1), (11), (12), (13), (3), (14) ein eindeutiges Randgleichgewicht

$$\hat{x} = 0, \; \hat{y}>0, \; \hat{p}>0, \; \hat{u}>0, \; \hat{\lambda}>0, \; \hat{\mu}>0, \; \hat{\nu}>0, \; \hat{\omega} = 0 \tag{17}$$

besitzt. Genau die in den stationären Punkt (17) mündenden Trajektorien sind die optimalen Lösungen des Kontrollproblems, da (nur) für sie die Grenztransversalitätsbedingung (8) erfüllt ist. Alle anderen Pfade sind - bei unendlichem Zeithorizont - entweder unzulässig oder suboptimal.

Das optimale Verhalten für Pfade in der Ebene x = 0 wird durch das Differentialgleichungssystem

$$\begin{aligned} \dot{y} &= -\sigma y + k'^{-1}(\mu) \\ \dot{\mu} &= [c'(f(y)) - g(y)]f'(y) + (r+\sigma)\mu + w \end{aligned} \qquad (14a)$$

beschrieben, dessen Gleichgewicht ein Sattelpunkt mit fallendem stabilen Pfad ist. Dabei ist $\lambda = g(y)$ eine aus $\dot{x} = 0$ und (5) resultierende Beziehung. Auf diesem Sattelpunktspfad liegt die Endphase der Trajektorien nach Auftreffen auf die Barriere x = 0 (siehe Figur 2). Die ökonomische Deutung der sich von Nordwesten (für $y_o < \hat{y}$) bzw. von Südosten (für $y_o > \hat{y}$) dem Gleichgewicht nähernden stabilen Sattelpunktspfade ist offenkundig.

Für positive Ausgangsläger $x(0)>0$ existiert eine Anfangsphase, in welcher $x(t)>0$ und $\nu(t) = 0$ gilt. Die (für unendlichen Zeithorizont) optimalen Trajektorien treffen die Zustandsbeschränkung x = 0 auf dem Sattelpunktspfad. Der erste Quadrant der (x,y)-Ebene zerfällt in zwei Teile. In der Region I liegen alle jene Trajektorien welche beim Auftreffen auf den Rand x = 0 einen y-Wert haben, der kleiner als der stationäre Wert $\hat{y}$ ist; Region II ist das Komplement dazu (siehe Figur 3; die fette Kurve trennt beide Bereiche).

Nichtlineare optimale Kontrollmodelle mit mindestens zwei Zustandsvariablen können nur ausnahmsweise analytisch gelöst werden. Das aus dem Maximumprinzip resultierende Mehrpunkt-Randwertproblem wurde im vorliegenden Fall mittels des Programmpaketes COLSYS ("Collocation for Systems of Ordinary Differential Equations") gelöst; vgl. ASCHER et al. (1978). Dies ermöglicht, auf numerischem Wege Einsichten in die Struktur der optimalen Preispolitik, sowie der Rekrutierungs- und Entlassungsstrategien in Abhängigkeit von der Anfangsausstattung der Firma erzielen.

Die Figuren 4 und 5 enthalten zwei dreidimensionale Abbildungen (im Schrägriß), welche zu jedem Zustandspaar x(t) und y(t) in der Grundrißebene den optimalen Preis bzw. die optimale Einstellungs/Entlassungsrate ausweisen. (Die optimalen Pfade sind dabei strichliert eingezeichnet.)

Der Einfachheit halber wurde dabei folgende Parameterkonstellation zugrundegelegt:

$$f(y) = y,\ c(f(y)) + wy = 3y/4,\ h(x) = x/5,\ k(u) = u^2,\ \eta(p) = p^{-2},\ \sigma = 1,\ r = 1/10.$$

Wir erwähnen einige erzielte Ergebnisse samt ihren Interpretationen:

a) Je größer x(t) und/oder y(t) sind, desto niedriger sind p(t) und u(t). Dieses optimale Verhalten ist plausibel, wenn man bedenkt, daß es das Lager abzubauen gilt.

b) Angenommen, die Ausgangsbestände x(0) und y(0) seien beide 'hoch'. Um Kosten einzusparen, trachtet die Firma das Lager zu räumen und überschüssige Arbeitskräfte abzubauen. Dies kann auf schnellstem Weg durch anfängliche Niedrigpreise und Entlassungen erreicht werden. Dadurch sinken sowohl das Lager als auch das Beschäftigtenniveau ab. Um das Gleichgewicht zu erreichen, sind p(t) und u(t) laufend zu erhöhen. Beachte, daß die Entlassungsrate umso größer (bzw. die Einstellungsrate umso geringer) ist, je größer die (positive) Differenz $y(t)-\hat{y}$ ist. Dem sinkenden Personalstand y entspricht ein abnehmender Output f(y), dem mit sinkender Nachfrage, d.h. mit steigendem Preis, begegnet wird.

c) Falls x(0) 'groß', y(0) aber 'nicht zu groß' ist, hat die Unternehmensleitung in einer Anfangsphase dieselbe Preis- und Beschäftigungspolitik wie unter b) anzuwenden. Die schnelle Räumung des Lagers, die zur Vermeidung der Lagerhaltungskosten angestrebt wird, wird durch anfänglich hohe Nachfrage, d.h. niedrigen Verkaufspreis bewirkt. Je kleiner das Lager wird, desto höher kann der Preis gewählt werden. Sein Maximum erreicht er bei Auftreffen auf die x = 0 Ebene, wobei die zugehörige Nachfrage unterhalb der stationären Nachfrage $\eta(\hat{p})$ liegt. In einer zweiten, anschließenden Phase ist also p(t) gegen $\hat{p}$ hin abzusenken. Die Räumung des Lagers wird durch sinkenden Personalstand unterstützt. Infolge des relativ 'geringen' Ausgangsniveaus y(0) sinkt jedoch y(t) unter das Gleichgewichtsniveau y ab. Um y(t) auf den langfristig optimalen Wert $\hat{y}$ anzuheben, werden zeitweise vergleichsweise mehr Leute eingestellt, d.h. u(t) liegt oberhalb des stationären Wertes $\hat{u}$. In einer Endphase wird deshalb die Rekrutierungsrate wieder gesenkt.

Ziel der Untersuchung war es, für ein nichtlineares Kontrollmodell mit zwei Zustandsvariablen und reinen Zustandsnebenbedingungen die optimalen Trajektorien im Falle eines unendlichen Planungszeitraumes zu ermitteln. Im vorliegenden Fall gelingt dies auf numerischem Weg. Als bemerkenswertes Resultat der Analyse ergibt sich u.a., daß für einen anfänglich relativ großen Personalstand sowohl der Preis als auch u(t) monoton zunehmen, während für vergleichsweise 'kleinere' Beschäftigtenzahlen Preis und Einstellungsrate eine Trendumkehr (von einer Steigerung zur schließlichen Abnahme) aufweisen.

Zur Überprüfung der qualitativen Robustheit der optimalen Strategien hat man zu ermitteln, wie sensitiv die optimalen Steuerungen auf Parameteränderungen reagieren. Es stellt sich z.B. heraus, daß für lineare Nachfragefunktionen $\eta(p)$ die zweite Zustandsnebenbedingung, $y(t)\geq 0$, häufig aktiv wird, d.h. explizite in den numerischen Berechnungen einzubeziehen ist, während dies für den Fall $\eta(p) = p^{-2}$ nur in Extremsituationen der Fall ist.

Für $\sigma = 0$ und $f(y) = y$ läßt sich y als Produktion und $u = \dot{y}$ als Änderung des Produktionsniveaus interpretieren. k(u) sind dann (konvexe) Produktionsänderungskosten. Das verwendete Programm COLSYS zur Lösung von Randwertproblemen bietet die Möglichkeit, andere in der 'Firmendynamik' interessierende mehrdimensionale Kontrollprobleme zu lösen.

Detailliertere Informationen über die beiden hier behandelten Modelle findet man in FEICHTINGER und HARTL (1982) sowie bei FEICHTINGER und STEINDL (1983).

Für wertvolle Hinweise danke ich Alois Steindl.

ASCHER , U.; CHRISTIANSEN, J.; RUSSEL, R.D.
A COLLOCATION SOLVER FOR MIXED ORDER SYSTEMS OF BOUNDARY VALUE PROBLEMS.
MATH. COMP. 33, 659-679 (1978).

FEICHTINGER, G.; HARTL, R.F.
OPTIMAL PRICING AND PRODUCTION IN AN INVENTORY MODEL.
FORSCHUNGSBER. NR. 56, INST. F. ÖKON. OPER. RES., TU WIEN (1982). ERSCHEINT IM E.J.O.R.

FEICHTINGER, G.; STEINDL, A.
LAGERHALTUNGS- UND BESCHÄFTIGUNGSSTRATEGIEN EINER FIRMA.
FORSCHUNGSBER. NR. 64, INST. F. ÖKON. OPER. RES., TU WIEN (1983).

JACOBSON, D.H.; LELE, M.M.; SPEYER, J.L.
NEW NECESSARY CONDITIONS OF OPTIMALITY FOR CONTROL PROBLEMS WITH STATE VARIABLE INEQUALITY CONSTRAINTS.
J. MATH. ANAL. APPL. 35, 255-284 (1971).

KAMIEN, M.I.; SCHWARTZ, N.L.
DYNAMIC OPTIMIZATION: THE CALCULUS OF VARIATIONS AND OPTIMAL CONTROL IN ECONOMICS AND MANAGEMENT.
NORTH-HOLLAND, NEW YORK (1981).

SEIERSTAD, A.; SYDSAETER, K.
SUFFICIENT CONDITIONS IN OPTIMAL CONTROL THEORY.
INT. ECON. REV. 18, 367-391 (1977).

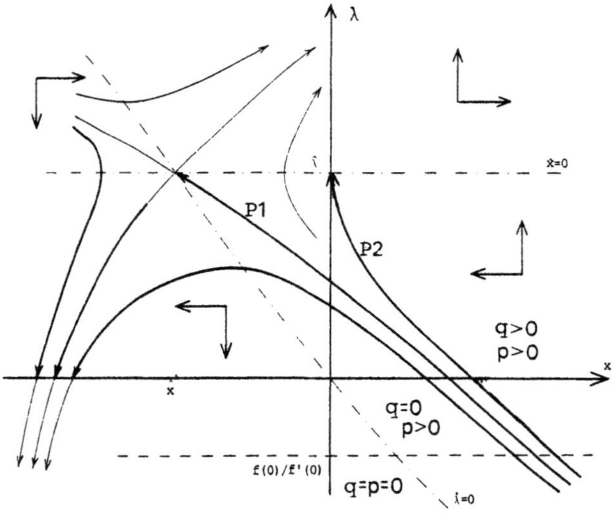

Figur 1. Zustands-Kozustands Phasendiagramm

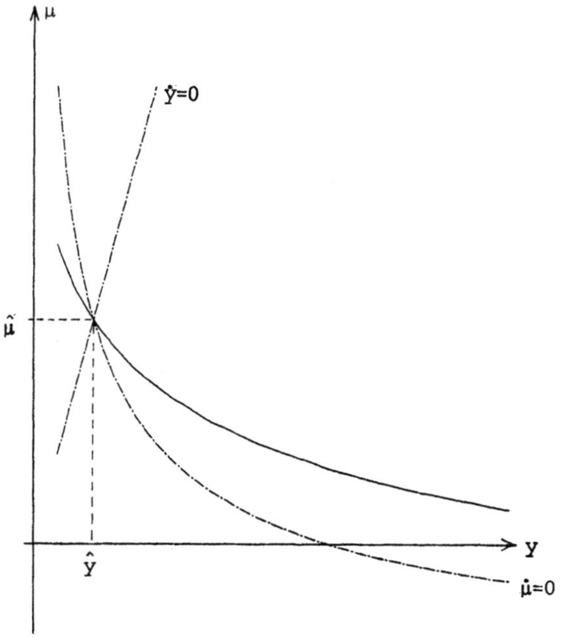

Figur 2. (y,μ)-Phasenporträt

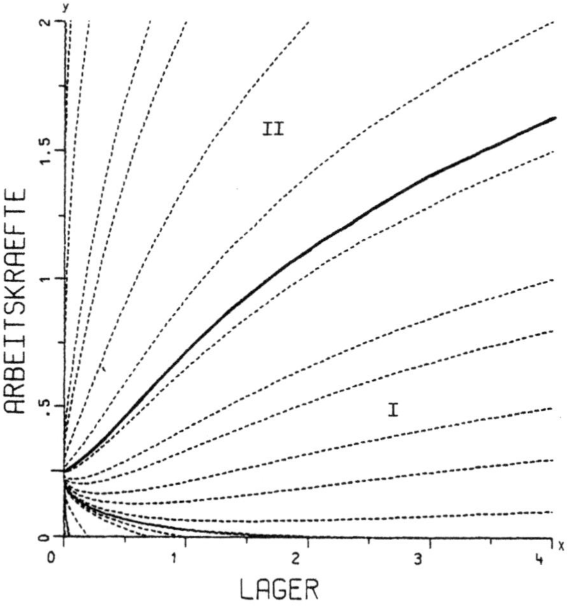

Figur 3. Optimale Pfade im Zustandsraum

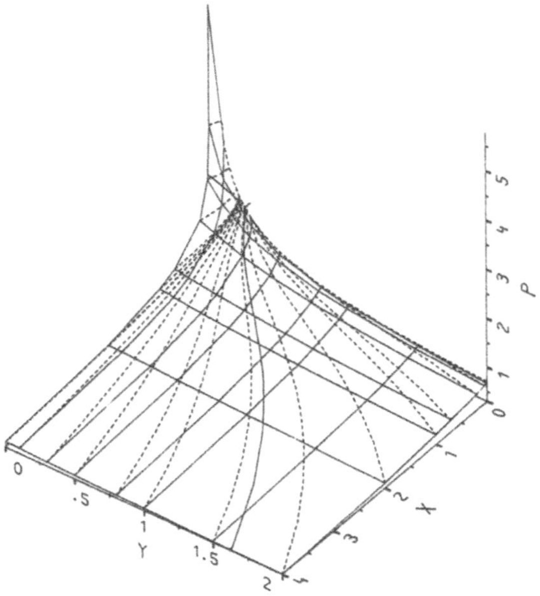

<u>Figur 4</u>. (x,y,p)-Phasenporträt

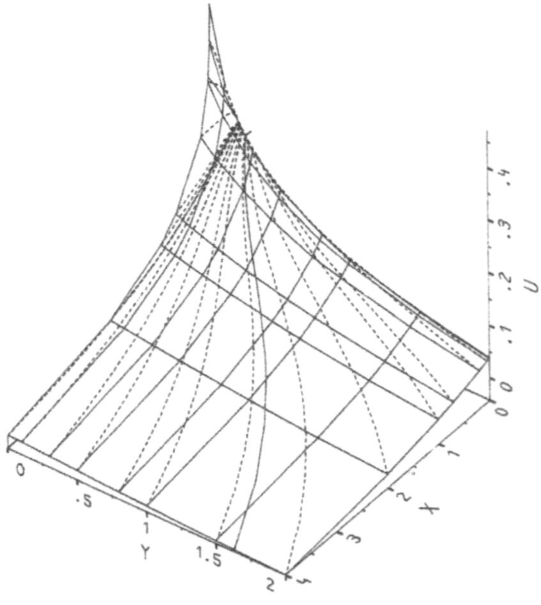

<u>Figur 5</u>. (x,y,u)-Phasenporträt

ZUR LEISTUNGSFÄHIGKEIT DES ZUSTANDSKONZEPTS FÜR DIE MODELLIERUNG UND GESTALTUNG DES BETRIEBES

Bernd Schiemenz, Marburg

Mit dem Eindringen (mathematisch-)systemtheoretischen und kontrolltheoretischen (Bellman, Pontrjagin) Gedankenguts in die Betriebswirtschaftslehre wird dort, wie auch in anderen nichttechnischen Disziplinen, zunehmend das Zustandskonzept (state space approach) herangezogen und bekannt. Man verwendet es jedoch überwiegend, um relativ einfache, bereits durch Differential- oder Differenzengleichungen erfaßte Betriebszusammenhänge zu beschreiben und - kontrolltheoriegestützt - zu gestalten.

Zugrunde liegt dem Konzept ein Begriff des Zustands als minimaler, für die Vorhersage des zukünftigen Verhaltens benötigter Bericht der Systemgeschichte (z.B. Zadeh und Desoer, Kalman). Dieser erscheint für die Betriebswirtschaft insofern von über die bisherige Anwendung hinausgehender grundsätzlicher Bedeutung, als er das Augenmerk darauf lenkt, welche Variablen berücksichtigt werden müssen, also auf das Informationsproblem. Sind die Variablen erfaßt, kann man ihre zeitliche Entwicklung dann einfach und kompakt mittels Zustandsgleichungen beschreiben und so in vielen Fällen von dem mathematischen Apparat der Systemtheorie profitieren. An Beispielen aus verschiedenen betrieblichen Funktionsbereichen wird das gezeigt (Rechnungswesen, Produktionsplanung, Lagerhaltung u.a.).

Die sich dabei zum Teil ergebenden sehr hohen Dimensionen des Zustandsraumes legen Weiterentwicklungen des Zustandskonzepts nahe, etwa in Richtung nur partiell relevanter oder variabler Zustandsräume, hierarchischer Zustandsräume u.ä. Für eine auf dem Zustandskonzept aufbauende Planung und Gestaltung des Betriebes regen die Dimensionen, Nichtlinearitäten und Strukturen der Zielfunktionen zu Weiterentwicklungen der Kontrolltheorie an, beispielsweise zur Einbeziehung heuristischer Ansätze und von Kontrollhierarchien.

Operations Research Proceedings 1983

QUALITÄTS- UND WERBEPOLITIK IN TEILWEISE INFORMIERTEN MÄRKTEN

Jürgen Ringbeck, Osnabrück

Der vorliegende Beitrag stellt ein dynamisches Modell zur optimalen Qualitäts- und Werbepolitik im Monopol bei Qualitätsunsicherheit vor. Die Analyse ist auf Produkte beschränkt, die primär Erfahrungsqualitäten im Sinne von Nelson [1] besitzen, d. h., deren Qualitätserfahrung im wesentlichen auf den Zeitraum nach Kauf beschränkt bleibt. Soweit das Produkt vor Kauf erfahrbare Qualitäten (Suchqualitäten) besitzt (z. B. Verpackung, Aufmachung, Stil, Farbe etc.) und diese nicht den werblichen, mengenunabhängigen Kosten zugerechnet werden können, bleiben sie in der Analyse unberücksichtigt.

Potentielle Kunden der Unternehmung lassen sich zu jedem Zeitpunkt in Käufer und Nichtkäufer unterteilen. Während Nichtkäufer bis zum ersten Kauf auf Informationsquellen wie werbliche Informationen und Suchqualitäten des Produktes angewiesen sind, verfügen Käufer über weitere Produktinformationen aufgrund der nach Kauf mit dem Produkt gesammelten Erfahrung. Den besseren Informationsstand nutzen sie beim nächsten Produktkauf. Qualität wird somit für das Unternehmen ein Instrument zur Förderung der Markentreue. Sie besitzt Investitionscharakter, indem sie über höhere Stückkosten heute die Kaufneigung der Zukunft beeinflußt.

Für den Einsatz von Werbung kennt die Unternehmung zweierlei Motive. Zum einen informiert die Werbung die Nichtkäufer über die Produktexistenz und Produkteigenschaften (Informationswerbung im Sinne von Kotowitz/Mathewson [2]), auf der anderen Seite beeinflußt sie die Qualitätswahrnehmung der Käufer, wie dissonanztheoretische Untersuchungen bestätigen [3] .

Für die Unternehmung stellt sich das Problem der Ermittlung einer für den Planungszeitraum gewinnmaximalen Marketingstrategie, womit die geplante Fixierung der Zeitpfade der Werbe-, Qualitäts- und Preispolitik gemeint ist. Das Problem wird als deterministisches Kontrollproblem mit zwei Steuer- und einer Zustandsvariablen abgebildet. Mit Hilfe des

Operations Research Proceedings 1983

Pontryaginschen Maximumprinzips (vergl. [4] , S. 151 ff.) werden Kriterien für gewinnmaximales Verhalten abgeleitet. Unter gewissen Annahmen konvergiert die optimale Politik gegen ein langfristiges Gleichgewicht, welches einen Sattelpunkt darstellt und Grundlage für die Charakterisierung optimaler Strategien ist. Für den Spezialfall einer zeitkonstanten Qualitätspolitik läßt sich die Sattelpunktexistenz ohne die im allgemeinen Fall erforderlichen Annahmen zeigen. Neben der Charakterisierung optimaler Strategien werden Sensitivitätsanalysen des langfristigen Gleichgewichts durchgeführt.

Literatur

/1/ NELSON P.
INFORMATION AND CONSUMER BEHAVIOR.
THE JOURNAL OF POLITICAL ECONOMY,
VOL. 78, NO. 2, 310-329 (1970).

/2/ KOTOWITZ Y.; MATHEWSON F.
INFORMATIVE ADVERTISING AND WELFARE.
THE AMERICAN ECONOMIC REVIEW,
VOL. 69, NO. 3, 284-294 (1979).

/3/ RAFFÉE H.; SAUTER B.; SILBERER G.
THEORIE DER KOGNITIVEN DISSONANZ UND
KONSUMGÜTER-MARKETING.
WIESBADEN, 96 S. (1973).

/4/ KAMIEN M. I.; SCHWARZ N.L.
DYNAMIC OPTIMIZATION, THE CALCULUS
OF VARIATIONS AND OPTIMAL CONTROL IN
ECONOMICS AND MANAGEMENT.
NEW YORK U. A., 331 S. (1981).

ERGEBNISSE EINER UNTERSUCHUNG ÜBER LAUFZEITEFFEKTE DER MODULARISIERUNG VON LP-SOFTWARE

Karl Kurbel, Bielefeld

1 Einführung

Ein gemeinsames Merkmal vieler Programme, die in der betrieblichen Praxis zur Lösung von Planungsproblemen oder zur Entscheidungsunterstützung eingesetzt werden, ist der enorme Bedarf an Rechenzeit. Im LP-Bereich sind Programmlaufzeiten von mehreren Stunden die Regel, und selbst einfachste Batchprogramme im Rahmen der kurz- und mittelfristigen Produktionsplanung weisen oft Ausführungsdauern von 4-12 Stunden auf. Einige der unten zu beschreibenden Tests scheiterten u.a. daran, daß Programme nach dreitägiger Laufzeit durch einen Systemausfall abgebrochen wurden.

Die Hartnäckigkeit, mit der in der betrieblichen Datenverarbeitung und vor allem im OR-Bereich an der Maximierung der Laufzeiteffizienz festgehalten wird /2/, ist somit nicht völlig unbegründet. Andererseits setzen sich mit den Fortschritten der Softwaretechnologie jedoch systematische Entwurfs- und Implementierungsmethoden immer mehr durch. Diese bringen in der Regel gewisse Laufzeiteinbußen mit sich, da sie sich an allgemeineren Zielsetzungen für Softwarequalität als der Effizienzmaximierung orientieren.

Besonders negative Laufzeiteffekte werden meist der Modularisierung eines Softwaresystems zugeschrieben. Im weiteren wird deshalb der Frage nachgegangen, in welchem Ausmaß bestimmte Modularisierungsprinzipien die Laufzeiteffizienz von LP-Software tatsächlich beeinflussen.

2 Modularisierung

Der Modulbegriff, der durch den Sprachgebrauch vieler EDV-Anwender und Softwareanbieter zu einem eher nichtssagenden Schlagwort degenerierte /6/, bedarf zunächst einer Präzisierung. Der Zerlegung eines LP-Systems werden im folgenden hauptsächlich Abstraktionsprinzipien zugrundegelegt. Eine Systemkomponente, welche einen Teilalgorithmus implementiert, heißt *prozedurale Abstraktion*. Eine Komponente, welche eine Datenstruktur mit ihren Zugriffsfunktionen implementiert, wird als *Datenabstraktion* oder *abstrakte Datenstruktur* bezeichnet. Ein *Modul* stellt dann entweder

Operations Research Proceedings 1983

eine prozedurale Abstraktion oder eine Datenabstraktion dar /5/.

Die datenorientierte Abstraktion ist ein besonders nützliches Kriterium zur Zerlegung eines LP-Systems. Bei Anwendung des Standardsimplexverfahrens werden die Vorteile allerdings noch nicht deutlich. Der Simplexalgorithmus arbeitet auf normalen Vektoren und Matrizen, die in den gängigen Programmiersprachen durch ein- und zweidimensionale Arrays unmittelbar abgebildet werden können. Verläßt man dagegen die Größenordnung von Lehrbuchbeispielen, so sind meist sehr große und extrem dünn besetzte Datenstrukturen zu manipulieren. Der zur Lösung verwendete *revidierte Simplexalgorithmus* ist zwar ebenfalls auf Vektoren und Matrizen definiert. Die konzeptionelle Ebene des Algorithmus unterscheidet sich aber grundlegend von der softwaremäßigen Realisierung.

Für dünn besetzte Matrizen und Vektoren werden kompakte Speicherformate benutzt, z.B. Koordinatenspeicherung, binäre Identifikation, spaltenweise gepackte Speicherung oder verkettete Listen /3/. Bei einer traditionellen Implementierung bedeutet dies, daß ein LP-System auf völlig anderen Datenstrukturen arbeitet als der zugrundeliegende Algorithmus.

Faßt man dagegen die dünn besetzten Matrizen und Vektoren als abstrakte Datenstrukturen auf, so läßt sich ein hohes Maß an Kongruenz zwischen dem Algorithmus und seiner programmtechnischen Realisierung erzielen. Die auf der konzeptionellen Ebene manipulierten Datenstrukturen werden durch Module nachgebildet, deren Implementierungsdetails nach außen hin - für die prozeduralen Abstraktionen - verborgen bleiben (Information Hiding /7/). Die Vorteile einer solchen Modularisierung sind bekannt: erhöhte Verständlichkeit, Zuverlässigkeit, Änderbarkeit und Portabilität /5/.

Einige Datenstrukturen, die als Module implementiert werden können, sind:

- das *ausgangstableau* A eines LP-Modells
- die *l-inverse* $L^{-1} = L_k^{-1} L_{k-1}^{-1} \dots L_1^{-1}$
- die *u-inverse* $U^{-1} = U_1^{-1} U_2^{-1} \dots U_k^{-1}$
- die *basisinverse* B^{-1}
    - in Eliminationsform $B^{-1} = U^{-1} L^{-1}$ oder
    - in Standardproduktform $B^{-1} = E_t^{-1} E_{t-1}^{-1} \dots E_1^{-1}$ oder
    - in einer durch die Simplexiterationen fortgeschriebenen Form (z.B. /4/).

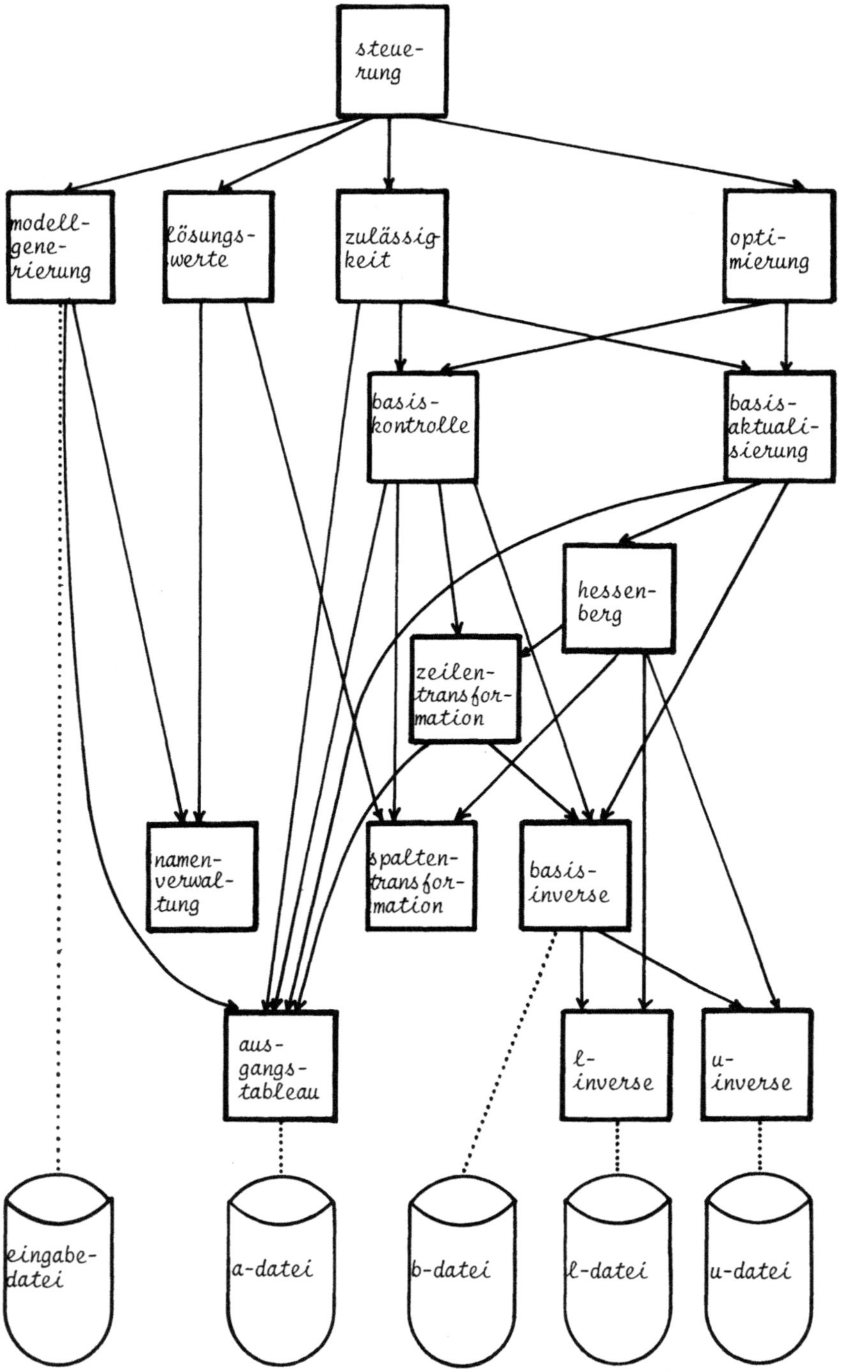

<u>Abb. 1:</u> Modularisierung eines LP-Systems

⟶ Benutzt-Relation /7/
.... Dateizugriff

Die Faktoren der verschiedenen Produktformen sind elementare Spaltenmatrizen, die entweder nur unterhalb der Diagonalen (L_i^{-1}), nur oberhalb (U_i^{-1}) oder in der ganzen Spalte (E_i^{-1}) Nichtnullelemente enthalten können.

Die genannten Datenstrukturen sind in Abbildung 1 als Module aufgeführt. Die Abbildung gibt die Struktur eines LP-Systems wieder, das weitestgehend nach Abstraktionsprinzipien modularisiert ist. Eine ausführliche Beschreibung der Systemstruktur findet man in /5/.

3 Laufzeitmessungen

Der Modularisierungsgrad in Abbildung 1 ist sehr hoch, so daß Auswirkungen auf die Laufzeit zu erwarten sind. Diese werden hauptsächlich dadurch verursacht, daß die gängigen Programmiersprachen außer den klassischen Unterprogrammen keine Modularisierungshilfsmittel zur Verfügung stellen. Jeder Zugriff auf ein Modul bewirkt somit einen Unterprogrammaufruf.

Das tatsächliche Ausmaß der Laufzeitverlängerung wurde empirisch überprüft. Zu diesem Zweck wurden Laufzeitsimulationen mit einem rechenintensiven Teil eines LP-Systems, der Reinversion der Basis, durchgeführt. Der verwendete Inversionsalgorithmus erzeugt eine LU-Zerlegung in Produktform (Eliminationsform) /1/. Das getestete Teilsystem wurde in mehreren Versionen erstellt, die sich nur im Modularisierungsgrad unterscheiden. Die beiden Extreme lassen sich wie folgt charakterisieren:

(1) Die erste Version ist vollständig nach den beschriebenen Abstraktionsprinzipien zerlegt. Jede abstrakte Datenstruktur repräsentiert ein Modul, das durch eine externe Pl/1-Prozedur implementiert wurde. Jeder Zugriff auf ein Nichtnullelement der Datenstruktur bewirkt einen Prozeduraufruf. Soll z.B. eine Spalte einer dünn besetzten Matrix angesprochen werden, so wird die Prozedur (mindestens) so oft aufgerufen, wie Nichtnullelemente in der Spalte vorhanden sind. Abbildung 2 zeigt die Struktur des getesteten Teilsystems. (Die Simulationsumgebung ist in der Abbildung nicht enthalten.)

(2) Die entgegengesetzte Version verzichtet ganz auf eine Modularisierung. Die kompakt gespeicherten Datenstrukturen werden von der Reinversionsprozedur, die nun sehr komplex ist, unmittelbar manipuliert. Die Aufrufe externer Prozeduren entfallen somit völlig. Abbildung 3 gibt die Struktur des Restsystems wieder.

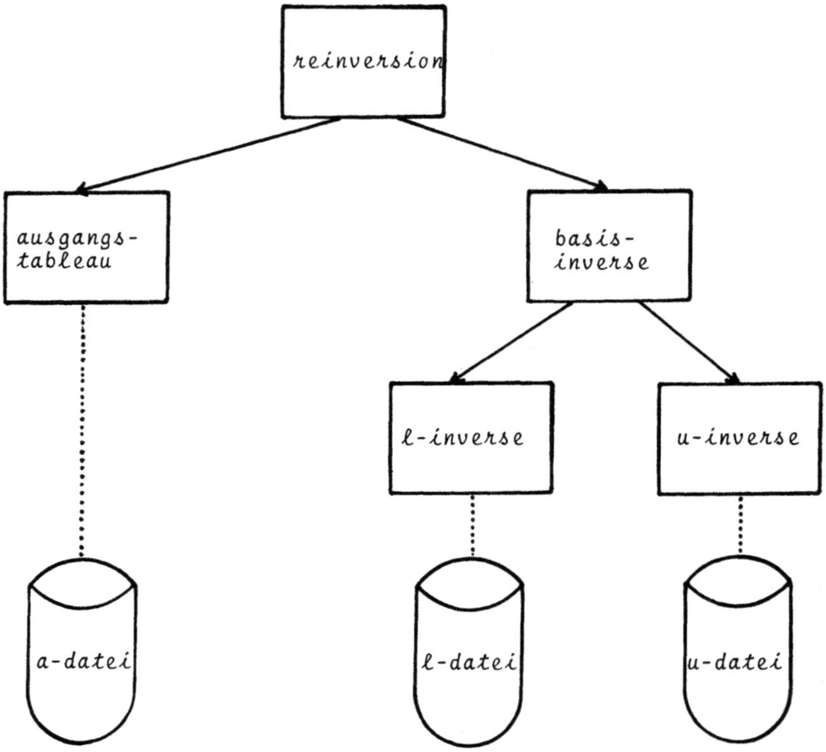

Abb. 2: Ausgeprägte Modularisierung

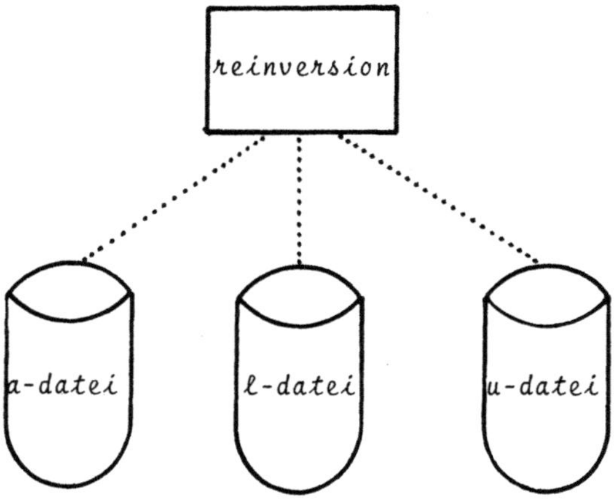

Abb. 3: Keine Modularisierung

4 Ergebnisse

Als Datenbasis für die Laufzeitexperimente wurden die von Peeters beschriebenen Testprobleme *locat* und *jobflow* verwendet, deren Koeffizientenmatrizen wie folgt charakterisiert sind /8/:

Modell	Größe	Besetzungsdichte
locat	541 x 1436	0,56 %
jobflow	534 x 853	0,67 %

Um Aussagen für typische Verhältnisse beim revidierten Simplexalgorithmus zu erhalten, wurden verschiedene Belegungsgrade der Basis mit Strukturvariablen simuliert. Die erzielten Laufzeiten (virtuelle CPU-Zeiten) sind in den Abbildungen 4 und 5 aufgeführt. Die Ergebnisse zeigen, daß der vollständige Verzicht auf Modularisierung eine deutliche Verringerung der Laufzeit bewirkt. In Abbildung 6 wird die umgekehrte Betrachtung angestellt: Die Modularisierung des Systems hat zur Folge, daß die Laufzeit gegenüber einem monolithischen Programm im Schnitt um 36,7% ansteigt.

locat	ausgeprägte Modularisierung		keine Modularisierung	
Belegungsgrad in %	sec	%	sec	%
10 %	54,93	100 %	42,81	77,9 %
29 %	70,18	100 %	54,50	77,7 %
48 %	124,74	100 %	93,70	75,1 %
74 %	311,43	100 %	209,77	67,4 %

Abb. 4: Laufzeitergebnisse bei *locat*

jobflow	ausgeprägte Modularisierung		keine Modularisierung	
Belegungsgrad in %	sec	%	sec	%
10 %	59,48	100 %	47,42	79,7 %
29 %	118,53	100 %	87,87	74,1 %
48 %	215,13	100 %	151,73	70,5 %
76 %	349,58	100 %	233,50	66,8 %

Abb. 5: Laufzeitergebnisse bei *jobflow*

Die Laufzeiteinbußen mögen geeignet sein, die Vorurteile eingefleischter Effizienzanhänger gegen eine konzeptionell klare Modularisierung zu bekräftigen. Dem ist jedoch entgegenzuhalten, daß dem Streben nach Laufzeitminimierung eine verengte Sicht zugrundeliegt. Es vernachlässigt andere Softwarequalitätsmerkmale, welche durch die Modularisierung gefördert werden. Diese Merkmale beeinflussen die Kosten im Software Life Cycle wesentlich nachhaltiger als die Laufzeiteffizienz, die ausschließlich auf die Minimierung der ohnehin sinkenden Hardwarekosten gerichtet ist!

locat *jobflow*	ausgeprägte Modularisierung	keine Modularisierung
Belegungsgrad		
10 %	100 %	126,8 %
29 %	100 %	132,5 %
48 %	100 %	138,5 %
75 %	100 %	149,1 %
Durchschnitt	100 %	136,7 %

Abb. 6: Durchschnittliche Laufzeitverlängerung bei *locat* und *jobflow*

Literatur

/1/ Bastian, M.: Lineare Optimierung großer Systeme - Compact Inverse Verfahren und Basisfaktorisierungen. Königstein (1980).

/2/ Crowder, H.P.; Saunders, P.B.: Results of a Survey on MP Performance Indicators. COAL Newsletter, 2-6, January (1981).

/3/ Duff, I.S.: A Survey of Sparse Matrix Research. Proceedings of the IEEE 65, 500-535 (1977).

/4/ Forrest, J.J.H.; Tomlin, J.A.: Updated Triangular Factors of the Basis to Maintain Sparsity in the Product Form Simplex Method. Mathematical Programming 2, 262-278 (1972).

/5/ Kurbel, K.: Software Engineering im Produktionsbereich. Wiesbaden (1983).

/6/ Kurbel, K.: Zur "Modularität" von Planungs- und Steuerungssystemen im Produktionsbereich. Angewandte Informatik 25, 229-239 (1983).

/7/ Parnas, D.L.: On the Criteria to Be Used in Decomposing Systems into Modules. Communications of the ACM 15, 1053-1058 (1972).

/8/ Peeters, H.: Empirischer Leistungsvergleich kommerzieller Softwaresysteme APEX III, FMPS, MPSX-MIP/370 bei gemischt-ganzzahligen Optimierungsproblemen. Proceedings in Operations Research 9, 551-558 (1980).

IDAMS - EIN INTERAKTIVES SYSTEM ZUR ENTSCHEIDUNGSUNTERSTÜTZUNG

Roland Gabriel, Heidelberg
Günter Müller, Heidelberg

Zur Unterstützung von Entscheidungen bei schlecht vorherplanbaren Vorgängen forderte Scott Morton bereits 1971 den Einsatz von interaktiven Systemen. Er hoffte, dadurch die mathematischen Modelle und Methoden des Operation Research, gespreicherte Problemdatenbestände und die Fähigkeiten von EDV-Anlagen mit den menschlichen Möglichkeiten zum kreativen Denken zusammenführen zu können. Inzwischen existiert eine Vielzahl von interaktiven Systemen, von denen jedoch die meisten den gestellten Anforderungen nicht genügen. Auf dem Gebiet der Entwicklung anwendungsneutraler Systeme lassen sich verschiedene computerunterstützte Ansätze unterscheiden, mit denen versucht wird, Voraussetzungen für einheitliche und benutzerfreundliche Schnittstellen zu schaffen. Ein solches System wurde am Wissenschaftlichen Zentrum der IBM in Heidelberg mit dem Namen IDAMS (Integrated Data Analysis and Management System) entwickelt. IDAMS basiert auf einem Datenbanksystem als integrierendem Bestandteil und läßt beliebige Methodenanwendungen und vielfältige Datenpräsentationen zu. Ferner besitzt es maschinen- und systemunabhängige Modellierungsprimitive zur Verwendung durch den Anwendungsexperten, ohne daß dieser Datenverarbeitungskenntnisse haben muß.

Ziel des Vortrags ist es, das System IDAMS in seiner Grundstruktur vorzustellen. Darüberhinaus wird an einem Beispiel aus dem Rechnungswesen demonstriert werden, welche Modellierungsmöglichkeiten benutzernahe, formale Beschreibungsverfahren für betriebswirtschaftliche Strukturen und Abläufe eröffnen.

Operations Research Proceedings 1983

SAS/OR - AN INTEGRATED PACKAGE FOR OPERATIONS RESEARCH

Gerhard Held, Heidelberg

SAS (Statistical Analysis System) is an all-purpose data analysis system and a flexible applications development language. SAS/OR as the latest product of SAS Institute was written to provide a series of tools to meet the needs of operations research and project management. User-friendly procedures can be applied to solve the following standard problems:

- Linear programming by means of the two-phase revised simplex method. Reports on solution sensitivity to changes in equation constraints and price coefficients can also be obtained. A special feature is an MPSX conversion aid.
- Project management through critical path analysis. Solutions can be shown on calenders or as GANTT charts. If there is uncertainty about durations, program evaluation review techniques can be accomplished.
- Network problems like the minimum cost flow in a network,the classical transportation problem, and optimal cost assignment.

Because SAS/OR meets the standards of the other SAS products, it enables the user to take full advantage of the following unique features:

- flexible pre- and postprocessing. All procedures take SAS data sets and are able to output results to a data set for further processing
- specifications are easy and non-technical, and are consistent throughout all procedures
- error messages are meaningful and comprehensive. The user informed if numerical problems occur
- best of all is the integration with SAS. The user may take full advantage of tools for data retrieval and management, data transformation, report writing, and statistical analysis.

Operations Research Proceedings 1983

IMPLEMENTATION - THE COMMON RELATIONSHIP BETWEEN OPERATIONAL RESEARCH AND PRODUCTION ENGINEERING

Brain Haley, Birmingham
Präsident der Operational Research Society,
Vizepräsident der International Federation of
Operations Research Societies

Production Engineering developed as a separate discipline within Engineering from 1920. It has two main functions concerned with manufacturing and with processes. The manufacturing or production function seeks to improve knowledge of the management of an activity. The production process method is devoted to the selection and modification of the processes and procedures. Recent years have shown a growth in automatic production and the replacement of some human skills with machines.

The essential feature of this branch of engineering is to make machines and people perform in a way which enables the final product to be acceptable.

Quality, efficiency, human effort, finance and reliability form part of the consideration but the major concept is implementation. O.R. likewise attempts to make a model the basis of an implemented result.

There are many similarities in the needs of the subjects and the talk will draw some comparisons.

Operations Research Proceedings 1983

TERMINPLANUNG FÜR WARTUNGS-GROSSEREIGNISSE AN FLUGZEUGEN UND DEREN OPTIMIERUNG HINSICHTLICH NUTZUNG DER WARTUNGSABSTÄNDE

Sotirios Kougioumtzoglou, München

Zusammenfassung

Der mittel- und langfristigen Wartungsplanung für die Flugzeuge der Deutschen Lufthansa AG wird eine EDV-unterstützte Lösung zur Seite gestellt. Gleichzeitig damit verbunden ist die Untersuchung und der Einsatz von OR-Methoden (speziell: graphentheoretische Verfahren) um eine bessere Ausnutzung der vorgegebenen Wartungsabstände zu erreichen.

Einleitung

Bei allen technischen Aggregaten der industriellen Ausrüstung treten mit zunehmendem Alter und/oder Gebrauch Verschleißerscheinungen auf.

Besonders bei Flugzeugen ist man aus Sicherheitsgründen daran gehalten, spezielle Routinekontrollen und Wartungsmaßnahmen prophylaktisch durchzuführen. Dadurch wird gewährleistet, daß mögliche Schäden schon im Anfangsstadium entdeckt und behoben werden können, und somit die Wahrscheinlichkeit für Ausfälle minimiert wird.

Je nach Funktion, Lebensdauer und materiellem Wert der verschiedenen Aggregate eines Flugzeuges, werden diese in bestimmten Abständen überprüft. Letztere können flugstunden- und/oder kalenderzeitabhängig festgelegt sein.

Die verschiedenen Instandhaltungsmaßnahmen werden zu "Paketen" zusammengefaßt, welche "Wartungsereignisse" genannt werden und sich nach steigendem Arbeitsumfang und abnehmender Häufigkeit der Durchführung hierarchisch klassifizieren lassen. Dabei schließt jedes Wartungsereignis das nächst kleinere inhaltlich mit ein. (Alle Angaben gelten für das Wartungs-System der Deutschen Lufthansa AG.)

Operations Research Proceedings 1983

Problembeschreibung

Aufgabe der Wartungsplanung ist es, jedes Flugzeug (z. Zt. ca. 120), zu einem bestimmten Termin, an einem bestimmten Ort für ein bestimmtes Wartungsereignis so einzuplanen, daß der durchschnittlich ausgeflogene Wartungsabstand über alle Flugzeuge im festgesetzten Planungszeitraum maximal wird. Gegenstand dieser Studie sind die Wartungsereignisse B-Check (Aufwand ca. 6 Stunden) und C-Check (Aufwand ca. 12 Stunden).

Hierbei muß sowohl auf die Einhaltung des aktuell vorgegebenen Flugplans geachtet werden (dies wird dadurch berücksichtigt, daß ein bestimmtes Flugzeugmuster nur an bestimmten Wochentagen gewartet werden kann), als auch auf die Kapazitäten der Wartungsorte. Ferner ist die feste Zuordnung der Flugzeugmuster zu den einzelnen Wartungsorten mit einzubeziehen (siehe dazu Tabelle 1 und 2).

Die beim bisher angewendeten Planungsverfahren (manuell) auftretenden Schwierigkeiten und Unzulänglichkeiten betreffen in erster Linie

- die Flexibilität bei kurzfristig sich ändernden Flugplankonstellationen (Wetter, politische Ereignisse etc.), und

- die Transparenz und Aussagekraft mittel- bis langfristiger Entwicklungen (anfallende Wartungsereignisse, Kapazitäten).

Ziele

- Durchführung der Terminplanung für die zwei Wartungsereignisse C-Check und B-Check mit Hilfe der EDV

- Überprüfung der Einsatzmöglichkeiten von Operations Research- Verfahren bezüglich Verbesserung des Nutzungsgrades der Wartungsabstände. (Eine "frühzeitige" Durchführung des Wartungsereignisses X bedeutet langfristig mehr erforderliche Ereignisse X im selben Zeitraum, was natürlich mit höheren Kosten verbunden ist.)

Modellformulierung

Die weiter oben geschilderte Problemstellung, welche mit der Minimierung der Summe über die Komplemente der Ausnutzungsgrade äquivalent ist, kann formal folgendermaßen ausgedrückt werden (im weiteren Verlauf als Problemstellung "P " bezeichnet):

* Wartungs- * tage War- * tungs- * orte *) *	Mo	Di	Mi	Do	Fr	Sa	So
FRA V *)	B 747 C B 747 D B 747 E B 727EC		B 747 D B 747 E A 300 A A 300 B		B 727 D B 727 E		
FRA VI *)	B 707 B B 707 C B 737 D B 737 E DC 10 A DC 10 M DC 10 C	B 707 B B 737SC DC 10 A DC 10 M DC 10 C		B 737 C B 737 D B 737 E			

Tabelle 1: Wartungsorte/-tage für C-Check

*) Frankfurt Halle V bzw. VI

* Wartungs- * tage War- * tungs- * orte *) *	Mo	Di	Mi	Do	Fr	Sa	So
FRA V *)		A 300 A A 300 B B 727 D B 727 E B 727EC					
FRA VI *)			B 737 C B 737 D B 737 E B 737SC B 707 B		B 707 B B 707 C B 737SC		
HAMBURG	B 727 E B 727 D B 737 D B 737 E	wie Mo	wie Mo	wie Mo	wie Mo		

Tabelle 2: Wartungsorte/-tage für B-Check

Wir wählen Binärvariable x_{ijk}, wobei

$i=1,...,m;$ m : Anzahl der Termine im Planungshorizont,

$j \in F;$ F : Menge aller betrachteten Flugzeuge,

$k=1,2;$ $k=1 \triangleq$ C-Check, $k=2 \triangleq$ B-Check,

mit der Bedeutung

$$x_{ijk} = \begin{cases} 1, & \text{am Termin i wird an Flugzeug j Check k durchgeführt} \\ 0 & \text{sonst.} \end{cases}$$

Die Zielfunktion lautet dann

$$ZF(x) = \sum_{k=1}^{2} \sum_{i=1}^{m} \sum_{j \in F} c_{ijk} \cdot x_{ijk}$$

welche zu minimieren ist.

Dabei stellt c_{ijk} den prozentualen Wert der bis zum Limit noch verbleibenden Flugstunden/Kalendertage von Flugzeug j am Termin i für Check k dar.

Die Nebenbedingungen lauten:

NB 0.1: $x_{ijk} \in \{0,1\}$ für $i=1,..,m;$ $j \in F;$ $k=1,2;$

NB 0.2: $c_{ijk} \geqq 0$ für $i=1,..,m;$ $j \in F;$ $k=1,2;$

NB 0.3: $\sum_{j \in F} x_{ijk} \leqq a_{ik}$ für $a_{ik} \geqq 0;$ $i=1,..,m;$ $k=1,2;$ (Kapazitätsrestriktionen)

NB 0.4: $\sum_{i=1}^{m} x_{ijk} = b_{jk}$ mit $b_{jk} \geqq 0;$ $j \in F;$ $k=1,2;$

NB 0.5: Die Flugzeuge können, je nach Teilflottenzugehörigkeit, nur an bestimmten Wochentagen und Orten gewartet werden.

NB 0.6: Bei Terminüberschneidungen hat C-Check höhere Priorität als B-Check.

NB 0.7: Falls C-Check am Tag t in Halle Z eingeplant ist, kann in derselben Halle am Tag t-1 kein B-Check durchgeführt werden.

NB 0.8: Längerfristige Verträge mit anderen Fluggesellschaften können höchste Priorität haben, d. h. wenn fremde Flugzeuge eingeplant sind, müssen Konzernflugzeuge auf andere Termine ausweichen.

NB 0.9: Für den C-Check vorgesehene aber nicht genutzte Kapazitäten, müssen bei der B-Check-Einplanung mitberücksichtigt werden können.

Die Nebenbedingungen 0.6, 0.7 und 0.9 können nur erfüllt werden, wenn die C-Check zeitlich vor der B-Check-Terminplanung durchgeführt wird. D.h., daß aus Gründen der zeitlichen Priorität, das originäre Problem P_0 in die Teilprobleme $P_1 \triangleq$ C-Check-Terminplanung und $P_2 \triangleq$ B-Check-Terminplanung aufgespalten werden muß.
Nebenbedingung 0.8 muß dadurch berücksichtigt werden, daß Termine für fremde Fluggesellschaften a priori 'gesetzt' werden, m.a.W. vor Beginn der Terminplanung für Konzernflugzeuge.

Andere Nebenbedingungen kollidieren mit obigem Vorgehen nicht.

Die Tatsache, daß bezüglich C-Check die Teilflotten den Orten FRA V und FRA VI fest zugeordnet sind, und zwar in der Art, daß keine Teilflotte an zwei Orten gleichzeitig präsent ist (disjunkte Mengen), läßt eine "lokale" Aufspaltung von P_1 in $P_{11} \triangleq$ C-Check-Terminplanung für FRA V und $P_{12} \triangleq$ C-Check-Terminplanung für FRA VI zu.
Im Fall von P_2 allerdings ist dieses Kriterium wegen den nicht disjunkten Mengen irrelevant. (B 727 E kann z.B. sowohl in FRA V als auch in HAMBURG, B 737 D sowohl in FRA VI als auch in HAMBURG gewartet werden.)
Zum Prinzip der Verzweigung eines originären Problems in Teilprobleme, der getrennten Lösung derselben und anschließender Wiedervereinigung der Teillösungen zur Gesamtlösung, siehe /11/ und /15/ (Branch & Bound-Verfahren).

Wahl geeigneter OR-Verfahren

Beim dargestellten Problem handelt es sich um ein Reihenfolgeproblem, d. h. die verschiedenen Wartungsereignisse aller betrachteten Flugzeuge sollen unter Berücksichtigung der dort aufgeführten Nebenbedingungen in eine optimale zeitliche Reihenfolge gebracht werden.
Angesichts der Datenmengen - 120 Flugzeuge mit je 160 möglichen Wartungstagen - müssen die herkömmlichen Verfahren zur Berechnung optimaler Reihenfolgen (/12/), d.s.

Vollnumeration,
Entscheidungsbaumverfahren (dyn. Planungsrechnung und begrenzte Enumeration),
und heuristische Verfahren

auch aus Speicherplatzgründen fallengelassen werden.

Spezielle graphentheoretische Rechenverfahren, die zur Lösung von Reihenfolge-Probleme entwickelt wurden, gehen auf grundlegende Arbeiten von Dijkstra /4/, Ford und Fulkerson /8/ und Busacker und Saaty /2/ zurück, und bestimmen optimale Wege in Netzen.

Ausführliche Algorithmen und Verfahrensvergleiche hierzu schildern Paessens /14/ und Herrmann /9/.

Als effizienter Algorithmus für oben geschilderte Größenordnungen hat sich das Verfahren von Domschke /6/ herausgestellt. Auch im Vergleich zur ungarischen Methode /10/, welche zur Lösung reiner Zuordnungsprobleme - und als solches könnte unser Problem auch formuliert werden: gesucht wäre die optimale Zuordnung (im Sinn von P_D) von Wartungsmöglichkeiten zu den einzelnen Flugzeugen - herangezogen werden kann, ist es um der Faktor 10 schneller.

Lösungsansatz

Das Problem "Welches Flugzeug zu welchem Termin an welchem Ort für welches Wartungsereignis eingeplant wird, damit der durchschnittlich ausgeflogene Wartungsabstand über alle Flugzeuge in einem festgesetzten Planungszeitraum maximal wird", läßt sich mit Hilfe der Terminologie des Transportproblems /13/ folgendermaßen ausdrücken: Als fiktive "Anbieter" u_i $(i=1,..,m)$ treten Knoten auf, welche eine Kombination aus Zeitpunkt und Ort sind. Beispiel:

Angeboten wird, je nach Kapazität, eine bestimmte Anzahl von Wartungsereignissen.

Die Menge der "Nachfrage"-knoten v_j (für alle $j \in F$) bilden die betrachteten Flugzeuge. Die jeweilige Nachfragemenge pro Flugzeug im betrachteten Zeitraum kann man an Hand der Planwerte "durchschnittliche Flugstunden/Zeiteinheit" und "Flugstunden- bzw. Kalenderzeitlimit" berechnen.

Die "Transportkosten" sind gerade das Komplement des Ausnutzungsgrades, welcher natürlich vom Zeitpunkt im "Anbieter"-knoten abhängig ist.

Gesucht ist der kostenminimale Transport der Ware "Wartungsereignisse" von den Anbietern zu den Nachfragern, wobei die Gesamtnachfragemenge abgedeckt werden muß.

Der Lösungsvorgang sieht wie folgt aus:

1. Bestimmung aller für P_{11} u. P_{12} relevanten u_i im Planungshorizont
2. 'Setzen' der fremden Fluggesellschaften
3. Berechnung der Kostenmatrizen für die Teilprobleme P_{11} und P_{12}
4. Lösung von P_{11} und P_{12}
5. Bestimmung aller für P_2 relevanten u_i im Planungshorizont unter Berücksichtigung der NB 0.7 und 0.9
6. Berechnung der Kostenmatrix für P_2
7. Lösung von P_2

ad 2: Das 'Setzen' von Fremden bedeutet, daß für den fraglichen Termin, sprich u_i , die Anzahl der angebotenen Ereignisse für Konzernflugzeuge entsprechend reduziert wird.

ad 3: Hier wird die Kostenmatrix-Berechnung für P_{11} beschrieben (siehe Abb. 1) - analog dazu ist bei P_{12} und P_2 zu verfahren.

	v_1	v_2	v_3	...	v_n
u_1	14	9	73		35
u_2	8	2	∞		30
u_3	3	92	64		∞
.					
.					
.					
u_m	50	11	22		57

Abb.1: Kostenmatrix

Angefangen mit dem ersten c_{1j}-Wert werden für jedes betrachtete Flugzeug j sukzessive alle c_{ij}-Elemente berechnet, indem der jeweilige prozentuale Restwert am Termin i zum betrachteten Limit errechnet wird. Ist ersterer negativ - was eine Überschreitung des Limits bedeuten würde, so wird u_{i-1} als potentieller Wartungstag impliziert (in der Abb. z.B. c_{22}), und die Berechnung ab u_{i-1}mit 100 % Restwert fortgesetzt.
Am Ende dieser Berechnung stehen auch die b_{jk}-Werte fest. (Die a_{ik}-Werte sind a priori fest vorgegeben.)

Wenn ein c_{ij}-Element der Wert "∞" hat, so bedeutet dies, daßfür das betrachtete Flugzeug j am Ort/Termin i keine Wartungsmöglichkeit vorgesehen ist.

ad 4: Nachdem alle Eingabedaten (Anzahl der Anbieter und Nachfrager mit den jeweiligen Angebots- bzw. Nachfragemengen, Kostenmatrix) feststehen, bestimmt der Algorithmus von Domschke (detail. Beschreibung in /6/) die optimale Zuordnung.

ad 5: Die Berücksichtigung der Nebenbedingungen 0.7 und 0.9 wird dadurch gewährleistet, daß die Kapazitäten der betroffenen u_i entsprechend reduziert werden.

Ergebnisse

Der geschilderte Lösungsansatz wurde an Hand einer C-Check-Terminplanung für FRA V mit dem Planungshorizont 1 Jahr überprüft.

Als Eingabedaten dienten aktuelle Werte der Deutschen Lufthansa AG am 3.5.1983.

Die durchschnittlichen Plan-Werte des Ausnutzungsgrades variieren demnach von Teilflotte zu Teilflotte zwischen 72,2 % und 91.7 %.
Die entsprechenden, vergangenheitsbezogenen Ist-Werte liegen zwischen 84,2 % und 94,7 % (siehe /3/, Anlage 30).

Eine Vergleichs-Aussage bzgl. der Güte kann nicht getroffen werden, weil in der Praxis jedes Flugzeug, dessen Wartungs-Termin genügend nah gerückt ist (und in der Regel nicht mehr verschoben wird), und dessen Auslastung noch einen gewissen Puffer aufweist, bewußt intensiver eingesetzt wird, sodaß der Plan-Ausnutzungswert gegebenenfalls verbessert wird.

Statistiken über Plan-Werte nach der bisherigen Methode liegen leider nicht vor.

Kritik

Die statische Betrachtung des an sich dynamischen Problems scheint an einigen Stellen nicht einleuchtend. Nachdem nämlich die "Kosten"-Matrix errechnet und dem Optimierungsalgorithmus als Eingabe übergeben wird, können Änderungen, welche sich während der Prozedur ergeben, nicht mehr berücksichtigt werden.

Dies erweist sich jedoch lediglich als eine theoretische Lücke. Auf Grund der rollierenden Planung werden Abweichungen, die am Ende des Planungshorizontes eintreten können, in der Praxis leicht ausgeglichen.

Literatur

/1/ BAUER-STÄMPFLI, H.: Liegezeitenplanung, Optimierungsmodell für die B 707 - Flotte der DLH, FRA CE 16 baw, 1970

/2/ BUSACKER, R.G., SAATY, T.L.: Finite Graphs and Networks, New York-Toronto-London, 1965

/3/ DEUTSCHE LUFTHANSA: Flugzeugeinsatz, DLH FRA WV 2, 1981

/4/ DIJKSTRA, E.W.: A note on two problems in connexion with graphs, Nummerische Mathematik 1, 269-271, 1959

/5/ DOMSCHKE, W.: Kürzeste Wege in Graphen: Algorithmen, Verfahrensvergleiche, Dissertation, Uni Karlsruhe, 1971

/6/ DOMSCHKE, W.: Graphentheoretische Verfahren und ihre Anwendungen zur Lösung von Zuordnungs- und Standortproblemen, Habilitationschrift, Uni Karlsruhe, 1974

/7/ ETSCHMAIER, M.M.: Fuzzy Controls for Maintenance Scheduling in Transportation Systems, Automatica, Vol. 16, 255-263, 1980

/8/ FORD, L.R. FULKERSON, D.R.: Flows in Networks, Princeton, 1962

/9/ HERRMANN, H.G.: Das Briefträgerproblem und Untersuchungen über Transport- und Zuordnungsprobleme, Diplomarbeit, Uni Karlsruhe, 1972

/10/ KUHN, H.W.: The Hungarian Method for the Assignment Problem, Nav. Log. Quart. 2, Nr. 1 und 2, 83-98, 1955

/11/ LAWLER, E.L., WOOD, O.E.: Branch and Bound Methods: A Survey, OR 14, 699-719, 1966

/12/ MÜLLER-MEHRBACH, H.: Optimale Reihenfolgen, Berlin-Heidelberg-New York, 1970

/13/ NEUMANN, K.: Operations Research Verfahren Bd. I-III, Carl Hanser Verlag München, 1975,1977

/14/ PAESSENS, H.: Die Bestimmung optimaler Flüsse: Algorithmen, Verfahrensvergleiche, Discussion Paper Nr. 49, Inst. f. Wirtschaftstheorie und OR, Uni KA, 1975

/15/ WEINBERG, F.(Hrsg.): Branch and Bound: Eine Einführung, 2. Aufl., Berlin-Heidelberg-New York, 1973

VERSCHNITTOPTIMIERUNG IN DER WELLPAPPENINDUSTRIE

Rainer Moll, Köln

1. Zur Problematik

Die Aufgabe des Verschnittplaners in der Wellpappenbranche kann wie folgt spezifiziert werden: Aus einem jeweiligen Auftragsbestand sind unter Berücksichtigung technischer Restriktionen und ökonomischer Beurteilungsdimensionen (z.B.: Produktionskosten, Lagerkosten, Termineinhaltung, etc.), diejenigen Aufträge (≙in zweidimensional determinierte Formate umgerechnete Verpackungsarten) für einen Schneidplan auszuwählen, welche - bezogen auf das Schnittobjekt (verleimte Papierbahnen) - mit sich selbst und/oder mit anderen möglichst verschnittgünstig kombinierbar und gleichzeitig bezüglich ihres individuellen Volumens (= Stückzahl) erfüllbar sind. Verschnittgünstig in diesem Sinne sind zunächst jene Kombinationsalternativen, deren Randbeschnitt möglichst gering ist.

Die teilweise variablen technologischen Restriktionen sind einerseits produktionsanlagenabhängig, andererseits durch die jeweils zu fertigende Produktqualität bestimmt. Insbesondere müssen die zu generierenden Kombinationen den Längsschneider-, Querschneider-, Mindestrandbeschnitt-, Riller-, Einzelbreiten- und Haulängenrestriktionen genügen. Darüberhinaus erfährt die Verschnittproblematik Komplexitätssteigerungen durch teils ökonomisch, teils technisch bedingte Anforderungen bezüglich der Mindestlauflängen, der Kombinationenanzahl und -reihungen, der Rollenbreiten, der Auftragsteilungen, der Auftragserfüllungsgrade, der Termine, der (z.T. möglichen) Formatknappungen (≙geringfügige Formatbreitenmaßverringerungen), der Mindestrandbeschnittknappungen, der Möglichkeiten zur Qualitätsaufbesserung, Mehrfachnutzenfertigung, 'Auf-Verdacht'-Fertigung, Lagerbögenfertigung, sowie Nebenbahneinholung.

Das zunächst monozielorientierte Verschnittoptimierungsproblem erweitert sich zu einem mehrzielorientierten Entscheidungsproblem (bzw. Polyextremierungsproblem), dessen Struktur durch ein multivariables Zielsystem mit (im wesentlichen) 23 Einzelzielen und 253 potentiellen Einzelzielbeziehungen determiniert wird. Da diese Zielinterdependenzen regelmäßig von situativen, entscheidungsindividuellen Parametern abhängen, sind sie ex ante, d. h. vor Beginn des Entscheidungsprozesses, weder bezgl. ihrer Ausprägungsart(konfliktär, indifferent, komplementär) noch bezgl. ihres Variabilitätsgrades eindeutig bestimmbar.

Operations Research Proceedings 1983

2. Zur Lösungskonzeption

Um einerseits dem Anspruch gerecht zu werden, ein für die Entscheidungspraxis realisierbares Lösungskonzept zu entwickeln, das insbesondere den begrenzten kognitiven Fähigkeiten des Entscheidungsträgers (ET) Mensch (hier: Verschnittplaner) Rechnung trägt, andererseits jedoch zur Steigerung der Lösungsqualität so viele Ziele und Zielbeziehungen wie möglich explizit berücksichtigt, wird folgende Grundkonzeption vorgeschlagen.

Zur Reduktion der Komplexität des Entscheidungsproblems werden die Einzelziele zunächst in Gruppenziele überführt und sodann (implizit) drei temporal und logisch differenzierten Planungsstufen zugeordnet. Diese Stufisierung, die einen wesentlichen Beitrag zur Erhöhung der Transparenz des Entscheidungsproblems leistet, umfaßt eine 'Voroptimierungs'-, 'Hauptoptimierungs'- und 'Nachoptimierungsphase'.

Die interaktive Ausgestaltung der einzelnen Prozeßphasen erlaubt relativ bedeutende Einwirkungsmöglichkeiten des Verschnittplaners (i.S. einer individual-sozialen Gestaltungskomponente, u. a. zur Steigerung der Arbeitszufriedenheit und damit -qualität) und trägt darüber zu einer erheblichen Steigerung der für die Lösungsqualität in hohem Maße Ausschlag gebenden Flexibilität der Schneidplanerstellung bei. Dieser Aspekt und damit implizit die Bedeutung des Kombinators für den Schneidplanerstellungsprozeß ist umso wichtiger, je größer die Anzahl zu berücksichtigender (u. U. von Auftrag zu Auftrag <u>eines</u> Kunden) variabler Sonderregelungen ist, deren explizite Berücksichtigung in Software-Paketen und/oder kundenartikelindividuellen Stammdateien nicht mehr mit ökonomisch vertretbarem Aufwand realisierbar scheint.

3. Planungsstufe I

In der interaktiv ausgestalteten Phase I des Entscheidungsprozesses werden sämtliche - im Sinne der Problemstellung akzeptabler und den Produktionsrestriktionsparametern genügende - Kombinationsmöglichkeiten der zu verplanenden Aufträge (bzw. Formate) <u>einer</u> Qualität mit sich selbst und/oder mit anderen generiert.

Es werden bezeichnet und definiert:

- Anzahl Nutzen (Längsbahnen) des i-ten Auftrages aller N Aufträge in j-ten Kombination mit n_{ilj}, wobei in Abhängigkeit der Querschneideeinrichtung für l in jeder Kombination j gilt:
  - -- Simplexquerschneider : $l = 1$, ($\rightarrow l_{max} = 1$),
  - -- Duplexquerschneider : $l \leq 2$, ($\rightarrow l_{max} = 2$),
  - -- Triplexquerschneider : $l \leq 3$, ($\rightarrow l_{max} = 3$),

sowie i, l, j > 0 und i, l, j ganzzahlig;

- ferner ist für alle n_{ilj} auf Grund der Längsschneider- und simultan zu berücksichtigenden Querschneiderrestriktion zu fordern

$$\sum_{l=1}^{l_{max}} n_{ilj} \leq LM_q - 1$$ (mit $LM_q \mathrel{\hat{=}}$ qualitätsabhängige Längsmesserzahl);

- die N Einzelauftragsbreiten einer zu verplanenden Qualität q (aller Qualitäten Q) mit e_i, und die qualitätsabhängigen K Arbeitsbreiten mit A_{kq}, sowie der qualitätsabhängige und arbeitsbreitenabhängige Mindest-, d.h. Sicherheitsrandbeschnitt mit MR_{kq}, so daß gilt:

$$\sum_{l=1}^{l_{max}} n_{ilj} \cdot e_i \leq A_{kq} - MR_{kq};$$

- der Verschnitt jeder Kombination j mit v_j, wobei gefordert wird, daß dieser nicht höher sein darf als die geringste Formatbreite (e_i) in einer Kombination, sofern die maximale Nutzenanzahl für die jeweilige Querschneideart noch nicht erreicht ist.

$$v_j < A_{kq} - MR_{kq} - \sum_{l=1}^{l_{max}} n_{ilj} \cdot e_i \quad \forall\ v_j = 0.$$

Zur Generierung der Kombinationen werden zu Beginn eines Planungslaufes alle variablen qualitätsindividuellen Produktionsparameter, sowie kundenindividuellen Auftragsdaten abgefragt. Das Datenmaterial wird in N_q Informationsvektoren $IV_i(e_i, s_i, l_i, LD_i, MPP_i)$ {mit: $e_i \mathrel{\hat{=}}$ Auftragsbreite; $s_i \mathrel{\hat{=}}$ Stückzahl; $l_i \mathrel{\hat{=}}$ Formatlänge; $LD_i \mathrel{\hat{=}}$ Lieferdaten; $MPP_i \mathrel{\hat{=}}$ Mindestproduktionspuffer; ...jeweils des i-ten Auftrags} gespeichert und zunächst entsprechend den Formatbreiten (e_i) in absteigender Reihenfolge sortiert und indiziert.

Dem Sortiervorgang schließt sich unmittelbar die Berechnung der Simplex-Kombinationen an. Bezogen auf die größte Arbeitsbreite (A_{kq}; k=1) werden für jedes Format (Auftrag) die maximale Nutzenzahl (n_{ilj}) als Selbstkombinierer, sowie der dabei auftretende Verschnitt (v_j) berechnet. Teilweise auf Basis dieser Daten erfolgt anschließend die Berechnung der Duplex- und Triplex-Kombinationen, im Prinzip durch eine systematische Verringerung der Maximalnutzenwerte der Simplex-, bzw. der Duplexkombinationen.

Der Generierungsmodus sichert die geordnete, wiederholungsfreie Ermittlung aller Kombinationsmöglichkeiten (vollständige Enumeration) unter Berücksichtigung sämtlicher generellen und qualitäts- und/oder arbeitsbreitenindividuellen Restriktionen, ohne gegen den Grundsatz zu verstoßen, daß alle diejenigen Kombinationen nicht sinnvoll sind, deren Verschnitt bei Nicht-Ausschöpfung der Längsschneidebedingung größer der kleinsten Auftragsbreite ist.

Den weiteren Prätentionen genügt das Verfahren insofern, als immer dann

automatisch ein Dialog zwischen dem Kombinator (ET) und dem Rechner initiiert wird, wenn durch:
-minimales 'Überfahren' in den Mindestrandbeschnitt, (oder)
-durch 'Knappen' eines Formates (einer Kombination), (oder)
-durch 'Knappen' aller Formate (einer Kombination), (oder)
-durch 'Knappen' eines Formates und minimales 'Überfahren in den Mindestrandbeschnitt, (oder)
-durch 'Knappen' aller Formate und minimales 'Überfahren' in den Mindestrandbeschnitt
...die Generierung einer Nullverschnitt-Kombination erst ermöglicht wird. Der ET ist aufgefordert, über die entsprechend dem 'Realisations'- und 'Gefahrenaufwand' in Reihenfolge abgefragten relevanten Knappungsalternativen zu entscheiden. So trifft der Kombinator also bereits in dieser Phase des Planungsprozesses zumindest indirekt, da noch keine Gewißheit über die spätere Auswahl einer solchen Kombination für den endgültigen Schneidplan besteht, d.h. über den Aufbau eines Extremalbereiches, innerhalb dessen gegen die Format-, bzw. Mindestrandbeschnittknappungsminimierungszielwerte verstoßen werden darf, zielsystemrelevante Entscheidungen.

Auf Grund der kombinationsindividuellen Knappungsabfragen, die jeweils Minima darstellen, wird bezgl. des in Stufe II zu realisierenden Kombinationenauswahl-/-lauflängendeterminationsprozesses von einer grundsätzlich indifferenten Präferenzstruktur des ET's zwischen 'geknappten' und nicht 'geknappten' Kombinationen ausgegangen.

Neben der Minimierung des Verschnitts pro Kombination, sowie der potentiell relevanten Minimierung des Umfangs und der Häufigkeit von 'Knappungen' (gleich welcher Art), finden in Stufe I auch die Einzelziele Arbeitsbreitenmaximierung und Mehrfachnutzen-Fertigungsminimierung Berücksichtigung. So generiert das Programm die Kombinationen zunächst ausschließlich auf Basis der breitesten Arbeitsbreite ($A_{kq(max)}$), zeigt dem Planer jedoch an, in welchen Fällen Alternativfertigungen der Art:
-Einsatz einer geringeren Arbeitsbreite;
-Fertigung eines Formates als Mehrfachnutzen oder
-Fertigung eines Formates als geknapptem Mehrfachnutzen (einschließlich der Anzahl 'gewonnener' Zusatznutzen)
...zu verschnittgünstigeren Kombinationen, bei adäquaten Einbußen hinsichtlich der jeweils anderen Zielerreichungsgrade, führen würden.
Der Verschnittplaner kann in dieser Phase wiederum Entscheidungen treffen, die die im Rahmen des Optimierungsverfahrens (Stufe II) konkret erreichbaren Zielerreichungsgrade wesentlich (vor-) determinieren.

Lehnt er jede Alternativfertigung ab, so führt dies automatisch zu extremalen Erfüllungsgraden des Arbeitsbreitenmaximierungs-, des Arbeitsbreitenwechselminimierungs- und des Mehrfachnutzen-Fertigungsminimierungsziels.

Die mittels eines interaktiven Planungsvorgangs erstellte, auf die Präferenzstruktur des ET's (zumindest indirekt) abgestimmte Kombinationstabelle, stellt den voroptimierten Input für die Planungsstufe II dar.

4. Planungsstufe II

In dieser Phase der Schneidplanerstellung sollen die zu realisierenden Kombinationen selektiert und in ihrer Lauflänge dergestalt determiniert werden, daß eine bestellgerechte Erfüllung sämtlicher Aufträge gewährleistet ist. Dazu eignen sich einerseits exakte Verfahren, wie Lineare Programmierung und Parametrisch Lineare Programmierung, sowie heuristische Ansätze, von denen im folgenden einer skizziert werden soll.

Das 'multipel dynamische Kritizitätsschlüsselverfahren' stellt eine konsequente Weiterentwicklung der 'Methode des besten Nachfolgers' ('Statisches Verfahren'), sowie des 'dynamischen Kritizitätsschlüsselverfahrens' dar. Während beim 'Statischen Verfahren' die Kombinationsauswahl vom Beginn bis zur vollständigen Einplanung aller Aufträge ausschließlich am jeweils günstigsten Verschnitt orientiert ist, werden im Rahmen des dynamischen Ansatzes bereits einige daraus resultierende Nachteile abgebaut. Insbesondere kann durch Einbeziehung von auftragsspezifischen Kritizitätsschlüsselzahlen der Art:

$$\text{Krit}_i = \frac{\text{Rest-/Sollvorgabe des i-ten Auftrags}}{\text{(verbliebene) Anzahl Kombinationen mit Auftrag i}}$$

zu Beginn des Auswahlprozesses und nach jedem Einplanungsschritt (→dynamisch) vermieden werden, daß gegen Ende derKombinationenauswahl nahezu ausschließlich Kombinationen mit relativ hohem Verschnitt für die (noch) zu verplanenden Aufträge übrigbleiben.

Die Kritizitätsschlüsselzahlen favorisieren vor jedem Auswahlschritt denjenigen Auftrag, der am schlechtesten einplanbar ist, d.h. dessen Lauflänge relativ hoch und dessen Kombinationshäufigkeit gleichzeitig relativ gering ist. Bei der Bildung des o.a. Quotienten werden eine Reihe problemrelevanter Daten teils implizit, teils explizit berücksichtigt. So spiegelt sich beispielsweise die Schlechtkombinierbarkeit, bedingt durch große Formatbreiten automatisch in der Kombinationshäufigkeit wider, andererseits wird der aus hohen Lauflängen (i.d.R. Stückzahlen) resultierenden Gefahr begegnet, verschnittungünstige Formate als Selbstkombinierer fahren zu müssen.

Vereinfacht läßt sich dieser Selektionsmodus wie folgt formulieren: 'Bilde vor jedem Einplanungsschritt die auftragsbezogene Kritizitätsschlüsselzahl und verplane dann diejenige verschnittgünstigste Kombination, die den Auftrag mit der höchsten Kritizität enthält'.
Die Lauflängendetermination orientiert sich hierbei an dem jeweiligen Engpaßauftrag einer Kombination, d.h. an dem Auftrag, für den der

$$\text{Quotient: } \frac{\text{aktuelle Restlaufmeter für i}}{\text{Anzahl Nutzen dieser Kombination für i}}$$

...den kleinsten Wert annimmt.
Die Anwendung des Verfahrens zeigt, daß es durchaus - bezgl. des Gesamtverschnitts eines Schneidplans - sinnvoll sein kann, zu Beginn des Auswahlprozesses höhere Verschnitte zuzulassen, um in der Endphase der Schneidplanerstellung relativ bessere Kombinationsmöglichkeiten zur Verfügung zu haben.
Um weiteren Prätentionen an den Kombinationenauswahl-/-lauflängendeterminationsprozeß gerecht zu werden, d.h. insbesondere Berücksichtigung der Einzelziele 'Kombinationslauflängenmaximierung', 'Kombinationsanzahlminimierung', 'Maschinenein-/-umstellungsminimierung',etc., erfolgt die Erweiterung des dynamischen zum multipel dynamischen Ansatz wie folgt:

- der ET wird aufgefordert, Intervalle 'gleichgünstig' erachteter Verschnitte anzugeben (→(implizit) Degenerierung des Kombinationsverschnittextremalziels zu einem Satisfaktionsziel); sowie
- der Auswahlalgorithmus berücksichtigt bei der Lauflängenbestimmung automatisch die zulässigen Unter- und Überfertigungsmöglichkeiten.

Die Intervallbildung, insofern dynamisiert, als sie problemadäquat und für jeden Einplanungsschritt (Basis ist die jeweils verschnittgünstigste Kombination die den Auftrag mit der höchsten Kritizität enthält) realisiert wird, bzw. realisiert werden kann, führt i.d.R. zu einer Erweiterung der entscheidungsrelevanten Kombinationen im Auswahlprozeß. Insbesondere wird hierdurch die Möglichkeit eröffnet, die Verhältnisse von Nutzenzahlen, sowie (Rest-) Laufmetern (als Einzelnutzen) der kombinierten Aufträge zielbezogen in die Selektion zu integrieren. D.h., das Verfahren ermittelt alle diejenigen verschnittäquivalent erachteten Kombinationen, deren Nutzenzahlenverhältnis(se) die entsprechenden Verhältnisse der (Rest-) Auftragsvolumina als Einzelnutzen zumindest annähernd repräsentieren. Dies führt häufig dazu, daß im Rahmen lediglich <u>einer</u> Kombination, mit der relativ größtmöglichen Lauflänge, gleichzeitig zwei oder drei Aufträge erfüllt werden können, zu deren Fertigung ansonsten auf Grund minimaler Kombinationsverschnittdifferenzen zwei oder drei Kombinationen erforderlich sein würden.

Zusätzlich wird eine Ausdehnung der Entscheidungsbasis zu jedem Einplanungsschritt durch die explizite Einbeziehung der maximal zulässigen Liefertoleranzen erreicht. so können z.B. in einer Triplexkombination auch dann drei Aufträge simultan erfüllt werden, falls mindestens ein Auftrag zu lediglich (minimal) 90%, mindestens ein anderer dagegen zu (maximal) 110% gefertigt wird.

Zur Realisation eines den Zielsetzungen adäquaten Selektionsprozesses muß das nachstehend skizzierte System (jeweils für Duplex- und Triplexkombinationen) hierarchisierter Entscheidungsregeln Berücksichtigung finden:

a. Prüfung der exakten Simultanfertigung ohne Über-/Unterfertigung eines Auftrags;

b. Auswahlverfahren auf der Basis gleichgünstig (äquivalent) erachteter Duplex-Kombinationen:
   1. Prüfung der Überfertigungsalternative für den Engpaßauftrag (ohne Unterfertigung des Partnerauftrags)
   2. Prüfung der kombinierten Über-/Unterfertigungsalternative;

c) Auswahlverfahren auf Basis gleichgünstig (äquivalent) erachteter Triplex-Kombinationen:
   1. Prüfung der Überfertigungsalternative für den Engpaßauftrag und u.U. den 'mittleren' Auftrag (ohne Unterfertigung eines Auftrags)
   2. Prüfung der kombinierten Über-/Unterfertigungsalternative bei Überfertigung des Engpaßauftrags und Unter-/Überfertigung des 'mittleren', sowie Unterfertigung des 3. Auftrags
   3. Prüfung der Überfertigungsalternative für eine partielle Simultanerfüllung ausschließlich des Engpaßauftrags und des 'mittleren' Auftrags, durch Überfertigung des Engpaßauftrags (ohne Unterfertigung des 'mittleren' Auftrags)
   4. Prüfung der kombinierten Über-/Unterfertigungsalternative für eine partielle Simultanerfüllung ausschließlich des Engpaßauftrags und des 'mittleren' Auftrags, durch Überfertigung des Engpaßauftrags und Unterfertigung des 'mittleren' Auftrags;

d. Auswahlverfahren, falls keine Simultanerfüllung von mindestens zwei Aufträgen möglich ist: Wahl der verschnittgünstigsten Kombination mit der niedrigsten Ordnungsnummer (d.h. der in Reihenfolge ersten), welche den Auftrag mit der höchsten Kritizität enthält.

Die Besonderheit des 'multipel dynamischen Kritizitätsschlüsselverfahrens' ist darin zu sehen, daß neben der dynamisierten Kritizitätszahlenermittlung (vor jedem Einplanungsschritt), sowohl eine dynamisierte Intervallbildung (gleichgut-erachteter Verschnitte), als auch ein dynamisiertes Kombinationenauswahl-/-lauflängendeterminationsverfahren realisiert wird, bzw. realisiert werden kann, sofern die Auftragskonstellation dies sinnvoll erscheinen läßt.

5. Planungsstufe III

In Stufe III des Planungsprozesses soll dem ET die Möglichkeit eröffnet werden, den in der Vorstufe erstellten Schneidplan durch eine Postoptimierung (partiell) zu verbessern. Dabei erhöhen/verringern sich die Freiheitsgrade bezgl. der zur Disposition stehenden qualitativen und/oder quantitativen Verbesserungsalternativen in unmittelbarer Interdependenz zu dem in Stufe II eingesetzten Auswahlalgorithmus. Im Anschluß an das multipel dynamische Verfahren kann der Kombinator - je nach vorherigen Ausschöpfungsgraden - beispielsweise durch:

a. Erhöhung einzelner Kombinationslauflängen im Rahmen der zulässigen Liefertoleranzen, z.B.
   - zur Vermeidung sehr kurzer Lauflängen und/oder
   - zur Ausschöpfung der Überlieferungsmöglichkeiten und/oder
   - zur wirtschaftlicheren Fertigung (Degression der Kombinationsfixkosten) und/oder
   - zur Substitution (⇛Fortfall) einzelner, i.d.R. sehr kurzer Kombinationen
     und/oder

b. Streichung einzelner Kombinationen im Rahmen der zulässigen Unterlieferungsmöglichkeiten, z.B.
   - zur Vermeidung extrem kurzer Lauflängen und/oder
   - Zur Vermeidung von Kombinationen mit relativ hohem Randbeschnitt und/oder

c. Kürzung einzelner Kombinationslauflängen im Rahmen der zulässigen Unterlieferungsmöglichkeiten, z.B.
   - zur Verringerung des Gesamtverschnitts bei Kombinationen mit relativ hohem Verschnitt

...Erhöhungen der einzelnen Zielerreichungsgrade bewirken.

Durch welche (kombinierte) Maßnahme(n) und in welchem Umfange der Entscheidungsträger Ergebnisverbesserungen zu realisieren versucht, bleibt seiner Entscheidung überlassen.

6. Schlußbetrachtung

Die nachstehenden Übersichten 1 und 2 fassen einige wesentliche auftrags- und schneidplanbezogene Ergebnisse zu fünf Testläufen zusammen, die mit den verschiedenen Problemlösungsansätzen erzielbar sind. Um eine ungefähre Orientierung zur Beurteilung der Lösungsqualität zu haben, sind die Schneidplandaten zweier kommerzieller Programmsysteme

(CUTPLAN und WEVO) zusätzlich aufgenommen worden. Es zeigt sich (zumindest) tendenziell, daß sowohl mit dem exakten parametrischen LP-Ansatz, als auch mit dem heuristischen dynamischen, sowie multipel dynamischen Kritizitätsschlüsselverfahren den 'etablierten' Systemen ebenbürtige (z.T. günstigere) Ergebnisse erzielt werden können.

Abschließend zeigt Übersicht 3, welche Beiträge die im Rahmen der zugrunde liegenden Arbeit entwickelten bedeutendsten Verfahren mit den höchsten durchschnittlichen Zielerreichungsgraden, bezüglich ihrer jeweiligen potentiellen Zieleinwirkungsmöglichkeiten für den Entscheidungsträger, sowie ihrer verfahrensimmanenten tendenziellen Zielwirkungen in jeder Planungsstufe, zu leisten vermögen.

LITERATUR

Eisermann, K.: The Trim Problem, in: Management Science, 3, 1957, S. 279 - 284

Fandel, G.: Optimale Entscheidung bei mehrfacher Zielsetzung, Berlin 1972

Kromphardt, W.: Henn, R. Förstner, K. Lineare Entscheidungsmodelle, Berlin - Göttingen - Heidelberg 1962

Lampl, T.: Stahl, J. Über den optimalen Zuschnitt von Plattenmaterialien, in: Unternehmensforschung, 9, 1965, S. 187 - 197

Maak, H.: Gedanken zum zweidimensionalen Verschnittproblem, IBM-Form 78109, Böblingen 1963

Matthes, W.: Probleme der simultanen Optimierung von Leistungsprozessen in Unternehmungen, Berlin 1970

Müller-Merbach,H.: Morphologie heuristischer Verfahren, in: Zeitschrift für Operations Research, 20, 1976, S. 69 - 87

Sigg, A.: Das eindimensionale Verschnittproblem, IBM-Form 78108, Böblingen 1963

Stahlknecht, P.: Operations Research für den Praktiker, Teil 1, in: Elektronische Datenverarbeitung, 1965, Beiheft 6, S. 28 - 32, 36f, 41 - 43

Viefhues, D.: Mehrzielorientierte Projektplanung, Frankfurt/Main 1982

Zimmermann, H.J.: Optimale Entscheidungen bei mehreren Zielkriterien, in: Zeitschrift für Organisation, 8, 1976, S. 455 - 460

ANHANG 1

Pro-blem	Auf-trag	Ar-beits-breite	%-Einplanung bezgl. Sollvorgabe						Anzahl Kombis/davon Triplex						Netto-Verschnitt in %					
			IBM	WEVO	LP	Para. LP	Dyn. Krit. Verf.	Mult. Krit. Verf.	IBM	WEVO	LP	Para. LP	Dyn. Krit. Verf.	Mult. Krit. Verf.	IBM	WEVO	LP	Para. LP	Dyn. Krit. Verf.	Mult. Krit. Verf.
I	1	244o	1oo	1oo	1oo	1oo	1oo	1oo												
	2	"	1oo	1o5	1oo	11o	1oo	98												
	3	"	1oo	1o5	1oo	11o	1oo	11o	3	3	3	3	3	2/1	2,72o	2,7oo	o,316	o,177	1,286	4,22o+)
II	1	"	1oo	1oo	1oo	1oo	92	99												
	2	"	1oo	1oo	1oo	11o	1oo	11o												
	3	"	1oo	1o5	1oo	11o	1oo	1oo												
	4	"	1oo	1o5	1oo	1oo	1oo	1oo												
	5	"	1oo	1o3	1oo	1oo	1oo	1oo												
	6	"	1oo	1oo	1oo	11o	1oo	1o6												
	7	"	1oo	1o5	1oo	1o8	1oo	11o	7	6	7/2	6/2	6/1	5	3,69o	o,65o	o,193	o,1o9	o,399	o,248
III	1	"	1oo	1o5	1oo	11o	1oo	1oo												
	2	"	1oo	1oo	1oo	1oo	1oo	1oo												
	3	"	1oo	1o5	1oo	1oo	1oo	1oo												
	4	"	1oo	1o5	1oo	1oo	1oo	93												
	5	"	1oo	1o5	1oo	1oo	1oo	11o												
	6	"	1o6	1o5	1oo	11o	1oo	1oo												
	7	"	113	1o5	1oo	11o	1oo	1oo	7	7	7/3	7/3	7/2	6/1	7,35o	7,25o	7,o24	6,663	7,22o	7,4o2
IV	1	"	1oo	1o2	1oo	1oo	1oo	11o												
	2	"	92	1oo	1oo	1oo	1oo	1oo												
	3	"	1oo	1o5	1oo	11o	1oo	1oo												
	4	"	1oo	1o5	1oo	11o	1oo	11o												
	5	"	1o5	1o5	1oo	11o	1oo	1oo												
	6	"	1o3	1o5	1oo	11o	1oo	1oo	6	6	6/2	6/2	6/3	6/2	6,5oo	9,o3o	4,545	3,179	5,196	4,572
V	1	"	1oo	1o3	1oo	1oo	1oo	1oo												
	2	"	1oo	1oo	1oo	1oo	1oo	1oo												
	3	"	1oo	1o3	1oo	11o	1oo	1oo												
	4	"	1oo	1o5	1oo	11o	1oo	1oo												
	5	"	1oo	1o5	1oo	11o	1oo	1oo												
	6	"	9o	1o5	1oo	11o	1oo	11o	6	6	6/1	6/1	6/2	6/2	14,4o	9,96o	5,396	4,524	1o,o3	9,98o
ø			1oo,3	1o3,4	1oo,o	1o5,8	99,7	1o2,6	5,8	5,6	5,8	5,6	5,6	5,o	6,932	5,918	3,495	2,93o	4,826	5,284

+) Der relativ hohe Verschnittwert resultiert aus der Intervallbreite von 15mm (gleichguten Verschnitts); bei Verringerung des Intervalls reduziert sich der Wert auf 1,286%, zu Lasten einer weiteren Kombination!

Übersicht 1 : Vergleich der bedeutensten Daten nach Planungsstufe II

ANHANG 2

Problem	zu realisierende Kombi-Nr.						Verschnitt d. Kombi in mm						Laufmeter der Kombis					
	IBM	WEVO	LP	Para. LP	Dyn. Krit. Verf.	Mult. Krit. Verf.	IBM	WEVO	LP	Para. LP	Dyn. Krit. Verf.	Mult. Krit. Verf.	IBM	WEVO	LP	Para. LP	Dyn. Krit. Verf.	Mult. Krit. Verf.
I	3	3	4	4	1	1	177	177	83	83	4o2	4o2	2214	2336	592	3o1	567	181o
	4	4	7	7	7	19	83	83	2	2	2	15	1275	11o8	4162	4578	4162	6151
	7	7	1o	1o	1o	-	2	2	o	o	o	-	4144	436o	2697	3o25	2796	-
ø													2544	26o1	2484	2635	25o8	398o
II	3	8	8	8	5	5	398	7	7	7	4o6	4o6	591	3279	2172	2737	2o8	1o4
	4	15	16	57	8	8	4o2	4	7	o	7	7	1224	825	1277	4145	18o1	5215
	5	16	57	59	16	47	4o6	7	o	o	7	o	656	3263	789	755	3115	2363
	8	22	64	64	47	5o	7	82	o	o	o	2	4724	453	2625	36o	2363	3115
	16	59	68	72	64	64	7	o	28	o	o	o	1o98	751	743	2479	1794	2211
	53	68	72	78	72	-	38	28	o	6	o	-	579	4354	2569	26oo	294o	-
	68	-	78	-	-	-	28	-	6	-	-	-	4156	-	2363	-	-	-
ø													1861	2154	1791	2179	2o37	26o2
III	2	2	2	2	2	2	361	361	361	361	361	361	1275o	125o3	49o7	4364	12535	12947
	3	3	8	8	3	3	397	397	87	87	397	397	6373	6677	27458	3o2o4	6374	6374
	5	4	2o	2o	4	8	6	o	373	373	o	87	718	3671	13536	12977	327o	27458
	8	5	38	38	5	28	87	6	o	o	6	5	27458	1973	4574	4492	1884	62o
	24	8	86	86	8	41	11o	87	o	o	87	2	1319	28765	2328	2561	27458	4144
	28	24	9o	9o	71	76	5	11o	o	o	3	54	66o	1219	297	542	1859	2328
	38	28	93	93	76	-	o	5	o	o	54	-	4673	649	632	481	468	-
ø													77o7	7922	7676	7946	7693	8979
IV	8	1	1	1	2	2	433	37o	37o	37o	559	559	561o	2625	1o74	812	264o	1966
	18	2	2	2	8	8	92	559	559	559	433	433	231o	5368	2o15	1o61	1479	1745
	2o	1o	18	18	21	2o	7	116	92	92	12	7	44o	1219	2328	2561	8764	43o
	21	16	21	21	51	21	12	38	12	12	1o	12	8745	8o4	8764	964o	2897	8764
	27	17	51	51	59	51	1o1	74	1o	1o	29	1o	66o	15o	3o69	3376	2328	3o69
	-	21	52	52	1oo	59	-	12	157	157	o	29	-	9181	86o	946	172	2561
ø													3553	3225	3o18	3o66	3o47	3o89
V	1	1	1	1	1	1	439	439	439	439	439	439	11755	12628	5757	4536	7924	7899
	2	7	7	7	2	2	559	71	71	71	559	559	5775	14o3	1339	1473	4745	472o
	7	11	8	8	1o	1o	71	162	158	158	o	o	1374	1219	3o47	3352	9oo3	9oo3
	11	15	1o	1o	12	12	162	91	o	o	2	2	1145	4713	65o3	7442	447	447
	15	19	19	19	53	53	91	5	5	5	12	12	5954	4294	4999	4921	2328	2328
	18	22	53	53	69	69	67	o	12	12	12	12	458	1596	2328	2561	762	838
ø													441o	43o9	3996	4o48	42o2	42o6
øø													4o15	4o42	3793	3975	3897	4571

Anmerkung: Die Kombi-Nrn. beziehen sich auf die im Anhang abgebildeten Kombinationstabellen zu den jeweiligen Problemen!

Übersicht 2 : Einzelheiten zu den jeweils realisierten Kombinationen

VERFAHREN / PLANUNGSPHASE / ZIELE	Parametrische Optimierung			Dynamisches Kritizitätsschlüsselverfahren			Multipel Dynamisches Kritizitätsschlüsselverfahren		
	I	II	III	I	II	III	I	II	III
Kombi-Verschnitt (Min!)	I/+	o/o	o/o	I/+	o/o	o/o	I/+	o/o	o/o
Schneidplan-Verschnitt (Min!)	I/+	o/+	E/+	I/+	I/+	E/+	I/+	E/+	E/+
Kombi-Lauflängen (Max!)	o/o	o/-	E/+	o/o	o/o	E/+	o/o	E/+	E/+
Kombi-Anzahl (Min!)	o/o	o/o	E/+	o/o	o/o	E/+	o/o	E/+	E/+
Reihungsproblem (Min!)	o/o	o/o	E/+	o/o	o/o	E/+	o/o	o/o	E/+
Masch.-ein-/-umstellgn. (Min!)	o/o	o/-	E/+	o/o	o/o	E/+	o/o	I/+	E/+
Masch.-stop-/-langsamlauf (Min!)	o/o	o/-	E/+	o/o	o/o	E/+	o/o	I/+	E/+
Arbeitsbreiten (Max!)	E/o	o/o	o/o	E/o	o/o	o/o	E/o	o/o	o/o
Auftragsteilungsgrad (Min!)	o/o	o/o	E/+	o/o	o/o	E/+	o/o	o/o	E/+
zulässige Liefererfüllung (Max!)	o/o	I/+	E/+	o/o	o/+	E/+	o/o	I/+	E/+
unzulässige Liefererfüllung (Min!)	o/o	I/+	E/+	o/o	E/o	E/+	o/o	I/+	E/+
Vorgriff (Min!)	+)								
Verschiebung (Min!)									
Format-Maß-Knappung (Min!)	E/+	o/o	o/o	E/+	o/o	o/o	E/+	o/o	o/o
Format-Anzahl-Knappung (Min!)	E/+	o/o	E/o	E/+	o/o	E/o	E/+	o/o	E/o
Mi-Ra-Maß-Knappung (Min!)	E/+	o/o	o/o	E/+	o/o	o/o	E/+	o/o	o/o
Mi-Ra-Lauflängen (Min!)	o/o	o/-	E/o	o/o	o/o	E/o	o/o	o/o	E/o
Qualitätsaufbesserung (Min!)									
Format-Anz./Mehrfachnutzen (Min!)									
Umfang Mehrfachnutzenfertg.(Min!)	+)								
'Auf-Verdacht-'Fertigung (Min!)									
Lagerbögenfertigung (Min!)									
Nebenbahneinholung (Min!)									

+) Im Rahmen der vorgestellten Verfahren nur unzureichend (teilweise garnicht) möglich; auf eine Einordnung wird daher verzichtet!

Legende: E ≙ explizite Zieleinwirkungsmöglichkeit; I ≙ implizite Zieleinwirkungsmöglichkeit; o ≙ keine;
+ ≙ positive Zielbeitragstendenz; – ≙ negative Zielbeitragstendenz; o ≙ keine;

Übersicht 3 : Zieleinwirkungsmöglichkeiten des ET's und Zielbeitragstendenzen der Verfahren

UP- UND DOWN-DATING-PROZESSE BEI VERFAHREN ZUR DISKRETEN LINEAREN L_1-APPROXIMATION

Udo Peters, Unterhaching
Caterina Willms, Unterhaching

In der vorliegenden Arbeit werden Verfahren zum Up- und Down-Dating von Zeilen und Spalten der Matrix A und zum Ändern des Spaltenvektors b im diskreten linearen L_1-Approximationsproblem

$$\| r \|_1 = \| b - Ax \|_1 \to \min \tag{1}$$

entwickelt und getestet.
Die Entwicklung von Aufdatierungsverfahren für das L_1-Approximationsproblem erscheint sinnvoll, da das Lösen des Problems (1) dem klassischen Ansatz des Minimierens des Abstandsquadrates vorzuziehen ist, wenn die Daten Ausreißer enthalten.
Als Grundlage für die Aufdatierungsverfahren dienen zwei Algorithmen: Der Algorithmus von Barrodale & Roberts ist ein modifizierter Simplexalgorithmus, der auf einem primalen linearen Programm basiert, während der Algorithmus von Abdelmalek ein duales lineares Programm verwendet, dessen numerische Stabilität durch eine Zerlegung der Basisinversen erhöht wird. Die Aufdatierung einer Zeile oder Spalte besteht im wesentlichen darin, die am Tableau vorgenommenen Transformationen an der neuen Zeile bzw. Spalte nachzuholen. Beim Abdatieren wird vor der Herauslösung der Zeile bzw. Spalte nötigenfalls eine Basislösung ohne Verwendung des wegzunehmenden Elements erzeugt. Als Resultat erhält man eine neue Basislösung, die im allgemeinen nicht optimal ist. Mit Hilfe des L_1-Testproblemgenerators von Hoffmann & Shier wurden Probleme erzeugt, an denen der Verlust von Rechengenauigkeit und die Einsparung an Rechenzeit bei Verwendung der Aufdatierungsverfahren an Stelle des Neulösens eines modifizierten Problems empirisch untersucht wurde. Dabei ergab sich, daß die mit Hilfe der Aufdatierungsverfahren gefundene Lösung nur geringfügig ungenauer ist als die Neulösung. Das Auf- und Abdatieren brachte in allen Fällen eine Rechenzeiteinsparung, die beim Auf- bzw. Abdatieren von Zeilen erheblich größer als beim Auf- und Abdatieren von Spalten war. Von den untersuchten Algorithmen war der von Barrodale & Roberts durchweg schneller und genauer.

Operations Research Proceedings 1983

INTERNATIONALE KOOPERATION IM OPERATIONS RESEARCH

Heiner Müller-Merbach, Kaiserslautern
Präsident der International Federation of
Operations Research Societies

1. Die Anfänge der Organisation von Operations Research

Vor 24 Jahren, 1959, als es nur wenige nationale wissenschaftliche Gesellschaften des Operations Research gab, wurde IFORS gegründet, die International Federation of Operational Research Societies. Inzwischen gehören der IFORS 35 nationale OR-Gesellschaften als Vollmitglieder (Member Societies) und weitere 5 OR-Gesellschaften als assoziierte Mitglieder (Kindred Societies) an.

Operations Research (OR) ist ein junges Mitglied im bunten Strauß der reinen und angewandten Wissenschaften. Es begann 1938, also vor 45 Jahren, mit der Gründung einer Operational-Research-Gruppe bei der Royal Air Force (vgl. Larnder 1979, Lindsay 1979 und Trefethen 1954). Zahlreiche weitere militärische OR-Gruppen entstanden während des Zweiten Weltkrieges in Großbritannien und in den Vereinigten Staaten. Nach Kriegsende fand OR Eingang in die Privatwirtschaft, und es wurden auch in vielen Unternehmungen OR-Gruppen gebildet. Die Gründung von OR-Gesellschaften, die Herausgabe von OR-Zeitschriften, die Einrichtung von OR-Studiengängen an Universitäten etc. folgten dann wenige Jahre später, vgl. u.a. Brusberg (1965) und Müller-Merbach (1977a):

- 1948: Gründung des Operational Research Club in Großbritannien
- 1950: Herausgabe der britischen Zeitschrift "Operational Research Quarterly" (Vorgänger des heutigen "Journal of the Operational Research Society")
- 1952: Gründung der Operations Research Society of America (ORSA)
- 1952: Herausgabe der ORSA-Zeitschrift "Operations Research"
- 1953: Gründung von "The Institute of Management Sciences" (TIMS)
- 1953: Herausgabe der amerikanischen Zeitschrift "Naval Research Logistics Quarterly"
- 1954: Umgründung des Operational Research Club von 1948 in die Operational Research Society in Großbritannien
- 1954: Herausgabe der TIMS-Zeitschrift "Management Science"
- 1956: Gründung der Societê Francaise de Recherche Opérationelle in Frankreich
- 1956: Herausgabe der Zeitschrift "Unternehmensforschung", später Organ der DGU (s.u.)
- 1957: Gründung des Arbeitskreises Operational Research (AKOR)
- 1957: Erste internationale Tagung über Operational Research in Cambridge, England
- 1958: Gründung der Canadian Operations Research Society (CORS)
- 1959: Herausgabe der Zeitschrift "Ablauf- und Planungsforschung",

Operations Research Proceedings 1983

des Organs des AKOR

- 1959: Gründung der International Federation of Operational Research Societies (IFORS)
- 1961: Gründung der Deutschen Gesellschaft für Unternehmensforschung (DGU). AKOR und DGU wurden 1971 zur Deutschen Gesellschaft für Operations Research (DGOR) verschmolzen.

Diese Liste bildet nur einen Ausschnitt. In den späten 50er und frühen 60er Jahren entstanden in zahlreichen Industrieländern eigene OR-Gesellschaften und OR-Fachzeitschriften. Die Begleitung der Entwicklung von OR durch Fachorganisationen begann also in vielen Ländern vor 20 bis 35 Jahren, die organisierte internationale Kooperation vor rund 25 Jahren.

Die Existenz der OR-Gesellschaften, der OR-Fachzeitschriften, der OR-Studiengänge etc. ist heute als Tatsache zu akzeptieren. Aber die Entwicklung hätte auch einen anderen Weg gehen können. Beispielsweise ist es vorstellbar, daß OR einer anderen Disziplin angeschlossen worden wäre, etwa dem Industrial Engineering, den Wirtschaftswissenschaften, der Mathematik oder der sich parallel zu OR entwickelnden Informatik (Computer Sciences). Durch die Eigenständigkeit der Organisation hat OR auch eine Eigenständigkeit im Strauß der Wissenschaften und Techniken erhalten, die keineswegs selbstverständlich ist. Man kann darüber nur spekulieren, welche Entwicklung OR genommen hätte, wenn es nicht zur Gründung eigener Gesellschaften, eigener Fachzeitschriften etc. gekommen wäre. Mit Sicherheit wären die Inhalte des Faches und auch seine Bedeutung davon wesentlich beeinflußt worden.

Etwas Ähnliches läßt sich vermuten für die internationale Kooperation. Durch eine Institution wie IFORS hat sich ein intensiver internationaler Gedanken- und Erfahrungsaustausch entwickelt, der für die weitgehend parallele Entwicklung des OR in den einzelnen Ländern von großem Einfluß war und auch noch ist. Ein Beispiel dafür, wie sich Fächer der Wissenschaften national unterschiedlich entwickeln können, wenn keine organisierte internationale Kooperation vorhanden ist, zeigt die Betriebswirtschaftslehre. Hier gibt es keine einflußreichen internationalen Verbände der nationalen BWL-Gesellschaften, und dieses Fach befindet sich in den verschiedenen Ländern (man braucht nur die Vereinigten Staaten, Großbritannien, Frankreich, Japan und Deutschland zu vergleichen) in einem völlig unterschiedlichen inhaltlichen und organisatorischen Zustand. Es ist zu vermuten - wenn man es auch nicht beweisen kann -, daß die Existenz und die Aktivitäten von IFORS den internationalen Gleichklang der Entwicklung von OR entscheidend geprägt haben.

2. Die aufregenden Jahre um 1959

Die Gründung der IFORS steht im inhaltlichen und zeitlichen Zusammenhang mit den nationalen Organisationsprozessen des Operations Research. Die IFORS wurde 1959 von den OR-Gesellschaften Großbritanniens, der Vereinigten Staaten und Frankreichs gegründet, zwei Jahre nach der ersten internationalen OR-Tagung, die 1957 in Cambridge, England, durchgeführt wurde.

In den ersten vier Jahren nach der Gründung, also bis Ende 1963, traten weitere 14 Gesellschaften der IFORS bei, überwiegend aus Industrienationen. Nach der Zahl der Gesellschaften und ihrer Mitglieder lag das Schwergewicht damals in Europa und Nordamerika; aber durch Argentinien, Australien, Indien und Japan waren damals bereits andere große Regionen der Welt in der IFORS vertreten. Seit 1966 traten weitere 18 Gesellschaften der IFORS als Vollmitglieder bei. Die in der IFORS repräsentierten Länder sind im folgenden aufgelistet, sortiert nach dem Beitrittsjahr zur IFORS:

1959	Frankreich, Großbritannien, Vereinigte Staaten
1960	Australien, Belgien, Indien, Kanada, Niederlande, Norwegen, Schweden
1961	Japan
1962	Argentinien, Deutschland (DGU), Italien
1963	Dänemark, Schweiz, Spanien
1966	Griechenland, Irland, Mexiko
1969	Brasilien, Israel
1970	Neuseeland
1972	Südkorea
1973	Südafrika
1975	Chile, Finnland
1976	Ägypten
1977	Türkei
1978	Singapur
1979	Österreich
1982	China, Portugal
1983	Hongkong, Jugoslawien

Damit sind Europa mit 18, Nordamerika mit 2, Asien mit 6, Lateinamerika mit 4, die Südhalbkugel ohne Lateinamerika mit 3 und der Nahe Osten mit 2 Mitgliedsgesellschaften (Ländern) in der IFORS vertreten. Hinzu kommen die folgenden 5 assoziierten Mitglieder (Kindred Societies):

AGIFORS (Airline Group of IFORS)
Fellowship for Operational Research (FOR), Großbritannien
Investment Advisory Centre of Pakistan (O.R. Wing)
Mathematical Programming Society (MPS)
The Institute of Management Sciences (TIMS)

Die IFORS wurde zu einer Zeit gegründet, als die Kenntnisse über Operations Research noch keineswegs weit verbreitet waren, als OR-Ausbildungsprogramme nur an wenigen Universitäten bestanden und als nur wenige OR-Lehrbücher und OR-Monographien verfügbar waren. Gekennzeichnet wurde diese Zeit vor allem aber durch zahlreiche mathematische Innovationen im Bereich des OR.

Es war aufregend, wie Operations Research in den Jahren um 1959 durch Basisinnovationen vorangetrieben wurde. Schon 1956 hatte Brown sein Verfahren des Exponential Smoothing vorgestellt. Bellman veröffentlichte 1957 die erste Monographie über Dynamic Programming. Die ersten Verfahren der Netzplantechnik (CPM und PERT) wurden um 1957/58 entwickelt. Dantzig und Wolfe haben 1958 das erste Dekompositionsverfahren der linearen Optimierung entwickelt, welches 1960 zur Veröffentlichung kam. Morse veröffentlichte 1958 die erste Monographie zur Warteschlangentheorie. Ebenfalls 1958 erschien Gomorys erstes Cutting-Plane-Verfahren. Das erste Branch-and-Bound-Verfahren der ganzzahligen Optimierung wurde 1960 von Land und Doig vorgeschlagen; der Name "Branch and Bound" wurde allerdings erst 1963 durch Little et al. geprägt. Forrester stellte 1961 mit dem Buch "Industrial Dynamics" sein auf Regelkreisen beruhendes Simulationsverfahren zur Entwicklungsanalyse soziotechnischer Systeme vor, welches die Grundlage für das berühmte "Weltmodell" von Meadows bildete, das 1972 zur Veröffentlichung kam. Im Jahre 1962 erschien die für die Graphentheorie bedeutende Monographie "Flows in Networks" von Ford und Fulkerson. Die erste Monographie zur Simulation folgte 1963 von Tocher. Weitere Hinweise auf Basisinnovationen sind bei Dantzig (1963, S. 12 ff.) und Müller-Merbach (1977b) zu finden.

In den Jahren um 1959 erschienen auch zahlreiche grundlegende Lehrbücher. Die "Introduction to Operations Research" von Churchman, Ackoff und Arnoff wurde 1957 veröffentlicht. Das einführende Lehrbuch von Sasieni, Yaspan und Friedman folgte zwei Jahre später. Das Buch "Scientific Programming in Business and Industry" von Vazsonyi erschien 1958. In dem Gebiet der linearen Optimierung erschienen 1958 "Linear Programming" von Gass, 1962 "Linear Programming" von Hadley und 1963 "Linear Programming and Extensions" von Dantzig. Ebenfalls 1963 wurde der vielbeachtete Tagungsband "Recent Advances in Mathematical Programming" veröffentlicht, herausgegeben von Graves und Wolfe.

Mitten in diese Jahre der aufregenden Basisinnovationen und der vielseitigen Produktion grundlegender Bücher fiel die Gründung der IFORS.

Es war eine Zeit voller Euphorie, geprägt von beachtenswerten Fortschritten in der Mathematik, in den Naturwissenschaften und in der Technik - weit über Operations Research hinaus. Auch die ersten elektronischen Rechenanlagen haben diese Zeit geprägt. Beispielsweise wurde der erste kommerzielle Elektronenrechner, der an einer deutschen Universität installiert wurde, 1957 in Betrieb genommen; es handelte sich um die IBM 650 der TH Darmstadt.

Die Gründung der IFORS fiel aber auch in eine Zeit, in der sich OR in verschiedenen Ländern ganz unterschiedlich zu entwickeln begann. Beispielsweise wurde schon 1957 auf den deutlichen Unterschied zwischen amerikanischem OR und britischem OR hingewiesen, vgl. Ackoff (1957) und The Economist (1957), vgl. auch Ackoff (1979a und 1979b). Es erschien daher sinnvoll, durch eine internationale Organisation erstens die von Land zu Land unterschiedlichen OR-Auffassungen und spezifischen OR-Aktivitäten zur gegenseitigen Befruchtung zusammenzubringen und zweitens das Vordringen von OR in den nationalen Lehr- und Forschungsprogrammen international zu unterstützen. Der Bedarf für eine solche Organisation wurde erkannt und führte zur Gründung der IFORS.

In Deutschland stand Operations Research in diesen Jahren noch ganz am Anfang. In den 50er Jahren erschienen nur ganz wenige OR-Arbeiten in deutschen Fachzeitschriften, insbesondere in betriebswirtschaftlichen Fachzeitschriften. Dazu gehören die einführenden Aufsätze über OR und BWL von Frenckner (1957) und von Wittmann (1958) und Einführungen in Spezialgebiete wie die von Munz (1959) in die dynamische Optimierung. In diesen Jahren wurden auch harte Fehden ausgefochten zwischen Gegnern des OR (bzw. der Mathematik in den Wirtschaftswissenschaften) und Befürwortern, so etwa zwischen Ischboldin (1960) und Mattessich (1960).

Unabhängig von solchen Kontroversen entwickelte sich das Interesse an Operations Research auch in Deutschland stetig. Das läßt sich beispielsweise an der Anzahl der jährlichen Fachaufsätze ablesen, die in deutschsprachigen Zeitschriften erschienen sind. In der AKOR-Zeitschrift "Ablauf- und Planungsforschung" wurden seit 1963 Listen der deutschsprachigen OR-Aufsätze veröffentlicht, die schnell einen stattlichen Umfang annahmen. Im Band 4 (1963) sind 64 Aufsätze genannt, im Band 5 (1964) schon 196 Aufsätze, im Band 6 (1965) noch 159 Aufsätze, im Band 7 (1966) insgesamt 399 Aufsätze und im Band 8 (1967) zusammen 355 Aufsätze. Diese Zahlen kennzeichnen das Interesse an diesem neuen Fach. Im Jahre 1965 hat das Fach schon eine solche Tradition und ein solches Gewicht in Deutschland, daß Brusberg (1965) ein 413 Seiten langes Buch "Der Entwicklungsstand der Unternehmensforschung mit besonderer Berücksichtigung der Bundesrepublik Deutschland" vorlegen konnte. Die Entwicklung von OR in Deutschland war damals sicher noch stärker als heute abhängig von den Ursprungsländern des OR, also insbesondere von Großbritannien und von den Vereinigten Staaten. Die Gründung der IFORS und der Beitritt der Deutschen Gesellschaft für Unternehmensforschung (DGU) im Jahre 1962 führten zu einer deutlichen Intensivierung der internationalen Einbettung des deutschen Operations Research.

3. Die Aufgaben der IFORS

Im Laufe der Entwicklung von Operations Research haben sich die Aufgaben der IFORS inhaltlich gewandelt. In den Statutes von IFORS sind die Aufgaben im Article I wie folgt beschrieben:

> "The objects of the Federation shall be the development of operational research as a unified science and its advancement in all nations of the world. Means to this end shall be determined by the Federation in the manner outlined herein and shall include:
>
> 1. Sponsoring of international conferences and meetings.
> 2. Providing other means for the exchange of information on operational research between nations.
> 3. Encouraging the establishment of national operational research societies.
> 4. Maintaining standards of competence in operational research.
> 5. Encouraging the teaching of operational research.
> 6. Promoting the development of specific parts of operational research, for example, to ensure a balance within that science or to open up new fields."

Diese Formulierungen sind weit und bieten Spielraum, der je nach Situation Schwerpunkte zuläßt. In den ersten Jahren der IFORS, in denen die Mitgliederzahl auf 17 Gesellschaften (Ende 1963) anstieg, und danach auch noch bis in die 70er Jahre hinein bestand eine zentrale Aufgabe der IFORS darin, einerseits den gegenseitigen Erfahrungsaustausch zwischen diesen OR-Gesellschaften zu fördern und andererseits die einzelnen Mitgliedsgesellschaften in ihrem Bemühen zu unterstützen, OR in den Universitäten zu etablieren und die privatwirtschaftlichen und öffentlichen Institutionen auf das Problemlösungspotential von Operations Research aufmerksam zu machen. Der Erfahrungsaustausch vollzog sich dabei durchaus in gegenseitiger Richtung, wenn auch die meisten Anregungen und Innovationen aus den Vereinigten Staaten und aus Großbritannien kamen, gestützt auf die deutlich längere Tradition dieses junges Faches in den beiden Ländern.

In den 70er Jahren haben sich die Aufgaben der IFORS graduell verschoben. Der Erfahrungsaustausch zwischen den länger etablierten OR-Gesellschaften funktioniert jetzt so gut, daß man die Meinung vertreten könnte, zu diesem Zweck allein sei die Existenz von IFORS gar nicht mehr unbedingt notwendig. Es hat sich daneben aber ein zweites Aufgabengebiet entwickelt, welches mehr durch einen einseitig fließenden Strom gekennzeichnet ist, nämlich durch den Wissenstransfer von den alten OR-Gesellschaften zu den jüngeren Mitgliedsgesellschaften der IFORS, die zu einem größeren Teil Länder repräsentieren, in denen moderne Technik und moderne Wissenschaften weniger ausgeprägt entwickelt sind, vgl. Müller-Merbach (1983). Von der IFORS wird daher auch die Gründung von OR-Gesellschaften in Schwellenländern und Entwicklungsländern aktiv unterstützt, wobei insbesondere Ratschläge zur organisatorischen Gestaltung und zu fachlichen Schwerpunkten vermittelt werden.

4. Die Aktivitäten der IFORS

Zur Erfüllung der genannten Aufgaben führt die IFORS eine Reihe von Aktivitäten durch, insbesondere auf dem Gebiet von Tagungen und Veröffentlichungen.

Nach außen am deutlichsten sichtbar sind die im Dreijahresturnus durchgeführten internationalen Tagungen der IFORS, und zwar bisher

- 1957 in Oxford (England),
- 1960 in Aix-en-Provence Frankreich),
- 1963 in Oslo (Norwegen),
- 1966 in Boston (USA),
- 1969 in Venedig (Italien),
- 1972 in Dublin (Irland),
- 1975 in Tokio und Kyoto (Japan),
- 1978 in Toronto (Kanada),
- 1981 in Hamburg (Deutschland) und als bevorstehende Jubiläumstagung
- 1984 (6. bis 10. August) in Washington D.C. (USA).

Von jeder dieser Tagungen gibt es einen umfassenden Tagungsband. An ihnen kann man beispielsweise studieren, wie sich die thematischen Schwerpunkte im Laufe der Entwicklung von Operations Research verschoben haben. Beispielsweise wurde das Themengebiet "O.R. for Developing Countries" seit 1972 mit Nachdruck in die Tagungsprogramme aufgenommen.

Bei den früheren internationalen Tagungen der IFORS wurden meist nur verhältnismäßig wenige Referate gehalten. Die Referenten waren häufig vom Programmausschuß eingeladen, und die Programme enthielten daher überwiegend bekannte Fachleute als Referenten und waren attraktiv genug, um auch viele Nichtreferenten als Teilnehmer anzuziehen. Das hat sich allerdings insofern gewandelt, als heute viele Teilnehmer nur dann eine finanzielle Unterstützung zum Besuch einer Tagung erhalten, wenn sie dort selbst einen fachlichen Beitrag leisten. Die Programme der letzten IFORS-Tagungen haben sich daher in ihrer Struktur entsprechend geändert.

Neben dieser regelmäßigen "großen" Tagung führt die IFORS - zumeist in Kooperation mit anderen Organisationen - zahlreiche weitere Tagungen durch. Am häufigsten wurden bisher zusammen mit der IFIP (International Federation for Information Processing) und der IFAC (International Federation of Automatic Control) gemeinsame Tagungen veranstaltet. Es ist geplant, in Zukunft noch häufiger gemeinsame Tagungen mit den Mitgliedsgesellschaften der IFORS zu organisieren. Für solche gemeinsam mit Mitgliedsgesellschaften der IFORS durchgeführte Tagungen werden von der IFORS insbesondere die folgenden Organisationsformen vorgesehen:

- Special National Events, in erster Linie geplant für Mitglieder der nationalen OR-Gesellschaft mit Themen, die ebenfalls von Interesse für Mitglieder anderer Gesellschaften der IFORS sein mögen.
- International Events, die gemeinsam von verschiedenen OR-Gesellschaften organisiert werden und die spezifisch übernational von Interesse sind.
- Expert Conferences und State-of-the-Art Conferences zu speziellen Themen, z.B. zu bestimmten Industriezweigen oder zu bestimmten betrieblichen Funktionen oder zu ausgewählten mathematischen Techniken.
- Der "IFORS Day" als eintägige Ergänzung einer nationalen OR-Tagung, auf dem Experten von verschiedenen Ländern Vorträge über neue Forschungsergebnisse von breitem Interesse oder Übersichtsreferate halten.

Insgesamt vermeidet IFORS jedwede Konkurrenzveranstaltung zu den Tagungen der Mitgliedsgesellschaften. Daher werden außer der dreijährlichen internationalen "großen" Tagung keine weiteren eigenen Tagungen der IFORS durchgeführt, sondern nur in Gemeinsamkeit mit Mitgliedsgesellschaften oder anderen Institutionen. Zur Entscheidungsvorbereitung über die Mitwirkung an solchen Tagungen und zur deren gegenseitigen Abstimmung ist das Plans and Programmes Committee von IFORS zuständig.

Neben den Tagungsaktivitäten sind die Publikationsaktivitäten der IFORS zu nennen. Für sie ist das Publications Committee zuständig. IFORS gibt keine eigene OR-Zeitschrift heraus, und zwar wiederum aus dem Grunde, nicht mit seinen Mitgliedsgesellschaften konkurrieren zu wollen. Zu den Veröffentlichungen von IFORS zählen die Bibliographie IAOR, Tagungsbände und das IFORS-Bulletin.

Die Bibliographie "International Abstracts in Operations Research" (IAOR) erscheint 1983 bereits im 23. Jahrgang. In ihm werden OR-Veröffentlichungen aus der ganzen Welt mit Titel, Autor und exakter Quelle genannt, auf wenigen Zeilen in Kurzform inhaltlich beschrieben und in einem Sachindex zum Zwecke eines gezielten Zugriffs geordnet. Insgesamt sind bisher über 26.000 Veröffentlichungen in den IAOR gesammelt worden. Für Mitglieder der IFORS-Gesellschaften kann man diese Bibliographie zu einer ermäßigten Gebühr beziehen. Für DGOR-Mitglieder kostet ein Jahrgang gegenwärtig DM 53,-. Die IAOR dient vor allem dem Zweck, über die nationalen und sprachlichen Grenzen hinweg über die in Veröffentlichungen niedergelegten Arbeitsergebnisse international zu informieren.

Ferner veröffentlicht die IFORS von jeder der dreijährlichen internationalen "großen" Tagungen einen Tagungsband. Die früheren Tagungsbände enthielten sämtliche gehaltenen und als Manuskript verfügbaren Referate der Tagungen. Neuerdings wird wegen der stark angestiegenen Vortragszahl nur noch ein Teil der Referate veröffentlicht. Ein Vergleich der bisherigen Tagungsbände zeigt interessante Entwicklungslinien des Operations Research.

Als dritte Veröffentlichung wird vom IFORS-Sekretariat, Frau Helle Welling, im IFORS-Bulletin regelmäßig über Aktivitäten der IFORS, ihrer Mitgliedsgesellschaften und ihrer Schwestervereinigungen (vgl. Abschnitt 5) berichtet. Dem Bulletin wird der monatliche "Letter from the President" beigelegt. Das Bulletin wird an die Präsidenten, Sekretariate und IFORS-Representatives der Mitgliedsgesellschaften versandt, ferner an die Redaktionen von OR-Zeitschriften und OR-Bulletins, darüber hinaus an ausgewählte weitere Institutionen. In vielen OR-Zeitschriften und OR-Bulletins werden regelmäßig Informationen aus dem IFORS-Bulletin übernommen.

Neben den Tagungsaktivitäten und Veröffentlichungsaktivitäten von IFORS ist als drittes der Erfahrungsaustausch auf dem Gebiet der OR-Ausbildung zu nennen, womit das Education Committee (EDCOM) befaßt ist.

IFORS unterhält zahlreiche Kontakte zu internationalen Organisationen wie UNESCO, UNIDO, WHO, IBI etc. Diese Beziehungen laufen zusammen beim External Affairs Committee von IFORS.

Darüber hinaus stellt IFORS seine Dienste zur Vermittlung von Fachkontakten zur Verfügung, insbesondere gegenüber neu gegründeten OR-Gesellschaften und auch bei bevorstehenden Neugründungen. Viele Wünsche und Anfragen gehen auch von Institutionen ein, die keine OR-Gesellschaften sind, von Universitäten, Forschungsinstituten, Unternehmungen und öffentlichen Verwaltungen.

5. Interdisziplinäre Kooperation: FIACC

Eine besondere Aktivität der IFORS betrifft die interdisziplinäre Kooperation mit anderen internationalen Organisationen, den sog. "Schwestergesellschaften":

- IFAC: International Federation of Automatic Control
- IFIP: The International Federation for Information Processing
- IMACS: International Federation for Mathematics and Computers in Simulation
- IMEKO: International Measurement Confederation

Diese (mit IFORS) fünf Organisationen haben 1970 das

Five International Associations Coordinating Committee (FIACC)

gegründet. Die fünf Organisationen stimmen regelmäßig ihre Arbeits- und Tagungsprogramme ab. Ihre Repräsentanten treffen sich einmal jährlich zu einer Sitzung, vgl. Müller-Merbach (1982).

Die Kooperation zwischen den FIACC-Gesellschaften hat ihren Grund in der engen Nachbarschaft der repräsentierten Fächer. Um das zu zeigen, sei hier Operations Research als "modellgestützte Vorbereitung von Entscheidungen zur Gestaltung und Lenkung von soziotechnischen Systemen" (vgl. Müller-Merbach 1979) verstanden. OR in diesem Sinne ist Planung und damit auch Informationsverarbeitung, was IFORS und IFIP in unmittelbare Nähe bringt. "Lenkung von Systemen" bringt Planung in die Nähe von Steuerung, wodurch Beziehungen zwischen IFORS und IFAC entstehen. Informationsverarbeitung bedeutet ferner, daß man die Informationen erfaßt, also Messungen durchführt. Dadurch tritt IMEKO in den Verbund mit IFORS, IFIP und IFAC. Ferner ist die Simulation eine aus dem OR stammende Technik, die heute in allen hier genannten Gebieten zum Einsatz kommt, so daß auch IMACS in den FIACC-Verbund harmonisch hineingehört. Es ist daher sinnvoll, daß die FIACC-Organisationen sich in ihren Aktivitäten abstimmen und darüber hinaus einzelne Veranstaltungen gemeinsam betreiben.

Die Kooperation im FIACC-Verbund bedeutet nicht, daß prinzipielle Organisationsunterschiede zwischen den fünf Gesellschaften langfristig aufgehoben werden sollen. So wird IFORS im wesentlichen als eine Art Klammer zwischen den Mitgliedsgesellschaften verstanden, durch die die Aktivitäten der Mitgliedsgesellschaften gestützt und gefördert werden sollen, während nur verhältnismäßig wenige eigene Aktivitäten betrieben werden. Es gibt auch keine IFORS-Arbeitsgruppen. Das ist beispielsweise anders bei IFAC und IFIP. Dort gibt es zahlreiche Arbeitsgruppen (als "Technical Committee" bezeichnet), von denen viele eigene Aktivitäten (Tagungen, Veröffentlichungen, Arbeitssitzungen etc.) ausgehen. Daher ist auch für die anderen Gesellschaften teilweise eine höhere personelle Verwaltungsausstattung erforderlich als bei IFORS. Es ist nicht geplant, diesbezüglich bei IFORS eine Änderung (Erweiterung) durchzuführen.

6. IFORS und die Mitgliedsgesellschaften

Gemäß der mehr kooperierenden Rolle von IFORS gegenüber den Mitgliedsgesellschaften ist auch die in den Statutes festgelegte Kompetenzverteilung einfach. Es gibt ein "Board of Representatives" und ein "Administrative Committee".

Dem Administrative Committee gehören der President von IFORS, alle (bis zu drei) Vice-Presidents und "the most recent living Past-President" an. Als none-voting members kommen Secretary and Treasurer hinzu. Diese Officers leiten IFORS. Die Mitglieder des Administrative Committee werden alle drei Jahre durch das Board of Representatives neu gewählt.

Die Mitgliedsgesellschaften (Members Societies, nicht die Kindred Societies) sind im Board of Representatives mit je einem Repräsentanten vertreten. Diese haben jedoch ein unterschiedliches Gewicht bei Wahlen und Abstimmungen, je nach der Mitgliederzahl (Qualified Membership) ihrer Gesellschaft.

Bezüglich des Stimmengewichts enthalten die Statutes von IFORS eine nützliche Wurzelformel. Wäre das Stimmengewicht proportional zur Mitgliederzahl, dann könnten die drei größten Mitgliedsgesellschaften (aus den Vereinigten Staaten, Großbritannien und Japan) mit mehr als 50% der kumulierten Mitgliederzahlen alle Entscheidungen des Board of Representatives majorisieren. Hätten dagegen alle Mitgliedsgesellschaften dasselbe Stimmrecht, dann könnten die achtzehn kleinsten Gesellschaften mit rund 14% der insgesamt repräsentierten Einzelmitglieder

Majoritätsentscheidungen treffen. Beide Fälle könnten für die Aufgaben von IFORS nachteilig sein. Die Wurzelformel schafft einen sinnvollen Kompromiß. Nach ihr ergibt sich das Stimmengewicht aus der Quadratwurzel der Mitgliederzahl. In der Tabelle 1 sind die Mitgliederzahlen (Q.M. = Qualified Membership), der kumulierte Prozentanteil der Mitgliederzahlen, die Quadratwurzel der Mitgliederzahl und der kumulierte Prozentanteil dieser Wurzeln angegeben.

Nr.	Gesellschaft	Land	Q.M.	Q.M.% kum.	$\sqrt{Q.M.}$	$\sqrt{Q.M.}$% kum.
1	ORSA	Vereinigte Staaten	5621	27,69	74,97	10,93
2	ORS	Großbritannien	3091	42,92	55,60	19,03
3	ORSJ	Japan	2218	53,85	47,10	25,90
4	DGOR	Deutschland	708	57,34	26,61	29,78
5	AFCET	Frankreich	538	59,99	23,19	33,16
6	SOBRAPO	Brasilien	535	62,62	23,13	36,53
7	ASOR	Australien	513	65,15	22,65	39,83
8	SORSIS	Spanien	489	67,56	22,11	43,05
9	SADIO	Argentinien	482	69,93	21,95	46,25
10	NORS	Norwegen	469	72,24	21,66	49,41
11	SORA	Schweden	450	74,46	21,21	52,50
12	NSOR	Niederlande	439	76,62	20,95	55,56
13	CORS	Kanada	435	78,77	20,86	58,60
14	KORS	Südkorea	419	80,83	20,47	61,58
15	HELORS	Griechenland	399	82,80	19,97	64,49
16	ORSSA	Südafrika	339	84,47	18,41	67,18
17	SVOR/ASRO	Schweiz	315	86,02	17,75	69,76
18	ORSI	Indien	303	87,51	17,41	72,30
19	AIRO	Italien	295	88,96	17,18	74,80
20	FORS	Finnland	259	90,24	16,09	77,15
21	SOGESCI	Belgien	240	91,42	15,49	79,41
22	DORS	Dänemark	221	92,51	14,87	81,57
23	ORSIS	Israel	210	93,55	14,49	83,69
24	APDIO	Portugal	195	94,51	13,96	85,72
25	ORST	Türkei	190	95,44	13,78	87,73
26	ORSNZ	Neuseeland	177	96,31	13,30	89,67
27	ORSE	Ägypten	168	97,14	12,96	91,56
28	IORS	Irland	164	97,95	12,81	93,43
29	ÖGOR	Österreich	130	98,59	11,40	95,09
30	ORSC	China	80	98,99	8,94	96,39
31	ICHIO	Chile	80	99,38	8,94	97,70
32	ORSHK	Hong Kong	75	99,75	8,66	98,96
33	ORSS	Singapur	51	100,00	7,14	100,00
34	MORS	Mexiko	0	100,00	0,00	100,00
35	ETAN	Jugoslawien	0	100,00	0,00	100,00

Tabelle 1: Mitgliedszahlen der Mitgliedsgesellschaften von IFORS mit kumulierter Summe (in Prozent), mit Quadratwurzel und mit kumulierter Summe der Quadratwurzel (in Prozent). Für Mexiko und Jugoslawien liegen gegenwärtig keine Mitgliedszahlen vor.

Durch die Quadratwurzel wird bewirkt, daß mindestens elf Gesellschaften (von den Vereinigten Staaten bis zu Schweden) zur Mehrheitsbildung erforderlich sind. Dadurch sind 74% der Mitglieder der Mitgliedsgesellschaften repräsentiert.

Das Board of Representatives entscheidet vor allem bei den folgenden Fragen:

- Änderungen der Satzung und Auflösung von IFORS.
- Wahl von President und Vice-Presidents.
- Aufnahme und Ausschluß von Mitgliedsgesellschaften.
- Zustimmung zu dem vom President gewählten Land für die jeweils nächste dreijährliche IFORS-Tagung.

Den Rechten der Mitgliedsgesellschaften stehen Pflichten gegenüber. Sie beziehen sich im wesentlichen auf die Beitragszahlung. Jede Mitgliedsgesellschaft zahlt 0,50 US-Dollar jährlich pro Mitglied (Qualified Member) als Beitrag an IFORS. Bei insgesamt 20298 Mitgliedern nimmt IFORS somit knapp über 10.000,- US-Dollar an Beiträgen von den Mitgliedsgesellschaften ein. Das ist ein Betrag, der knapp die Kosten für das Sekretariat deckt.

IFORS wurde gegründet, um den nationalen OR-Gesellschaften beim Aufbau und bei ihrer Entwicklung zu helfen und um eine gewisse Parallelität der Entwicklung in den Mitgliedsgesellschaften zu ermöglichen, nicht jedoch um OR auf eigene Faust weiterzuentwickeln. Es wird vielmehr davon ausgegangen, daß die Entwicklung von Operations Research als Fach von den einzelnen Mitgliedsgesellschaften und den dortigen Institutionen (Universitäten, Forschungsinstitute, OR-Gruppen in der Praxis) getragen wird. IFORS dient dabei als Katalysator, gelegentlich vielleicht auch als Initiator.

7. Literatur

- R.L. Ackoff: A Comparison of Operational Research in the U.S.A. and in Great Britain, in: Operational Research Quarterly 8 (1957), H. 2, S. 88 - 100; vgl. auch DGOR-Bulletin Nr. 12/März 1978, S. 5 und 10.
- R.L. Ackoff: The Future of Operational Research is Past, in: The Journal of the Operational Research Society 30 (1979a), H. 2, S. 93 - 104.
- R.L. Ackoff: Resurrecting the Future of Operational Research, in: The Journal of the Operational Research Society 30 (1979b), H. 3, S. 189 - 199.
- H. Brusberg: Der Entwicklungsstand der Unternehmensforschung mit besonderer Berücksichtigung der Bundesrepublik Deutschland. Wiesbaden: Steiner 1965.
- G.B. Dantzig: Linear Programming and Extensions. Princeton, N.J.: Princeton University Press 1963.
- The Economist: Operational Research, in: The Economist vom 7. September 1957, S. 784 und 787; abgedruckt im DGOR-Bulletin Nr. 22/ Dezember 1981, S. 8 - 9.
- T.P. Frencker: Betriebswirtschaftslehre und Verfahrensforschung, in: Zeitschrift für handelswissenschaftliche Forschung 9 (1957), H. 2, S. 65 - 102.

- B. Ischboldin: Zur Kritik der mathematischen Methode in den Wirtschaftswissenschaften, in: Zeitschrift für handelswissenschaftliche Forschung 12 (1960), H. 4, S. 209 - 220.
- H. Larnder: The Origin of Operational Research, in: Operational Research '78, ed. K.B. Haley. Amsterdam: North-Holland 1979, S. 3 - 12.
- G.R. Lindsay: Looking back over the Development and Progress of Operational Research, in: Operational Research '78, ed. K.B. Haley. Amsterdam: North-Holland 1979, S. 13 - 31.
- R. Mattessich: Zu Ischboldins Kritik der mathematischen Methode, in: Zeitschrift für handelswissenschaftliche Forschung 12 (1960), H. 9, S. 550 - 556.
- M. Munz: Technik und Anwendungsmöglichkeiten der dynamischen Planungsrechnung, in: Zeitschrift für Betriebswirtschaft 29 (1959), H. 6, S. 357 - 365.
- H. Müller-Merbach: DGOR - Historischer Rückblick, in: DGOR-Bulletin Nr. 10/Juli 1977(a), S. 3 - 5.
- H. Müller-Merbach: Quantitative Entscheidungsvorbereitung - Erwartungen, Enttäuschungen, Chancen, in: Die Betriebswirtschaft 37 (1977b), H. 1, S. 11 - 23.
- H. Müller-Merbach: Operations Research - mit oder ohne Zukunftschancen? In: Industrial Engineering und Organisations-Entwicklung, Hrsg. K. Krüger et al. München: Hanser 1979, S. 291 - 311.
- H. Müller-Merbach: FIACC - Five International Associations Coordinating Committee, in: DGOR-Bulletin Nr. 24/Dezember 1982, S. 16.
- H. Müller-Merbach: Changing Purposes? Letter from the President No. 1/January 1983, IFORS; nachgedruckt im DGOR-Bulletin Nr. 25/Mai 1983, S. 14.
- F.N. Trefethen: A History of Operations Research, in: Operations Research for Management, ed. J.F. McCloskey und F.N. Trefethen. Baltimore: Johns Hopkins Press 1954, S. 3 - 35.
- W. Wittmann: Betriebswirtschaftslehre und Operations Research, in: Zeitschrift für handelswissenschaftliche Forschung 10 (1958), S. 285ff.

OR-AKTIVITÄTEN IN DEUTSCHEN UNTERNEHMEN: ORGANISATORISCHE EINGLIEDERUNG UND ANWENDEREINBEZIEHUNG

Manfred Möser, Darmstadt

Im Jahre 1982 wurde in 39 deutschen Unternehmen eine von der Deutschen Forschungsgemeinschaft geförderte empirische Untersuchung durchgeführt, die die Erhebung der aufbauorganisatorischen Einordnung und ablauforganisatorischen Gestaltung der praktischen OR-Arbeit zum Ziel hatte. In diesem Vortrag sollen einige zentrale Ergebnisse der Untersuchung präsentiert werden, die der Beantwortung folgender Fragen dienen:

- In welchem Maße beeinflußt die Entstehungsgeschichte einer OR-Gruppe ihre weitere praktische Arbeit?
- In welches organisatorische Umfeld sind die OR-Aktivitäten in Unternehmen eingebettet und wie zufrieden sind die OR-Gruppen damit?
- Gibt es fachliche Aufgabenstellungen, die gegenwärtig bei der Arbeit der OR-Gruppen dominieren?
- Wie wird die OR-Arbeit gegenüber anderen Abteilungen (Unternehmensplanung, Datenverarbeitung, Controlling) abgegrenzt?
- Welche Lösungen haben OR-Gruppen für das in der Literatur heftig diskutierte Problem der Anwendereinbeziehung gefunden?
- Mit welchen Problembereichen und Schwierigkeiten sehen sich die OR-Gruppen gegenwärtig vor allem konfrontiert?

Operations Research Proceedings 1983

EIN AKZEPTANZTHEOREM ZUM EINSATZ FORMALER METHODEN IN DER PERSONALPLANUNG

Hans Jürgen Drumm, Regensburg

1. Einleitung

Im Rahmen einer von 1978 bis 1982 durchgeführten, dreistufigen empirischen Untersuchung wurde unter anderem geprüft, ob es Bedingungen für den erfolgreichen oder erfolglosen Einsatz formaler Methoden (OR/MS Methods) bei der Personalplanung gibt. Die Ergebnisse der ersten und zweiten Stufe sind veröffentlicht worden /1/; sie lassen sich auf die Feststellung reduzieren, daß Personalplaner in deutschen Großunternehmungen formale Methoden der Personalplanung nicht anwenden, weil sie diese nicht kennen. Dieses, durch Fragebogen erhobene Ergebnis ist unbefriedigend und verlangt nach einer Überprüfung. Wir haben daher in der dritten Stufe der Untersuchung vor allem nach Auswertung des OR-Bulletins eine Reihe von Firmen angesprochen, die nach eigener Darstellung OR-Abteilungen besitzen und diese zum Entwurf spezifischer Personalplanungsmodelle einsetzen können oder bereits eingesetzt haben. In dieser Stufe interessierte uns unter anderem, welche formalen Verfahren der Personalplanung tatsächlich eingesetzt werden, welche Projekte formaler Personalplanung in der Vergangenheit gescheitert und unter welchen Bedingungen Erfolg oder Mißerfolg aufgetreten sind. Das Datenmaterial wurde durch Interviews mit Personalplanern und OR-Spezialisten erhoben und wird in Kürze vorgelegt /2/, /3/.

Ein Blick in die Literatur zeigt eine Fülle verschiedener formaler Methoden zur Personalplanung, die von uns an anderer Stelle überblicksartig referiert worden sind /3/. Man kann erwarten, daß nicht alle diese Methoden Personalplanern, wohl aber den OR-Stellen oder -Abteilungen geläufig sind, und daß letztere spezielle Anwendungen für die eine oder andere dieser Methoden im Personalbereich gefunden haben. Unstrittig ist ferner, daß der Einsatz dieser Methoden zur Lösung einfacher Planungsprobleme nicht erforderlich ist, sondern die Existenz komplexer Probleme oder die Bewältigung großer Datenmassen voraussetzt. Diese Voraussetzungen sind eher in Großunternehmungen erfüllt.

Operations Research Proceedings 1983

2. Theoretische Aussagen zur Akzeptanz formaler Methoden

Als Bezugsrahmen für theoretische Aussagen zur Akzeptanz formaler Methoden lassen sich fünf einfache Bedingungen formulieren, die im folgenden mit klassifikatorischer Funktion genutzt werden /2/, /3/:

(1) Eine oder verschiedene formale Methoden müssen existieren, die das Planungsproblem grundsätzlich lösen und an dessen spezielle Bedingungen angepaßt werden können.

(2) Diese Methoden müssen den Personalplanern bekannt oder verfügbar sein.

(3) Es muß eine Datenbasis existieren, die zur Ausfüllung der Planungsmethoden genutzt werden kann.

(4) Planungsmethode und Planungsergebnisse müssen von den Personalplanern akzeptiert werden.

(5) Die Planungsmethode muß erfolgreich implementiert werden.

Die erste Bedingung ist in der Literatur diskutiert worden, wobei vor allem Abbildungsschwächen und algorithmische Probleme aufgezeigt worden sind. Bei dieser Kritik hat insbesondere das Argument Gewicht, daß die meisten Personalplanungsmodelle scharf und deterministisch sind, während die zu lösenden Planungsprobleme unscharf und eher stochastisch sind. Dieses Argument müßte zur Ablehnung aller Versuche formaler Personalplanung führen, wenn Prognose- und Entscheidungsmodelle Entscheidungen des menschlichen Planers ersetzen sollten. Eine solche mechanistische Auffassung von der Funktion formaler Planungsmethoden wird offensichtlich um so eher akzeptiert, je weniger vertraut der Planer mit diesen Methoden ist; zumindest belegen dies die Ergebnisse unserer zweiten Stufe. Diese Auffassung ist jedoch falsch, denn formale Methoden der Planung sollen den menschlichen Entscheidungsträger unterstützen und ihn nicht ersetzen.

Zur zweiten Bedingung ist festzustellen, daß der Personalplaner zumindest Vorwissen über die Existenz formaler Methoden besitzen muß; nur dann sind sachverständige Anfragen an die zuständige OR-Abteilung denkbar. Dies lenkt die Aufmerksamkeit auf die Zusammenarbeit zwischen Personalplanern und OR-Stellen oder -Abteilungen. Es ist zu vermuten, daß der OR-Spezialist dabei die Rolle des Fachpromotors, ein ranghoher Personalplaner oder die Personalleitung selbst die Rolle des Machtpromotors übernehmen. Das von Witte entdeckte Promotorenmodell /5/ wurde daher in allen Fällen erfolgreicher Kooperation zwischen OR-Abteilungen und Personalplanern erwartet. Die dritte Bedingung wurde bereits in der zweiten Stufe unseres Projekts überprüft und in allen Fällen als gegeben vorgefunden.

Für die vierte und fünfte Bedingung gibt es keinerlei theoretische Aussage in der Literatur: Es bleibt unerklärt, unter welchen Bedingungen Methoden und Ergebnisse der Personalplanung akzeptiert und implementiert werden. Zur Konstruktion eines Bezugsrahmens bleibt daher nur der Rückgriff auf Aussagen zu Bedingungen, die für andere Planungs- und Entscheidungsbereiche gewonnen worden sind und sich auf ein Grundmodell reduzieren lassen, das von Schultz und Slevin 1975 erstmals vorgestellt worden ist /4/: Akzeptanz und erfolgreiche Implementation hängen von intervenierenden Variablen wie z.B. Einstellungen zum Entscheidungs- oder Planungsmodell ab. Diese wiederum werden von unabhängigen Variablen wie z.B. dem Problemdruck, der Unterstützung durch die Unternehmungsleitung, der Qualität und Komplexität des Entscheidungsmodells sowie seiner Vorteile beeinflußt; hinzu kommen grundsätzliche Präferenzen für oder Aversionen gegen quantitative Methoden, die Qualifikation des Fachpromotors sowie der grundsätzliche Widerstand gegen Neuerungen.

Zum Nachweis solcher Bedingungen wurden 21 Unternehmungen mit erfolgreichen oder erfolglosen Versuchen formaler Personalplanung oder mit grundsätzlich positiver Einstellung zum Einsatz formaler Methoden untersucht.

3. Erste Konstruktion und Prüfung des Akzeptanztheorems

In einer ersten explorativen Studie wurde der aus der Literatur abgeleitete Bedingungsrahmen überprüft und ergänzt. Der sich so ergebende Satz von sieben Bedingungen wurde in allen weiteren Fällen erfolgreicher oder erfolgloser Implementation auf Existenz bzw. Abweichungen getestet:

(1) Der Personalplaner muß unter Problemdruck stehen. (2) Im Planungsprozeß müssen große Datenmassen verarbeitet werden. (3) Die verfügbaren Daten müssen für die Verarbeitung durch formale Planungsmethoden geeignet sein. (4) Ein Fachpromotor mit Kenntnis formaler Methoden muß Mitglied der Personalabteilung sein. (5) Der Fachpromotor muß durch einen zumindest teilweise fachkompetenten Machtpromotor unterstützt werden, der an der Spitze der Personalabteilung steht. (6) Der Einsatz formaler Methoden muß den Problemdruck vom Personalplaner nehmen. (7) Eine Implementationskette ist vom ersten Verwender der formalen Methode bis zum letzten Benutzer ihres Outputs aufzubauen; Fach-

und Machtpromotor müssen in diese Kette integriert sein.

Als erstes Ergebnis unserer Untersuchung ist hervorzuheben, daß nur drei Unternehmungen erfolgreiche Versuche mit formalen Personalplanungsmodellen unternommen haben. Dabei handelt es sich um ein Bedarfsplanungsmodell für Produktionsarbeiter, ein Markoff-Modell zur Prognose der Personalbestände und ein Zuweisungsmodell für den gruppenweisen Einsatz von Verkaufskräften in verschiedenen Abteilungen einer Warenhauskette. Statistische Methoden werden nur ausnahmsweise verwendet. Die Existenzkontrolle der sieben Bedingungen in den drei Fällen erfolgreicher Implementaiton (3, 7a, 18) zeigt, daß alle Bedingungen vollständig erfüllt sind. In den Fällen erfolgloser Implementation ist jeweils mindestens eine der sieben Bedingungen verletzt.

Bedingung Nr.	1	2	3	4/5	6	7	
Unternehmung Nr.	Problemdruck	Datenmassen	Dateneignung	Promotorenmodell	Lösungsgüte des Modells	Implementationskette	Initiator
3	GROSS	GROSS	GEGEBEN	VORHANDEN	SEHR GUT	GESCHLOSSEN	Fachabt.
4	gering	gering	fehlt	fehlt	schlecht	nicht aufgebaut	Konzernzentrale
7 a	GROSS	GROSS	GEGEBEN	VORHANDEN	GUT	GESCHLOSSEN	Personalabt.
7 b	gering	GROSS	GEGEBEN	VORHANDEN	SEHR GUT	GESCHLOSSEN	Personalabt.
10 a	SEHR GROSS	GROSS	GEGEBEN	VORHANDEN	SEHR GUT	abgebrochen	OR-Abt.
10 b	GROSS	GROSS	GEGEBEN	mit Mängeln	SEHR GUT	nicht aufgebaut	OR-Abt.
11	GROSS	GROSS	mit Mängeln	mit Mängeln	mit Mängeln	GESCHLOSSEN	OR-Abt.
12	gering	gering	GEGEBEN	fehlt	schlecht	nicht aufgebaut	Konzernzentrale
16	gering	GROSS	GEGEBEN	fehlt	unbekannt	nicht aufgebaut	nicht ermittelbar
18	GROSS	GROSS	GEGEBEN	VORHANDEN	SEHR GUT	GESCHLOSSEN	Fachabt.

Tabelle 1: Daten zum Test der Akzeptanzbedingungen (erfüllte Bedingungen in Majuskeln)

Rangkorrelationen von Kontext- und Akzeptanzvariablen zeigen lediglich einen negativen, signifikanten Zusammenhang zwischen Technologiedynamik und Planungsdezentralisation: Zentralisation und längerfristige Konstanz des Modelleinsatzes wirken akzeptanzfördernd. Die Crosstabulation von Kontext- und Akzeptanzvariablen hat ergänzend ergeben, daß in den erfolgreichen Unternehmungen keinerlei Einfluß übergeordneter Konzerngesellschaften nachweisbar ist, während unter den erfolglosen Fällen der Einsatz formaler Methoden zweimal von der übergeordneten Konzernleitung vorgeschlagen worden ist: Formale Personalplanung "par ordre de mufti" bleibt offenbar erfolglos. Auffällig ist ferner, daß Vorschläge der OR-Abteilungen zum Einsatz formaler Methoden offensichtlich nicht befolgt worden sind, daß vielmehr die Nachfrage nach formalen Personalplanungsmethoden von der jeweiligen Fachabteilung ausgehen muß.

Die erste Überprüfung unserer sieben Bedingungen zeigt, daß eine erfolgreiche Implementation formaler Personalplanungsmethoden von der gleichzeitigen Erfüllung aller Bedingungen abhängt. Angesichts des Stichprobenumfangs ist dies jedoch bei strenger Betrachtung allenfalls eine gutbegründete Hypothese, bestenfalls eine vorläufig nicht widerlegte Hypothese. Die Forderung nach eingehenderer Überprüfung dieser Hypothese an breiterem empirischen Material stößt auf das Problem geringer Verbreitung formaler Personalplanungsmethoden. Wir ziehen es daher vor, die gleichzeitige Erfüllung der sieben Akzeptanz- und Implementationsbedingungen als Theorem zu klassifizieren.

4. Ergänzende Befragungsergebnisse

Personalplaner und OR-Spezialisten sind in allen 21 Unternehmungen ausführlich nach den Gründen ihrer Ablehnung oder Akzeptanz formaler Methoden befragt worden. Tabelle 2 zeigt das Befragunsergebnis in geraffter Form.
Präzise Argumente gegen einen ausgedehnten Einsatz formaler Methoden in der Personalplanung kommen im wesentlichen von Firmen mit positiven Erfahrungen und teilweise solchen mit negativen Erfahrungen. Dies überrascht kaum, denn die Planungstäbe dieser Firmen verfügen über Fachkompetenz. Wie schon in der zweiten Stufe unserer Untersuchung zeigen die meisten Antworten der Unternehmungen ohne Erfahrung aber mit positiver Einstellung ein starkes Vorurteil gegen formale Methoden. Die Antworten zu Planungsbedingungen und -methoden werden durch die ersten sechs Bedingungen des Akzeptanztheorems abgedeckt. Verknüpft man die Antworten zu den organisatorischen und personellen Problemen, so geben sie Hinweise auf die Ursachen für einen Bruch der Implementationskette: Offensichtlich erwarten erfahrene ebenso wie unerfahrene Personalplaner

<table>
<tr><th rowspan="2">Argumente zu</th><th colspan="3">Argumente von</th></tr>
<tr><th>Firmen mit <u>positiven</u> Erfahrungen</th><th>Firmen mit <u>negativen</u> Erfahrungen</th><th>Firmen ohne Erfahrung aber mit positiver Einstellung</th></tr>
<tr><td>Planungsbedingungen (8)</td><td>Weder Problemdruck noch Promotoren existieren (4).</td><td colspan="2">Die Planungsphilosophie der Firma läßt keine formalen Methoden zu (4).</td></tr>
<tr><td>Planungsmethoden (27)</td><td colspan="2">Formale Methoden sind ungeeignet, weil sie persönliche Ziele, Unschärfe der Probleme, Flexibilität der Datenbasis, soziale Nebenbedingungen und spezielle Einschränkungen vernachlässigen (14).</td><td>Formale Methoden sind ungeeignet, da sie soziale Nebenbedingungen, spezielle Beschränkungen und Verfügbarkeit der Daten vernachlässigen (13).</td></tr>
<tr><td>Organisatorische Probleme (3)</td><td>Formale Methoden verhindern Dezentralisation von Entscheidungen, kollegiale Führung und Akzeptanz von zentral verabschiedeten Plänen (3).</td><td></td><td></td></tr>
<tr><td>Personale Probleme (8)</td><td colspan="2">Formale Methoden verringern die Entscheidungsfreiheit und das Verantwortungsgefühl; sie sind zu kompliziert für die meisten Personalplaner (5).</td><td>Formale Methoden ersetzen oder verringern individuelle Entscheidungen und sind inhuman (3).</td></tr>
</table>

Tabelle 2: Argumente zur Nicht-Akzeptanz (in Klammern Häufigkeit der Nennung einer Argumentengruppe)

vom Einsatz formaler Methoden eine Rezentralisation der Entscheidungen, Kompetenzverluste und abnehmende Integration in den Planungsprozeß. Wir haben diese Erwartungen als Kompetenzangstsyndrom bezeichnet. Dabei spielt es keine Rolle ob das Kompetenzangstsyndrom zu Recht oder zu Unrecht besteht; seine Existenz löst Ablehnung formaler Methoden aus, so daß der Planer zum Opponenten gegen mögliche Fach- und Machtpromotoren wird. Dieses Befragungsergebnis steht ebenso im Einklang mit der an anderer Stelle referierten Reaktanztheorie /3/, wie mit einem weiteren Befund /3/: Ablehnung formaler Methoden führt zu verstärkter Option für die gerade praktizierten nicht-formalen Methoden. Die Reaktanztheorie erklärt das Kompetenzangstsyndrom während letzteres die Ablehnung formaler Methoden mit zu erklären vermag.

5. Endgültige Formulierung

Eine kritische Prüfung der sieben Bedingungen des Akzeptanztheorems in seiner ersten Fassung zeigt, daß einige zusammengefaßt werden können.

So ist die Existenz großer Datenmassen Teil des Problemdrucks der Planung. Ebensowenig verbessert ein Entscheidungsmodell Planungsentscheidungen, wenn relevante Daten fehlen. Obwohl das Kompetenzangstsyndrom als impliziter Baustein der Implementationskette gesehen werden kann, ist seine explizite Aufnahme in die revidierte Fassung des Akzeptanztheorems zweckmäßig /3/.

Die endgültige Fassung des Akzeptanztheorems enthält daher nur noch fünf Bedingungen, von denen die erste vorab erfüllt sein muß, gefolgt von den Bedingungen zwei bis fünf:

(1) Die Personalplaner stehen unter ständigem Planungsdruck (<u>Problemdruck</u>).
(2) Die zur Lösung des Planungsproblems geeigneten formalen Planungsmethoden reduzieren den Problemdruck (<u>Methodeneignung</u>).
(3) Ein Fachpromotor mit anwendungsorientierten Kenntnissen formaler Methoden arbeitet in der Personalplanungsabteilung; er muß durch einen ranghohen Machtpromotor mit partieller Fachkompetenz unterstützt werden (<u>Promotorenmodell</u>).
(4) Beide Promotoren sind Teil einer <u>Implementationskette</u>, die mit dem ersten Anwender einer formalen Methoden beginnt und mit dem letzten Benutzer des Methodenoutputs endet. Baum- oder Netzstrukturen der Implementationskette sind zulässig.
(5) Die Mitglieder der Implementationskette sind frei vom <u>Kompetenzangstsyndrom</u>, oder aber dieses ist - z.B. durch den Fachpromotor - abgebaut worden.

Diese Formulierung ist deterministisch. Eine probabilistische Formulierung des Theorems würde besagen, daß die Akzeptanzwahrscheinlichkeit mit Zahl und Grad der Erfüllung unserer fünf Bedingungen steigt. Eine solche probabilistische Formulierung wird durch unsere in Tabelle 1 zusammengefaßten Datensätze für formale Planungsmethoden nicht gestützt. Für formale Methoden gilt das Akzeptanztheorem daher in seiner Grundform.

6. <u>Erweiterungen</u>

Die Überprüfung des Akzeptanztheorems auf Geltung für <u>nicht-formale</u> Methoden der Personalplanung hat ergeben /3/, daß zwei Varianten des Theorems die Akzeptanz auch dieser Methoden erklären. Sind die Planungsmethoden <u>einfach</u>, so genügen Problemdruck und Methodeneignung, um Akzeptanz zu sichern. Das <u>Akzeptanztheorem</u> gilt dann nur in <u>reduzierter Form</u>. Sind die nicht-formalen Planungsmethoden dagegen komplex, so müssen zu den Bedingungen des Problemdrucks und der Methodeneignung schrittweise die Bedingungen des Promotorenmodells, der Implementationskette und des Abbaus des Kompetenzangstsyndroms hinzukommen, um Akzeptanz zu sichern.

Damit wird eine stochastische Formulierung des Akzeptanztheorems möglich: Die Akzeptanzwahrscheinlichkeit steigt bei komplexen, nicht formalen Planungsmethoden mit der schrittweisen Erfüllung der Bedingunen drei bis fünf.

Der Versuch, die drei Varianten des Akzeptanztheorems durch Einführung einer Variablen "Planungsmentalität" zu widerlegen ist gescheitert: Die Planungsintensitäten auf den verschiedenen Feldern der Personalplanung sind nicht positiv miteinander korreliert, was bei ausgeprägter Planungsmentalität der Fall sein müßte. Bei großzügiger Interpretation kann man - angesichts des Stichprobenumfangs - die drei Varianten des Akzeptanztheorems daher als nicht widerlegt, bei strenger Interpretation zumindest als gut begründet ansehen. Weitere empirische Überprüfung der drei Varianten des Akzeptanztheorems ist notwendig.

Einige offene Probleme bleiben. (1) Eine Reihe von Untersuchungen innovativer Entscheidungsprozesse weisen die Existenz von Promotoren und Opponenten ex post nach. Das Problem einer ex-ante-Identifikation von Fach- und Machtpromotor ist bisher allerdings kaum gelöst worden. (2) Der Aufbau einer Implementationskette setzt die Beteiligung aller durch eine Planungsmethode betroffenen Personen in frühen Stadien der Planung des methodischen Konzepts voraus. Inwieweit dann bereits die Leistungsfähigkeit formaler Methoden demonstriert und die Unterdrückung des Kompetenzangstsyndroms erreicht werden können, hängt in hohem Maße von der Qualifikation des Fachpromotors ab. (3) Positive oder negative Wirkungen der Mitbestimmung auf den Methodeneinsatz konnten wir in keiner Unternehmung unserer Stichprobe ermitteln. Unabhängig von den Beziehungen zwischen Betriebsrat und Personalleitung wurde durchgängig festgestellt, daß sich Betriebsräte für die Ergebnisse der Personalplanung, nicht aber für die dabei verwendeten Methoden interessieren. Dies muß jedoch nicht so bleiben. (4) Es ist nicht auszuschließen, daß das Akzeptanztheorem ein Methodenkonstrukt ist, weil es nur am Einsatz oder Nichteinsatz scharfer deterministischer Entscheidungshilfen überprüft werden konnte. Wären unscharfe Modelle und interaktive rechnergestützte Methoden der Entscheidungsfindung im Personalwesen bereits weiter verbreitet, so könnte dies möglicherweise zu einer Korrektur unserer Ergebnisse führen.

Zusammenfassend bleibt festzustellen, daß das Akzeptanztheorem eine mögliche Erklärung für den erfolgreichen Einsatz formaler Methoden im weitesten Sinne darstellt, die weiterer Überprüfung bedarf.

Literatur

/1/ Drumm, H. J.; Scholz, Ch.; Polzer, H.; Zur Akzeptanz formaler Personalplanungsmethoden. Zeitschrift für betriebswirtschaftliche Forschung 32, 721-740 (1980).

/2/ Drumm, H. J.; Scholz, Ch.; OR/MS Methods in Manpower Planning. The Theorem of Acceptance. In: Empirical Research on Organizational Decision Making. Hrsg. v. E. Witte, H. J. Zimmermann. Amsterdam, New York, Oxford (1984).

/3/ Drumm, H. J.; Scholz, Ch.; Personalplanung. Planungsmethoden und Methodenakzeptanz. Bern, Stuttgart (1983).

/4/ Schultz, R. L.; Slevin, D. P.; Implementation and Management Innovation. In: Implementing Operations Research, Management Science. Hrsg. v. R. L. Schultz, D. P. Slevin. New York, London, Amsterdam, 3-20 (1975).

/5/ Witte, E.; Organisation für Innovationsentscheidungen. Das Promotorenmodell. Göttingen (1973).

BERICHTE AUS DGOR-ARBEITSGRUPPEN

Aus den ständigen Arbeitsgruppen der Deutschen Gesellschaft für Operations Research wurden im Verlauf der Jahrestagung 1983 drei Berichte gegeben:

Peter Stahlknecht, Osnabrück
Bericht aus der DGOR-Arbeitsgruppe
DATENVERARBEITUNG

P.-Th. Wilrich, Berlin
Bericht aus der DGOR-Arbeitsgruppe
QUALITÄTSKONTROLLE

Bernhard Wiezorke, Lintorf
Bericht aus der DGOR-Arbeitsgruppe
PRAXIS DER LINEAREN OPTIMIERUNG

VERZEICHNIS DER AUTOREN UND REFERENTEN

BOSCH .... Seite 449
Prof. Dr. Karl Bosch, Universität Hohenheim, Institut für Angewandte Mathematik und Statistik, Postfach 70 05 62/110, 7000 Stuttgart 70

BOTHNER .... Seite 228
Peter Bothner, Universität Bremen, Forschungsgruppe: Verkehrssysteme, Postfach 330 440, 2800 Bremen 33

BRACHINGER .... Seite 577
Dr. Hans Wolfgang Brachinger, Universität Tübingen, Abteilung Ökonometrie und Statistik, Wirtschaftswissenschaftliches Seminar der Universität Tübingen, Mohlstr. 36, 7400 Tübingen

BREMER .... Seite 182
Arie Bremer, Philips Industries MSD, Building QM, NL-5600 MD Eindhoven, Niederlande

BUCHHOLZ .... Seite 82
Dr. Werner Buchholz, Universität Mannheim, Lehrstuhl für Allgemeine Betriebswirtschaftslehre, öffentliche Verwaltung und öffentliche Unternehmen, insbesondere Krankenhauswesen, Schloß, 6800 Mannheim 1

BUCHLOH .... Seite 13
W.H. Buchloh, John Deere Werk Mannheim, Zweigniederlassung der Deere & Company, Windeckstr. 90, 6800 Mannheim 1

BÜRKLE .... Seite 558
Dipl.-Math. Dr. rer. pol. Roland Bürkle, Albert-Ludwigs-Universität Freiburg i.Br., Betriebswirtschaftliches Seminar, Werthmannplatz 1, 7800 Freiburg i.Br.

BURDE .... Seite 252
Dr. Tilman Burde, Universität Regensburg, Institut für Betriebswirtschaftslehre, Universitätsstr. 31, 8400 Regensburg

CANTALUPPI .... Seite 48
Dr. Laurent Cantaluppi, Eidgenössische Technische Hochschule Zürich, Institut für Operations Research, Clausiusstr. 55, CH-8092 Zürich, Schweiz

CAPITELLI .... Seite 70
René Capitelli, Universität Zürich, Institut für empirische Wirtschaftsforschung, Zollikerstr. 137, CH-8008 Zürich, Schweiz

CHANDRA .... Seite 47
Dipl.-Ing. Lavkamad Chandra, Messerschmitt-Bölkow-Blohm GmbH, Postfach 95 01 09, 2103 Hamburg 95

COLLMER .... Seite 14
Wirtsch.-Ing. Bernd Collmer, Siemens AG, Unternehmensbereich Bauelemente, Postfach 801709, 8000 München 80

CZAP .... Seite 171
Prof. Dr. Dr. habil. Hans Czap, Universität Göttingen, Abteilung Wirtschaftsinformatik, Nikolausberger Weg 9b, 3400 Göttingen

VAN DAWEN .... Seite 475
Dipl.-Math. Rolf van Dawen, Universität Bonn, Institut für Angewandte Mathematik, Bertha van Suttner Platz 6, 5300 Bonn

DEKKER .... Seite 484
Dipl.-Math. Drs. Rommert Dekker, University of Leiden, Department of Mathematics, Wassenaarseweg 80, Postbus 9512, NL-2300 RA Leiden, Niederlande

DERIGS .... Seite 282
Dr. Dr. Ulrich Derigs, Universität Bonn, Institut für Ökonometrie und Operations Research, Nassestr. 2, 5300 Bonn 1

DIRUF .... Seite 241
Prof. Dr. Dr. Günther Diruf, Universität Bamberg, Lehrstuhl für Betriebswirtschaftslehre, insb. Verkehrs, Transport, Logistik, Weide 18, 8600 Bamberg

DOCKNER .... Seite 592
Dipl.-Ing. Engelbert Dockner, BM für Landesverteidigung, Abt. Grundsatzplanung, Franz-Josefskai 7-9, A-1010 Wien, Österreich

DOMSCHKE .... Seite 225
Prof. Dr. Wolfgang Domschke, Hochschule der Bundeswehr Hamburg, Fachbereich Wirtschafts- und Organisationswissenschaften, Holstenhofweg 85, 2000 Hamburg 70

VAN DOREMALEN .... Seite 441
Jan van Doremalen, Eindhoven University of Technology, Department of Mathematics and Computing Science, P.O. Box 513, NL-5600 MB Eindhoven, Niederlande

DREXL .... Seite 225
Dr. Andreas Drexl, Hochschule der Bundeswehr, Fachbereich Wirtschafts- und Organisationswissenschaften, Holstenhofweg 85, 2000 Hamburg 70

DRIESSEN .... Seite 557
Drs. Theo Driessen, Katholieke Universiteit Nijmegen, Faculteit der Wiskunde en Natuurwetenschappen, Toernooiveld, NL-6525 ED Nijmegen, Niederlande

DRUMM .... Seite 673
Prof. Dr. Hans Jürgen Drumm, Universität Regensburg, Institut für Betriebswirtschaftslehre, Universitätsstr. 31, 8400 Regensburg

DÜBBERS .... Seite 236
Dipl.-Ing. Klaus Dübbers, SNV Studiengesellschaft Nahverkehr mbH, Lokstedter Weg 24, 2000 Hamburg 20

DYCKHOFF .... Seite 530
Dr. Harald Dyckhoff, Fernuniversität Gesamthochschule, Fachbereich Wirtschaftswissenschaft, Postfach 940, 5800 Hagen

DYMANT .... Seite 71
Christa Dymant, Industrieanlagen-Betriebsgesellschaft mbH, Abteilung SZS, Einsteinstr. 20, 8012 Ottobrunn

EBERHARD .... Seite 250
Ulrich Eberhard, Universität Mannheim, Lehrstuhl für Allgemeine Betriebswirtschaftslehre und Unternehmensforschung, Schloß, 6800 Mannheim 1

ELLINGER .... Seite 181
Prof. Dr. Dr. Theodor Ellinger, Universität zu Köln, Seminar für Allgemeine und Industrielle Betriebswirtschaftslehre, Albertus-Magnus-Platz, 5000 Köln 41

FAIGLE .... Seite 279
Dr. Ulrich Faigle, Universität Bonn, Institut für Operations Research, Nassestr. 2, 5300 Bonn

FEICHTINGER .... Seite 614
Prof. Dr. Gustav Feichtinger, Technische Universität Wien, Institut für Ökonometrie und Operations Research, Argentinierstr. 8, A-1040 Wien, Österreich

FINCKE .... Seite 289
Dipl.-Math. Ulrich Fincke, Universität Düsseldorf, Mathematisches Institut, Universitätsstr. 1, 4000 Düsseldorf

FREIST .... Seite 347
Dipl.-Ing. Christoph Freist, Technische Universität Hannover, Institut für Fertigungstechnik und Spanende Werkzeugmaschinen, Welfengarten 1A, 3000 Hannover 1

GABRIEL .... Seiten 212,633
Dr. Roland Gabriel, IBM Wiss. Zentrum, Tiergartenstr. 15, 6900 Heidelberg

GASSERT .... Seite 1
Dr. Herbert Gassert, Vorsitzender des Vorstands der Brown, Boverie & Cie AG, Postfach 351, 6800 Mannheim 1

GEPPERT .... Seite 249
Bernhard Geppert, Universität Karlsruhe, Institut für Siedlungswasserwirtschaft, Am Fasanengarten, 7500 Karlsruhe 1

GRANOW .... Seite 353
Dip.-Ing. Rolf Granow, Technische Universität Hannover, Institut für Fertigungstechnik und Spanende Werkzeugmaschinen, Schloßwender Str. 5, 3000 Hannover 1

GRANZIOL .... Seite 70
Markus J. Granziol, Universität Zürich, Institut für empirische Wirtschaftsforschung, Zollikerstr. 137, CH-8008 Zürich, Schweiz

GRAU .... Seite 14
Dipl.-Inform., Dipl.-Wirtschaftsinform. Dr. Nino Grau, Honeywell Europe S.A. Holding KG, Honeywellstr., 6457 Maintal 1

GROMBACH .... Seite 54
Dipl.-Phys. Peter Grombach, Postfach, CH-8028 Zürich, Schweiz

GRUBER .... Seite 363
Prof. Dr. Josef Gruber, Fernuniversität Gesamthochschule, Fachbereich Wirtschafts- und Rechtswissenschaften, Lehrgebiet Statistik und Ökonometrie, Roggenkamp 6, 5800 Hagen

GRUNWALD .... Seite 388
Dr. Volker Grundwald, VEBA AG, Karl-Arnold-Platz 3, 4000 Düsseldorf 30

GÜNTHER, G. .... Seite 15
Gustav Günther, Thyssen Stahl AG, Forschung Systemtechnik, Postfach 11 05 61, 4100 Duisburg 11

GÜNTHER, H.O. .... Seite 193
Dr. Hans Otto Günther, Universität Mannheim, Lehrstuhl für Allgemeine Betriebswirtschaftslehre und Unternehmensforschung, Schloß, 6800 Mannheim 1

HABENICHT .... Seite 528
Dr. Walter Habenicht, Universität Stuttgart, Betriebwirtschaftliches Institut, Herdweg 23, 7000 Stuttgart 1

HÄTTENSCHWILER .... Seite 68
Pius Hättenschwiler, Institut für Automation und Operations Research, Universität Fribourg, Miséricorde, CH-1700 Fribourg, Schweiz

HALEY .... Seite 635
Prof. Dr. Brian Haley, The University of Birmingham, Department of Engineering Production, P.O. Box 363, Edgbaston, Birmingham B 15 2 TT, Großbritannien

HANSEN .... Seite 253
Prof. Dr. Pierre Hansen, Faculté Universitaire Catholique de Mons, Faculté des Sciences Economiques, Chaussée de Binche 151, B-7000 Mons, Belgien

HANSOHM .... Seite 334
Dr. Jürgen Hansohm, Universität Augsburg, Institut für Statistik und Mathematische Wirtschaftstheorie, Memminger Str. 14, 8900 Augsburg

HARTL .... Seite 599
Dr. Richard Hartl, Technische Universität Wien, Institut für Ökonometrie und Operations Research, Abteilung für Operations Research, Argentinierstr. 8, A-1040 Wien, Österreich

HEILEMANN .... Seite 408
Dr. Ullrich Heilemann, Rheinisch-Westfälisches Institut für Wirtschaftsforschung, Hohenzollernstr. 1-3, 4300 Essen 1

HELD .... Seite 634
Dipl.-Vw. Gerhard Held, SAS Institute GmbH, Rohrbacher Str. 22, 6900 Heidelberg 1

HELLWIG .... Seite 117
Prof. Dr. Klaus Hellwig, Universität Bielefeld, Fakultät für Wirtschaftswissenschaften, Universitätsstr., 4800 Bielefeld 1

HELM .... Seite 426
Dr. Werner E. Helm, Abteilung für Wissenschaftliche Datenverarbeitung, E. MERCK, Postfach 4119, 6100 Darmstadt 1

HESSELMANN .... Seite 358
Dipl.-Wirtsch.-Ing. Ulrich Hesselmann, Technische Universität Hannover, Institut für Fertigungstechnik und Spanende Werkzeugmaschinen, Schloßwender Str. 5, 3000 Hannover 1

HÖFLE-ISPHORDING .... Seite 462
Dr. Ute Höfle-Isphording, Siemens AG, Hofmannstr. 51, 8000 München 70

HOLDHOF .... Seite 170
Dipl.-Wirtsch.-Ing. Jürgen Holdhof, Christian-Abrechts-Universität zu Kiel, Institut für Betriebswirtschaftslehre, Olshausenstr. 40-60, 2300 Kiel

HOLM .... Seite 274
Dr. Søren Holm, Odense University, Department of Management, Odense, Dänemark

HOLZER .... Seite 61
Dipl.-Maschinening. Andreas Michael Holzer, Institut für Operations Research, ETH-Zentrum, CH-8092 Zürich, Schweiz

HORDIJK .... Seite 484
Prof. Dr. Arie Hordijk, Institute of Applied Mathematics and Computer Science, University of Leiden, P.O. Box 9512, NL-2300 RA Leiden, Niederlande

HÜBNER .... Seite 485
Prof. Dr. Gerhard Hübner, Universität Hamburg, Institut für Mathematische Stochastik, Bundesstr. 55, 2000 Hamburg 13

HUMMELTENBERG .... Seite 226
Dr. Wilhelm Hummeltenberg, Rheinisch-Westfälische Technische Hochschule Aachen, Institut für Wirtschaftswissenschaften, Lehrstuhl für Unternehmensforschung, Templergraben 64, 5100 Aachen

JAHN .... Seite 511
Prof. Dr. Johannes Jahn, North Carolina State University, Department of Mathematics, Box 5548, Raleigh, NC 27650, USA

JARKE .... Seite 72
Prof. Dr. Matthias Jarke, New York University, Graduate School of Business Administration, 90 Trinity Place, New York, N.Y. 10006, USA

JØRGENSEN .... Seite 578
Prof. Dr. Steffen Jørgensen, Copenhagen School of Economics and Business Administration, Institute of Theoretical Statistics, Julius Thomsens Plads 10, DK-1925 Kopenhagen, Dänemark

JUNGINGER .... Seite 568
Prof. Dr. Werner Junginger, Hochschule der Bundeswehr, Fachbereich Wirtschafts- und Organisationswissenschaften, Postfach 70 08 22, 2000 Hamburg 70

KALB .... Seite 201
Gilbert Kalb, Technische Universität Berlin, Institut für Quantitative Methoden, Fachbereich Informatik, Franklinstr. 28/29, 1000 Berlin 10

KAUS .... Seite 539
Dipl.-Wirt.-Ing. (FH), Dipl.-Kfm. Hans-Paul Kaus, Johann Wolfgang Goethe-Universität, Lehrstuhl für Organisationstheorie, Mertonstr. 17, 6000 Frankfurt (Main)

KAZMAIER .... Seite 163
Dipl.-Betriebswirt Erhard Kazmaier, Johann-Kepler-Str. 2, 7430 Metzingen

KISTNER .... Seiten 103,118
Prof. Dr. Klaus-Peter Kistner, Universität Bielefeld, Fakultät für Wirtschaftswissenschaften, Postfach 8640, 4800 Bielefeld 1

KNOP .... Seite 212
Dipl.-Ök. Wolfgang Knop, Steuerberater, Universität-Gesamthochschule-Duisburg, Fachbereich Wirtschaftswissenschaft, Unternehmensprüfung/Controlling, Lotharstr. 65, 4100 Duisburg 1

KÖHLER-SAGERER .... Seite 73
Dr. Ursula Köhler-Sagerer, Siemens AG, Abt. E TDV-SWT, Günther-Scharowsky-Str. 2, 8520 Erlangen

KÖNIG .... Seite 83
Dieter König, Industrieanlagen-Betriebsgesellschaft mbH, Einsteinstr. 20, 8012 Ottobrunn

KOLONKO .... Seiten 486,492
Dr. Michael Kolonko, Universität Karlsruhe, Institut für Mathematische Statistik, Englerstr. 2, 7500 Karlsruhe 1

KOUGIOUMTZOGLOU .... Seite 636
Sotirios Kougioumtzoglou, Softlab GmbH, Arabellastr. 13, 8000 München 81

KRAUS .... Seite 155
Dipl.-Wirtsch.-Ing. Theodor Kraus, Fraunhofer-Institut für Produktionstechnik und Automatisierung, Schloßstr. 68, 7000 Stuttgart 1

KREIKEBAUM .... Seite 84
Prof. Dr. Hartmut Kreikebaum, Johann Wolfgang Goethe-Universität, Institut für Betriebswirtschaftslehre, Mertonstr. 17, 6000 Frankfurt (Main)

KURBEL .... Seite 626
Prof. Dr. Karl Kurbel, Universität Bielefeld, Fakultät für Wirtschaftswissenschaften, Postfach 8640, 4800 Bielefeld 1

LAUWERTH .... Seite 316
Werner Lauwerth, Universität Augsburg, Institut für Statistik und Mathematische Wirtschaftstheorie, Memminger Str. 14, 8900 Augsburg

LAUX .... Seite 538
Prof. Dr. Helmut Laux, Universität Wien, Institut für Betriebswirtschaftslehre, Türkenstr. 23/11, A-1090 Wien, Österreich

LEHNHARDT-RITTER .... Seite 397
Dipl.-Kfm. Gerda Lehnhardt-Ritter, Lehrstuhl für Statistik II, A 5, Uhlandstr. 8, 6800 Mannheim 1

LEISTEN .... Seite 181
Dipl.-Math. Rainer Leisten, Universität zu Köln, Seminar für Allgemeine und Industrielle Betriebswirtschaftslehre, Albertus-Magnus-Platz, 5000 Köln 41

LENZ .... Seite 424
Prof. Dr. Hans-J. Lenz, Freie Universität Berlin, Fachbereich Wirtschaftswissenschaften, Fachrichtung Angewandte Statistik, Corrensplatz 2, 1000 Berlin 33

LEWANDOWSKI .... Seite 415
Dr. R. Lewandowski, Marketing Systems GmbH, Postfach 23 01 39, 4300 Essen 1

LÖSCH .... Seite 380
Dr. Manfred Lösch, Baumhofstr. 6, 4630 Bochum 1

LORENZ .... Seite 192
Dipl.-Ing. Wolfram Lorenz, Universität Hannover, Institut für Fabrikanlagen, Callinstr. 36, 3000 Hannover 1

LÜCKE .... Seite 396
Dipl.-Kfm. Klaus P. Lücke, Mettmanner Str. 136, 4010 Hilden

MANN .... Seite 479
Dipl.-Math. Elke Mann, Universität Bonn, Institut für Angewandte Mathematik, Wegelerstr. 6, 5300 Bonn

MELCHER .... Seite 181
Winfried Melcher, Dürener Str. 29, 5650 Solingen 11

MÖSER .... Seite 672
Dipl.-Wirtsch.-Ing. Manfred Möser, Technische Hochschule Darmstadt, Institut für Betriebswirtschaftslehre, Lauteschlägerstr. 1a, 6100 Darmstadt

MOLL .... Seite 645
Rainer Moll, Niedecke 16, 5227 Dattenfeld

MOSLER .... Seite 520
Dr. Karl C. Mosler, Hochschule der Bundeswehr, Fachbereich Wirtschafts- und Organisationswissenschaften, Institut für Statistik und quantitative Ökonomik, Postfach 70 08 22, 2000 Hamburg 70

MÜLLER, G. .... Seite 633
Dr. Günter Müller, IBM Wiss. Zentrum, Tiergartenstr. 15, 6900 Heidelberg

MÜLLER, H.H. .... Seite 70
Heinz H. Müller, Universität Zürich, Institut für empirische Wirtschaftsforschung, Zollikerstr. 137, CH-8008 Zürich, Schweiz

MÜLLER-MERBACH .... Seite 658
Prof. Dr. Heiner Müller-Merbach, Universität Kaiserslautern, Institut für Betriebswirtschaftslehre und Operations Research, Postfach 3049, 6750 Kaiserslautern

NEUTS .... Seite 425
Unidel Chair Professor Dr. Marcel F. Neuts, University of Delaware, Department of Mathematical Sciences, Newark DE 19711, USA

VAN NUNEN .... Seite 297
Prof. Dr. ir. Jo van Nunen, Graduate School of Management, Poortweg 6-8, NL-2612 PA Delft, Niederlande

OPITZ .... Seite 315
Prof. Dr. Otto Opitz, Universität Augsburg, Institut für Statistik und Mathematische Wirtschaftstheorie, Memminger Str. 14, 8900 Augsburg

OSTHEIMER .... Seite 71
Ernst Ostheimer, Industrieanlagen-Betriebsgesellschaft mbH, Abteilung SZS, Einsteinstr. 20, 8012 Ottobrunn

PAESSENS .... Seite 249
Dr. Heinrich Paessens, Universität Karlsruhe, Institut für Siedlungswasserwirtschaft, Am Fasanengarten, 7500 Karlsruhe 1

PETERS, H. .... Seite 548
Hans Peters, Katholieke Universiteit Nijmegen, Faculteit der Wiskunde en Natuurwetenschappen, Toernooiveld, NL-6525 ED Nijmegen, Niederlande

PETERS, U. .... Seite 657
Udo Peters, Carl-Orff-Weg 8, 8025 Unterhaching

PLUM .... Seite 487
Dipl.-Math. Hans-Joachim Plum, Universität Bonn, Institut für Angewandte Mathematik, Wegelerstr. 6, 5300 Bonn

POHST .... Seite 289
Michael Pohst, Universität Düsseldorf, Mathematisches Institut, Universitätsstr. 1, 4000 Düsseldorf

VAN PUTTEN .... Seite 182
Cornelis van Putten, Philips Industries CQM, Building VN-7, NL-5600 MB Eindhoven, Niederlande

RAUHUT .... Seite 423
Dr.-Ing. Joachim Rauhut, Gockelweg 20, 4300 Essen 1

RAUSCH .... Seite 102
Dipl.-Wirtsch.-Ing. Karl-Friedrich Rausch, Technische Hochschule Darmstadt, Institut für Betriebswirtschaftslehre, Hügelstr. 24a, 6100 Darmstadt

EL-RAZAZ .... Seite 251
Mohamed El-Razaz, National Research Centre, Electronics Research Institute, Sh. El-Tahrir, Dokki, Cairo, Ägypten

RENDL .... Seite 299
Dipl.-Ing. Franz Rendl, Technische Universität Graz, Institut für Mathematik, Kopernikusgasse 24, A-8010 Graz, Österreich

RICHARZ .... Seite 14
Dipl.-Chem. Michael Richarz, zu Hd. von Herrn Dipl.-Kfm. Horst Stielow, Siemens AG, Unternehmensbereich Bauelemente, Postfach 801709, 8000 München 80

RINGBECK .... Seite 624
Dipl.-Math. Jürgen Ringbeck, Universität Osnabrück, Fachbereich Wirtschaftswissenschaften, Luisenstr. 16, 4500 Osnabrück

RÖCK .... Seite 201
Hans Röck, Technische Universität Berlin, Institut für Quantitative Methoden, Fachbereich Informatik, FB 20, FR 6-6, Fränklinstr. 28/29, 1000 Berlin 10

ROMMELFANGER .... Seite 559
Prof. Dr. Heinrich Rommelfanger, Johann Wolfgang Goethe-Universität, Fachbereich Wirtschaftswissenschaften, Institut für Statistik und Mathematik, Mertonstr. 17-25, 6000 Frankfurt (Main) 97

RUHLAND .... Seiten 46,86
Dipl.-Phys. Johannes M. Ruhland, Universität München, Seminar für Systemforschung, Ludwigstr. 28 RG, 8000 München 22

RÜNGER .... Seite 298
Dipl.-Math. Roland Rünger, Technische Universität Berlin, Institut für Bergbauwissenschaften, Straße des 17. Juni 135, 1000 Berlin 12

SCHÄL .... Seite 470
Prof. Dr. Manfred Schäl, Universität Bonn, Institut für Angewandte Mathematik, Wegelerstr. 6, 5300 Bonn

SCHELLHAAS .... Seite 429
Prof. Dr. Helmut Schellhaas, Technische Hochschule Darmstadt, Fachbereich Mathematik, Schloßgartenstr. 7, 6100 Darmstadt

SCHIEMENZ .... Seite 623
Prof. Dr. Bernd Schiemenz, Philipps-Universität Marburg, Fachbereich Wirtschaftswissenschaften, Abteilung für Betriebswirtschaftslehre IV, Am Plan 2, 3550 Marburg 1

SCHIRMER .... Seite 94
Dr. Armin Schirmer, McKinsey & Company Inc., Oettingerstr. 8a, 8000 München 22

SCHLIEBS .... Seite 249
Wolfgang Schliebs, Neuer Weg 3, 7500 Karlsruhe 41

SCHLÜTER .... Seite 116
Joachim Schlüter, Universität Dortmund, Fachgebiet Betriebswirtschaftslehre, insb. Operations Research, Postfach 50 05 00, 4600 Dortmund 50

SCHMID .... Seite 69
PD Dr. Beat Friederich Schmid, Eidgenössische Technische Hochschule, ORL-Institut, CH-8093 Zürich, Schweiz

SCHMIDT, G. .... Seite 201
Günter Schmidt, Technische Universität Berlin, Institut für Quantitative Methoden, Fachbereich Informatik, Fränklinstr. 28/29, 1000 Berlin 10

SCHMIDT, R. .... Seite 85
Prof. Dr. Reinhart Schmidt, Christian-Albrechts-Universität zu Kiel, Lehrstuhl für Finanzwissenschaft, Olshausenstr. 40-60, 2300 Kiel 1

SCHNEEWEISS, CH. .... Seite 250
Prof. Dr. Christoph Schneeweiß, Universität Mannheim, Lehrstuhl für Allgemeine Betriebswirtschaftslehre und Unternehmensforschung, Schloß, 6800 Mannheim 1

SCHNEEWEISS, W.G. .... Seite 455
Prof. Dr. Winfrid G. Schneeweiß, Fernuniversität Hagen, Fachbereich Mathematik & Informatik, Postfach 940, 5800 Hagen

SCHOLZ, CH. .... Seite 314
Dr. Christian Scholz, Universität Regensburg, Institut für Betriebswirtschaftslehre, Universitätsstr. 31, 8400 Regensburg

SCHOLZ, G. .... Seite 37
Dipl.-Kfm. G. Scholz, Hochschule der Bundeswehr, Fachbereich Wirtschafts- und Organisationswissenschaft, Werner-Heisenberg-Weg 39, 8014 Neubiberg

SCHRADER .... Seite 279
Dr. Rainer Schrader, Universität Bonn, Institut für Operations Research, Nassestr. 2, 5300 Bonn 1

SCHUBERT .... Seite 577
Dr. Renate Schubert, Technische Hochschule Darmstadt, Fachbereich Wirtschaftswissenschaften, Institut für Volkswirtschaftslehre, Residenzschloß, 6100 Darmstadt

SCHWAB .... Seite 127
Dr. Hermann Schwab, Universität Regensburg, Wirtschaftswissenschaftliche Fakultät, Universitätsstr. 31, 8400 Regensburg

SEBRAK .... Seite 46
Dipl.-Kfm. Rolph Sebrak, Isar-Amperwerke AG, Briennerstr. 40, 8000 München 30

SELIG .... Seite 213
Dipl.-Wirtsch.-Ing. Jürgen Selig, Technische Hochschule Darmstadt, Institut für Betriebswirtschaftslehre, Freiligrathstr. 5, 6103 Griesheim

SPÄTH .... Seite 300
Prof. Dr. Helmuth Späth, Universität Oldenburg, Fachbereich Mathematik/Informatik, Postfach 2503, 2900 Oldenburg

STAHLKNECHT .... Seite 682
Prof. Dr. Peter Stahlknecht, Universität Osnabrück, Fachbereich Wirtschaftswissenschaften, Luisenstr. 16, 4500 Osnabrück

STEINER .... Seite 409
Univ. Ass. Mag. Peter Steiner, Karl-Franzens-Universität Graz, Institut für Industrie und Fertigungswirtschaft, Hans-Sachs-Gasse 3/III, A-8010 Graz, Österreich

STEINHAUSEN .... Seite 301
Dr. Detlef Steinhausen, Westfälische Wilhelms-Universität, Rechenzentrum, Einsteinstr. 60, 4400 Münster

STEITZ .... Seite 13
H.D. Steitz, John Deere Werk Mannheim, Zweigniederlassnung der Deere & Company, Windeckstr. 90, 6800 Mannheim 1

STEPAN .... Seite 118
Prof. Dipl.-Ing. Dr. Adolf Stepan, Technische Universität Wien, Institut für Arbeits- und Betriebswissenschaften, Abteilung Industrielle Betriebswirtschaftslehre, Theresianumgasse 27, A-1040 Wien, Österreich

STIEBEL .... Seite 227
Dipl.-Ing. Manfred Stiebel, Universität Bremen, Postfach 330 440, 2800 Bremen 33

STIELOW .... Seite 14
Dipl.-Kfm. Horst Stielow, Siemens AG, Unternehmensbereich Bauelemente, Postfach 801709, 8000 München 80

TEUSCH .... Seite 116
Dr. Wolfgang Teusch, Universität Dortmund, Fachgebiet Betriebswirtschaftslehre, insb. Operations Research, Postfach 50 05 00, 4600 Dortmund 50

THOMAS .... Seite 304
Uwe Thomas, Universität Mannheim, Lehrstuhl für Allgemeine Betriebswirtschaftslehre und Absatzwirtschaft I, Schloß, 6800 Mannheim 1

TIJS .... Seiten 548,557
Dr. Stef Tijs, Katholieke Universiteit Nijmegen, Faculteit der Wiskunde en Natuurwetenschappen, Toernooiveld, NL-6525 ED Nijmegen, Niederlande

TÜSHAUS .... Seite 328
Ulrich Tüshaus, Hochschule der Bundeswehr Hamburg, Fachbereich Wirtschafts- und Organisationswissenschaften, Holstenhofweg 85, 2000 Hamburg 70

TURULSKI .... Seite 346
Norbert Turulski, Universität Augsburg, Institut für Statistik und Mathematische Wirtschaftstheorie, Memminger Str. 14, 8900 Augsburg

VATERRODT .... Seite 250
Dr. Hans-Joachim Vaterrodt, Universität Mannheim, Lehrstuhl für Allgemeine Betriebswirtschaftslehre und Unternehmensforschung, Schloß, 6800 Mannheim 1

VETSCHERA .... Seite 540
Dr. Rudolf Vetschera, Universität Wien, Institut für Betriebswirtschaftslehre, Türkenstr. 23/11, A-1090 Wien, Österreich

WAGNER .... Seite 46
Hans-Peter Wagner, Isar-Amper-Werk, Briennerstr. 40, 8000 München 2

WAHSH .... Seite 296
S. Wahsh, National Research Centre, Electronics Research Institute, Sh. El-Tahrir, Dokki, Cairo, Ägypten

WALDMANN .... Seite 426
Karl-Heinz Waldmann, Freie Universität Berlin, Institut für Quantitative Ökonomik und Statistik, Garystr. 21, 1000 Berlin 33

WEBER .... Seite 155
Dr.-Ing. Gerald Weber, AUDI NSU AUTO UNION AG, Felix-Wankel-Str., 7107 Neckarsulm

WECKERLE .... Seite 410
Jürgen Weckerle, Siemens AG, KOA 22, Hofmannstr. 51, 8000 München 70

WEINBERGER .... Seite 23
Dr. Hans Weinberger, Ruhrgas Aktiengesellschaft, Huttropstr. 60, 4300 Essen 1

WENZELBURGER .... Seite 503
Dr. Heinz Wenzelburger, Kernforschungszentrum Karlsruhe GmbH, Institut für Datenverarbeitung in der Technik, Postfach 3640, 7500 Karlsruhe 1

DE WERRA .... Seite 269
Prof. Dr. D. de Werra, Ecole Polytechnique Fédérale de Lausanne, Département de Mathématiques, CH-1015 Lausanne, Schweiz

WESSELS .... Seite 434
Prof. Dr. Jaap Wessels, Eindhoven University of Technology, Department of Mathematics and Computing Science, P.O. Box 513, NL-5600 MB Eindhoven, Niederlande

WIENDAHL .... Seite 137
Prof. Dr.-Ing. Hans-Peter Wiendahl, Universität Hannover, Vorstand des Instituts für Fabrikanlagen, Callinstr. 36, 3000 Hannover 1

WIEZORKE .... Seite 682
Dr. Bernhard Wiezorke, Mannesmann GmbH, Rehhecke 50, 4021 Lintorf

WILDE .... Seite 86
Dr. Klaus D. Wilde, Universität München, Seminar für Systemforschung, Ludwigstr. 28 RG, 8000 München 22

WILKE .... Seite 298
Prof. Dr.-Ing. Friedrich Ludwig Wilke, Technische Universität Berlin, Institut für Bergbauwissenschaften, Straße des 17. Juni 135, 1000 Berlin 12

WILLMS .... Seite 657
Caterina Willms, Carl-Orff-Weg 8, 8025 Unterhaching

WILRICH .... Seite 682
Prof. Dr. P.-Th. Wilrich, Freie Universität Berlin, Institut für Quantitative Ökonomik und Statistik, Garystr. 21, 1000 Berlin 33

WITTEMANN .... Seite 172
Norbert Wittemann, Universität des Saarlandes, Institut für Wirtschaftsinformatik, Im Stadtwald, 6600 Saarbrücken 11

WOLF .... Seite 529
Dr. Hartmut Wolf, Fernuniversität Gesamthochschule, Fachbereich Wirtschaftswissenschaft, Lehrgebiet für Unternehmensforschung (Operations Research) und Wirtschaftsmathematik, Postfach 940, 5800 Hagen

ZIEGLER .... Seite 224
Dipl.-Wirtsch.-Ing. Hans Ziegler, Universität-Gesamthochschule Paderborn, Fachbereich 5, Wirtschaftswissenschaft, Warburger Str. 100, 4790 Paderborn

ZINTERHOF .... Seite 502
Prof. Dr. P. Zinterhof, Universität in Salzburg, Zentrum für EDV, Petersbrunnstr. 19, A-5020 Salzburg, Österreich

Die 12. Jahrestagung der Deutschen Gesellschaft für Operations Research wurde in dankenswerter Weise unterstützt von

Allianz AG, München
(Stifterverb. Deutsche Wissenschaft e.V.)

BASF AG, Ludwigshafen

Robert Bosch GmbH, Stuttgart

Brown, Boverie & Cie AG, Mannheim

Daimler Benz AG, Stuttgart

Flachglas AG, Gelsenkirchen

Großkraftwerk AG, Mannheim

Heidelberger Zement AG, Heidelberg

IBM Deutschland GmbH, Stuttgart

Industrie- und Handelskammer, Regensburg

Kraftanlagen AG, Heidelberg

Mannesmann Datenverarbeitung GmbH, Ratingen

McKinsey and Company Inc., Düsseldorf

Rheinisch-Westfälisches Elektrizitätswerk AG, Essen

Schering AG, Berlin

Siemens AG, München

Springer-Verlag GmbH & Co. KG, Berlin

Stadtsparkasse Mannheim

Süddeutsche Zucker AG, Mannheim

GPSR Compliance

The European Union's (EU) General Product Safety Regulation (GPSR) is a set of rules that requires consumer products to be safe and our obligations to ensure this.

If you have any concerns about our products, you can contact us on ProductSafety@springernature.com

In case Publisher is established outside the EU, the EU authorized representative is:

Springer Nature Customer Service Center GmbH
Europaplatz 3
69115 Heidelberg, Germany

Batch number: 10844827

Printed by Printforce, the Netherlands